주한 미공보원과 주한 원조 기관의 시청각 공보 활동

1945~1967

1945~1967

주한 미공보원과 주한 원조 기관의 시청각 공보 활동

윤상길 지음

culture look

주한 미공보원과 주한 원조 기관의 시청각 공보 활동
1945~1960

지은이 윤상길
펴낸이 이리라

책임편집 이여진
편집 하이픈
표지 디자인 식스틴

2025년 2월 28일 1판 1쇄 펴냄

펴낸곳 컬처룩
등록 번호 제2011-000149
주소 03993 서울시 마포구 동교로 27길 12 씨티빌딩 302호
전화 02.322.7019 | 팩스 070.8257.7019 | culturelook@daum.net
www.culturelook.net

ISBN 979-11-92090-60-3 93300

* 이 책은 2019년 대한민국 교육부와 한국학중앙연구원(한국학진흥사업단)의 한국학 총서 사업 지원을 받아 수행된 연구(AKS-2019-KSS-1230002)입니다.

culturelook

차례

머리말 9

서론 15

1장 미국의 해외 공보 전략 및 조직의 변화 27

1. 미국 정부의 해외 공보 전략 변화 및 해외 공보 조직의 변화 30
2. USIA 설립 이후 극동 아시아 지역의 공보 선전 정책 목표와 예산 42

2장 광복 이후 6 · 25 전쟁까지 주한 미공보원의 영화 공보 59

1. 광복 이후 6 · 25 전쟁 휴전까지 주한 미공보원의 영화 상영 64
2. 광복 이후 6 · 25 전쟁 휴전까지 주한 미공보원의 영화 제작 78

3장 6 · 25 전쟁 이후 1960년까지 주한 미공보원의 영화 상영 활동 89

1. 휴전 이후 1955년까지 USIA와 주한 미공보원의 영화 공보 정책 92
2. 휴전 이후 1955년까지 주한 미공보원의 영화 상영 활동 107
3. 1955년 USIA와 주한 미공보원의 공보 정책 변화와 주한 미공보원의 조직 개편 117
4. 1956년부터 1959년까지 주한 미공보원의 상영 활동 133

4장 상남영화제작소의 설립 및 운영: 1952~1959 153

1. 1950년대 초 상남영화제작소의 설립 과정 156
2. 1950년대 초반기 상남영화제작소의 활동과 현지화 전략 167
3. 1950년대 중후반기 상남영화제작소의 이전 논의 182
4. 1950년대 중후반기 상남영화제작소의 제작 여건과 주요 활동 194
5. 1950년대 상남영화제작소의 영화 제작 활동이 지닌 역사적 의미 213

5장 1950년대 주한 미공보원과 경제 원조 기관 간의 협력 관계 219

1. 주한 미공보원과 경제 원조 기관 간의 업무 협조 221
2. OEC의 기술 협조 원조: 수원국의 커뮤니케이션 시스템 구축 지원 234
3. 1959년 공식적인 'ICA-USIA 협정' 체결 243

6장 1950년대 중후반기 이후 경제조정관실의 기술 정보 개선 사업 257

1. 인디애나대학교의 '커뮤니케이션 미디어 리더십 프로그램' 260
2. 기술 협력 원조 기관인 유엔한국재건단(UNKRA)과 OEC 간의 관계 269
3. 시러큐스 계약 274
4. 잉글만 계약 300

7장 1960년 이후 주한 미경제협조처의 기술 정보 개선 사업 333

1. 1960년 전후 미국의 대외 원조 정책 변화와 주한 원조 기관의 변화 335
2. 미국 대외 원조 기관의 커뮤니케이션 관련 원조 사업의 커뮤니케이션 철학 339
3. 1960년 이후 계약 만료까지 시러큐스 계약 사업의 진행과 계약의 수행성 평가 353
4. 사업 종료 무렵 워싱턴 ICA의 기술 정보 개선 사업에 대한 평가 371

8장 1960년대 상남영화제작소의 위상과 폐지 논의 379

1. 1960년대 초 상남영화제작소의 존립 정당성 논란과 제작 여건 382
2. 1960년대 초반 상남영화제작소의 제작 상황 400
3. 상남영화제작소의 미래 전망에 대한 평가와 논의 417

9장 1960년 이후 1960년대 말까지의 주한 미공보원의 영화 상영 활동 439

1. 1960년 이후 주한 미공보원 영화 공보의 여건 변화 441
2. 1960년대 주한 미공보원의 상영 활동 467

냉전기 주한 미공보원/주한 원조 기관 활동의 역사적 유산 501

주 511

참고 문헌 529

찾아보기 535

일러두기

- 한글 전용을 원칙으로 하되, 필요한 경우 원어나 한자를 병기하였다.
- 한글 맞춤법은 '한글 맞춤법' 및 '표준어 규정'(1988), '표준어 모음'(1990)을 적용하였다.
- 외국의 인명, 지명 등은 국립국어원의 외래어 표기법을 따랐으며, 관례로 굳어진 경우는 예외를 두었다.
- 사용된 기호는 다음과 같다.

  신문 및 잡지 등 정기 간행물, 영화, TV 프로그램 제목 등: 〈 〉

  책(단행본): 《 》

머리말

"이제 예전의 미국은 없다!" 전직 외교 관료를 지낸 한 교수가 노무현재단 주최의 유튜브 토론에서 제2기 트럼프 정부의 출범이 가져온 새로운 국제 질서를 두고 던진 말이다. 기존 국제 질서 속에서 신흥국을 도와주거나 국제 경찰을 자임하면서 국제 분쟁을 적극적으로 해결하고자 하고, 무엇보다 UN 등의 국제기구를 통한 규범 체계를 만들어 자유 무역 질서를 구축하는 데 선도적인 역할을 했던 미국의 세계 전략이 돌변하여 일종의 태풍처럼 '미국 우선주의'로 질주하는 상황을 염두에 둔 표현이었다. 이렇듯 2025년의 국제 정세는 매우 혼란스럽고 앞으로 어떻게 전개될지조차 가늠하기 힘든 상황이다.

그러나 한 가지 확실한 것은 현재 한국의 미디어 환경이 여전히 이전에 미국 주도로 주조鑄造되었던 '문화적 세계화' 질서 속에 놓여 있다는 사실이다. 글로벌한 통제 체계이자 규범 체계로서의 '자유 무역' 규범이 상업적 문화 활동에 적용된 대표적인 사례라고 할 수 있는 '글로벌 지식재산권 체제'하에, 2010년대 중반 이후 시작되었던 넷플릭스 등 초국적 미디어 기업들의 국내 진출은 더욱 가속화되고 있다. 또 거대한 자본 공세에 밀린 국내 미디어 기업의 실적이 급격히 저하되면서, 세계화 초기인 1980년대 초 한국 사회에서 붐을 이뤘던 '문화 제국주의'의 우려가 재연될 정도로 미디어 현장의 위기감은 고조되고 있다.

이러한 현재 한국의 미디어 환경은 직접적으로는 1990년대 중반 이후부터 인식되기 시작했던 '신자유주의적' 기원起源에서 발원된 것이라 할 수 있다. 그렇지만 좀 더 긴 역사적인 시야(혹은 미디어 고고학의 시야)에서 보자면 한국의 미디어 환경은 다양한 기원들이 다층적으로 중첩된 결과로 만들어진 것이라 보아야 한다. 외국으로부터 온 박래품으로 근대적인 미디어가 도입·이식移植된 이후, 식민지 시기를 거치면서 발원된 '식민지적 기원,' 광복 이후의 '냉전적 기원'과 박정희 정권 집권 이후의 '전체주의적 기원'이 잔여되거나 혼재된 양상으로 '신자유주의적' 기원에 중첩되었다.

이 책은 2차 세계 대전 이후 성립된 냉전 질서를 배경으로 한 미국의 세계 전략 속에서 수행된 주한 미공보원과 주한 원조 기관의 시청각 공보 활동을 살펴보고자 한다. 시기적으로는 주로 1950년대와 1960년대를 대상으로 하고 있기 때문에, 한국 미디어 환경의 '냉전적 기원'과 '전체주의적 기원'이 중첩되면서 발원하는 시기를 다루는 셈이다. 그러나 주한 미공보원과 주한 원조 기관의 시청각 공보 활동을 구체적으로 밝히는 데 주안을 두었던 만큼, 이 두 기원 중 '냉전적 기원'에 초점을 두고 서술할 수밖에 없었다. 여기서 간략하게나마 '냉전적 기원'의 내용 중에서 '전체주의적 기원'과 접점을 이뤘던 미국의 '커뮤니케이션 개발 철학'에 대한 설명을 덧붙이고자 한다.

냉전 질서 속 미국의 세계 전략은 동서 냉전 진영의 국제 관계를 유지하는 방향으로 진행되었고, 이 과정에서 커뮤니케이션과 발전에 대한 관점이 만들어졌다. 특히 커뮤니케이션과 발전에 대한 관점은 2차 세계 대전 말엽과 중요한 관련이 있었다. 유럽은 폐허 상태였고 미국인은 축복받은 해방자였다. 유럽 전역을 복구하기 위한 마셜 플랜이 고안되었고, 많은 나라가 기술적·재정적 지원을 받으면서 많은 유럽 국가가 비교적 단기간에 무난히 복구되었다. 따라서 아프리카, 아시아, 라틴 아메리카의 가난한 나라가 그들의 독립과 생활 조건 개선을 위한 투쟁을 시작했을 때, 서방 국가들은 이들 국가에서 친서방적인 개발 방법을 취하도록 적극적 지원을 했고 커뮤니케이션 분야에서도 그 개발 철학과 실제적인 권고 사항은 예외 없이 채택되었다. 이렇듯 이른바 '발전 커뮤니케이션론'이라고 일컬어지는 커뮤니케이션 철학은 '진영 내 국제 관계'의 관리라는 이해관계를 유지하려고 할 때 활용한 주요한 가늠자였다. 이에 따라 많은 서방 국가, 그리고 가장 명백히는 미국의 경우, 기술적·재정적 원조는 외교 정책과 매우 밀접한 관련을 맺고 있었고, 사실상 원조는 외교 정책의 중요한 부분이었다. 이때 '발전' 커뮤니케이션 철학에서 의미하는 '발전development'은 단순히 '향상된 생활 수준'을 의미하는 것이라기보다는 사실상 소비 물자의 축적과 더 많은 소비 물자를 사용하려는 준비 태도, 즉 (대표적인 발전 커뮤니케이션 이론가인 윌버 슈람Wilbur Schramm이 서술한 바와 같이) 시장 메커니즘의 촉진을 통해 소비주의적 가치 체계가 확립되는 것과 다를 바 없었다(Hedebro, 1982/1984). 이런 흐름에서 볼 때, 한국 미디어 환경의 '냉전적 기원'이라는 씨앗은 이후 산업화 시기의 '전체주의적 기원'으로 발아하였고, 1990년대 중반 시장자유주의를 주창하는 '신자유주의적 기원'으로 꽃을 피웠다고 볼 수 있다.

이 책의 연구 기획은 순전히 선배의 호의에 의해 시작되었다. 미국 문서를 주 사료로 활용하는 아카이브 연구를 꾸준히 해오신 장영민 선생님께서 은퇴를 앞두고 미디어학계에 아카이브 연구의 명맥이 끊길 것을 걱정하는 마음으로 아직은 젊은 연구자가 그 명맥을 이어가 주길 바라는 희망이 출발점이 되었다. 그리고 장영민, 박용규 선생님들과 함께 준비하여 신청한, 2019년 한국학중앙연구원 한국학진흥사업단의 '한국학 총서 사업'에 '미국 문화의 수용과 한국 매체의 발달'이라는 주제로 신청한 연구 과제가 선정되면서 본격화될 수 있었다. 간헐적으로 국사편찬위원회 데이터베이스에 있는 미국 문서를 이용하거나 한국 국가기록원의 문서를 이용한 경험은 있으나, 사실상 당시까지 아카이브 연구의 기본 원리조차 일깨우지 못한 내겐 두려움이 앞섰다. 장영민 선생님의 호의와 기대에 부합하기 위해 의욕적으로 연구를 시작하였지만, 코로나 팬데믹으로 인해 당초 미국 메릴랜드주에 소재한 국가문서기록관리청(NARA)에 직접 방문하여 미국 문서를 수집하고자 했던 계획은 무산되고 말았다. 연구를 더 이상 진행할 수 없을지도 모른다는 두려움과 초조함이 엄습했다. 다행스럽게도 장영민 선생님께서 오랜 기간 수집해 온 대량의 미국 문서 자료들을 제공해 줌으로써 어느 정도 숨통이 트이긴 했으나, 정작 문제는 지금부터였다. 수십, 수백만 건의 이미지 파일을 하나씩 열어가며 연구 주제에 필요한 자료를 꼼꼼히 선별하는 데에만 거의 10개월 기간이 소요되었기 때문이다. 그리고 선별한 사료들을 연구 주제에 맞게 서로 연결시키는 작업도 녹록치 않았다.

이러한 측면에서 보자면, 이 책은 사실상 미완의 기획이라 하지 않을 수 없다. 연구 주제를 꼼꼼히 뒷받침할 풍부한 사료 확보에도 아쉬움이 많고, 비록 아카이브 문서를 이해하는 나름대로의 시각을 얻게 된 소득이 있었지만 여전히 산더미처럼 쌓여 있는 문서고의 사료를 찾는 학술적 방법을 터득하기에는 역부족이었기 때문이다. 또

산재한 사료들이 넌지시 말해 주는 역사학적 사실과 사건의 맥락을 파악하기도 쉽지 않았다. 이 책을 시기적 흐름에 따라 구성한 것도 이러한 배경에서 비롯되었다. 또한 초반 부분에서 기존 문헌을 중심으로 전체적인 맥락을 밝히는 데 주력하면서, 정확한 사실을 풍부하게 다룰 필요가 있는 주제에 대해선 미국 문서를 통해 새롭게 발견한 사료를 중심으로 서술하는 연구 전략을 구사한 이유도 이러한 배경 때문이었다.

미완의 기획이라는 자책감 어린 자평自評이지만, 그럼에도 개인적인 성과가 전혀 없는 것은 아니다. 미국 문서 더미로 채워진 긴 어둠의 터널을 지나 다시 희미하지만 밝은 빛을 보게 된 이번 아카이브 연구의 경험은 다시 초심으로 돌아가 역사적 사실에 좀 더 겸손하게 마주할 것을 다짐하는 계기가 되었다. 미디어 역사 연구에 입문한 지도 어언 이십 년, 이러한 계기를 가지게 된 데에는 여러 분들의 도움이 없었다면 불가능했을 것이다. 연구 과제를 함께 수행한 장영민, 박용규 선생님은 물론, 코로나 팬데믹으로 인해 연구가 중단될 수 있는 상황을 슬기롭게 극복할 수 있게 도와준 한국학진흥사업단의 김도형 선생님, 그리고 대중적이지 않은 역사 서적을 흔쾌히 발간하기로 한 컬처룩, 특히 꼼꼼하게 편집 작업을 해주신 이여진 편집장님께 감사의 말을 전한다.

서론

1945년 8월 15일, 한국은 일본 제국주의 지배에서 벗어날 수 있었다. 하지만 식민지 상태에서 벗어났다는 것이 곧바로 독립을 의미하는 것은 아니었다. 왜냐하면 정치적 이해관계로 얽힌 강대국들에 의해 한반도는 바로 미국과 소련의 분할 통치에 들어갔고, 점차 편제되기 시작했던 세계의 냉전 체제가 남북 분단, 중국 내전, 6·25 전쟁 등을 거치면서 그 중심축을 사실상 아시아와 한반도로 이전시켰기 때문이다. 이에 따라 한반도는 세계 냉전 질서의 최전선이 되었다. 더구나 세계적인 냉전은 아시아에서는 열전熱戰에 의해 강화되는 구조였으며, 그 어느 한 체제로의 편제는 결국 냉전의 사상심리전思想心理戰을 본격적으로 가동하게 되는 결과로 이어졌다. 실제로 한반도에서 냉전은 열전으로 전화戰化되었고, 그 과정에서 사상심리전의 본질을 갖는 냉전은 열전의 보완 구조였다(백원담·강성현 엮음, 2017). 광복 이후 6·25 전쟁까지의 이와 같은 정치경제적 조건은 한국의 시청각 미디어가 냉전적으로 재편되는 주요한 토대였다.

특히, 미국과 소련을 중심으로 구축된 냉전 질서에서 발발한 6·25 전쟁은 이후 한국의 '미디어 정경mediascape'에 냉전의 그림자를 드리우게 만든 결정적 계기였다. 우선, 6·25 전쟁 이후 한반도는 프로파간다를 목적으로 한 외국의 라디오 선전 방송이 각축을 벌이는 '전파전電波戰의 무대'로 변모되었다. 기존 미국의 소리Voice of America(VOA) 방송에 덧붙여, 6·25 전쟁이 발발하면서 새롭게 등장하였던 유엔군총사령부방송Voice of United Nations Command(VUNC)이나 유엔라디오 방송, AFKN(또는 WVTP) 등 해외로부터의 방송 전파뿐만 아니라, 남한과 북한의 대외 방송 전파가 1950년대 말까지 한반도 상공을 뒤덮었다(윤상길·이정훈, 2019: 12). 특히 이는 "방송 전파를 국방력의 일부로 여겼던 일제 강점기로부터의 인식이 광복 이후 동아시아 냉전 질서라는 역사적 조건 속에서 상당 부분 계승되었던 것"(이성민·윤상길, 2020: 15)이었다.

이러한 냉전의 열전은 비단 방송에만 국한된 것이 아니었다. 특히 6·25 전쟁기에는 다양한 미디어가 선전에 동원되었다. 갑작스러운 전쟁으로 인해 남한은 신문, 방송 등을 제대로 운영할 수 없었다. 하지만 이 기간에 북한은 서울을 점령한 그날부터 방송을 운영하였을 뿐만 아니라 〈조선인민보〉, 〈해방일보〉 등의 신문을 발간했다. 이어 북한과 소련의 신문과 정기간행물을 보급했고 영화를 상영했으며, 주간지를 창간하는 등 적극적으로 언론 활동을 전개하였다(김영희, 2007). 또한 6·25 전쟁 기간에는 심리전의 가장 대표적인 미디어였던 삐라가 양 진영에서 적극적으로 제작되어 한반도 전역에 배포되었다. 전쟁이 일어난 지 3일째 되던 6월 28일 미 극동군 심리전과에서 무려 1,176만 장이나 되는 엄청난 분량의 삐라가 처음 제작·살포되었다. 이어 그해 10월 말에 1억 장, 1951년 1월 26일에 2억 장을 돌파했으며, 11월 말까지 8억 장, 전쟁 발발에서 휴전까지 25억 장 이상의 삐라가 살포되었다고 한다. 북한군과 중국군 또한 심리전을 '적군

와해 공작'이라 표현하면서 작전 수행 시 삐라를 적극 활용하였다(김영희, 2008: 308). 뿐만 아니라 문맹률이 높았던 6·25 전쟁기에는 이미지로 의미를 탁월하게 전달하는 만화의 특징을 활용한 선전 방식 또한 광범위하게 사용되었다. 삐라에 활용된 것은 물론이고, 앞서 언급한 〈조선인민보〉와 〈해방일보〉 등의 신문에서도 만화를 통한 선전 활동이 두드러졌다. 이와는 별도로 만화 신문을 통해 각종 소식을 보도하기도 했고, 만화 포스터와 만화 팸플릿 등을 활용한 선전 활동도 왕성했다(백정숙, 2017).

6·25 전쟁이 끝난 이후부터 한국에서는 본격적으로 미국의 원조하에 냉전적 성격의 미디어 정경이 형성되었다. 기본적으로는 미국의 전반적인 대한對韓 정책의 변화가 미디어에 대한 원조를 가능하게 한 요인이었다. 6·25 전쟁 이전까지 미국의 대한 정책은 대한 원조 책임 기관인 경제협조처Economic Cooperation Administration(ECA)를 통한 원조를 제외하곤 전반적으로 소극적인 경제·심리적 봉쇄 정책으로 일관되었다. 즉 원조가 없는 경우 한국 정부가 외부로부터의 위협보다는 정권 자체의 불안정으로 인해 자체 붕괴할 가능성이 있다고 보아, 유럽에서 실시되었던 부흥 정책을 그대로 적용하는 '아시아판 마셜 플랜Marshall Plan'을 실시하고자 했다. 그러나 1949년 중국의 공산 혁명과 소련의 핵실험 성공은 미국이 한반도를 더 이상 포기할 수 없는 지역으로 바라보게 하였다(박태균, 2006: 84~115).

미국과 소련 중심으로 세계 체제가 냉전적으로 재편되는 국제정치 상황에서, 이와 같은 미국 정부의 해외 공보 전략 변화에 발맞추어 수행된 주한 미공보원United States Information Service in Korea(USIS-Korea)의 대한 선전 및 문화 전파 정책, 그 시행과 결과 등은 광복 이후 한국 사회의 미디어 정경 형성에 큰 영향을 끼쳤다. 특히 주목해야 할 점은 미국 정부의 해외 공보 전략과 주한 미공보원의 공보 전략을 비롯해 그에 따른 미국 정부의 원조 자금 투여로 이어지는 미디어 정책 수행 과정에서, 미국의 대외 미디어 원조 정책이 저개발 대상 국가의 전반적인 커뮤니케이션 문제를 감안하여 입안되고 실행되었다는 것이다. 미국의 대외 미디어 원조 정책은 개인에서 개인으로, 개인에서 그룹으로, 기관, 지역 사회, 지방 및 국가 내에서 이뤄지는 수평적 커뮤니케이션 영역뿐만 아니라, 최고 전문가들 사이, 전문가 그룹과 전문가 그룹 사이, 정부와 사람들 사이, 그리고 전문가에서 대중 수준에 이르는 수직적 커뮤니케이션 영역을 포괄했다. 이는 정부의 해외 공보 전략과 개별 해당 국가의 상황에 따라, 커뮤니케이션 채널 — 라디오, 언론, 영화와 같은 '빠른 미디어fast media'와 교육교환, 도서관, 기관 간 연계와 같은 '느린 미디어slow media' — 에 대한 전략적 활용으로 이어졌다.

미국의 정부 문서에서 이른바 "커뮤니케이션 복합체communication complex"로 표현되었던 미국 정부의 저개발 국가 커뮤니케이션 개발 구상은, 로빈 머레이Robin Murray와 톰 벤그라프Tom Wengraf가 '커뮤니케이션과 사회' 간의 관계를 파악하는 개념으로 언급한 바 있는 '커뮤니케이션 체계'와 '커뮤니케이션 양식'의 개념을 연상시킨다. 미디어와 사회와의 관련성을 거시적 관점에서 역사적으로 조망하고자 했던 이들에 따르면, 커뮤니케이션과 사회의 관계는 커뮤니케이션 체계와 커뮤니케이션 양식의 관계를 중심으로 다음과 같이 정리된다. 첫째, 모든 사회(혹은 사회구성체)는 특정한 "역사상의 커뮤니케이션 체계historic communication system"를 가지고 있고, 각각의 역사상 커뮤니케이션 체계는 서로 다른 커뮤니케이션 양식의 조합이라는 견지에서 이해될 수 있다. 둘째, 모든 역사상 커뮤니케이션 체계는 "커뮤니케이션 양식의 복합적인 지배적 구조"로서 이해될 수 있다. 다른 말로 하자면, 어떠한 '역사상의 커뮤니케이션 체계'에서는, 커뮤니케이션 양식 중 하나가 지배적이고, 그 밖의 다른 것들은 종속적이라는 것이다. 이러한 측면에서 보자면 커뮤니케이션 혁명은 지배의 전복으로 이해해야 한다. 셋째, 주어진 커뮤니케이션 양식은 특정한 커뮤니케이션 수단과 그 수단이 허용하는 사회관계의 특별한 조합으로서 특징지을 수 있다. 넷째, 그러므로 주어진 커뮤니케이션 양식은 어느 한 역사상 커뮤니케이션 체계에서는 지배적일 수도 있고, 다른 역사상 커뮤니케이션 체계에서는 종속적일 수도 있다. 다섯째, 같은 물질적 커뮤니케이션 수단이라 할지라도, 그 커뮤니케이션 수단을 운용하는 사회관계가 다르면 서로 다른 커뮤니케이션 양식의 일부분이 될 수도 있다. 여섯째, 특정한 역사상 커뮤니케이션 체계는 특정한 사회경제적 구성(즉 사회)을 특징짓는 지배적 생산 양식과의 관계에서 파악될 수 있다. 일곱째, 계급 사회에서 역사상 커뮤니케이션 체계는 지배 계급의 권력과 응집력을 향상시키고 확증하는 방식으로, 종속 계급의 종속화와 파편화를 통제하는 방식으로 운영되는 것으로 파악될 수 있기 때문에, 국가와 커뮤니케이션 양식 간의 관계는 매우 중요하다는 것이다(Murray & Wengraf, 1979: 185).

그렇다면 보다 구체적으로 미국 정부의 저개발 국가 커뮤니케이션 개발 구상과 해외 공보 전략의 변화는 주한 미공보원과 주한 원조 기관의 시청각 공보 활동과 어떠한 관련성을 맺었는가? 미국의 상급 정책 기관의 정책 변화에 따라 수행된 주한 미공보원과 주한 원조 기관의 시청각 공보 활동의 구체적인 내용은 무엇인가? 이들의 활동은 한국에 어떠한 영향을 주었는가?

냉전기 주한 미공보원의 시청각 공보 활동에 관한 허은(2011, 2008)

의 연구는 선구적이라 할 수 있다. “주한 미공보원을 핵심 축으로 한 미국 문화 전파의 다양한 매체가 구축되는 과정”을 살펴보면서 그는 개략적 수준에서 주한 미공보원의 전시회 및 전람회, 영화 등과 같은 시청각 공보 활동에 대해 제시한 바 있다. 그는 기본적으로 주한 미공보원과 주한 원조 기관의 시청각 공보 활동을 미국이 한국 사회에 시도한 지적, 도덕적 헤게모니 구축을 위한 활동인 것으로 파악하였다. 그리고 미국의 헤게모니 구축 과정이 “일방적으로 관철되지도, 모든 사회구성원에게 전일적으로 영향력을 발휘했던 것도 아니”(허은, 2008: 23)라는 입장을 취했다. 이러한 그의 시각은 당시까지 한국 사학계의 시각을 상당 부분 계승한 것이었다. 이러한 흐름에서 보자면, 이 책도 기본적으로 허은을 비롯한 한국 사학계의 시각과 크게 다르지 않다. 다만 이 책은 미국이 기획한 냉전적 미디어 질서의 구도에서 주한 미공보원과 주한 원조 기관이 수행한 시청각 공보 활동과 원조 활동이 어떻게 전개되었는지를 구체적으로 살펴봄으로써, 주한 미공보원과 주한 원조 기관이 수행한 시청각 공보 활동과 원조 활동이 어떻게 상상적으로 냉전 현실을 구성해 내는 데 일조하였는지에 좀 더 주목하고자 한다.

‘실제 현실로서의 냉전’과 ‘상상적으로 구성된 냉전 현실’이 다를 수 있는 현상적 개연성은 굳이 미디어의 구성주의적 작용이라는 미디어 이론을 상기하지 않더라도 어렵지 않게 제기할 수 있다. 실제로 1991년 소련의 붕괴에 따른 냉전 해체 이후, 이미 전 세계 역사학계에서는 이러한 개연성, 즉 냉전의 구성적 측면에 초점을 맞추어 연구해 왔다(Cummings, 2009; 貴志俊彦 · 土屋由香, 2009/2012; 丸川哲史, 2005/2010; 오타 오사무 · 허은 엮음, 2017 등). 냉전 연구의 탈중심화 경향으로 요약될 수 있는 이러한 시각의 전환은, 주류 국가들이 적의 도전에 맞서 각자의 영향권에서 패권을 확보하려는 냉전의 봉쇄적 측면에 관한 기존의 연구 관심에서 탈피하여, 냉전의 헤게모니적 측면, 즉 냉전이 지역 사회와 서민 생활, 사람들의 지적·창조적 활동에 어떤 영향을 미쳤는지를 살펴보려는 기획이었다. 이러한 연구 기획은 미국과 소련 양국이 정치, 경제, 군사뿐만 아니라 문화, 예술, 교육, 오락, 생활 양식까지 포함하여 헤게모니를 확립하고, 세계인의 '마음'을 얻기 위해 전개한 문화·정보·미디어 전략 전반을 가리키는 '문화 냉전'이라는 개념 틀로 발전되었다(貴志俊彦·土屋由香, 2009/2012: 16).

더 나아가 최근에는 냉전의 역사를 '판타지'라는 시각으로 재구성하려는 시도도 있다. 대표적인 예가 마츠다 하지무Masuda Hajimu의 저작 《냉전의 도가니*Cold War Crucible*》다. 그는 1940년대 후반 유럽과 미국의 언론에서 미국과 소련의 양극적 대치를 서술하기 위해 채용한 소문자 '냉전a cold war'이라는 용어가 6·25 전쟁 발발 이후 1950년대 중반부터 고유명사를 의미하는 대문자 '냉전Cold War'으로 전환된 현상에 주목하였다. 마츠다에 따르면, 이러한 어휘적 이행이 함축하는 바는 그 양극적 대치가 더 이상 수많은 논쟁적 관점 하나를 대표하는 것이 아니라 이제는 "하나의 본질적이고 거부할 수 없는 실제성"으로 널리 받아들여진다는 것이다. 그러나 그는 이러한 냉전의 점진적 현시revelation가 2차 세계 대전 이후 객관적 상황으로 존재했던 것과 대비되는 것으로서 '갈등의 구성된 속성'이 '현실'이 되었음을 보여 준다고 보았다. 즉 거기에 존재하기 때문이 아니라 사람들이 존재한다고 생각했기 때문에 냉전은 존재한다는 관점을 제시했던 것이다. 이러한 관점에 입각하여, 그는 냉전의 '현실'이 어떻게 생산되고 통합되었는지, 왜 수많은 사람이 이에 동참했는지에 관심을 두고, 6·25 전쟁을 전후로 한 시기 (외교 정책 등의) 정책 수립 과정뿐만 아니라 이 '현실'을 틀 짓고 관행화하였던 대중적 상상력과 참여가 담당했던 통합적 역할을 검토하였다. 이를 통해 상상된 현실이 두려움, 반목, 전쟁의 기념, 그리고 국내의 무질서에 대한 우려 등에 의해 자극받아 결국 어떻게 전후 시대에 거부할 수 없는 실제성을 가지게 되었는지를 보여 주고자 하였다. 냉전 담론 이외에도 '사회적 수락social acceptance'과 '참여'라는 측면에서 냉전 현실을 형성하는 데 기여한 평범한 사람들의 역할에도 주목하여, "평범한 사람들의 선택은 무엇이었고, 그들은 어떻게 냉전 세계에 참여했으며 심지어 어떤 경우에는 냉전 세계를 이용하였는가"(Hajimu, 2014: 4)를 살피고자 하였다. 그의 연구 기획은 냉전을 전제로 하는 냉전사史가 아니라 그런 상상된 현실에 대한 사회적 필요뿐만 아니라 그의 상상적·구성적 속성에 초점을 둔 '냉전이라는 환상의 역사' 기획이라 할 수 있다.

이러한 연구 경향에 발맞추어 한국의 미디어 역사학계에서도 2010년 전후부터 냉전 체제와 미디어(혹은 방송) 간의 관계에 대한 연구가 꾸준히 축적되어 왔다. 우선 한반도에서 청취가 가능했던 외국의 대외 방송(VOA, VUNC, 유엔라디오 등)에 관한 연구(장영민, 2008, 2009, 2011b, 2012, 2014; 김영희, 2009, 2012, 2014; 小林總明, 2009, 2012)와 한국의 대외 방송과 관련된 연구(윤상길·이정훈, 2019; 윤상길, 2019b, 2020a) 등이 있다. 또 한국 방송 송신 시설의 확장 과정을 검토하면서 미국의 재정 원조 없이는 국가의 존립이 불가능했을 당시의 열악한 경제 상황에서도 한국의 방송 장비가 냉전의 필요에 따라 동아시아에서 으뜸가는 수준으로 확장될 수 있었다고 주장한 연구(이성민·윤상길, 2020)와 한국 방송의 성장을 미국의 대한 선전 정책이라는 견지에서 집대성한 장영민의 저술(2020), 그리고 냉전기 미국이 한국 언론계에 미친 영향에 대한 연구(장영민, 2016; 차재영, 2014, 2018) 등이 있다. 이들 연구는 냉전의 구성적 측면에 초점을 둔 냉전 연구의 시각 변화에 대응하여 이뤄진 성과라는 점에서 그 의의가 분명하다고 할 수 있지만, 상대적으로 영화 분야에 관한 연구는 거의 이뤄지지 않았다. 반면, 허은의 선구적 연구 이후 국문학계와 사회학계를 중심으로 주한 미공보원의 선전 영화에 대한 후속 연구가 활발히 진행되었다. 특히 허은은 미국 국가문서기록관리청National Archives and Records Administration(NARA)이 소장한 한국 관련 영상물을 수집하여 한국 근현대 영상 아카이브를 구축하고 해제하는 방대한 작업을 이끌었다. 이후 이 영상을 직접 분석하는 연구는 〈리버티 뉴스*Liberty News*〉를 비롯한 주요 영화 텍스트에 대한 표상 분석을 바탕으로 해석을 중요시하는 문화연구적 접근법(차재영 · 염찬희, 2012; 김한상, 2011a, 2011b, 2012, 2013a, 2013b; 김려실, 2018a, 2018b, 2016, 2013)을 취하는 경우가 많았다. 문화 냉전의 시각에서 수행되었던 김려실(2016, 2019)의 연구에서는 주한 미공보원이 영화 공보 활동을 위해 제작 · 상영했던 주요 영화에 대한 분석이 광범위하게 이뤄졌다. 하지만 주한 미공보원과 주한 원조 기관의 시청각 공보 활동과 원조 활동에 대한 체계적이고 구체적인 분석은 상당히 미비한 상황이다.

이러한 연구사적 배경에서 이 책은 광복 이후 1960년대까지 주한 미공보원과 주한 원조 기관의 시청각 공보 활동과 원조 활동이 구체적으로 어떻게 전개되었는지를 살펴보고자 한다. 방송과 영화와 같은 '빠른 미디어'를 중심으로, 주한 미공보원과 주한 원조 기관이 각지에서 시행한 영화 상영의 객관적인 상황과 조건을 살펴본다. 또한 주한 미공보원이 선전과 문화 전파의 효과를 높이려고 설치했던 상남영화제작소도 개설, 운영, 제작 기자재와 기술, 인력 등 다각적으로 들여다본다. 그리고 한국 정부의 공보실과 문교부의 미디어와 공보 역량을 강화시키기 위한 목적에서 전개됨으로써 한국 정부의 시청각 공보 미디어 활용뿐 아니라 인쇄, 영화, 방송 등 산업의 발전에 중요한 계기가 되었던 (미국 원조 기관이 중심이 되어 추진한) '기술 정보 개선 Improvement of Technical Information Services' 프로젝트의 추진 과정과 주요 내용을 살펴본다.

주한 미공보원과 주한 원조 기관의 시청각 공보 활동과 원조 활동을 구체적으로 살펴보기 위해 주한 미공보원과 주한 원조 기관 등이 남긴 소속 담당자들이 남긴 공문 및 보고서 자료를 주 자료로 활용하였다. 즉 미국 국가문서기록관리청이 소장한 주한 미공보원 자료에 관한 역사적 문헌 연구 방법(아카이브 연구)을 사용하였다. 미국의 대외 선전 정책 및 활동과 관련된 자료는 미국 메릴랜드주 미국 국가문서기록관리청이 소장한 자료 문서군에 흩어져 있다. 여기서 주로 활용한 문서군은 1953년 이후 미국의 대외 문화 공보 정책과 활동에 대한 주요 자료가 모아져 있는 '미국 공보처 문서 집단(Records of the United States Information Agency: RG 306)'에 속한 공문서들이다. 그리고 1948~1961년의 '미 해외 원조 기관 문서철(Records of the U.S. Foreign Assistance Agencies, 1948~1961: RG 469)'에 속한 공문서들도 활용하였다. 이 문서군은 제목 그대로 1948년부터 1961년까지의 미국 해외 원조 기관들의 문서로 이루어져 있다. 또한 부분적으로 미 국무부 문서군(RG 59)의 공문서도 활용하였다.

이 책은 서론과 결론에 해당하는 장을 제외하면 모두 9개의 장으로 구성되어 있다. 1장에서는 주한 미공보원/주한 원조 기관의 활동을 이해하기에 앞서 해당 활동의 중요한 정책적 배경에 대해 설명하는데, 주로 미국의 해외 공보 전략 및 공보 조직의 변화에 대해 살펴본다. 이를 통해 패권 국가 미국의 헤게모니 구축을 위한 세계 전략의 일환으로 주한 미공보원/주한 원조 기관의 활동이 이뤄졌음을 개략적으로 이해할 수 있을 것이다. 2장은 광복 이후 6·25 전쟁까지 이루어진 영화 공보 활동을 살펴본다. 기존 연구에서 비교적 상세히 다뤄진 바 있으나 상영 부문과 제작 부문으로 나누어 영화 공보 활동을 시기순으로 간략히 설명한다. 이는 주한 미공보원의 영화 공보 활동이 전개된 당시의 전반적인 맥락과 흐름을 전달하고자 함이다.

3장부터 6장까지는 모두 6·25 전쟁 무렵부터 1950년대 말까지의 시기를 다룬다. 3장은 주한 미공보원의 영화 상영 활동, 4장은 주한 미공보원의 현지 영화 제작 시설이었던 상남영화제작소의 설립 및 운영과 제작 활동, 그리고 이전移轉 논의, 5장과 6장은 주한 원조 기관과 주한 미공보원 간의 협력 관계, 그리고 주한 원조 기관이 추진한 기술 정보 개선 사업 등을 살펴본다.

7장부터 9장까지는 모두 1960년부터 1960년대 중후반까지를 다루는데, 7장은 6장 논의에 이어서 주한 원조 기관의 기술 정보 개선 사업에 대해 살펴본다. 미국 상위 정책 기관들의 당초 구상('커뮤니케이션 복합체communication complex')과 사업 만료에 따른 평가의 내용들을 통해 미국의 해외 공보 전략과 주한 미공보원 및 주한 원조 기관의 활동이 한국의 미디어 정경 형성에 어떠한 영향을 끼쳤는지를 가늠할 수 있을 것이다. 8장은 1960년대 중반기까지 상남영화제작소의 제작 상황과 당시 미국 상위 정책 결정 기관의 상남영화제작소에 대한 인식과 평가를 살펴본다. 특히 상남영화제작소의 폐지와 관련된 논의를 통해 미국의 해외 공보 전략에서 상남영화제작소가 차지하던 역사적 위상이 어떠했는지를 이해할 수 있을 것이다. 9장은 1960년부터 1960년대 말까지 벌인 주한 미공보원의 영화 상영 활동을 살펴본다. 당시 미국 상위 정책 기관의 변화와 이에 대한 주한 미공보원의 인식 변화에서 주한 미공보원이 작성한 '국가 계획서'에 입각하여 전개된 주한 미공보원의 영화 상영 활동을 통해, 미국의 해외 공보 전략이 어떻게 한국 내에서 실행되었는지를 구체적으로 알 수 있을 것이다.

1장

미국의 해외 공보 전략 및 조직의 변화

광복 이후 1960년대까지 한국의 시청각 미디어 전반에 걸친 변화와 발전 과정을 이해하는 데 있어서 무엇보다 중요하게 고려해야 할 것은 미국의 대한對韓 선전 정책이 끼친 영향이다. 미국과 소련 중심으로 세계 체제가 냉전적으로 재편되는 상황에서, 미국 정부의 해외 공보 전략 변화에 발맞추어 수행된 주한 미공보원의 대한 선전 및 문화 전파 정책, 그 시행과 결과 등은 광복 이후 한국 사회의 미디어 정경 형성에 큰 영향을 끼쳤다. 그러므로 그 형성 과정의 전체상을 파악하기 위해서는 '2차 세계 대전 이후 미국 정부의 해외 공보 전략의 변화'와 그에 따른 '대한 선전 정책의 변화,' 그리고 '그 정책 변화에 따른 주한 미공보원/주한 원조 기관의 활동'이라는 세 가지 축을 설정해야 한다. 여기서는 먼저 해외 공보 조직의 변화를 중심으로 1940, 1950년대 미국 정부의 해외 공보 전략 변화를 살펴본 후 미국의 해외 공보 조직으로 출범했던 미국공보처United State Information Agency(USIA)의 극동 아시아 지역에 대한 공보 선전 정책의 목표와 예산 등을 통해 미국의 대외 공보 정책에서 한국이 차지하는 위상을 가늠하고자 한다. 이를 위해 1950년대 USIA의 주요 지구적·지역별 프로그램 현황을 개괄적으로 살펴본다.

1. 미국 정부의 해외 공보 전략 변화 및 해외 공보 조직의 변화

1) 스미스–문트법 제정과 미 국무부의 해외 공보 조직

냉전이 격화되기 시작한 1946년에 등장한 미국 냉전 정책의 고안자인 조지 케넌George Kennan의 봉쇄 이론은 냉전하에서 미국의 대외 정책을 봉쇄containment로 규정하면서, 소련을 비롯한 공산주의권의 확장을 막기 위한 외교적 이론과 방안을 마련하는 데 기여했다(박태균, 2006: 68~69). 경제 수단을 통한 심리적인 승리를 바탕으로 공산주의의 확산을 막아야 한다는 점을 강조한 케넌의 봉쇄 이론은 1947년 미국 정부의 외교 정책과 해외 공보 선전 정책에 반영되었다.

1947년 3월 12일 해리 트루먼Harry Truman 대통령은 해외에서 내적, 외적 원인(공산주의) 때문에 전복 위기에 있는 국가에 군사적, 경제적 원조를 제공하겠다는 '트루먼 독트린Truman Doctrine'을 천명했다. 그리고 6월 조지 마셜George Marshall 국무장관이 유럽 부흥 지원을 선언한 마셜 플랜으로 트루먼 독트린을 뒷받침했다(김려실, 2019: 90). 마셜 플랜은 케넌의 봉쇄 이론에 바탕을 두면서도 자본주의 세계의 경제 부흥을 위한 미국의 재정적 부담을 완화시키기 위해 몇몇 거점 중심으로 원조의 대부분을 집중시키는 전략으로 일부 방향을 선회하여 시행되었다. 서유럽의 경제 성장을 발판 삼아 소련의 서진西進 정책을 막겠다는 목표 아래 시행된 마셜 플랜은 2차 세계 대전으로 피폐해진 서유럽 사람들이 더 이상 공산주의의 유혹에 빠져들지 않게 하려면 경제 성장을 통해 심리적 자신감을 주는 것이 유일하면서도 가장 효과적이라는 주장에 근거한 정책이었다(박태균, 2006: 69~71).

이러한 상황에서 소련에 대항해 미국의 정당성을 알리는 해외 공보 선전 활동이 필요하다는 인식이 당파를 초월해 무르익었다. 그리하여 트루먼은 1948년 1월 27일 평상시의 해외 공보 및 교육교류법Information and Education Exchange Act, 일명 스미스-문트법Smith-Mundt Act 제정에 성공할 수 있었다. 이 법의 취지는 해외 공보 선전과 인적 교류를 통해 미국에 대한 오해를 불식시키고 미국과 미국인에 대한 '올바른' 정보를 전 세계에 알린다는 것이었다(김려실, 2019: 90~91).

스미스-문트법이 통과되기 전, 미 국무부는 행정 명령 권한으로 전시정보국Office of War Information(OWI)과 미주사무국Office of Inter-American Affairs의 전시 활동을 계승하는 국제공보문화국Office of International Information and Cultural Affairs(OIC)을 설립했다. 이는 1947년 국제공보교육교류국Office of International Information and Educational Exchange(OIE)으로 확대되었다. 이 프로그램은 국무부 내에서 연간 예산을 제외한 공식적인 입법 승인 없이 2년 이상 운영되었다.[1] 스미스-문트법이 통과되면서 1948년 3월에는 OIE의 업무가 라디오, 언론, 영화와 같은 '빠른 미디어'를 취급하는 국제공보국Office of International Information(OII)과 교육 교환, 도서관, 기관 간 연계와 같은 '느린 미디어slow media'를 취급하는 교육교류국Office of Educational Exchange(OEX)으로 분장되었다(김려실, 2019: 91).

미 국무부 해외 공보 프로그램의 두 가지 주요 측면인 공보information와 문화를 위해 마련된 편리한 '행정적 우산administrative umbrella'이었던 이 두 부서는 국무부 공보 담당 차관보에게 직접 보

그림 1-1 국제공보교육교류국(OIE) 조직도

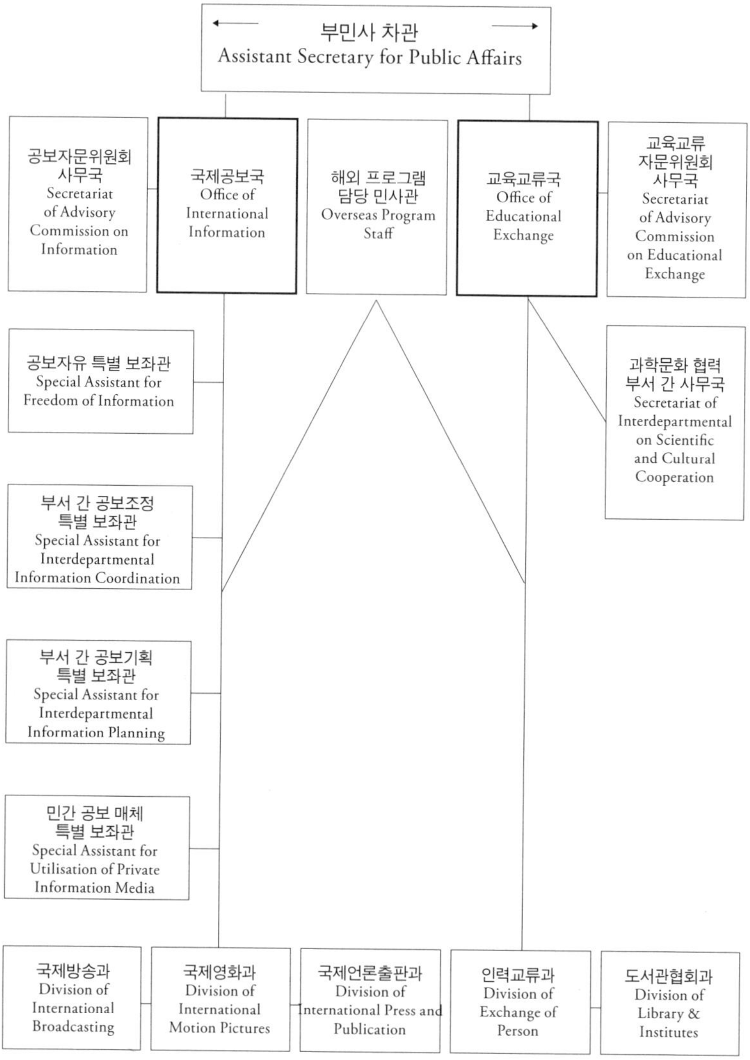

출처: Organization of U. S. Overseas Information Program, 1945~1958.

고했다. 이들의 작전은 해외 공관과 국내 공관 사이에서 정책 지도와 프로그램 조정을 제공하는 이중 역할을 수행하는 '해외 프로그램 담당 민사관Public Affairs Overseas Program Staff(POS)'의 도움을 받았다. 전반적으로 볼 때, 국무부의 전체 조직에서 공보 프로그램이 차지하는 위치는 기능적 계보, 즉 정치 및 경제 문제에 따른 부서 조직의 전체 패턴에 상응했다. 미국국제공보자문위원회U. S. Advisory Commission of International Information는 처음 2년 동안 프로그램을 검토한 많은 사람의 우려를 제시하면서 정책의 공식화와 예측, 특히 부서 정책 계획을 담당할 공보 전문가가 있어야 한다는 결론을 내렸다. 보고서는 "이 프로그램을 국내에서 효과적으로 만들기 위해 가장 중요한 단계는 부처의 다른 부분과 공보 영역 사이의 정책 격차를 줄이는 것이다"라고 언급하였다.[2]

이러한 미국국제공보자문위원회의 정책 자문과 함께, 1949년 2월 미국 행정부의 후버위원회Hoover Commission는 국무부를 기존의 기능적 체제에서 새롭게 지리적 체제로 대폭 개편할 것을 권고했다. 이와 함께 총괄 책임자의 직책을 신설하고 공보 담당 차관보의 권한과 운영 업무를 완화시킴으로써, 공보 프로그램의 조직 구조를 프로그램에 정책 지침을 제공할 수 있는 방식으로 재편할 것을 권고했다. 후버위원회의 권고를 충족시키기 위한 조직 변경은 1949년 후반에 이루어졌고, 미국 국제 공보·교육 프로그램International Information and United States Educational Program(USIE, 1950~1951)으로 조정되었다. 그리고 총괄 책임자의 지시에 따라 일련의 정기적인 프로그램 기획 및 조정 회의를 개최하여, 언론 및 지역 사무국의 최고 책임자에 의한 운영 계획, 현장 프로그래밍 및 미디어 지원에 대한 지속적인 검토를 위한 메커니즘을 제공하도록 하였다. 여기에는 주간 프로그램 개발 회의, 월

간 프로그램 조정 회의, 반기별 프로그램 예산 회의가 포함되었다.[3]

한편, 자문위원회는 이러한 조직 패턴에 대해, "총책임자의 권한을 제한하는 동시에 지역국regional bureau의 국가 계획과 미디어 부문의 미디어 계획의 조정을 지나치게 어렵고 번거롭게 만드는 명백한 결과를 가져올 것"이라는 의견을 밝혔다. 자문위원회는 또한 총괄 책임자와 차관의 통제와 권한을 제한함으로써 지역 사무국이 프로그램의 현장 운영에 대한 감독 책임을 가질 것에 주목했다. 이는 1952년 1월, USIE 내에서, 그리고 USIE와 국무부의 다른 사무실들 사이의 권한과 책임의 확산을 해결하려는 시도로 이어져, 반半자율적인 미 국무부 국제공보처International Information Administration(IIA, 1952~1953)가 설립되었다. USIE 프로그램을 IIA로 개편하면서 정책 계획과 프로그램 계획을 한 사람의 책임자인 '정책 및 계획 담당 차관보Assistant Administrator for Policy and Plans' 아래 두려고 시도했다. 또한 이 조직 구조에서는 두 번째 주요 통제실인 '현장 프로그램 담당 대리 행정관Deputy Administrator for Field Programs'을 두도록 했다.[4]

국제공보처(그림 1-2 조직도)의 정책기획실Office of Policy and Plans(IOP)은 공식적으로 다음과 같은 기능을 가진 정책 및 기본 프로그램 방향을 제공하는 책임을 맡았다.

1. '부서간심리운영조정위원회Interdepartmental Psychological Operations Coordinating Committee(POC) 기획 직원에 대한 지휘
2. 다른 정부 기관과의 연락
3. 프로그램 예산 개발을 위한 정책 틀 제공
4. 특별 프로젝트의 개발
5. 정치적 정책을 효과적인 정보 지침으로 전환하는 책임

그림 1-2 국제공보처(IIA) 조직도(1952~1953)

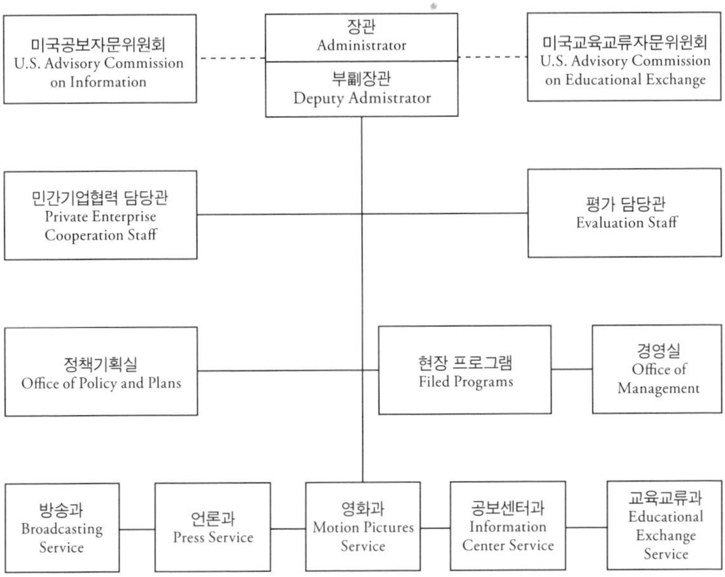

출처: Organization of U. S. Overseas Information Program, 1945~1958.

6. 미디어 운영이 국가 우선순위에 맞게 조정되도록 프로그램 계획의 조정
7. 정책 수립에 있어 선전 요구 사항에 대해 공보 담당 차관보와 협의

이 기간에 해외 공보 정책의 중점이 기존 미디어 프로그램에서 국가 프로그램으로 크게 바뀌었다. '현장 프로그램 담당 사무관 Deputy Administrator of Field Program(IFI)'이라는 새로운 직책이 개설된 것은 국제공보처 내에서 해외 프로그램의 운영을 책임지게 하려는 시도였다. 하지만 IFI와 지역 사무국 간의 권한 충돌이 계속되었다. IFI

의 주요 목적은 (일반적인 감독, 지침 및 방향을 기대할 수 있는 프로그램 틀 내에서) 식별 가능한 단일 부서를 제공하는 것이었다.[5]

IIA가 존재하는 동안에도 조직 구조에 대한 검토가 이뤄졌고, 이 과정에서 다양한 권고가 내려졌다. 한 가지 제안은 미디어 서비스를 위한 5명의 보조 관리자(언론, 영화, 라디오, 도서관 및 교환)가 미디어 프로그램의 조정을 책임질, 현장 프로그램을 위한 현장 프로그램 담당 사무관(IFI)에게 보고해야 한다는 것이었다. 정책기획실(IOP)의 행정에 관한 또 다른 연구는 IIA 내에서 IOP의 기능에 대한 명확한 이해가 없다는 결론을 내리기도 했다. 이 보고서는 정책과 기획의 기능을 분할해야 하며, IOP의 한 부서는 공보 정책에만 관심을 두고, 다른 한 부서는 기획과 정책 적용을 책임져야 한다는 것이었다. 정책과 기획이 결합되면 대개 정책은 적절히 다뤄지고 기획은 소홀해지기 마련이었기 때문에, 이러한 비판의 결과로서 IOP는 1953년 5월 프로그램 계획과 캠페인을 위한 기획위원회를 만들기도 했다.[6]

2) 아이젠하워 정부와 해외 공보 선전 정책의 전환 및 독립 기구 USIA 설립

1953년 1월 드와이트 아이젠하워Dwight Eisenhower는 대통령으로 부임하자마자 미국 정부의 해외 공보 선전을 재검토하기 위해 각종 위원회를 발족시켰다. 위원들은 적개심과 분노에 찬 어조의 '진실 캠페인Campaign of Truth'이 거의 효과가 없다는 데 전반적으로 동의했다. 더구나 스탈린 사후 소련이 탈스탈린화 정책을 표방하며 서방과의 공존, 이른바 평화 공세peace blitz를 펼쳐가는 마당에 노골적인 반공주의를 밀고 나갔다가는 국제 사회로부터 역풍을 맞을 수 있으므로, 새로운 심리전은 덜 감정적이고 덜 직설적이면서 정부의 개입이 드러나지 않는 세련된 것이어야 한다는 인식이 미국 정부 내에서 널리 퍼졌다(김려실, 2019: 181~182). 이러한 인식의 결과로, 아이젠하워는 1953년 8월 국제공보처를 미국공보처(USIA)로 개편했다.

USIA는 1953년 8월 1일 의회의 승인을 받은 대통령의 조직 개편 계획 8호의 권한에 의해 설립되었다. USIA는 대통령의 국제공보활동위원회(잭슨위원회Jackson Committee)와 상원의 해외 공보 프로그램 특별 소위원회(히켄루퍼위원회The Hickenlooper Committee)가 추천한 노선에 따른 것이었다. USIA는 기존 국무부 국제공보처, 기술협력국Technical Cooperation Administration, 상호안보국Mutual Security Agency이 이전에 수행했던 공보 활동을 통합하였으며, 기존 국제공보처까지 함께 있었던 '인력 교환 프로그램'은 국무부에 유지되었다. 이로써 USIA는 해외의 모든 미국 공보 활동을 책임지는 독립 기관으로 승격되었다.[7]

미 국무부 소속의 기관이었던 상태에서 탈피하여 독립적인 해외 공보 선전 정책을 추진·실행하는 독립 기관으로 재편하였을 때 아이젠하워 정부가 설정한 USIA의 핵심 임무는 다음과 같다.

(1) 미국 정부의 목표와 정책을 외국인들에게 설명하고 해석한다.

(2) 미국의 정책과 세계의 다른 사람들의 정당한 열망 사이의 상관관계를 상상력 있게 묘사한다.

(3) 미국의 목표와 정책을 왜곡하거나 좌절시키려는 적대적인 시도를 폭로하고 대응한다.

(4) 미국 정부의 정책과 목표에 대한 이해를 용이하게 하는 미국 국민의 삶과 문화의 중요한 측면을 설명한다.

USIA는 세계 76개국에 설치된 미공보원(USIS)를 통괄했고 각 미공보원은 미국의 재외 공관 대표가 지휘하게 되었다. 이어서 9월에는 해외 공보 선전의 강력한 중앙 통제를 위해 기존의 심리작전위원회Psychological Strategy Board(PSB)를 작전조정위원회The Operation Coordinating Board(OCB)로 대체함으로써 아이젠하워 정부의 해외 공보 선전 전략을 추진할 행정적 토대가 마련되었다. USIA 처장에게는 정책 결정 권한은 없었지만 작전조정위원회와 미 국가안보회의National Security Council(NSC)에 출석해 정책 제언을 할 수 있는 권한이 주어졌다(김려실, 2019: 182).

최초 USIA의 조직 구조는 세계 주요 지리적 지역 중 하나에서 각각 해외 프로그램을 담당하는 4명의 부처장을 두는 것이었다. 이 사무국들은 극히 적은 직원들로 구성되었지만, 곧 프로그램의 책임을 맡았다. 이론적으로, 프로그램에 대한 책임은 '정책 및 프로그램국Office of Policy and Program(IOP)'에 있었고, 부처장 아래에 있었다. 4개의 미디어 서비스는 계속해서 USIA 사무국에 직접 보고했다. 프로그램의 지속적인 확장을 예상한 정책 및 프로그램국은 1955년 2월에 장기적인 글로벌 기획을 위한 기획위원회를 만들었다. 기획위원회의 주요 활동은 직원이 제안한 기관 캠페인에 의해 자극받은, 말 그대로 수십 개의 프로그램 제안을 검토하는 것이었다.[8]

USIA의 조직 개편에 대한 논의는 1953년 9월에 시작되었다. 1953년 봄에 트레이시 부어히Tracy Voorhees의 의장직하에 USIA의 조직 문제를 연구한 민간 전문가 그룹의 많은 권고를 구체화했다. USIA 처장은 이 위원회의 일원이었다. 이 계획은 해외의 미공보원 담당관들에게 더 큰 책임을 부여하면서 탈중심화를 강조한다. 이 개념하에서 해당 국가의 미디어 직원들의 주요 기능을 현장 조직에 서

그림 1-3　1954년 USIA 조직도

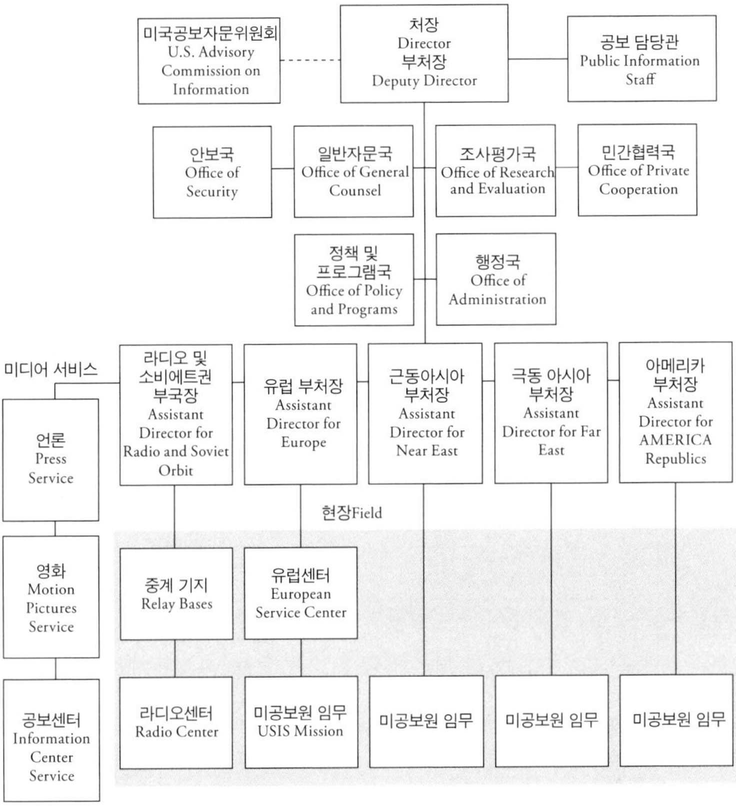

출처: First Report to Congress August-December 1953 THRU the U.S. Overseas Information Program.

그림 1－4　1955년 자문위원회의 조직 개편 권고안

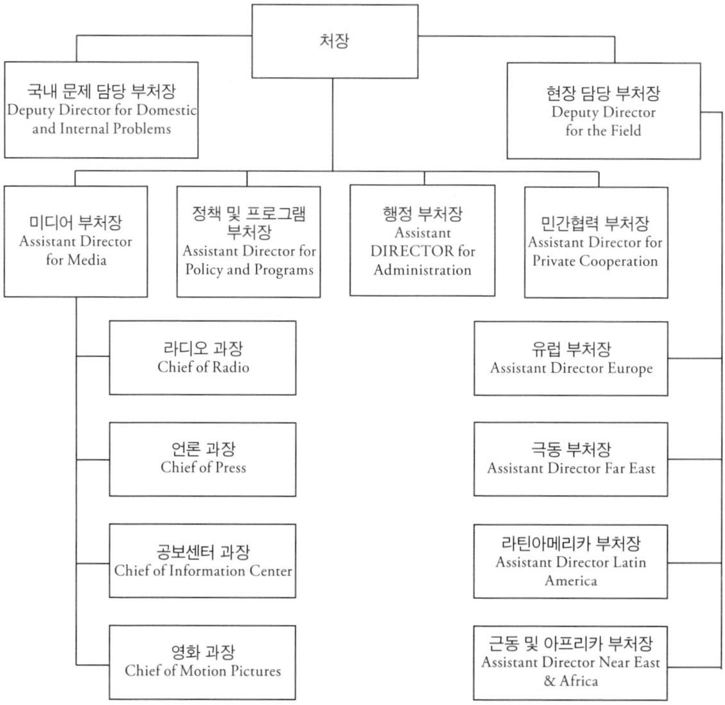

출처: First Report to Congress August-December 1953 THRU the U.S. Overseas Information Program.

비스를 제공하는 것으로 설정하였다.[9]

프로그램에 대한 책임을 지역 부처장Area Assistant Directors의 권한에 비례하도록 한 가정assumption에 대한 우려를 제기하는 두 번째 부어히 보고서가 나왔다. 이 보고서로 인해 지역 및 국가의 프로그램 책임이 '정책 및 프로그램국(IOP)'에서 지역 사무소로 이전되었다. 이러한 권한과 인사 이동에서 주목할 만한 특징은 지역 정책 책임자들

그림 1-5 1957년 3월 1일 당시 USIA의 조직도

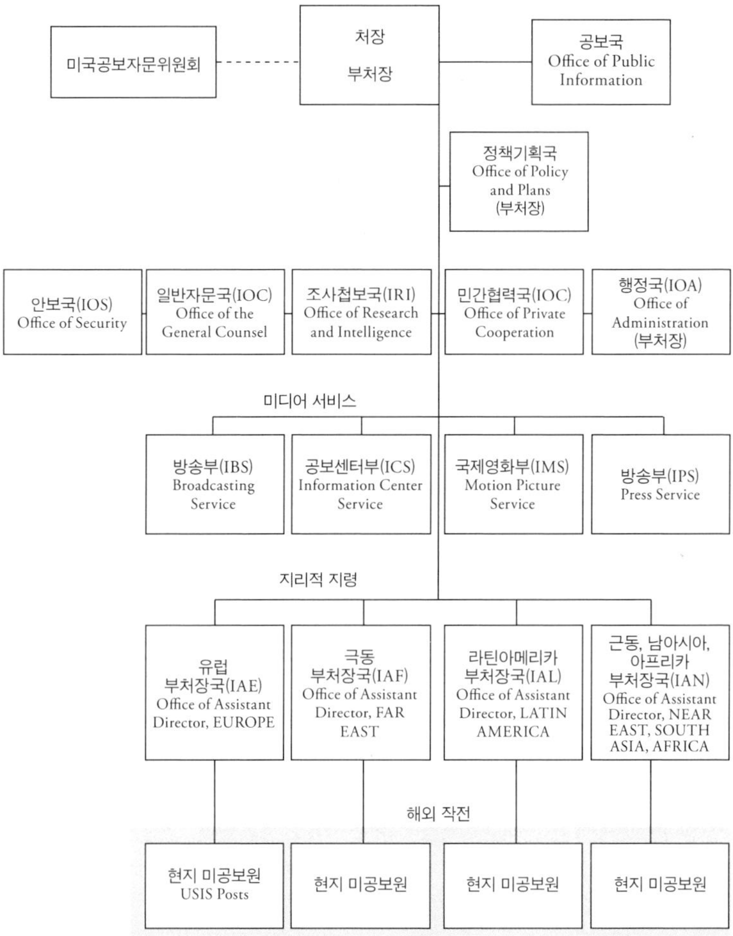

출처: First Report to Congress August-December 1953 THRU the U.S. Overseas Information Program.

이 적절한 지침을 발행함으로써 미디어 서비스의 결과물을 통제하는 데 더 큰 권한을 갖도록 하는 것이었다. 한편, 미국공보자문위원회U.S. Advisory Commission on Information 또한 USIA의 조직 구조에 대해 우려했고, 이는 1955년 10월 17일 USIA 처장에게 보내는 문서를 자문 보고서에 포함시키는 것으로 이어졌다. 이 문서는 특정 권고에 대한 처장의 요청에 대한 응답이었다. 프로그램 내에서 더 나은 계획을 요구하면서, 문서는 다음과 같이 권고했다.

> (1) USIA의 고위 임원진과 처장의 정기적인 직원회의 중 하나인 '기획위원회plans board' 유형의 회의와, (2) IOP가 주재하는 지역 사무소 및 미디어 서비스가 매주 개최하는 '브레인스토밍' 세션.

또한 1955년 USIA의 개편에 대한 문서에서는 미디어 서비스를 담당할 부처장과 현장 부처장의 임명을 권고했다. 이 권고는 두 번째 부어히 보고서의 결과로 단행된 USIA의 재편성에 8개월가량 앞선 시점에 이뤄졌다. 이런 과정을 거쳐, 1956년에는 그림 1-5의 조직도와 같이 프로그램의 책임이 IOP에서 지역 사무국으로 전환되게 되었다.[10]

2. USIA 설립 이후 극동 아시아 지역의 공보 선전 정책 목표와 예산

냉전이 점차 고조되기 시작한 1948년부터 1950년 동안 미국은 계획적이고 적극적인 공보 정책 기조를 취했다. 대외 문화 정책과 활동이 선전 또는 심리전과 보다 긴밀한 관계를 맺기 시작했다. 미국의 실상을 알린다는 기존의 소극적인 입장은 계획적인 활동을 통해 다른 국민의 견해에 영향을 미치게 한다는 적극적인 입장으로 선회했다. 1950년 트루먼 대통령이 미국의 대외 공보 활동을 '진실 캠페인'으로 명명한 것은 이러한 정책 전환을 상징적으로 보여 준다. 트루먼이 말한 '진실의 전투'란 자기 확신이 없고, 그릇된 정보를 가지고 있거나 전혀 정보를 접할 수 없는 수백만 사람들에게 '자유freedom'란 사회경제적 진보를 위한 길이며, 정치적 독립과 평화를 위한 길이라는 점을 알리는 것을 의미했다(허은, 2008: 31).

이와 같이 6·25 전쟁 이전까지 미국의 대한 정책은 대한 원조 책임 기관인 경제협조처(ECA)를 통한 원조를 제외하곤, 소극적인 경제·심리적 봉쇄 정책으로 일관했다. 즉 원조가 없는 경우 한국 정부가 외부로부터의 위협보다는 정권 자체의 불안정으로 인해 자체 붕괴할 가능성이 있다고 보았고, 유럽에서 실시되었던 부흥 정책을 그대로 적용하는 '아시아판 마셜 플랜'을 실시하고자 했다. 그러나 1949년 중국의 공산 혁명과 소련의 핵실험 성공은 미국이 한반도를 더 이상 포기할 수 없는 지역으로 바라보게 하였다(박태균, 2006: 84~115). 여기서는 미국의 대외 공보 정책에서 한국이 차지하는 위상을 가늠하기 위해 (효율적인 대외 공보 활동을 위해 기존 각 부처에 흩어져 있던 공보 기능을 통폐합시킬 필요성에서 1953년 8월에 단행된 미국 공보처 설립 직후 시점부터 1960년까지의) USIA의 극동 아시아 지역에 대한 공보 선전 정책 목표와 예산 등을 확인해 보고자 한다.

1) USIA 설립 직후 극동 아시아에 대한 정책 목표와 예산

USIA가 미 의회에 제출한 첫 번째 보고서에 따르면,[11] 1954년 당시 USIA의 극동 프로그램은 미국의 목표와 동기를 이해하고 공산주의 목표를 드러내는 데 초점을 맞추었다. 특히 극동 지역에서의 USIA 활동은 즉각적인 필요성이 크지 않은 곳보다는 압력이 극심한 곳에서 더 많은 일을 할 수 있도록 방향을 바꾸었다. USIA는 군사적, 정치적, 경제적 측면에서 성장하고 있는 공산당에 대한 극동 아시아 국가의 저항을 장려하고 강화할 목적으로, 곤경에 처하거나 위협받는 국가들을 지원하는 프로그램을 개발하고자 했다.

이에 따라 가장 발전된 프로그램은 베트남의 독립을 위해 프랑스와 벌인 1차 인도차이나 전쟁(1946~1954)으로 피폐해진 베트남, 라오스, 캄보디아 연합국에서 진행되는 프로그램이었다. 이 프로그램은 프랑스 당국뿐만 아니라 이들 정부의 전폭적인 협력을 받았다. 한편, USIA는 정책의 방향을 미국에 대한 진술을 강조하는 기존의 정책에서 미국의 대의大義를 진전시키는 '사실의 광범위한 전파'로 전환했다. 대표적인 사례가 전쟁 포로 2만 명이 공산주의 '낙원'으로 돌아가기를 거부한 일이었다. 이 사례는 공산주의자들이 한국의 문산 전쟁 포로들에 의해 패배했음을 아시아 전역(그리고 세계적)으로 보여준 것이었다. 극동 아시아 지역에서 USIA의 언론 서비스에서는, 극동 아시아 지역에 사실적인 뉴스 기사, 특집 기사, 공식 문서, 그림 기사, 사설 의견, 목격자 보고서 등을 제공했다. 영화 서비스는 지속적인 효과를 내기 위해 여러 편의 영화를 준비했다. 한국 침략의 전체 역사를 검토한 20분짜리 다큐멘터리인 〈코리아 스토리〉, 유엔의 포

표 1-1 해외 현지 USIS 인력 및 예산(1953년 12월 31일 기준)

구분	USIS 직원		예산 (달러)	
	미국인	현지인	할당	의무
중남미	102	392	$ 1,426,716	721,191
유럽	454	3,040	22,503,369	9,999,000
근동 남아시아	173	1,013	2,880,971	1,344,892
극동 아시아	197	1,141	2,737,469	1,397,151

출처: First Report to Congress August-December 1953 THRU the U.S. Overseas Information Program.

로 학대 혐의를 사진적 사실로 반박하는 내용인 〈유엔 포로 보고서〉 등이 이에 속한다.

이러한 USIA의 활동을 위한 예산과 인력 배정을 살펴보면, 1953년 12월 31일 기준으로 작성된 회계 연도 1953년 USIA의 총 가용 예산 8,491만 2,039달러에서, 극동 지역에 할당된 예산은 약 273만 달러 수준이었다(표 1-1). 참고로 1954년 6월 21일, 국무부는 재외 공관, 공사관, 영사관에서 근무하는 주요 기관원들에게 외교적 지위를 부여하는 정책을 수립했다.[12]

한편 주한 미공보원의 인력과 예산을 극동 아시아 국가와 비교해 보면, 미국인 인력 수를 기준으로는 필리핀, 인도차이나, 태국 등과 비슷한 수준이었고 현지인 수를 기준으로 보면 일본에 이어 두 번째로 많은 수준이었다. 할당된 예산 또한 약 20만 달러로, 여타 국가들보다 많다고 볼 수 없는 수준이었다(표 1-2 참조). 그 밖에도 1953년 USIA의 총 가용 예산 8,491만 2,039달러를 각 사업 부문별로 세부적으로 살펴보면 표 1-3과 같다. 가령 영화 서비스에 배정된 예

표 1-2 극동 아시아 국가별 USIS 인력 및 예산
(1953년 12월 31일 기준)

구분	USIS 직원		예산 (달러)	
	미국인	현지인	할당	의무
버마	10	83	$ 150,573	$ 75,043
중국	8	52	270,144	147,373
인도차이나	20	108	292,874	126,292
인도네시아	15	86	190,059	102,762
일본	61	297	614,494	300,241
한국	19	165	206,974	112,311
말레이시아	18	59	162,559	78,044
필리핀	18	149	486,031	267,869
대만	10	64	158,130	77,844
태국	18	78	205,631	91,372
	197	1,141	2,737,469	1,397,151

출처: First Report to Congress August-December 1953 THRU the U.S. Overseas Information Program.

산은 339만 117달러로서 미디어별로 보면 라디오/언론에 이어 세 번째 규모였다.

앞서 살펴보았던 바처럼, USIA 설립 직후 1954년 중반까지 USIA는 임무를 성공적으로 수행하기 위한 새로운 방법의 개발을 허용하는 방향으로 전환하여, 다양한 요소를 더 긴밀한 조정에 넣고, 더 긴 범위의 계획을 수립했다. 실질적으로는 해외 공보 운영이 핵 시대의 발전에 대한 미국의 반응을 반영하고, 평화에 대한 미국의 헌신을 더욱 강조했다. 미국적 삶의 방식을 더 잘 이해시키기 위한 캠페인, 그리

표 1－3 조직 요소별 권한 부여, 의무 및 지출
(1953년 12월 31일 현재 의무 및 지출)

조직 요소	할당	의무	지출
해외 임무	$ 38,060,416	$ 17,718,840	$ 10,643,061
라디오 방송 프로그램	17,793,836	8,635,410	5,516,356
언론 서비스	4,343,288	1,909,604	1,287,850
영화 서비스	3,390,117	1,307,265	509,964
공보센터 서비스	3,519,523	2,060,091	182,883
처장 사무국	147,783	84,726	22,543
지역 부처장	223,283	51,372	14,710
정책 및 프로그램 사무소	752,580	408,809	116,031
첩보 조사	198,851	79,736	22,373
평가 사무소	599,562	171,312	49,054
민간 기업 협력	182,974	62,797	17,981
일반 자문 사무소	72,487	18,351	2,019
총괄 사무국장	81,210	18,346	5,253
의회 공보	155,976	49,085	11,936
미국공보자문위원회	39,169	19,624	5,619
안보사무소	712,352	292,986	35,219
행정사무소	1,987,416	818,798	112,734
행정 지원	12,651,216	7,033,930	3,448,862
총계	84,912,039	40,741,082	22,004,445

출처: First Report to Congress August-December 1953 THRU the U.S. Overseas Information Program.

고 일련의 자유세계의 성취를 알리는 데 주력했다. 특히 USIA는 일반적으로 수용자에게 더 긍정적인 개념을 제공하려고 시도했다. 즉 미국이 공산주의에 반대하는 것에만 관심 있는 것이 아니라 인류가 가치 있게 여기는 것들을 대표하며, 인류의 진보에 헌신한다는 것을 보여 주고자 했다. 이에 따라 USIA는 운영의 연속성과 일관성을 제공하기 위해, 전 세계적으로 중요한 목표의 배후에 있는 모든 지리적 영역에서의 시설들을 결집시킬 글로벌 지침을 개발하기 시작했다.[13]

1955년 USIA의 지구적·지역별 프로그램 현황은 대체로 다음과 같은 것이었다. 우선 글로벌한 차원에서 USIA가 직면한 주요한 선전상의 문제는 두 가지였다. (1) '평화 공존'이라는 소련의 슬로건이 널리 통용되고 있다는 것과, (2) 유엔 총회와 다른 곳에서 미국이 또 다른 서구 식민지 강대국이라는 것을 사람들에게 확신시키기 위한 소련의 지속적인 노력이었다. 첫 번째 문제에 대응하여, USIA는 '평화 공존' 슬로건이 실현될 수 없는 약속이라는 점을 드러내기 위해, (미국이 평화를 위해 일한다거나 단순히 공존하고 있음을 보여 주는 방식과는 달리) 더 의미 있는 평화를 위해 설계된 주제들을 개발하고자 했다. 미국 대통령과 다른 고위 관리들에 의한 모든 성명은 널리 홍보되었고, 미 대통령의 메시지에서 강조된 평화의 크리스마스 축제는 많은 장소에서 동시다발적인 행사로 전 세계에 광범위하게 보도되었다. 특히, 자유세계에 대한 자신감을 개발하는 데 노력을 집중하였다. 한편, 보다 극복하기 어려운 성격의 두 번째 식민주의 문제에 대해, USIA는 모든 자유 국가의 독립에 대한 미국의 진정한 관심을 계속 강조하는 방식으로 대응하고자 했다. 뿐만 아니라, USIA는 미국의 깊은 도덕적 특성을 다른 사람들에게 전달하고 미국이 배움, 토론, 예배, 일, 생활, 봉사의 자유를 포함한 긍정적인 가치를 대표한다는 것을 보여 주기 위한 노력에 집중하였다. '원자력의 평화적 이용'과 관련된 주제에 대한 해외 공보는 여전히 더욱 강화되었다.[14]

이러한 글로벌 지침에 입각하여, USIA는 극동 아시아 국가의 USIS 활동에 대한 지침을 제공함으로써, 극동 아시아 국가에서 전반적인 미국의 정책 목표를 달성하는 데 도움이 되는 공보 활동의 목표를 제시하고자 했다. 그리고 각 극동 아시아 국가 지침 아래에 나열된 수용자 그룹은 주로 각 그룹의 영향력, 태도, 규모 및 접근성에 대한 현장의 평가를 기반으로 각 국가의 USIS 자체에 의해 선택되도록 하였다. 우선, 모든 극동 아시아 국가에 대한 당시의 '지역 지침Area Directive'으로는, 원자력의 평화적 이용에 대한 아이젠하워 대통령의 제안과 그 이행 또는 지원에 대하여 미국과 다른 비공산주의 국가들이 취한 조치를 공표하는 것에 있음을 제시하였고, 한국에 대한 지침과 목표 수용자 목록을 다음과 같이 제시하였다.[15]

(지침)

1. 통일은 한국의 일방적인 적대 행위 재개가 아니라 유엔의 조직을 통한 자유세계 국가들과의 협력을 통해서만 이루어질 수 있다는 것을 정부와 대한민국 국민에게 설득하라.

2. 한국의 재건에 대한 지원을 효율적으로 수행하여 안정적인 경제를 구축하고 있으며, 침략을 격퇴하고 한국을 독립적으로 보존하는 데 필요한 무장력을 유지하기 위해 한국군 시설에 필요한 경제적 지원과 직접적인 군사적 지원을 제공하고 있음을 정부와 국민에게 설득하라.

3. 정부와 한국 국민 사이에서 공산주의의 내부 위협에 대한 지속적인 저항을 장려하고, 외부의 공산주의 위협이 비공산주의 국가들 사이의 더 큰 단결에 의해 가장 잘 봉쇄될 수 있다는 것을 그들에게 설득하고,

이러한 목표를 지원하기 위한 건설적인 지역 협정에 대한 미국의 동정적인 관심을 보장한다.

4. 미국에 우호적인 한국의 안정적인 대의제 정부의 발전을 장려하고, 한국에서의 재건 노력의 성공은 한국 정부의 현실적인 조치의 채택과 스스로를 돕기 위한 한국 국민의 노력에 크게 달려 있다고 정부와 한국 국민을 설득하라.

5. 한국의 의견 지도자들에게 아시아의 반공 연대와 한국의 경제적 자기 이해가 한일 간의 이견을 신속하고 우호적으로 조정함으로써 충족될 것이라고 설득하라.

6. 한국 국민에게 미국인들과 한국인들 사이의 관심의 정체성이 공통의 경제적, 정치적 목표뿐만 아니라 상호 공유되고 존중되는 문화적, 정신적 가치로 확장된다는 것을 재확인한다.

(수용자)

1. 미디어: 발행인, 편집자, 기자, 배급업자 등.
2. 정치권: 국가 공무원, 특히 부처와 국의 준상임 직원, 국회의원, 주지사, 시장, 경찰청장, 자유당과 야당의 지도자들.
3. 교육: 대학 및 중학교 관계자 및 교수진.
4. 비즈니스: 상업 협회와 은행; 외국인 사업가들.
5. 농업인: 농부, 어부, 산림가; 마을과 마을의 지도자; 난민.
6. 노동: 도시 노동력.
7. 군대: 대한민국 국군, 장교, 부사관, 사병

특히 USIA가 한국에 대해서 주력을 두었던 것은 미국과 유엔의 경제 원조 프로그램에 중점을 두는 것이었다. 이에 USIA는 한국의 일

표 1-4 극동 아시아 지역의 재프로그래밍 요구 사항 분석(1955년 11월 21일 기준)

USIS 임무 소요 비용	현 할당 (1955. 11. 14)	현 프로그램의 조정		재프로그래밍 요구 사항			
		증가	감소	흑자 혹은 적자	제안된 추가 요구	재프로그램의 총 조정	제안된 수정 할당
버마	$ 304,200	-	-	-	$ +41,000	$ +41,000	$ 345,200
캄보디아	256,000	-	-	-	+35,000	+35,000	291,000
대만	192,000	-	-	-	-	-	192,000
홍콩	412,500	-	-	-	-	-	412,500
인도네시아	293,500	-	-	-	-	-	293,500
일본	1,014,700	-	-	-	+205,000	+205,000	1,219,700
한국	315,000	-	-	-	-	-	315,000
라오스	157,500	-	-	-	-	-	157,500
말레이시아	179,300	-	-	-	+10,000	+10,000	189,300
필리핀	316,915	-	-	-	-	-	316,915
필리핀 영화 지원	50,000	-	-	-	-	-	50,000
태국	585,000	-	-	-	-	-	585,000
베트남	852,650	-	-	-	-	-	852,650
소계	4,959,265	-	-	-	+291,000	+291,000	5,250,265

출처: U. S. INFORMATION AGENCY ANALYSIS OF REPROGRAMMING REQUIREMENTS.

방적인 군사 행동에 대한 활동을 줄이고, 한국 정부와 한국인들의 사례를 전 세계 국가에 전반적으로 '팔기' 위한 목적에서 원조 프로그램의 철저한 개발에 중점을 두었다. 한국에 있는 모든 미국-유엔 조직의 공보 시설과 여타 언론들은 이 지침을 실현시키는 데 전념하였다.[16]

이러한 1955년 USIA의 활동을 위해 극동 아시아 국가에 배정된 프로그램 소요 예산은 1955년 11월 21일에 작성된 〈재프로그래밍 요구 사항에 대한 USIA 분석〉 문서에서 확인할 수 있다.[17]

1955년 11월 14일 당시 극동 아시아 지역 국가들의 현지 USIS 활동에 소요된 비용은 총 495만 9,265달러로, 표 1-1의 1954년 예산보다 약 2배 정도 증액되었다. 이 중 가장 많은 예산이 소요된 국가는 전체 비용의 약 1/5에 해당하는 비용이 할당된 일본이었던 데 반해, 한국에 할당된 예산은 31만 5,000달러 수준으로 인도차이나반도의 국가에 비해 적은 예산이 투여되었다. 더구나 재프로그래밍을 위해 예산이 증액될 것이 필요하다고 제시된 국가는 4개 국가(버마와 캄보디아, 말레이시아, 일본)였고, 한국은 포함되지 않았다. 이와 같은 예산 조정 내역은 당시 극동 아시아 지역에서 USIA 활동상의 우선순위가 어디였는지를 잘 보여 준다. 즉 가장 많은 금액인 약 20만 달러의 증액이 있었던 일본의 사례는 일본이 극동 아시아 USIA 활동의 주된 전략 지역이었음을 시사해 준다. 총 20만 5,000달러 증액이 필요했던 일본 USIS에서는 증가분의 절반인 11만 5,000달러가 라디오, 언론, 공보센터 운영을 확장하고 특별 팸플릿 프로젝트를 수행하는 데 할당되었다.

한편, 1955년 당시 극동 아시아 지역에 배정된 총 767만 8,654달러 중에서 총 257만 8,436달러에 달하는 '직접적인 미디어 지원' 비용에 대한 상세 내역을 보여 주는 표 1-5에 따르면, 언론 서비스 부

표 1-5 극동 아시아 지역의 직접적인 미디어 지원 예산에 대한 재프로그래밍 요구 사항 분석(1955년 11월 21일 기준)

직접적인 미디어 지원 소요 비용	현 할당 (1955. 11. 14)	현 프로그램의 조정		재프로그래밍 요구 사항			
		증가	감소	흑자 혹은 적자	제안된 추가 요구	재프로그램의 총 조정	제안된 수정 할당
언론 서비스	$ 1,1345,990	-	-	-	$ +150,000	$ +150,000	$ 1,284,990
영화 서비스	710,966	-	-	-	-	-	710,966
공보센터 서비스	635,080	-	-	-	+58,500	+58,500	693,580
라디오	97,400	-	-	-	-	-	97,400
소계	2,278,436	-	-	-	+291,000	+291,000	2,786,936

출처: U. S. INFORMATION AGENCY ANALYSIS OF REPROGRAMMING REQUIREMENTS.

문이 113만 4,990달러, 영화 부문이 71만 966달러, 공보센터 서비스 부문이 63만 5,080달러, 라디오 프로그램 부문이 9만 7,400달러였다. 이 중 추가적 비용 투여가 필요한 직접적인 미디어 지원 부문은 언론과 공보센터 부문이었다.

2) 1955년 이후 USIA의 전략 변화와 현지 미공보원 활동에 대한 재검토

1955년 이후 미국의 냉전 정책은 사회주의 진영의 급진적 변화를 모색하는 기존 입장에서 점진적 개혁을 모색하는 것으로 그 방향을 전환했다. 동구 사태에서 사회주의 진영 국가의 '해방'이 쉽게 이루어질 수 없음을 인식한 미국은 공산 진영에 대한 문화적 영향력 확대에 주력하게 되었다(허은, 2008: 33). 여기서 주목해야 할 점은 1955년 이후 미국의 냉전 정책 전환과 그에 따른 USIA의 전략 변화가 현지 미공보원(USIS Posts) 활동에 대한 재검토로 이어지면서, 전 세계 지역의 현지 미공보원이 작성하는 '국가 계획서country plan'의 수립 과정에 변화가 일어났다는 것이다.

1955년 6월 22일, USIA는 "지난 2년 동안 주변적 활동을 줄이고 특정 목표를 직접 지원하는 방향으로 프로그램을 운영하는 등 중요한 진전을 이루었지만, 이 고무적인 발전이 우리가 최근에 얻은 일부 근거를 잃기 시작하지 않도록 지속적인 관심과 경계를 필요로 한다"라고 했다. 또한 "USIA의 글로벌, 지역 및 국가 지침은 성격이 상당히 광범위하여 개별적인 판단을 위한 가능한 가장 넓은 자유를 허용하는 반면, USIA 관리들은 1953년 10월 22일 대통령의 지시 범위 내에서 미국의 외교 정책 이익을 진전시키는 기본 임무에서 벗어나지 않도록 주의해야 한다"라고 하면서 지역 USIS 활동에 대한 재검토의 필요성을 제시했다.

보다 구체적으로는 USIA가 "일부 부서unit와 현지 USIS가 USIA의 목표와 직접 연결되지 않은 특정 주변적인 활동을 계속한다는 점에 주목"하면서 비록 "모든 직원이 승인된 목표에 실질적으로 기여하지 않는 주변 활동이 (우선적인 수용자들 사이에서 우리의 주요 활동을 수용하는 분위기를 조성하기 위해 의도적으로 참여하는 경우를 제외하고는) 우리 프로그램에 설 자리가 없다는 것을 상기"하고 있지만 "USIS의 활동은 절대적으로 필요한 것으로 제한되어야" 한다고 지적하였다. 그러면서 "'선한' 클럽을 조직하는 방법에 대한 지침을 제공하는 것은 USIA의 책임에 속하지 않기 때문에, (가치 있는 메시지를 수용하기 위해 우선적인 수용자의 관심이 필요한 활동의 합법적인 부분이라고 판단되지 않는 한) 막연한 '선의'에 기초하여 레크리에이션 또는 엔터테인먼트 프로그램을 제공하는 것은 USIA의 책임이 아님"을 단적인 예로 들었다. "USIS 도서관 시설은 단순히 오락적인 독서를 목적으로 하는 것이 아니라, 미국의 정책과 성과, 도덕적, 정신적, 문화적 가치에 대한 객관적이고 사실적인 그림을 제시함으로써 공통 문제에 대한 이해와 감상의 분위기를 조성하기 위한 것"이고, USIA는 "USIS 도서관의 책이나 기타 출판물의 모든 예비 독자를 독서 동기와 관련하여 교차 검토하는 것이 바람직하지 않을 뿐만 아니라 불가능하다는 것을 인식하고 있지만, 서비스에 있어서 일반 독자보다는 우선적인 수용자 그룹에 중점을 둘 것을 제안"하였다. 즉 "USIS 도서관은 우선적인 수용자 그룹에 대한 서비스에 중점을 두는 것 외에도, 미국 정책의 목적에 가장 잘 부합하는 책들의 연구와 사용을 장려해야 한다는 것이었다. 이에 주요 국가의 USIS 활동은 공보 프로그램의 궁극적인 목적과 성공에 얼마나 기여하는지를 결정하기 위해 재검토되어야 하며, 미국 공보 정책과 연계성이 존재하지 않거나 심각한 의심을 제기할 정도로 미약한 경우 해당 활동을 단계적으로 중단해야 한다"라는 방침을 재확인했다.[18]

이후 1959년에 이르면, USIA의 해외 공보 활동은 다음과 같은 목표하에 이루어졌다.

1. 미래에 미국이 현재의 국가 간 차이로 인해 발생하는 어려움을 극복하는 데 도움이 될 '지속적인 이해의 다리'를 미국과 다른 나라들 사이에 구축하는 것.
2. 미국에 최대한 유리한 영향을 주고 공산주의 국가에 최대한 불리한 영향을 주는 방식으로 현재의 발전을 이용하는 것.

또한 "보편적인 이해에 대한 보다 지속적인 분위기를 조성하기 위한 노력으로, USIA의 해외 공보 활동에서 문화 운영을 늘리고, 장기적인 활동에 상당히 새로운 강조를 두면서 그 어느 때보다 뛰어난 비정부 미국인들의 도움을 얻"는 데 주력하는 것으로 정책 방향을 선회하였다. 이러한 정책 방향에 따라, USIA는 비정부 기구 및 개인과의 관계를 강화하고 그들의 국제 활동 참여를 장려하기 위해 지속적으로 노력했다. 약 700개의 민간 협회와 다른 단체들을 대표하는 40개의 위원회로 구성된 '사람 대 사람person-to-person' 프로그램과 긴밀한 협력이 유지되었다. 또한 1959년 초 '홍보 정책과 기법에 대한 자문위원회Advisory Panel on Public Relations Policies and Techniques'를 구성하는 한편, 운영의 효율성을 향상시키기 위해 현지 미공보원 운영 계획에 대한 전반적인 개정을 추진하고자 했다. 현지 미공보원 운영 계획의 개정은 적은 수의 그리고 더 세밀한 목표에 노력과 자원을 집중시키기 위한 것이었다. 또한 새로운 일련의 기본 지침과 계획 문서를 개발했고, 현지 미공보원과 워싱턴 사이의 담당관 순환을 강화했으며, 담당관들이 다른 직위로 이동하기 전에 배정된 국가에서 복무하는 기간을 연장하기도 했다.[19]

한편 1959년 당시, 향후 5년간의 USIA 프로그램과 극동 아시아 지역의 USIS 활동을 다음과 같이 예측하기도 하였다.[20] 기본적인 국제 정세에 변화가 없다는 가정하에, 프로그램의 일반적 범위에 대해서는 "앞으로 5년 안에 일어날 수밖에 없는 것으로서 사람들의 마음에 대한 정치적, 이념적 경쟁이 심화됨에 따라, 주요 문제에 대한 미국의 관점을 '철의 장막' 양쪽의 수용자들에게 제시하는 USIA의 임무에서 어떠한 감소도 기대할 수 없"으며, "기본 세공 증가액(인플레이션, 프로모션, 신규 라디오 설비 운영 비용)은 연간 총 100만 달러에서 200만 달러까지 증가"할 것이 예측되었다. 또한 극동 아시아 지역의 프로그램에 대해서는, "공산주의자들의 압력이 심각하게 증가하지 않는 한, 극동의 프로그램은 증가하는 특정한 필요를 처리하기 위해 자금과 인력을 점진적으로 증가시킬 것"이고 "여기에는 영어 교육, 미국학, 텔레비전 및 중국 보도 프로그램의 확장이 포함"될 것이라 예측했다. 주요 미디어의 활용과 관련해서는 우선 "단파 라디오 방송은 여전히 중-소 진영 국가에서 시청자들에게 접근할 수 있는 유일한 수단이자 가장 신뢰할 수 있는 발전"이라고 보았다. 때문에, "VOA 방송은 미국의 각 안보에 필수적인 통신망의 일부로서 잠재력을 유지해야 할 것"이라고 했다. "만약 신흥 개발도상국의 교육 시스템을 지원할 수 있는 미국 정부의 계획에 USIA가 주요한 역할을 담당하게 된다면, 영화 프로그램은 훨씬 더 실질적으로 증가시킬 필요가 있다"고 보았다. 공보센터 서비스와 관련해서는 "USIA와 개별 지역은 장기적인 문화 활동에 더 많은 노력을 기울일 계획이며, 주로 문화 프로그램 지원에 전념하는 '공보 커뮤니케이션 서비스Information Communication Service(ICS)' 운영에 매년 5% 이상의 증가가 필요할 수 있"다고 예측했다. 또한 많은 나라에서 초기 단계에 있는 영어 교육과 미국 연구에 대해 "그것들이 더 완전하게 발전함에 따라 크게 증가된 지원을 필요로 할 것이고, 적어도 앞으로 3년 동안은 아시아, 아프리카, 동유럽에서 전시물과 기타 시각 자료에 대한 수요가 매년 10~30%씩 증가할 것"으로 예측했다. 마지막으로 문화 담당자들의 많은 시간이 현재 국무부의 인적 교류와 문화 프레젠테이션 프로그램을 위해 사용되고 있기 때문에 성장하는 문화 프로그램을 위해 현장의 인력에 대한 신중한 재고가 필요하다고 보았다.

1960년의 USIA 프로그램은 두 개의 대중 커뮤니케이션 미디어

(텔레비전과 라디오)가 발전된 상황과 아프리카 지역에서 많은 국가가 독립한 상황 대응에 전반적으로 초점을 두었다. 특히 한국의 정세 변화, 즉 4·19 혁명과 관련하여 다음과 같이 평가하기도 하였다.

> 민주적 제도의 남용에 대한 한국 대중의 분노는 이승만 정부에 대한 학생들의 대규모 저항으로 절정에 달했다. 이 항쟁에 반미적 성격이 없었던 것은 주한 미공보원이 4년 동안 한미 동맹이 민주주의 메커니즘을 설명하고 그가 살고 있는 정부에 대한 시민의 책임 개념을 홍보하는 데 최우선 순위를 두었기 때문일 것이다. USIA는 이러한 노력이 개혁에 대한 미국의 지지와 독재적 억압에 대한 혐오감을 확인하는 데 눈에 띄지 않지만 상당한 심리적 역할을 했다고 믿는다.[21]

2장

광복 이후 6·25 전쟁까지 주한 미공보원의 영화 공보

1945년 9월 한반도를 분할 점령한 미국은 38도선 이남에 친미적인 국가를 수립하기 위한 활동을 전개했고, 무엇보다 점령 당국은 자신에게 비적대적인 국가를 수립하기 위해 점령 지역 내 정치 세력들을 자신의 영향권으로 흡수하거나 배제하면서 미국과 친미 세력의 대중적 지지 기반을 확보해야 하는 위치에 있었다. 따라서 점령 당국에게 점령 통치의 정당성을 획득하기 위해서는 무력 통치 수단 못지않게 공보 기구는 매우 중요한 역할을 담당했다. 이에 미 점령 당국은 미군정 조직과 각 도道 내무국에 공보 조직을 활용하여 미국 및 점령 당국의 정책 타당성을 남한 대중에게 주지시키고자 노력했고, 군정 공보부와는 별도로 이른바 '진실한 모습'을 본격적으로 알리기 위한 기관을 설치하고자 했다(허은, 2008: 75~76).●

● 허은의 연구에 따르면, 별도의 공보 기관 설치의 배경에는 내외적 조건 변화가 있었다(허은, 2008: 76~80). 우선 내적 조건의 변화는 첫째로 미 점령 당국의 정책에 대한 남한 대중의 비판이 미국에 대한 근본적인 불신으로 확대되었다는 점, 둘째 1946년 이래 확대되어 온 미 점령군의 인격적 지배에 대한 남한 대중의 부정적 인식이 1947년 전반 일련의 사건으

이렇게 해서 1947년 5월 30일 설치된 것이 바로 주한 미공보원駐韓美公報院/Office of Civil Information(OCI)이었다. 초대 주한 미공보원장 제임스 L. 스튜어트James L. Stewart가 언급한 주한 미공보원의 책무는 다음과 같다. 첫째, 남한 대중이 미 점령당국에게 '우호적인 태도good will'를 갖도록 만드는 것, 둘째, 대중에게 미국의 대외 정책과 생활 양식에 대한 이해를 넓히는 것, 셋째, 미군의 점령 통치가 종식된 뒤에도 남한에서 미국에 대해 우호적인 인식이 지속될 수 있도록 대중의 인식을 변화시키는 것 등이었다. OCI는 빠른 속도로 지방 조직을 설치하여 1948년 초에는 부산, 대구, 대전, 전주, 인천, 춘천 등지에서 지부 활동을 전개했다. OCI는 각종 주간/월간지 및 인쇄 책자 발간뿐만 아니라 인적 접촉, 그리고 영화도 중요한 문화 전파 수단으로 활용했다(허은, 2008: 79~82).

이 장에서는 미국공보처(USIA)가 빠른 미디어로 활용했던 미디어 중에서 대중을 대상으로 한 영화를 중심으로, 광복 이후 6·25 전쟁까지 이뤄진 주한 미공보원의 공보 활동을 살펴본다. 냉전기 주한 미공보원의 영화 공보 활동을 이해하려면 상영할 영화의 범주와 다양한 배급 및 상영 경로를 먼저 살펴봐야 한다. 주한 미공보원이 상영한 영화의 범주는 다음과 같다.

첫째, 미국 정부의 해외 공보 기관이 전 세계 국가에서 상영할 목적으

로 급격하게 고조되었다는 점, 셋째로 점령 통치의 종식이 예견된 상황에서 향후 수립될 신생 정부 및 국민과 우호적인 관계를 지속하기 위한 기반이 필요했다는 점이 있었다. 외적 배경으로는 냉전이 심화되고 있는 상황에서 미국식 체제가 과거 일제와 현 소련 등 '전체주의' 국가들보다 우월함을 대중적으로 확신시켜야 하는 상황이 있었다.

로 제작한 영화에 한국어로 자막을 넣거나 더빙한 영화.

둘째, 미국 정부의 해외 공보 기관이 전 세계 국가에서 상영할 목적으로 제작한 영화를 현지 사정에 맞게 각색한 영화.

셋째, 미군정청 공보부 영화과나 주한 미공보원이 현지 제작(자체 혹은 위탁)한 영화(문화 영화와 보도 영화[뉴스릴]).

이러한 세 가지 범주의 조달된 영화에 대한 주한 미공보원의 상영 활동은 크게 보면 극장/비극장 배급을 통해 그리고 상세하게 보면 대체로 세 가지 경로를 통해 이뤄졌다.

첫째, 주한 미공보원 지부의 미문화원information center에서의 상영.

둘째, 도시에 있는 미문화원에 접근하기 어려운 시골 지역의 수용자나 학생, 군인 등에게 이동영사대mobile unit를 파견해서 상영.

셋째, 미국 정부의 해외 공보 기관이나 주한 미공보원이 제작에 관여한 영화를 '중앙영화배급사Central Motion Picture Exchange(CMPE)'●를

● 중앙영화배급사는 미국 해외 공보 기관과 미국 민간 영화 산업계 간의 밀접한 관계, 이른바 '이윤 추구와 정치의 결탁'이 만들어 낸 전형적인 산물이라고 할 수 있다. 김려실에 따르면, 미국 정부의 해외 공보 기관인 USIA의 뿌리는 1차 세계 대전 때로 거슬러 올라가는데, 미국의 1차 세계 대전 참전 준비를 위해 토머스 우드로 윌슨Thomas Woodrow Wilson 대통령이 설치한 대통령 직속의 미 국무부 공보위원회Committee on Public Information(CPI)였다. CPI의 해외영화부는 CPI 제작 영화의 수출을 감독하는 한편, 할리우드의 동의 아래 해외 배급을 통제하면서 민간 영화 산업계와 불가분의 관계를 맺기 시작했다. 2차 세계 대전 참전 직후 전시 공보 프로그램을 운영할 조직으로 설립·승인된 전시정보국(OWI) 내에 설치된 국제영화부International Motion Picture Division(IMP)는 할리우드와의 적극적 공생 관계를 계승하였다. 할리우드가 미국 정부의 해외 공보 선전에 전면적으로 협조했던 이유는 전쟁 영화나 뉴스릴을 제작하기 위해 미군의 협조를 얻어야 했고 미

통해 국내 전국 극장에서 배급·상영.

1. 광복 이후 6·25 전쟁 휴전까지 주한 미공보원의 영화 상영

1) 광복 이후 6·25 전쟁 개전까지

미국의 대한 공보 선전 업무는 1948년까지는 "미 육군부–주한 미군이 주로 담당했으나, 1949년부터는 미 국무부–주한 미대사관으로 이관되었다. 1949년 4월 20일에 설립된 주한 미대사관은 7월에 OCI를 USIS–Korea로 재조직했다. OCI 국장이었던 제임스 L. 스튜어트는 미대사관 1등 서기관과 USIS 원장을 겸임했고, 서울 공보관 소장 존 G. 콜드웰John C. Caldwell은 USIS의 부원장으로 전보되었다. OCI의 영화과장 찰스 M. 태너Charles M. Tanner가 USIS 영화과장직을 승계했고, 윌리엄 G. 리지웨이William G. Ridgeway가 대리acting director로서 보조했

군이 점령하거나 해방한 지역은 잠재적으로 미국 영화의 시장이 될 수 있었기 때문이다. 중앙영화배급사는 전시정보국의 승인하에 극동 아시아 지역 내에 할리우드가 독자적인 배급망을 마련하기 위해 설립된, 미국영화수출협회Motion Picture Export Association(MPEA) 산하의 회사였다. 중앙영화배급사는 1945년 8월 31일 전시정보국이 폐지된 뒤에도 미 국무부 산하 국제공보문화국(OIC) 관할로 옮겨가 목적했던 활동, 즉 극동 시장에서의 미국 영화의 배급을 재개할 수 있었다(김려실, 2019: 23~37). 이와 같은 이윤 추구와 정치의 결탁은 그렇지 않아도 세계에서 가장 큰 규모로 성장해 있던 미국의 뉴스 및 오락 산업 복합체가 향후 초국적 산업으로까지 재구조화될 수 있게 했던 자양분이 되었다(Trent, 1997/2001: 156).

다. 1953년 8월 USIA가 발족하기 전까지 USIS의 공보 선전 활동은 주한 미대사관의 지시와 승인을 얻어 진행되었다"(김려실, 2019: 93~94).

1947년 5월 30일 OCI 설립 이후 OCI 이름으로 배급된 첫 영화는, 1946년 1월 25일에 공포된 미곡수집령에 대한 조선인의 반발을 무마하기 위한 선전물일 것을 추정되는 〈미곡수집*The Rice Collection*〉이다. 이 영화는 조선인 민간 영화사에 맡겨 16mm 발성으로 제작되었다. OCI 영화는 주로 미 육군 민정국Civil Affairs(CAD)이 보내온 필름을 한국어로 더빙한 것이 대부분이었다. CAD 뉴욕사무소는 1947년부터 1948년 사이 150여 대의 영사기와 다양한 교육 영화 69편을 OCI로 보냈고, OCI 영화과는 각 10부씩 복사하여 문교부 등 한국 정부의 각 기관에 배부했다(김려실, 2019: 76~79).●

OCI 영화는 중앙영화배급사를 통해 전국 극장에 배급되었고 OCI 지부에 의해 순회 상영되었다(김려실, 2019: 76~77). 전쟁 직전 남한에는 모두 9개 도시(서울, 인천, 개성, 춘천, 광주, 목포, 부산, 청주, 대전, 대구)에 미문화원이 있었으며, 각 지방의 미문화원은 도서관을 운영하면서 구하기 힘든 장서를 갖추고 대출까지 했으며 각종 전시회와 음악회, 전람회, 영화 상영회를 주최했고 영어 강좌와 문화 강좌를 운영했다. 주한 미대사관 참사관 에버렛 드럼라이트Everett Drumright가 국무부로 보낸 보고서에 따르면, 1949년 11월부터 1950년 4월에 걸쳐 6개월 동안 미문화원의 출입자 수는 319만 7,360명으로 월평균 50만 명이 넘었다. 미문화원의 프로그램 중 영화 상영은 다른 프로그램에 비해

● 그 밖의 주한 미공보원(OCI)이 제작한 영화의 배급과 관련된 사항, 특히 OCI 규모가 1947년 10월 15일부터 1948년 3월 15일에 걸쳐 50% 이상 확장된 시기적 배경에 대해서는 김려실의 연구를 참고하라.

표 2-1 주한 미공보원 문화원의 활동 상황(1949년 11월~1950년 4월)

주한 미공보원 지부	영화 관람 인원
서울	504,190
인천	127,445
개성	131,660
춘천	414,500
광주	689,166
목포	58,638
부산	457,209
전주	108,747
대전	243,415
대구	184,805
소계	2,919,715

출처: 허은, 2008: 90의 표를 재구성.

압도적 성과를 거두었다. 같은 기간 영화 관람 인원은 291만 9,715명에 달했다. 라디오 수신기 보급률이 낮았고 농촌 지역 문맹률이 높았던 한국에서 영화는 "모든 목표target 수용자를 대상으로 하는 가장 효과적인 미디어"로 평가되었다(허은, 2008: 88; 김려실, 2019: 94~95).

한편, 주한 미공보원장 스튜어트가 존 J. 무초John J. Muchio 대사에게 보낸 문서에 따르면, "1949년 8월부터 10월에 걸쳐 실시된 주한 미공보원의 이동 영사에는 매월 참가자가 100만 명이 넘었을 정도로 반응이 뜨거웠다"(김려실, 2019: 96). 1949년 당시 주한 미공보원은 총 10대의 이동영사대가 있었고,[22] 1950년 초에도 대략 16mm 프로젝터 70대를 보유한 주한 미공보원은 학교에서의 집중 상영을 포함하여 도시, 지방, 육군, 해군, 경찰 등의 집단으로 나눠 순회 상영을 전개했다(김려실, 2019: 98). 앞서 살펴본 미문화원의 6개월 영화 관람 인원과 비교해 볼 때, 이동영사대를 통한 영화 상영에 접한 한국 대중 수가 월등히 많았기 때문에, 이동영사대의 활약은 주한 미공보원의 영화가 일반 대중에게 커다란 영향을 미칠 수 있었던 주요한 요인으로 작용했다고 평가할 수 있다.

주한 미공보원이 상영한 문화 공보 영화에 대한 한국 대중의 호응은 지역에 따라서는 상상을 뛰어넘을 정도로 높았다. 일례로 1950년 무렵 부산에서는 주한 미공보원이 상영하는 영화를 보기 위해 몰려든 인파로 인해 어린이 두 명이 압살당하는 사고가 발생할 정도였다(허은, 2008: 88). 특히 한국은 1950년대까지도 대도시를 제외하고는 영화 상설관이 거의 설치되어 있지 않았기 때문에 농촌에서 농민이 처음 접한 영화는 주한 미공보원 영화인 경우가 많았다. 미국이 정치·문화·역사·교육·과학기술의 우수성을 어떤 문화적 배경에서도 이해할 수 있을 정도로 단순한 플롯과 이미지로, 때로는 할리우드적 오락성까지 가미하여 보여 주는 주한 미공보원 영화는 (다음의 사례에서 볼 수 있듯이) 마치 '초기 영화early film'의 관객과도 같은 상태에 있던 한국 농민의 눈을 사로잡았다. 1950년 4월 전남 영광군 계림고등공민학교 교장 박상국은 광주 미국문화관에 보낸 감사의 편지에서 드러나듯, 주한 미공보원의 순회 상영은 농민들에게 일종의 '명물attraction'에 가까웠다. 다음의 진술은 당시 농민들이 '영화 속의 미국'을 의심할 바 없는 사실로 받아들이고 있었음을 잘 보여 준다.

> 이 농촌 마을은 당신들의 이동영사대가 오기 전까지 일제 시기에도 심지어 해방 이후에도 영화를 보지 못했습니다. 당신들의 영화는 농부들

에게 영화의 굉장한 가치에 대해 알게 해 주었습니다. 농민들은 미국에서 무슨 일이 일어나고 있는지 알게 되었고 영화를 본 후 자기들의 감명을 말하고 칭송했습니다. (중략) 네 군데 면의 모든 농부들이 곧 다른 영사대를 보내주기를 바라고 있습니다. (김려실, 2019: 97)

2) 6·25 전쟁 개전에서 휴전까지

6·25 전쟁 초기에는 심리전을 총괄할 주한 미군(미8군)의 작전 부서가 아직 완비되지 않은 관계로 극동사령부 총사령관본부General Head Quarters(GHQ)의 심리전 지국Psychological Warfare Branch(PWB)이 유엔군 사령부로 개편되어 심리전을 총지휘했다(김려실, 2019: 116). 6·25 전쟁 발발 무렵, (유엔군 사령부로 개편되어 6·25 전쟁의 책임을 맡았던) 극동사령부가 심리전 총지휘를 맡았지만, 심리전 준비는 미비했다. 전쟁이 일어나기 직전 극동 작전 지역Far East Theater에는 심리전 담당 직원이 7명뿐이었고, 이들은 GHQ G-2의 민간 첩보와 특수계에 소속되어 그나마 계획 수립에 관한 업무에 종사하였을 뿐이었다. 6·25 전쟁 발발 이후에야 심리전 지국으로 전환되었다(장영민, 2005: 319~320).

6·25 전쟁의 발발은 미 국무부에게 심리전 능력의 강화가 필요함을 깊게 인식시켰고, 미 국무부는 주한 미군의 심리전 작전 부서가 완비될 때까지 주한 미공보원이 초기 심리전을 주도할 수 있도록 적극 지원했다(장영민, 2005: 317~319). 이에 주한 미대사관 서기관이자 주한 미공보원장이었던 스튜어트가 긴급 투입되어 주한 미군 심리전 책임자가 되었다. 이 시기는 미국공보처가 설치되기 전으로 주한 미공보원은 주한 미국대사관 소속이었다(김려실, 2019: 117).

그렇지만 주한 미공보원의 심리전 체계는 적어도 8월 초순까지는 틀이 잡히지 않았고, 심리전 관련 기관 상호 간의 역할 분담과 업무조정도 제대로 이루어지지 않고 있었다. 더구나 심리전의 지휘와 주도권을 둘러싼 중앙부처의 갈등은 극동사령부와 주한 미공보원 관계에서 그대로 재연되어, 스튜어트는 심리전의 주도권을 극동사령부 쪽에 빼앗기고 있다는 점에 불만을 가지기도 하였다(장영민, 2005: 326~330). 또한 심리전의 효과에 대해서도 의견이 엇갈렸다. PWB의 심리전 담당자들은 효과가 있다고 보고했던 반면, 육군과 PWB의 심리전을 비체계적이고 불확실한 실험이라고 회의적으로 보았던 국무부는 심리전을 어디까지나 해외 공보 선전의 일환으로 간주해 진행하고자 했다. 따라서 심리전 미디어에 있어서도 PWB와 주한 미공보원의 견해가 달랐다. PWB가 가장 효과적이라고 보았던 것은 비행기로 전단을 대량 살포하는 것이었으나, 주한 미공보원은 좀 더 정련된 양식의 선전을 전달할 수 있는 미디어, 이를테면 영화를 이용하는 것이 더 효과적이라고 보았다(김려실, 2019: 117; 장영민, 2011b: 123).

더구나 6·25 전쟁 발발로 (CMPE가 한국 시장에서 잠정적으로 철수한 상태에서) 주한 미공보원은 미국 정부의 영화 프로그램을 수행할 수 있는 유일한 기관이 되었다. 특히 극장이 폐쇄된 상황에서 주한 미공보원 영화는 이동 영사에 매진할 수밖에 없었는데, 이동영사용 필름의 규격이 16mm였기 때문에 이는 다행스러운 일이었다(김려실, 2019: 139).

주한 미공보원 영화과는 전쟁 이전부터 미 국무부 산하 국제공보·교육교류국(OIE) 내 국제공보국(OII)의 국제영화부(IMP)로부터 공급받은 〈세계 뉴스*World News*〉와 한국 현지에서 제작한 〈전진대한보〉를 16mm로 복사해 전국 주한 미공보원 지부에 배포해 왔다. 전쟁으로 서울의 제작 시설이 파괴되자 도쿄의 GHQ로 철수한 주한 미공보원은 일본 점령군 민간정보교육국Civil Information and Education

Section(CIE) 영화과로부터 협조를 얻으려 했으나 여의치 않자 한국에서 배포할 영화 제작을 7월 20일 IMP에 긴급히 의뢰했다. 그 내용은 유엔 관련 다큐멘터리와 뉴스릴을 한국어 사운드트랙으로 제작해 16mm 10부, 35mm 3부를 복사해 도쿄로 보내달라는 것이었다. 덧붙여 주한 미공보원 영화과장 찰스 태너는 한국인의 사기 진작을 위해 한국어판 뉴스릴에 일본에 관한 어떤 내용도 담지 말 것, 대사는 단순하게 하고 한국 상황에 맞추어 보통보다 3배 정도로 느리게 할 것 등을 요청했다. 바로 다음날 IMP 부장 허버트 T. 에드워즈Herbert T. Edwards는 유엔의 활동과 트루먼 대통령의 연설이 담긴 영화를 곧 마무리해 미 육군 민정국을 통해 일본으로 프린트를 보낼 것이며, 주한 미공보원 영화과가 "한국을 위해 준비하고 있는 영화가 무엇이든 간에" IMP가 충분한 물자를 확보할 수 있도록 보조할 것이라고 답신했다. IMP는 주한 미공보원에 매주 뉴스릴을 보낼 고정 항공편을 배정했고 8월 9일에 처음으로 한국어 뉴스릴 35mm 3부와 16mm 10부를 보냈다(김려실, 2019: 117).

주한 미공보원장 스튜어트와 무초 대사는 IMP의 한국어 뉴스릴이 매우 효과적이라고 평가했다. 서울 수복 전 후방에서 간간이 교전의 총소리가 들리던 그때, 주한 미공보원은 불안해하는 시민들에게 수복에 대한 희망과 일상의 회복이라는 감각을 주입시키기 위해 영화관 재개를 서둘렀다. 아직 전국의 극장이 폐쇄된 상태였지만 스튜어트는 IMP의 〈세계 뉴스〉 제416호 및 제417호가 도착한 다음날인 9월 6일, 1,300석으로 대구에서 객석 수가 가장 많았던 문화극장의 문을 열고 관리와 상급 장교들이 참석한 가운데 일반 시민에게 〈세계 뉴스〉를 상영했다. 그날 네 번에 걸친 상영으로 6,500명 이상이 그 뉴스릴을 보았다. 무초 대사는 관객의 반응이 열정적이었다고 IMP에 보고하면서, 전투 장면, 유엔의 활동, 유엔군의 원조에 대한 장면은 보강하고 한국과 관계없는 장면은 줄여달라고 요청했다. 스튜어트도 이 뉴스릴이 한국 관객들에게 굉장히 잘 수용되었다고 판단했다. 다만 한국인들이 미국 뉴스릴의 빠른 속도와 장면 전환에 익숙하지 않다는 점을 고려하여 최소 15분으로 길이를 늘여달라고 IMP에 요청했다. 더불어 이제부터는 필름을 일본이 아니라 부산 미대사관으로 바로 보내줄 것도 요청했다. 9월 17일에 IMP가 보낸 〈세계 뉴스〉 제418, 419, 420호와 함께 느리게 편집한 영화 〈트루

표 2－2　1950년 10월 주한 미공보원 부산지부의 비극장 배급 현황

구분	총 프로그램	총 관람 인원
기업체	3	8,950
교회 및 종교 단체	1	1,000
공동체 서비스 조직	7	19,800
초 · 중등학교	8	3,950
고등 교육 기관	4	1,070
정부 기관 및 군	37	49,637
박물관 및 문화 조직	–	–
시골 수용자	26	88,850
과학 및 전문 집단	–	–
노동자 집단	–	–
기타	25	56,017
청년 조직	2	2,200
총계	113	231,474

출처: NON-THEATRICAL FILM DISTRIBUSTION(5 November 1950, Pusan).

먼 대통령의 연설〉이 도착했다. 9월 한 달 동안 대구의 극장에서 7만 5,900명, 이동 영사로 3만 7,870명으로 총 11만 3,830명이 이 영화를 보았다(김려실, 2019: 119~120).

6·25 전쟁 당시 주한 미공보원의 영화 상영 활동과 관련된 미국 공문서상의 통계를 통해 보다 구체적으로 당시의 구체적인 상황을 짚어볼 수 있다. 표 2-2는 1950년 10월 한 달간의 주한 미공보원 부산지부의 비극장 배급 현황을 보여 준다.[23] 1950년 10월 1일부터 10월 31일까지 한 달간 주한 미공보원 부산지부가 영화를 배급한 곳은 조선방직 등의 기업체, 밀양교회, 초량동·좌천동·불암동 등의 동사무소, 밀양중학교·진해해군학교, 진해해군아카데미, 밀양피난처 등이었다. 가장 많은 프로그램을 운영한 조직은 정부 기관 및 군 관련 조직으로서, 국군병원 밀양지부·밀양군청과 함께 진해해군병원, 부산 교통과·행정과 등이 있었다. 가장 많은 인원이 관람한 시골은 창원·통영·마산 등으로, 수용자들은 그 지역의 면사무소에서 관람했다.

주한 미공보원 부산지부의 비극장 배급에서 배급된 영화는 IMP로부터 공급받은 〈세계 뉴스〉를 비롯한 뉴스릴, 그리고 미 육군 민정국에서 배급받은 영화 등이 있었는데, 표 2-3은 상영된 영화별로 주요 비극장 배급처의 관람 상황을 상세하게 집계한 표다. 주요 비극장 배급처의 관람 상황을 영화별로 살펴보았을 때 나타난 특징은 미 국무부 IMP가 배급한 〈세계 뉴스〉에 대한 상영 비율과 관람 인원이 많았고, 특히 시골과 도시의 일반 수용자를 대상으로 하는 경우가 많았다는 점이다. 또한 문화 영화 중에서는 〈트루먼 대통령의 연설〉과 〈UN의 한국 원조〉가 유독 많았다는 점도 특징적이다. 이는 당시 주한 미공보원의 영화 공보 역점이 전화戰禍로 인해 부산 등지로 이동한 피난민에게 두고 있음을 실증적으로 보여 주는 것이라 할 수 있다. 그러나 6·25 전쟁 직후 주한 미공보원의 작전이 인민군을 대상으로 하는 것이 아니라 남한 주민에게 집중되어 있었음에도 불구하고, 남한 주민은 전쟁으로 인해 혼란과 불안에 휩싸여 있는 상황이었다. "남한 주민들은 기습적인 남침으로 혼란에 빠진데다가 서울과 대전을 연거푸 함락당했기 때문에 크게 낙심하고 두려워했다. 정부와 군대를 믿을 수 없으며, 인민군의 빠른 진격에 앞으로 어떻게 될지도 모르는 매우 불안한 상태에 놓였다. 여기에 여러 소문까지 무성하였으므로 혼란과 불안은 가중되었다"(장영민, 2015: 329~330). 이렇듯 주한 미공보원 영화 공보의 효과가 적었다고 본 기존 연구의 평가와 달리, 표 2-3은 주한 미공보원이 영화 공보를 통해 미국의 지원과 참전, 전황에 대한 소식 등을 전함으로써 한국 주민들에게 신뢰와 용기를 주고자 했던 노력이 상당 정도 효과가 있었을 것이라는 점을 시사한다.

1·4 후퇴로 인해 "전황이 가변적이라고 판단한 주한 미대사관은 미 국무부가 1951년 1월 19일 전송한 한국에 대한 국가 계획서 Country Paper 중 USIE 프로그램에 대한 수정안을 제안했다. 대사관이 4월 18일에 국무부로 보낸 기밀문서에 따르면, USIE 프로그램은 ① 공산군이 점령하지 않은 지역에서 미국과 유엔에 대한 한국 국민의 호의를 유지 및 증진하는 것, ② 유엔의 군사기관에 대한 지원을 최우선시하는 것으로 수정되어야 했다. ①의 세부 지침은 뉴스 배포, 유엔을 지지하는 한국 인사들에 대한 지원, 루머에 대한 제재 및 신뢰 형성, 한국 국민이 유엔의 지시와 한국의 법(둘 중에서는 유엔의 지시를 우선시)을 따르도록 하는 것이었다. ②의 지원에는 적의 군대와 인민, 게릴라에 대한 역심리전, 포로 세뇌 자료 지원, 유엔군에 대한 지도 등 심리전 행동이 포함되어 있었다"(김려실, 2019: 121). 1951년 이후 주한 미공보원의 정책과 활동은 크게 바뀌어 미국 정부의 대한 정책을 한

표 2-3 1950년 10월 주한 미공보원 부산지부의 주요 영화별 비극장 배급 현황

영화 제목	기업체		교회		공동체		학교		고등 교육		정부 · 군	
	상영회	인원	상영회	인원	상영회	인원	상영회	인원	상영회	인원	상영회	인원
세계 뉴스 #415					4	8,500	1	400			7	12,250
세계 뉴스 #416					3	7,000	1	400	2	400	6	8,530
세계 뉴스 #417					3	7,000	1	400	2	400	6	8,530
세계 뉴스 #418					4	8,500	1	400	2	400	10	17,530
세계 뉴스 #419					5	10,300	1	400	2	400	11	18,030
세계 뉴스 #420			1	1,000	5	10,300	7	2,750	2	400	38	38,700
세계 뉴스 #421			1	1,000	5	10,300	7	2,750	2	400	14	20,830
세계 뉴스 #422	1	4,000	1	1,000	6	18,300	8	3,950			31	40,757
세계 뉴스 #423	2	4,950	1	1,000	6	18,300	8	3,950	1	350	37	33,107
세계 뉴스 #424	3	4,950	1	1,000	4	10,300	7	3,550	1	350	16	20,370
CAD #95					1	5,000					5	2,984
CAD #99	1	650			2	6,800			1	350	5	2,984
CAD #100	1	1,200							1	350	4	1,800
미국의 교통					1	4,500	1	1,300	1	350	1	500
UN의 한국 원조	2	4,650			1	5,000	1	400	1	350	13	18,237
이것이 내일이다									2	400	7	8,680
자동차 산업 근로자	1	4,000										
트루먼의 연설					1	1,500					18	31,470
에스키모의 삶	1	4,300			2	6,500					3	6,150
뉴스 매거진 #15											3	5,650
어린이 동물원												
워싱턴 이야기											2	1,100
이곳이 뉴욕이다			1	1,000			6	2,350			11	16,470
공동체 워크숍			1	1,000			6	2,350			11	16,470

문화 조직		시골 수용자		전문 집단		노동 조직		청년 조직		기타		총 상영횟수	총 관람인원
상영회	인원	상영회	인원	상영회	인원	상영회	인원	상영회	인원	상영회	인원		
		12	38,350							2	8,500	26	68,000
		13	39,650							1	1,000	26	56,980
		13	39,650							1	1,000	26	56,980
		13	39,650							1	1,000	31	67,480
		15	39,650							1	1,000	35	78,280
		26	88,850							4	2,580	73	144,580
		26	88,850							7	11,980	62	136,110
		26	88,850					2	2,200	21	47,446	96	206,508
								2	2,200	20	46,546	67	110,403
										10	13,951	41	54,441
		2	8,500					2	2,200	10	30,166	20	48,850
		2	8,500				1	700	14	41,466	26	64,500	
										8	13,871	14	17,221
										8	13,871	12	20,391
		11	40,700					2	2,200	10	30,166	41	101,703
		1	1,300					1	1,500	1	1,000	12	12,880
												1	4,000
		11	40,700									30	73,670
										3	7,571	9	24,521
												3	5,650
		12	38,350									12	38,350
												2	1,100
										3	1,580	21	21,400
										3	1,580	21	21,400

출처: NON-THEATRICAL FILM DISTRIBUSTION(5 November 1950, Pusan).

국인에게 알리는 것을 일차적인 임무로 설정하게 되었다(장영민, 2010: 136~137).

이에 따라 "주한 미공보원은 영화 제작만 늘린 것이 아니라 영화의 상영 횟수도 늘렸다. 1951년 9월 27일자 IMP 문서에 의하면, 이미 주한 미공보원은 131대의 영사기와 10대의 이동 영사 차량을 갖추고 있었으나 영사기 93대와 이동 영사 차량 25대를 국무부에 더 주문한 상태였다. 1951년 8월 주한 미대사관이 미 국무부에 보고한 1953년 회계 연도 USIE 프로그램 중 영화 프로그램은 2주에 한 번 상영하기 위해 길이 90분의 영화 26편을 확보할 계획이었다. 미국 다큐멘터리, 반공주의 만화 영화, 한국 뉴스릴, 한국 이외의 뉴스릴, 뉴스 매거진, 한국어 다큐멘터리, 한국어 장편 극영화 등의 16mm 프린트 26벌, 35mm 프린트 6벌이 필요하다고 추산되었고, 모두 주한 미공보원이 한국어로 녹음할 예정이었다"(김려실, 2019: 142).

특히 6·25 전쟁 동안 "주한 미공보원은 영사 차량을 이용하여● 지역 대중에게 정기적으로 보도 영화를 상영하고, 뿐만 아니라 (라디오 수신기의 보급이 잘 이뤄지지 않았던 상황에서) 라디오 프로그램을 방송하였는데, 영사 차량은 상영 장소를 미리 홍보해 2,000명에서 3,000명의 주민을 모을 수 있었다"(허은, 2008: 248). 이와 같이 6·25 전쟁 시기 주한 미공보원의 공보 매체에서 영화가 특히 커다란 비중을 차지한 이유는 주한 미공보원이 진해에 독자적인 뉴스 영화제작소를 뒀기 때문이다. 그럼에도 불구하고, "주한 미공보원의 영화 상영도 취약함을 면치 못

● "1951년 하반기에는 전국적으로 18대의 영사 차량이 운영"(허은, 2008: 248)되는 상황이었다.

했다. 우선 보도 영화의 내용이 정확하게 농촌 대중에게 전달되지 않는 경우가 발생했기 때문이다. 미국에서 제작된 보도 영화의 경우, 촉박한 배포로 인해 대중에게 영화의 내용을 설명해야 할 주한 미공보원 직원도 그 의도를 완전히 파악하지 못하는 경우가 자주 발생했고, 보도 영화의 내용 구성도 농민이 쉽게 이해할 수 없는 부분이 많았다. 주한 미공보원은 농민의 흥미를 유발하고 보다 이해하기 쉬운 내용으로 보도 영화가 구성되어야 한다고 지적했다. 여기에 영화를 보기 위해 많은 대중이 모였으나 열악한 상영 여건으로 말미암아 영화에 몰입할 수 없었던 조건도 영화 상영이 안고 있었던 취약점이었다. 주한 미공보원 담당자는 이러한 상황을 빨리 시정해 영화라는 매체가 갖는 효율성을 극대화해야 한다고 보았다"(허은, 2008: 249).

6·25 전쟁의 고착 양상이나 휴전 협상의 진행이 1951년 7월 이래 크게 변하지 않았으므로 미국의 終戰 정책과 대한 정책이 그대로 유지된 것처럼, 한국에서 공산주의를 격퇴하고 미국과 유엔을 지원한다는 주한 미공보원 선전 정책의 기본도 그대로 견지되었다. 다만 휴전이 가까워올수록 휴전과 그 이후를 대비하는 선전 목표와 주제가 중요해졌다. 이에 따라, 주한 미공보원은 한국 사회의 휴전 반대 분위기를 누그러뜨리고 방향을 전환하기 위해서 전후 복구를 강조하는 선전을 적극적으로 펴나갔다. 1953년 5월에는 미 국무부에 이런 종류의 자료를 요청하여 수령하였고, 그중에는 그리스와 유럽의 전쟁 피해 복구 사례를 담은 영화 12편도 들어 있었다(장영민, 2010: 146~150).

2. 광복 이후 6·25 전쟁 휴전까지 주한 미공보원의 영화 제작

해방기와 6·25 전쟁 시기에는 부족한 기재와 인력, 경제난 등으로 인해 극히 적은 편수의 한국 영화가 제작되었다. 또한 냉전 체제라는 세계사적 정세 속에서 해방·전쟁·분단을 겪은 국가적 상황으로 인해 상업 극영화보다 뉴스·문화 영화 중심의 기록 영화가 주를 이루었다. 국가 수립과 국민 형성 그리고 냉전이라는 시대적 상황에서 영화는 오락 기능보다는 정보 전달과 교육, 선전의 임무와 기능을 담당했다.

광복 이후 6·25 전쟁기까지 영화 제작을 담당했던 주요 기관은 주한 미공보원과 (미군정청 공보국 영화과가 담당했던 행정 업무를 이어받았던) 대한민국 공보실 선전국 영화과다. 그러나 6·25 전쟁 전까지 공보실 영화과의 주요 업무는 검열과 극장에 관한 정책 수립과 이행이었기 때문에, 공보실 영화과는 한국 전쟁 시기까지 부족한 기재와 인력으로 인해 사실상 영화 제작을 통한 교육·선전을 수행했다기보다는 외국 영화의 극장 상영을 중심으로 하는 행정 업무를 진행했다고 볼 수 있다. 공보실 영화과가 영화 제작을 중심에 둘 수 없었던 또 다른 이유는 당시 한정된 영화 인력들이 공보실뿐만 아니라 주한 미공보원, 미502부대, 육군, 해군, 공군 등에 설치된 영화과 또는 영화촬영대와 여러 가지 방식으로 중복·관련되었기 때문이기도 했다(공영민, 2018: 16~17). 여기서는 이 시기 영화 제작을 실질적으로 담당했던, 즉 주한 미공보원의 영화 제작을 담당했던 조직인 진해영화제작소의 활동을 중심으로 6·25 전쟁까지 주한 미공보원의 영화 제작 활동을 간략히 살펴보고자 한다.

1) 광복 이후 6·25 전쟁 개전 이전까지

미국이 한반도 남한에 진주한 직후, 점령군의 대민 공보 활동은 제24군단 정보과가 수행하다가 1946년 1월 4일에 재조선미국육군사령부군정청United States Army Military Government in Korea(USAMGIK)이 발족되면서 군정청 공보과가 담당하게 되었다(김려실, 2019: 7). 미군이 남한을 점령한 직후 미국이 점령군에게 하달한 〈SWNCC 176/8: 한국의 미군 점령 지역 내 민간 행정에 관해 미육군 태평양 지구 사령관에게 주는 초기 기본 지령〉의 공보 지침은 매우 포괄적이었을 뿐만 아니라, 이 지침을 바탕으로 미군정 공보 활동을 정책적·물리적으로 지원해 줄 미국의 부서였던 미 국무부의 국제공보문화국(OIC)과 육군 민정국(CAD)도 대한對韓 공보 활동에 관해 큰 관심을 기울이지 않았다. 국무부 OIC의 공보 계획에서 한국은 일본과 같은 범주로 묶여, 일본에서의 공보 활동이 미국과 정책적·물리적 연계하에 이뤄진 것과 대조적이었다. 1946년 초 국무부가 일본을 위한 미디어 지침을 육군부에 보내면, 이는 맥아더를 거쳐 민간정보교육국으로 전달될 것이 협의되었다. 그리고 이를 위해 CAD에 재교육계가 설립되었으며, 민간정보교육국에 서적, 잡지, 신문 기사, 라디오 원고, 영화, 연극 자료 및 음반을 공급하기 위해 뉴욕에 민정국 재교육계 지부가 설립되었다. 반면, 미군정의 공보 활동은 미국과의 정책적·물리적 연계가 긴밀하지 못했을 뿐만 아니라, 공보 담당자들도 대부분 전문가가 아닌 직업 군인들이었다(박수현, 2010: 381~382).

미군정청의 공보 기구는 초기에는 주로 라디오와 신문을 통한 여론 및 정치 동향 수집에 중점을 두었지만, 1946년 6월 트루먼 대통령의 특사인 에드윈 W. 폴리Edwin W. Pauley의 대통령 서한을 통해 미

그림 2-1 미국 공보 정책의 전달 계통(워싱턴 → 서울)

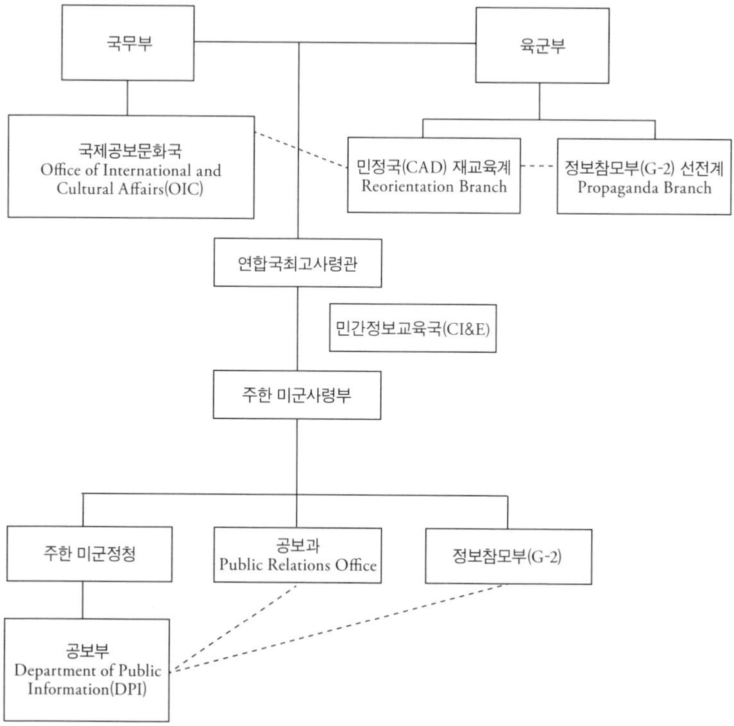

* 실선은 지휘 체계, 점선은 연락 관계를 의미.

출처: 박수현, 2010: 382.

국 정부가 한국에 대한 공보 정책을 강화할 필요성을 인식하기 시작했다. 이후 주한 미군사령부의 공보 기관(미군정청 공보부Department of Public Information[DPI], 주한 미군 공보과Public Relations Office[PRO], 주한 미공보원[OCI])은 점차 문화 공보의 중요성을 깨닫게 되면서 다른 미디어에 비해 파급 효과가 강력했던 영화 공보를 강화해 갔다(박수현, 2010: 397; 김려실, 2019: 67).

그림 2-2 주한 미군사령부의 공보 기관(1947년 5월 30일 무렵)

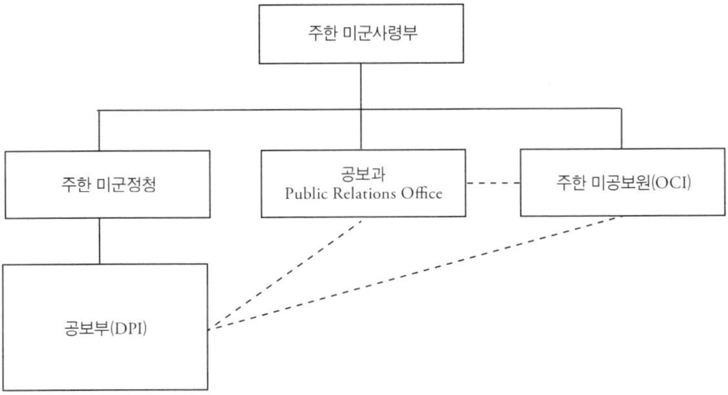

* 실선은 지휘 체계, 점선은 연락 관계를 의미.

출처: 박수현, 2010: 407.

이에 1946년 10월 미군정청의 조직 개편을 통해 미군정청 공보부 공보과는 ① 한국인을 대상으로 단편 영화를 만들고, ② 한국의 전문 업체를 통해 미국 영화를 편집하고 배급하며, ③ 미국인의 생활 방식을 묘사한 미국 영화에 한국어 사운드트랙을 입히는 등의 임무를 맡았다. 당시 영화과는 미국 정부와 의회도서관 등에 대한 다큐멘터리 영화 9편을 한국 상영을 위해 내용을 각색하고 한국어로 더빙했다. 한편, 1946년 봄 정훈 부대였던 502부대의 부대장 리어든 대위가 영화과장으로 부임하면서, 군정청에 녹음·현상 시설을 두고 한국 영화인들에게 하청을 주어 보도 영화를 제작했다. 〈조선시보〉를 부정기적으로 제작했던 영화과는 그것을 대체해 1947년 1월 19일부터 2주에 한 번 정기적으로 〈조선전진보*Progress of Korea*〉를 발행했다. 1947년 12월 이후로는 주한 미공보원(OCI)이 〈조선전진보〉를 제작했고, 정부 수립 이후에는 새롭게 개편된 주한 미공보원(USIS-Korea)이

〈대한전진보〉로 이름을 바꿔 제작했다가 6·25 전쟁 발발로 중단되었다. 공보부 영화과는 1945년과 1946년에 걸쳐 뉴스릴 26편과 농업, 산업, 공중보건에 관한 군정 활동을 홍보한 다큐멘터리 7편을 제작했다(김려실, 2019: 70~72).

또한 1947년 5월 30일 주한 미공보원(OCI)이 설립된 이후, 주한 미공보원이 제작한 영화는 1947년 〈미곡 수집〉과 1948년 〈인민 투표〉, 〈장추화 무용〉, 〈희망의 마을〉이 있었다. 당시 OCI가 제작한 영화는 주로 미육군 민정국(CAD)이 보내온 필름을 한국어로 더빙한 것이었다. 하지만 "자체 제작한 〈인민 투표〉는 OCI의 직원 존 C. 콜드웰에게 현지 제작의 필요성을 일깨워 주었다. 고작 4,000달러를 들여 3주 만에 완성한 이 영화는 수만 달러를 들여도 1년씩이나 걸리는 IMP 영화보다 효과적이었다. IMP가 제작한 '전문적' 영화는 각본 단계에서부터 지역 전문가의 검토를 비롯해 각종 회의를 거쳐야 했고 완성된 필름은 다시 전문가 리뷰를 받아야 했기 때문에 현지에 도착한 시점에는 선전에 이용해야 할 이유가 사라져 버리곤 했다"(김려실, 2019: 86). "한국 정부 수립 후에 주한 미공보원 부원장이 된 콜드웰은 그때의 경험을 살려 현지 영화의 비중을 늘려가려고 노력했다. 그러나 몇 가지 장애가 있었다. 미 육군부 관할이었던 OCI나 민간정보교육국(CIE)은 점령지에서 민간에 하청을 주는 방식으로 일부 영화를 조달했다. 일본의 경우, 문화·교육 부문에서 재교육·재정향 정책을 전담한 CIE는 영화 및 출판물 제작을 담당했던 CAD 재정향 부서가 제공한 교육 영화를 주로 상영했지만 필요에 따라 현지 민간 영화사에 하청을 주어 제작하기도 했다. 그런데 CAD와는 별개로 미국무부 국제공보·교육교류국(OIE)의 IMP도 영화를 제작하고 있었다. 국무부는 현지 제작에 대해 육군부와는 다른 관점을 가지고 있었다.

CAD는 현지 제작 미디어가 심리전에 효과적이라고 보았지만 IMP는 비전문적이라는 이유로 현지 제작에 소극적이었다. 따라서 국무부 소속이었던 주한 미공보원(USIS)도 현지 제작에 소극적일 수밖에 없었다. 콜드웰이 한국을 떠나 CAD 재정향 부서의 고문으로 일하는 사이 6·25 전쟁이 발발했고, 주한 미공보원이 심리전에 관여하면서 국무부도 현지 제작에 대한 입장을 바꾸게 되었다. 진해로 영화제작소를 이전한 주한 미공보원은 한국인을 고용해 필요한 영화를 적시에 제작하고자 했다"(김려실, 2019: 86~87).●

또한 "1948년 5·10 총선거를 앞두고는 〈투표하는 방법*How to Vote*〉과 〈이승만 박사의 대통령 선거*Dr. Syngman Rhee's Election to the Presidency of Korea*〉를 제작했다. 1948년 중반에는 〈안전*Safety*〉, 〈한국의 선거*Election in Korea*〉, 〈유엔한국임시위원단*The United Nations Temporary Commission on Korea*〉을 제작했는데, 이들 영화는 OCI 영화과가 직접 제작한 것이 아니라 한국인 영화사에 하청을 준 것이고, OCI는 결재권을 갖고 전반적 감독만 담당했다"(김려실, 2019: 79~80).

1949년에 주한 미공보원(USIS)이 제작한 영화 4편 중 3편이 ECA 원조에 관한 다큐멘터리였다. "신생 대한민국에서 주한 미공보원이 가장 심혈을 기울인 활동 중 하나는 ECA 원조가 한국의 발전을 위한 것이라는 점을 한국인에게 이해시키는 일이었다"(김려실, 2019: 103). 이렇듯 "주한 미공보원 영화과의 제작팀은 국무부가 보낸 '진지한 다

● CAD 뉴욕사무국이 1951년 12월 31일에 폐쇄되고 국무부가 해외 공보 선전용 영화 제작을 전담하게 되면서, IMP와 CAD의 견해 차이와 의사소통 문제도 자연스레 해소되었다. 이후 해외 공보 선전용 영화는 1952년 4월부터 국무부 국제공보처(IIA)가, 1953년 8월부터는 새로 발족한 USIA가 제작하게 되었다(김려실, 2019: 87).

큐멘터리'를 한국어로 더빙하거나 한국 사정에 맞게 각색하는 한편 '한국의 특수한 필요 때문에' 직접 영화를 제작하기도 했다. 6·25 전쟁 직전까지 주한 미공보원은 국무부 영화를 각색한 것, 한국인 배우를 고용해 직접 제작한 것을 포함해 매월 15~18편의 영화를 제작했다. 이렇게 제작된 주한 미공보원 영화는 38선 이남 대부분의 지역에서 극장뿐만 아니라 영사기가 설치될 수 있는 곳이라면 어디서든 상영되었다"(김려실, 2019: 98).

김려실의 평가에 따르자면, 당시 미군정청 영화과의 제작 방식은 필름을 비롯해 재료와 기자재 일절을 공급하되, 그 외 모든 것은 조선 영화인에게 맡기는 '조선화Koreanization'의 형태였다. 처음에 군정청 공보부는 미국인 책임자가 편집과 내용을 담당하고 그 외 기술적 부분은 조선인이 담당하는 형태로 운영되었지만, 남조선 단독 과도 정부를 수립한다는 결정에 따라 1946년 9월 이후 공보부 각 과의 책임자가 한국인으로 바뀌고 미국인은 고문으로 남게 되었다(김려실, 2019: 73).

2) 6·25 전쟁 개전 및 진해영화제작소 설립까지

6·25 전쟁으로 영화 제작 시설이 철저히 파괴된 상황에서, 주한 미공보원은 남한 주민을 대상으로 한 영화 공보에 필요한 영화를 우선 미 국무부 국제영화부(IMP)와 육군을 통해서 조달하는 한편 후방의 지역에서 별도로 제작 시설을 갖추고 공보 선전에 필요한 영화를 자체 제작을 해야 할 필요성이 있었다.

특히 6·25 전쟁기 주한 미공보원 영화과는 남한 유일의 영화 공급처가 되었다. 국무부의 IMP는 주로 미 육군통신대와 해군 사진부대가 한국에서 촬영한 영상을 편집해 뉴스릴과 다큐멘터리를 제작했다. 영화과는 국제 공보·교육 프로그램(USIE 프로그램)의 일환으로 국무부가 보낸 뉴스릴과 다큐멘터리를 한국어로 각색한 뒤, 극장 상영, 이동 영사, 필름 대여를 통해 배포했다. 한편 육군은 통신대 전투 촬영 기사combat cameraman를 한국으로 파견해 전황을 기록했고, SPX라는 암호명으로 영화를 이용한 심리전 프로그램을 비밀리에 진행했다. 편집되지 않은 SPX 영상은 뉴욕주 롱아일랜드의 통신대 영상센터로 보내졌고 IMP나 미 육군 민정국이 영화 제작에 사용했다. 〈유엔과 세계 동란〉처럼 전쟁 초기에 제작된 미 육군부 영화는 미군이 참전한 이유를 설명하기 위해 소련 배후설을 강조하며 유엔의 이름으로 참전을 합리화하는 데 중점을 주었다. 그러나 중공군의 참전으로 전쟁이 장기화될 조짐이 보이자 선전의 강조점은 〈동란의 1년〉처럼 미군의 리더십 아래 유엔의 국제 공조가 잘 이루어지고 있으며 유엔의 인도주의 행동을 홍보하는 것으로 변화했다(김려실, 2019: 122~129).

이렇게 6·25 전쟁으로 영화 제작 시설이 철저히 파괴된 상황에서, 주한 미공보원 영화과는 후방 지역에 별도의 영화 제작 시설을 갖춘 영화제작소를 건립하여 영화 제작에 들어갔다. 당시 영화과장이었던 찰스 태너가 한국행을 거부한 상황에서 (6·25 전쟁 발발 직전인 1950년 6월 19일 미국으로 휴가를 갔다가 서울로 발령받고 다시 입국하게 된)[24] 1950년 10월부터 주한 미공보원 영화과장 대리직acting director을 맡게 된 윌리엄 G. 리지웨이는 주한 미공보원이 9·28 수복 직후부터 영화과를 복구하고 자체 뉴스릴을 생산하게 했다. "다시 전세가 역전되어 1950년 12월 중순 흥남 철수가 시작되었다. 미 육군 중사에게 위스키 7병을 뇌물로 주고 유개화차 몇 대를 얻은 리지웨이는 기자재는 물론 영화과 직원들과 그 가족까지 도합 350명을 USIS 지부가 있던 진해로 실어 날랐다. 리지웨이는 일제 강점기에 해군 장교 클럽으로 사용되었던 그 건물을 약 7,000~8,000달러를 들여 스튜디오로 개조했다. 그때까지 주한 미공보원은 이명우프로덕션 등의 민간 영화사에 제작을 맡겼지만(전쟁으로 이명우, 박기채, 최승린, 양세웅, 김정혁, 홍일명 등의 영화인이 납북되거나 월북했기 때문에) 민간의 영화 생산은 불가능해졌다. 이에 주한 미공보원은 자체 제작으로 방침을 변경했다"(김려실, 2019: 139).

이에 따라 리지웨이는 함께 피난 온 한국인 직원 85명을 지휘하면서 거적으로 방음 부스를 만든 뒤 1951년 2월부터 제작을 개시했다. 당시 주한 미공보원 영화과가 갖추고 있던 장비는 대부분 수동이었고 그마저도 상태가 좋지 않았다. 그렇지만 주한 미공보원 영화과가 자체 제작을 시작함으로써 생산 장비도 대폭 개선되었다(김려실, 2019: 140~141).

이렇듯 진해제작소는 점차적으로 생산 장비를 갖춤으로써 촬영에서부터 현상, 프린트까지 영화 제작의 전 과정을 해결할 수 있는 국내 유일의 영화제작소가 되었다. "1951년 7월에 주한 미대사관이 미 국무부에 보고한 바에 따르면, 진해제작소는 매달 ① IMP 다큐멘터리의 한국어 버전, ② 한 릴 분량의 뉴스릴 2편, ③ 한 릴 분량의 다큐멘터리 2편을 제작했고, 1952년부터는 ① IMP 다큐멘터리의 한국어 버전 4편, ② 한 릴 분량의 뉴스릴 3편, ③ 한 릴 분량의 다큐멘터리 2편, ④ 6~7릴 분량의 극영화 최대 2편을 생산할 계획이었다"(김려실, 2019: 141).

한편, 1951년 11월 진해영화제작소의 이전 결정으로부터 실제 이전이 이뤄지는 1952년 11월까지 기간 동안에는, 리지웨이의 요청이 받아들여져서 주한 미공보원은 한국인 직원을 고용해 영화 프로그램을 확장하게 되었고, 〈마을 문제 해결*A Town Solves Problem*〉, 〈왜 한국인가*Why Korea*〉 등 IMP가 보낸 다큐멘터리를 한국어로 더빙했고, 1952년 5월 19일부터 〈리버티 뉴스〉를 격주로 제작했다. 이 뉴스릴은 총 11분 분량으로 16mm, 35mm 모두 제작되었으며 국내 뉴스와 한국어로 더빙된 국제 뉴스가 각각 5분가량 담겨 있었다(김려실, 2019: 122, 145~147).

3장

6·25 전쟁 이후 1960년까지 주한 미공보원의 영화 상영 활동

1950년대 주한 미공보원의 모든 활동은 기본적으로 USIA의 해외 공보 정책과 그에 따른 주한 미공보원의 상황 인식에 따른 것이다. 6·25 전쟁 이후 1960년까지의 주한 미공보원의 영화 상영 활동을 구체적으로 살펴보는 데 우선적으로 고려되어야 할 것은 다음과 같다. 첫째는 USIA의 해외 공보 정책 중 영화 관련 정책과 활동이다. 둘째는 주한 미공보원의 상황 인식이다. 따라서 이 장에서는 6·25 전쟁 이후 1960년까지를 두 시기로 나누어, 각 시기별로 USIA의 영화 관련 정책 변화와 그에 따른 주한 미공보원의 상황 인식과 영화 상영 활동을 살펴보고자 한다.

1. 휴전 이후 1955년까지 USIA와 주한 미공보원의 영화 공보 정책

1) USIA의 해외 영화 공보 정책과 활동

1953년 8월 1일 USIA가 독립적인 해외 공보 기관으로 설립된 이후, 1954 회계 연도에 대한 USIA의 세출은 1953 회계 연도에 비해 운영 자금이 36% 감소했다. 이를 위한 재프로그래밍은 다양한 커뮤니케이션 미디어를 국가별로 평가하는 현장 조사를 기반으로 했다. 모든 미디어가 대폭 삭감되었다. 비율적으로 도서관 프로그램이 가장 적게 줄었고, 영화 서비스가 가장 많이 줄었다(50% 이상). 도서관은 65개국 184개에서 63개국 158개로 줄었다. 영화의 축소는 주로 새로운 제작물을 축소한 것에 의해 영향을 받았다. 일반적으로 '아메리카나'로 묘사된 영화들은 반공적인 주제를 가진 영화들과 미국의 외교 정책을 직접적으로 지지하는 영화들을 위해 감소되었다. 1953년 당시 더 많은 영화가 해외에서 현지에서 제작되었다. VOA 방송 사업은 거의 25% 감소했다.[25]

USIA가 미 의회에 제출한 1954년 상반기 활동 보고서에 따르면,[26] 1954년 아이젠하워 대통령의 연두교서에서는 "미국이 전 세계적으로 영향을 미칠 불황의 위기에 처해 있다"라는 공산주의 선전의 강화된 주장을 정면으로 반박하기 위해, 안정적인 미국이 자유세계의 경제적 행복에 필수적이라는 미국의 입장을 강조하였다. 또한 USIA는 정부와 민간 산업에 의한 원자력의 평화적 적용의 발전을 집중적으로 다루기 위해 모든 커뮤니케이션 수단을 계속 사용하고자 했다.

이러한 정책 목표하에, USIA의 영화 서비스 분야 중 영화 프로그램에서는 특히 극동●과 남아메리카를 위한 반공 영화 제작에 초점을 맞췄다.●●[27] 이러한 반공 영화에는, 중국과 북한 공산주의자들이 주한 유엔군을 상대로 저지른 만행을 담은 다큐멘터리 〈불쾌한 주제*An Unpleasant Subject*〉, 폴란드 공산당 정권 시절의 삶을 담은 다큐멘터리 〈폴란드인들은 고집 센 민족*Poles Are a Stubborn People*〉, 소련의 라트비아, 리투아니아, 에스토니아 점령기를 담은 〈점령당한 발트해*Rape of the Baltics*〉 등이 포함되었다. 이들 영화는 할리우드로부터의 지원을 통해 최소 비용으로 업계 최고 수준의 전문 및 기술 직원의 서비스를 제공받을 수 있었는데, 파라마운트Paramount 영화사는 〈폴란드인들은 고집 센 민족〉, 워너-파테Warner-Pathé 영화사는 〈점령당한 발트해〉을 제작하였다. 또한 극장 배급 분야에서는, 닉슨 부통령의 극동 및 근동 순방에 관한 USIA의 영화가 파라마운트 영화사와 함께 정규 극장 채널에서 해외 배급되었다. 상업 배급사를 통해 해외에서 개봉된 영화로는 〈평화를 위한 원자력*Atomic Power for Peace*〉, 유엔의 행동에 의한 공산주의자들의 침략을 성공적으로 견제하는 것을 강조하는 〈한국 이야기*The Korea Story*〉와 미국과 멕시코가 공동으로 착수한 리오그란데의 물 절약과 전력 개발에 관한 이야기인 〈팔

● 당시 극동 아시아 지역에서 USIA 활동의 핵심은 베트남, 캄보디아, 라오스, 태국에서의 활동 강화를 위해 프로그램과 인원을 확장하는 것이었다. 극동 아시아 지역에서는 특히 두 가지 주요 주제가 강조되었다: 미국의 목표에 대한 더 나은 이해와 서서히 다가오는 적색 식민주의에 대한 더 넓고 깊은 인식이다.

●● 1954년 하반기에 USIA는 반공주의를 주제로 한 영화에 점점 더 중점을 두었는데, 공산주의를 공격하는 영화 중 70% 정도가 촬영 지역의 현지와 언어를 이용하는 해외 임무를 통해 제작되었다.

표 3－1 극동 아시아 국가별 미공보원 인력 및 예산(1954년 6월 30일 기준)

구분	미공보원 직원		예산(달러)	
	미국인	현지인	할당	의무
버마	14	86	$ 160,893	$ 160,893
중국	7	54	295,744	295,744
인도차이나	27	125	419,874	126,292
인도네시아	14	124	192,199	192,199
일본	50	296	763,894	763,894
한국	16	176	236,174	218,204
말레이시아	13	60	173,947	169,890
필리핀	17	112	459,931	457,641
대만	1	64	184,397	169,608
태국	25	131	315,231	249,791
소계	184	1,228	3,201,784	3,076,552

출처: Second Report to Congress January-June 1954 THRU the U.S. Overseas Information Program.

콘 댐*Falcón Dam*〉이 있었다. 그 밖에도 미국 정책을 지지하는 영화에서는 특히 미국의 외교 정책을 명확히 하고 지원하는 영화가 강조되었다. 그중에는 극동과 근동의 미공보원과 비영리 상영 채널들의 상영 활동을 위한 월간 뉴스 리뷰도 포함되어 있는데, 〈아워 타임스*Our Times*〉라고 불리는 이 짧은 필름(각 20분)은 6개의 사건을 다루며, 미국의 정책과 목표를 설명하는 내용을 담았다.

USIA의 극동 아시아 국가에 대한 예산과 해외 미공보원의 인력 노한 나음과 샅이 재소성되었다. 우선 표 3－1에서 보늣, (1954년 6월 30일 기준) 극동 아시아 국가별로 인력과 예산은 조정되어 할당되었다.

표 3-2 조직 요소별 권한 부여, 의무 및 지출

(1954년 6월 30일 현재 의무 및 지출)

조직 요소	할당	의무	지출
해외 임무	$ 37,292,435	$ 36,845,993	$ 29,978,050
라디오 방송 프로그램	15,934,253	15,653,644	12,473,130
언론 서비스	4,486,554	4,439,228	3,170,470
영화 서비스	4,612,177	4,590,155	3,971,510
공보센터 서비스	4,324,158	4,307,542	1,511,816
국장 사무소	138,036	138,006	103,922
지역 부처장	163,068	156,917	129,610
정책 및 프로그램 사무소	706,824	701,623	654,522
첩보 및 조사 사무소			
1. 첩보 인력	156,895	156,640	133,259
2. 조사 및 평가 인력	452,500	450,005	128,420
민간 협력 사무소	140,753	140,365	128,420
일반 자문 사무소	72,487	18,351	2,019
총괄 비서	45,394	44,850	44,797
공보 인력	109,066	105,649	89,048
미국공보자문위원회	40,135	39,576	39,576
안보 사무소	584,004	571,697	325,728
행정 사무소	1,920,976	1,912,428	1,418,594
행정 지원	12,750,837	12,656,909	8,578,406
소계	83,930,393	82,982,872	63,050,829
예산부 예비비	2,000,000		
총계	85,930,393		

출처: Second Report to Congress January-June 1954 THRU the U.S. Overseas Information Program.

반년 전에 비교해 보았을 때(1장의 표 1-2 참고), 미국인 인력은 184명으로 줄어들었고, 한국과 일본을 비롯하여 대만 등의 미국인 인력이 감원되었던 데 반해, USIA의 '적색 식민주의에 대한 강조' 정책 목표에 따라 인도차이나반도의 국가들은 증원되었다. 현지인 인력은 전체적으로 반년 전과 비슷한 수준이었는데, 한국은 11명이 증원되었다. 한편 할당된 예산은 전체적으로 반년 전에 비해 50만 달러가 증액되었고, 가장 많이 증액된 국가는 USIA의 '적색 식민주의에 대한 강조' 정책 목표에 따른 결과로 인도차이나반도의 국가들이었다.

그 밖에 1954년 USIA의 총 가용 예산 8,593만 393달러를 각 사업 부문별로 세부적으로 살펴보면 표 3-2와 같다. 이 중에서 영화 서비스에 배정된 예산은 461만 2,177달러로 6개월 전 339만 117달러에 비해 약 120만 달러 증액되었고, 미디어별 예산 규모에서도 라디오 방송 서비스에 뒤이어 두 번째로 큰 규모를 차지하였다. 여타 미디어 분야에 비해 실제로 지출된 예산도 훨씬 많았다.

이렇게 영화 서비스 분야가 여타 미디어 분야보다 더 많은 예산이 할당되고 지출되었다는 사실은 당시 USIA의 해외 공보 활동 중에서 영화 서비스 분야가 좀 더 체계화되고 활성화되고 있음을 시사한다. 1954년 무렵 발행되었던 것으로 보이는 〈USIA의 영화 프로그램The FILM PROGRAM of The UNITED STATES INFORMATION AGENCY〉이라는 팸플릿[28]에서는 영화 상영 목표에 따른 성과와 함께 주요 영화 상영 경로에 대한 당시 평가가 있다. 이 팸플릿에서 밝힌 해외 공보 프로그램에서 영화가 담당하는 (대통령이 정의한) 임무는, "USIA가 미국의 공식적인 목표와 행동에 대해 '전 세계의 모든 사람'에게 진실을 말하고, 그러한 목표와 행동을 왜곡하려는 적대적인 노력을 폭로하고 대응하며, 미국 국민의 삶과 문화에 대한 정확한 그림을 해외에 제시"하는 것에 있었다. 특히 이 프로그램의 영화들은 외국 지도자들에게 미국 정책에 대한 더 명확한 통찰력을 제공하는 한편, 이동영사대 상영회에서 영화를 보기 위해 마을과 마을에 모이는 사람들에게 이해의 새로운 세계를 열어주는 데 그 목적이 있다.

영화 상영 목표에 따른 성과로는, '뉴스 묘사Portraying the News'의 목표를 위해 상영되는 두 영화가 있었다. 국제적으로 중요한 사건들에 대한 20분짜리 월간 리뷰인 〈아워 타임스〉는 84개국의 31개 언어로 상영되면서 "외국 관객이 가장 좋아하"는 뉴스릴이었고, 특히 대통령의 정례 기자 회견 중 세계사를 다룬 부분을 담은 영화 기록물인 〈대통령 기자 회견*Presidential Press Conference*〉은 회의가 열린 지 24시간 만에 81개 외국으로 향하게 되면서 "미국의 왕은 아무나의 질문에 대답한다"라는 경탄의 메시지를 받을 정도로 긍정적인 효과를 보이는 것으로 평가되었다. 또한 '평화를 위한 원자력 프로그램을 제시하는 목표Presenting the Atoms for Peace Program'를 위해 제작한 USIA의 영화인 〈평화를 위한 원자력〉은 79개국에서 상영되었고 32개 언어로 된 사운드트랙을 전달함으로써, 전 세계적으로 수억 명의 사람들이 관람할 정도로 성과가 있었다. 특히 일본에서는 거의 400만 명의 사람들이 1만 3,000개의 개별 USIA 영화 상영회를 포함한 집중적인 프로그램 기간 동안 이 영화를 보았고, 추가적으로 이 프로그램에 사용된 영화 4편이 텔레비전으로 방영되면서 약 300만 명의 일본인이 추가로 시청했다고 평가했다. 특히 다른 많은 나라와 마찬가지로, 이 극동 아시아 국가의 사람들은 현지에서 만들어진 〈평화를 위한 원자력〉에 깊은 인상을 받았다고 보았다. 한편, '공산주의의 위협을 폭로하는 목표Revealing Communism's Menace'를 위해 해외에서 제작된 많은 USIA 영화들은 세계 공산주의 음모의 위험성을 영상으로 보여 준다고 평가되었다. 그 밖에도 '미국인의 삶과 문화를 묘사하는 정책 목표Illustrating American Life and Culture'에 해당하는 USIA 영화로는, 뉴멕시코의 양떼 목장에서의 삶에 대한 매력적인 묘사인 〈그리고 이제, 미겔*And Now, Miguel*〉이 대표적인다. 많은 사람에게 미국 소수 집단 얼마나 풍족하고 의미 있는 삶을 살고 있는지 더 분명하게 이해하게 해 주었다고 평가되었다.

그 밖에도 USIA의 영화 서비스는 '민간 산업 영화 상영회Private Industry Film Showings'를 늘리는 데 주력하고자 했다. USIA는 여러 정부 기관을 대표하는 위원회와 협력하여, 미국의 제작자들과 배급사들에 의해 약 1만 편의 교육, 과학, 문화 영화들이 해외로 배급되는 것을 더 용이하게 하였다. 위원회의 검토와 인증을 거친 영화들은 일반적으로 교육적인 성격을 지닌 영화들로서 면세 또는 감세되어 32개국에 전달되었고, 위원회는 국제 영화제와 전시회에 공식적인 참여를 조직하고 해외 영화 유통과 관련된 미국 협회와 단체에 정보와 지원을 제공하였다. 또한, USIA는 매년 교육용 영화를 목록화하고 설명하는 카탈로그를 출판하고 해외에 배포하였는데, 이는 미국 제작자와 배급사로부터 얻을 수 있는 약 500편의 교육용 영화였다.

당시 전 세계적으로 USIA 영화를 상영하기 위해 USIA는 6,000개 이상의 사운드 프로젝터와 약 350개의 이동영사대를 사용했다. 당시까지 USIA가 제작한 영화가 해외에서 상영되는 경로는 대체로 네 가지였다. 첫 번째는 지역 공무원의 후원하에 현재 그룹별로 상영하는 경로로서 전체적으로 매우 높은 비율을 차지했다. 당시 USIA 영화는 국가와 지방 정부의 기관과 해외의 시민, 종교, 교육 단체에 상영되었다. 상영회 개최와 관련된 USIA(USIS)와 현지 단체 간의 업무 분담은, USIA가 현지 단체들과 협력하여 영화 프로그래밍을 계획해 영화와 프로젝터를 대여하며 프로젝터 작동 및 효과적인 필름 사용에 필요한 교육을 제공하고, 현지 단체들은 직접 일정을 잡고 실제 상영을 진행하는 방식으로 이뤄졌다. 두 번째는 각 미공보원의 공보센터 information center에서 상영하는 경로다. 이 공보센터에서의 영화 상영회는 정기적으로 보통 매일 열리고, 초대된 관객들은 영향력 있는 단체와 개인들로 구성된다. 세 번째는 극장과 TV를 통한 상영이었는데, 당시 외국의 정규적인 상업 극장은 USIA 영화의 중요한 배출구였다. 많은 해외 극장 상영들은 해외 영화 센터에 의해 개별 국가 또는 지역 내에서 준비되고, 그외 것들은 미국 영화 산업의 협력을 통해 전 세계적으로 미국에서 준비된다. 당시에는 USIA의 해외 공보프로그램을 위해 영화사에서 제작한 600편 이상의 영화가 해외 텔레비전용으로 개봉되었다. 마지막으로는 이동영사대에 의한 상영으로, 프로젝터를 작동시킬 전력이 없는 지역에서 영화를 상영하는 방식이다. 많은 이동영사대들은 읽기도 문해력을 갖추지 못한 열악한 환경에 처한 이들에게 다른 나라에 대한 정보를 전달하기 위해 순회했다. 1톤 트럭에 탑재된 이동영사대에는 프로젝터, 조명, 전력을 공급하기 위한 발전기가 내장되어 있을 뿐만 아니라 USIA 팸플릿, 포스터 및 기타 인쇄물을 가지고 다니며 상영회에서 배포하였다.

2) 1950년대 중반 주한 미공보원의 상황 인식과 영화 공보 활동의 조건

1953년 초에 작성되어 5월 1일 이전에 미 국무부에 제출된 국제공보처(IIA)의 〈1954–1955 한국에 대한 IIA 사업안내서prospectus〉[29]는 1954년과 1955년 주한 미공보원의 프로그램과 예산 필요조건을 담고 있는 문서라는 점에서, 휴전 직후 주한 미공보원이 어떠한 활동 조건에 놓여 있었는지를 파악하는 데 도움이 된다. 이 중 영화 공보 활동과 관련된 사항을 살펴보자면, 우선 해당 연도의 영화 프로그램을 분석하고자 할 때 고려해야 할 몇 가지 중요한 요소를 일반적 요인과 운영적 요인, 그리고 활용 요인으로 나누었다.

첫째 일반적 요인으로는 (1) 미공보원의 국가 목표, (2) 국가 프로그램의 '특별한 수용자'(즉 목표 수용자target audience), (3) 각각의 특별한 수용자들을 위해 영화에서 강조되어야 할 주제들이다. 둘째 운영적 요인은 매우 다양하다. 재료 및 장비 리소스(필름, 프로젝터, 이동영사대 등), 영화 스태프 리소스(인원 및 역량), 영화 프로그램 운영 공간(크기 및 위치), 극장 배급 채널, 비극장 유통 채널(예를 들어, 외딴 지역과 도시 지역에서 USIS 요원들이 보여 주는 것이나, 영화와 영사기를 직접 사용하는 지역 단체에 단기 대출하는 것, 회원 단체에 영화를 유통시키는 정부나 비영리 단체에 영화와 영사기를 장기 예치하는 것, 교통 · 커뮤니케이션 · 전력 리소스, 언어와 방언 요구 사항, 운영 자금, 영화 배급에 영향을 주는 지방 정부의 규제 등)이 있었다. 마지막으로 활용 요인은, 국가 목표가 지향하는 문제에 관련된 특별한 수용자에 대한 이해 정도 및 사전에 인식된 태도, 영화 상영의 구성('수용자 영화'가 포함되어야 하는 범위[수용자 어필 또는 배경 정보의 경우], '메시지 영화'의 수와 순서), 프로그램 목표를 달성하는 데 있어서 배포를 위한 다양한 채널의 상대적 효과, 영화 상영회 소개 및 후속 토론의 가능성, 전시회, 강연회, 팸플릿 배포 등 다른 미디어 활동과 함께 영화 상영을 조정할 수 있는 가능성, 각 상영회의 바람직한 길이 및 동일한 수용자 그룹에 대한 상영회의 빈도, (메시지 영화에 대한 기회를 열기 위한) 수용자를 형성하는 기법의 활용 가능성 등이다.

영화 프로그램 분석 시 고려해야 할 요인들이 매우 상세하게 규

표 3-3 영화 프로그램의 비용적 요인: 릴당 평균 비용

구분		비용 요인
오리지널 제작	다큐멘터리 유형 영화	릴당 $15,000
	애니메이션 영화	릴당 $50,000
	뉴스 매거진	릴당 $7,500
취득한 영화	가능하면 민간 단체나 다른 정부 기관에서 제작한 영화에 대한 권리를 취득함으로써 프로그램 요구를 충족시킨다.	

출처: 1954-1955 IIA PROSPECTUS FOR Korea.

정되어 있었다는 점에서 볼 때, 당시 주한 미공보원의 영화 공보 활동이 미 국무부의 매우 세세한 지침에 따라 운영될 것을 요구받았음을 알 수 있다. 특히 주목되는 것은 영화 공보에 활용되는 영화를 '메시지 영화message films'와 '수용자 영화audience films'로 구분하고 있다는 점인데, 이때 메시지 영화는 국가의 목표와 관련된 주제를 정면으로 다루기 위해 특별히 제작된 자료를 말하고, 수용자 영화라는 용어는 그것이 포함하는 일반적인 배경 정보에 대한 흥미로운 가치를 가진 영화의 유형을 나타내며 메시지 영화의 관객 수용성을 증가시키는 분위기나 태도를 형성하는 영화다.

주한 미공보원은 이러한 요인들을 고려해 필요량을 계산할 것을 요구받았는데, 비용적 요인 또한 고려하는 것이 필요했다. 즉 영화를 제작하거나 취득하는 비용을 고려해야 했는데 표 3-3은 당시 릴reel 당 평균 비용을 나타낸다.

한편, 영화 프로그램에 사용되는 필름 재료의 총량●[30]을 추산하는 데도 (1) 외국어로 녹음된 각각의 프로그램 릴인 '언어 릴language reels,' (2) 각 '언어 릴'의 복제에 해당하는 (최대 10분의 상영 시간이 필요한 16mm 또는 35mm 필름인) '프린트 릴'로 나누었다. 흑백과 컬러 '언어 릴'은 각각 릴당 375달러, 425달러가 소요되는 것으로 계산하도록 규정되었고, 각 프린트 릴에 대해서도 세부적으로 릴당 20~110달러가 소요된다고 규정되었다. 그 밖에도 이동영사대, 프로젝터, 마그네틱 레코딩 프로젝터, 프로젝터와 이동영사대에 대한 유지 및 수리 부품, 그리고 정비를 목적으로 요충지에 설치되어야 할 서비스센터, 관련 설비 등의 상세 사양에 대한 규정도 존재했다.

뿐만 아니라, 영화 상영 활동 시 현장에서 활용할 자료에 대한 상세 규정도 사업안내서에 규정되어 있다. '영화 활용 자료film utilization materials'는 영화 사용을 촉진 및 확장하기 위해 특별히 설계된 서면 및 시각 장치였다. 여기에는 (1) 미국인 및 현지 인력의 안내, (2) 교사, 단체장, 스터디클럽장, 보건교육부 및 기타 정부 기관 등 현지 대출자의 정보 이용, (3) 영화를 상영하는 시점에 적절한 관객에게 배포하기 위한 각색, 번역 및 복제, 이동영사대 투어에서의 배급 또는 공보센터를 방문하는 영화 주제에 관심이 있는 사람들에게 배포되는 것, (4) 예정된 영화 상영회에 대한 관심을 불러일으키기 위한 홍보용 자료들이 포함되었다. 특히 이 '영화 활용 자료'는 영화와 동일한 제목의 '영화 활용 키트'로 구성하여 현장에 공급되었는데,

● 릴은 기본 프로그램 영화, 언어 버전 및 프린트 등 모든 영화 비용을 계산하는 기본 단위다. 릴은 최대 10분의 상영 시간이 소요되는 것으로 정의된다. 따라서 영사하는 데 20분이 걸리는 영화는 두 개의 릴을 포함한다.

표 3-4 '영화 활용 키트'의 구성 요소

구성 요소	설명
필름 정보 안내서	모든 USIS 영화 인력을 위한 것으로, 영화 주제의 개요와 스토리 및 정책 관계의 관점에서 영화의 정보 가치를 요약하고, 다양한 정보 측면에서 유용할 수 있는 관객 유형을 제안하며, 기본적으로 유용한 가이드 역할을 한다.
영화 프로그램 노트	영화 대출자, 이동영사대, USIS 담당자 또는 영화를 보여 줄 수 있는 여타 사람들을 위한 것으로, 영화의 목적에 대한 일반적인 서술, 개요, 중요성, 배경 정보 및 토론 제안을 포함한다. 사실 정보에는 일반 영화 주제와 구체적인 스토리 라인을 반영한 민주주의 철학과 작동 원리에 대한 논의가 포함되어 있다. 지역 공무원, 학교, 단체 및 USIS 직원들이 강의, 토론, 언론 특집, 영화 상영 발표, 신문 영화 칼럼 등을 준비하고 영화 주제에 대한 영사 목록의 정보 출처로 사용한다. 적절한 수용자에게 배포하기 위해 현지 미공보원에 의해 각색, 번역 및 복제되며, 일부 현지 미공보원에는 USIS 라이브러리에서 나가는 필름 캔에 담겨 있다.
수용자 유인물 전단	일반 배포용으로서, 6×8인치 크기의 단순한 4페이지 리플릿으로 영화의 시각적 표현에 중점을 둔다. 현지 요구 사항에 적합한 수량의 상영회에서 일반적인 배포를 위해 현장에서 각색되고 재생산된다. 또한 프로그램 공지와 함께 발송되고, 관심 있는 사람들을 위해 공보센터의 테이블에 비치된다. 어떤 국가들에서는 USIS 영화를 사용하는 지방 정부의 부처들이 영화 유인물 전단의 복제와 배포에 협력하고 있다.
관련 자료	잡지 재인쇄본, 팸플릿, 포스터, 사진 전시, 그림 이야기 및 영화 스크립트와 같은 다른 IIA 미디어에 의해 배포되는 모든 유형의 자료 목록, 미션 라이브러리에서 사용할 수 있는 정부 기관 및 민간 단체의 출판물. 이들은 현장에서 재생산되어 선정된 수용자, 교사, 지역 공무원, 스터디 그룹 리더 및 기타 관심 있는 사람들에게 배포된다. 또한 공보센터에서 사용할 수 있는 특정 영화 주제에 대한 자료의 출처로 사용된다.
전시 제안	다른 미디어 및 지역 기관, 정부 기관 등과의 조정을 위한 것으로서, 영화 상영을 통해 전시 준비를 조정하는 기준으로 사용된다.
소개문	영화 전에 관객들에게 영화의 종류, 목적, 주목해야 할 특별한 점에 대해 준비하기 위해 사용된다. 미국인 관리, 현지인 관리, 전시회를 여는 USIS 직원, 교사 또는 영화를 사용하는 다른 사람들이 할 수 있는 대화의 기초로 사용된다. 수많은 현지 미공보원들이 파일럿 모델 소개를 특정 프로그램의 각 영화 전후에 지역 사정에 맞게 각색된 논평의 출발점으로 사용하고 있으며, 영화들이 개별적인 설명을 위해 제공하는 일반적인 프로그램 주제가 포함되어 있다.
디스플레이 시트	영화 개발, 상영회의 공지, 다이렉트 메일 홍보용. 공보센터 게시판, 이동영사대 및 상영회의 일반적인 홍보를 위해 현장에서 수정 및 복제된다.
스틸 사진	오프셋 프로세스에 의해 재현된 필름의 각 장면 5개의 사진 세트. 안내소, 학교 게시판 및 기타 공연이 열리는 장소에 전시하거나 이동영사대와 함께 나가기 위해 게시판을 구성하는 데 사용되는 사진이다.

출처: 1954~1955 IIA PROSPECTUS FOR Korea.

표 3-4는 '영화 활용 키트'의 구성 요소다.

미 국무부의 국제영화부(IMS, 1952년 IMP는 International Motion Picture Service[IMS]로 명칭 변경)는 주요 국가의 미공보원에게 매 회계 연도마다 약 40편의 신규 영화에 대해 위와 같은 '영화 활용 자료'와 키트 40개를 제공할 계획이었고, '메시지 영화'의 제작과 '수용자 영화'의 획득과 관련해서도 일정 기준을 마련하고 있었는데, 다음은 한국에 대한 내용이다.

우선 '메시지 영화'의 제작과 관련해서는, 목표 수용자별로 각각의 비율 — 정부 관료(10%), 정치 집단과 노동자 집단(10%), 군인과 경찰(10%), 초·중·고·대학교와 청년 집단(25%), (의사, 언론인, 법률가 등의) 특별한 이해 집단(25%), 그리고 마지막으로 일반 대중(20%) — 을 배정했다. 그리고 '메시지 영화'의 공보 목표로, (1) 한국에서의 UN 노력에 대한 한국 시민의 사기와 관심을 유지시키는 것, (2) 더 나은 삶에 대한 관심 독려, 외부 세계에 대한 지식과 이해의 증진, 그리고 한국인의 문화적 노력에 대한 유지 및 개발로 설정했다. 구체적인 영화 제작의 방향과 관련해서도 "세팅과 (작품 아이디어를 상세히 설명하는 문서인) 트리트먼트는 단순하고 직접적이어야 한다"라고 제안했으며, (건강이나 위생 등의) 주제에 대한 신규 영화는 (토론 지도자와 보충 정보와 함께) 극장과 비극장 채널을 통해 사용될 수 있고, 특히 "시퀀스가 통제되어야만 영화의 영향력이 느낌으로 시작하여 정보를 거치면서 미래에 대한 제안"으로 이어질 수 있음을 명백히 했다.

한편, '수용자 영화'의 획득과 관련해서는, 각각 영화 유형에 따라 필요한 영화의 수량까지도 계획했다. 여론과 호응하여 어떻게 새 나라가 진실하고 책임 있는 정부로 탄생하는가를 보여 주는 영화들에는 약 40개의 릴이 배정되었다. 이런 유형의 영화가 견지해야 할 정책 방향으로는, “이 영화들은 그 기준이 한국인들이 이해할 수 없는 수준에 도달해 있는 미국의 조건에서 정형화되면 안 된다. 오히려 이 영화들은 (‘자신들의 나라가 좋은 정부와 향상된 건강, 세계에서 보내오는 자선, 그리고 여타 세계 국가의 존경을 받을 수 있다’고 느끼는 사람들에게 영향을 미쳐야 할) 한국과 같은 나라를 위해 특별히 제작되어야 한다. 일단 이 정서가 요동치게 되면, 이어지는 영화들은 이들에게 자신들이 해야 할 일을 보여 주어야 할 것이다”라고 규정해 놓았다. 또한, 한국인들에게 더 나은 건강 수준과 위생 수준에 대해 알려주는 영화에는 약 40개 릴, 그리고 한국인들이 분투하고 있는 문제들을 극복한 미국과 여타 지역의 삶을 보여 주는 영화들에 25개 릴, 한국과 여타 국가 간의 강한 동정과 이해의 연대감을 구축하는 데 도움이 되는 영화들에 25개 릴, 그리고 여타 세계 국가들의 문화와 역사를 보여 주는 영화들에 25개 릴, 마지막으로 ‘뉴스 매거진’이 되어야 하는 프로그램으로 8개 릴을 배정했다.

이와 같은 IIA 사업계획서에 의거하여 수립된 주한 미공보원의 1954년 국가 계획서에서, 주한 미공보원은 당시의 상황이 복잡하다고 인식했다. 이는 한국의 휴전 협상이 한국의 통일을 촉진하지 못할 것이라는 이유로 한국인들이 현재의 휴전 협상에 반대하고 있기 때문이었다. 그렇지만 한국의 유동적인 상황이 미 국무부 국제공보처(IIA)에게는 특별한 도전이자 기회를 제공해 줄 것을 기대했다. 여기서 얘기하는 한국의 ‘독특성’은 한국이 국제 공산주의의 무력 도전에 성공적으로 대처하고 있는 유일한 나라라는 점이었다. 이는 1954년 예산안의 IIA 작업 계획서에서 “한국은 ‘공산주의에 대한 굴복이 소련의 세계 정복 기술을 촉진한다’는 사실을 잘 알고 행동하려는 의지의 생생한 상징이 되었다”라고 언급하기도 하였고, 미국은 모든 언론을 동원해 집단 안보를 위해 연합한 16개 유엔군의 모습을

투영하면서 '자유를 위한 싸움의 등대'로 한국을 가장 많이 활용하고자 했다.[31]

이에 따라 주한 미공보원이 직면한 문제는 두 가지였다. 첫째는 세계, 특히 근동과 극동의 중요한 지역에 존재하는 '동요하는 중립적인 국가들'에게, 공산군의 무력 침략에 대항한 한국에서의 자유를 위한 전투에서 미국과 유엔의 협력이 어떻게 집단 안보에 기여하게 되었는지를 보여 주는 것이었고, 둘째는 한국인들이 미국 및 유엔과 협력하여 통일되고 독립적이며 민주적이며 경제적으로 실행 가능한 한국을 만들도록 설득하는 것이었다. 이러한 목적을 수행하기 위한 과제로는, "모든 미디어를 통해 전 세계에 투영하기 위하여, 집단 안보를 통한 자유의 수호가 평화로운 미래를 위한 최선의 보장이라는 것을 증명하는 한국의 전모를 보여" 주는 것으로 설정되었다. 이 과제를 구현하기 위해서는 "IIA의 지시에 따라 그리고 IIA와의 긴밀한 연락하에, 주한 미공보원이 마스터 플랜을 준비할 필요가 있고, 그에 따라 특정 프로젝트, 특히 영화의 경우 일시적으로 추가 인력이 필요할 수 있다"라고 보았다. 또 목표 수용자로는, 한국 전체 인구의 75%가 농민이기 때문에, 주한 미공보원은 "대규모 문맹으로 인해 지리적으로 고립되고 침묵하는 상태에 빠져 있는 농민들을 대상으로 한 문맹 퇴치 프로그램을 지원하는 한편, 농촌 미디어에 보조금을 지급하여 대중 미디어(영화, 포스터 및 팸플릿)로 침투함으로써 그들이 보다 명확한 사회적 요소가 될 수 있도록 도와야" 할 것으로 인식하였다.[32]

2. 휴전 이후 1955년까지
주한 미공보원의 영화 상영 활동

6·25 전쟁이 발발한 이후 미국의 한국에서의 대민 공보 활동은 대체로 주한 미공보원과 주한 민사처Korean Civil Assistance Command(KCAC)로 이원화했고, 미국 기관들의 영화 상영 활동 또한 분산되었다. "주한 민사처는 1955년 해체될 때까지 미 경제조정관실Office of the Economic Coordinator(OEC)을 통해 해외작전처Foreign Operation Administration(FOA)의 자금을 받으며 다양한 전후 복구 사업을 전개했다. 주한 민사처는 심리전 부대의 공식, 비공식적인 지원을 받으며 원조 사업이 요구한 폭넓은 공보 작업을 수행할 수 있었다. 그러므로 1955년의 주한 민사처의 활동 종료 결정은 미국의 대한 원조 활동 공보에 커다란 공백을 초래할 수밖에 없었다. 당시 주한 민사처의 대민 공보 능력은 1953년 11월 유엔사령부 내 전쟁 포로에 대한 교육과 공보 활동을 담당한 심리전 요원들이 배치되면서 크게 증대되었다. 1954년 6월 한 달 동안 주한 민사처는 150만 장의 인쇄물과 6,000권의 책자들을 전국적으로 배포하고 4종류의 영화 상영과, 2개의 30분용 라디오 프로그램을 방송했을 정도로 그 규모가 자못 컸다"(허은, 2008: 181). 그러나 "6·25 전쟁 개전 이후부터 휴전 초까지 분산되었던 대민 공보 활동은 1955년 주한 미공보원이 주한 민사처의 공보 활동을 흡수하며 하나로 통합되었다. 휴전 직후부터 공보 정책을 총괄하는 위치로 부상한 주한 미공보원은 1955년 이후 문화 공보 활동의 명실상부한 책임자가 되었다"(허은, 2008: 184). 특히 주한 미공보원은 대중을 목표 수용자로 한 공보 선전과 문화 선전을 위해 영화를 적극 활용했다. 취약한 라디오 수신기 보급과 농촌 지역의 높

그림 3 - 1　6 · 25 전쟁 발발 직전 무렵 주한 미공보원의 조직도

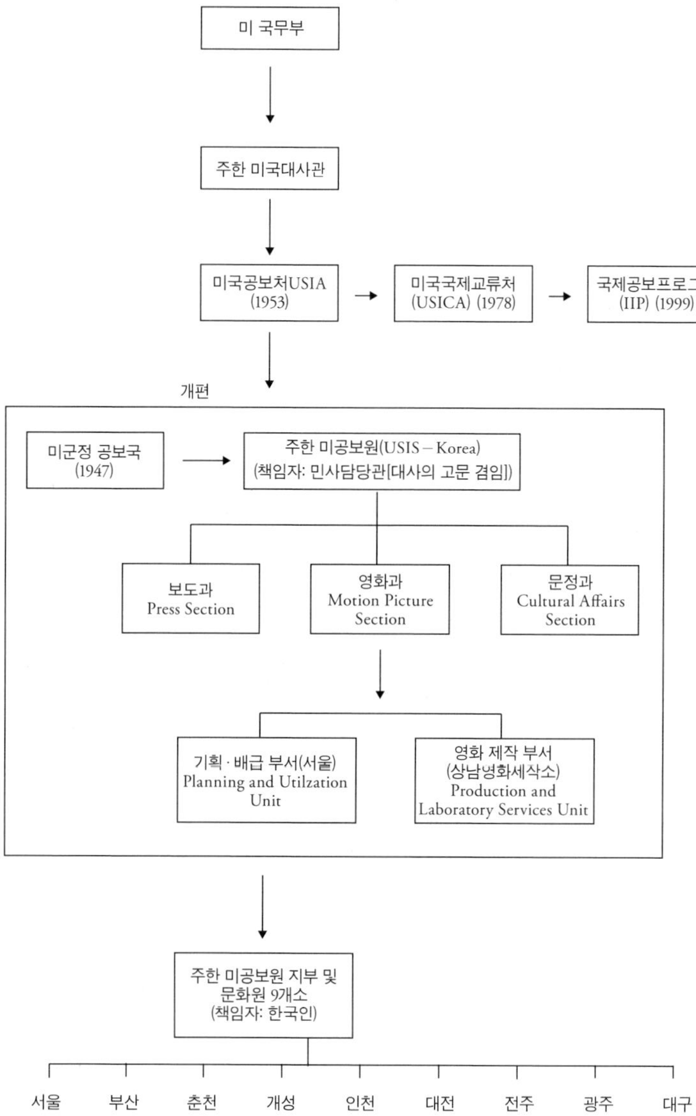

출처: 이성철, 2013: 109의 내용을 일부 수정.

은 문맹률 등은 공보 선전 및 문화 전파 미디어로서 영화 상영이 갖는 비중을 더욱 높이는 요인이었다. 영화는 "거의 모든 주제를 다양한 수준의 한국인에게 전달할 수 있는 가장 중요하고도 유일한 미디어"로 평가받았다(허은, 2008: 259). 앞 장들에서 언급하였던 것처럼, 영화 상영의 경로는 매우 다양하다. 하지만 그 다양한 상영 경로를 전체적으로 기획하고 관리하는 것은 주한 미공보원이었기 때문에, 여기서는 영화 공보를 위한 주한 미공보원의 영화 상영 활동을 주한 미공보원 지부와 문화원information center의 활동을 중심으로 살펴보고자 한다.

허은이 적절히 지적하듯이, "주한 미공보원이 보유한 가장 강력한 문화 전파 매체는 중앙과 지방에 설치된 주한 미공보원 기구 그 자체였다"(허은, 2008: 250). 또한 1955년 USIA의 주한 미공보원 조사 보고서에서도 밝히고 있듯이, 중앙과 지방에 설치된 문화원은 "교통과 통신이 매우 어려운 한국과 같은 나라에서 특히 중요"했다.[33] 전후 주한 미공보원은 "인적 규모에서는 큰 변동을 보이지 않았으나 대체로 여타 해외 미공보원의 부서 구성과 동일한 형태를 갖췄다"(허은, 2008: 250). 전쟁이 끝나갈 무렵인 1953년 초반 미국 문화 전파 담당자들은 조직 재편을 고려했다. 주한 미공보원은 휴전을 앞두고 각 지부의 활동과 조직 체계를 재검토해 행정 부담 감소와 경제적 비용을 절감하는 방향으로 조직을 정리하고자 했다. 한편, 조직 개편의 방향은 조직 규모를 축소하면서도 그동안 활동을 통해 확보한 영향력을 유지하는 쪽으로 맞춰졌다. 미 국무부는 문화 전파 담당자들의 조직 개편 추진에 대해 원칙적으로 동의했으나, 지방 지부의 해체가 해당 지역에 대한 미국 문화 영향력의 단절로 이어지는 것을 바라지 않았다. 주한 미공보원이 해체 결정을 내린 곳은 대전 지부였는데, 1953년 대

표 3-5　6·25 전쟁 직전까지의 미문화원과 설립 시기

구분	설립 연도	구분	설립 연도	구분	설립 연도
서울	1948. 4.	춘천	1948. 1.	광주	1948. 5.
부산	1947. 7.	인천	1948. 2.	대구	1948.3~4.
전주	1948. 3~4.	개성	1948. 5.	대전	1948. 4~5.

출처: KOREA-U.S. INFORMATION CENTERS의 내용을 정리.

전 지부의 해소 방식은 주한 미공보원 조직을 축소하면서도 지역 정관계 및 지역 사회에 대한 영향력을 유지시킨다는 난제의 해결 방안을 모색한 결과였다(허은, 2008: 184~187).●

잠시 미문화원 설립의 연혁을 살펴보자면, 6·25 전쟁 직전까지 주한 미공보원의 주요 문화원은 서울과 부산에 있었고, 여타 도시에 지부가 있었다(표 3-5). 2만 권의 책을 소장하고 있던 서울의 센터는 다른 센터들이 서비스를 받는 센터였다. 부산 센터는 5,500권의 책을 소장했고, 지부 센터는 1,000권에서 2,700권까지 다양한 소장품을 소장했나. 약 5난 권의 책이 9개의 센터의 종소유물을 구성했다. 그러나 1950년 6월 25일 남한이 북한의 침략을 받았을 때 이 센

● 허은의 연구에 따르면, "1950년 한국 지방문화원의 설립과 유지에는 주한 미공보원이 큰 역할을 수행했고, 1950년대 주한 미공보원이 지방문화원과 관계를 맺는 방식은 크게 두 가지였다. 첫째는 주한 미공보원 지부나 분원 등이 해당 지역 지방문화원 설립에 필요한 물적 자원을 지원하는 형태로서, 인천, 춘천, 당진, 예산, 영암, 밀양, 함양 등지의 지방문화원이 이에 해당한다. 둘째는 대전문화원과 같이 주한 미공보원 지부나 분원을 운영하다가 이후 지방문화원으로 바꾸는 방식이다. 목포, 진주, 진해 지역의 지방문화원 설립 역시 이 형태를 취했다"(허은, 2008: 192).

표 3-6 1955년 7월 1일 당시 미문화원 현황

구분	소장 서적 수	참여자 수 (1954. 1~12)	대출 수 (1954. 1~12)	소재지
서울	2,720	51,720	15,640	서울 을지로 63번지, 1번가
부산	1,430	21,190	26,860	부산 대청동, 14번지, 2번가
광주	940	11,180	7,390	광주 황금동 80번지
대구	3,230	907,230	23,970	대구 북성로 82번지, 1번가

출처: KOREA-U.S. INFORMATION CENTERS의 내용을 정리.

터들은 대부분 파괴되었고, 특히 서울과 대전이 전파全破되었다. 그러다가 1952년에 6개의 문화원이 다시 열고 운영되었고(서울, 부산, 전주, 광주, 대구, 대전), 마산과 제주, 거제도에도 지부가 설립되었다. 1953년 4월 10일 마산 분관 운영이 종료되었고, 제주도 지사는 1953년 4월 23일 주한 미공보원 설치로 폐쇄되었다. 또 대전 센터는 1953년 5월 주한 미공보원 설치로 폐쇄되었다. 이 센터는 (앞서 언급한 바대로) 지방 자치 단체로 이관되어 한국 지방문화원이 설립되었고, 1954년 7월 미국은 대전 센터에 대한 지원을 모두 철회하고, 모든 물자, 장비, 자재를 대전 도지사에게 넘겼다. 이에 따라 대전에서 행해진 것과 똑같은 조치가 1954년 8월 28일에 취해져, 전주 센터는 지방으로 이관되었다. 1955년 7월 1일 당시 한국에는 네 지역(서울, 부산, 광주, 대구)의 미문화원에서 활동을 전개했다.●[34]

● 미문화원이 설립되기 이전에는, 미 육군 민정과The Civil Affairs Division가 2년 반이 조금 넘는 동안 도서관을 일반 정보 및 재교육 프로그램의 일환으로 운영하였다.

특히 수도에 위치함으로 인해 많은 한국인이 이용했던 서울의 미문화원 상황을 살펴보면, 당초 주한 미공보원은 이중의 공간 문제를 안고 있었다. 첫째는 문화원을 위한 새로운 공간이 필요하다는 점, 둘째는 더 많은 사무 공간이 필요하다는 점이었다. 이에 주한 미공보원은 위치를 미국대사관으로 옮김으로써 해결할 수 있었다. 주한 미국대사관 청사에 위치한 서울 미문화원은 1954년 9월 대대적인 개조와 리모델링을 완료했으며 1954년 8월 말에 다시 문을 열었다. 새로운 구역에는 별도의 주한 미공보원 입구를 두었다. 거리에서 조금 떨어진 곳에 전시실을 배치하면서, 한쪽은 도서관으로, 다른 한쪽은 극장으로 복도를 통하게 하였다.[35] 서울 미문화원의 대대적인 개조에 필요한 설비에 대한 조달을 위해, 당시 상남영화제작소의 소장이었던 리지웨이는 일본 도쿄로 3일간 출장으로 가 일본 제조업체들과 제안된 서울의 새로운 공보센터를 위한 환기, 조명 및 발전 장비의 적절한 사양과 가격에 대해 협의했다.●[36]

한편 당시 100만 명 규모의 인구였던 부산의 미문화원은 550석 규모의 강당과 2층 열람실, 50석 규모의 도서관, 영화·언론·영상·팸플릿 배포를 위한 사무실과 업무 공간을 갖추었다. 3층 사무실은 대사관의 영사부Consular section와 일반 서비스부에서 사용되었고, 영사

● 이처럼 당시 장비 및 재료 조달을 위해 외국 출장을 가야 하는 경우가 많았는데, 당시 출장의 승인 절차는 모든 USIS 요원의 출장은 출발 전에 극동 지역 부처장의 승인을 받아야 하는 번거로움이 있었다. 이에 당시 주한 미공보원은 한국과 일본 사이의 출장에 이러한 절차가 적용되어서는 안 된다고 주장했다. 즉 "일본과 한국의 사업은 여러 면에서 긴밀하게 통합되고 상호 의존적이고, USIS 기본 공급품 및 장비 구매의 상당 부분은 배송 속도가 훨씬 빠르고 기본 가격이 더 낮으며 더 저렴한 운임이 부과되는 일본에서 수행될 수 있고 수행되어야" 하기 때문에, 포괄적인 권한을 부여할 것을 요청한 것이다.

관은 주한 미공보원 활동과 교통 흐름을 구분하는 측면 출입구를 사용하였다. 부산의 미문화원은 지역에 세 곳의 문화원 지부(혹은 배급소 Distribution Point)를 관리·운영했는데, 밀양은 일본식 구조의 건물을, 마산은 기존 주한 미공보원 지부 건물을, 진주는 청년기독교협회가 소유한 건물의 2층을 사용했다. 한편 인력으로는 부산에 있는 주한 미공보원 지부에 18명의 현지 직원이 있고 마산 지부에는 2명, 진주와 밀양에는 각각 한 명의 직원이 있는데, 당시 주한 미공보원에서는 배포 지점에 최소한 두 명의 직원이 있어야 한다고 판단했다.[37]

부산 미문화원에서는 당시 학생 단체를 위한 두 개의 특별 영화 상영회를 운영했다. 매일 네 번씩 정기적으로 학교를 위한, 그리고 일반 대중을 위한 두 개의 특별 영화 상영회를 운영할 수 있었던 데에는 550석 규모의 대강당을 구비하고 있었기에 가능했다. 따라서 영화 상영회에 참석하는 평균 인원은 약 550명이지만, 때로는 700명이 대강당에 몰려들기도 했다. 이에 부산 미문화원에는 하루에 약 2,000명의 사람들이 영화를 관람하고, 하루에 평균 2,500명의 사람들이 다양한 목적으로 미문화원을 통해 영화를 보았다. 즉 도서관을 방문하거나, 시각 포스터를 읽거나, 영화 관람이나 영화를 빌리기 위해서였다. 당시 다양한 집단의 대표자들은 카툰 위클리, 팸플릿(대한민국 부대 및 학교용)을 구하기 위한 팸플릿 배포 부서를 방문하였다.[38]

부산 미문화원의 영화 담당 직원들은 보통 공동으로 지방을 순회하고(평균 10일), 부산 대강당의 영사실에서 현장 근무를 하였다. 또 당시 주한 미공보원 부산 지부에 배정된 이동영사대 5대 중 2대가 그 사용 연한이 다 되었기 때문에 관계자들은 이들 이동영사대가 한국의 험난한 지형에서 작전을 수행하기에 적합하지 않다는 지적을 빈번히 제기하였다. 이렇듯 지속적인 고장과 부품 부족에도 불구하

고 주한 미공보원 부산 지부에서는 3대를 잘 정비하여 외곽 지역으로 자주 순회 상영에 임했다.[39]

부산 지부의 영화 상영 활동(대강당에서의 상영)에서 가장 인기 있는 아이템은 〈리버티 뉴스〉였지만, 추가적인 다큐멘터리 영화가 필요한 상황이었다. 주한 미공보원 부산 지부의 영화 프로그램은 매일 10시, 1시, 2시, 5시에 상영 일정이 잡혔고, 매 상영당 1시간에서 1시간 30분 동안 상영이 이뤄졌다. 이에 부산 지부 강당의 평균 관람객은 일주일에 약 만 명이었다. 그리고 한 회의 영화 상영이 끝나고 다음 상영이 시작되기까지의 '사이' 시간에는, VOA 방송을 녹음한 테이프를 통해 미국의 클래식, 세미클래식 음악과 대중음악이 강당의 스피커를 통해 재생되는 방식으로 운영되었다. 또 미문화원이 운영되는 토요일에는 음악도 건물 밖 확성기로 전달되는 경우가 많았다. 평일에 불가능한 이유는 총영사관 업무에 지장이 있기 때문이었다. 또 각 영화가 상영되기 전에, 아침 방송에서 방송되었던 VOA 방송의 뉴스가 스피커를 통해 5분 동안 재방송되도록 운영되었다. 이때 많은 영화 상영회에서 지역 민사관Regional Public Affairs Officer은 전 세계에서 일어나는 중요한 뉴스, 미국의 정책과 성명, 한미 협력과 우정 등을 강조하는 내용의 이야기를 관객에게 하는 등 부가적인 활동을 수행했다. 또한 미국에서 온 중요한 방문객이 있을 경우에는, 주한 미공보원 직원들이 이들 방문객과 학생들이 서로 이야기 나눌 기회를 제공하기도 하였다. 대표적으로, 당시 방한 중이었던 펜실베이니아주와 콜로라도주의 주지사들은 부산 미문화원을 방문한 여고생 800여 명 앞에 나와 방한 소감을 짧게 전한 바 있었다.[40]

이렇듯 주한 미공보원 지부는 문화원 활동을 통해 대민 영화 공보를 비교적 효율적으로 수행할 수 있었기 때문에, 주한 미공보원은 "이들 지역의 시민과 주변 농촌 지역의 시민들은 항상 주한 미공보원을 의식"하고 있고, "각 공동체에서 주한 미공보원은 주한 민사처(KCAC) 및/또는 유엔한국재건단United Nations Korean Reconstruction Agency(UNKRA)을 포함한 다른 미국이나 유엔 활동과 동등하고 때로는 능가하는 위신과 영향력을 누리고 있다"라고 평가하였다.[41]

한편, 1955년 하반기(7월부터 12월까지) 부산/광주/대구 미문화원의 영화 상영 활동을 비교해 보면,[42] 우선 가장 큰 차이점은 부산만이 별도의 상영 공간을 확보하고 있었을 뿐이고 광주와 대구는 전용 상영관을 갖추지 못했다는 점이다. 따라서 광주와 대구는 이동영사대 활동이나 프로젝터 대여를 통한 상영 활동에 주력했다.

주한 미공보원 부산 지부의 영화 프로그램은 6개월 동안 관람객 총 148만 1,000명을 기록했고, 부산의 메인 센터와 도내 3개 배급 지점에서는 총 479회의 각기 다른 283편의 영화가 상영되었다. 특히 한국의 시골 생활을 다룬 〈이것이 우리 땅*This Is Our Land*〉, 철의 장막 뒤에서 탈출하는 모습을 그린 영화 〈마법의 전차*The Magic Streetcar*〉, 한국의 옛 예술, 노래, 춤을 그린 〈가야금〉, 한국의 경우와 마찬가지로 미국의 군사적, 경제적 지원으로 공산주의에 성공적으로 저항해 왔던 필리핀의 개선된 삶을 그린 화보 에세이풍 영화 〈새벽〉 등이 인기를 끌었다. 또한, 주간 〈리버티 뉴스〉의 35mm 영화들이 상업 극장에 배포되었다. 1955년 12월, 경상남도 서북부에 2년 동안 진입한 최초의 이동영사대는 이전에 공산주의 게릴라들이 들끓었던 지역에서 열광적인 환영을 받았다. 또한 주한 미공보원 부산 지부는 매년 열리는 진주 가을 예술 축제에도 참가했는데, 당시 열렸던 영화제 동안 7만 5,000명 이상이 주한 미공보원 영화를 본 것으로 추정되었다.[43]

반면 주한 미공보원 광주 지부의 영화 프로그램은, "영화 활동이 잠재적인 발전의 또 다른 영역"이라고 언급한 것을 통해 미루어볼 때, 시골 장터로 이동영사대를 파견하여 상영하는 것에 주력했기 때문에 전반적으로 빈약했던 것으로 보인다. 또 "추가적으로 영화와 관련된 더 많은 정보와 교육 자료를 공개 연설하는 요원을 위한 훈련이 필요하다"라는 언급이 있는 것으로 보아, 주한 미공보원으로부터 배포된 '영화 자료 키트'를 활용할 인력 또한 부족했던 것으로 보인다.[44]

한편 주한 미공보원 대구 지부의 영화 프로그램은 비록 상영관이 없지만 지부 활동에 있어서 가장 중요한 활동으로 인식되었다. 영화는 대한민국 군부대, 시민단체, 경찰국, 공무원, 학교, 대학 등 많은 곳에서 지속적으로 수요가 있고, 프로젝터, 스피커, 스크린 대여 프로그램은 주한 미공보원 영화를 볼 기회를 제공하기 때문에 매우 효과적이라고 보았다. 특히 큰 인기 있는 아이템은 〈리버티 뉴스〉였고, 문화원이 소장하고 있는 영화의 절반 이상을 차지하고 있는 농사에 관한 영화들이 지역 수용자에게 적절한 것으로 인식되었다. 그 밖에도 위생과 관련된 영화 또한 지속적으로 수요가 있었으며, 영화 〈제2의 적*The Second Enemy*〉은 지역 주민들에게 인기를 얻었다. 대구 미문화원이 보유한 14개의 프로젝터 중 9개는 문화관cultural halls, 각급 학교, 육군 정보부, 도청, 경찰청 등에 지속적으로 대여되었고 나머지 5대의 프로젝터만이 이동영사대 활동에 가용될 수 있었기 때문에, 이동영사대 활동을 제약하는 요인으로 작용하였던 것으로 보인다. 그렇지만 상영관이 없는 상황에서 이동영사대 운영은 대구 미문화원 활동에 있어서 매우 중요한 의미가 있는 것으로 평가되었다. 이 보고서를 작성한 데일 하스Dale Haase에 따르면, "이동영사대 팀은 단순히 '순회하는 영화관' 그 이상이다. 가능한 경우 이동영사대가 영화 상영 지역에 재건 뉴스, 포스터 및 시각적 대화 상자를 휴대하고,

확성기는 프로그램이 진행될 것을 알리는 데 사용되며 센터에서 준비된 다른 뉴스들도 알려" 주기 때문이다. 또한 이동영사대를 통해 상영되는 영화는 "사람들이 이동영사대가 언제 돌아올 것인지 끊임없이 묻고 그들 자신뿐만 아니라 젊은 세대에게 교육적 가치에 대해 끊임없이 언급"할 정도로 "다양한 마을의 시민 지도자들과 공무원들에게 새로운 아이디어를 가져다준다는 점에서 매우 효과적인 미디어"[45]라고 평가되었다.

3. 1955년 USIA와 주한 미공보원의 공보 정책 변화와 주한 미공보원의 조직 개편

몇 가지 측면에서 볼 때, USIA와 주한 미공보원의 공보 정책에 있어서 1955년과 1956년은 일종의 변곡점에 해당되는 시기다. 첫째, (1장에서 간략히 살펴보았던 바와 같이) 1955년부터 USIA의 조직은 탈중심화를 강조하는 방식으로 개편되었고, 이에 따라 지역 정책 책임자들이 적절한 지침을 발행함으로써 미디어 서비스의 결과물을 통제하는 데 더 큰 권한을 갖게 되었다. 1955년 6월 22일, USIA는 "USIA의 글로벌, 지역 및 국가 지침은 성격이 상당히 광범위하여 개별적인 판단을 위한 가능한 가장 넓은 자유를 허용하는 반면, USIA 관리들은 1953년 10월 22일 대통령의 지시 범위 내에서 미국의 외교 정책 이익을 진전시키는 기본 임무에서 벗어나지 않도록 주의해야 한다"라고 지역 USIS 활동에 대한 재검토의 필요성을 제시하였다.[46]

둘째, 1955년 이후 미국의 냉전 정책 전환과 그에 따른 USIA의 전략 변화가 지역 USIS 활동에 대한 재검토로 이어지면서, 전 세계 지역의 미 공보원이 작성하는 '국가 계획서country plan'의 수립 과정상에 변화가 이뤄졌다. 따라서 1956년부터 '국가 계획서'에서는 먼저 정책 목표를 (1) 글로벌 목표, (2) 지역Area 목표, (3) 국가 목표로 나누어 제시한 이후, 설정된 국가 목표 항목에 맞춰 '국가 프로그램'이 작성되었다. 이때 '국가 프로그램'은 각 국가 목표 항목별로 (1) 목표 수용자, (2) 주제, (3) 사용할 방법 등의 순으로 작성되었다. "휴전 직후 주한 미공보원은 미국이 평화적인 방식의 통일을 원한다는 것을 한국 정부와 대중에게 주지시키고자 노력했다. 미국의 의도는 미국을 배제한 이승만 정권의 독단적인 무력 통일 시도가 비현실적이라는 것을 확실히 주지시키고, 경제 분야에 대해서는 이승만 정권이 '현실적이고 효율적인 정책'을 취해야만 미국의 대한 원조가 극대 효과를 볼 수 있다는 점을 강조했다. 휴전 직후 이승만의 군사력 증강 시도와 단독 북진론의 제기는 주한 미공보원이 반공 이념을 다루는 방식에 변화를 초래했다. 전후 한국은 더 이상 공산주의와의 투쟁을 고무해야 할 필요가 없는 지역이었고, 오히려 주한 미공보원은 이승만 정권의 과격한 반공주의를 미국의 냉전 정책의 변화에 맞춰 통제해야 할 대상으로 여겼다. 1954년부터 이 문제를 제기한 주한 미공보원은 1955년부터는 '반공 의식 고취'를 주요 과제에서 제외했다. 이는 한국 사회가 감정적이며 공격적인 반공을 지양하고 공산주의 자체에 대한 보다 치밀한 이해를 통해 승공 이념의 기반을 마련하기를 원했던 주한 미공보원의 인식에서 비롯된 것이었고, 이에 따라 주한 미공보원은 미국이 주도하는 자유 진영 구도 재편에 장애가 되는 요소를 무력화하는 데 공보 활동의 초점을 맞추며 한국을 미국의 동북아 정책에 순응하는 국가로 유도하고자 했다"(허은, 2008: 204~205).

셋째는 한국에 대한 공보 정책 목표를 달성하는 데 사용되는 접근 방식상의 변화 — '의견 지도자opinion leader에 대한 선별적 접근 방식을 포기하고, 대중적인 접근 방식을 권고' — 다. 1956년 주한 미공보원의 평가 보고서에서는 접근 방식의 변화가 필요한 이유를 다음과 같이 정리했다. "1956년 9~10월 기간 동안 주한 미국 대사 주도로 (다른 모든 미국 프로그램과 함께) 한국의 공보 프로그램에 대한 철저한 재평가를 진행하였고, 1956년 5월 정·부통령 선거를 계기로 새롭고 복잡한 문제가 발생함에 따라, 제안된 군사 및 경제 프로그램의 특정한 변화가 주한 미공보원의 임무 확대를 필요로 한다는 결론에 도달하였다"라는 것이다. 이러한 "새로운 상황에서, 이전에 예산 및 기타 고려 사항에 의해 강제된 선택적 접근법은 더 이상 유효하지 않은 것으로 보였다. '의견 지도자'로부터 한국인 대중에게까지 '낙수洛水'가 충분하지 않았다. 대중적인 접근이 바람직해 보였다. 그리고 이것은 더 많은 돈, 더 많은 자료, 아마도 더 많은 인력을 필요로 할 것이다"라고 평가했다.[47]

따라서 여기에서는 1956년부터 1960년까지 주한 미공보원의 상영 활동을 구체적으로 살펴보기에 앞서, (이와 같은 USIA와 주한 미공보원의 공보 정책 변화를 배경으로 하여 전개되었던) 주한 미공보원의 조직 개편과 그 조직 개편을 통해 주한 미공보원의 영화 상영 활동의 물적 기반이 되었던 문화원information center이 어떤 식으로 변모되었는지를 살펴보고자 한다.

USIA의 주한 미공보원에 대한 재평가는 1955년 6월 무렵 조사단의 파견으로부터 시작되었다. 서울의 본부와 (서울, 대구, 부산의) 지부 및 문화원, 그리고 상남영화제작소를 대상으로 하여, 조사관 윌리엄 L. 그레노블William L. Grenoble과 제임스 B. 옵사타James B. Opsata는 1955년 6월 21일부터 7월 1일까지 조사를 수행했다. 조사를 통해

그림 3-2 조사단 파견 무렵의 주한 미공보원의 조직도(1955년 7월)

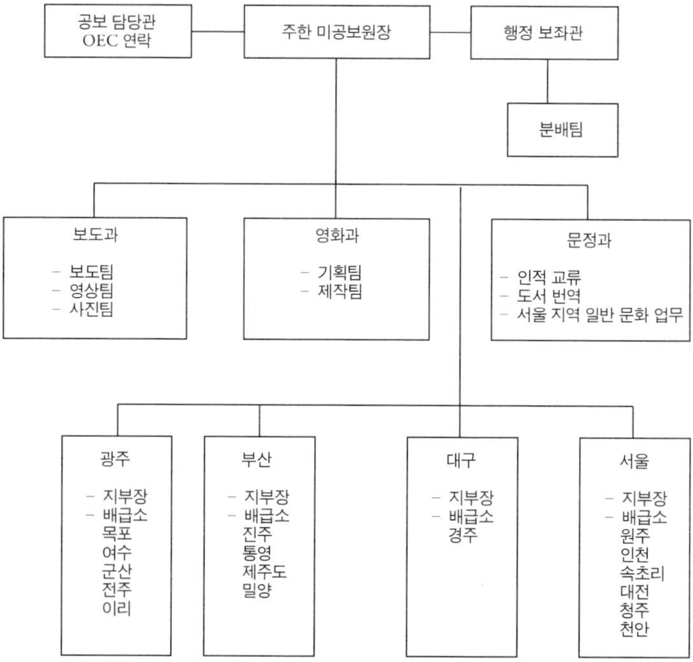

출처: 허은, 2008: 254.

파악된 주한 미공보원의 주요 문제들은 고위직의 인력 부족, 단기적인 목표 달성을 위한 미디어 활동과 공보센터를 조정하는 수단을 제공할 국가 행동 계획의 필요성, 서울과 현장 센터 간의 더 나은 의사소통과 더 빈번한 개인적인 접촉, 경제 원조 프로그램과의 더 강력한 연계, 문화원과 영화 제작 센터를 마련하는 데 필요한 서울의 공간과 관련된 것이었다.[48] 그림 3-2는 USIA로부터 조사단이 파견될 무렵의 주한 미공보원 조직도다. 우선 서울의 본부에는 보도과Press Section, 영화과Motion Picture Section, 문정과Cultural Affairs Section 등의 3개

부서를 두고, 서울, 부산, 대구, 광주 등의 지역에 문화원을 설치했다. 이러한 조직 체계를 원활하게 운용하기 위해 1950년대에 주한 미공보원이 고용한 직원은 미국인 20여 명, 한국인 170여 명에 달한 것으로 알려졌는데, 이러한 수치는 1950년대 중반 이후 큰 변화가 없었다. 이러한 주한 미공보원의 부서들은 앞에서 제시된 정책 목표를 실현하기 위해 다양한 프로그램들을 시행했다.

먼저 보도과는 본국의 미국공보처가 제공하는 〈일일 통신*Wireless Bulletin*〉과 보도 사진, 피처 기사, 만평 등의 보도 자료를 제공하고, 성명이나 연설문을 작성했으며, 잡지, 팸플릿, 주간 화보나 기타 시각 전시물을 제작해 배포했다. 그리고 한국방송(HLKA)의 'VOA' 방송과 유엔군총사령부방송(VUNC)의 중계 상태를 점검하고, VOA 방송이 제공하는 음반이나 테이프 등을 전달했다. 기독교 방송(HLKY)에도 VOA 방송으로부터 제공된 방송 자료를 전달한 것으로 알려졌다.

문정과는 크게 두 가지 업무를 담당했는데, 하나는 미 국무성의 교육 교류 프로그램을 주관하는 일이었고, 다른 하나는 미국의 도서를 번역 출판하여 보급하는 것이었다. 전자는 한국의 경찰, 법조인, 공무원, 국회의원, 교수, 언론인 등을 선발하여 미국 연수를 주선하는 한편, 미국에서 교수나 전문가들을 초빙하여 필요한 분야의 인력을 교육하도록 하였다. 후자는 미국의 민주주의와 정치 지도자, 공산주의, 미국의 역사 등을 다룬 서적들을 선정하여 번역, 출판토록 하고 일반 서점을 통해 유통시키는 동시에 지역 문화원을 통해 각지의 주요 인사들에게 증정하기도 했다. 그 밖에 본부인 USIA의 주선으로 미국의 예술문화인들의 강연회, 연주회, 전시회 등을 개최하는 일도 담당했다(차재영 · 염찬희, 2012: 245~246).

1955년 주한 미공보원에 대한 조사 보고서가 9월 USIA에 제

그림 3－3　조사단 파견 이후 개편된 주한 미공보원의 조직도(1956년 2월 28일 현재)

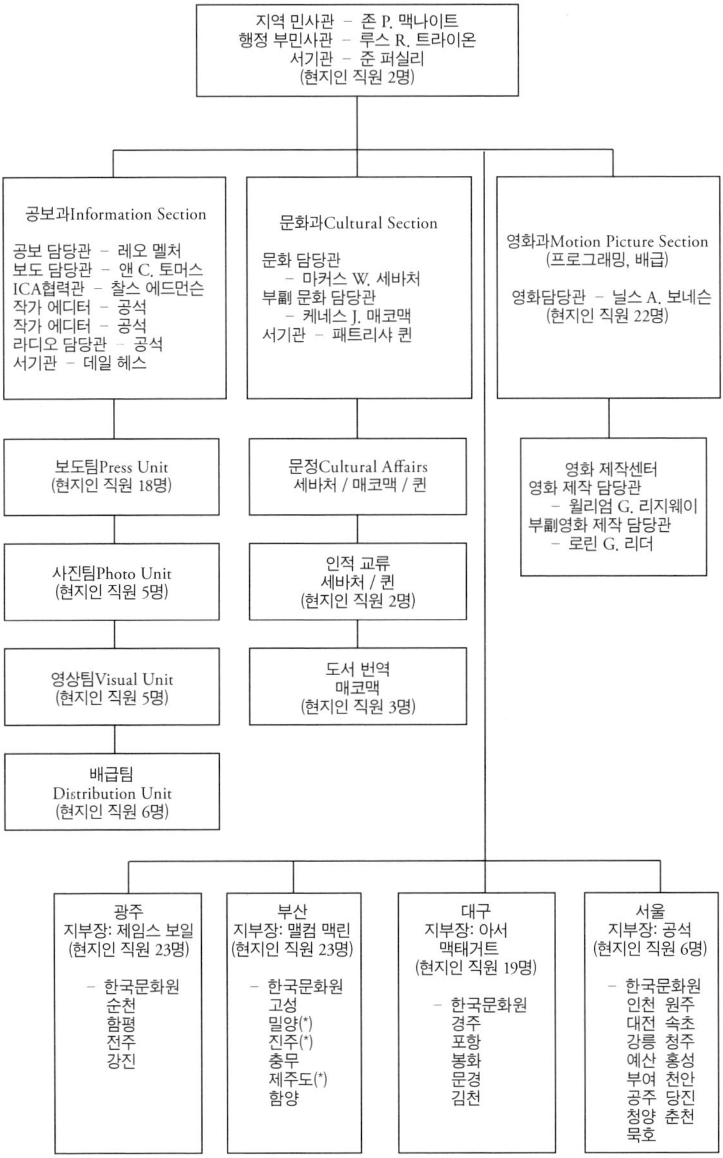

(*)표 된 것은 주한 미공보원 지급의 월급을 받는 직원이 있는 한국문화원이고, 그 외 문화원은 주한 미공보원에 의해 서비스받고 있는 곳임.

출처: USIS-Korea Comments on Inspection Report.

출된 이후, 1956년 4월 5일 주한 미공보원장 존 P. 맥나이트John P. McKnignt는 이 조사 보고서에 대한 의견을 USIA에 송부했다. 이 문서를 통해 맥나이트는 개편된 주한 미공보원의 조직도를 그림 3-3과 같이 제시하였다.[49]

조사단 파견 이후 개편된 주한 미공보원의 조직도(그림 3-3)에서 주목할 점은 한국 (사설) 문화원이 조직도 안에 포함되어 있다는 것인데, 직전의 조직도에서 각 주한 미공보원 지부 산하에 배급소가 포함되었던 것과 대비된다. 이는 1953년 초반부터 시작되었던, "주한 미공보원 조직을 축소하면서도 지역 정관계 및 지역 사회에 대한 영향력을 유지시킨다는 난제의 해결 방안을 모색"(허은, 2008: 187)했던 과정이 일단락되었음을 의미한다.

이에 따라 한국의 사설 문화원을 포괄하는 방식으로 진행된 주한 미공보원의 조직 개편 움직임에 상응하여, 주한 미공보원은 사설 문화원장과의 관계 개선을 위해 노력했다. 이에 따라 1956년 3월 22일 한국에서 가장 인구가 많은 지역의 15명의 (사설)문화원 원장들은 그들의 활동에 있어 주한 미공보원과 협력하는 방안을 논의하기 위해 서울에서 만났다. 그림 3-3에서 확인할 수 있듯이, 당시 문화원은 미문화원 4개와 한국 문화원 31개가 있었고, 이 중 일부(대전, 전주)는 수년 전 주한 미공보원의 예산 삭감으로 인해 문을 닫고 한국인이 인수한 옛 미문화원이었다. 한국의 (사설) 문화원은 지역 사회의 자금 지원을 받고 있지만, 주한 미공보원은 출판물, 서적, 영화 프로젝터, 영화, 전시회 등을 제공하여 지원하고 있었다. 1956년 4월 4일 주한 미공보원이 USIA에 보낸 문서에 따르면, 당시 주한 미공보원은 이 한국의 사설 문화원들이 주한 미공보원 프로그램의 범위를 넓히는 데 매우 소중하다는 것을 인식하고 있었다. 이날 사설 문화원장의 회합에서는, 먼저 주한 미공보원이 사설 문화원의 프로그램에 어떠한 지원을 할 수 있는지에 대한 보고가 진행된 후, 사설 문화원장으로부터 주한 미공보원의 서비스와 자료를 개선하기 위해 필요한 것이 무엇인지에 대한 많은 제안들이 제시되었다. 예를 들어, 문화원장들은 문화원이 시기적절하게 영화를 획득하기 위해서는 새로운 주한 미공보원의 영화에 대한 더 많은 인쇄물이 필요하다고 요청했다. 또한 많은 마을에서 아직 전력 상황이 너무 열악해서 영화를 보여 주기가 어렵기 때문에 이를 극복하기 위해 휴대용 발전기가 절실히 필요하다는 요청도 있었다. 뿐만 아니라 주한 미공보원 출판물의 편집과 도서관에 필요한 서적 잡지의 종류에 대한 다른 제안들도 있었는데, 예를 들어 한국에서의 미국 원조 사업을 다루는 〈재건 뉴스 *Rehabilitation News*〉에서 한국 농부들이 '어떻게 해야 하는가'라는 제목의 기사를 가장 선호한다는 제안이 있었다. 또한 부산 지역 5개 사설 문화원들의 비슷한 화합이 이미 3월 16일에 부산에서 개최된 바 있었는데, 이 자리에서 문화원장들은 언론, 영상, 영화, 배급 등에 대해 논의하는 한편 각 문화원의 프로그램에 대해 자세히 설명했다. 이날 회합에 참석한 주한 미공보원 부산지부장 맬컴 맥린Malcom Mclean은 다음과 같이 말했다. "우리 모두는 오늘이 가장 성공적인 날이라고 느꼈습니다. 부산에 계신 분들을 부산 지부에 초대하게 되어 기쁘게 생각하고 의견을 교환할 기회를 갖게 되어 기뻤습니다. 우리는 분기별로 이와 같은 회의를 가질 것이며, 제가 수집할 수 있는 모든 정보가 이들에게 전달될 수 있도록 노력할 것입니다."[50]

한국의 사설 문화원을 지원함으로써 주한 미공보원 프로그램의 범위를 넓히고자 했던 주한 미공보원의 의도와 달리, 한국 문화원의 실제 운영 실태는 만족스럽지 못한 상황이었다. 이에 주한 미공보원은 한국 문화원의 운영 실태를 파악한 보고서를 1959년과 1960년에 걸쳐 두 차례 USIA에 제출하였다.

1959년 3월부터 4주에 걸쳐 한국 북부의 4개 도道의 총 27개 문화원 활동과 조직을 검토한 랠프 루이스Ralph Lewis는 1959년 당시 사설 문화원의 구조와 조직을 (1) 건물, (2) 조직 구조, (3) 재정, (4) 문화원장의 문화원 운영 동기 등으로 나누어 각각 점검하였다.[51] 우선 건물 시설에 대한 방문·점검 결과, 외관에 관한 한 문화원은 대체로 세 그룹으로 분류되었다. 첫 번째 그룹은 도심의 좋은 곳에 위치하고 있어 열람실, 강당, 영화 상영을 위한 공간도 잘 갖춘, 한국 기준으로 꽤 괜찮은 곳으로 여겨지는 약 9개의 문화원이었다. 두 번째 그룹은 한국의 작은 도시에서 볼 수 있는 보통 건물보다 더 좋은 건물에 있는 문화원이지만, 적절한 열람실, 강당, 영화 상영을 위한 공간과 같은 시설이 거의 없거나 설령 있더라도 적절한 관리와 유지에 대한 증거가 거의 없었던 곳이었다. 마지막 세 번째 그룹은 지역 사회의 기준으로도 기준 아래에 있는 곳이다. 속초 문화원은 마을의 가장자리 근처에 있는 흙바닥이 있는 황폐한 건물이었고, 매우 좋지 않은 조건을 지닌 문화원으로는 수원, 천안, 인천, 평택, 예산 문화원 등이 있었다. 통계적으로 보자면, 27개의 문화원들 중 8개는 좋지 않은 위치에 있었고, 9개는 심하게 황폐한 건물에 있었고, 17개는 독서실이 있으나 부실했고, 14개는 전시 공간이 없었고, 14개는 영화 상영이나 다른 문화원 활동을 할 수 있는 큰 방이나 강당이 없는 상황이었다.

또한 한국 문화원의 조직 구조는 건물만큼이나 다양했는데, 지방 정부(공보부처)가 운영하는 경우(춘천, 청주), 지역 사회의 지원을 구하지도, 받지도 않는 1인 운영의 경우(속초, 홍성 등의 5개 문화원), 명목상으로만 '운영위원회'가 존재하는 경우(12~13개 문화원), 실질적으로 운영

표 3-7 1950년대 말 한국 사설 문화원의 재원

재원	재정 운영 상황
군청	문화원 운영에 매월 필요한 3만 2,000환의 약 10%에 해당한다. 이 10%는 27개 문화원 중 8개 문화원에 주어지는데, 아마도 문화원이 주변 지역의 면面에 제**공하는 영화와 출판물에 대한 감사 또는 지불로 추정**된다. 8개 문화원이 이 자금 출처로부터 얻는 돈의 양도 의심할 여지없이 **개별 문화원장의 자금 모집 능력에 따라 결정**된다.
도청	전체 문화원 예산의 약 20%를 차지하고 있으며, 12개의 다른 문화원에 다양한 금액으로 분산되어 있는데, 군청의 출연금과 마찬가지로 도청의 출연금은 도의 일반적인 관심을 부분적으로 반영한 것으로 보인다. 도청은 문화원이 제공하는 서비스에 대해 비용을 지불한다. 특히 문화원이 사실상 공보국에 의해 운영되는 청주의 경우, 공보국 인력에 의해 운영되고 있으며 USIS 간행물과 함께 공보국의 자료를 배포하고 있다.
시청	문화원이 위치한 시청사들이 전체 문화원 예산의 약 22%를 차지하는 이러한 기부금은 27개 센터 중 9개 센터에 분배된다. 시의 재정적 지원은 군과 도청의 기부금과 달리 도시에 문화 서비스를 제공하는 것에 대한 관심이 더 진심으로 동기 부여가 된 것으로 보이지만, **종종 문화원장을 겸직하고 있는 시장市長은 문화원을 자신의 정치적 목적으로 활용하기를 희망할 가능성이 매우 높다.**
개별 지역 사회 기여자	지역 사회의 산업 지도자들과 사업가들이 자금을 제공하는 경우다. 이 재원은 문화원이 위치한 27개 지역 사회 중 11개 지역 사회에서만 활용되고 있지만, 전체 월 문화원 예산의 약 27%를 차지하고 있어 **개인 기부자들의 동기는 엇갈리는 것으로 보인다.** 개인 사업가들 상당수가 재정 기부를 시민 서비스의 한 형태로 생각할 가능성이 높다. 반면에 **개인 기부금은 제공된 용역에 대한 지급**이라는 증거가 있다. 가령, 삼척에서는 대형 시멘트 공장이 정기적으로 문화원에 기부를 하고 있으며, 그 대가로 문화원 원장이 시멘트 공장 직원들에게 형식적으로 특별 서비스를 제공하고 있다. 이는 정기적인 영화 상영과 출판물 배급의 우선순위가 높다는 것을 의미하는데, 출판물 배급 목록과 기여자 명단이 동일한 다른 문화원의 경우에도 이미 검증되었다.
문화원장의 직접 조달	문화원장들에 따르면, **가장 큰 재원은 원장 자신들이었다.** 그래서 인터뷰한 27명의 **원장 중 16명이 자기 돈을 투자해서만 문화원을 운영**할 수 있었다고 보고했다. 이러한 보고가 사실이라고 가정하면, 문화원장들은 전체 문화원 예산의 약 31%를 자비로 출연하고 있는 것으로 보인다. 또 횡성, 평택, 원주 등 4개 문화원의 경우 원장들이 개별적으로 문화원 운영비 전액을 부담한다고 주장한다. 또 일부 문화원은 **원장이 영화 영사기를 대여해 주고, USIS 출판물을 판매하며, 문화원과 연계해 찻집을 운영해 돈을 번다**는 일부 증거를 누락하기도 했다.

출처: REPORT ON ORGANIZATION AND ACTIVITIES OF CULTURE CENTERS IN FOUR NORTHERN PROVINCES of the REPUBLIC OF KOREA(1959)의 내용을 표로 정리. 강조는 필자.

위원회를 운영하면서 지역 사회로부터 실질적인 지원을 상당히 받는 경우(대전, 천안, 삼척) 등이 있었다. 또한 조직 구조가 어떠하든지 간에 서너 개의 문화원을 제외하고는 하루 평균 방문객 수가 직원 평균 규모인 6명 정도에 크게 못 미치는 것으로 조사되었다. 특히 문화원에 대한 통제권을 둘러싼 다툼도 조직 구조상 혼란을 불러왔다. 가령 도道에서 관장을 맡고 있는 춘천에서는 1956년 9월에 문화원을 시작한 이래로 운영하고 있는 도청과 최근에 문화원장 임명을 둘러싸고 논란이 일어났다. 또 2개의 문화원이 있는 논산에서는 두 개의 사설 문화원 모두 주한 미공보원의 지원을 요청하는 경우도 있었다. 이때 양측은 주기적으로 주한 미공보원 장비를 요청하며, 각각의 조직이 지역 사회에서 가장 중요하다고 주장하였다. 이 조직 구조에 대한 조사를 통해 랠프 루이스가 내린 결론은, 거의 모든 지역 사회에서는 문화원이 '획득할 가치'가 있는 일종의 상품으로 간주되고 있을 정도로 문화원에 대한 통제권을 가지기를 열망하는 집단이 많다는 것이었다.

한국 문화원의 자금 조달 출처는 대체로 5개로 조사되었는데, (1) 군청, (2) 도청, (3) 시청, (4) 개별 지역 사회 기여자 및 (5) 문화원장의 직접 조달이었다. 표 3-7는 한국 사설 문화원의 재원별 자금 조달 상황을 정리한 것이다.

한국 문화원의 운영 재원과 관련해 특징적인 것은, 첫째로 문화원 운영의 가장 큰 재원이 문화원장 자신이라는 것이다. 심지어 일부 지역의 문화원에서는 주한 미공보원의 서비스(영사기 대여 및 출판물)를 유료로 제공함으로써 운영비를 조달하기도 하였다. 둘째는 도청/시청/군청의 기부금이 있는 경우에는 대부분 문화 서비스를 제공하는 것에 대한 감사 또는 대가 지불의 성격을 가지고 있다는 점이다. 특

표 3－8 1950년대 말 한국 사설 문화원장의 운영 동기

운영 동기	분석 내용
지역 사회의 사회적, 문화적 요구 촉진에 진정한 관심	조사된 총 27개 문화원 중 단 두 명의 문화원장에서만 확인되는 동기다. 이 둘은 공교롭게도 둘 다 대학생으로, 서른 살 미만의 연령대에 속하는 인물로서, 문화원이 수행할 가장 큰 봉사가 지역 주민의 관심을 자극하는 것이라고 느끼거나, 지역 사회에 계몽을 가져오기 위한 정직한 노력을 기울였던 경험이 작용한 것으로 분석되었다.
개인적 이익 추구	조사된 총 27개 문화원 중 대략 5~6명쯤이 될 것으로 추정되었다. 이들은 적은 비용만 받고 상업 극장 운영자에게 프로젝터를 임대하거나, 자신이 제조하는 비스킷을 주문한 것에 대한 대가로 지방 정부 공무원에게 영화 상영을 우대하거나, 자신이 소유하거나 통제하는 USIS 프로젝터의 임대료로부터 수익을 추구하는 경우가 이에 해당한다.
정치적 동기	지방 정부에 의해 고용된 **모든 문화원장에게서 전형적으로 발견되는 동기로서, 대부분의 문화원장들이 가지게 되는 동기**다. 가령, 자신의 정치적 야망을 확장하는 도구로 생각하거나, 문화원장을 정치 경력으로 가는 훌륭한 디딤돌로 간주하는 문화원장들이 이에 해당한다.
지역 사회 내 인지도와 명성	가장 많은 수의 문화원장 혹은 거의 모든 문화원들에게서 유일한 원동력으로 발견되는 가장 두드러진 동기다. 운영의 책임자라는 사실과 문화라는 매우 중요한 사업과 관련이 있다는 사실, 그리고 많은 사람이 원하는 것, 즉 영화 상영과 출판물을 제공할 수 있는 좋은 위치에 있다는 사실에서 비롯된 동기로서, 비록 이 동기는 세계 대부분의 지역에서도 마찬가지지만 유독 한국에서 두드러진다고 분석되었다. 랠프 보고서의 표현에 따르자면, "이 점에서 '문화'라는 단어는 페티시처럼 보인다. 그것이 무엇이든 간에, 단지 자신을 그것과 동일시하기만 하면 되고, 그는 그것과 관련된 좋은 후보자가 된다. 이 상황은 가장 확실하게 문화원장의 기본 동기가 지역 사회 내 위세와 관련되어 있음을 잘 보여 준다."
문화에 대한 통제권 획득	"아마도 사람들이 문화원장이 되고 싶어하는 가장 일반적인 이유는 문화원장이 되는 것이 영화 영사기와 출판물에 대한 통제권을 갖는 것을 의미하기 때문일 것이다. 이것은 문화원장이 특히 야망이 있는 사람에게 귀중한 자산인 호의를 베풀 수 있는 좋은 위치에 있다는 것을 의미한다"라는 보고서의 구절처럼, 문화원장의 가장 일반적인 동기로 분석되었다.

출처: REPORT ON ORGANIZATION AND ACTIVITIES OF CULTURE CENTERS IN FOUR NORTHERN PROVINCES of the REPUBLIC OF KOREA(1959)의 내용을 표로 정리함. 강조는 필자.

히 종종 문화원장을 겸직한 시장市長은 문화원을 자신의 정치적 목적으로 활용하기를 희망할 가능성이 매우 높았다. 세 번째는 (문화원이 어떠한 형태의 조직 구조를 가지고 있는가와 상관없이) 문화원장의 모집 능력이 무엇보다 중요하다는 점이다. 이는 문화원의 재원이 제공하는 문화 서비스에 대한 일종의 대가로서의 성격을 가지는 것과 무관치 않았다.

이와 같은 운영 재원상의 특징은 공보 프로그램의 범위를 넓히고자 하는 주한 미공보원에게 문화원장의 문화원 운영 동기에 대한 파악이 무엇보다 중요했을 것이라는 점을 상기시켜 준다. 이에 따라 랠프 루이스의 보고서에서는 문화원 운영 동기에 대한 분석이 차지하는 비중이 상당하는 점이 발견된다. 표 3-8은 문화원장의 문화원 운영 동기 중 주요한 다섯 가지를 정리한 것이다. 이 표에서 쉽게 확인할 수 있는 바처럼, 주한 미공보원은 주한 미공보원의 장비가 종종 오용되거나 부정행위에 사용되고 있음을 확인하면서 한국의 문화원장이 지닌 동기가 대부분 순수하지 못하다고 보았다.

이윽고 다음 해인 1960년 4월 주한 미공보원은 후속 보고서를 통해 한국 문화원을 개선할 방향을 제시하였다.[52] 후속 보고서는 1959년 보고서의 분석을 토대로 하여 먼저 한국 문화원의 문제점을 세 가지로 요약하였다. 첫 번째는 주한 미공보원이 한국 문화원의 재정 지원에 기여하지 않았기 때문에 이에 대한 통제를 행사하기 어려운 위치에 있었다는 사실이다. 두 번째는 지역 사회의 발전과 책임성을 가로막는 방식으로 운영된 문화원 조직의 구조였다. 세 번째는 문화원 원장들의 의문스러운 동기와 전반적인 '경험' 부족이었다. 후속 보고서는 이 문제들에 대한 대책과 지난 1년 동안 실행했던 조치들을 명시하였다. 표 3-9은 이를 정리한 것이다.

특히 주한 미공보원의 대책이 가진 효율성이 어느 정도였는

표 3-9 1960년 당시 한국 문화원 문제에 대한 주한 미공보원의 대책과 조치

문제점	대책	대책에 따른 조치
통제 행사의 어려움	문화원장에게 급여를 지급하는 것이 불가능하다고 여겨졌기 때문에, 주한 미공보원은 세 가지 간접적인 수단에 의한 통제에 의존할 것을 권고했다. 그중 하나는 주한 미공보원 각 '지부 민사관 Branch PAO'이 문화원 원장들과 상대하면서 발전하고 유지될 것으로 기대되는 우호적인 관계이고, 다른 하나는 지부 민사관 사무실이 (지원을 요청하는) 문화원에 제공하는 일반적인 지침이다. 세 번째 간접적인 수단은 최소한의 운영 기준을 유지하기를 거부한 문화원의 경우 장비와 자재를 철수하겠다는 미국의 위협이었다.	
조직 구조	효과적인 공동체 활동 프로그램에 진심으로 관심이 있는 시민들로 구성된 위원회로 전환하는 노력을 기울이라고 권고되었다.	문화원 구조 개편이 시도되기 전에 세 가지 장애물을 제거해야 했다. 하나는 원장이 직접 운영위원회를 만들자는 아이디어에 대한 반발이었다. 또 하나는 문화원 개편안을 보좌할 것으로 예상되는 읍장들의 운영위원회 구상에 대한 무관심이었다. 세 번째 어려움은 원장들과 읍장들이 개편안에 별다른 열의를 보이지 않게 됨에 따라 야기된 시민 개개인의 경계심이었다. 이 세 가지 어려움을 해결하고 극복하기 위한 노력은 1년 내내 확장되었고 다양한 조치가 취해졌다. 예를 들어, 서울에서 열린 회의에서 문화원장들과 운영위원회의 아이디어가 처음으로 논의되었다. 그러자 현장에서는 읍장, 문화원장, 일부 일반 지도자들에 대한 요구가 끊이지 않았다. 이러한 요구에 따라, 운영위원회 계획을 설명하고 제기될 수 있는 모든 이의제기에 답하기 위한 편지들(가령, '문화원 청사진'이란 제목의 편지)을 지속적으로 송부하였다.
원장의 지식 부족	원장의 무능력 관련 대책으로는 문화원의 목적, 지역 사회의 참여와 책임의 중요성, 그리고 활동 프로그램이 조직되고 수행될 수 있는 다양한 방법에 대해 원장을 '교육'하기 위해 고안된 오리엔테이션과 훈련 프로그램이었다.	원장이 가진 불순한 동기라는 기본적인 결함을 제외하고, 각 원장들은 지역 사회 활동의 효과적인 프로그램을 조직하고 운영하는 데 필요한 기술에 대해 거의 무지했다. 이 문제에 대한, 겉보기에는 간단하고 직접적인 해결책은 무능한 원장을 해고하는 것이다. 하지만 이는 불가능했기 때문에(BPAO는 그가 고용하지 않은 사람을 해고할 수 없다), 오직 하나의 대안(즉 교육 훈련)만을 남겼다. 세 가지 유형의 훈련 중 첫 번째는 BPAO와 그의 조수가 문화원을 정기적으로 방문하여 교육하는 것으로, 방문은 1시간에서 3시간으로 이루어졌으며 원장이 가지고 있는 관리상의 문제를 분석하고 마지막으로 전월의 프로그램 활동을 검토하는 것으로 구성되었다. 두 번째 유형의 교육은 서울에서 센터로 가져온 실제 프로그램의 형태를 취했다. 이러한 유형의 프로그램은 지부 민사관 자신이 문화원 수용자들에게 한 많은 연설, BPAO 조수가 약 절반의 수용자들에게 한 한국인의 미국관에 대한 일련의 강의를 포함한다. 최종 교육 절차는 문화원장에게 서면으로 전달하는 것으로 이뤄졌다. 각 문화원장이 매월 보내온 보고서에서 밝힌 문화원 프로그램의 단점을 적은 편지에 대한 답장과 일련의 '훈련 문서' 또는 '어떻게 해야 하는지'에 대한 편지 등의 두 가지 형태를 취했다.

출처: REPORT ON ORGANIZATION AND ACTIVITIES OF CULTURE CENTERS IN FOUR NORTHERN PROVINCES of the REPUBLIC OF KOREA(1960)의 내용을 표로 정리함.

지를 판단하는 데 있어, 주한 미공보원이 일련의 '훈련 문서training memoranda'를 통해 문화원장에 대한 교육을 체계화시키고자 했다는 점이 주목된다. 이 훈련 문서는 대체로 다음과 같은 내용이 담겼다.

1. 모든 문화원장에게 보내는 8페이지 분량의 편지는 원장이 자신들의 문화원에서 조직할 수 있는 약 20개의 다양한 문화원 프로그램을 설명하고 있다.
2. 지역 공동체가 서로 다른 관심사로 구분되는 이들의 집단으로 구성되어 있으며, 활동은 서로 다른 관심사를 바탕으로 구성되어야 한다는 점을 강조한, 목표 수용자에 대한 4페이지 분량의 문서. 예를 들어, 특정한 관심을 가진 수용자들이 그 관심을 다루는 영화를 볼 기회가 주어지도록 영화 프로그램을 마련해야 한다는 것이었다. 즉 호텔과 식당 주인을 위한 위생에 관한 영화, 부모-교사 단체를 위한 교육에 관한 영화, 4H 클럽 회원 관객을 위한 농업에 관한 영화로 구성되어 있다.
3. 서평 동아리, 토론 동아리, 사진 동아리, 음악 동아리 등 취미 활동을 전개하는 문화원 프로그램의 가치에 대한 4페이지 분량의 또 다른 편지. 이러한 취미 동아리가 문화원에서 정기적으로 만나 자신들의 관심사를 탐구하고 발전시킬 수 있을 뿐만 아니라, 다른 문화원 활동을 위해 이미 조직된 관객 역할을 할 수 있다는 의견이 제시되었다.
4. 인권의 날 등 기념일에 문화원 프로그램을 기획하는 임무의 가치에 관한 4페이지 분량의 문서. 이 편지는 이 기념행사가 임박한 것을 이용하여 문화원들이 그것을 지원하기 위해 조직할 수 있는 10가지 다른 활동들을 제안했다. 편지에는 적절한 영화 목록과 인민헌장을 주제로 한 특별한 그림 패널이 있으며 이를 요청한 모든 문화원에 보낼 것이라는 정보도 포함되어 있었다.

5. 다섯 번째 발행물은 〈문화원 소식지〉로, 한 달에 한 번 정도 발행되며, 약 5, 6페이지 분량으로 다른 문화원이 하는 일에 대한 원장들의 관심을 충족시키고, 효율적인 문화원 운영을 위한 기술적 정보를 제공하기 위해 기획된 〈문화원 소식지〉로 구성되었다.

6. 일련의 '오리엔테이션' 커뮤니케이션의 최종 항목은 월간 보고서 양식이다. 이 보고서 양식은 지부 민사관에게 문화원 운영에 대한 통계 정보를 제공할 뿐만 아니라 그 문화원의 적절한 운영에 대한 책임자의 방향을 제시하기 때문에 이 훈련 문서에 포함된다. 보고서 양식은 a. 마지막 운영위원회 회의의 날짜와 주제, b. 상영 장소 측면에서의 영화 활동 보고서, 참석한 특별 그룹, 영화 상영 후 그룹 토론 여부, c. (문화원에 전송된 사진과 패널로 만든) 정보를 위한 공간, d. 문화원이 정기적으로 수령하는 주한 미공보원 간행물의 배포 방법, e. 문화원이 도서관에 보유한 주한 미공보원 서적의 목록 및 배포, f. 지난 한 달 동안 발생했을 수 있는 모든 플랫폼 및 회의장 프로그램에 대한 보고서, 마지막으로 g. 책임자에게 (그가 다음 달에 조직하려고 계획했던 모든 문화원 활동을 숫자 순서대로 나열할 수 있는) 기회를 제공한 기획 섹션.

후속 보고서의 이들 활동에 대한 평가에 따르면, "각 문화원 조직에 효과적인 운영위원회를 통합하기 위한 노력에 따른 결과와 마찬가지로, 원장 양성을 위한 노력의 결과는 부분적으로만 성공적이었다. 일부 문화원장들은 의심의 여지없이 그들이 받은 훈련 문서를 무시했다. 그것들을 읽는 사람들 중에는, 의심의 여지없이 단순하고 명확하게 쓰려는 강한 노력에도 불구하고 그것들을 이해하지 못하는 사람도 있었다. 그리고 '어떻게 해야 하는가'라는 글자를 읽고 이해하는 사람들 중에는 아마도 지역적 조건과 전통에 맞지 않다고 거부하는 사람도 몇 명 있었을 것이다. 그럼에도 불구하고, 그러한 훈련 과정에서 상당한 도움을 받은 원장이 있었고, 이것은 지속적인 노력으로 더 긍정적인 결과가 나올 것이라는 희망을 정당화하기도 하였다."

4. 1956년부터 1959년까지 주한 미공보원의 상영 활동

이제 (그림 3-3 하단부에 표기되어 있는) 주한 미공보원 지부의 보고서●를 중심으로, 1956년부터 1960년까지 주한 미공보원의 영화 상영 활동을 살펴보도록 하자. 1956년 상반기 부산 지부에서는, 3월 한 달 동안 영화 활동의 두 가지 특징이 강조되면서 영화 상영은 높은 비율로 계속되었다. 첫째, 이 지역에서 흥미로운 주제를 실제로 촬영하는 것에 더 많은 관심이 주어졌다. 미국의 원조로 지어진 신생 산부인과 병원, 부산 철도 수리점, 셔츠 제조업체 등이 모두 영화적으로 가치가 있다고 여겨져 촬영이 이뤄졌다. 둘째, 지부장이 직접 6개의 영화관을 방문하고, 영화담당관이 부산의 다른 모든 영화관을 방문함으로써 상업 영화관들과 긴밀한 관계를 맺게 되었다. 이것의 즉각적인 결과 중 하나는 아이젠하워 대통령의 '평화를 위한 상호 사찰 프로그램Mutual Inspection for Peace Program'에 관한 특별 영화가 이미 부산의 5개 극장에서 상영되었고 곧 다른 극장에서도 볼 수 있을 것이라는

● 주한 미공보원 지부(부산, 대구, 광주) 활동에 대한 보고서는 주한 미공보원의 반기 보고서 부록으로 USIA에 정기적으로 보냈으나, 1955년 무렵 반기 보고서가 폐지됨에 따라 지부에서 올라오는 분기별 월례 보고서 구절을 발췌하는 방식으로 보고되었다.

점이었다. 아이젠하워 대통령의 평화를 위한 상호 사찰 제안에 관한 영화 프로그램이 3월 29일 부산 문화원에서 열리기도 하였다.[53]

1956년 주한 미공보원의 영화 상영 활동에서 주목할 점은, 1956년 5월 15일 대통령 선거가 예정되어 있는 상황에서 주한 미공보원이 선거에 개입하고자 한다는 오해를 사전에 방지하기 위해 주한 미공보원의 상영 활동을 축소시켰다는 것이다. 이에 주요 지부들은 4월부터 이동영사대를 통한 상영 활동을 축소 내지 중지시키는 대신 영화 대출 활동에 중점을 두는 등의 조치를 취하면서 동시에 장비와 건물을 최상의 상태로 만드는 데 주력했다.

부산 지부에서는 USIS 영화를 경상남도와 제주도 전역으로 가져가도록 설계된 이동영사대들을 상영 활동에서 제외시키는 대신, 한 달 내내 부산 지부 관할 지역 내의 이동영사대를 위한 종합 프로그램이 수립되었다. 이 프로그램에 따라 이동영사대를 최상의 상태로 끌어올리기 위해 많은 노력을 기울였으며, 영화 프로그램은 부산 지역의 '논란의 여지가 없는' 장소(주로 군사 및 교육 기관)에서 개최되었다. 이동영사대가 다시 길을 떠날 때 최대의 프로그램 값을 얻기 위하여, 이동영사대에 필요한 최적의 장비 포장 수단이나 새로운 스피커를 장착할 수 있는 가장 바람직한 장소와 같은 기술적인 문제에도 관심을 기울였다. 또한 4월에 있었던 중요한 프로젝트는 아이젠하워 대통령의 '평화를 위한 상호 사찰 프로그램'을 지역 전체에 보여 줌으로써 지속적으로 강조하는 것이었다. 이와 관련한 영화 상영에 대한 예비 보고서가 이미 제출되었다. 부산과 이 지역의 각계각층을 대표하는 수천 명의 사람들이 당시 USIS 프로그램이나 상업 극장에서 이 영화를 보았다. 부산 지부의 운영 보고서에 따르자면, "관객들의 논평은 아이젠하워 대통령의 제안에 대해 깊은 관심을 드러냈다.

많은 사람은 소련이 실제로 상호 사찰에 동의할 것인지에 대해 회의적이었지만, 거의 모든 사람은 그 제안들이 정치가다운 성실한 것이라고 환영했다. 핵전쟁을 사실상 불가능하게 만들고자 하는 새로운 시도에 소련을 초청하는 관대한 접근과 '어떻게 작동하는지'에 대한 냉정한 설명으로 이 영화는 주제를 매우 잘 다루었고 '선전'도 훌륭하다"는 것이 부산 지부 직원들의 의견이었다.[54]

또 광주 지부에서도 대통령 선거에 따라 현장 활동이 대폭 축소되었고, 이는 주로 영화 상영에 반영되었다. 광주 지부에서는 4월 7일 세계 보건의 날을 위한 프로그램을 4개 도시에서 수행하거나 지원했다. 광주에서는 만화 영화 〈침략에 대한 방어*Defense Against Invasion*〉가 시청 보건소장 김규섭 박사의 강연과 함께 진행됐다. 이동영사대는 여수와 목포의 지역 프로그램을 지원하기에 적합한 영화를 상영하였고 순천문화원에 영화를 제공하였다. 4월 17일 150명이 넘는 조산사들이 영화를 보기 위해 주한 미공보원 지부에 모였다. 또한 광주 지부 산하의 모든 한국 문화원장은, 사전 선거 정책을 준수하기 위한 주한 미공보원의 불간섭 정책에 대한 평판에 의구심을 남기지 않기 위해서 어떤 방식으로든 USIS 영화를 상영하지 않기로 합의했다. 신규 문화원에 구비된 영화 장비와 출판물에 대한 세 지역 사회의 대출 요청은 5월 15일 이후로 연기되었다. 이에 4월부터 5월까지 16mm 필름 대여 서비스가 100% 이상 증가했는데, 이 증가의 상당 부분은 대한민국 군부대에 대한 대여였다.[55]

마찬가지로 이동영사대 활동을 중단했던 대구 지부는 이 때문에, 주한 미공보원 영화를 본 사람들이 약 27만 1,000명이었던 3월만큼 많지 않았다. 대부분의 상영은 대구 지역에서 주한 미공보원 지부(문화원)의 상영관에서, 또는 특정하게 선택된 그룹에 의해 이루어졌다.

하지만 이 제한에도 불구하고, 총 6만 2,000명의 사람들이 주한 미공보원 영화를 보았다. 또한, 대구 지부는 대구에 있는 (이전에는 제공할 수 없었던) 특정 단체들(병원이나 군대)에 보여 줄 수 있었다. 가장 큰 성공작은 한국어로 된 컬러 영화 〈성장을 위한 설계*Design for Growing*〉으로 미국의 학교가 도시 안에서 이뤄지는 다양한 경험을 교육에 어떻게 활용하는지 보여 주는 내용이었다. 어린이 교육이 모든 국민의 주된 관심사이기 때문에, 이 영화는 로터리 클럽, 대한민국 국회의원, 노동조합, 학교 직원 등 다양한 단체들이 참여하여 가장 인기를 끌었다. 물론 컬러 영화라는 점이 큰 도움이 되었지만, 기본적으로는 주제 때문에 인기가 있었다. 6월 초에 주한 미공보원 담당자들이 모든 군郡을 방문했을 때, 대부분의 현장에서 주한 미공보원 영화가 유일하게 활용되고 있기 때문에 농민들이 영화를 가장 원한다는 것을 알게 되었다. 왜냐하면 (당시 한국의 농촌에는 전기도 없고 극장도 없기 때문에) 주한 미공보원 영화가 대부분의 현장에서 활용될 수 있는 유일한 영화이기 때문이었다." "특히 대구 지부는 의료, 교육, 정부 등 특정 그룹을 위해 구성된 4~5개의 짧은 세트 프로그램인 주한 미공보원의 '패키지 딜package deals'은 매우 유용한 것으로 입증되었고, 관객들은 처음에 주한 미공보원이 제공하는 자료의 풍부함에 대해 당혹감을 느꼈지만 점차적으로 균형 잡힌 프로그램을 제공하는 것을 좋아하게 되는 것으로 변화하였다"고 판단하였다.[56]

일부 지부에 국한된 사항이긴 하나 1956년 주한 미공보원의 영화 상영 활동에서는 좀 더 영화 배포의 효율성을 높이려는 시도도 발견된다. 이 시도들은 기존 한국 문화원에 국한하지 않고 그간 거의 주목하지 않았던 지역 사회의 다양한 커뮤니케이션 채널을 주한 미공보원 자료 배포에 활용하고자 한 것이었다.

1956년 8월에 주한 미공보원 하급 담당관 훈련생인 모턴 스미스 Morton Smith가 부산을 방문하였다. 이 방문은 부산 지부가 배포 문제에 관심을 집중하게 되는 계기가 되었다. 스미스의 도움을 받아 이전에는 산발적으로 주한 미공보원 출판물만 받아오던 지부장과 배포 부서는 도내 지역의 배포 개선 방안을 조사했다. 또한, 주한 미공보원 자료의 새로운 배포처를 찾고 발견하였다. 이 지역의 이발소와 찻집은 물론 학교, 군부대 등 많은 곳과 단체에서 주한 미공보원 정기간행물을 점점 더 많이 볼 수 있게 되었고, 특히 독서 장려를 위해 사람들에게 다가가기 위한 이러한 노력은 대표적으로 이발사들과 찻집 관리자들에게 환영을 받았다. 한편 주한 미공보원 부산 지부는 8월 30일 주한 미공보원 35mm 영화에 대한 논의를 위해 경상남도 전역의 상업 극장 관리자들을 지부 문화원으로 초청했다. 극장 관리인 20명이 회의에 참석했는데, 이 회의에서는 상업 극장의 필요성뿐만 아니라 미국이 그러한 필요를 충족시킬 수 있는지 등 열정적이고 우호적으로 토론이 이뤄졌다. 지부 관계자들은 이 회의가 지역 극장에서 주한 미공보원 영화의 수용성을 높이는 데 도움이 될 정도로 매우 성공적이었다고 평가하였다.[57]

한편 부산 지부에서는 8월에 부산의 외곽 지역으로 이동영사대를 파견하는 새로운 일정을 마련하였다. 4개월의 운영 기간을 포함한 이 일정에는 주한 미공보원 이동영사대가 언제 어디에 배치될 것인지를 정확하게 표시하고 주한 미공보원 지부의 문화원에 대한 근접 지원을 제공하는 내용이 포함된 것이었다. 즉 이동영사대가 최종 목표 수용자에 도달하기 전에 주한 미공보원 지부의 문화원과 협의하는 일정을 포함시킨 것이다. 이러한 일정 조율이 있었다는 것은 이동영사대가 상영 프린트를 배포하고 주한 미공보원 프로그램의 효과에 대해 문의하기 위해 학교, 면 경찰, 경찰서 및 다른 많은 장소에 방문할 것임을 의미하는 것이었다.[58] 뿐만 아니라 1956년과 1957년 주한 미공보원의 영화 상영 활동에서는 (이미 앞에서 살펴보았던 바와 같이) 한국의 사설 문화원과의 관계 개선을 도모하는 한편, 상업 상영관과의 협력을 강화하고자 하는 시도 또한 발견된다.

1956년 12월 중순에 지부장이 바뀌었음에도 불구하고, 광주 지부의 직원들은 계속해서 효율적으로 움직였고, 헝가리 반란을 집중적으로 알리는 프로그램을 진행하였다. USIA의 영화 〈자유를 위한 헝가리의 싸움*Hungarian Fight for Freedom*〉이 12월에 16mm로 66번 상영되었는데, 여기에는 주한 미공보원 상영관에서의 공개 상영과 프로젝터와 영화를 빌리는 단체를 위한 특별 상영이 포함되었다. 더 중요한 것은 같은 영화를 35mm 버전으로 도내 상업 극장에서 51회 상영한 것이었다.[59] 특히 이 무렵 헝가리에 대한 USIA의 영화는 "이전에는 헝가리가 어디에 있는지도 모르고, 공산주의는 부차적인 문제로 여길 정도로 자신의 문제를 걱정했던 한국 마을에서까지 헝가리라는 주제가 한국인의 상상력을 사로잡은 듯하다"●[60]라고 평가될 정도로 큰 인기를 끌었다. 또한 부산 지부의 영화 상영 활동에서도 지역 상업 극장과의 협력은 크나큰 진전 중 하나였다. 당시 부산 지부의 월례 보고서에 따르면, "정기적인 이동영사대 순회, 프로젝터가 있는 단체에 대한 영화 대여, 상업 극장에 대한 35mm 영화 대여를 포

● 당시 대구 지부에서는 농장 문제에 대한 더 많은 영화를 요청받고 있었는데, 농장 협력에 관한 영화는 영어로 되어 있음에도 불구하고 특히 군郡 지도자들에게 꽤 인기가 있었다고 한다. 또한 방문 간호사에 관한 영화는 협력과 그것의 효과를 묘사하였기 때문에 매우 좋은 반응을 얻고 있고, 교육 영화 그 이상이었다고 평가되었다.

함하는 일반적인 노력 외에도 두 가지 흥미로운 진전이 있었다. 첫째, 주한 미공보원 영화 담당자인 닐스 A. 보네슨Niels A. Bonnesen이 부산을 방문했을 때 상업 극장 경영자들과의 매우 성공적이고 인상적인 만남이 이루어졌다. 극장 관리자들은 그들의 문제에 대한 미국의 지속적인 관심을 확신했다. 그들은 또한 주한 미공보원 영화 계획에 대해 그들에게 최신 정보를 제공했던 보네슨과 직접 이야기할 수 있었다. 둘째, 부산에서 약 25마일 떨어진 김해군에 위치한 경상남도 '농업 확대 학교agricultural extension school'에서 일련의 이동영사대 상영회가 시작되었다. 전국에서 약 160명의 농부들이 새롭고 가치 있는 농사 기술을 배우고자 6주 프로그램으로 김해에 왔다. 어떤 의미에서 주한 미공보원 영화는 훈련의 정기적인 부분이었으며, 그들의 전체 목표는 이 농부들이 새로운 외부 세계에 더 익숙해지고 새로운 아이디어를 더 잘 수용하도록 만드는 것이었다."[61]

한편 1957년 제1회 서울 지역 한국인 문화원장 회의가 1월 25일부터 26일까지 서울 지부 문화원에서 열렸다. 당시 17개 지역에서 지원되고 운영되는 문화원이 있는 4개의 도道를 포함한 서울 지역의 회의에서는, 16명의 문화원장이 참석한 가운데 토어스 G. 가너Thomas G. Garner 서울 지부장의 주재로 시작되었다. 특히 두 번째 날 회의는 각 문화원의 보고와 전국 문화원 연합회 구성에 할애되었다. 회의에서 제기된 의견과 질문은 '더 많은 출판물, 더 많은 영화, 더 많은 책과 잡지'라는 한 문장으로 요약될 수 있다.[62] 이러한 움직임은 1957년 2월 20일 '한국문화원연합회Federation of Korean Cultural Centers'의 결성으로 귀결되었다. 이 단체는 한국의 문화원을 단체에 포함하는 것이 문화원에 더 큰 이익이 될 것이라고 믿고 있었다. 주한 미공보원은 이 같은 움직임이 한국 문화원 스스로로부터 나와야 한다고 보고 조직

표 3 – 10 1959년 당시 경기/강원/충청남북도 소재 사설 문화원 현황

구분	설립 연도	직원 수		원장의 직업적 배경	시설 현황				
		유급	무급		위치 상태	물리적 시설 상태	독서실 유무	전시홀 유무	강당 유무
안성	1957. 2.	2	5	경찰	양호	양호	○	○	×
장성	1958. 10.	2	5	역도 선수	열악	열악	×	×	○
제천	1958. 10.	3		읍장	열악	열악	×	×	×
진천	1958. 12.		3	술 판매 면장	양호	양호	×	×	×
천안	1954	7		대학원생 면장	열악	양호	○	○	○
청주	1957	5	1	(지방)공보 국장	양호	양호	○	○	○
청양	1958. 7.	2	3	교회 노동자	양호	열악	×	×	×
충주	1955. 7.	6	1	공보국 부장	양호	양호	×	×	×
춘천	1956. 9.	4	1	대학원생 전 관료	양호	양호	○	×	○
횡성	1958. 8.	1	1	인쇄소 주인	열악	열악	×	×	×
홍성	1956. 7.	3	4	지역 신문 배포	양호	양호	×	○	○
인천	1955	6	3	화가	양호	열악	○	○	×
강릉	1955	3	1	전 교사	양호	양호	×	○	○
공주	1955	5	1	지방의회 사업가	양호	양호	×	○	○
온양	1957	4	2	읍장	양호	양호	×	×	×

평택	1957. 8.	2	1	유도 선수	열악	열악	×	○	×
삼척	1956. 8.	4	1	학생	양호	양호	○	○	○
속초	1955	5	1	북한 피난민	양호	열악	×	×	○
서천	1957	3	1	지역 신문 배포	열악	열악	×	×	○
서산	1957. 6.	5	1	지역 신문 배포	양호	양호	×	○	×
수원	1957. 9.	4		음장	열악	양호	×	×	×
대전	1953	10	1	신문 편집인	양호	양호	×	○	○
당진	1955	4	1	전 경찰	열악	양호	○	○	○
음성	1959. 2.	3	1	약사	양호	양호	×	○	○
원주	1955	3		전 관료	열악	열악	×	×	×
예산	1956. 10.	5	3	사업가	양호	열악	○	×	×
영월	1957	2	4	인쇄소 주인	양호	양호	×	×	×

* 이러한 한국 문화원의 현황은 〈한국의 문화원〉(한국문화원연합회, 1974)을 토대로 정리한 허은(2008)의 현황과 다소 다름.

출처: REPORT ON ORGANIZATION AND ACTIVITIES OF CULTURE CENTERS IN FOUR NORTHERN PROVINCES of the REPUBLIC OF KOREA(1959)의 부록 2, 3, 4의 표를 재정리함.

결성에 전혀 관여하지 않는 대신, 아시아 재단, OEC와 함께 자문 역할에 머물 것임을 밝혔다.[63]

표 3-10은 주한 미공보원 영화 상영 활동의 물리적 기반이자 조직적 기반이었던 1959년 당시 (4개 도의) 사설 문화원의 현황 자료다. 원장의 직업적 배경이 매우 다양하고, 27개 문화원 중 물리적 시설 상태가 양호한 문화원가 17개 정도일 정도로 전반적으로는 열악한

표 3-11 1959년 2월 당시 경기/강원/충청남북도 소재 사설 문화원의 영화 프로그램 현황

구분	영사기 수	월간 상영회	상영 장소				월간 관람객	
			문화원	읍	도	면	아동 · 청소년	성인
안성	2	12		1		11	6,800	8,500
장성	1	6	4	2				
제천	1	21		8		13	5,200	10,600
진천	1	10		5	5		9,430	5,000
천안	4	9	4		5		2,260	1,900
청주	3	21		2	4	15	6,050	5,650
청양	1	7		1		6	2,200	2,000
충주	2	10	2	2		6	2,420	7,100
춘천	2	9	4	3		2	2,500	2,000
횡성	1	4		4			1,400	50
홍성	2	1		1			50	900
인천	3	9		6	3		650	100
강릉	2	9	3	4	2		820	
공주	2	21	2	1	11	7	10,800	3,340
온양	1	16	1	1		14	4,950	16,500
평택	1	6	1	3		2	1,000	1,000
삼척	2	21	6		11	4	3,500	2,000
속초	2	10	1	6		3	6,500	5,900
서천	1	9				9	4,950	2,300
서산	2	8	1	2		5	7,000	5,000

수원	2	8		6		2	2,730	1,000
대전	5	9	2	1	6		3,400	2,950
당진	1	8		2		6	4,200	1,680
음성	1	7				7	3,400	3,800
원주	1	10	2		6	2	2,000	2,236
예산	2	10	2			8	11,500	11,100
영월	1	17		8		9	5,105	3,641
계	49	288	35	69	53	131	100,000	87,000

공주문화원은 오직 한국 공보국의 영화만이 상영되었음.

출처: REPORT ON ORGANIZATION AND ACTIVITIES OF CULTURE CENTERS IN FOUR NORTHERN PROVINCES of the REPUBLIC OF KOREA(1959)의 부록 5.

상황이었다.

표 3-11은 한국 사설 문화원의 영화 프로그램 현황을 정리한 것인데, 네 개 도 소재의 사설 문화원을 통해 주한 미공보원 영화를 관람한 월간 관객 수는 대체로 20만 명에 육박하였다. 지방의 사설 문화원이 주한 미공보원 영화를 상영한 장소는 면 지역이 압도적으로 많았는데, 총 288번의 영화 상영회 중 131번은 면 지역에서 개최되었다. (표 3-10에서 확인할 수 있는 바와 같이) 당시 절반 정도의 문화원에는 영화를 상영할 강당이 구비되지 않았기에, 이동영사대를 통해 읍내 및 시골 지역에서 상영한 것이었다.

1959년 당시 주한 미공보원의 이동영사대는 매년 적어도 한 번씩 모든 군郡을 방문하고, 여타의 이동영사대는 1년에 두 번, 세 번, 네 번 영화 상영을 위해 방문하였다. 60개 이상의 한국 사설 문화원과

표 3-12 1959년 경기/강원/충청남북도 소재 사설 문화원의 월별 영화 상영회 개최 수

구분	총상영회	상영 장소			관람객 수	
		문화원	읍	면	아동 · 청소년	성인
1월	—	—	—	—	—	—
2월	288	35	122	131	100,000	87,000
3월	283	39	173	71	142,523	119,050
4월	290	32	174	94	165,219	137,986
5월	244	55	123	66	151,630	143,535
6월	352	69	213	70	142,018	194,175
7월	383	70	221	92	151,418	197,378
8월	310	69	149	114	136,374	214,373
9월	366	95	152	119	159,635	175,033
10월	352	122	150	80	132,061	150,489
11월	259	119	77	63	97,249	105,408
12월	265	101	147	17	88,822	111,260
총계	3,397	806	1,701	917	1,467,000	1,634,000

출처: REPORT ON ORGANIZATION AND ACTIVITIES OF CULTURE CENTERS IN FOUR NORTHERN PROVINCES of the REPUBLIC OF KOREA(1960).

전국의 다양한 대한민국 육군 부대를 포함한 주한 미공보원 영화의 다른 수용자들은 영화의 광범위한 지리적 배포에 기여한 것으로 평가되었다.[64]

표 3-12는 1959년 1월부터 12월까지 사설 문화원의 영화 상영회 상영 실적을 통계적으로 보여 주는 집계인데, 1년간 4개 도 소재 문화원의 영화 상영회에 참가한 관람객 총 수는 약 300만 명 수준이었고, 상대적으로 날씨가 따뜻한 계절인 6월부터 10월까지 기간에 상영회 수가 더 많았다. 또한 아동/청소년 계층과 성인 계층의 관람객 비중이 비슷했다.

문화원의 영화 상영 활동은 국가 계획서상의 목표별로 그 비중을 비교하면 표 3-13과 같은데, 1959년 당시 주한 미공보원이 작성한 연례평가보고서[65]에 제시되어 있는 국가 계획서상의 정책 목표와 각 목표를 추진하기 위해 설정된 프로젝트, 그리고 목표별 영화 상영 활동을 정리한 것이다.

표 3-14는 1959년 9월부터 12월까지 4개 도 소재 문화원이 개최한 총 399회 상영회를 국가 계획 목표에 따라 그 비중으로 집계한 막대그래프다. 국가 계획 목표 중 2번(진보적인 발전에 도움이 되는 긍정적인 태도를 배양한다)과 5번(미국인들과 그들의 제도에 대한 공감적 이해, 자신감, 존중심을 발전시킨다)에 해당하는 경우가 각각 24%로 가장 많았고, 상영한 영화의 10%는 어떤 목적과도 무관한 오락 영화였다.

또한 (1959년 10월부터 12월 기간 동안) 총 876회 문화원의 영화 상영회를 목표 수용자별로 그 비중을 집계한 표 3-15에 따르면, 일반 대중을 상대한 경우가 가장 큰 비중인 45%를 차지했고, 중고등학교 학생들이 26%, 정치 지도자 10%, 교사 집단과 여성 집단이 각각 6%를 차지하였다. 주한 미공보원 영화의 효과성과 관련해, 문화원의 영화

표 3－13 1959년 주한 미공보원의 국가 계획서상의 목표와 목표별 영화 상영 활동

<table>
<tr><th>구분</th><th>목표 내용</th><th>목표 달성을 위한 추진 프로젝트</th><th>영화 상영 활동</th></tr>
<tr><td rowspan="3">목표 1</td><td rowspan="3">민주주의 생활의 기본 개념에 대한 이해를 만들고 민주주의 제도의 발전을 장려한다.</td><td>프로젝트 1. 교육부와 다른 한국 교육 단체들과 협력하여, 컬럼비아대학교의 니블로 박사의 방문 동안 계획된 대로 시민권 교육 프로젝트의 발전을 추진하는 것.</td><td rowspan="3">프로젝트 2와 관련된 활동으로, 15mm 버전으로 큰 인기와 대중의 관심을 누리고 있던 랠프 번치Ralph Bunche의 35mm 특별 개봉작인 〈내일을 향해〉는 비극장 상영으로 본 75만 명의 관객과 6만 8,000명의 영화관 관객이 본 것으로 집계되었고, 이 영화의 비극장 상영은 서울에서 열린 인권의 날 기념행사와 연계되어 마련되었다.</td></tr>
<tr><td>프로젝트 2.
리더십 및 잠재적 리더십 그룹에게 다음 사항에 대한 이해를 전달하는 것:
a. 민주주의에서 개인의 위치.
b. 국민의, 국민에 의한, 국민을 위한 정부의 의미.
c. 자유로운 개인과 민주적 형태의 정부와 관련된 자유 기업 시스템.</td></tr>
<tr><td>프로젝트 3.
한국인이 법의 역할에 대한 개념을 강화할 수 있도록 돕고 사법 절차의 강화를 장려한다.</td></tr>
<tr><td>목표 2</td><td>진보적 발전에 도움되는 긍정적 태도를 배양한다.</td><td>프로젝트 1.
다음 해 동안 농촌 주민들을 설득하는 것
a. 한국은, 여러 가지 어려움에도 불구하고, 장기적으로 한국과 농부에게 도움이 될 상당한 경제적 발전을 이루고 있다.
b. 미국의 경제 원조의 목적은 모든 한국인이 더 나은 삶을 살 수 있도록 돕고 한국이 국가로서 강해지도록 돕는 것이다.
c. 한국의 경제 발전은 한국인의 개인적인 주도권과 노력에 의해서만 달성될 수 있는 것이다.
d. 적절한 동기 부여를 받은 개인의 독창성과 리더십은 가족과 전체 공동체의 삶을 풍요롭게 할 수 있다.
e. 협력적인 집단의 노력은 어떤 개인이나 어떤 한 가족의 능력 이상의 사회적, 경제적 진보를 이룰 수 있다.</td><td>이 주제를 지원하기 위해 주한 미공보원은 주간 뉴스릴 외에 한 해 동안 4개의 다큐멘터리 형식의 영화를 현지에서 제작했다. 상업적인 상영 외에도 이 모든 영화들을 10mm 버전으로 제작하여 주한 미공보원 지부 센터, 주한 미공보원 이동영사대, 사설 문화원을 통해 널리 배포할 수 있도록 하였다.</td></tr>
<tr><td rowspan="3">목표 3</td><td rowspan="3">정보 매체를 통해 한국의 미국 경제 지원 프로그램의 목표 달성에 기여한다.</td><td>프로젝트 1.
한국 국민들에게 미국 원조 프로그램의 진전과 성과를 알리는 것</td><td rowspan="3"></td></tr>
<tr><td>프로젝트 2.
건전한 경제 정책과 실천의 발전을 위한 한국 지도자 그룹의 지지를 얻는 것</td></tr>
<tr><td>프로젝트 3.
한국의 경제적, 사회적 발전에 실질적으로 기여할 수 있는 귀중한 미국 경험을 가진 한국 학생의 미국에서의 귀국을 장려한다.</td></tr>
</table>

<table>
<tr><td rowspan="2">목표 4</td><td rowspan="2">공산주의의 방법과 고유한 제국주의적, 전체주의적 특성을 노출해 허용 가능한 대안으로서의 공산주의의 거부를 장려한다.</td><td>프로젝트 1.
대한민국 공보실 및 아시아인민반공연맹 한국 지부와 협력하여 (협력하는) 해당 미디어가 사용할 수 있는 자료를 제공한다.</td><td rowspan="2">프로젝트 2와 관련해, 주한 미공보원은 USIA 영화의 한국어 버전 3편을 개봉하고, 〈주검의 상자〉 등의 초기 주한 미공보원 영화를 상영하였다.</td></tr>
<tr><td>프로젝트 2.
주한 미공보원은 직접적인 전파를 위해 붉은 식민주의, 공산주의 전체주의, 공산주의 운동의 전복적 성격을 설명하는 자료를 개발할 예정이다.</td></tr>
<tr><td rowspan="2">목표 5</td><td rowspan="2">미국인들과 그들의 제도에 대한 공감적 이해, 자신감, 존중심을 발전시킨다.</td><td>프로젝트 1.
리더십 그룹과 대학생들에게 미국 생활의 다음과 같은 특징들을 전달하는 것.
a. 미국인은 한국인과 마찬가지로 평화롭게 살고 발전하기를 원한다.
b. 미국인은 문화에 대한 이해와 진보에 대한 진정한 관심을 가지고 있다.
c. 노력과 협력 노력은 미국의 물질적 진보에 필수적인 요소였다.
d. 미국인의 삶과 제도는 (양도할 수 없는 특정 권리를 가지고 있고 특정한 자유를 보장받고 있는) 자유 개인을 중심으로 돌아간다.
e. 한국에 대한 미국인의 관심은 동등한 동맹국으로서의 협력을 통해 더 나아가 공동의 목표에 기초한다.</td><td rowspan="2"></td></tr>
<tr><td>프로젝트 2.
주한 미공보원은 모든 수단을 동원하여 주한 미군-지역 사회 관계 프로그램을 지원하고, 그렇지 않으면 미군 주둔으로 인해 발생할 수 있는 긴장을 줄이는 데 도움을 줄 것이다.</td></tr>
<tr><td>목표 6</td><td>미국 외교 정책의 기본 목표에 대한 이해를 이끌어 낸다.</td><td>프로젝트 1.
리더십 그룹에 미국 외교 정책의 기본 원칙에 대한 완전한 지식을 지속적으로 제공하고 다음을 강조한다.
a. 자유세계의 통합에는 전쟁 없이 공산주의의 위협을 줄일 수 있는 최고의 기회가 있다.
b. 미국은 평화로운 변화를 통해 평화와 진보를 옹호한다.
c. 미국은 더 나은 삶과 세계 평화를 위한 강력한 힘의 약속으로서 평화를 위한 원자력의 개발과 사용을 가속화하기 위해 다른 나라들과 함께 노력하고 있다.</td><td></td></tr>
<tr><td>목표 7</td><td>한국과 관련된 미국의 정책이 건전하다는 것을 보여 준다.</td><td>프로젝트 1.
유엔을 통한 통일, 한일 관계, 현대 무기 및 병력 감축, 모든 회원국의 자유세계 공동체로의 완전한 통합 등의 분야에서 미국의 정책을 지지한다.</td><td></td></tr>
</table>

출처: Country Assessment Report(1959)를 정리함.

표 3-14 4개 도 소재 문화원 영화 상영회의 국가 계획 목표별 비중

(1959. 9~1959. 12)

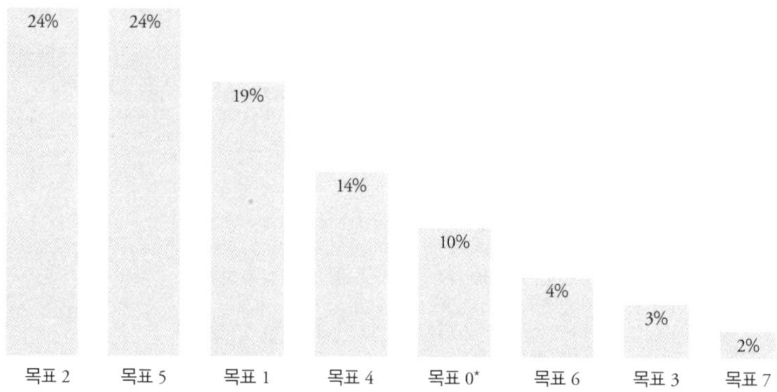

*오락 영화

출처: Country Assessment Report(1959).

상영과 관련해 주한 미공보원이 관심을 가졌던 것은 특히 수용자층과 상영 방식과 관련된 것이었다. 1960년 랠프 루이스의 보고서에 따르면, 처음에 지부 민사관은 문화원 영화 프로그램이 가진 세 가지 약점에 관심을 두었다. 첫 번째는 청소년 수용자에 대한 지나친 강조이고, 둘째는 '문화원 내'보다는 외곽 시골 지역에 영화 상영회가 집중된다는 점, 세 번째는 선택된 목표 수용자 대신 대중 수용자를 강조하고 있는 점이었다. 이 약점들의 보완과 관련해서는, "아이들이 여전히 문화원 영화 관객의 큰 부분을 차지하지만, 어른들의 관객 수에 비해 그들의 관객 수가 연초보다 현저히 적다는 것이 확인되어 몇 달 동안 오리엔테이션을 거친 후에 첫 번째 약점의 수정이 이뤄졌다는 것이 명백"해졌고, "이는 연초 문화원 영화관 관객들이 성인보다 15% 더 많은 어린이들로 구성된 반면, 지금의 관객들의 구성은 어린

표 3-15 4개 도 소재 문화원 영화 상영회의 국가 계획 목표 수용자별 비중

(1959. 10~1959. 12)

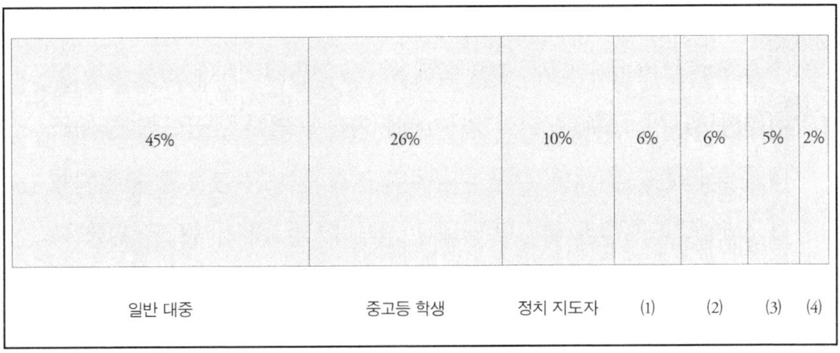

* (1) 교사 집단, (2) 여성 집단, (3) 비즈니스 및 산업, (4) 운영위원회

출처: Country Assessment Report(1959).

이보다 12% 더 많은 어른들로 구성되어 있음을 보여 주는 월간 보고서의 기록"에서 확인되었다. 문화원 영화 프로그램이 가진 두 번째 약점에 대한 수정에도 진전이 있었는데, 문화원장들은 주한 미공보원 이동영사대가 이미 하고 있던 것을 따라하는 방식으로 면面에서 영화 상영을 집중하는 관행을 포기하고 자신들의 문화원에서 영화 상영하는 것을 강조하기 시작했다. 따라서 기록에 따르면, 면의 평균 영화 상영 횟수는 1년의 첫 3개월 동안 월 99회에서 지난 3개월 동안 53회로 감소했다. 동시에 문화원에서의 영화 상영은 1959년 첫 몇 달 동안 월평균 35회에서 마지막 3개월 동안 월평균 114회로 증가했다. 마지막으로 세 번째 문제, 즉 목표 수용자 집단보다는 대중에게 영화 상영회를 강조하는 경향에 대해서도, 첫 3개월 동안의 영화 상영은 전적으로 대중 수용자 기반으로 구성되었지만, 월간 보고서에 따르면 마지막 3개월 동안의 영화 상영의 그룹별 분포는 일반 그룹

45%, 중고등학생 25%, 정치 지도자 10%, 여성 클럽 회원 각 5%, 교사 그룹, 사업가, 그리고 각각 2.5%에서 4H 클럽 회원 및 운영위원회 회원의 비중으로 개선되었다.[66]

이렇듯 1959년 당시, 문화원에는 총 1,500여 편의 영화 타이틀이 있었고, 약 7,000여 편의 한국어와 영어 버전이 있었다. 약 300만 명의 한국인들이 매년 주한 미공보원 영화를 보는 것으로 추정되었다.[67] 또한 당시 주한 미공보원 대구 지부에서는 지역 사회를 위한 특별 서비스로 특별 초청 수용자를 대상으로 신작 시사회를 개최하기도 했다. 눈에 띄는 시사회는 〈안영리 이야기*Anyung Ri Story*〉, 〈나의 4H 프로젝트 다이어리*My 4H project Club Diary*〉, 〈알래스카, 49번째 주*Alaska, The 49th State*〉, 〈카운터파트 펀드*Counterpart Funds*〉, 〈미국의 소도시*Small Town, USA*〉 등의 영화였다.[68]

국가 계획 목표별 주한 미공보원의 활동과 그에 대한 한국 관객의 반응을 살펴보면, 주한 미공보원은 진보적인 발전에 대한 긍정적 태도 배양을 위해서 상대적으로 느리고 단순한 농촌 관객에게 적합한 네 편의 다큐멘터리를 제작·상영하였다. 협력적인 노력을 주제로 한 〈안영리 이야기〉, 한국의 보이 스카우트 운동을 알리고 그 이상의 표현을 넓히기 위해 기획된 〈우리는 한국의 보이 스카우트다*We Are the Boy Scouts of Korea*〉, 4H 원칙의 적용으로 개인과 지역 사회에 유익한 효과가 있다는 증거를 제시한 〈나의 4H 프로젝트 다이어리〉, 한국의 경제 성장이 대응 자금에 의해 어떻게 촉진되고 있는지 설명한 〈카운터파트 펀드〉. 이에 대한 한국 관객의 반응은 주한 미공보원 광주 지부에 도착한 부면장의 편지 — "이 영화는 우리에게 농장 협동조합의 필요성과 우리가 이 단체들로부터 얻을 수 있는 큰 이익에 대해 말해 준다. 우리 지역 사회 구성원들이 협동조합의 기능을 이해할 수 있도록 노력해서 우리 자리에 또 다른 안영리를 만들겠다" — 등을 통해 짐작해 볼 수 있다. 1959년 6월 29일자 USOM(United States Operations Mission)의 농업과장 W. B. 오르는 〈안영리 이야기〉와 관련한 공문서에 "농민과 공무원 모두 영화의 내용에 매우 깊은 인상을 받았으며, 이 우수한 작품에 대해 주한 미공보원을 칭찬하는 것은 그의 기쁨이었다"라고 썼다. 〈우리는 한국의 보이 스카우트다〉, 〈나의 4H 프로젝트 다이어리〉 등은 연이어 관심을 받았다. 젊은이들은 이 두 운동의 근간이 되는 민주주의 원칙에 동참하여 이익을 얻고자 하는 것으로 평가되었다. 〈카운터파트 펀드〉를 본 한 농부는 "저는 왜 우리 정부가 미국이 기증한 비료를 우리에게 팔았는지 궁금했습니다. 이제 우리가 지불하는 비료의 대가는 우리나라의 재건을 위해 사용되는 대응 자금이 되는 것으로 알고 있습니다"라고, 또 다른 농부는 "나는 이제 이 영화가 우리나라의 재건에 중요한 역할을 하고 있다는 것을 이해한다"라고 말하기도 했다.[69]

반공주의의 목표와 관련해 1959년 주한 미공보원은 극장, 비극장, TV 배급을 위해 USIA 영화의 한국어 버전 영화 3편을 개봉하였다. 〈이것은 퀘모이다*This is Quemoy*〉, 〈베를린*Berlin*〉, 〈용기 있는 (정복할 수 없는) 티베트*Courageous (Unconquerable) Tibet*〉. 세 편의 영화 모두 즉각적인 반응을 얻었던 것으로 평가되었다. 이 영화들은 총 187만 2,000명의 관객이 봤고, 비극장 관객들은 거의 같은 수치에 이르렀던 것으로 추산되었다. 그 외에도 〈주검의 상자*Boxes of Death*〉, 〈자유를 향한 춤*Dance to Freedom*〉, 〈자유를 위한 헝가리의 싸움〉, 〈부다페스트의 추억*Memories of Budapest*〉, 반공 만화 영화와 같은 초기 주한 미공보원의 개봉작들이 반복적으로 상영되었다.[70]

미국에 대한 공감적 이해를 목표한 영화 상영 활동으로, 주한 미공보원은 〈리틀 오케스트라가 한국을 방문하다*The Little Orchestra Visits Korea*〉를 개봉했고, 1959년 8월 강릉에서 미국학 프로젝트를 진행하던 중 촬영한 16mm 흑백의 두 릴 영화 〈우리는 강릉에서 만났다*We Met at Kangnung*〉를 개봉했다. 특히 〈인쇄할 수 없었던 이야기*The Story That Couldn't Be Printed*〉, 〈11월의 화요일*Tuesday in November*〉, 〈US 투데이*U.S. Today*〉와 같은 USIA의 초기 개봉작들은 여전히 이 목표에 대해 지지를 보내는 것으로 평가되었다.[71]

마지막으로 미국 외교 정책에 대한 이해 창출과 관련된 목표를 위해, 주한 미공보원은 단편 다큐멘터리 영화 〈1959년 유엔의 날*UN Day 1959*〉을 제작해 개봉했으며, 총관객 수는 100만 명을 넘어섰다. 또한 USIA 영화의 한국어 버전으로 〈궤도의 아틀라스*Atlas in Orbit*〉와 〈미국의 원자력*Atomic Power in the U.S.*〉이 완성되어 개봉되었다. 〈평화를 위한 원자력*Atomic Power for Peace*〉, 〈방어적인 하늘력*Defensive Sky Power*〉, 〈우주 탐험*Explore in Space*〉은 이 프로젝트를 지원하기 위해 계속해서 상영되었다.[72]

4장

상남영화제작소의 설립 및 운영: 1952~1959

1950~1960년대 주한 미공보원의 영화 제작 활동에 있어 가장 핵심적인 역할을 수행했던 곳은 상남영화제작소Sangnam Motion Picture Production Center다. 상남영화제작소는 1951년 초 주한 미공보원 영화과장 대리 윌리엄 G. 리지웨이의 주도로 건립되었던 진해영화제작소를 확대·개편하여 1953년 초에 본격적으로 제작 활동을 재개했다. 주한 미공보원의 영화 상영 활동에서 가장 빈번하고 중요하게 활용되었던 뉴스릴 〈리버티 뉴스〉를 제작하는 한편 각종 문화 영화를 제작함으로써, 상남영화제작소는 미국공보처(USIA)의 '현지 영화 제작의 중심'이었다.● 이 장에서는 상남영화제작소의 건립 과정과 제작 활동, 그

● 당시 상남영화제작소를 일컫는 별칭으로는 '리버티 프로덕션'이 있었는데, 이는 상남영화제작소의 대표적인 성과였던 〈리버티 뉴스〉가 당시 많은 사람에게 막강한 영향력을 끼치고 있음을 잘 보여 준다. 그 밖에도 상남영화제작소는 '상남 라보라토리Laboratory' 또는 이를 줄여 '상남 라보'로 불리기도 하였다(호현찬, 1962). 또 상남영화제작소가 제작한 문화 영화 제작 과정에 한국인이 다수 참여함으로써 한국 영화인의 교육에도 큰 영향을 끼쳤다는 점에 주목한 한국 영화 제작 인력들은 1960년 초까지도 '모션픽쳐 아카데미'라고 불렀다(심혜경, 2011: 27).

리고 상남영화제작소의 이전移轉과 관련된 주한 미공보원의 논의들에 대해서 살펴보고자 한다.

1. 1950년대 초 상남영화제작소의 설립 과정

6·25 전쟁 발발로 인해 진해에 영화 제작 시설을 갖추게 되었다. 이로써 진해영화제작소는 촬영에서부터 현상, 프린트까지 영화 제작의 전 과정을 해결할 수 있는 국내 유일의 영화제작소가 되었다. 주한 미공보원은 1952년 11월과 12월에 걸쳐 영화제작소의 위치를 창원군 상남면 용지리로 이전하였다. 기존 연구에는 상남영화제작소의 설립 과정을 주로 (당시 영화과장 대리이자 상남영화제작소의 초대 소장으로 재직한) 리지웨이의 회고록(1989)과 상남영화제작소 설립 10주년을 맞아 당시 〈동아일보〉 기자였던 호현찬(1962)이 쓴 르포 기사, 그리고 미공보원 영화과 직원이었던 김원식(1967)의 증언에 의존했기 때문에, 영화제작소를 창원 상남면으로 이전하게 된 이유에 대한 설명이 다소 상식적인 수준에 머물러 있다.● 그러나 막대한 비용이 소요되는 영화제작소의 이전은 단순한 문제가 아니다. 따라서 여기서는 미국 문서를 중심으

● 대표적으로 상남영화제작소의 건립 과정을 비교적 상세하게 규명하고자 했던 이성철의 연구에서는 영화제작소 이전의 이유로 '공산주의자들의 시설에 대한 위협'을 들고 있다. 그에 따르면, "대부분의 연구들에서는 주한 미공보원의 영화 제작 시설이 진해에서 창원으로 이전하게 된 계기를 영화 제작 시설에 대한 공산주의자들의 위협에서 찾는다. 즉 부산과 인접한 진해는 북한군의 접근 가능 지역이었으므로 보다 안전한 지역으로의 이전이 불가피하였다는 것이다. 이는 리지웨이의 구술 증언과도 일치한다. 리지웨이는 창원군의 상남면에서 영화 제작 시설의 이전에 적합한 환상적인 빈 건물을 발견하였다고 말한다"(이성철, 2013: 111).

로 설립 과정을 입체적으로 살펴보고자 한다.

1) 미국 정부의 정책적 입장과 주한 미공보원의 상황 인식

6·25 전쟁기에 이뤄졌던 상남영화제작소의 설립 과정뿐만 아니라 전쟁 이후 상남영화제작소의 지리적 위치를 조정하고자 한 주한 미공보원의 움직임을 이해하고자 할 때, 특히 눈여겨봐야 할 것은 미국 정부의 정책적 입장 변화와 그에 대한 주한 미공보원의 상황 인식이다.

우선 6·25 전쟁 발발 이듬해인 1951년부터 진해영화제작소가 운영되었을 당시,● 진해영화제작소가 만든 영화의 품질에 대한 미 국무부의 평가는 매우 긍정적이었다. 1951년 10월 말 미 국무부 국제공보·교육교류국(OIE)은 동아시아에서 미국의 USIE 프로그램을 검토하기 위해 W. 브래들리 코너스W. Bradley Connors가 이끄는 조사단을 파견했다. 코너스 조사단은 일본, 한국, 버마(현 미얀마), 싱가포르, 홍콩, 자카르타, 타이완의 미공보원(USIS Posts)를 방문하여 VOA 방송, 영화, 출판, 교육 교류 등 분야별로 나누어 공보 프로그램의 실태를 조사했다.[73] 코너스는 그 해 11월 8일에 한국을 방문했는데, 모든 공작이 잘 조정되어 각종 미디어의 USIE 프로그램이 같은 주제를 잘 전달하고 있으며 한국인에게 강력한 영향력을 미치고 있다고 보고했다. 이 보고서에는 주한 미공보원 영화과의 활동과 진해영화제작소의 현황도

● 1951년 9월 당시, 진해영화제작소는 〈마을 문제 해결*A Town Solves Problem*〉, 〈왜 한국인가〉 등 IMP가 보낸 다큐멘터리를 한국어로 더빙하고 있던 상황이었다(김려실, 2019: 145).

간단히 언급되어 있다. 위에 열거한 6개 국가 모두 현지 언어로 더빙한 미 국무부 국제영화부(IMP)의 영화를 상영했지만 자체 제작을 하는 곳은 일본 민간정보교육국(CIE)과 주한 미공보원뿐이었다.

코너스는 일본 점령군 민간정보교육국의 영화 프로그램은 지속하되 그곳의 영화 제작은 축소할 필요가 있다는 견해를 밝혔던 데 반해, 한국에서는 영화가 가장 잠재력 있는 미디어 중 하나이므로 주한 미공보원의 영화 이용을 최대한 확대해야 한다고 평가했다. 그러기 위해서는 코너스의 보고처럼 미국인 인력(특히 전업 작가와 카메라맨), 그리고 현지 사정을 고려한 지원이 필요했다. 하지만 당시 주한 미공보원 영화과는 국무부로부터의 필름 조달이 원활하지 않아 인민군이 버리고 간 러시아제 필름을 암시장에서 사다 쓰는 형편이었다. 또한 주한 미공보원이 IMP 영화를 한국어로 더빙하기 위해서는 사전 프린트preprint(더빙, 자막 등의 작업을 할 수 있는 영화 필름)를 보내 줘야 했는데, IMP는 완성본을 보냈다. 10월 1일부터 사전 프린트를 보내 주기로 했지만 그 약속은 지켜지지 않았다. 당시 주한 미공보원 영화과는 이동영사대 21대를 운영했는데 게릴라전이 빈번한 한국의 상황에 맞춰 운반 수단으로 알루미늄으로 외장을 자체 개조한 무기운반차 5대를 사용했다. 이동 영사를 확대하기 위해 운반 차량도 늘릴 계획이었지만 IMP가 도입하려고 하는 새로운 이동 영사 차량은 무겁고 느렸기 때문에 주한 미공보원 영화과는 주한 미군으로부터 무기운반차를 구매할 예정이었다. 코너스는 이와 같은 현지의 어려움에도 불구하고 진해영화제작소가 최고 품질의 영화를 생산하고 있다고 평가하면서 그 공을 리지웨이에게 돌렸다. 그는 리지웨이에게 2계급 특진을 줄 것, 또 단신 부임이라는 미 외교부 규정으로 인해 한국 내에서 홀로 지내야 했던 상황을 개선하기 위해 미국에 거주하는 리지웨이의 한국인 아내에게 예외를 허락하여 한국어 더빙 담당으로 고용할 것을 제안하기도 했다(김려실, 2019: 142~144).

코너스 보고서의 평가에서 특히 주목할 것은, 일본 CIE의 영화 제작 축소를 제안하는 맥락에서 진해영화제작소가 제작한 영화의 품질을 높게 평가하고 있었다는 점이다. 1951년 6월부터 일본 유엔 사령부 CIE와 주한 미공보원 간에는 CIE 영화를 진해영화제작소가 위탁 제작하는 사항을 협의했는데,● 코너스 보고서에서 밝힌 CIE의 영화 제작 축소 제안과 무관치 않아 보인다. 1951년 6월 19일자 CIE의 내부 공문에 따르면, 주한 미공보원 부원장 제임스 D. 밴 퓨튼James D. van Putten과 리지웨이 간에는 주한 미공보원이 매월 CIE의 6개 뉴스릴(각각 5개의 프린트)을 제작하고 매주 30분 분량의 상영 시간을 점하는 충분한 수의 다큐멘터리를 제작한다는 합의가 있었다. 리지웨이는 CIE에 "기술자에 대해선 필요가 없으나 우리가 대본을 타이프할 타이피스트 한 명과 번역가 한 명을 제공해 주면 좋겠다"라고 제안하면서 제작에 필요한 생raw 필름을 요구했고, 거제도로 필름을 조달해 주면 리지웨이가 이를 진해영화제작소에서 부산으로 보낸다는 잠정적 약속을 하였다.[74] 당시 리지웨이와의 합의서 체결 이후, CIE의 코넬 오브라이언 대위는 리지웨이가 이미 합의된 제작 프로

● 진해영화제작소에 CIE 영화를 위탁 제작을 의뢰한 배경에는 당시 미 국무부 IMP와 미 육군부 CIE 간의 의견 대립이 작용했던 것으로 이해된다. 1951년 초까지도 양 부서 간에는 일본에서 상영될 영화를 두고 의견 대립이 있었는데, 그중 하나가 재일조선인에게 한국어 뉴스릴을 제공하느냐의 문제였다. CIE는 일본에서 한국어 뉴스릴은 유용하지 않다는 입장이었지만, 미 국무부는 한국어 뉴스릴이 주일한국대표부(수교 이전 일본에 설치된 대한민국의 재외공관)뿐만 아니라 일본 점령에도 유용하다는 입장이었다(김려실, 2019: 136~137).

그램에 덧붙여 진해에서 영화 제작 등을 진행할 수 있고 CIE에서 제공한 사전 프린트에 한국어 더빙을 할 수 있다고 보고한 바 있었다.[75] 7월에는 CIE 직원이 진해영화제작소로 출장을 왔다. CIE의 오스본과 제르케는 제작 시설을 조사하기 위해 1951년 7월 15일 진해영화제작소를 방문했다. 출장 동안 CIE의 업무는 영화 제작과 활용에 대해 리지웨이와 간담회를 갖는 것과, 진해에서 체결한 합의를 확인하면서 대체 재고로 필요할 필름의 종류와 양을 확실히 하는 것이었다. 이들은 이 프로젝트를 수행하기에는 진해영화제작소의 기술적 조건이 열악하다고 보면서도 리지웨이의 천재성이 프로젝트를 성공적으로 이끌 수 있겠다는 기대감을 드러냈다. 이 출장에서 진해영화제작소와 관련한 협상 결과는 다음과 같다.

> 첫째, 리지웨이에게 두 영화(〈미국의 국립도서관*American National Library*〉, 〈유엔과 세계 분쟁*UN and World Disputes*〉)의 한국어 버전 제작에 필요한 사전 프린트를 전달했다. 리지웨이는 CIE를 위해 이들 영화의 프린트 5개뿐만 아니라 영화 〈미국인 노동 여성*American Working Woman*〉을 제작한다. 둘째, 리지웨이는 현 진해영화제작소 여건에서도 어떠한 공작도 할 수 있다고 높이 평가된다. 하지만 20개 프린트를 제작한다는 지난 6월 합의와 연이은 납품 실패를 지적하지 않을 수 없다. 이로 인해 전체 영화 상영 일정을 조정해야 하며 추가적인 타이틀을 국무부로부터 조달받아야 한다.

당시 미 육군부 CIE는 국무부 요청에 따른 위탁 제작은 하지만, 추가적으로 구한 미공보원 산하 진해영화제작소가 위탁 제작하지는 않을 것이라는 입장을 견지하였던 것이다.[76] 이와 같이 비록 CIE 영화의 한국어 버전을 진해영화제작소가 위탁 제작하는 것과 관련해 미 국무부와 육군부 CIE 간의 미묘한 의견 차이는 있었지만, 미 국무부가 일본 CIE의 영화 제작 축소를 검토할 때 진해영화제작소를 중요하게 고려했던 것은 분명하다.

이러한 상황에서, 주한 미공보원 영화과장 대리 리지웨이는 진해영화제작소의 제작 역량을 높일 필요가 있다고 보았다. "1951년 5월, 그는 영화 공작과 관련해 미국 정부, 한국 정부, 유엔은 공조하고 있으나 주한 미군의 협조와 이해도가 떨어진다고 평가했다. 그는 선전 효과를 높이기 위해서 한국인이 흥미롭게 여길 만한 쉬운 내용의, 기술적으로 질 높은 영화를 확보하는 것이 시급한 문제라고 지적하며 한국에서 영화를 각색하거나 제작할 예산을 배정해 달라고 요청했다"(김려실, 2019: 122). 또 1951년 10월 28일 미 국무성에 보낸 공문에 의하면, 주한 미국 대사 무초는 진해영화제작소가 겨울철에 사용할 (약 7,500달러가 소요되는) 난방 장치가 필요한데, 이러한 임시방편적인 조치가 목조 건물의 특성 때문에 부적절하고 안전하지 못하다고 했다. 이 때문에 총 50만 달러가 소요될 영화제작소 건설과 관련 장비를 구비하는 프로젝트를 위해 7,500달러의 추가 할당해야 한다는 점도 언급하였다.[77]

여기서 주목할 점은 위 주한 미대사관의 요청 공문에 대한 미 국무부의 답변이다. 1951년 11월 20일, 미 국무부는 "진해영화제작소가 재배치되어야 한다고 알고 있으며, 때문에 이 요청에 대한 추가적인 조치를 검토하고 있지 않다"라고 답변하였다.[78] 이는 대체로 1951년 11월 무렵에 이미 미 국무부가 진해영화제작소의 이전을 검토하고 확정하고 있었다는 것을 의미한다. 1951년 11월 23일, 무초 대사는 "난방 장치의 설치 및 유지 비용과 화재 위험성, 낮은 운영 효율성 등의 문제가 있기 때문에 진해영화제작소를 이전·재배치하는 것이 기본적인 사항이며, 부산에서 가까운 (적절한 설비를 구비한) 콘크리트 건물에 대한 5년 무상 대여를 추진하고 재건 비용은 현재 계상 중에 있으며, 주한 미대사관은 최종 조사와 현지 재료 및 노동 비용에 대한 추가적인 예산을 요청하며 그 비용 계상을 제출할 것"[79]임을 미 국무부에 보고하였다.

이러한 무초의 보고는 진해영화제작소를 새로운 장소로 이전하려는 현실적인 이유가 무엇이었는지를 잘 보여 준다. 즉 (이미 미군 기술자들이 진해영화제작소를 위험 건물로 진단했고 화재가 발생할 경우 오랫동안 영화 공작을 중단해야 할 것이라고 경고한 바와 같이) 주한 미공보원이 영화 제작을 지속하기 위해 가장 선결되어야 할 것은 진해영화제작소가 인화성 물질인 필름을 다루기에는 화재에 취약한 목조 건물이라는 데 있었다. 이러한 맥락에서 "리지웨이는 내화耐火 건물을 찾다가 진해에서 북쪽으로 16킬로미터 떨어진 창원 상남에서 빈 건물을 발견했다. 일제 강점기에 라디오 방송국으로 사용되다가 해방 후 한국 해군 소유가 된 약 210평의 2층짜리 강화 콘크리트 건물이었다. 그 건물은 내화가 가능했을 뿐만 아니라 전기와 수도 등 기본 설비가 갖추어져 있었으며 450미터 거리에 도로도 있었다"(김려실, 2019: 146).

2) 정책 결정 이후의 이전 및 설립 과정

상남의 빈 건물이 잠재적인 내화 스튜디오가 될 가능성이 크다고 판단한 리지웨이는 (그의 기억으로는) 1951년 말이나 1952년 초 무렵 부산 여행에서 만난 유력 인사들에게 새로운 부지의 장점을 극찬했으며 사람들도 모두 좋은 생각이라고 동의하였다. 하지만 리지웨이는 영화제작소가 새로운 지역으로 이전·설립되는 문제가 실현되기는 어려울 수도 있겠다는 불안감을 가지고 있었다. 다음은 리지웨이 회고록의 한 구절이다.

모든 사람은 그것이 좋은 생각이라고 생각했지만, 실제로는 일장춘몽이었다. 우리가 전쟁에서 이기고 서울로 돌아갈 것이라고 가정되었기 때문이다. 영화 제작을 본사에서 멀리 떨어진 곳에 영구적으로 배치하자는 생각은 호의적으로 받아들여지지 않았다.

이렇게 다소간 불안감을 가지고 있었던 리지웨이는 때마침 진해영화제작소에 내방한 미 국무부 인사들을 설득하는 전략을 구사했다. 1952년 초 국무부로부터 22명이 진해영화제작소를 내방했고 그 중에는 전쟁 포로를 이용한 반공 영화를 계획하고 있던 국제영화부(IMS, 1952년에 IMP에서 IMS로 명칭 변경) 부장 허버트 T. 에드워즈도 있었다. 그는 리지웨이의 안내를 통해 상남의 새 스튜디오 후보지를 시찰하고 건물에 대한 조사를 진행했다. 이후 그는 "내화성의 건물은 고가의 많은 장비를 구비하고 있는 현재의 입지와 관련된 위험을 차단하는 데 필수적인 것"을 강조하면서 상남의 새 후보지를 주한 미대사관에 추천했다.[80]

추천 직후부터 주한 미대사관은 한국 정부와 해군 관계자와 상남의 새 스튜디오 후보지의 건물 무상 대여와 관련된 협의를 진행하였다. 부산의 미대사관은 1952년 6월 5일자 미 국무성에 보내는 전문電文에서, 다음과 같이 진해영화제작소의 이전 필요성을 언급하였다.

주한 미공보원의 영화 제작 센터는 현재 진해에 위치해 있고, 건물 공간과 배치, 그리고 시설들은 적당하지 않다. 미 육군 엔지니어는 일본 스타일의 목조 건물이 화재 위험이 있다고 선언하였다. 설비 가치에 대한 평가 금액은 30만 달러이고, 화재에 의한 파괴는 영화 부분이 오랜 기간 동안 작동할 수 없는 상태로 이어질 것이다.

그리고 개조와 임대 비용에 대한 비용 지불은 없지만 리모델링 비용은 대사관이 부담한다는 등의 조건하에 5년 무상 대여한다는 내용을 이미 한국 해군과 구두로 합의하였음을 밝혔다. 1952년 1월 당시 미 육군에 의해 평가된 수리 비용은 약 25,000달러 정도였다.[81]

이와 같이 한국 해군은 5년마다 계약을 갱신한다는 조건으로 주한 미대사관에 그 건물을 대여해 주기로 약속했다. 건물은 내부와 외부에 스튜디오를 확장할 수 있는 구조였고 필름을 보관할 지하실도 있었다. 게다가 상남 주변은 영화에 필요한 다양한 풍경이 있었으며 1년에 10개월은 야외 촬영이 가능했다. 때문에 주한 미공보원은 서울 환도 후에도 이곳을 계속 촬영소로 이용할 계획을 세웠다. 주한 미대사관은 1952년 6월 5일 국무부에 건물 수리와 스튜디오로 개조하는 데 필요한 비용 3만 달러를 요청했다(김려실, 2019: 146~147). 미 국무부는 "주한 미공보원이 목표 차용지tenancy에서의 리모델링과 장비 철거에 대한 권리를 가지고 임차 동안 모든 작업에서 미국 정부의 이해관계를 관철시키는 데 필요한 (3만 달러를 초과하지 않은) 공식적인 수리 재건을 진행"할 것임을 분명히 하면서, 6월 30일 이전까지 임대를 실행하고, 자산 점유와 수리 계약을 진행할 것을 주한 미대사관에 명령하였다.[82]

새롭게 건립될 상남영화제작소에 대한 당시 주한 미공보원의 기대감은 상당했다. 이는 MGM 뉴스릴의 한국 배급을 위해 필요한 한국어 버전 제작을 담당할 것을 미 국무부에 제안한 주한 미대사관의 공문에서 확인된다. 1952년 9월, 주한 미공보원은 MGM 뉴스릴의 한국 배급에 필요한 한국어 버전의 제작을 담당할 계획을 추진하였다. 이 계획은 할리우드 영화사인 MGM의 한국 진출을 도우면서, 기본적으로 진해영화제작소가 제작한 〈리버티 뉴스〉의 품질을 높인다는 명분하에서 시도된 것으로 보인다. 1952년 9월 18~22일 도쿄에서 개최된 회의에서 민사관(PAO) 로빈슨과 MGM 사장 E. F. 오코너E. F. O'Connor는 MGM 뉴스릴의 한국 배급에 대한 주한 미공보원 지원의 가능성을 타진하였고, 주일미공보원(USIS-Japan)도 논의에 참여하면서 다음 제안에 대해 동의한 바 있었다.[83]

(1) MGM은 매주 USIS-Korea에 1개의 고화질 '상영 프린트 원본dupe negative'●을 보낼 것이다.

(2) USIS는 한국어로 500피트의 자료를 선택하고 더빙할 텐데, 이 자료들은 (A) (MGM 산하) 'MGM 한국 대리점Bullee Trading Co.'을 통해 부산, 서울, 여타 주요 도시의 25개 극장에 대한 상업적 배포를 위한 2개의 35mm 프린트, 그리고 (B) (MGM 크레디트가 없는) 이동영사대, 그룹 상영, 35mm 극장 배급을 위한 USIS의 격주 발행 〈리버티 뉴스〉의 발행에 필요한 자료들이다. 어떠한 경우에도 상업 극장의 MGM 버전 출시 일주일 전까지 USIS의 배급은 결코 이뤄지지 않을 것이다.

(3) 상영 프린트 원본을 사용할 경우 MGM은 어떠한 요금도 부과하지 않고, USIS가 이 자료를 더빙하거나 상업적 배포를 위해 MGM에

● 상영 프린트 원본dupe negative은 오리지널 네거티브를 반전한 마스터 포지티브를 다시 네거티브로 바꾼 것으로 상영 프린트의 원본을 의미한다. 프린트 복제에 따른 원본 손상을 방지하기 위한 목적에서 제작된다.

35mm 프린트를 제공할 때에도 어떠한 요금도 부과하지 않는다.

당시 MGM 대표들은 주한 미공보원의 한국어 더빙 내레이션이 자사 제품보다 효과적이고 기술적으로 우수하다는 의견에 만장일치로 동의하며 〈리버티 뉴스〉가 세계 및 지역 뉴스 이벤트에 대한 우수하고 전문적인 사례라고 평했다. 이에 MGM은 MGM 뉴스릴의 한국 배급을 위해 일본어로 〈오늘의 뉴스*News of Day*〉 프린트를 더빙하는 관행을 중단하는 대신, 상호 간 이익에 따라 체결된 다음 협약에 따라, 주한 미대사관은 이 프로젝트가 승인될 것을 권고하였다.

> (1) 주한 미공보원의 〈리버티 뉴스〉를 위해 좀 더 시사적인 세계 취재를 제공하고, (2) 상업적으로 배포된 객관적인 뉴스릴 자료에 기반하여 주한 미공보원이 선택할 기회를 제공하며, (3) MGM 후원을 통해 USIS 뉴스릴의 세계 현안에 대한 제시에 있어서 진정성을 더하기로 하며, (4) 한국에서의 영화 배급 확대를 위한 미국 민간 기업을 장려하기로 한다.

프로젝트 승인 요청의 근거로 제시된 것은 (1) 매주 단위의 500피트 MGM 뉴스를 더빙하는 데 소요되는, 매주 100달러 미만의 USIS의 추가 비용은 획득되는 비용에 비해 합리적인 비용 지출이라고 생각되고, (2) 추가적인 작업은 (정례적인 USIS 영화 제작에 지장을 주지 않으면서) 진해영화제작소의 현 직원에 의해 적절하게 수행될 수 있다는 것이었다.[84] 비록 이 프로젝트는 주한 미공보원의 실행 취소로 인해 본격화되진 못했으나, 주한 미공보원 산하의 영화제작소가 제작한 대표적인 뉴스릴인 〈리버티 뉴스〉에 대한 주한 미공보원의 자부심을 엿볼 수 있는 사례다.

결국, 진해영화제작소는 1952년 11월과 12월에 걸쳐 진해에서 상남으로 스튜디오를 이전했고, 상남영화제작소는 〈리버티 뉴스〉에 집중하면서 주요 영화를 한국어로 더빙함으로써 1953년 1월 1일 직후 바로 제작을 재개했다.[85] 주한 미공보원의 기대대로 상남영화제작소는 우수한 시설과 첨단 기자재를 바탕으로 양질의 영화를 생산할 수 있었다.

2. 1950년대 초반기 상남영화제작소의 활동과 현지화 전략

1953년 1월 1일 직후 바로 제작을 재개했던 상남영화제작소는 "미국 공보처로부터 지원을 받는 영상물 이외에도 독자적으로 기획 영화나 보도 영화를 제작했다. 주한 미공보원 산하 상남영화제작소가 제작한 기획 영화는 미국 재건 원조의 활동, 반공 등이 중심 주제"(허은, 2008: 259)였고, 보도 영화로는 당시 진해영화제작소가 "전시 기간 동안 부정기적으로 제작했던 〈대한전진보〉를 개칭하여 1952년 5월 19일부터 제작하기 시작한 〈리버티 뉴스〉를 본격적으로 생산했다. 특히 〈리버티 뉴스〉의 절반(국내 뉴스)은 주한 미공보원 산하 상남영화제작소가 한국에서 직접 제작했고, 나머지(국제 뉴스)는 미 본국으로부터 제공받았다. 1955년 1월부터 6월까지 상영된 〈리버티 뉴스〉는 82건의 한국 관련 주제를 다루었고, 이 중 국제 협력 관련 보도가 14건, 재건 활동 관련 보도가 14건, 군·경찰 관련 보도가 16건, 문화 예술 관련 보도가 4건, 민간 협력 관련 보도가 6건, 미군 관련 보도가 6건, 이 밖에 일반적인 뉴스 등으로 나뉘었다"(허은, 2008: 261).

1) 상남영화제작소 영화 제작 활동에 대한 미 국무부의 방침

1953년 이후 상남영화제작소의 영화 제작 활동을 이해하고자 할 때 주목해야 할 점은, 상남영화제작소가 제작한 영화들이 미 국무부와 주한 미공보원의 협의를 통해 기획되고 선정되었다는 사실이다. 1952년 11월 무초의 후임으로 부임한 신임 대사 엘리스 브리그스Ellis Briggs는 새롭게 출범할 아이젠하워 정부를 위해 주한 미공보원의 당면 공보 목표를 조사해 보고했다. 1953년 1월 말에 전송한 문서에서 그는 ① 자유를 향한 인류의 장기적 싸움, ② 한국 재건에서 '자조self help,' ③ 인민의 권리 수호자로서 한국 군대, ④ 민주주의 사회에서 언론의 역할, ⑤ 문화적·교육적 리더십 강조를 위해 물질적 지원을 요청했다. 주한 미공보원은 라디오, 언론, 영화 등을 통해 이상의 다섯 가지 주제를 발전시킬 예정이었고, 브리그스는 현장의 목소리를 듣고자 각 분야를 시찰했다(김려실, 2019: 184). 1953년 3월 상남영화제작소를 방문한 브리그스는 리지웨이 상남영화제작소 소장에게 영화제작소 운영에 대해 많은 질문을 했다. 그는 현 정국에 대해서도 브리핑했고, 상남영화제작소의 성과에 대해 만족을 표했다.[86]

브리그스의 상남영화제작소 시찰을 토대로, 1953년 4월 10일 주한 미대사관의 민사관 대리였던 존 R. 히긴스John R. Higgins는 국무부에 보고하기 위해 〈USIS의 필름 계획〉이라는 문서를 작성했다. 히긴스의 문서에는 휴전을 앞둔 시기 상남영화제작소의 제작 현황과 주한 미공보원 영화과의 향후 계획이 담겨 있다.[87] 먼저 당시 상남영화제작소의 제작 현황으로 살펴보자. 상남영화제작소는 첫 현지 제작을 완료했는데, 이 영화는 곧 개봉할 '서울의 열악한 병원 재건'에 대한 다큐멘터리 영화였다. 또 상남영화제작소는 세계 보건일을 기념하는 활동의 일환으로 기획된, 유엔한국 민사처(UNCACK)의 대구 지역에서의 의료 활동에 대한 영화 제작을 완료하여 개봉을 준비하고 있었다. 부산 동래농업대학에서의 영화 촬영도 완료했다. 이 대학은 유엔군한국민사지원단과 협력하여 농림부에 의해 설립되었고 미국인 자문관을 두었는데, 영화는 한국 전국 각지의 농업 지도자들인 학생들이 어떻게 학습하였는지를 보여 주었다.

히긴스는 이러한 제작 상황이 매우 탁월한 출발이라고 평가했지만, "주한 미공보원이 지금 제작하고 있는 영화의 주제 수는 이 프로그램에 높은 우선권이 주어져야 함을 보여 준다"라고 언급하면서 좀 더 적극적인 지지 입장을 견지했다. 즉 "이는 주한 미공보원의 영화들이 한국에서 효율적일 뿐만 아니라 세계 각지에 미국과 UN, 그리고 2차 세계 대전 이후 압제에 대항하는 가장 위대한 협력적 노력에 동참하고 있는 한국의 모습을 시각적으로 보여 줄 수 있기 때문"이라는 것이다. 따라서 만약 인도와 인도네시아, 일본, 극동의 여타 지역, 그리고 중동, 아프리카, 유럽 지역에서 벌어지고 있는 공산권의 선전에 대항해 승리하기를 원한다면, 아시아와 전 세계의 눈이 한국을 주목하기 때문에 한국은 가장 시각적이고 이해 가능한 시각으로 자신의 스토리를 이야기해야 한다는 의견이었다. 그리고 표 4-1의 영화들이 제안되고 실행되고 있음을 밝혔다.

한편, 제작될 필요가 있는 주제에 대한 제안 및 실행 계획과 함께, 히긴스의 문서에는 (현지 제작과 [미국인이 보기에 최상의 중요성을 지닌] 〈리버티 뉴스〉의 정례적인 발행에 덧붙여) 한국에서 미국의 목적을 달성하기 위해 정례적으로 미 국무부에 의해 제작된 영화 — 주로 재건, 자조, 농업에 대한 영화에 집중 — 에 대한 한국어 더빙을 상남영화제작소가

표 4-1 1953년 4월 당시 상남영화제작소의 주제별 영화 제작 현황과 계획

주제	문서상의 설명
전쟁과 재건	강렬한 '전쟁과 재건' 주제의 영화들이 6·25 전쟁 발발 3주년인 1953년 6월 25일 한국과 세계 각지에서 개봉을 앞두고 있다. 이 영화의 대본을 가지고 있고, 다음 주에 제작을 개시할 계획을 수립하였다.
국악단과 무용단의 재건	USIS의 도움과 장려로 가능해진 국악단과 무용단의 재건에 대한 스토리를 전하는 영화. 전쟁 전부터 한국에서 첫 콘서트를 개최했던 국악단은 남측과 북측의 한국인로 구성되어 있다. USIS의 장려로 인해, 멤버들은 모였고 비참한 부산 피난 상황에서도 연주를 했으며 최종적으로는 이화여대에서 첫 콘서트를 시작했다. 한 스태프가 콘서트에서 언급한 바와 같이, "만약 러시아인들에게 이 사람들이 있었더라면, 그들은 이들을 착취했을 것이다." 우리는 이 국악단에 대해 파급력 있는 컬러 영화 제작이 가능하다. 가능한 곧 제작을 개시할 계획이다.
탈북자	리지웨이는 북한 지역에서 남한 지역으로 항해하는 어부 집단과 접촉하고 있다. 그들의 탈출과 탈출 이유, 이후 남한에서 어부로 성공했던 스토리를 소재로 한 극영화 제작을 계획하고 있다.
게릴라	이 영화에서의 핵심은 북한의 지령을 따르는 공산주의자들이 한국인 마을에 거주하는 가난하고 힘없는 농부들에게 피폐함을 야기하고 있다는 것에 있다. 이는 매우 극적이고 효과적인 영화다. 남한의 경찰과 군대가 미국의 도움으로 점차 게릴라를 소탕하고 있음을 보여 줄 수 있다.
철도학교의 자조	대전에는 한국인이 운영하고 한국인을 위해 설립된 철도학교가 있다. 그들은 소방수와 기술자, 그리고 운영자를 가르칠 수 있는 몇몇 천부적인 기술적 수완을 지녔다. 물론 이 영화의 숨은 의도는 한국인들이 그때그때 필요한 재료들을 활용함으로써 스스로를 도와 (오늘날 이 국가가 직면하고 있는 많은 어려움에도 불구하고) 더 나은 삶으로 나갈 수 있다는 것에 있다.
농업시험소의 자조	새로운 한국의 농업시험소의 '자조'를 주제로 한 영화. 이 영화는 우리에게 어떻게 한국인들이 스스로를 도왔는지 보여 줄 뿐만 아니라, UN과 미국인 요원에 어떻게 협력했는지를 보여 준다. 또한 한국 농부에게 토지 개량을 통해 그들이 점점 더 많은 쌀을 재배할 수 있음을 보여 준다.
한국인들의 사유에 내한 헌신과 UN 미국의 역할	1948년 대한민국 정부수립일인 8월 15일을 기념하는 8월 개봉 예정인 영화. 이 영화는 미국 군대의 상륙으로 시삭할 수 있으며, 점령으로부터 독립에 이르는 남한의 발전이 뒤따르고, 공산주의자가 침략했을 때 평화를 향한 희망과 그의 발로로서 한국인이 자유를 위해 어떠한 헌신을 했는지를 주제로 한다. 이 영화는 희망과 미래 계획, UN과 미국이 남한 사람에게 평화롭고 민주적인 땅을 제공해 줄 것임을 강조해야 한다.
월북자의 월남	이른바 '시민 억류자' — 퇴각하는 북한군과 함께 (많은 경우에 자발적으로) 북한으로 간 남한 국민 — 에 대한 영화가 제작 중에 있거나 거의 완료되었다. 이들은 다시 자발적으로 남한으로 귀환했는데, 이들이 북한에 대한 진실을 배웠기 때문이다. 우리는 이미 남한 포로 캠프에서 억류자를 촬영해 왔다. 이 캠프를 방문한 사령관 클라크와 이승만 대통령에 대한 자료 화면이 포함되어 있으며, 이 억류자들이 남한의 민주주의로 다시 통합되었음을 보여 준다. 당시 억류되었던 이들 중 공산주의에 대한 환상이 깨진 이야기를 들려줄 서너 명을 찾고 있다.
기타 제작할 필요가 있는 주제	여타 제작되어야 할 영화들이 있다. 예를 들어, 유엔군한국민사지원단과 협력하여 주한 미공보원은 위생에 대한 다큐멘터리 영화를 위해 비공식적으로 일하고 있다. 이 영화는 미국과 UN이 예방 접종을 통해 한국에서 가장 전염성이 강한 질병을 거의 제거했음을 보여 주는 영화다. 다시 한번 유엔군한국민사지원단과 함께, 우리는 한국의 토탄土炭 천연자원에 대한 계몽주의적 영화에 대한 계획을 수립하고 있다. 만약 한국인들이 벌목을 하는 대신 토탄을 태운다면, 그들은 새로운 연료를 이용할 뿐만 아니라 수풀림의 파괴로 현실화되는 재앙적 파괴를 중단할 수 있을 것이다.

출처: USIS Film Program의 내용을 표로 정리.

표 4-2 1953년 2~4월 당시 상남영화제작소의 한국어 더빙 영화 제작 현황

영문 제목	번역	영문 제목	번역
Philippine Troops in Korea	한국의 필리핀 군대	Abraham Lincoln	에이브러햄 링컨
The Years of Change	변화의 해	And Now Miguel	그리고 지금 미겔
Philippine Rehabilitation	필리핀의 재건	The New Libya	새로운 리비아
The Telephone Hour	전화 시간	Men and Machines	인간과 기계
Asiatic Sohistosomiasis	아시아의 감염병	Basic Sanitation	기본 위생
Brazil's Fishing School	브라질의 어업학교	Where is the Fire	어디에 불이 났나?
The Plow that Broke the Plains	평야를 개척한 쟁기	Boy's Town	소년의 마을
The River	강	The City	도시
Valley Town	산골 마을	The Little Red School House*	작고 빨간 학교 건물
Hear the Banjo Play	밴조 연주 듣기	Clean Water	깨끗한 물
Defeat T.B.	결핵 퇴치	English Criminal Justice	영국 형사 재판소
Forestry and Human Welfare	임업과 복지	Home Care of T.B.	가정에서의 결핵 관리
Fingal's Cave	핑갈 동굴	Mexico	멕시코
Out of the Ruins	폐허 밖으로	Philippine Republic	필리핀 공화국
Panama	파나마	Protecting the Forest	숲 보호
Producing Quality Poultry	양질의 가금류 생산	Rice	쌀
Rice and Health	쌀과 건강	Peru	페루
School of Firefighting	소방학교	Save the Soil	토질 복구
You Can Lick T.B.	당신은 결핵을 극복할 수 있다	The Awakening	각성
The Grand Design	원대한 설계	Ethiopian Troops in Korea	한국의 에티오피아 군대
Thailand Troops in Korea	한국의 태국 군대		

* LREI라고도 불리는 리틀 레드 스쿨 하우스와 엘리자베스 어윈 고등학교는 뉴욕 맨해튼에 있는 학교다. 1921년 엘리자베스 어윈에 의해 리틀 레드 스쿨 하우스로 설립되었으며, 도시 최초의 진보적 학교 중 하나다. 공립·사립 교육 공동 실험으로 만든 이 학교는 존 듀이에 의해 20세기 전환 이후 옹호된 진보적 교육의 원칙을 시험했다. 설립자들은 진보적 교육의 교훈이 미국의 가장 큰 도시의 붐비고 인종적으로 다양한 공립학교에서 성공적으로 적용될 수 있다고 가정했다.

출처: USIS Film Program의 내용을 표로 정리.

담당하고 있음을 제시하면서, 지난 두 달 동안 '더빙 제작 지시가 내려졌던' 영화 목록을 표 4-2와 같이 제시하였다.

그 밖에도 히긴스의 문서에서는 한국의 영화 프로그램을 적극적으로 수행하기 위해서는 영화 전문 인력의 채용을 늘려야 한다고 건의했다. 리지웨이는 실무자로서 1953년 4월 현재 29명의 직원과 일하고 있지만 35명으로 증원을 요청한 상태이며 특히 통역, 녹음, 현상 분야의 인력이 부족하다고 보고했다. 히긴스는 촬영 현장과 편집 과정 사이를 무리 없이 이어주는 다리 역할을 하는 현장 작가도 부족했지만 시간 절약을 위해 미국에서 채용해 오기보다는 1953년 1월 영화담당관으로 온 로이 T. 하버캠프Roy T. Haverkamp를 보조할 인력을 한국 현지에서 채용하는 편이 더 낫다고 보았다. "주한 미대사관은 4월 15일에 히긴스의 문서를 첨부해 미국의 노력과 유엔과의 협력을 전 세계에 선전하기 위해서는 '한국에서 USIS 영화 프로그램이 적극적으로 추진되어야 한다'라는 기밀문서를 보냈다. 4월 29일, 미 국무부는 영화 프로그램의 확대에 동의하고 (리지웨이의 활약을 인정하지만) 주한 미공보원 영화과의 시설과 리지웨이의 재능을 최대한 이용하기 위해서는 대본을 쓰고 연출할 수 있는 전문가가 필요할 것이라고 답변했다. 국무부는 리지웨이가 영화인이 아니라서 영화 프로그램의 확대를 위해 영화과를 통솔할 전문가를 미국에서 파견해야 한다고 생각했지만"(김려실, 2019: 185). 결국 이 문제는 1954년 2월 리지웨이가 승진하는 것으로 일단락되었다.●

● 기존 연구들에서는 리지웨이가 개인적인 이유로 귀국을 거부한 영화과장 찰스 태너를 대신해 영화과장 대리로 임명되고 이후 승진했다는 사실을 근거로 해서, 그가 주한 미공보원 영화과장으로 승진했다고 서술하는데, 그 구체적인 시기는 규명되지 않았다. 그러나 그

2) 해외 현지 영화 제작에 대한 미 국무부의 정책 기조

사실 상남영화제작소의 현지 영화 제작과 관련된 이와 같은 미 국무부의 방침, 특히 주제별 영화 제작과 관련된 방침은 미국공보처(USIA)가 설립(1953. 8. 1)되기 이전에 아이젠하워 대통령 직속 해외공보활동위원회(속칭 잭슨위원회, 1953. 1)의 현지 제작을 권장하는 지침에 따른 것이었다. 잭슨위원회는 미국에서 인력을 채용해 보낼 때 드는 비용을 절감하고 부적절한 소재로 해외 관객을 불쾌하게 하지 않도록 현지 제작을 권장했다. 이에 따라 USIA는 설립 이후 현지 제작 비율을 높여갔다(김려실, 2019: 187). 1954년 하반기 USIA 영화의 제작 중 절반 이상은 유럽, 라틴 아메리카, 근동 및 극동의 22개국에서 제작되었고, 나머지 영화들은 미국에서 USIA에 의해 제작되거나 할리우드 스튜디오 또는 자신의 활동에 대한 다큐멘터리를 만드는 개별 단체나 회사들로부터 얻고 있는 상황이었다.[88] 이러한 USIA 설립 무렵의 해외 현지 영화 제작에 대한 미 국무부의 정책 기조 변화는 당시 미국의 대외 선전 정책의 전면적인 전환을 배경으로 한 것이었다.

이와 같은 미국의 대외 선전 정책의 전면적인 전환을 배경으로 한, 해외 현지 영화 제작에 대한 미 국무부의 정책 기조 변화는 우선 USIA가 미국에서 만든 영화는 주로 미국 민간 기업 및 민간 산업과

의 승진 이력이 담긴 1955년 4월의 미국 문서(Temporary Promotion of William Ridgeway, April 18, 1955(RG 306, W-347, USIS, SEOUL → USIA, WASHINGTON (Area Assistant Director), Box 136)를 통해 확인한 바로는 1952년 3월 2일에 영화과장으로 승진했다. 구체적인 리지웨이의 승진 이력은 4절에서 좀 더 상세히 살펴볼 것이다.

의 즉각적인 협력을 통한다는 방식으로 구현되었다. 아이젠하워 정권은 정부의 해외 공보 선전에 '민간 협력Private Cooperation'을 적극 이용하여 소련의 평화 공세에 맞서고자 했다. 미국 정부는 노골적 선전을 배제하고 미국의 이미지를 개선해 미국의 의견에 귀를 기울이게 만든다는 장기적 관점에서 민간 협력을 추진했다. 이러한 정책 기조는 USIA 영화에도 반영되었다. "USIA는 비정치적으로 보이도록 USIS 영화 목록 중 반공 영화를 회수하고 국제 협조나 문화 교류를 중요한 주제로 다루기 시작했다"(김려실, 2019: 227). 또한 미국에서 제작된 USIA 영화를 필요한 언어로 번역하고 영화를 외국에 내레이션, 복제, 배급할 수 있는 권리를 부여하는 데도 미국 민간 기업과 산업의 협력은 USIA가 '미국의 주제'에 대한 많은 뛰어난 영화를 전 세계에 보여 주는 것을 가능하게 했다.[89] 그렇다고 반공주의적 주제가 USIA 영화에서 완전히 사라진 것은 아니었다. 또한 "USIA 지부 중에는 현지 사정에 맞춰 반공 영화 제작을 계속한 곳도 있었다. 이 경우 USIA의 관여는 대개 비밀에 부쳐졌다. 예를 들어, 주일미공보원은 6·25 전쟁 휴전 직후인 1953년 8월 1일에 공개된 〈철의 꽃다발〉을 시작으로 1960년까지 반공 영화 5편에 제작비를 지원했으나 그것들은 일본 영화인이 제작해 일본 영화로 공개되었다"(김려실, 2019: 228).

이와 같은 미 국무부의 방침에 따라 USIA가 해외에서 현지 제작하는 영화는 영화를 관람할 해당 국가의 사람들에게 익숙한 설정, 캐릭터, 그 국가 상황에 영향을 받았다. 가령, 다큐멘터리 영화 〈콤바이트*Combite*〉는 아이티에서 촬영된 미국의 원조 프로젝트 현장을 배경으로 중남미 국가에 대한 미국의 원조 이야기를 다루었다. 유사하게 나토 국가들에서 제작된 일련의 영화들은 그 국가의 시민들이 지역 동맹의 중요성을 더 깨닫도록 도왔다. 특히 (앞서 표 4-1의 상남영화제작소의 현지 제작 영화의 주제에서 볼 수 있듯이) 공산당 통치의 위협 속에 살고 있는 많은 사람에게는 난민들이 붉은 억압으로부터 벗어나기 위해 개인적이고 물질적인 희생을 겪는다는 내용의 USIA 현지 제작 영화들을 보여 주는 데 주력했다. 또한 USIA는 '한국의 재건'을 보여 주는 영화를 현지에서 제작·상영하는 데 특히 중점을 두었다.[90]

이러한 정책 기조에 따라, "1954년까지 USIA의 반공 영화 중 3분의 2가 현지에서 제작되었고, 현지 미공보원의 현지 제작은 1955년 24개국에서 1956년 41개국으로 증가했다. 그 가운데 주한 미공보원은 제작 편수에서 다른 모든 지역을 압도했다. 일본의 경우 현지 제작 축소 방침에 따라 점령 종결 후부터 1950년대 일본 USIS가 제작한 영화는 20여 편에 불과했지만, 1952년부터 10년간 주한 미공보원은 〈리버티 뉴스〉 450여 편과 다큐멘터리 100여 편을 제작했다"(김려실, 2019: 187). 특히 6·25 전쟁 내내 심리전과 반공 선전에 치중했던 주한 미공보원은 휴전 후 미국과 유엔이 한국의 재건을 위해 다방면에서 노력하고 있다는 원조 선전을 부각하는 영화를 제작하는 것으로 급선회하기도 했지만, 여전히 주한 미공보원은 장편 반공 영화 프로젝트를 전개했다. USIA의 개입이 비밀에 붙여진 일본과 달리, 한국의 반공 영화는 반공을 국시로 삼은 정부에 의해 법적으로 장려되었다. 따라서 주한 미공보원이 제작비를 댄 〈포화 속의 십자가〉(공립영화사, 1955)나 직접 제작한 〈주검의 상자〉의 사례처럼 주한 미공보원은 굳이 자신들의 관여를 숨길 필요가 없었다(김려실, 2019: 227~228).

이와 같이 현지 제작 비율을 높인다는 미국 정부의 정책 기조에 따라, 설립 이후 USIA의 영화 제작 정책 방향은 소련의 평화 공세에 맞서 비정치적으로 보이도록 하기 위해 미국에서 제작하는 영화 중

반공 영화의 비중을 줄임으로써 1954년까지 USIA의 반공 영화 중 3분의 2가 현지에서 제작되도록 유도하였다. 그 결과 주한 미공보원 산하 상남영화제작소는 반공 영화의 현지 제작에 있어서 중요한 거점이 되었다.

이렇게 “주한 미공보원이 많은 영화를 현지에서 생산한 까닭은, 그만큼 한반도가 심리전이 첨예했던 지역이었던 데다가 이 지역에서 가지는 영화의 유용성이 다른 미디어가 따라갈 수 없었기 때문이기도 했다. 1953년 5월 미국공보처(USIA)의 발족을 앞두고 미 국무부 국제공보처(IIA)의 예산이 전면 감축되는 과정에서도, 주한 미공보원의 영화 프로그램은 오히려 확장되었다. 주한 미공보원은 영화를 한국 국민뿐만 아니라 좌우 사이에서 망설이거나 중립적 국가들에 공산주의의 무력행사에 대항하는 미국 – 유엔과 한국의 협력, 집단 안보의 효과를 증명할 수 있는 ‘주무기’로 간주했다”(김려실, 2019: 188).●

● 김려실(2019: 188~190)의 분석에 따르면, 흔히 ‘VOA’ 방송과 주한 미공보원 영화는 미국 해외 공보 선전의 양대 산맥으로 취급되었는데, 한국에서 특히 후자가 유달리 영향력을 발휘한 까닭은 다음 세 가지 이유에서였다. 첫째, 텔레비전의 영향력이 상대적으로 미약했다. 둘째, 상대적으로 미비했던 국내 영화 산업과 주한 미공보원이 목표로 삼은 관객층도 주한 미공보원 영화의 파급력을 높이는 데 기여했다. (일본의 경우 USIS 영화는 주로 USIS의 시청각 도서관에서 상영되었고 관객의 3분의 1 이상이 학생이었다. 그리고 USIS 영화의 선전 의도성 때문에 대부분 평가가 좋지 못했다.) 이에 비해 같은 시기 한국은 막 영화 산업이 복구되기 시작했던 터라 주한 미공보원 영화는 경쟁력을 확보할 수 있었다. 전국에 150관 정도로 극장 자체가 미비했기 때문에 주한 미공보원은 이동 영사에 주력했다. 1950년대 주한 미공보원의 이동 영사가 최우선적으로 관객으로 삼았던 것은 인구의 대다수를 차지하는 농민층이었다. 영화관 수도 적고 경쟁 상대가 될 상업영화도 발달하지 못한 상황에서 주한 미공보원은 한국인을 채용하여 현지의 사정을 담은 16mm 영화를 산간벽지 구석구석으로 전파했다. 이동 영사로 주한 미공보원 영화를 접한 농민들은 대개 영화 자체를 처음 보았고 주한 미공보원 영화를 선전물이라기보다 오락적 볼거리로 인식했기 때문에 저항감이 적었다. 셋째, 주한 미공보

3) 상남영화제작소의 현지화 전략

본격적으로 상남영화제작소의 영화 제작이 재개된 1년 후인 1954년 무렵, 당시 주한 미공보원장이었던 로버트 P. 스피어Robert P. Spear와 상남영화제작소 소장 리지웨이가 앞에서 살펴보았던 바와 같은 미국 정부의 정책 기조를 정확히 이해하고 있는지는 불분명하다. 먼저 미국무부와 USIA와 긴밀한 정책 협의 관계에 있었던 주한 미공보원장은 앞서 1953년 4월 영화 전문가 인력을 보충하는 것이 필요하다고 피력한 주한 미대사관의 민사관 대리였던 히긴스의 의견을 통해서 당시 주한 미공보원의 전반적인 인식 수준을 간접적으로 파악할 수 있다. 하지만 서울에서 멀리 떨어져 상남영화제작소에서 홀로 활동했던 리지웨이의 경우는 매우 불분명하다. 당시 리지웨이가 현지 제작 역량을 높일 필요성이 있다고 여겼던 것만은 분명하다. 그렇지만 상남영화제작소의 유일한 미국인이자 책임자였던 리지웨이가 실무를 지휘하면서 가지게 되었던 인식과 현지화 제작 노하우는 그가 어느 정도는 명확히 미국 정부의 정책 기조를 이해하고 있음을 잘 보여 준다고 할 수 있다.

1954년경 리지웨이는 상남영화제작소에서 현지 제작하는 영화에 대해 (공산당에 대한 혐오와 반공주의를 명시적으로 내세우는) 한국 정부의 정책과 다른 차별화된 접근이 필요하다고 생각했다. 다음은 그의 회고록의 한 대목인데, 그는 한국 정부의 선전 정책이 놓치고 있는 '내부의 적'을 언급하면서, 자신의 차별화된 생각을 제시하고자 하였다.

원의 고용 시스템과 한국 영화인의 잠재력을 들 수 있다.

> 뉴스릴은 한국 정부와 미국의 전쟁 수행을 지원하기 위해 만들어졌다. 그것은 분명히 선전이었다. 우리는 공산주의자들을 당신이 생각할 수 있는 모든 비열한 이름으로 불렀고, 사기를 북돋울 수 있는 모든 종류의 통계와 사실들을 사용했다. 공산당에 대한 혐오를 키우기 위한 한국 정부의 정책이었다. **그 당시 나는 스스로 이 문제에 대해 의문을 품었다.** 왜냐하면 (탱크나 총을 가지고 여러분을 향해 다가오는 사람 외에는) 가장 위험한 공산주의자들은 그가 누구인지를 식별할 수 없는 사람들이기 때문이다. **가장 위험한 것은 위장 근무를 하는 사람들이었고**, 많은 사람이 있었다.[91] (강조는 필자)

리지웨이는 공산당에 대한 혐오를 키우기 위한 한국 정부의 정책에 대해 의문을 품고 있었고, 가장 경계해야 할 위험한 존재는 위장 근무하는 '내부의 적'이라고 생각했다. 다음 인용에서 알 수 있듯이, 그는 한국 정부가 선전에서 고려해야 할 이 개념을 완전히 무시했기 때문에, 한국 정부가 제작하는 반공 영화와는 차별화된 시도를 했다.

> **한국 정부는 최소한 그들의 선전에 관한 한 그 개념을 완전히 무시했다. 반공 선전에 있어서 다른 접근을 하려는 나의 시도는 우리 한국 작가와 공동으로 쓴 대본에서 시작되었다. 우리는 〈주검의 상자〉●라고 불리는**

● 〈주검의 상자〉는 김기영 감독의 1955년 데뷔작으로, 내부의 적을 경계했다는 내용을 중심으로 하는 것이었다. 그해 반공 영화는 '주검의 상자'를 포함해 7편이었다. 김려실(2019)은 〈주검의 상자〉에 대한 용공容共 논란에 대해 상세하게 검토하는데, 당시 이 영화를 둘러싸고 용공 논란이 일어났던 것은 대체로 '내부의 적'에 주목하는 내러티브를 이해하지 못했던 당시의 공산주의 선전에 대한 당대 한국 사회의 오해에서 비롯되었다고 할 수 있다.

> **장편 흑백 반공 장편 영화를 제작했다.** 그것은 공산주의자들이 부상당한 젊은 참전용사를 가장한 요원을 어떻게 이용했는지를 보여 주는 이야기였다. 그는 마을에서 온 한 청년의 유골을 들고 마을로 왔다. 그는 전투 중에 죽었다고 알려져 있었다. 사실 그것은 엄호용이었다. 관객들은 대본이 어떻게 쓰여져 있는지를 잘 이해할 수 있었다. 어떻게 공산주의 비밀 요원이 마을의 한 파벌을 다른 파벌로 돌릴 수 있었는지 보기 위해서였다. 요원의 목적은 한국 정부의 전선을 교란시키는 것이었다. 죽은 영웅의 유골을 은폐하기 위해 사용하는 것은 우리 관객들에게 공산주의자들이 꽤 비열한 것으로 여겨졌다. **내가 아는 한, 공산주의자는 여러분이나 다른 사람들과 똑같이 보일 수 있다는 것을 지적하는 이와 같은 특별한 접근법이 사용된 것은 처음이다. 한국 정부가 사용하는 영화 포스터에는 이 공산주의자가 양손에 칼을 물고 있는 피에 굶주린 괴물로 그려져 있을 것이다.**[92] (강조는 필자)

이와 같이 리지웨이는 공산주의자를 노골적으로 '악'으로 표현하는 한국 정부의 반공주의 선전 방식과 차별화된 내러티브를 구사하여 반공 영화를 제작하고자 했다. 이러한 그의 제작 방향은 당시 소련의 평화 공세에 맞서 비정치적으로 보이도록 하는 방식으로 해외 공보 정책의 기조를 변경했던 미국 정부의 정책 방향에 상당 부분 호응한 것이라 할 수 있다.

또한 리지웨이는 당시 USIA의 영화 현지화 전략, 즉 USIA가 해외에서 현지 제작하는 영화를 해당 국가의 사람들에게 익숙한 설정과 캐릭터를 채택하는 방식으로 각색하는 전략을 제대로 이해하고 있었다. 리지웨이가 현지화 전략으로 캐릭터를 활용하고자 했던 것은 캐릭터를 통해 현지 관객들의 감성이 이입되는 효과를 기대했기 때문이었다.● 이에 따라, 다음 인용에서 볼 수 있듯이 그는 USIA의 영화가 한국의 현지인들에게 좀 더 효율적으로 받아들여지게 하기 위한 방편으로 USIA 영화를 각색할 때 할아버지 캐릭터를 채택하였다.

> 결국 우리는 한국에서 우리 자신의 버전을 만들었다. 많은 미국 영화들이 복잡하거나 이해하기 어려운 개념들을 담고 있었기 때문에, 우리는 **그러한 영화들과 함께 사용하기 위한 소개 시리즈를 시작했다. 우리는 "할아버지" 역할을 연기하기 위해 배우를 고용**했다. 검은 말털 모자를 쓰고 긴 대나무 파이프를 든 남자 말이죠. 이 캐릭터의 이름은 — "할리바지" — 할아버지, 존경받고 경청 받는 권위 있는 인물이다.[93] (강조는 필자)

리지웨이가 할아버지 캐릭터를 채택한 이유는 나이 많은 사람을 존중하는 한국 사회의 전통을 고려한 것으로써, 아래의 인용구에서 밝히고 있는 것처럼, 분명하지 않은 영화의 내용을 사람들이 이해할 수 있는 맥락 속에서 이해시키기 위한, 일종의 주제에 적합한 설정이었다.

> **이 캐릭터는 주제에 적합한 설정으로, 라이브로 영화를 소개하고 원작에서는 분명하지 않은 내용에 대해 설명했다.** 우리는 원작의 한국 사운드

● 일반적으로 등장인물의 개성과 이미지를 의미하는 캐릭터는, 첫째 인간의 마음속에 살아 있는 감성을 상징함으로써 감성 커뮤니케이션의 기능을 수행한다. 이때 캐릭터가 감성 커뮤니케이션 기능을 수행하기 위해서는 캐릭터의 성격에 대한 공감대가 있어야 한다. 둘째, 캐릭터는 사람들에게 위안과 평온을 주는 존재이며 셋째, 캐릭터는 인간의 잠재의식 속에 새겨진 수호신과 같은 상징이다(김영재 · 김종세, 2019: 3~5).

> 트랙과 함께 그의 라이브 음향을 사용했다. 그의 설명은 사람들이 **이해할 수 있는 맥락에 놓일 것이다.** 그것은 우리가 다시 편집하는 것보다 훨씬 더 쉬웠다. 사전 프린트 자료에 접근할 수 없었기 때문에 어쨌든 이래저래 재편집하는 것은 비현실적이었다. 이것은 더 저렴하고 실행하기 쉬우며 훨씬 더 효과적이었다. 우리는 잠깐 — 아, 아마 3분 정도 소개를 하고, 영화가 끝날 때쯤 다시 돌아오곤 했다. 1~2분 정도. 그는 "이것이 당신이 본 것을 이해하거나 배웠어야 하는 것입니다"라고 반복할 것이다. 예를 들면, 유엔과 같이 복잡한 것을 설명하거나 미국에 관한 영화를 설명하는 것이다. **우리는 수백 편의 작품을 만들었는데, 사실 그 역을 맡은 배우는 할아버지였고 한국에서 꽤 유명해졌다.**[94] (강조는 필자)

리지웨이가 할아버지 캐릭터를 채택했던 또 다른 이유는 비용적인 요인 때문이었다. 우선 영화를 재편집할 사전 프린트에 대한 확보가 용이하지 않은 당시의 제작 여건에서 각색을 위해 사전 프린트를 재편집하는 것은 비용적으로도 비현실적이었다. 따라서 리지웨이는 더 저렴하고 실행하기 쉬우며 훨씬 더 효과적 방편으로 할아버지 캐릭터를 채택했던 것이다.

> 우리의 영화가 **의도된 메시지를 전달한다는 것을 확실히 하기 위해**, 우리는 일반적인 관객들을 위해 [영사와 사운드가] 동시 작동하는 상영을 하곤 했다. **동시 작동이란 편집된 영상을 프로젝터에서 실행하고 그에 맞는 소리가 다른 기계에서 나오는 것을 말한다. 효과는 완제품과 비슷하다.** 우리는 근처 마을에서 사람들을 초대했고, 그들은 와서 그것을 보곤 했다. 그리고 상영이 끝나면 우리는 그들이 우리가 이해시키려고 하는 요점을 이해했는지 확인하기 위해 그들에게 질문했다. **만약 그들**

이 이해하지 못하면, 스크립트를 변경하거나 컷을 변경하였다. 때때로 우리는 그것을 두세 번 하곤 했다. 이는 우리의 목표인 마을 주민에 맞는 결과물을 생산할 수 있게 해 주었다. **이러한 방식으로, 우리는 재건, 건강, 위생 등에 대해 우리가 이해하고자 하는 아이디어를 전달하는 결과물들을 생각해 낼 수 있었다.**[95] (강조는 필자)

뿐만 아니라, 위의 인용에서 확인할 수 있듯이, 리지웨이는 현지의 사정을 고려한 또 하나의 현지화 전략으로 '동시 작동 상영' 방식을 활용하여 각색하는 방식 또한 고안해 활용하기도 하였다. 리지웨이가 사용한 방식은 본래 USIA의 의도된 메시지를 확실하게 전달하기 위해, 편집된 영상을 영사기를 통해 영사하는 한편 그에 맞는 사운드는 다른 기계에서 나오게 하는 것이었다. 이를 위해 리지웨이는 영화 상영회 직후 인터뷰를 통해 영화 대본과 컷을 변경하기도 하였다. "당시 주한 미공보원이 제작한 영화들은 국내용 판본Version과 국외용 판본을 별도로 제작했으며, 국외용 영어 내레이션은 AFKN의 아나운서들이 주로 담당하고 있었"(심혜경, 2011: 29)던 상황이었다.

3. 1950년대 중후반기 상남영화제작소의 이전 논의

1950년대 미국인이 보기에 주한 미공보원과 상남영화제작소의 제작 업무에서 가장 중요했던 것은 〈리버티 뉴스〉의 제작·배포였다.[96] "1950년대 말 매호 35mm 프린트 32부와 16mm 프린트 32부가 제작되어 전국 극장에 무료로 배부되었다"(김려실, 2019: 188). 1967년까지 721호까지 제작되었던 〈리버티 뉴스〉의 전신은 미 502부대가 1945년부터 1950년 6·25 전쟁이 일어나기 전까지 이필우프로덕션에 하청을 주어 부정기적으로 제작하던 〈대한전진보〉(30편)와 〈대한뉴스〉(30편)이다. 6·25 전쟁으로 인해 제작이 중단되었다가 1952년 5월 19일 〈리버티 뉴스〉 제1호가 진해영화제작소에서 완료되면서 기록 영화 뉴스릴의 제작이 재개되었다. 〈리버티 뉴스〉는 매달 2편이 제작되었고 보통 10분 정도의 분량으로 국제 뉴스와 국내 뉴스를 각각 5분가량 다루었다. 국제 뉴스는 미국의 허스트 메트로톤Hearst Metrotone Newsreels이 제작한 〈오늘의 뉴스〉를 들여와 번역한 것이었고, 험프리 린지 컬렉션에 포함된 〈리버티 뉴스〉 352호에서도 확인할 수 있듯이 국내 뉴스의 내용은 주로 미국 원조금의 사용처, 민주주의의 독려, 한국의 정치 상황에 대한 내용 등이 그 주를 이루었다. 국내 뉴스의 경우는 주한 미공보원 소속 촬영자들이 직접 촬영했다(심혜경, 2011: 29). 〈리버티 뉴스〉는 주한 미공보원 지부의 문화원뿐만 아니라 이동영사대를 통해 남한 전역에 배급·상영되어 국내외 소식을 전했으며, 6·25 전쟁 이후부터는 전국의 극장에서도 상영되기 시작했다(심혜경, 2011: 28).

1) 상남영화제작소 이전 논의의 시발점: 주한 미공보원 영화의 상영 문제

주한 미공보원과 상남영화제작소의 제작 업무에서 최고 중요성을 지녔던 〈리버티 뉴스〉뿐만 아니라 주한 미공보원 영화에 대한 한국 내 배급과 상영 문제는 1950년대 중후반기 상남영화제작소에 대한 이전 논의를 촉발시키는 중요한 쟁점이었다. 특히 1954년 무렵 주한 미공보원과 이승만 정부 간에 한국 민간 극장에서의 주한 미공보원 영화 상영과 관련한 협의가 진행되는 과정에서 상남영화제작소의 지리적 위치 문제는 이전뿐만 아니라 1960년대 잠재적인 폐지 논의의 발화점이 되었다.

1954년 2월 10일, 당시 공보처 공보국장이었던 갈홍기葛弘基(1906~1989)는 주한 미공보원장 로버트 P. 스피어에게 USIS 영화의 한국 상영관 상영과 관련하여 주한 미공보원의 공식적인 답변을 요청하는 서신을 보냈다.[97] 이 서신에서, 갈홍기 국장은 이전에 전임 주한 미공보원장 대리이었던 존 R. 히긴스가 공보처에 한국 영화극장에 USIS 뉴스릴 영화를 개봉하는 것과 관련해 자신의 부서에 문의한 적이 있었다고 밝혔다. 히긴스의 문의를 통해 USIS 영화가 한국 영화 극장들에게 받아들여지지 않는다는 것에 관심을 가지게 되었다고 언급하였다. 이 문제와 관련해, 공보처는 별도의 조사를 통해 USIS 영화가 한국 영화관에서 상영되지 않는 주된 이유가 USIS 영화들이 (공보처에 정식으로 등록되지 않은 영화는 대중에게 공개되지 않도록 규정하고 있는) 대한민국 법령이 요구하는 대로 공보처에 등록되지 않았기 때문이라는 점을 파악한 바 있었다. 이에 대해 히긴스는 주한 미공보원의 활동이 엄밀히 말해 미 국무부의 소관이기 때문에 주한 미공보원이 한국 법규를 준수할 수 없다는 뜻을 전해 왔다는 것을 상기시켰다. 이에 대해 갈홍기 국장은 USIS 영화를 한국 대중에게 지속적으로 제공할 수 있는 적절한 조치가 취해지지 않았기 때문에 주한 미대사관 고문을 통해 주한 미공보원의 영화담당관을 만나기를 희망한다는 개인적인 뜻을 전한 바 있었다. 그 후 그 담당자●와 협의하는 과정에

● 미국 문서상의 갈홍기 서신에는 "앨프리드 그리기스 씨Mr. Alfred L. Grigis"라고 기재되어 있다.

서 자신의 제안을 제시한 바 있다고 밝혔다. 제안의 구체적인 내용은, USIS 영화가 서울에서 비교적 멀리 떨어진 곳(즉 상남영화제작소)에서 제작된다는 점을 고려하여, 특정한 조건만 충족된다면 대한민국 공보처가 USIS 상영관과 한국 영화관이 USIS 영화를 상영할 수 있도록 특별히 준비할 수 있다는 것이었다. 여기서 말하는 특정한 조건이란, 개봉된 각 영화의 사본이 등록 및 기타 행정 절차를 위해 당국 법령이 요구하는 대로 한국 공보처에 동시에 발송되게 하는 조건이었다. 즉 사전 등록 없이 사용 가능하다는 제안이었다. 이 제안에 대한 주한 미공보원의 공식적인 답변을 받지 못했기 때문에, 갈홍기 국장은 서신을 보냈던 것이다.

2주 뒤 주한 미공보원장 스피어는 갈홍기 국장의 제안에 대한 답변 서신을 보냈다.[98] 이에 따르면, 주한 미공보원은 USIS 뉴스릴과 여타 영화들의 등록에 대해 상당한 고심을 했고 당시 공보처 공보국 영화과 직원이었던 이성철, 이형표와 장시간에 걸쳐 논의했다.● 당시 주한 미공보원이 가장 우려한 것은 주로 '등록 절차의 실행적인 측

● 미국 문서상의 서신에는 "Lee San Chul"이라고 기재되었으나, 당시 공보부 영화과장이 이성철이었다는 점, 그리고 영화과 재직 시절인 6·25 전쟁 시기부터 이성철이 검열관의 임무를 수행해 왔다는 점을 고려할 때(한국영상자료원, 2009: 13), 'Lee San Chul'은 이성철인 것으로 추정된다. 참고로 한국영상자료원이 2009년에 발간한 이성철의 구술록에는 1954년 무렵의 일이 구술·채록되지 않았다. 당시 이형표는 공보처 영화과에 촉탁으로 입사해 현상소 시설 운영을 전담하고 있는 상황이었다. 협의를 위해 이성철이 스피어와의 만남에서 그를 대동했던 데에는 그의 주한 미공보원에서의 근무 경력과 그의 활동 이력을 고려한 것으로 이해된다. 이형표는 진해영화제작소의 제작보좌관assistant producer 겸 통역으로 재직한 바 있고, 진해영화제작소를 그만둔 이후에도 1953년까지 CBS와 NBC의 통신원으로서 전시 한국 상황을 촬영하여 동 방송국의 뉴스 화면을 제공한 바 있다(한국문화예술위원회, 2006: 4).

면'과 '지연이 불가피할 가능성'이었다. 왜냐하면 이 문제로 인해 〈리버티 뉴스〉의 가장 큰 가치인 시의성이 박탈될 가능성이 매우 컸기 때문이다. 한반도 남쪽에 위치한 상남영화제작소의 지리적 위치와 불확실한 통신, 그리고 서울에 있는 공보처 사무실까지의 거리, 이 모든 점은 (만약 주한 미공보원이 그 과정을 최대한 빠르게 할 수 있는 어떤 방법을 발전시킬 수 없다면) 주한 미공보원의 작업을 방해할 수 있는 어려움을 야기한다고 보았던 것이다. 당시 이형표와 이성철은 이러한 일이 발생할 수 있다는 점을 스피어에게 확인시켜 주었다. 이에 따라, 주한 미공보원은 상남영화제작소에서 제작되는 USIS 영화가 제작 완료되는 대로 (영화의 상영본이 적절한 등록 및 기타 행정 절차를 위해 상남영화제작소에서 공보처 영화과 사무실로 동시에 보내야 한다는 조건하에서) 상업적인 한국 영화관에서 상영될 것을 제안했던 2월 10일의 제안을 수락하게 되었다.

이와 같이 〈리버티 뉴스〉의 한국 민간 극장에서의 상영 문제를 둘러싼 한미 간의 업무 협조는 비교적 원만히 이뤄지긴 했다. 하지만 두 가지 이유에서 주한 미공보원은 이러한 한미 간의 약속이 완벽하게 작동할 것이라고 기대하지 않았다. 첫 번째는 상남영화제작소가 지리적으로 서울로부터 멀다는 입지 문제였다. 상남영화제작소가 서울로 이전하는 근본적인 방책이 실행되기 전까지는 이 약속이 완벽하게 작동하지 않을 것이라고 보았던 것이다. 때문에, 오히려 스피어는 재정적·기술적 고려로 인해 당분간 주한 미공보원 스스로가 이 약속을 지속하도록 강요하지 않을까를 두려워하고 있는 상황이었다.● 두

● 한국 민간 극장에서의 〈리버티 뉴스〉 상영 문제를 둘러싼 한미 간의 약속이 성립된 직후, 주한 미공보원은 한국 공보처에 영화를 보내기 위한 물리적 준비와 관련하여 상남영화제작소를 방문하여 리지웨이 소장과 서울에 등록 상영본을 보내는 만족스러운 방법을 상

번째는 6·25 전쟁 전에 이뤄졌었던 한미 간의 긴밀한 업무 관계가 재개되기 어려울 것 같다는 인식이다. 많은 연구자들이 밝히듯이, 대미 관계에 있어서 이승만 대통령이 지속적으로 취했던 입장은 '벼랑 끝 전술'이었다. 미국의 대한 정책에 반反하는 조치를 취한 결과로 일어났던 1952년 부산 정치 파동과 1953년 반공 포로 석방은 이승만에게 미국의 대한 정책과 마찰을 빚어도 계속 집권할 수 있다는 학습 효과를 가져왔다. 이승만의 북진 통일 정책 또한 전형적으로 미국의 대한 정책에 반하는 것이었지만 기본적으로는 미국으로부터 더 많은 원조를 받아낼 수 있는 정치적 명분이었다(장영민, 2011; 홍용표, 2007; 박태균, 2006). 따라서 비록 이 사안과 관련해서는 공보처 영화과 이성철의 중재로 비교적 원만한 업무 협조가 이뤄질 수 있었지만, 이러한 당시의 한미 간 정치적 상황은 한미 간의 긴밀한 관계가 재개될 것이라는 긍정적 기대를 실현시키기 어렵게 하는 요인이었다고 할 수 있다. 이뿐만 아니라, 다음과 같이 이를 우려한 주한 미공보원장의 상황 인식에서도 은연중에 드러난다.

> 상남영화제작소의 유일한 미국인으로서 몇 주 동안 한 번도 다른 미국인과 마주치지 않을지도 모르는, 먼 한국 마을에서 삶의 어려움과 고립을 기꺼이 견뎌 내면서도 뛰어난 활약을 보이고 있는 리지웨이가 만약 어떠한 이유로든 한국을 영구히 떠나기로 결정한다면, 상남영화제작소를 완전히 폐쇄하고 스튜디오를 서울로 옮기는 것 외에 별다른 대안이 없다.[99]

사실 창원에 위치한 상남영화제작소의 지리적 입지 문제는 주한

의할 예정이었다.

미공보원 활동에 있어 잠재적으로 많은 문제점이 있었다.●

2) 상남영화제작소의 지리적 입지 문제에 대한 USIA의 정책적 검토

상남영화제작소의 지리적 입지로부터 비롯된 잠재적 문제들을 인식하고 이를 해결하기 위한 미국공보처의 정책적 검토는 1955년 주한 미공보원에 대한 조사 보고서로부터 시작된 것으로 보인다. 조사관 윌리엄 L. 그레노블과 제임스 B. 옵사타가 1955년 6월 21일부터 7월 1일까지 기간 동안 수행한 조사는 서울의 본부와 (서울, 대구, 부산의) 지부(및 문화원information center), 그리고 상남영화제작소를 대상으로 한 것이었다. 이 조사를 통해 파악된 주한 미공보원의 주요 문제들은 고위

● 서울 본부와의 원활치 못한 의사소통 문제도 있었는데, 특히 6·25 전쟁 휴전 직후까지도 기밀 처리된 쿠리어courier 서비스를 가지고 있지 않았기 때문에 주한 미공보원 서울 본부와의 직접적인 의사소통 없이 리지웨이는 스스로의 자율적 판단에 의해 "모든 실용적인 목적을 위해 어떠한 내용이 필름 릴에 들어가야 할 것인지를 결정"했고, 완성된 영화 프린트를 매주 서울로 보내고 이에 대한 서울 본부의 검토가 이뤄지는 방식으로만 소통이 이뤄지고 있었을 뿐이었다. 이에 대해 리지웨이는 1989년 인터뷰에서 "1958년 내가 떠날 때까지 한국에 있는 동안, 주간 릴을 검토하는 것은 실용적이지 않았다. 의사소통은 매우 서툴렀고, 확실히 기밀 토론에 안전하지 않았다"라고 언급하였다. 리지웨이의 개인적 평가에 따르면, 이러한 방식에도 불구하고 이러한 원활치 못한 소통은 한 번을 제외하곤 거의 문제가 없었다. "단 한 번 한국 정부의 검열관에 의해 우리의 뉴스릴 중 하나가 지연된 적이 있다. 우리는 정확히 불쾌한 진실을 말하고 있었고, 한국 정부는 우리의 뉴스릴이 한국 대중에게 보여지기를 원치 않았다. 그것은 야당의 정치 집회에 관한 것이었고, 정부는 그들이 통제하는 언론과 라디오에서 단지 수천 명의 사람들만 나타났다고 말했지만, 우리 영화에서는 사람들이 보이는 곳까지 볼 수 있다. 분명히 5,000명이 훨씬 넘는 사람들이 있었다. 그 한 번을 제외하고는 우리는 실질적인 문제가 없었다." 이상은 Ridgeway, Willam G. Interview(1989년 2월 28일 인터뷰).

직의 인력 부족, 단기적인 목표 달성을 위한 미디어 활동과 정보 센터를 조정하는 수단을 제공할 국가 행동 계획의 필요성, 서울과 현장 센터 간의 더 나은 의사소통과 더 빈번한 개인적인 접촉, 그리고 경제 원조 프로그램과의 더 강력한 연계, 마지막으로 문화원과 영화 제작 센터를 마련하는 데 필요한 서울의 공간과 관련된 것이었다.[100]

보고서에는 우선, 부산, 대구, 광주에 있는 지부(문화원)와 상남에 있는 영화제작소와 관련해 다음과 같은 주요한 문제들이 있다고 보았다. 부산과 대구에 있는 주한 미공보원 지부들은 서울과 전화선을 연결하고 있어 행정과 운영에 대해 자주 연락이 오고 있지만 기밀 때문에 정책 지침을 제공할 수 없다는 문제가 있었고, 광주와 상남영화제작소는 전화와 교통으로도 접근하기 더 어렵다는 문제가 있었다.●[101] 미국의 정책당국자가 보기에, 한국처럼 정치 상황이 복잡한 나라에서 국가 계획서Country Plan가 다소 길게 작성되는 것은 불가피하지만, 서울이나 지방 중심부에 있는 주한 미공보원 지부의 일상적인 프로그램 운영에 대한 지침을 제공하지 않는 것은 문제였다. 특히 이 문제와 관련하여 한국의 영화 프로그램이 직면한 주요 운영 문제로 지적된 것은 서울 본부와 상남영화제작소의 물리적 분리였다.

조사단은 6·25 전쟁 기간 부산 방어선 내에 위치를 확보해야 해서 창원 지역에 위치해야 했던 상남영화제작소의 시설에 대해서는, 서울과 사실상 연락이 닿지 않는다는 점을 제외하면 거의 모든 면이 이상적이라고 평가했다. 서울과 사실상 연락이 닿지 않는다는 문제는

● 조사단이 광주 지부에 대한 조사를 진행할 수 없었던 것도 교통편 문제 때문이었다. 광주에 도착하기 위해 여러 차례 시도되었으나 악천후로 항공편이 취소되었다.

서울사무소의 한국인 현지 직원을 택배원courier으로 활용해 서울에서 상남까지 매주 최소 1회 이상 열차로 왕복하는 방식으로 일부 해결했지만, 고립된 위치에 있는 상남영화제작소 현 소장이 다른 임무로 이동할 때마다 그곳에 배치될 유능한 미국인을 찾기가 매우 어려웠음이 드러났다. 또 조사관들은 주한 미공보원장부터 서울에 인접한 다른 곳이나 다른 곳을 찾기 위한 노력을 기울였지만 성공적이지 못했다는 조언을 받으면서 상남영화제작소의 리지웨이가 가을 무렵 미국 휴가를 마치면 최종 2년간의 임기를 위해 복귀할 의사를 밝혔다는 점에서 당장 문제는 없지만 장기적인 대안이 필요하다고 보았다.

서울 본부와 상남영화제작소의 물리적 분리에 대해 조사관이 제안한 장기적인 대안은 세 가지였다. 첫째는 상남영화제작소를 수용하기에 적합한 건물을 서울 지역에 건설하는 것이다. 두 번째는 상남영화제작소를 포기하고 도쿄에서 이용할 수 있는 시설을 계약해 활용하는 안이었다. 세 번째는 두 대안을 결합한 일종의 절충안이었는데, 조만간 서울에 건설될 새 대법원 건물에 (도쿄에서 진행될 한국어 버전 제작의 후반 작업에 필요한 한국어 녹음을 수행할) 녹음실에 적합한 공간을 배정하는 안이었다. 특히 세 번째 안이 검토되었던 데에는, 두 번째 대안이 가진 한계점 때문이었다. 일본에서 한국인 내레이터를 구하는 것은 가능지만 일본에 거주하면서 습득한 억양이 한국의 관객들을 불쾌하게 할 수 있다는 사실을 조사관들이 잘 인지하고 있었다.

1955년 주한 미공보원에 대한 조사 보고서가 9월 USIA에 제출된 이후, 1956년 4월 5일 주한 미공보원장 존 P. 맥나이트는 이 조사 보고서에 대한 주한 미공보원 측의 의견을 USIA에 송부했다. 특히 상남영화제작소의 지리적 입지 문제에 대한 조사 보고서의 세 가지 대안에 대한 주한 미공보원의 입장은 다음과 같았다. "영화센터motion picture center의 지리적 상황에 대해서는 지금 당장은 통신과 교통의 어려움에도 불구하고 여전히 상남영화제작소에 맡기는 것이 가장 좋다"라는 것이었는데, 그 주된 이유는 "서울에는 아직 만족할 만한 공간이 없을 뿐만 아니라 휴전이 여전히 불안"하다는 것이었다.[102]●

또한 리지웨이의 상남영화제작소 소장 임기를 2년 연장하는 것으로 결정되었지만, 리지웨이의 후임자 문제는 여전히 해결해야 할 문제로 남았다. 다만, 1956년 5월 13일부터 7월 5일까지 극동 12개국을 방문했던 미국 정부의 러셀 콕스Russell Cox의 한국 출장 보고서(한국 출장: 1956. 6. 21~6. 27)에서는 주한 미대사관 민사관의 적극적인 권고, 즉 "개인적인 성향이나 전반적인 역량 때문에 민사관이 되지 않을 일부 젊은 교육생들을 프로그램에 배정하는 것을 고려"해 달라는 권고를 언급했다. 아울러 "현재 리지웨이가 소장으로서 미국인 로린 G. 리더Lorin G. Reeder의 도움을 받으며 최소 비용과 장비로 영화 제작 분야에서 거의 천재에 가까운 활약"을 하고 있는 상남영화제작소의 미국인 인력 보충과 관련해, 다음과 같은 견해를 밝혔다. "영화 및 라디오 제작의 기술적 단계에 더 치우친 젊은 담당관들을 몇 명 선발하여 한두 명을 즉시 리지웨이와 로린 리더의 '견습understudy'으로 상남영화제작소에 발령될 수 있도록 해야 한다"라는 것이었다. 특히 상남영화제작소에서의 리지웨이와 리더의 활동에 대해서는, "이들은 육해군으로부터 USIS에 무상으로 약 100만 달러 상당의 장비를 확보했고, 현지인

● 특히 물품 조달과 관련해서는, 대사관-도쿄 행정부가 한국을 위한 조달 부서의 설립을 너무 격렬하게 반대했기 때문에, "일본에서의 긴급 조달은 종종 바람직하며 필요하다. 그러나 일본 상품의 품질은 일반적으로 좋지 않으며, 시간이 허락하는 경우 대부분의 품목을 미국에서 조달하는 것이 좋다고 생각한다"라는 의견을 피력했다.

들에게 다양한 기술을 훈련시켰고 200만 달러 이상의 가치가 있다고 믿어지는 제작 센터를 개발해 왔다"라고 언급하였다.[103]

뿐만 아니라 1956년 무렵 주한 미공보원과 이승만 정부의 공보실과의 관계도 여전히 불투명한 상황이었다. 특히 주한 미공보원은 1956년 이승만의 자유당 정부가 자신의 정치적 위기를 돌파하기 위해 국내 공보를 강화하려는 조치를 취했던 것에 대해 부정적인 입장을 취했다. 1956년 3월 선거 이후의 정치적 변화, 즉 1956년 제3대 대통령 선거에서는 민주당의 장면張勉이 부통령이 되었고 1958년 제4대 총선에서는 국회의석에서 민주당이 79석을 차지하는 일 등은 이승만의 자유당에게는 정치적 위기였다(이완범, 2007; 이철순, 2007). 이러한 정치적 상황에서 이승만 대통령은 국내 공보 강화라는 실질적 필요성으로부터 방송 시설을 확장해 오고 있었다. 전후 이승만 정부는 방송 송출의 대출력화를 계획하고 우선 중파 200kW와 단파 100kW의 송신 설비 도입을 추진하여, 수원 근교에 대출력 송신소를 설치키로 하고 미국 웨스팅하우스Westinghouse사에 중파 200kW(100kW×2) 송신 설비와 RCA사에 단파 100kW(50kW×2) 송신 설비를 각각 발주했다. 그러나 200kW의 대출력 송신소를 건립하려던 계획은 중도에 변경되어 결국 2기의 100kW 송신소를 건립했고, 그 결과 1955년 8월 13일에는 연희송신소에 100kW 중파송신기가 설치되었다. 1956년 3월 10일에는 수원송신소에 100kW 중파 송신기가 설치됨으로써 제1방송인 연희송신소의 970kHz와 제2방송인 수원송신소의 710kHz의 대출력 주파수가 운영될 수 있었다(이성민 · 윤상길, 2020: 22~23). 이렇게 한국 정부가 국내 공보를 강화하는 차원에서 방송 시설을 확장하는 것과 관련하여 미국의 원조를 요청하는 것에 미국 정부가 응하는 것은 바람직하지 않다는 견해를 당시 주한 미공보원은 견지했다.

"한국 공보실과의 원만한 관계는 USIS 프로그램이 더 큰 효율성을 가지게 한다는 측면에서 바람직하지만, 과거에 종종 한국의 공보부서는 대한민국 정부의 공식적인 입장을 밝히면서 강력하게 미국과 미국의 정책을 비판해 왔다. 또 주한 미대사관과 그 임무 관료들을 괴롭혔기 때문에, 결과적으로 USIS와 한국 공보부 사이에는 빈번히 불화가 심했"[104]던 것이 부정적 견해의 배경이었다. 비록 1955년 〈리버티 뉴스〉의 한국 영화관 상영과 관련해 관계를 호전시킨 이후에도, "몇몇 USIS '졸업생'이 지금 한국 공보실 내에서 주요 요직을 차지하고 있어 USIS에 대해 호의적이고, 이에 USIS가 더 많은 훈련된 한국인들을 한국 정부 공보부서로 배출시켜 줄 것으로 기대하고 있었다. 이것과 함께 1957년 USIS 예산 편성에서는 상남영화제작소에 다섯 명(한국인)의 훈련직을 신설하는 것을 고려하고 있"[105]을 정도로 최근 몇 달 간의 상황●[106]이 호전되는 방향으로 변했음에도 불구하고, 주한 미공보원은 다음과 같은 견해를 가지고 있었다. "대한민국 정부가 기본적인 정책상에서 미국과 갈등을 지속시키는 한, USIS와 한국 공보실 간의 좀 더 긴밀한 관계는 발전될 수 없고, 또 발전되어서는 안 된다"라는 것이었다. 더군다나 갈홍기 국장이 여전히 공보국 국장으로 재직하고 있는 동안에는 윗선에서의 실질적인 협력은 불가능한 것으로 간주되고 있었다. 조사 보고서에서는 "비록 갈홍기

● 당시 주한 미공보원은 한국 공보실이 더 많은 주한 미공보원의 결과물을 배포한 결과, 미디어 수준에서 한국 공보실과 좋은 업무 관계를 수립하고 있었다. 당시 공보실은 미국 원조 프로그램을 홍보하는 데 협력했고, 이 협력을 향상시키기 위한 노력들이 행해졌다. 가령, 〈The Korean Republic〉이라는 공보실 발행의 영문 일간지에서는 빈번하게 주한 미대사관과 유엔주한경제조정관실(OEC), 그리고 주한 미공보원을 칭찬하였고, 미국 의회가 USIA에 대한 더 많은 예산을 편성하라고 촉구하기도 하였다.

박사가 미국에서 교육을 받았다고는 하나, 과거 그는 혹평을 퍼붓는 식으로 미국을 비판해 왔다. 지금 그가 자신의 반미적 표현을 자제하는 것은 단지 '편의주의적 방책expedience'일지도 모른다. 그와 공보국은 언제라도 돌변하여 미국에 적대감을 표명할지도 모른다"라고 언급할 정도였다.[107]

지금까지 살펴보았던 것처럼, 서울 본부와 멀었던 상남영화제작소의 지리적 입지로부터 비롯된 잠재적 문제들을 인식했던 미국공보처는 이 문제를 해결하기 위한 정책적 검토 과정에서 서울 이전 등의 장기적 대안을 마련하였지만, 휴전이 여전히 불안하다고 판단한 주한 미공보원의 입장과 이승만 정부와 주한 미공보원 간의 불투명한 관계로 인해, 상남영화제작소의 이전 논의는 수면 아래로 가라앉게 되었다.

4. 1950년대 중후반기 상남영화제작소의 제작 여건과 주요 활동

주한 미공보원 서울 본부로부터 매우 멀었던 상남영화제작소의 지리적 입지 문제가 중요한 정책적 문제로 논의가 이어지는 과정에서도, 다른 한편으로는 상남영화제작소의 제작 여건에 대한 점검도 아울러 진행되었다. 여기서는 1950년대 중후반기 상남영화제작소의 제작 여건이 어떠하였는지를 먼저 알아본 후, 당시 상남영화제작소의 주요 활동에 대해서도 살펴보고자 한다.

1) 1950년대 중후반기 상남영화제작소의 주요 제작 인력

1950년대 중후반기 상남영화제작소의 활동을 살펴보기에 앞서, 초창기 때부터 상남영화제작소의 거의 유일한 미국인 직원이자 책임자였던 리지웨이의 이력과 당시 한국인 직원 상황을 살펴볼 필요가 있다. 사실 리지웨이의 이력과 관련된 사항은 기존 연구마다 다소 다르지만, 대체로 1989년의 인터뷰 자료에 기반한 것이 대부분이다. 이들 연구에 따르면, 리지웨이는 1946년 1월 미 육군으로 한국에 부임해 미군정의 건강·복지과에서 근무했고, 우연히 미군 라디오국의 송신기를 수리한 일을 계기로 라디오 엔지니어로 일해 달라는 요청을 받았다. 리지웨이 본인의 기억으로는 미군 방송이었던 AFRS(Armed Forces Radio Service)에서 일했고, 그 이후 육군부 산하의 영화 부문으로 전근하면서 영화배급사가 사용하는 모든 장비를 관리하는 기술적인 측면에 관여했다. 기계를 다루는 그의 능력이 주한 미공보원(OCI)에 알려져 1947년부터 이동 영사에 필요한 기자재 관리를 맡은 것이 리지웨이의 영화 관련 경력의 전부였다. 영화담당관으로 1953년 1월에 한국에 파견된 로이 T. 하버캠프는 리지웨이에 대해 "기계를 능수능란하게 다루는 데 천재이자 USIS 스튜디오의 모든 것을 창조한 인물"로 회고했다.[108] 여기서는 기존 연구와 미국 문서를 대조하면서 잠시 주한 미공보원의 영화담당관을 정리해 보고자 한다. 표 4-3은 시기별 주한 미공보원의 원장, 영화과장과 (진해)상남영화제작소 책임자를 정리한 것이다.

6·25 전쟁 발발 직후부터 주한 미공보원 산하 (진해)상남영화제작소 책임자는 윌리엄 리지웨이였다. 리지웨이는 6·25 전쟁 발발 직후

표 4-3 주한 미공보원 영화 관련 책임자 변천

<table>
<tr><th>구분</th><th>주한 미공보원장</th><th>주한 미공보원 영화과장
(담당관)</th><th>(진해)상남영화제작소
소장</th></tr>
<tr><td>1947. 5. 30
~1950. 6. 25</td><td rowspan="2">제임스 스튜어트
↓</td><td>찰스 태너
(1947~1950)</td><td></td></tr>
<tr><td rowspan="3">휴전 직전까지</td><td colspan="2">윌리엄 리지웨이</td></tr>
<tr><td rowspan="2">로버트 스피어
(1952?~1955)</td><td rowspan="2">로이 T. 하버캠프
(1953.1~1953)</td><td>윌리엄 리지웨이
(1952~1957)</td></tr>
<tr><td rowspan="2">로린 리더
(1957~1965)
↓
폴 스타진스키
(1965~1967)</td></tr>
<tr><td>1956~7년
무렵 이후</td><td>↓
존 맥나이트
(1955~1957)</td><td>↓
닐스 A. 보네슨
(1954~1959)
↓
험프리 린지
(1960~?)</td></tr>
</table>

출처: 김려실(2019)의 연구와 미국 문서를 대조하여 정리.

임시로 영화과장 대리를 맡은 적이 있지만, 1953년 1월 하버캠프가 영화담당관으로 파견됨에 따라 바로 하버캠프가 영화과장을 맡았던 것으로 보인다. 라오스, 베트남, 캄보디아 USIS의 영화 생산까지 관장하는 필리핀 USIS의 영화과장으로 전보되어 1958년 3월 한국을 떠났던 리지웨이의 후임자로는 로린 G. 리더가 계속해서 상남영화제작소의 전반을 맡았다. 한편 1953년 가을 무렵 주한 미대사관이 서울로 옮김에 따라 외교 부서로 자리를 옮긴 하버캠프의 후임으로 닐스 A. 보네슨이 서울에서 USIS의 영화 배급과 MOPIX 프로그램을 담당했던 것으로 보인다. 이때 각 직위의 이임 시점과 관련해서는, 사실 확인에 있어서 다소 미묘한 지점이 있다(표 4-3의 음영 부분).

우선 리지웨이와의 인터뷰 기록에는 닐스 보네슨과 로린 리더가 각각 영화과장과 상남영화제작소 소장의 후임자로 명확히 서술되어 있지만,● 후임으로 바뀐 시점에 대해서도 한국을 떠나기 1~2년 전으로 애매하게 서술되어 있다.●● 그러나 1956년 5월 1일자, 주한 미공보원이 USIA에 보내는 미국 문서에, "최근 제1해병사단 사령부에서 열린 기념식에서 공산군이 점령한 영토의 소총 사격장에서 존 P. 맥나이트 주한 미공보원 원장과 닐스 A. 보네슨 영화담당관이 전투에 참가한 장교들과 병사들의 사기에 기여한 공로를 인정받았다"[109]라고 서술된다는 점을 보면, 보네슨이 영화과장으로 취임한 것은 대략 1954년 무렵인 것으로 판단된다. 한편, 1957년 3월 25일에 작성된 주한 미공보원 프로그램에 대한 임시 평가 회의록에는 기재된, "닐스 보네슨은 우리의 최고 영화 책임자이고, 리지웨이와 로린 리더가 운영하는 남부 지역의 상남영화제작소에서 훌륭한 한국인 스태프 50명

● 기존 연구에서는 리지웨이가 영화과장과 상남영화제작소 소장을 1958년까지 겸직한 것으로 보고 있지만, (1953년 가을 무렵 주한 미대사관이 서울로 옮겨간 이후) 기찻길로 하루가 소요되는 서울과 창원 간의 물리적 거리를 고려할 때, 현실적으로 리지웨이가 겸직하는 것은 사실상 불가능하다. 또 1955년 USIA 조사단의 보고서에 "USIA는 운 좋게도 서울에 영화 담당자로서 뉴욕에 있는 IMS 제작 사무소에서 다년간의 경험을 가진 사람을 보유하고 있다"라는 언급이 있는 것으로 보아, 하버캠프의 후임자로 보네슨이 영화과장으로 재직했을 가능성이 제일 크다.

●● 한국을 떠날 때 후임자가 누구였는가는 질문에 대해, 리지웨이는 다음과 같이 대답했다. "닐스 보네슨. 사실, 상남에서 제 후임자는 로린 리더였다. 제 조수로 승진했던 사람으로, 정확히는 내가 떠나기 1~2년 전에 말이다. 그가 내 아버지 역할을 여러 번 할 수도 있었기 때문에 좀 어색했다. 아시다시피, 그것은 처음부터 내가 항상 가지고 있던 문제들 중 하나였다. 나를 위해 일하는 모든 사람보다 어리다는 사실 말이다. 정말 어색했다." Ridgeway, Willam G. Interview(1989년 2월 28일 인터뷰).

과 함께 제작 총감독을 맡고 있다"[110]라고 말한 주한 미공보원장 존 맥나이트의 언급을 고려해 보면, 최소한 약 1~2년 정도의 기간은 두 사람이 함께 상남영화제작소에서 근무했던 것으로 보인다.●

리지웨이는 당시 미국 관료들과 한국 영화인들 사이에서 그 능력을 널리 인정받았기 때문에, 그는 다른 지역의 USIS와 비교해 볼 때 사실 한국에서는 이미 2등급 더 높게 평가를 받고 있는 상황이었다. 1955년 4월 18일자 '미국공보원 워싱턴 본부'으로 보내는 〈윌리엄 리지웨이의 임시 승진〉이라는 제목의 공문[111]에는 리지웨이의 한국 내 이력과 승진 이력이 상세하게 소개되어 있고, 당시 리지웨이의 심정에 대한 객관적인 평가가 기록으로 남아 있어, 한국 내에서의 그의 활동을 객관적으로 판단하고 당시 상남영화제작소의 제작 상황에 대한 USIA의 인식을 판단하는 데 도움이 된다.

우선 주한 미공보원장이 리지웨이의 임시 승진을 촉구하는 그의 업적 성과에 대한 사실 근거는 대체로 다음과 같다. 첫째, 6·25 전쟁이 발발한 후 리지웨이가 한국에서 USIS 영화 제작을 단독으로 담당하면서 공산군의 진격에 앞서 혼란스러운 상황에서 그의 한국인 직원들과 많은 양의 장비들을 서울에서 성공적으로 대피시킨 것이다. 둘째는 부산 피난의 시대 동안, 그가 믿을 수 없이 어려운 조건에서 한국의 남쪽 끝 진해에 낡은 건물에서 그의 임무를 다시 수행했

● '이취임하는 미국공보원 상남영화촬영소 소장의 송별 환영회'에 대한 1965년 4월 7일자 〈마산일보〉 기사에서는, 정년 퇴임하는 로린 리더가 "상남촬영소에서 11년간이나 근무했다"(〈마산일보〉, 1965. 4. 7)라고 기록하고 있다. 퇴임 시점인 1965년으로부터 11년을 역산하면, 로린 리더는 대략 1954년부터 상남영화제작소에서 소장 리지웨이의 조수 역할을 했던 것으로 여겨진다.

고, 그 전쟁의 첫해를 통해 뉴스 영화(뉴스릴)와 다른 제작을 유지했다는 것이다. 셋째는 유엔군이 서울을 탈환했을 때, 리지웨이는 도시로 들어와 공산주의자들이 보관했던 중장비를 창고에서 발견했고, 그 창고가 파괴된 두 번째 시기에 서울을 공산주의자들이 차지하기 전에 그것을 진해에 설치하는 데 성공했다는 점이다. 넷째는 그가 협상하여 진해에서 20마일 떨어진 작은 마을인 상남의 사용되지 않는 큰 건물을 한국 해군으로부터 입수할 수 있었을 뿐만 아니라, 영화 제작상의 지장을 초래하지 않는 방식으로 점차 장비와 운영을 상남으로 이관하여 완전히 현대적인 영화 제작 센터로 탈바꿈시켰다는 데 있었다. 다섯째는 그의 교육적 업적인데, 그가 처음 고용되었을 때 영화에 대해 전혀 몰랐던 50명의 한국인 직원을 처음부터 훈련시켰다. 한국인들이 이제 유능하고 정밀한 장인과 기술자가 되었는데, 사실상 당시까지 한국에서 영화 업무에 종사하는 모든 한국인(민간 사업이나 한국 정부에서 일하는 사람들을 포함)은 리지웨이 밑에서 훈련을 받았다는 점이다. 여섯째는, 그가 미국 주재원 중 유일하게 한국어를 유창하게 구사하는 미국인이라는 것인데, 이는 (한국에서 USIS에서 근무했고 지금은 다른 직책에 있는 수백 명의 미국인들을 포함하여) 전 세계적인 차원에서도 드물다는 점이다. 일곱째는 그의 기술적 역량에 대한 업적으로서, 그의 기술적 역량은 영화 작업뿐만 아니라 라디오, 자동차 정비, 에어컨 및 광범위한 관련 분야를 포괄하는 특이한 것이라는 점이다. 그는 사용 가능한 조각과 장비들로 복잡한 영화 센터를 조립하고, 많은 기계들을 재설계하고, 심지어 필요할 때 정밀 장비를 제작하는 등 뛰어난 임기응변 능력을 보여 주었다. 그리고 보급 인력들을 다루는 그의 독창성은 주한 미공보원에 단돈 1센트의 비용 없이 수년간 수십만 달러에 달하는 장비, 자재 및 물류 지원을 획득하는 결과를

표 4 - 4 윌리엄 리지웨이의 승진 이력

승진 내용	시기	승진 등급	연봉
엔지니어 - 아나운서로 발령	1946. 12. 11	CAF - 5	$3,306.00
라디오 아나운서로 재배치	1948. 4. 4	〃	3,462.75
정보 전문가 및 시각과 라디오로 재배치	1948. 5. 16	〃	〃
OCI 종료시 말소	1948. 12. 31	〃	〃
USIS 출범시 전화선 분배 기술자로 발탁	1949. 1. 1	FSS - 12	3,120.00
영화과 기술자로 재분류	1949. 10. 30	〃	3,450.00
정기적 임금 상승	1950. 1. 8	〃	3,470.00
영화과 조수로 승진	1950. 1. 22	FSS - 11	3,570.00
정기적 임금 상승	1951. 1. 21	〃	3,690.00
표창장 수여자로 추천	1952. 1. 16		
직책 변경: 영화과 담당자(제작)	1952. 1. 20	FSS - 11	4,167.00
제한적 승진	1952. 3. 2	FSS - 9	4,719.00
비정례 승진	1952. 8. 6	〃	4,719.00
정기적 임금 상승	1953. 3. 1	〃	4,719.00
비정례 승진	1954. 2. 14	FSS - 7	5,907.00

출처: Temporary Promotion of William Ridgeway.

낳았다는 평가다.

이렇게 리지웨이는 주한 미공보원에서 혁혁한 공을 쌓았기 때문에, 1946년 1월 미 육군으로 한국에 부임한 이후 수차례에 걸쳐 승진을 할 수 있었다. 표 4-4는 리지웨이의 승진 이력을 보여 준다. 이 표에서 음영으로 처리된 부분(위쪽)은 리지웨이가 진해영화제작소의 소장으로 승진 발령 나면서 급격한 임금 상승이 있었다는 사실을 잘 보여 주며, 아래쪽은 리지웨이가 주한 미공보원 영화과장으로 승진되었음을 보여 준다. 마지막 승진으로 약 14개월이 흐른 1955년 4월 18일 시점까지 뛰어난 활약에도 불구하고 만약 승진되지 못함으로 인해 야기되는 낮은 급여에 대한 리지웨이의 불만을, 특히 주한 미공보원장은 우려했다. 상남영화제작소의 유일한 미국인으로서 몇 주 동안 한 번도 다른 미국인과 마주치지 않을지도 모르는, 먼 한국 마을에서 삶의 어려움과 고립을 기꺼이 견뎌 내면서도 뛰어난 활약을 보이는 리지웨이가 만약 어떠한 이유로든 한국을 영구히 떠나기로 결정한다면, 상남영화제작소를 완전히 폐쇄하고 스튜디오를 서울로 옮기는 것 외에 별다른 대안이 없다고 주한 미공보원장은 판단했다. 때문에 주한 미공보원장은 혹시나 있을 영화제작소의 서울 이전 작업에 소요되는 예상 비용과 입지 등에 대한 조사도 마쳐놓은 상황이었다. "서울로 영화제작소를 옮기는 이전 작업에는 최소 20만 달러가 들 것이고, 이러한 이전은 서울에 특수 설계된 건물을 지어야 하기 때문에 최소 6개월 동안 모든 영화 제작을 중단해야 할 것이다. 서울 지역의 기존 건축물에 대한 세심한 조사 결과, 대대적인 개조와 높은 임대료에도 불구하고 영화 사용에 적합한 건축물은 단 한 건도 공개되지 않"은 상황이었다. 이와 같이 리지웨이의 활약을 높이 평가하면서 그의 승진을 재차 요청하는 주한 미공보원의 상황 인식은 (앞

표 4-5 한국 영화 인력 계보도(광복 이후~1960년대 관 · 군 기관을 중심으로)

소속 기관	영화 인력
극동 미육군 502부대 (1945~1947)	연출 · 녹음 이필우, 촬영 · 연출 이명우, 촬영 유장산, 녹음 최칠복, 현상 김봉수, 촬영 양세웅, 촬영 김학성, 촬영 임병호, 촬영 임지환, 현상 이태선, 현상 서은석, 촬영 · 감독 · 편집 홍일명, 편집 김홍만, 촬영 배성학, 촬영 박희영, 현상 김형근, 촬영 박용훈
	책임자: 1대 디어든 대위, 2대 워카 중위, 3대 찰스 테너, 4대 윌리엄 리지웨이
이필우프로덕션 (1945~1948)	연출 · 녹음 이필우, 촬영 · 연출 이명우, 촬영 유장산 등
미군정청 공보부 영화과 (1945~1948)	연출 방한준, 현상 김창수, 촬영 최호진, 촬영 임진환, 촬영 황운조, 촬영 황한조, 촬영 박용훈, 촬영 박희영, 현상 이상진, 편집 김영희
	책임자: 뉴먼 공보부장, 리어든 영화과장
주한 미공보원 (1947~1967)	▲ 서울(1947~1950) 및 진해(1950~1952) 시절: 관리 · 녹음 이필우, 촬영 유장산, 촬영 임병호, 촬영 임진환, 촬영 배성학, 현상 김봉수, 현상 김창수, 촬영 · 현상 김형근, 현상 서은석, 현상 이태환, 현상 이태선, 녹음 최규순, 녹음 최칠복, 녹음 이경순, 녹음 양후보, 편집 김홍만, 편집 김영희, 현상 우갑순, 축소 정주용, 촬영 박용훈, 촬영 박희영, 현상 이상진, 기재 전원춘, 편집 유재원, 설비관리 김형중, 제작보좌관 · 통번역 이형표, 음악 정윤주
	▲ 상남(창원) 시절(1952~1960): 연출 김기영, 조명 마용천, 촬영 이석출, 아나운서 김영권, 편집 이경순, 음악 조백봉, 음악 백명제, 녹음 이상만, 편집 · 통역 배석인, 행정 · 통번역 황의순, 촬영 · 현상 김형근, 애니메이션 작화 정도빈, 행정 · 통번역 강춘길, 편집 권숙희
	▲ 상남 시절(1960~1967): 자재부 · 촬영 · 연출 전선명, 연출 양승룡, 녹음 김정구, 녹음 이병호, 촬영 김종찬, 촬영 김태환, 촬영 박보황, 촬영 이완현, 연출 한탁성, 음악 최병우, 조명 나병태, 조명 임경진, 현상 김형환, 편집 안소현, 행정 김석규, 음악 이경하, 이종호, 조병기, 조근제
군 영화 인력 (1950~1953)	▲ 공군정훈감실(대구): 연출 홍성기, 연출 신상옥, 배우 전택이, 배우 김일해, 배우 노경희, 배우 황남, 촬영 정인엽
	▲ 국방부정훈국영화과(대구, 부산): 연출 · 촬영 한형모, 제작 · 기획 김보철, 제작 · 기획 김관수, 연출부 박남옥, 관리 한희열 소령, 편집 김홍만, 편집 양주남, 현상 김창수, 촬영 김학성, 촬영 홍일명, 촬영 심재홍, 촬영 양보환, 제작 · 기획 김보철, 촬영 변인집, 조명 염화춘, 촬영 · 현상 노희삼, 현상 허민, 편집 · 영사 김희수, 녹음 최칠복, 촬영 이성춘, 촬영 김덕진, 연출 김수용

<table>
<tr><td>합동영화제작소
(1951～1954)</td><td>편집 김홍만, 음악 조백봉, 편집 김봉수, 촬영·현상 김형근, 축소 정주용, 녹음 이경순</td></tr>
<tr><td>해군 교제창
(1953～50년대 후반)</td><td>녹음·관리 이필우, 촬영 유장산, 녹음 최칠복, 편집 김영희, 촬영 임진환, 촬영 최호진</td></tr>
<tr><td rowspan="5">공보처 영화과
(1948～)

대한영화사
(1949～)

영화제작소
(1958～)</td><td>▲ 공보처와 대한영화사: 연출·행정 안종화, 행정 오영진, 행정 이성철, 녹음 양주남, 현상 김창수, 촬영 김학성, 촬영 홍일명, 촬영 심재홍, 촬영 양보환, 제작·기획 김보철, 촬영 김덕진, 촬영 이성춘, 촬영 변인집, 조명 염화춘, 촬영·현상 노희삼, 편집 김희수, 현상 허민, 촬영 박희영, 촬영 황운조, 촬영 황한조, 현상 이상진, 편집 김홍만</td></tr>
<tr><td>▲ 공보처(실)(1953～1958): 행정 이성철, 대한영화사 사무장 이형표, 행정·기획 강래식, 녹음 이경순, 녹음 손인호, 녹음 이은덕, 녹음 이재웅, 녹음 정기창, 촬영 박희영, 촬영 유장산, 편집 김홍만, 효과 이상만, 아나운서·행정 김영권, 연출 양종해, 연출 배석인</td></tr>
<tr><td>▲ 영화제작소(1958～1961): 행정 이성철, 행정 김영권, 행정 박희영, 연출 배석인, 연출 양종해, 연출 강대철, 연출 김행오, 연출 임학송, 연출 한호기, 연출 나한태, 연출 김기풍, 연출 김상봉, 촬영 한규설, 음악 정윤주, 음악 백명제, 작화 정도빈, 녹음·현상 김형중, 미술 배동순, 미술·연출 김인태, 미술·연출 박영일, 미술·연출 봉상균, 미술 강한영, 연출 황왕수, 연출 윤창력, 연출 최봉암, 녹음 이은덕, 녹음 강신규, 녹음 이재웅, 녹음 정기창, 기획·번역 박익순,</td></tr>
<tr><td>▲ 공보처: 영화과장 김영화(1948～), 박홍래(～1953), 이성철(1953～1960), 이흥수(1961), 이성철(1961～1962)</td></tr>
<tr><td>▲ 국립영화제작소: 소장 심재준(1961), 이성철(1962～1963), 제작과장 김영권, 기술부장 박희영</td></tr>
</table>

* 행정 부서 개편에 따른 영화과의 명칭 변경: 1948. 11. 공보처 공보국 영화과 설치 → 1955. 01. 공보실 선전국 영화과로 개편 → 1960. 07. 국무원 사무처 공보국 영화과로 개편 → 1961. 06. 공보부 국립영화제작소 신설.

출처: 공영민, 2011: 39～40.

에서 살펴본 바와 같이) 상남영화제작소를 서울로 이전해야 한다는 주장의 배경으로 작용하였다.

어찌 되었든 비교적 적은 영화 관련 경력에도 불구하고 리지웨이가 영화 제작과 관련된 임무를 핵심적으로 담당하게 되었던 데에는, 트루먼 정권의 진실 캠페인과 6·25 전쟁으로 말미암아 해외 공보 선전 분야가 급격히 확대되면서 국무부의 해외 파견도 인력 부족에 직면했기 때문이었다. 따라서 리지웨이나 하버캠프의 경우와 같이 비전문가에 의한 직무 수행이 드문 일은 아니었다. 그럼에도 주한미공보원의 자체 영화 제작이 성공적으로 수행될 수 있었던 것은 리지웨이와 같이 뛰어난 개인의 능력과 영화 기술의 발달로 많은 부분이 자동화되어 아마추어에 의한 영화 생산이 가능했던 조건 덕분이기도 했지만, 무엇보다 한국 영화인들의 협력이 없었다면 불가능했다(김려실, 2016: 92). 진해영화제작소 당시 미공보원과 함께 진해로 내려온 영화 인력은 다음과 같다.

> 촬영 — 임병호, 임진환, 배성학. 현상 — 김봉수, 김형근, 서은석, 이태환, 이태선. 녹음 — 이경순, 최칠복, 양후보. 편집 — 심흥난, 심영희. 윌리엄 리지웨이의 통역 및 제작 보좌관 — 이형표. 엔지니어 — 김형중. 음악 — 정연주 등.

한편, 영화 업무 전반은 극동 주한 미육군 502부대●와 긴밀한 연

● 502부대는 해방 후부터 1947년 미공보원이 설치될 때까지 미군 선전 활동을 담당했다. 그리고 이필우프로덕션 소속 영화인들을 기용해 〈대한전진보〉 등의 뉴스 영화를 제작하였다(심혜경, 2011: 23).

계를 가졌던 이필우와 유장산 등이었다(심혜경, 2011: 23~24). 상남영화제작소 개소 무렵, 리지웨이 이외의 한국인 직원으로는 연출 김기영, 조명 마용천, 촬영 이석출, 아나운서 김영권, 편집 이경순, 음악 조백봉, 음악 백명제, 녹음 이상만, 편집·통역 배석인, 행정·통번역 황의순, 촬영·현상 김형근, 애니메이션 작화 정도빈, 행정·통번역 강춘길, 편집 권숙희 등이었다(공영민, 2011: 39). 또한 영화감독 이형표의 구술에서는 방금 언급한 인물 중 김형중이 매우 유능한 엔지니어로서 리지웨이의 오른팔 역할을 하면서, 매일 두 사람이 이것저것 만들고 하면서 굉장히 실험적으로 상남영화제작소를 운영했다고 언급하고 있다(한국문화예술위원회, 2006: 82~83). 표 4-5는 영화사 연구자 공영민이 정리한 광복 이후 1960년대까지의 한국 영화 인력의 계보도다.

2) 1950년대 중후반기 상남영화제작소의 제작 여건

1950년대 중반 주한 미공보원은 지리적 입지 문제에도 불구하고 상남영화제작소가 상당한 성과를 보인다고 평가했지만, (앞서 살펴본 바 있는 조사관 윌리엄 L. 그레노블과 제임스 B. 옵사타의 주한 미공보원과 상남영화제작소를 대상으로 한) 1955년의 조사 보고서에서는 해결해야 할 시설 및 운영상의 문제로 다음과 같은 사항을 제기했었다.[112]

우선 필요한 물품을 조달하는 업무와 관련해서는, (한국의 현지 시장이 대부분의 품목에 대해 신뢰할 수 없는 비싼 공급원이기 때문에) 일본과 한국 사이의 항공 및 육상 운송 시설이 상당히 좋고 도쿄 시장이 이전에 미국에서 얻은 많은 품목을 공급할 수 있다는 점을 감안하여, 조사 당시 주한 미대사관의 행정관은 도쿄대사관의 행정관과 함께 도쿄에 (한국과 아마도 다른 아시아 지역의 직책에 서비스를 제공하기 위한) 조달 사무소를 설립하는 것의 타당성을 검토하고 있었다. 이것은 조사관들에게 그 문제에 대한 합리적인 해결책으로 보였고, 이들은 이후 이러한 준비가 완료되었고 도쿄에 있는 종합 서비스 행정 현장 조달 사무소의 시설이 활용되고 있다는 통지를 받기도 했다.[113] 이 물품 조달의 문제에 대해, 미국 정부는 해당 부서에 일본 시장에서 얻을 수 있는 공급 및 장비의 일반적인 범주를 주한 미공보원에게 통보할 것을 권고하는 사후 조치를 취했다.[114]

한편 서울 주한 미공보원 영화과와 상남영화제작소의 재고 관리는 적절하게 이뤄지고 있지만, 시설 관리에는 문제가 있는 것으로 보았다. 조사 보고서에 따르면, 주한 미대사관 행정실의 만성적인 인력 부족과 한국 시장의 특이한 상황으로 인해 당시까지 만족스러운 유지 관리 관행이나 교체 일정에 대한 개발이 불가능하다는 것이었다. 우선, 장비의 품목들은 한국에서 비교적 수명이 짧았고, 미국산 장비는 현지 시장에서 수요가 매우 많아서 대부분의 품목은 상태와 관계없이 원래 구매 가격과 운송 비용 이상으로 판매될 가능성이 높았다. 또 당시 한국에는 훈련된 정비사가 거의 없고 이용 가능한 계약 시설도 만족스럽지도 않고 믿을 수도 없는 상황이었다. 이에 따라 주한 미공보원 영화과는 한국 육군 및 기타 토착 조직의 한국인 대원들을 대상으로 하여 영화 프로젝터의 운영 및 유지 보수에 대한 교육에 상당한 노력을 기울였다. 당시 대한민국 육군은 USIS 영화를 많이 활용했는데, 육군은 당시 25대의 영사기를 대여하고 있었으며, 140여 명의 영사기 운영자들이 주한 미공보원 영화과에서 훈련을 받았다. 지프를 탄 두 명의 현지 정비사는 북부 국경을 따라 프로젝터를 수리하고 필름을 교환하는 데 상당한 시간을 보냈다.[115]

이와 함께 주한 미대사관은 육군 시설로부터 상당한 양의 자동차 정비 작업에 대한 도움을 얻을 수 있었는데, 이는 대사관에 소속된 차량뿐만 아니라 주한 미공보원 차량에도 적용되었다. 당시 한국 도로의 열악한 상태로 인해, 합리적인 유지 보수를 하더라도 차량이 운행한 지 1년이 지난 시점에서는 차량이 부서질 정도였다. 이러한 시설 보수와 관련된 한국적 상황을 고려해, 당시 조사관들은 기본적인 유지 보수에 어려움을 겪는 것보다는 장비를 교체하는 것이 더 경제적이라는 의견을 가지고 있다. 이에 특히 영화 분야 장비의 경우, 지속적인 유지 보수에 어려움을 겪는 것보다 프로젝터를 새 장치로 교체하는 것이 더 경제적인 지점을 확인하기 위해 주의 깊게 연구해야 한다고 보았다.[116]

특히 앞서 서울 본부와 상남영화제작소의 물리적 분리 문제에서도 언급했지만, 조사단은 '지역에서의 전달'이 가장 심각한 문제라고 보았다. 당시 주한 미공보원은 부산, 대구, 광주의 지부 및 문화원과 연락하기 위해 '육군 신호 부대Army Signal Corps' 시설을 사용했는데, 그나마 상남영화제작소는 당시 사용 연한이 지난 육로 전화선을 통해서만 부산을 경유해 도달할 수 있었다. 점검 당시에는 신호단 시설이 노후화되어 광주 지부에 도달하기 어려운 경우가 많았다. 미래에 대한 전망은 좋지 않았고, 가까운 미래에도 전화 시설을 이용할 수 없을 것으로 예상되었다. 또 조사관의 눈에는 당시 한국의 우편 시스템은 신뢰할 수 없었고, 대안으로 사용되던 외교 행낭pouch 배송은 목적지에 도착하지 않는 경우가 많았다. 이 문제에 대한 유일한 해결책은 (기차를 타는 것으로 알려진) 한국인들로 구성된 배송 시스템을 설치하는 것이었다. 이에 따라, 당시 시점에서 행정 보좌관은 비非기밀 외교 행낭은 물론 한국 내 문화원 및 일반 공공 부문 배포를 목적으로 하는 자료를 워싱턴으로부터 받아 배포하는 USIS 배포부Distribution

Unit를 두고 운영했다.[117]

그 밖에도 1955년 USIA의 주한 미공보원에 대한 조사 보고서에는 1950년대 중반 상남영화제작소의 제작 활동 상황이 기록되어 있다. 우선, 보고서에서는 "한국처럼 복잡한 나라나 위기 상황에서 많은 시간을 운영해 온 프로그램에서는 효과가 쉽게 측정되지 않"지만, "PAO와 다른 주요 스태프들은 영화, 특히 극장과 비극장에서 상영되는 뉴스릴이 민간인과 군인을 포함한 대중에게 다가갈 수 있는 가장 효과적인 수단"[118]이라고 평가했다. 즉 상남영화제작소가 제작하는 〈리버티 뉴스〉를 가장 효과적인 미디어 수단으로 평가했던 것이다. 앞서 잠시 살펴보았던 바처럼, 〈리버티 뉴스〉의 배급에는 극장 채널과 비극장 채널이 활용되고 있었는데, 1955년 당시 약 80개의 상업 극장에서 〈리버티 뉴스〉를 상영하고 있었다. 80개라는 비교적 적은 숫자의 극장에서 상영된 것은 앞서 1954년 2월 무렵 주한 미공보원과 한국 공보처 간의 업무 협조가 이뤄진 이후 약 1년여밖에 경과되지 않았기 때문인 것으로 추정된다.

또한 서울에 있는 영화과장●은 제작될 새로운 프로그램 자료의 종류와 양, 더빙이나 자막을 입히게 될 영화에 대한 결정을 내렸다. 당시 영화과장이었던 닐스 보네슨은 뉴욕에 있는 IMS 제작 사무소에서 다년간의 경험을 가진 사람으로서, IMS가 이용할 수 있는 영화 자료에 대한 그의 지식으로 인해 한국 프로그램에 명목상의 비용으로 많은 새로운 영화 자료를 가져올 수 있었다.

앞서 잠시 살펴본 바 있듯이, 〈리버티 뉴스〉는 기본적으로 IMS

● 보고서에 이름은 밝히고 있지 않지만, 이 인물은 닐스 보네슨이었을 것으로 생각된다.

워싱턴이 제공한 미국의 자료 화면 및 국제 자료 화면과 한국에서 촬영된 현지 자료를 조합한 것이다. 당시까지 한국에서 대부분의 촬영은 서울이나 상남영화제작소에 주재하는 촬영 기사들이 담당해 왔다. 새로운 벨 앤 하웰사의 16mm 카메라가 접수되었고 각 문화원에서 촬영 기사들은 이 장비를 다루는 훈련을 받기도 하였다. 1955년 무렵, 기존에 16mm와 35mm로 제작되었던 〈리버티 뉴스〉 프린트는 앞으로 16mm '반전 재고reversal stock'로 생산하는 것으로 바뀔 예정이었다. 이에 따라 필요한 35mm 프린트는 16mm에서 확대하여 얻을 예정이었다. 이처럼 〈리버티 뉴스〉 제작에 혁신을 기했던 이유는, 한국에서 현지 이야기에 대한 더 넓은 보도를 허용하고 뉴스 보도의 처리를 가속화시키기 위해서였다. 뿐만 아니라 조사관들은 뉴스릴의 여러 이슈를 검토했으며, 시기적절하고 효과적으로 수행된 프로그램 자료의 양에 대해 호의적인 인상을 받았다. 그들은 또한 조사 과정에서 공개된 몇 개의 짧은 주제와 발췌 영상을 보았는데 영화의 시각적이고 서술적인 내용과 촬영 및 영화제작소 후반 작업의 품질에 호의적인 인상을 받기도 했다.[119]

3) 1950년대 중후반기 상남영화제작소의 제작 상황

1957년 3월의 '주한 미공보원 프로그램에 대한 임시 평가 회의록' 공문을 통해, 1950년대 중반 상남영화제작소의 제작 상황과 실적을 확인해 볼 수 있다.[120] 1955년과 1956년 무렵, 상남영화제작소는 1955년에는 44개 호의 〈리버티 뉴스〉를 제작하여 극장판과 비극장판으로 발매하였고, 또 13편의 현지 제작 다큐멘터리와 55편의 한국어 버전의 USIA 영화를 제작했다. 1956년에는 〈리버티 뉴스〉 49개 호, 13편의 현지 제작물, 45편의 한국어 버전을 제작했다. 1956년 12월 31일 기준으로, 서울, 대구, 부산, 광주의 필름 라이브러리들은 400개의 한국어 타이틀을 보유했는데, 이는 1954년 말에 비해 126개 또는 45% 이상 증가한 것이었다. 3,000개 이상의 16mm와 600개 이상의 35mm 프린트가 유통되었다(이 수치에서 〈리버티 뉴스〉 실적은 제외).

또한 모든 현지 제작은 사실상 한국에 대한 미국의 원조나 다른 국제 협력에 직간접적으로 의존하는데, 〈리버티 뉴스〉에 보도된 한국의 현지 이벤트 중 37%가 원조 프로그램과 관련되었다. 1955년부터 〈리버티 뉴스〉는 거의 매주 발간되었으며 1957년 초 당시에는 8편의 현지 제작물과 14편의 한국어 버전이 진행 중이었다. 극장 개봉작과 〈리버티 뉴스〉는 100여 개의 한국 상업영화관의 스크린을 겨냥한 것이었다. 한국에서 텔레비전 방송이 등장했고, TV는 상남영화제작소가 제작하는 영화들을 방영하길 간절히 바랬다.● 1955년 12개 이동영사대가 농촌과 최전방의 국군에 상남영화제작소가 제작한 뉴스릴과 다른 영화들을 가져다 상영했고, 1956년에는 18대가 운행되었다.[121] 표 4-6은 1958년 〈미국공보원 영화 목록〉을 토대로 허

● 국내 텔레비전 방송의 시작은 1956년 5월 12일에 개국한 HLKZ-TV로부터 비롯되었는데, 윤상길(2011d)의 연구에 따르자면 한국의 초창기 텔레비전 방송은 사실상 '라이브방송'과 다를 바 없었다. 즉 1개의 스튜디오 시설로 시작했던 HLKZ-TV나 1965년 증설되기까지 일반 스튜디오와 뉴스 스튜디오만을 구비한 초창기 KBS-TV의 경우, 무대 전환을 위해 생방송 프로그램 사이에 필름 프로그램을 편성해야만 하는 구조가 불가피하게 생겼다. 특히 HLKZ-TV의 경우, 주한 외국 공관로부터 제공받은 영화 필름을 활용하는 경우도 있었지만, 대표적으로 많이 활용된 필름은 〈리버티 뉴스〉를 비롯하여 주한 미공보원 산하 상남영화제작소에서 제작한 영화였다.

표 4-6 미공보원 '한국' 주제 분류 영화 목록

구분(주제)	1958년 영화 목록
한국	가야금, 거리의 등대, 금일의 한국, 기로에 선 사람들, 나는 트럭이다, 대한민국 공군 사관 후보생, 대한의 공업, 동란의 일년, 바다는 나의 소망, 부채춤, 상병傷病 포로 교환, 수병의 일기, 서울에서 미군의 날을 축하, 세계의 희망인 국제연합國際聯合, 우리의 강산, 우리의 친구 에티오피아 군대, 우리의 친구 '토이기土耳其' 군대, 우정, 우정의 선물, 우드 씨의 연설, 우리 마을의 새로운 벗, 우리 마을 이야기, UN과 세계 동란, 의정부 이야기, E.C.A. 원조, 자유를 위한 젊은이들의 투쟁, 자유세계에 있어서의 '에디오피아,' 자유 수호, 재건의 일년, 재건하는 한국, 제2의 적, 전우, 죽음의 상자, 지효至孝, 폐허의 속에서, 한국 노동 지도자 미국 방문, 한국 농촌 생활, 한국에서의 공산 침략을 비난하는 이 대통령의 연설, 한국동란 이야기, 한국 상공의 제트기, 한국에서의 죄악, 한국의 교육 제도, 한국의 교통, 한글 타자기, 해병의 하루(46)

출처: 허은, 2008: 227.

은(2008)이 정리한 '한국' 관련 영화 목록이다. 이 영화 목록의 대다수는 상남영화제작소의 결과물일 것이다.[122]

이렇게 증가하는 한국어 타이틀과 뉴스릴, 새롭고 더 개선된 제작 장비와 이동영사대, 주한 미공보원의 제작물에 대한 수용자의 증가하는 관심, 더 집중적인 배포와 홍보 등이 모두 관람자를 증가시키는 데 작용했던 것으로 닐스 보네슨은 평가했다. 1954년 총관객 수 2,150만 명에서 1956년에는 약 3,800만 명 — 이동영사대 450만, 극장과 비극장 각각 1,650만 명 — 으로, 거의 75% 증가했다. 이렇게 관객이 증가함에 됨에 따라 주한 미공보원 영화들이 더 큰 효과를 발휘하게 된 것은 다음과 같은 요인이 작용했던 것으로 평가되었다.[123]

1) 특히 IMS-워싱턴과 뉴욕의 훌륭한 지원.

2) 한국에서의 프로그래밍, 제작, 배급의 긴밀한 조정.

3) 서울과 상남영화제작소의 영화 관계자들의 협력.

4) 주한 미공보원 지부장 및 기타 USIS 미디어와의 연락 — 주로 라디오-TV 담당자와의 연락.

5) 영화 프로그램의 모든 단계에서 현지 한국인 직원들의 집중적인 훈련, 그들의 큰 개인적 관심, USIS 활동에 대한 충성스러운 지원.

1959년에 상남영화제작소는 미국의 원조를 홍보하는 정책 목표에 부합하는 영화로서, 꾸준히 제작하는 〈리버티 뉴스〉 이외에도 한 해 동안 다큐멘터리 형식의 영화 4편을 제작했다. 상업적인 상영 외에도 이 모든 영화를 16mm 버전으로 제작하여 주한 미공보원 지부의 문화원, USIS 이동영사대, 한국의 문화원을 통해 널리 배포할 수 있도록 하였다.

지금까지 살펴본 것처럼, 상남영화제작소는 여러 가지 제약 조건(지리적 입지의 한계와 물품 조달 및 시설 정비, 그리고 한미 당국자 간의 원만치 못한 협조 관계 등)에도 불구하고 제작 "설비를 최신화해 생산 효율을 높이고자 했다"(김려실, 2019: 188). 이를 통해 리지웨이의 자평처럼, 상남영화제작소는 "콘셉트의 실행 가능성과 현장 정보적 영화 자료를 제작하고 미국에 대한 영화를 각색하기 위한 시설의 필요성을 증명했다."[124] 즉 상남영화제작소는 현지 제작의 실행 가능성과 가치를 증명하였던 것이다.

5. 1950년대 상남영화제작소의 영화 제작 활동이 지닌 역사적 의미

1950년대 상남영화제작소의 제작 활동은 어떠한 역사적 의미를 가지고 있는 것일까? 미 국무부 산하 미국공보처와 주한 미공보원의 영화 제작 시설이었던 상남영화제작소는 당초에는 6·25 전쟁기 전화戰禍를 피해 후방 지역에 설립된 조직으로부터 시작되었다. 국면적으로 보자면, 6·25 전쟁 발발과 1950년 12월 흥남 철수로 인한 전황 변화로 인해 사실상 민간의 영화 제작이 불가능한 상황에서 당시 주한 미공보원 영화과장 윌리엄 G. 리지웨이의 기지로 진해영화제작소가 설립될 수 있었다. 또 (당시 촬영에서부터 현상, 프린트까지 영화 제작의 전 과정을 해결할 수 있는 국내 유일의 영화제작소였던) 진해영화제작소의 영화 품질에 대한 미 국무부의 긍정적 평가를 이용하여 진해영화제작소의 제작 역량 향상을 위한 방편으로 상남 이전을 실현하려는 리지웨이의 전략적 판단이 적극적으로 작용한 결과였다. 상남영화제작소의 설립은 전 세계 자유 진영 국가를 대상으로 한 미국 정부의 해외 선전 정책의 기조가 기존의 '진실 캠페인'으로 집약되는 소극적인 입장에서 벗어나 보다 계획적인 활동을 통해 다른 국민의 견해에 영향을 미친다는 적극적인 입장으로 선회하는 이행기에 이뤄졌다는 점이다. 임시 방편으로 설립된 진해영화제작소의 화재 위험성을 제거함으로써 안정적인 영화 공보 공작을 수행하기 위한 물리적 기반을 마련하기 위한 차원에서 상남영화제작소의 설립에 대한 미 국무부의 정책 결정이 이뤄졌던 것은 1951년 말부터였다. 하지만 상남영화제작소 설립이 완료되어 본격적으로 제작 재개에 들어간 1953년 1월은 아이젠하워 대통령의 임기가 시작되어 기존 미국 정부의 해외 공보 선전에 대한 재검토를 통해 미국 정부 내에서 기존의 '진실 캠페인'이 거의 효과가 없다는 것에 대한 공감대가 만들어지고 있던 시기였다. 이런 측면에서 보자면, (미국에서 인력을 채용해 보낼 때 드는 비용을 절감하고 부적절한 소재로 해외 관객을 불쾌하게 하지 않도록 현지 제작을 권장했던) 해외 현지 영화 제작에 대한 1953년 초 미 국무부의 정책 기조 변화와 그에 따른 상남영화제작소 영화 제작 활동에 대한 미 국무부의 방침, 또 이에 상응하는 상남영화제작소의 뉴스릴 제작과 문화 영화 제작의 주제 방향 설정은 분명 이행기적 성격을 가지고 있다고 할 수 있다.

여기서 주목할 점은 미 국무부의 정책 기조가 이행하는 와중에 미국 정부의 해외 선전을 추진하는 현지 미공보원 중 하나였던 주한 미공보원이 미 국무부 당국자를 대상으로, 상남영화제작소에서의 현지 영화 제작이 "공산권의 선전에 대항해 승리하기를 원한다면, 아시아와 전 세계의 눈이 한국을 주목하고 있기 때문에 한국은 가장 시각적이고 이해 가능한 시각으로 자신의 스토리를 이야기"하는 방향으로 추진되어야 한다고 적극적으로 의견 개진을 하고 있다는 사실이다. 즉 주한 미공보원의 영화들이 세계 각지에 미국과 UN, 그리고 2차 세계 대전 이후 압제에 대항하는 (주한 미공보원의 입장에서는) '가장 위대한 협력적 노력'에 동참하고 있는 한국의 모습을 시각적으로 보여 줄 수 있는 방향으로 추진되어야 한다는 것인데, 이러한 주장에 대해 미 국무부가 실제로 어떻게 반응했는지는 사실 불분명하다. 다만, 1950년대 초반기 상남영화제작소의 활동과 관련해 규명한 내용과 기존 연구의 언급을 토대로 해서 추론하자면, 주한 미공보원의 의견 개진은 상당 부분 받아들여진 것으로 판단된다. 이미 살펴본 바와 같이 1954년 무렵 USIA는 '한국의 재건'을 보여 주는 영화를 현지에서 제작·상영하는 데 특히 중점을 두었고, 미 국무부 정책 기조에 따라 1954년까지 USIA의 반공 영화 중 3분의 2가 현지에서 제작되고 현지 미공보원 현지 제작이 1955년 24개국에서 1956년 41개국으로 증가하는 가운데 주한 미공보원의 제작 편수가 다른 모든 지역을 압도했다는 사실과 미국공보처(USIA)의 발족(1953. 8. 1)을 앞두고 1953년 5월 미 국무부 국제공보처(IIA)의 예산이 전면 감축되는 과정에서도 주한 미공보원의 영화 프로그램이 오히려 확장되었다는 사실은 주한 미공보원의 의견 개진이 상당 부분 미 국무부에 의해 수용되었음을 시사한다.

상남영화제작소의 활동과 관련해 또 한 가지 주목해야 할 점은 이러한 "한국이 가장 시각적이고 이해 가능한 시각으로 자신의 스토리를 이야기"해야 한다는 주한 미공보원의 적극적인 의견 개진이 실제로도 리지웨이의 현지화 전략으로 실천되고 있다는 점이다. 이미 살펴본 바와 같이 당시 소련의 평화 공세에 맞서 비정치적으로 보이도록 하는 방식으로 해외 공보 정책의 기조를 변경시키면서 USIA가 해외에서 현지 제작하는 영화가 영화를 관람할 해당 국가의 사람들에게 익숙한 설정, 캐릭터, 해당 국가의 상황에 영향을 받도록 했던 미 국무부의 정책 방향에 상응하여, 리지웨이는 나이 많은 사람을 존중하는 한국 사회의 전통을 고려하여 할아버지 캐릭터를 채택함으로써 한국 관객들의 감성이 이입되는 효과를 보고자 했다.

뿐만 아니라, 미 국무부의 정책 기조 변화에 기반하여 1954년 무렵 리지웨이는 (USIA의 현지화 전략에 따라) 공산주의자를 노골적으로 '악'으로 표현하는 한국 정부의 반공주의 선전 방식이 '내부의 적'을 놓치고 있다는 문제의식으로부터 한국 영화인과 공동으로 쓴 시나리오와 그에 기반한 영화 〈주검의 상자〉에서 차별화된 내리티브를 구사하기도 하였다. 사실 1954년에 상남영화제작소의 한국 영화인과 함께 시도된 리지웨이의 이러한 '내부의 적'을 문제시하는 내러티브 구사가 가진 역사적 의미에 대해선 좀 더 심도 있는 논의가 필요하다.

김려실(2019: 225~226)은 '내부의 적'을 경계해야 한다는 서사는 2차 세계 대전 시기 월트 디즈니 스튜디오가 미국 정부의 요청으로 도널드나 구피처럼 친숙한 캐릭터가 등장하는 반나치주의 만화 영화를 만든 데에서 비롯되어, 1950~60년대 냉전이라는 문맥 속에서 반공 영화의 서사로 전용轉用되어 상당히 오래갔다고 밝혔다. 또한 윤상길(2021)은 냉전 질서의 차원에서 '적과 동지'를 구별하는 광복 이후 대중 서사의 등장에 주목한 바 있는데, (광복 이후 한반도를 무대로 전개되었던 냉전이 1949년 이후의 중국 내부[공산당/국민당]의 대립과 '해방' 이후 점차 드러나기 시작한 한반도 내부의 대립 관계, 그리고 미·소 강대국의 대립이라는 복수의 권력관계로부터 중층 결정되었던) 다층의 분할선을 배경으로 이루어졌던 냉전적 언론 보도와 미디어 활동은 적극적으로 '적과 동지를 구별하는 담론discourse과 서사narrative'를 생산·재생산함으로써 다층의 분할선을 이분법적으로 봉합하는 서사 장치로 기능하였음을 밝힌 바 있다. 다른 냉전 서사 장르로서 강력한 민속주의적·국가주의적 상상을 촉발시켰던 기행문 양식 또한, 특히 장세진(2018)이 검토한 (1945년부터 1966년까지 아시아의 어떤 나라가 '친구'이고 어떤 나라가 '적'인지를 결정하고자 길을 떠났던) 엘리트들의 기행문은 집필자가 직접 목격한 것을 기록했다는 전제로부터 파생되는 장르 특유의 '진실 효과'를 십분 발휘함으로써 기존 미디어를 지원하는 역할을 하였다고 밝힌 바 있다. 이러한 측면에서 보자면, 리지웨이의 '내부의 적' 서사는 한국 영화 분야에서 시도된 최초의 '전체주의와 반공주의의 결합' 서사였다고 조심스럽게 평가해 볼 수 있다. 이와 같은 '내부의 적' 서사가 이후 한국 사회에서 어떻게 퍼져 나가

'1960년대 박정희 정부의 전체주의적 공보 선전 정책'•으로 발현되었는지, 그리고 이 전체주의적 냉전 서사의 대중화에 있어서 한국 영화인의 역할은 무엇이었는지에 대한 추가적인 연구가 필요하다. 특히 상남영화제작소와 관련된 기존 연구 중 영화사 연구자들은 상남영화제작소가 한국 영화계에 끼친 영향력을 "한국 영화 발전에 중요한 역할을 담당했다"라는 식으로 다분히 긍정적인 차원에서 그리고 상남영화제작소를 통해 최신 장비를 다루고 기술을 익힌 한국인 직원들의 차원에서 밝히고자 했다(공영민, 2011; 심혜경, 2011). 하지만 앞의 논의에서 얘기한 바와 같이 한국 영화계의 거장인 김기영 감독의 〈주검의 상자〉는 이후 한국 대중문화에서 냉전 서사가 발원하는 출발점일 수 있기에 상남영화제작소가 한국 영화계에 끼친 영향이 항상 긍정적일 수는 없다. 이러한 차원에서 볼 때, 이 장에서 살펴본 내용이 한국의 미디어 형성에 끼친 미국의 영향력에 대한 균형 있는 시각을 견지하는데 도움을 줄 것으로 기대한다.

한편, 이 장에서는 미 국무부와 주한 미공보원 등의 정책 당국자 간에 진행되었던 상남영화제작소의 이전 논의를 검토하였다. 이미 앞에서 살펴본 바와 같이 상남영화제작소의 지리적 입지는 한국 정부와의 업무 협조나 유능한 미국인 담당관 채용의 어려움 등 주한 미공보원의 활동에 있어 잠재적으로 많은 문제점을 내포하고 있

• 1960년대 박정희 정부의 공보 선전 정책이 가진 정치적 성격을 규명하고자 했던 윤상길(2017)의 연구에서는 한나 아렌트Hannah Arendt의 《전체주의의 기원》과 자크 엘륄Jacques Ellul의 이론에 입각하여 박정희 정부의 공보 선전 정책이 총체적 선전을 지향했다는 점, 그리고 (전체주의 운동 진영에 확실하게 소속된 구성원이 아닌) '거짓말의 세계'에 빠져들지 않는 외부 영역을 대상으로 한다는 점에서 전체주의적 성격을 가지고 있다고 평가하고 있다.

었다. 때문에, 서울 이전 등의 장기적 대안에 대한 미 국무부의 정책적 검토가 이뤄졌고, 1955년 당시 서울 본부와 상남영화제작소의 물리적 분리에 대한 장기적인 대안은 대체로 세 가지로, 첫째는 상남영화제작소를 수용하기에 적합한 건물을 서울 지역에 건설하는 것, 두 번째는 상남영화제작소를 포기하고 도쿄에서 이용할 수 있는 계약 시설을 활용하는 안, 마지막 세 번째 대안은 두 대안을 결합한 일종의 절충안이 제시되었다. 그럼에도 불구하고 남북 간의 휴전이 불안정하다는 정치적 판단과 1950년대 당시의 주한 미공보원과 이승만 정부 간 불투명한 관계로 인해, 상남영화제작소의 이전은 실행되지 않았다. 사실 1950년대 상남영화제작소의 이전과 관련된 논의를 검토한 결과로써 확인할 수 있는 것은 주한 미공보원과 이승만 정부 간의 정책적 대립이 기존 미디어사 연구 중 방송 영역에서만 있었던 것이 아니라, 당대 미디어 중에 가장 큰 영향력을 가진 것으로 인식되었던 영화 분야에서도 재연되었다는 사실이다. 또 1950년대 중후반 상남영화제작소의 제작 상황에 대한 검토를 통해서는 상남영화제작소의 영화 제작에서 최우선적으로 주안점이 두어졌던 〈리버티 뉴스〉가 기존의 격주에서 매주 발간으로 변경되었고, (현지 이야기에 대한 더 넓은 보도를 허용하고 뉴스 보도의 처리를 가속화시키기 위한 차원에서) 기존에 16mm와 35mm로 제작하던 방식에서 35mm 프린트만 발간하는 방식으로 탈바꿈했음을 확인할 수 있었다. 상남영화제작소의 제작 활동이 가진 역사적 의미에 대한 더 진전된 논의는 상남영화제작소의 역사적 위상에 대한 논의를 하는 8장에서 이어나가도록 하겠다.

5장

1950년대 주한 미공보원과 경제 원조 기관 간의 협력 관계

1950년대 주한 미공보원의 공보 활동 중 상당한 비중을 차지하고 있었던 것은 경제 원조 기관과 긴밀한 관계를 유지하면서 미국의 원조 활동을 공보하는 프로그램을 운영하는 것이었다. 이 장에서는 먼저 선행 연구를 중심으로 1950년대 주한 미공보원과 경제 원조 기관 간의 업무 협조 관계와 미국의 대한對韓 기술 협력 원조가 어떠했는지를 개략적으로 살펴본다. 미국 문서를 중심으로 미국 상위 정책 결정 기관 사이에 수립된 협력 관계와 함께 새롭게 개편된 미국의 원조 기관의 지시하에 운영되었던 경제조정관실과 (주한 민사처 해체로 인해 주한 미국 기구의 공보 총괄 부서로 거듭난) 주한 미공보원 간에 논의되었던 정책적 협력 관계 수립 과정을 살펴본다.

1. 주한 미공보원과 경제 원조 기관 간의 업무 협조

1949년 설립 이후, 주한 미공보원은 대민 활동의 방향을 '삶의 질과 권리 개선'에 개입해 영향력을 확대하는 데 맞췄다. 그러나 이는 주한 미공보원이 독자적으로 수행할 수 있는 사안이 아니었다. 개인의 삶의 질과 권리를 개선하기 위해 주한 미공보원이 제도 개편의 일차적 대상으로 파악한 교육, 보건 위생 분야에 대한 책임은 경제 원조 기관의 담당 사안이었기 때문이다. 따라서 1950년대 주한 미공보원은 경제 원조 기관과 긴밀한 관계를 맺으며, 원조 기구의 대민 활동을 적극 지원했다(허은, 2008: 279).

사실 여타 부처와의 협력 관계는 이미 전시 기간부터 '주한 미공보원-유엔한국 민사처United Nations Civil Assistance Command in Korea (UNCACK)-심리전 부대' 삼자 간의 협조 체계가 구축되어 있었다. 업무 조정과 협조를 위한 협의체를 마련한 삼자는 각자의 자원을 공유하며, 미국이 추진하는 대한 정책의 정당함을 대중에게 주지시켰다. 주한 미공보원은 휴전 직전부터 공보 활동의 원활함을 위해 여타 주한 미국 정부 부처와의 협력하는 것이 바람직하다는 것을 깨닫고 조정 문제(데이터 공유, 시설 교환, 연락 등)에 적극적으로 참여하고자 했다.[125]

이들 삼자 간의 관계는 휴전 이후 더욱 긴밀해졌다. 이에 1954년 1월 심리전 부대와 주한 미공보원은 대중에게 '자유 진영에 소속되어 얻는 수혜'와 '원조 기관의 구호 재건 및 부흥을 통해 얻는 수혜'를 주지시키는 데 힘을 쏟자고 결의했다. 이를 효율적으로 수행하기 위해, 주한 미공보원장 로버트 스피어는 미 육군 극동사령부 심리전 책임자 및 경제조정관실(OEC)과 회합해 주한 미공보원장이 주관하는 '공보정책조정위원회Information Policy Coordinating Committee' 설치에 관한 합의를 보았다. 이 위원회는 휴전 직후에도 미국의 다양한 정치, 군사, 경제, 문화 기구들이 활동함에 따라 요구되는 폭넓은 공보 임무를 하나의 기구가 전담할 수 없는 현실 상황과 대민 문화 공보 활동을 총괄하려는 주한 미공보원의 의지가 맞물려 구성된 것으로,

이 공보 정책 협의체 구성 추진과 함께 각 기구 간 업무 조정이 병행되었다(허은, 2008: 179~180).

1) 휴전 직후 주한 미공보원과 주한 민사처 간의 협력 관계

주한 미공보원과 미 육군 극동사령부 심리전 기구, 그리고 경제조정관실 간의 '공보정책조정위원회' 구성 추진에 따라 진행된 각 기구 간 업무 조정 과정은 최종적으로 대표적인 대한 원조 기구인 주한 민사처가 1955년에 해체됨에 따라 주한 미공보원이 주한 미국 기구들의 공보 총괄 부서로 거듭나는 것으로 귀결되었다.

이 과정을 이해하기 위해 먼저 미국의 대한 원조 기구의 변천 과정을 잠시 살펴보자. 미국의 대한 원조는 1945년 9월 미군의 진주 이후 '점령 지역 행정 구호 원조Government and Relief in Occupied Area (GARIOA)'로 시작되었다. 점령 지역 행정 구호 원조의 주관 부서인 미 육군부는 미군정을 통해 식료품, 농업용품, 의류, 의료품 등의 구호물자를 제공하였다. 이 원조는 원조 물자의 판매 수익을 통해 인플레를 억제하고 광복 직후의 물자 수급난을 완화함으로써 남한 경제의 정치·경제적 안정을 지원하는 역할을 하였다. 이후 대한민국 정부가 수립됨에 따라 한국과 미국은 1948년 12월 10일에 '대한민국과 미합중국 간의 원조 협정'을 체결하였고, 1949년 1월 트루먼 대통령이 대한 원조의 책임을 육군부에서 경제협조처(ECA)로 이관하면서 한국은 경제협조처 원조의 적용을 받게 되었다. 그러나 6·25 전쟁의 발발로 ECA 원조 사업은 종료되고 미사용분 원조 물자는 유엔군 사령부 관할 기관인 유엔한국 민사처에 이관되었다. 기존의 원조 기관인 경제협조처는 발전적 해체를 하게 되었다. 전시 동안 미국의 대외 원조가 경제적 성격에서 군사적 성격으로 전환됨에 따라, 대한 원조는 군사 원조에 국한하여 진행되었고 한국에 대한 구호 원조는 유엔 원조로서 제공되었다(이현진, 2005: 25).

6·25 전쟁 발발 이후 유엔은 남한에 대한 모든 군사·경제 원조를 미국이 관리하는 유엔군 사령부를 통해 제공하기로 결의하고, 구호 필요액과 현지 배급 등에 관한 책임과 권한을 유엔군 사령부에 일임하였다. 이러한 구호물자가 바로 '한국 민간 구호 계획Civil Relief in Korea(CRIK)' 원조다. CRIK 원조는 미 육군부 예산에서 군 작전에 수반되는 민간 구호를 위해 지출되는 자금에 의한 물자 도입과, 미국을 포함한 유엔 가맹국 또는 비가맹국에서 예산 조치에 의하지 않고 순전히 민간 단체 및 개인이 증여하는 물자 도입으로 양분할 수 있다. CRIK 계획은 처음에는 유엔군 총사령부의 보건후생부에 의해 운영되었으나 1950년 12월부터 유엔군 사령부 산하의 유엔한국 민사처로 그 관리 및 운영이 이관되었다(이현진, 2005: 23). 이후 주한 민사처(KCAC)는 유엔한국 민사처의 기구가 축소되는 형태로 개편되면서 1953년 7월 1일자로 개칭된, 대표적인 대한 군사·경제 원조 기구가 되었다.

휴전 직후 주한 미공보원과 대한 원조 기구인 주한 민사처 간의 협력 관계는 주한 미공보원이 '공보정책조정위원회'를 구성하기 위해 미 육군 극동사령부 심리전 부대와 협의하는 과정에서 구축된 것이었다. 휴전 직후인 1953년 9월 12일에 공보 관련 각 기구 대표가 회합한 자리에서 미 육군 극동사령부 심리전 부대 '대민통합심리전과 PsyWar's Consolidation Division' 책임자 오스본은 휴전이 곧 평화를 의미하는 것이 아니라며 심리전 활동을 지속할 뜻을 강하게 내비쳤다. 심

표 5-1 시기별 미국의 대한 경제 원조 총괄표(1945~1961)

<table>
<tr><th>원조명</th><th>도입 시기</th><th>도입 총액
(1,000달러)</th><th>관계 법규 및 협정</th><th>원조 자금 출처</th><th>대한 원조 기구</th></tr>
<tr><td>GARIOA</td><td>1945. 9. ~
1948. 8.</td><td>409,394</td><td></td><td>미 육군부</td><td>미군정을 통해 도입</td></tr>
<tr><td>ECA /
SEC</td><td>1949. 1. ~
1951. 6. /
1951. 6. ~
1952. 9.</td><td>201,867</td><td>•미국 대외 원조법(FAA)
•1948년 12월 10일 대한민국 및 미합중국 간의 원조 협정</td><td>미경제협조처
(ECA)</td><td>주한 미공보원 /
유엔한국 민사처
(UNCACK)</td></tr>
<tr><td>CRIK</td><td>1950. 7. ~
1956. 6.</td><td>457,378</td><td>• 1950년 7월 7일 안전보장이사회 결의(유엔군 사령부를 통한 군사 경제 기타 원조 제공 결의. 한국 민간 구호 계획 수립)</td><td>미 육군부, 유엔 가맹국 및 민간 단체 지원</td><td>유엔한국 민사처 /
1953년 이후 주한 민사처(KCAC)</td></tr>
<tr><td>UNKRA</td><td>1950. 9. ~
1959. 6.</td><td>122,084</td><td>• 1950년 12월 제5차 유엔총회 결의 410호(유엔한국재건단 설립)</td><td>미국 및 유엔 가맹국
지원 자금</td><td>유엔한국재건단
(UNKRA)</td></tr>
<tr><td>FOA</td><td>1953. 8. ~
1955. 6.</td><td rowspan="2">1,743,929</td><td rowspan="4">• 1953년 12월 14일 경제 재건과 재정 안정 계획에 관한 합동경제위원회 협약 체결
• 1954년 11월 17일 한국에 대한 군사 및 경제 원조에 대한 군사 및 경제 원조에 관한 합의 의사록
• 1955년 5월 잉여 농산물 협정(매해 협정 체결)</td><td rowspan="4">• FOA 초기 원조 자금은 미 육군부 자금에서 할당(2억 달러)
• 해당 원조 기구에서 자금 할당</td><td rowspan="4">• 상호안전보장국(MSA), 1951~53 /
해외작전처(FOA), 1953~55
국제협조처(ICA), 1955~1961
• 현지 원조 집행 기관: 유엔사령부 산하 경제조정관실(OEC), 1952~58 /
주한 미대사관 산하 주한 미경제협조처(USOM), 1959. 7.~
• 한국 정부와의 원조 조정 기구: 합동경제위원회(CEB), 1952~61</td></tr>
<tr><td>ICA</td><td>1955. 6. ~
1961. 9.</td></tr>
<tr><td>PL480</td><td>1955. 5. ~
1961</td><td>202,648</td></tr>
<tr><td colspan="2">계</td><td>3,137,300</td></tr>
</table>

출처: 이현진, 2009: 51.

리전 부대가 공보 활동에 긴요한 물적, 인적 자원을 구비하고 있음을 익히 알고 있던 주한 미공보원은 심리전 부대의 입장에 반색을 표했다. 하지만 공식적인 문화 공보 기구가 심리전 부대와 사업을 함께 추진하는 것은 커다란 부담이었다. 이에 주한 미공보원은 심리전 부대에게 주한 민사처로 소속을 바꿔 활동할 것을 제안했다. 논의 결과, 극동사령부 심리전 부대에서 차출된 다수 인원이 주한 민사처 대민공보과Civil Information Branch로 이동했다. 결과적으로 이는 심리전 부대가 민사처의 외피를 쓰고, 평시에 비공개 심리 작전을 수행했던 것이다(허은, 2008: 180~181).

주한 민사처는 1955년 해체될 때까지 경제조정관실을 통해 해외작전처(FOA)의 자금을 받으며 다양한 전후 복구 사업을 전개했다.● 주한 민사처는 심리전 부대의 공식, 비공식적인 지원을 받으며, 원조 사업이 요구한 폭넓은 공보 작업을 수행할 수 있었다. 그러므로 1955년 주한 민사처의 활동 종료 결정은 미국의 대한 원조 활동 공보에 커다란 공백을 초래할 수밖에 없었다. 당시 주한 민사처의 대민 공보 능력은 1953년 11월 유엔군 사령부 내 전쟁 포로에 대한 교육과

● 휴전 직후인 1953년 8월 미국은 과거 민주당 정권 시절의 대외 정책을 재검토하고 새로운 대외 정책을 실현하기 위한 준비로서 새로운 대외 원조 기구를 구상하였고 1953년 7월 27일 한국 휴전이 성립된 것을 계기로 하여 (기존의 원조 기구인 ECA를 대체하여 설립된) 상호안전보장국Mutual Secutity Administration(MSA)이 8월 1일부로 해외작전처(FOA)로 개편되고 이전의 육군부 예산 중에서 2억 달러를 대한 원조 자금에 충당함으로써 본격적인 FOA 원조가 한국에 도입되기 시작하였다. 이에 미국은 보다 효과적인 원조 운영을 위하여 1953년 8월 CRIK 원조, 유엔한국재건단(UNKRA) 원조 등과의 조정을 위해 유엔군 사령부 휘하에 경제조정관실(OEC)을 설치하고, 이로 하여금 FOA 원조를 포함한 당시의 모든 원조를 관리하게 했다(이현진, 2005: 23~24).

공보 활동을 담당한 심리전 요원들이 배치되면서 크게 증대되었다. 1954년 6월 한 달 동안 주한 민사처는 150만 장의 인쇄물과 6,000권의 책자를 전국적으로 배포하고 영화 4편 상영과, 30분용 라디오 프로그램 2편을 방송했을 정도로 그 규모가 자못 컸다(허은, 2008: 181).

따라서 경제조정관실을 포함한 원조 담당자들이 주한 민사처가 맡았던 공보 활동의 공백을 채워 줄 대체 조직이 시급히 필요하다고 인식했던 것은 당연했다. 6·25 전쟁 이후 농업, 공공 위생, 공공 안전 등과 관련된 원조 사업은 세분화된 편이었고, 특히 원조 사업 내역을 알리는 공보 활동은 사업 효과를 극대화하는 데 반드시 필요한 수단이었기 때문이다. 공보 활동은 대중에게 원조 사업 내역과 그에 따른 혜택을 선전함으로써 미국의 원조 활동에 대한 대중의 협조를 유도하고, 기술 전파를 용이하게 하는 데 없어서는 안 될 수단이었다(허은, 2008: 182).●

이에 경제조정관실과 주한 미공보원, 그리고 상위 정책 결정 기

● 그러나 허은의 분석에 따르면, 주한 미공보원과 주한 민사처 모두 원조 관련 공보 활동을 전개했으나 양자가 의도하는 바는 달랐다. 위에서 보았듯이 주한 민사처의 공보 내용은 대상자에게 원조 사업에 대한 참여를 유도하고 실천 방안을 구체적으로 전달하는 데 초점을 맞췄던 반면, 주한 미공보원은 미국의 대한 원조 정책의 정당성을 알리는 차원에서 원조의 성격, 규모 등을 대중에게 알리는 것을 목표로 삼았다. 1955년 현재 주한 민사처 대민공보과는 25명의 미국인과 29명의 한국인으로 구성됐다. 이는 18명의 미국인과 70여 명의 한국인으로 운영된 주한 미공보원과 비교해 볼 때, 미국인의 인적 구성 비율이 오히려 높았음을 알 수 있다. 도 단위 현장 팀field team을 운영해 원조 계획의 실행 과정을 감독한 주한 민사처는 동시에 공보 활동을 위한 10대의 이동영사대를 구비해 활동을 전개했다. 주한 민사처의 현장 팀은 자신의 관할 지역에서 주한 미공보원의 영화나 인쇄물을 대신 배포, 상영했고, 주한 미공보원 역시 주한 민사처의 역량이 미치지 못하는 곳에서 같은 역할을 했다. 따라서 주한 민사처의 대민 공보 활동 중지는 원조 활동에 대한 장애 초래뿐만 아니라 주한 미공보원의 활동 축소에도 적지 않은 영향을 주는 것이었다(허은, 2008: 183).

관인 미국의 해외작전처, 국무부, 국방부, USIA 등은 대책을 논의했다. 당시 주한 미공보원은 대안으로 한국 정부의 공보실을 활용하는 방안도 고려했으나, 이승만 정권이 공보실을 원조 계획 비난 창구로 활용되고 있다는 점 때문에 이 안은 기각되었다. 대신 USIA는 주한 미공보원에게 기존 주한 민사처의 활동 중 원조와 관련된 대민 공보 활동만 흡수할 것을 지시했다. 해외작전처는 공보 활동을 주한 미공보원에 이관하고, 자신들은 국가통신망 구축 등 기술 정보 개선 계획에 대한 지원만을 책임지기로 결정했다. 주한 미대사, 경제조정관, 주한 미공보원장 등은 이와 같이 정리된 입장을 가지고, 극동사령부에 공보 활동에 대한 지속적인 지원을 요청했다. 대신 주한 미공보원은 극동사령부 심리전 부대가 한국 군대나 정부에 심리전을 전개할 때 '위장처covert basis'가 되어 줄 것을 약속했다. 미 육군 극동사령부는 이 제안을 받아들였다. 1955년 민사처의 해체와 더불어 전문 기술 관련 분야를 제외한 주한 민사처의 공보 시설 및 인적 자원은 모두 주한 미공보원으로 흡수되었다(허은, 2008: 183~184).

요컨대 6·25 전쟁 개전 이후부터 휴전 초까지 분산되었던 대민 공보 활동은 1955년 주한 미공보원이 주한 민사처의 공보 활동을 흡수하며 하나로 통합되었다. 휴전 직후부터 공보 정책을 총괄하는 위치로 부상한 주한 미공보원은 1955년 이후 문화 공보 활동의 명실상부한 책임자가 되었다(허은, 2008: 184).

2) 주한 민사처 해체(1955) 전후 FOA(ICA)와 USIA 간의 정책 협조

주한 민사처가 해체될 무렵, 1955년부터 미국 원조 기관은 해외작전처(FOA)에서 국제협조처International Cooperation Administration(ICA)로 변경되었다. 이에 따라 경제조정관실(OEC)은 워싱턴에 있는 ICA 본부로부터 정책, 계획, 관리에 관한 지시를 받으면서 ICA 원조를 취급하였다(이현진, 2005: 23~24).● 여기서는 새롭게 개편된 미국의 원조 기관의 지시하에 운영되었던 경제조정관실과 (주한 민사처 해체로 인해 주한 미국 기구의 공보 총괄 부서로 거듭난) 주한 미공보원 간에 논의되었던 정책적 협력 관계 수립 과정을 본격적으로 살펴보기에 앞서, 상위 정책 결정 기관 사이에 수립된 협력 관계에 대해 살펴보고자 한다.

1953년 8월 1일 미국의 대외 원조 기구가 새롭게 해외작전처(FOA)로 재편된 이후, 미국 정부의 상위 정책 결정 기관인 FOA와 USIA 간에는 기본적인 'FOA-USIA 협정'이 체결되어, 공보 활동과 관련된 정책 협조가 비교적 원활하게 이뤄지고 있었다. 1954년에 FOA-USIA 운영 협약을 작성하는 데 도움을 준 바 있었던 해리 카Harry Carr에 따르면,[126] 1954년 6월 29일 체결된 FOA와 USIA 간의 협약은 각 기관의 기능을 서술하고 있지 않지만 상호 간의 관계에 대해서 서술하고 그들 간의 분리선을 설정하였다. 개략적으로 얘기하자면 다음과 같다.

> 1. **USIS는 USOM의 프로그램 목표에 대해 '공보public information 지원'을 제공할 책임**을 진다.
> 2. **기술적 지식의 커뮤니케이션과 참여국 커뮤니케이션 시스템의 구축**

● 이후 경제조정관실(OEC)은 1959년 7월에 주한 경제협조처United States Operations Mission to the Republic of Korea(USOM-Korea)로 변경되었고, 미국대사관 산하로 편입되었다.

은 USOM의 기술 협력과 경제 개발 프로그램에서 필수적인 부분이다.

3. …… **참여국의 정부는 기술 협력 프로그램을 홍보하는 데 일정한 책임**을 진다…… 수원受援/host 정부의 요청에 따라, USOM은 원조를 받는 국가의 정부가 양자 협정 조건에 따라 미국의 협력을 홍보하는 책임을 수행하는 데 조언과 지원을 제공할 수 있다.

4. 모든 FOA 활동에 대해 미국 대중에게 보고하는 것은 FOA의 책임이다. (강조는 필자)

이 협정에서는 미국 대외 정책 조직도상의 'USOM'이 추진하는 기술 협력과 경제 개발 프로그램에 있어서 (기술적 지식의 전파와 원조 사업 참여국의 커뮤니케이션 시스템 구축을 통해 이뤄질) 공보 활동은 필수적인 부분이다. 이 공보 활동에 대해 USIA의 현지 미공보원(USIS Posts)은 공보 지원을 할 책임을 지는 것으로 규정되어 있었다.

FOA–USIA 협정을 실제적인 예시를 통해 살펴보자면, 1954년 10월 7일, 당시 FOA의 하위부서인 공공보고서국Office of Public Reports의 해외시청각서비스과Overseas Audiovisual Services Division 과장 제럴드 윈필드Gerald Winfield는 USIA 산하 국제영화부(IMS)의 터너 셸턴Turner Shelton에게 'FOA 프로그램이 있는 나라들에서의 현지 영화 제작'과 관련하여 문서memorandum를 보낸 바 있다. 윈필드가 밝히고 있듯이, 기본적인 FOA–USIA 협정에 따르면 보건, 농업, 교육, 행정 등 FOA가 관여하는 모든 활동 분야의 주제를 다루는 국가에서 USIA가 어떤 유형의 자료를 생산하고자 할 때에는, 미공보원(USIS) 제작의 내용이 FOA 기술 인력에 의해 승인되어야 한다는 점을 분명히 명시하고 있다. 이 조항은 미공보원이 과거에 FOA가 지원하는 해당 분야의 실질적인 행동 프로그램과 상충되는 절차를 제안하거나 관심을 자극하는 기술 분야 중 하나에 대해 영화 또는 기타 유형의 정보 자료를 제작한 경우 발생하는 어려움을 피하기 위한 것이었다. 이 협정 아래, 세계의 많은 나라들, 특히 이란에서 FOA는 현지 영화 제작 인력들을 적극적으로 훈련시키고 있었다. '의심할 여지없이' 그들 중 몇몇은 자신들만의 제작 시설을 개발할 것이기 때문에 '현지 제작 계약 local production contract'에 있어서 USIA의 직원들에게 유용하기를 기대했다.[127]

여기서 '현지 제작 계약'은 USIA가 현지 미공보원에게 하달한 '현지 영화 제작' 지침을 의미한다. 1954년 9월 8일 IMS의 셸턴이 초안을 작성하고 최종적으로 USIA 원장 대리를 맡고 있던 워시번이 모든 현지 미공보원에게 하달한 문서에 따르면,[128] USIA는 의회로부터 배정받은 예산을 효율적으로 사용하고 활동의 중복을 피하기 위해, "국가의 필요성과 관련하여 각 국가의 민사관(PAO)에게 가능한 한 넓은 자유가 주어져야 한다는 것을 완전히 인정"하면서도 "현장의 요구를 최대한 신속하게 충족시키는 동시에 얻을 수 있는 최고의 전문적이고 기술적인 지침을 해외 제작 프로젝트의 개발 및 실행에 제공하는 절차를 수립"하고자 노력해 왔다. 그 결과, 해외에서의 영화 제작이 통일적으로 처리되어야 하는 데 필요한 지침을 개발하였는데, 다음은 그 주요 내용이다.

1. 미래의 사후 예산에는 **현지 영화 제작을 위한 예산**이 포함될 수 있지만, 이를 사용하기 전에 워싱턴의 국제영화부로부터 동의를 얻어야 하며, '국제영화부 워싱턴본부'는 제안된 제작 또는 프로젝트와 관련된 USIA의 결정을 조정할 것이다.

2. 그들이 이미 그렇게 하지 않은 한, **그들의 프로그램이 현지 영화 제작**

을 필요로 한다고 느끼는 모든 민사관은 가능한 한 빨리 USIA에 조언해야 한다.

3. 이러한 현지 영화 제작 제안은 지역 부처장, 정책 및 프로그램 사무국, 영화 서비스부를 포함하여 USIA에 의해 신중하게 검토될 것이다. **가장 우선순위가 높거나, 지역 및 현지 영화 제작을 위해** 예산이 책정된 기존 예산 내에서 자금을 조달할 수 있는 제안에 대해선 **즉각적인 조치가 취해질 것**이다.

4. 영화 서비스부가 제안의 승인을 현지 미공보원에 조언할 때에는 **제작 제안과 관련하여 USIA의 의견과 권고를 전달**할 것이며, (경험상 영화 제작에 할당된 자금의 가장 효과적인 사용을 보장하는 데 도움이 되고, 종종 필수적이었던) **기술 및 계약 지침을 제공**할 것이다. 시급한 뉴스릴 유형의 취재는 사전 승인 없이 이루어질 수 있으며, 이 경우 USIA에 즉시 알려야 한다.

5. 제작이 시작된 후, 현지 미공보원은 **(직원 및 기타 고려 사항이 허용하는 한) 지속적으로 대본 작성 및 제작 진행과 관련된 완전한 정보를 제공할 것이 요청된다.** 지역적 요인에 의해 방해받지 않는 한, 현지 미공보원은 **(USIA가 각 프로젝트와 순조롭게 연락을 유지할 수 있도록) 모든 조치 및 대본의 사본을 USIA에 즉시 보내야 하며,** 그래야만 제작된 영화가 USIA의 광역적 및 전 세계적 목표 달성에 가장 크게 기여하고 있다는 것을 확증하는 데 필요한 논평을 USIA가 보낼 수 있다. **검토된 상영 프린트는 각 영화가 완성되는 즉시 USIA에 항공 외교 행낭으로 보내져야** 한다. 상세하거나 시간이 많이 소요될 필요가 없는 **격주 또는 월별 간략 보고서는 적어도 각 제작의 상태, 각 구성된 영화 사진의 공개 날짜 및 배포 방법 및 관객 반응 요약을 공개한 후 USIA에 계속 알려주어야 한다.**

6. 기밀 프로젝트와 관련하여, 모든 적절한 보안 예방 조치는 필수적이다. 보안국Office of Security은 그러한 프로젝트에 직접적으로 또는 계

약하에 고용된 모든 미국인 직원이 USIA에 의해 승인되어야 한다고 말한다. 미국인이 아닌 직원은 기밀 프로젝트에 고용될 수 있지만, 현지 보안 담당자의 허가 인증에 따라 기밀 자료에 접근할 수 없다. (강조는 필자)

이렇게 볼 때, FOA와 USIA 간에 체결된 'FOA–USIA 협정'은 대략적으로 '현지 미공보원의 요청 → USIA의 우선순위 검토 → IMS의 조정 → 제작 시작 → 진행 상황의 USIA 보고'의 지침에 따라 이루었던 미국의 현지 영화 제작 절차에 FOA 기술 인력의 검토를 추가한 것이었다고 볼 수 있다.

그렇지만 FOA의 해리 카는 1956년 6월 당시 해외작전처(FOA)의 공보 활동이 앞서 언급한 'FOA–USIA 협정'의 네 가지 항목 중, 2, 3, 4항을 수행하는 것으로 완전히 전환되었지만, 정작 USIA는 자체 인력 감축과 조직 개편에 몰두하면서 1항을 거의 수행하지 않았다는 문제가 있었다는 점을 인식하고 있었다.• 그 이후로 USIA는 새로운 동력(그리고 돈)을 얻어 새로운 확장의 길을 모색하였는데, 이들 중 하나가 바로 경제조정관실(OEC)의 기술 정보 개선 사업이었다. 이는 다른 정부들이 자체적으로 공보 서비스를 개선하고 확장하도록 돕는 것이었는데, 당시 이는 USIA의 새롭고 더 높은 우선순위 활동 중 하나였다. 당시까지 USIA는 이 사업에 대해 유보적인 입장이었다.[129]

• 이와 같은 문제는 (7장에서 자세히 살펴보겠지만) 1961년 케네디 정부 집권 이후 해외원조 기관이 국제개발처U.S. United States Agency for International Development(AID)로 새롭게 개편된 이후, 'FOA–USIA 협정'이 공식적인 협정 체결로 이어짐으로써 해결될 수 있었다.

2. OEC의 기술 협조 원조: 수원국의 커뮤니케이션 시스템 구축 지원

1953년 8월 유엔군 사령부 관할하에 경제조정관실(OEC)이 창설되었다. 경제조정관실은 1953년 설치되어 1959년 '주한 미경제협조처 United States Operations Mission to the Republic of Korea(USOM-Korea)'로 전환되기까지 미국의 대한 원조 집행을 담당하였다. 한봉석(2017)에 따르면, 1950년대 미국의 대외 원조에서 'USOM'의 존재는 특별한 것이 아니었다. 이는 '상호안전보장계획Mutual Security Program'에 입각하여 미국 대외 원조에서 수원국受援國 원조를 총괄 조정하는 컨트리 팀 Country Team● 구성 요소 중 하나였다. 또 미국 대외 원조를 담당하는 미 국무부 산하 국제협조처(ICA) 전체 조직도 내에서는 해당 국가 사업Country Missions을 지칭하였다. 그러나 6·25 전쟁으로 인해 한국에서는 'USOM'이 아니라 OEC가 수립되었다. OEC의 역할은 1950년대 아이젠하워 행정부 대외 원조 정책의 기본 노선 위에서 규정되었다(한봉석, 2017: 84~85).

광복 이후 미국의 대한 원조 집행의 기본 형태는 '프로젝트' 단위로 개별 협정의 체결을 통해 집행되었다.●● 경제조정관실도 동일한 형

● '컨트리 팀'은 각국에 파견된 미 행정부와 군의 파견 기관 및 기관원들이 현지 주재 미국 대사의 지도하에 부처 간의 원활한 협력과 활동을 위해 구성한 조직이었다. 1947년 미국의 그리스·튀르키예 원조 당시부터 구상되었고, 1951년 클레이 문서Clay Papers에서 명칭과 개념이 명확하게 사용되었다(박동찬, 2016: 74).

●● 미국 대외 원조에서 '프로젝트' 단위 사업이 본격적으로 시행되었던 곳은 남미에서였다. 1942~1950년 사이 미국의 남미 원조를 책임졌던 '남북미 사업소Institute of Inter American Affairs'는 전체 사업을 프로그램, 개별 과업을 '프로젝트'라고 지칭했다. 이러한

그림 5-1 미국 상위 정책 결정 기관 및 컨트리 팀의 구성

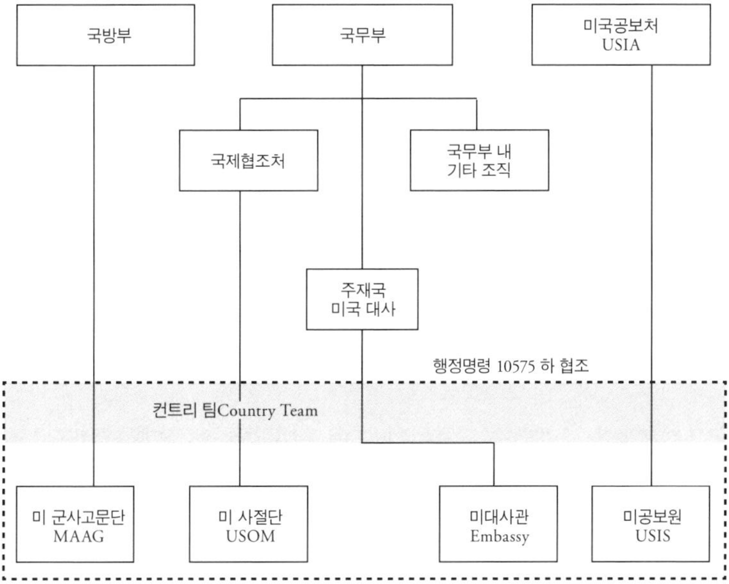

출처: 한봉석, 2017: 85.

태로 사업을 진행했다. 특히 재건 분야의 경우는 외국 상사, 주로 미국 상사가 계약의 형태로 프로젝트에 참여하였다. 이 프로젝트들은 각각 개별적이었으나, 1956년을 경과하면서 외부 기술 자문 회사와의 계약 모색, 프로젝트의 표준화 등을 도모하였다(한봉석, 2017: 116).

1950년대 미국의 대한 기술 협조 원조에 반영된 요소들의 역사성

사업의 특징은 정식 조약이 아닌 행정 협정인 관계로 미 의회의 법적 승인을 필요로 하지 않았다는 점에 있었다. 반면 수원국은 사업 진행을 위해 행정 협정에 필요한 조항을 삽입하고 이를 준수해야 했으므로, 상대적으로 원조 공여국이었던 미국의 정책적 자율성이 더 큰 형태로 반영될 여지가 컸다고 할 수 있다(한봉석, 2017: 119).

을 고려하여 도출한 한봉석의 항목 분류에 따르면, '기술 협조' 원조의 유형은 총 세 가지였다. 제1유형은 구호 부분이다. 이는 1940년대 이전부터 미국의 역사에 등장했던 것으로, 자선단체, 재단 등에 의해 수행되었다. 기술 협조 원조의 중요한 요소인 '보건 위생' 또한 저개발국 긴급 원조에 속한다는 면에서 이에 해당한다. 제2유형은 '개발' 원조다. 이는 1950년대 저개발국들로부터 제시된 '개발' 욕구에 미 원조 당국이 대응한 것이다. 그러나 미 원조 당국은 '개발'을 자의적으로 해석하였다. 그 결과 수원국인 한국에 두 가지 유형의 '개발' 원조가 진행되었다. 첫 번째 유형은 지역 사회 개발에 관한 원조이다. 흔히 지역 사회 개발 사업으로 대표된다. 이는 저개발국 원조에서 '낮은 수준의 근대화'를 의도하고, 농촌 지도의 전수와 종자 개량 등을 통해 기초적인 '개발' 욕구에 대응하고자 했다. 두 번째는 저개발국 정부 그 자체의 행정을 국제적 기준에 부합하도록 개선하기 위한 원조다. 주로 대학, 연구소 등을 통해 이루어졌다. 이는 전자가 주로 지역 공동체 개발을 통해 사회 안정을 추구했던 것과 다르게 수원국 정부 행정을 '개발'하고자 했다는 점에서 다소 진일보한 측면을 지니고 있다. 이 저개발국 원조의 마지막은 저개발국 개발의 거의 유일한 원천인 인적 자원에 대한 투자가 포함되어 있다. 마지막으로 제3유형은 '공보'의 영역으로서, 종종 USIA 사업으로 다루어지기도 하였지만 주로 경제조정관실이 이에 대한 책임을 졌다(한봉석, 2017: 182).

표 5-2는 1954년부터 1961년까지의 회계 연도 내 미국 대한 원조의 구성과 규모를 보여 주는 표로, 주로 '프로젝트' 단위로 개별 협정 체결로 집행된 형태와 '기술 협조' 원조의 규모를 이해하는 데 도움이 된다. 1953~1961 회계 연도 내 미국의 대한 원조는 실무 차원에서 재건 및 기술 협조 양자로 구분되어 진행되었다. 이 일의 구체

적 진행은 경제조정관실 내 기술진들, 전문 분야의 계약자들, 그리고 한국 측 부서들과 협의하에 결정된 개별 '프로젝트'를 통해 이뤄졌다. 이때 프로젝트들은 모두 직간접적으로 기술을 지원하는 매개로 작용하는 것과 동시에 미국 내 민간업체들을 활용하는 방식으로 진행되었다. 이것이 가능할 수 있었던 것은 미국이 저개발국 원조에서 직접 개입보다는 '프로젝트' 수행 및 감독을 통한 간접 개입을 더 선호했기 때문이었다. 기술 원조 역시 직접적인 전수보다는 프로젝트를 통한 노하우 전수로 충분하다고 간주되었다. 특히 원조 당국이 재정을 책임진 상황에서 사전 '계약자'에 대한 감독만으로도 정책 수행이 원활할 것으로 예측했던 탓이 크다(한봉석, 2017: 118~119).

지금까지 살펴본 맥락에서 보자면, 유엔군 사령부의 경제조정관실이 커뮤니케이션 관련 원조 사업의 일환으로 시행한 '기술 정보 개선 사업Improvement of Technical Information Services'과 시청각 교육 기관의 기술 원조 사업은 (FOA와 USIA 간에 체결된 'FOA-USIA 협정'상에 언급된 바와 같이) USOM의 기술 협력과 경제 개발 프로그램에서 필수적인 부분이라 할 수 있는 참여국의 커뮤니케이션 시스템을 구축하기 위한 차원에서 시행된 '프로젝트' 원조 사업이었다고 할 수 있다.

1962년 극동작전국Office of the Far Eastern Operations에서 작성한 문서에 따르면, 기본적으로 기술 정보 개선 사업은 1957년 4월에 대한민국 공보실을 지원하기 위해 설립된 지속적인 프로젝트로서, 두 개의 하위 프로젝트로 구성되어 있었다. "첫째는 영화, 둘째는 출판, 전시, 그리고 라디오 방송이었다. 이 프로젝트에 따른 미국의 지원 목적은 두 가지였다. 한 가지는 한국 정부 공보실이 더욱 발전한 다른 아시아 국가 정부의 공보 활동 수준에 도달하여 스스로 운영하고 개선할 수 있도록 한다는 것이었다. 또 한 가지 목적은 농업, 교육,

표 5-2 1954~1961 회계 연도 내 미국 대한 원조의 구성과 규모

구분			예산	
상호 안전 보장 계획			목표	1,756,832
			집행	1,563,804
	계획 원조		목표	473,940
			집행	396,873
		기술 협조	목표	31,901
			집행	22,097
		방위 지원 — 공식	목표	247,524
			집행	185,505
		방위 지원 — 비공식	목표	194,515
			집행	189,271
	비계획 원조		목표	1,266,089
			집행	1,150,241
	자선 단체 물자 운송		목표	4,553
			집행	4,440
	미군 대한 원조		목표	12,250,000
			집행	

미 공법 PL 480			목표	271,541
			집행	266,675
	타이틀 Ⅰ	농산물 판매	목표	163,450
			집행	158,584
	타이틀 Ⅱ	구호 및 기아	목표	4,646,000
			집행	
	타이틀 Ⅲ	자선 단체들	목표	103,445,000
			집행	
개발 차관 기금			목표	18,840
			집행	3,015
CRIK			목표	105,276,000
			집행	
UNKRA			목표	42,150,000
			집행	
미 경제 원조 종합			목표	2,194,639
			집행	1,980,920

출처: 한봉석, 2017: 117.

그림 5－2　경제조정관실(OEC) 시청각과의 계약 현황, 1954~1960

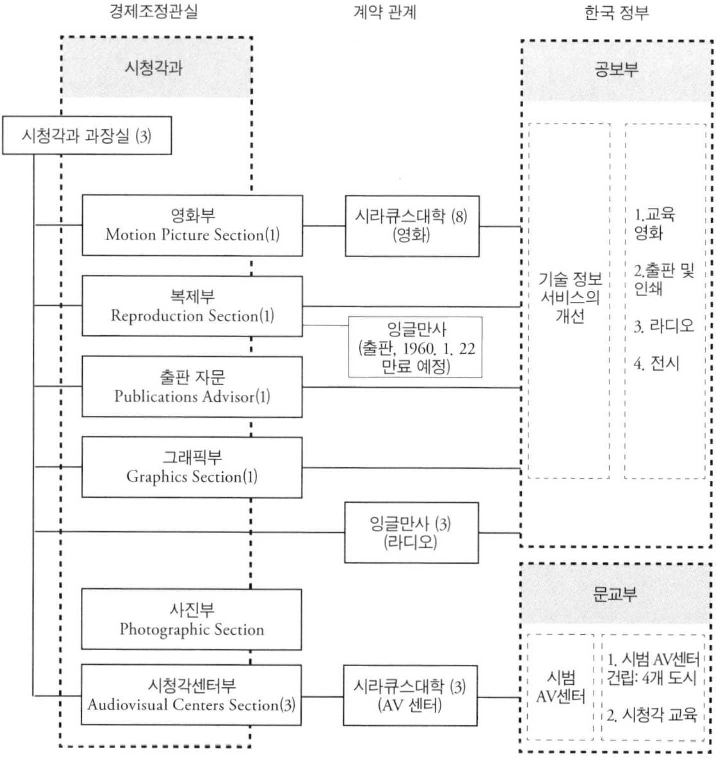

\# (미국인) 직접 고용 10명(기술 지원: 3명) / (미국인) 계약 고용 14명

출처: 한봉석, 2017: 236.

보건, 지역 사회 개발, 산업 등의 다양한 주한 미경제협조처(USOM-Korea) 지원 프로젝트의 훈련 목표에 대한 직접적인 지원으로서, 지원 사업의 훈련 목표를 달성하도록 교육 영화, 전시, 라디오 프로그램, 인쇄물 등을 생산하는 것이었다. 따라서 주요 목표는 커뮤니케이션 미디어 요구와 관련하여 주한 미경제협조처 프로그램의 모든 요

소를 지원하는 것이었다"(장영민, 2020: 382). 그리고 한국 정부와 합의한 바대로 각종 미디어 복합체complex를 구축하고, 궁극적으로 정부가 국민과 원활히 소통함으로써 안정된 민주적 정부를 만드는 데 기여하도록 한다는 것이었다. 그러면서 한국 정부가 미디어를 우선적으로 공적 서비스에 사용해야 한다고 강조했다. 이승만 정부가 종전에 했던 것처럼 선거 운동 등 정치적 목적으로 미국의 원조 미디어를 이용하는 행위를 경계한 것이다. 두 번째 목적은 정부 정책과 기술 원조가 자유로우며 비정부적인 미디어를 발달시킬 서비스의 개발을 촉진해야 한다는 것이다. 즉 정부에 대한 지원의 효과가 민간 영역, 예를 들어 출판업과 염가 라디오 수신기의 제작 산업으로 확산하도록 한다는 계획이었다.[130]

공보실에 대한 기술 협조 사업의 정식 명칭은 'Project 89-92-438: 기술 정보 개선 사업' 혹은 '한미 양국 경제조정관 보도 기술 개량 사업,' 시청각 교육 기관의 기술 원조 사업은 'Project 89-92-494: 시범 시청각교육원Demonstration Audio-Visual Center'으로 지칭되었다. 두 사업은 각각 국제협조처(ICA) 주관의 기술 협조 계약 'ICA/W-644'과 'ICA/W-816'하에 하나의 프로그램으로 묶여 진행되었다(공영민, 2018, 32).●

이 사업은 세부 사업별로 약간 다르나, 공식적으로는 1956년 회계연도에 시작하여 1964년에 종료하였다. 원조 기관이 원조 목적을 달성하고, 나아가 한국이 근대적 국가에 적합한 커뮤니케이션 기반 시설을 갖추고 공보실의 공보 능력을 길러준다는 취지의 사업이었다. 핵심적

● 공영민은 두 기술 원조 사업이 ICA/W-644' 계약하에 하나의 프로그램으로 묶여 진행되었다고 서술하고 있으나, 여러 미국 문서에 따르면 시범시청각교육원은 ICA/W-816' 계약하에 진행된 것으로 확인된다.

인 부문은 체신부의 우편 및 유무선 전화 사업, 공중위생 정보와 농업 기술을 전파하는 시청각 미디어의 보급, 시범시청각교육원의 설립과 운영, 인쇄 공장의 건설이었고, (상대적으로 작은 규모지만) 방송의 기술적 운용(PIO/T No. 89-92-438-3-70301)도 중요했다. 방송의 기술적 운용은 공보실이 부흥과 개발 사업에 필요한 다큐멘터리, 뉴스 영화, 훈련 영상물, 라디오 프로그램, 시각 자료를 제작할 수 있는 시설과 기술을 개선할 수 있도록 지원한다는 목표를 세웠다. 한국 정부의 공보실은 경제조정관실(OEC)과 긴밀한 관계를 유지하면서 사업 계약업체가 기록과 문서에 접근하고 담당 관리와 접촉할 수 있는 등 각종 편의를 제공하도록 되었다. 그렇지만 원조 기관은 한국 정부의 공보실이 커뮤니케이션 미디어가 경제 개발에서 차지하는 비중이 크다는 점에 아직 주의를 충분히 기울이지 않는다고 보았다(장영민, 2020: 380~381).

공보와 관련된 기술 정보 개선 사업은 시청각 분야의 세 부문에서 프로젝트가 운영되었다. 첫째는 영화, 두 번째는 출판과 전시, 세 번째는 라디오였다. 기술 협조 분야에서 다뤄지는 '시청각'이라는 커뮤니케이션에 도움을 주는 미디어들, 즉 인쇄물이나 사진, 영상물들을 지칭한다. 경제조정관실 시청각과는 각종 사업을 수행하는 와중에 중요한 프로젝트들을 미국 내 전문대학들과의 계약을 통해 사업을 진행했는데, 시청각국에 한정할 경우 참여한 대학은 시러큐스대학교, 인디애나대학교였다. 그리고 학교가 아닌 기술 영역을 수행한 곳은 민간 회사로 잉글만사Engleman and Company, Inc였으나 후자의 계약은 일부 제대로 수행되지 못했다(한봉석, 2017: 235).

3. 1959년 공식적인 'ICA-USIA 협정' 체결

1954년 6월 29일에 체결된 FOA와 USIA 간의 협약에 의거하여, 1950년대 말까지 경제 원조 기관과 공보 기관(FOA의 후속 기관인 ICA 및 한국 컨트리 팀이 일원으로서의 OEC, 그리고 USIA 및 주한 미공보원) 간의 업무 협조가 비교적 원만하게 이뤄졌다. 그렇지만 이 두 기관 간의 업무 협력이 처음부터 원만하게 진행된 것은 아니었다.

1956년 4월 13일 미 국무부는 각국 대사에게 서한을 보내 모든 미국 현장 활동을 조정하는 것의 중요성을 강조하고, 효과적인 조정을 가장 잘 수행하는 절차에 대한 검토, 평가 및 보고를 요청했다. 그리고 국제협조처(ICA) 처장은 다음과 같은 목적을 수행하기 위하여 기관 책임자급으로 최고위원회 임원을 배치하자는 USIA의 제안에 대해 원칙적으로 동의하기도 하였다.

> (1) 두 기관의 활동을 더욱 긴밀하게 연결시키고, (2) 공보 활동의 잠재력에 대한 조기 인식을 발전시키기 위해 프로젝트에 대한 논의와 아이디어를 교환하며, (3) 기술 지원 및 원조 프로그램의 공보 측면에 대한 조언자 역할을 수행한다.

또한 현지 미공보원의 공보센터 조직의 변경과 승인, 미공보원 현지 직원 수에 대한 통제 시스템 검토 등의 조치가 이뤄졌다.[131] 마찬가지로 컨트리 팀의 일원인 주한 미공보원의 민사관이자 원장이었던 존 맥나이트는 1956년 4월 5일 워싱턴의 USIA에 보내는 공문을 통해, "원조 프로그램에 대한 주한 미공보원 공보 지원은 끊임없이 검토를 받고 있"다고 보고했다. 즉 "열정적인 신규 주한 미공보원

공보 담당관•[132]이 12월에 도착한 이후 상황을 크게 개선했으며, 또한 미국과 OEC와의 연락을 개선했"지만, 여전히 개선되어야 할 점이 많다는 것이었다. 특히 워싱턴의 ICA가 2년 이상 기간 동안 경제조정관실(OEC) 조직도에 채워지지 않은 직원 7명이 기술 정보 및 시청각과에 편입되어야만 원활하게 주한 미공보원의 미디어 산출물에 많은 자료를 제공할 수 있을 것이라는 점을 제시한 바 있었다.[133]

그러나 1956년 1월부터 9월까지의 기간을 다룬 주한 미공보원의 연례 평가 보고서에서, "국가 계획서에 부속된 단기 행동 프로그램은 1956 회계 연도의 마지막 4분기(그리고 밝혀진 바에 따르면 1957 회계 연도의 1분기) 동안 주한 미공보원이 원조 프로그램을 이용하는 데 최우선 순위를 둘 것이라고 명시"할 정도로, 원조 프로그램에 대한 공보 지원은 주한 미공보원의 주 임무 중 하나였다. 특히 경제조정관실(OEC)의 USIS 연락 담당 책임자의 이임 연설문에 언급되었던 (전쟁의 폐허에서 한국의 발전을 다룬) 다큐멘터리 영화는 주한 미공보원 필름 라이브러리에서 가장 인기 있는 작품 중 하나가 될 정도였다. 다큐멘터리 영화 한국어판은 수많은 찬사를 쏟아 냈던 신문 사설에 영감을 주었고, 한국 정부의 공보실(OPI)을 움직여 주한 미공보원이 제작할 다큐멘터리 영화 5편을 기획하게 하거나, 라디오 프로그램 13편을 KBS에 편성하는 데 기여했다. 또한 지방에서와 마찬가지로 서울에서도 주한 미공보원의 산출물에 대한 한국 언론의 사용이 눈에 띄게 증가한 것은 원조 프로그램에 대한 한국 언론의 관심이 높아진 것으로 잘 보

• 1957년 3월 주한 미공보원 프로그램에 대한 임시 평가 회의록에서 알 하르텔Al Hartel이라는 경제조정관실(OEC)의 USIS 연락 담당 책임자 대행acting이 보고를 담당하고 있다는 점에서 보자면, 이 열정적인 신규 직원은 알 하르텔을 지칭하는 것으로 보인다.

여 주는 지표로 간주되었다.●[134] 여기에는 1956년 7월 1일, 제1대 경제조정관이었던 타일러 우드Tyler Wood의 뒤를 이어 새롭게 부임한 제2대 경제조정관 윌리엄 엘모 원William Elmo Warne(1905~1996)이 전직 신문 기자 이력을 활용하여 매월 기자 회견을 열었던 것이 크게 작용했다. 뿐만 아니라, 여타의 주한 미공보원 미디어들(〈리버티 뉴스〉, 라디오 및 텔레비전, 사진 전시회 등)도 큰 기여를 한 것으로 평가되었다. 1956년 9월 30일까지 12개월 동안 90여 개 상업 극장과 주한 미공보원 자체의 광범위한 배급처를 통해 상영되었던 〈리버티 뉴스〉에서는, 지역 현장의 37%가 미국의 원조 또는 기타 미국과 유엔의 협력을 다루었다. 또한 제작되거나 계획된 다큐멘터리는 주로 원조(예: 관개, 어업, 일반적인 재건, 경찰 개혁)를 다루었다. 새롭게 개국한 한국 텔레비전(HLKZ-TV)은 아직 양적으로 중요하지는 않지만 질적으로 중요한 시청자 — 이승만 대통령을 포함한 상류층 한국인들 — 를 확보했다고 평가되었다. 또한 사설 문화원에서 매우 인기가 있고 이동영사대 운영에 점점 더 유용해지고 있는 현지에서 제작된 사진 전시회도 유용했다고 평가되었다.[135]

하지만 당시의 평가로는, 주한 미공보원의 원조 공보 프로그램에는 명백한 결함이 있었다. 원조에 대한 이야기는 인구의 대부분을 차지하고 있는 농부들에게 적절하게 전달되지 않았다. 또 당시 원조 프로그램의 현 단계에서는 농부들이 매우 많은 혜택을 받았다는 것을

● 통계적으로 보자면, 1956년 6월부터 12월까지 언론 보도 — 프레스 릴리스 205회, OEC를 다루는 2,914회 보도와 원조를 언급하는 967회 보도 — 는 총 3만 3,184.5줄에 달하였다. 1957년 1월에는 이 총계가 각각 26회, 571회, 80회, 677회로 총 5,499.5줄, 2월에는 24회, 653회, 85회, 762회로 총 7,269줄이 되었다.

농부에게 보여 주는 것이 어려웠다. 주한 미국 대사 자신이 지적했듯이, 다른 나라의 성공적인 원조 프로그램에 대한 보고도 충분하지 않았고, 주한 미공보원의 미디어 콘텐츠는 자유 기업 체제의 한국에 대해 타당성을 충분히 강조하고 드라마화하지 못했다. 그럼에도 불구하고, 이 시기의 가장 고무적인 발전은 주한 미공보원과 한국 정부 간의 협력이 크게 향상되었다는 것이었다. 종종 미국과 주한 미공보원에 적대적이었던 갈홍기 공보실장 후임으로 부임한 오재경吳在璟은 처음부터 주한 미공보원의 조언을 구하고, 미국에서 훈련된 전문가들을 공보실의 주요 위치에 배치하고, 주한 미공보원의 콘텐츠들을 공보실의 미디어에 배치하면서 원조 프로그램을 성공적으로 홍보하기 위해 움직였다. 오재경의 협조적인 태도를 보여 주는 1956년 9월 21일자 편지에서, 오재경은 "본 부서는 최근 전쟁으로 황폐해진 한국의 재건 사업, 특히 ICA 원조 프로그램이 지원하는 사업들의 다양한 측면을 다루는 특별 다큐멘터리 장편 영화를 제작할 계획을 세웠"고, "최근 출간된 《미국이 한국을 원조하다》의 단행본 내용을 바탕으로 제작하는 것이 좋을 것 같다고 생각했고, 나아가 한국어판 제목인 《위대한 협력*Great Cooperation*》이 영화 제목에 가장 적합하다고 생각했다"라고 밝혔다.●[136]

한편, 주한 미공보원과 대사관, 경제조정관실, 그리고 한국 공보실 사이에 존재하는 훌륭한 관계에 주목하였던, 1956년 10월 1일에

● 연례 평가 보고서에 따르면, 이런 협력적 태도는 오재경에만 국한된 것이 아니었다. 대통령 비서실은 여러 차례 협조적임을 입증했고, 이 대통령은 '평화를 위한 원자력Atoms for Peace' 전시회를 열었다. 또한 선거 후에 취임한 새로운 교육부 장관은 영화 검열이라는 성가신 문제를 해결했다.

서 1957년 9일 30일 기간에 대한 주한 미공보원 연례 평가 보고서에 따르면, "이전 시기 한국에서의 미국의 경제 원조 프로그램은 필연적으로 재활과 재건이라는 엄청난 과제에 전념해야 했지만, 이 시기에 경제조정관실은 한국의 장기적인 경제 발전과 금융 안정을 촉진하기 위한 사업에 관심을 돌리는 것이 점점 가능해졌"다. 이에 따라 주한 미공보원은 "경제조정관실의 '공보 기관The Public Information Arm'으로서 미국의 재건 사업과 경제 개발 사업을 홍보하고, 자유 기업 경제하에서 한미 협력의 필요성과 중요성을 입증하는 정보를 널리 보급"하는 활동에 주력하였다. 당시 주한 미공보원에는 미국인 직원 3명과 한국인 직원 4명으로 구성된 팀인 'OEC 연락과OEC Liaison Unit'가 운영되었는데, 불행하게도 전임 책임자였던 찰스 에드먼슨Charles Edmondson이 (그의 사임을 강요한 이유가 되었던) 미국 원조 프로그램에 대해 비판적인 성명을 발표함으로써 주한 미공보원과 OEC 사이에 존재했던 좋은 관계가 일시적으로 손상된 적도 있었다. 그렇지만 주한 미공보원 영화과는 정기적인 뉴스릴 보도 외에도 한국 어부의 삶을 그린 두 릴짜리 다큐멘터리 〈바다, 나의 희망*The Sea, My Hope*〉을 제작해 한국의 많은 부분을 살려 주는 바다의 중요성을 극화하기도 했다. 또한 미국의 원조 노력이 성공하기 위해서는 한국인의 협력이 필요하다는 것을 한국인들에게 확신시키기 위해 노력한 경제조정관실과 주한 미공보원의 활동으로 인해, "대부분의 한국인들은 미국의 경제 원조 프로그램을 알고 있고, 주요 한국인들은 자유 기업 제도의 의미를 어느 정도 알고 있다"라는 평가가 내려졌다. 그럼에도 불구하고, 주한 미공보원은 한국 경제의 심각한 실패는 한국에 재앙적인 결과를 초래할 수 있고 미국의 정책에 부정적인 영향을 미칠 수 있기 때문에, 주한 미공보원의 역할이 더 이상 미국 경제 원조 프로그램의 계획과 활동을 홍보하는 데 국한되지 않고 프로그램 자체의 기본 목표에 대한 공보 지원을 제공하는 데 집중해야 한다는 입장을 견지했다.[137]

1956년부터 1957년까지 추진되었던 경제조정관실의 한국 공보실에 대한 원조는 대체로 두 가지 형태, 즉 물품과 기술 지원의 형태로 진행되었다. 우선 물품 형태의 원조는, 예산상에 1956년에는 약 10만 달러, 1957년에는 교환 형태로 14만 7,000달러, 다양한 장비 및 부품, 교통편, 훈련용 영화 등에 16만 달러가 책정되어, 총 40만 7,000달러에 달했다. 이 수치들은 보통 실제 조달에 도달하지 못하는 최대 지출 수준을 나타내는 것으로, 절감액은 다른 활동의 요구를 충족하기 위해 재프로그래밍될 예정이었다. 당시 1957년 11월 5일 당시 경제조정관실의 시청각과 고문의 추정에 따르면, 회계 연도 1956~1957년 물품에 대한 실제 지출은 약 37만 달러였다. 또한 기술 지원 형태의 1957년 원조 예산은 미국에 의한 직접 고용 비용 2만 달러, 미국 계약 기술자 비용 26만 달러, 그리고 참가자 예산으로 6만 2,000달러가 책정되어, 총 34만 2,000달러에 달했다. 당시 직접 고용 기술자는 도널드 글레드힐Donald Gledhill과 예이츠Yates, 그리고 영화, 라디오 및 그래픽 제작 분야의 미국 계약 컨설턴트였으며, 훈련 목적으로 2년과 4년 동안 한국 공보실에 있을 예정이었다. 당시 정확한 도착 날짜는 정하지 않았지만 1958년 1월 1일 이후 도착할 것으로 예상되는 참가자는 영화 제작 2명, 라디오 2명, 시청각 리더십 4명 및 그래픽 2명이었다. 시청각 교육 대상자를 선정하기 위해 공보실 이외의 부서가 초청되었다. 보건부와 교육부가 후보자들을 제안했고, 보건부의 후보자는 예비 신체검사를 통과한 후 출발 전 신체검사를 통과하지 못했고 교육부의 지원자는 성공하여 당시 시청각 그룹에 있는 다른 사람들과 함

께 인디애나대학교에 있었다.[138]

6장에서 자세히 살펴볼 경제조정관실의 기술 정보 개선 사업 프로젝트의 향후 지원은 주로 미국인 급여 지급, 미국 계약 서비스 지속, 필요에 따른 일부 참가자 파견, 기술 지원 프로그램의 일부 단계를 이행하기 위해 경제조정관실 및 한국 기술자가 공동으로 후원하는 교육 및/또는 다큐멘터리 영화 제작에 필요한 물자를 제공하는 것이었다.[139] 1957년 말 시점에서 예측된 1958년부터 1960년까지의 기술 지원 예산은 대체로 표 5-3과 같다.

앞서 살펴보았던 것과 같이, 공식적인 주한 미공보원의 연례 평가보고서에서는 1956년과 1957년에 걸쳐 주한 미공보원과 OEC 간의 업무 협조, 그리고 한국 공보실 오재경 실장의 부임으로 인해 한국 정부와의 업무 협조가 비교적 원만히 진행되는 것으로 보았다. 그렇지만 유독 한국 정부와의 업무 협조에 대해서는 주한 미공보원과 경제조정관실 내부에서도 회의적이고 비판적인 시각이 제기되었다.

표 5-3　1958~1960년 OEC 기술 정보 개선 사업의 예산 계획

(1957년 11월 5일 기준 단위: $)

구분	FY'58	FY'59	FY'60
미국 직접 고용	42,000	42,000	42,000
미국 계약 고용	0	210,000	200,000
참가자	24,000	24,000	24,000
물품	25,000	25,000	25,000
계	91,000	301,000	291,000

출처: OEC-ROK/OPI Technical Information Program.

1957년 중반 무렵 새롭게 국가 민사관(Country PAO)으로 부임한 헨리 아널드Henry Arnold는 "영화 분야에서 주한 미공보원과 OEC(USOM) 사이의 가능한 중복, 경쟁 및 조정에 대해 언급해 달라"라는 USIA 극동지부 부처장 조지 헬리어George Hellyer의 서신에 대한 1958년 1월 20일자 답신에서, 다음과 같이 언급했다. 자신은 부임 직후 OEC의 시청각과가 영화 분야의 장비와 기술 조언을 한국 공보실에 공급하는 프로젝트에 참여하고 있다는 것을 알게 되면서 왜 주한미공보원과 OEC 간의 업무 중복이 발생하는지에 대해 의문을 제기한 바 있다는 것이다. 실제로 헨리 아널드는 1957년 6월 27일자 USIA의 국제영화부(IMS)로부터 접수한 공문을 통해 한국 공보실이 공보실 뉴스릴에 사용할 주간 국제 영상을 공급해 줄 것을 요청하는 편지를 USIA에 보낸 것을 알게 되었다. 그때 그는 "한국 정부의 공보실이 상업 영화사들이 공보실 영화를 사용하도록 압력을 가할 수 있으며, 〈리버티 뉴스〉 뉴스릴에 이익이 되지 않을 가능성이 있고 또 이에 따라 미국의 정책에 영향을 미칠 수 있다"라는 근거로부터, 정부 선전 기관인 한국의 공보실이 대부분의 에너지를 이승만 대통령과 자유당의 위신을 쌓는 데 쏟으며 종종 미국과는 상반되는 공보 정책을 추구한다는 점을 지적하였다. 따라서 그는 "한국의 요청에 대한 어떠한 조치도 취하지 않을 것을 권고"하였다. 급기야, 그는 OEC가 미국 정부의 이익을 위해서가 아니라 이승만 정부의 선전 목적을 위해 한국 공보실에 장비를 공급하였던 것은 아닌지에 대해 더 자세히 물어보기로 결심했다. OEC 기획부서 스태프와의 비공식적인 대화를 통해 OEC가 한국 공보실의 영화 활동을 지원하는 프로그램이 (1956년 주한 미공보원 영화담당관 닐스 보네슨과 다른 미국 기관 담당관 및 OEC 담당관의 반대에도 불구하고) 실제로 주한 미공보원에 의해 촉구되었다는 것을 알게 되었다. 그렇지만 이러한 정보에도 불구하고 당시 헨리 아널드는 적극적인 반대 의견을 피력하기보다는 미래 가능성에 힘을 실어주는 선택을 하였다.[140]

오재경 공보실장의 부임으로 한국 공보실의 태도에 건전한 변화가 일어나자, 주한 미공보원은 아래와 같이 한국 정부 공보실과의 협력을 제공해 주기로 약속했으나, 한국 정부의 활동은 미국 측의 기대와는 전혀 달랐다. 주한 미대사관과 주한 미공보원은 합동으로 보낸 1956년 11월 9일자 공문을 통해 이렇게 밝혔다.

> …… 주한 미공보원은 한국 공보실에게 원재료를 공급하여 재건 관련 다큐멘터리 영화 10편을 제작할 것을 제안했으며, 주한 미공보원은 한국공보실이 라디오 엔지니어링 분야의 기술 지원을 받는 방법과 미국제 필름 처리 장비를 얻는 데 도움을 줄 것을 경제조정관실에 권고했다. 그 밖에도 주한 미공보원은 라디오 프로그램에서의 비공식 컨설턴트로서 라디오-텔레비전 담당관에 대한 지원, 그리고 한국 공보실이 서울에 공보센터를 설립하는 것을 도울 것을 제안하였다.

위에 열거된 첫 번째 협력 항목은 주한 미공보원이 바라던 대로 되지 않았다. 한국 공보실는 10편의 영화를 제작하기 위해 필름 재고를 공급받았지만, 기록에 따르면 공보실은 10편의 영화 대신 "전쟁으로 황폐해진 한국의 재건 프로젝트의 다양한 측면, 특히 ICA 원조 프로그램의 지원을 받은 프로젝트"를 홍보하기 위해 단일 '특별 다큐멘터리 영화'를 제작하기로 결정한다.

오재경 실장은 〈위대한 협력〉을 제목으로 제안하고 20분짜리 다큐멘터리를 제작했지만 정작 제목은 〈우리 산업*Our Industry*〉이 되었다. 30여 개 장면 중 한 장면에서는 유엔한국재건단(UNKRA) 프로젝트인 문경 시멘트 공장 앞에 '국제 협력'이라고 쓰인 팻말이 보였다. 다른 장면에서는 유사한 표지판인, 전주 비료 공장을 나타내는 OEC 간판이 보였다. 영화의 내레이션은 유엔한국재건단, OEC 또는 다른 해외 지원 기관과의 국제 협력에 대해 언급하지 않았지만, 반대로 한국 정부, 그리고 암시적으로 자유당이 영화가 그린 프로젝트를 만들었다는 인상을 심어 주기 위해 노력했다.

따라서 당시 CPAO였던 존 맥나이트는 오재경 실장에게 이 프로젝트가 어떠한 경위로 이와 같이 되었는지에 대한 실망감을 표현하는 편지를 쓰기도 했다.[141]

한편, 당시 OEC는 주한 미공보원의 권고에 따라 한국 공보실을 위한 미국제 영화 장비를 구입하고 약 75만 달러의 프로젝트를 수립했으며, 그중 절반은 장비 구입에 사용되었다. 나머지 절반은 영화 프로그램에서 공보실에 기술 지원을 제공하는 것이었다. 이와 관련하여 부임 직후 헨리 아널드는 OEC 시청각과 고문이었던 윌리엄 겔러버트 William Gelabert와 여러 번에 걸쳐 대화하는 과정에서 이 장비가 어떻게 남용될 수 있는지 우려를 강조하기도 했다. 당시 겔러버트는 공보실이 다른 모든 부처와 기관을 위한 기술 원조 영화를 제작하는 유일한 한국 정부 기관이라는 입장을 취했다. 답신을 보내는 시점까지도 한국 공보실은 OEC 프로그램이 작동한 기술 원조 영화인 〈어떻게 해야 하는가*how to do it*〉를 제작하지 않았고, 공보실의 영화 장비가 상업적인 제작을 위해 민간 회사에 임대된다는 비판이 제기되는 상황이었다.[142]

그 밖에도, 1958년 1월 당시 헨리 아널드가 파악한 바에 따르면,

'한국 공보실에 대한 OEC의 영화 지원'은 다양한 출처로부터 비판받는 상황이었다. 비판자 중 한 명은 유엔한국재건단(UNKRA)의 영화 책임자인 테드 코넌트Ted Conant였다. 그는 (OEC 프로그램이 시작되기 전에) 한국 정부 기관들이 이미 제안된 OEC 프로그램을 불필요하게 만들기 위해 외국의 원조를 통해 충분한 영화 장비를 제공받았다고 지적했다. 또 다른 비판은 주한 미공보원 영화과장 닐스 보네슨이 제기했는데, 그는 당시에도 해외 원조 장비가 사용된 한국 공보실의 뉴스릴이 지속적으로 엄밀한 의미에서 일방적인 선전이었다고 언급하였다. OEC 프로젝트에 대한 그의 반대는 자유당의 입장을 강화하는 데만 성공하리라는 것이었다. 더 최근에는 아시아재단The Asia Foundation이 현지 대표인 로런스 톰슨Lawrence Thompson 박사를 통해 OEC 자금을 (민간 제작자들로 구성된) 한국영화문화협회Korean Motion Picture Cultural Association, Inc.(KMPCA)를 지원하는 데 써야 한다는 이유로 OEC 영화 프로그램에 항의했다. 그 협회도 같은 이유로 항의했다. CPAO 헨리 아널드의 입장은 이런 비판이 OEC 영화 지원 프로그램에 대한 비난으로 해석되어서는 안 된다는 식으로 상당히 유보적이었다. 그도 그럴 것이 당시까지도 OEC 기술자가 도착하지 않은 상황이었다. 더구나 한국 공보실에 대한 모든 지원 계획은 주한 미공보원의 운영 영역과 상충되지 않는 기술 원조 유형의 영화를 기반으로 하고 있었다. 또 OEC 자체에서 영화를 제작하지 않았기 때문에 OEC와 주한 미공보원이 무엇을 촬영하고 있는지에 대해서는 별다른 갈등이 없었다. 따라서 그는 여전히 주한 미공보원과 OEC, 그리고 한국 정부 간의 좋은 관계가 유지될 것을 기대하는 입장이었다.[143]

이처럼 한국 정부와의 관계가 다소 불투명한 상황에서, 1959년 1월 OEC와 주한 미공보원 간의 공식 협력 합의서가 조인됨으로써 이후 진행될 OEC의 기술 정보 개선 사업 등의 기술 협조 원조 프로젝트의 책임과 권한의 범위가 명확히 설정됐다. 이 합의서[144]는 주한 미국 대사와 CPAO, 그리고 경제조정관의 동의로 진행되어, 향후 주한 미공보원의 국가 계획서에 필수적인 부분으로 첨부될 예정이었다.

이 협력 합의서의 주요 내용을 살펴보자면, 우선 (국제협조처(ICA)에도 동일하게 제출된 바처럼) 경제조정관실의 국가 목표는 세 가지였다. 첫째는 대한민국 경제가 적절한 수준의 방어를 지원하고 수용 가능한 소비를 허용할 수 있도록 하는 것이고, 둘째는 재정적 안정성이라는 조건하에서 경제가 자급자족으로 나아갈 수 있도록 투자 수준과 구성을 지원하는 것이고, 세 번째는 민간인들의 사기를 높은 수준의 상태로 유지하고 전체 국민의 참여 의식을 증진시킬 수 있도록 민주주의적 제도를 강화하는 것이었다.[145]

이러한 OEC의 국가 목표를 실행시키는 데 공보의 역할은 주한 미공보원과 OEC가 각각 다음과 같이 분담하였다. 우선 주한 미공보원은 '한국의 상호 방위 프로그램Mutual Secutity Program in Korea'과 관련하여 자체 공보 미디어를 사용하고 한국 언론과 한국 공보실을 포함한 여타의 공보 미디어를 자극하여 다음의 사항을 수행할 책임을 가지는 것으로 규정되었다. 첫째는 상호 방위 프로그램의 성격과 구체적인 성과를 한국 내에 공표하는 것이다. 이 기능을 수행함에 있어서, 한국의 기여에 대해서 정당하게 인정받을 수 있도록 하면서도 이러한 성취의 한미 공동의 성격에 보다 중점을 두도록 하였다. 여기서도 한국에 대한 미국의 지원 프로그램에 대한 홍보가 양적으로나 내용적으로나 신중할 수 있도록 하여 한국이 미국에 의존한다는 감정에 근거한 역효과를 초래하지 않도록 유의해야 할 것으로 규정해 놓았다. 두 번째는 한국에서 미국 상호 원조 프로그램의 목표 달성에 기여하는 것이다. 언급된 목표는 이 협력 합의서의 앞부분에서 나열된 목표와 이를 뒷받침하는 단기 목표에 해당하는 것이었다.[146]

한편 공보 분야에 있어서 OEC의 시청각과의 책임은 OEC 직원에게 기술 정보 지원을 제공하고, 정보 또는 커뮤니케이션 미디어 활동에 관련된 시설의 개선 및 인력 양성에 있어 프로젝트 협약을 통해 한국의 적절한 기관을 지원하는 역할을 수행하는 것이었다. 보다 구체적으로 보자면, 공보 분야의 OEC 시청각(커뮤니케이션 미디어) 부서는 농업, 보건 교육, 지역 사회 개발, 산업 분야의 프로젝트에 직접적인 지원을 하고, 한국인들에게 새로운 기술, 아이디어, 방법을 전달하고, 매스 커뮤니케이션 기법을 교육하며, 기술 지식의 현장 보급에 대한 조언을 하는 것이다.[147]

두 기관 간의 협력을 위한 절차에 대한 규정도 명시되었는데, 주한 미공보원의 공보 고문 배정과 조정 회의, 그리고 '경제정보정책위원회Economic Information Policy Committee'에 대해, 각각 다음과 같이 규정하였다. 우선, 주한 미공보원의 고위 담당관이 맡게 될 공보 고문Public Information Advisor에게는 OEC와의 정보 연락이라는 임무가 배정되도록 하였고, 그에게는 '경제조정관의 공보 고문Public Information Advisor to the Economic Coordinator'이라는 직함이 달렸다. OEC는 그와 그의 미국인 및 한국인 직원들을 위해 사무실 공간, 사무실 가구 및 용품을 제공할 것이며, 그와 유사한 수준에 있는 OEC 담당관은 '경제조정관의 공보 고문'과 여타 주한 미공보원 직원에게 OEC 프로그램에 대한 적절한 정보를 제공하도록 하였다. 한편 (1956년 9월 25일의 국무부-ICA-USIA 공동 조항에 따라) 주한 미공보원은 "(1) 제안된 프로젝트에 잠재된 심리적 영향에 대한 평가, 그리고 (2) 주한 미공보원의 지원 활동의 초기 기획을 가능하게 하기 위한 차원에서 수행되는, USOM(OEC) 프로그램에 대한 지식 획득"을 위해, OEC 프로젝트 선정과 비프로젝트 활동 및 계획에 대해 조언할 기회를 가지고 있었다. 이러한 목적은 일상적인 실무 수준의 접촉을 통해 달성되는 것처럼 OEC–USIS 조정 회의와 OEC 직원 및 기타 회의에서 정기적인 USIS 대표자를 통해 달성될 예정이었다. OEC–USIS 조정 회의는 정기적으로, 보통 매달 개최함으로써, 경제조정관, 민사관과 그들이 지정한 각 직원의 구성원들이 서로에 대한 각 기관의 역할에 영향을 미치는 계획, 프로그램 및 문제에 대해 토론을 진행하도록 하였다. 마지막으로, 주한 미국 기관의 경제 정보 정책에 영향을 미치는 기본적인 사항들이 대사가 위원장을 맡고, 경제조정관, 민사관, 주한 미대사관 경제과장 및 이들이 지명하는 추가 대표자를 위원으로 하는 '경제정보정책위원회'에서 논의 및 결정할 수 있도록 했다.[148]

공식적인 협력 합의서의 마지막 조항은 실행 계획으로서, OEC 목표를 지원하기 위한 주한 미공보원의 주제 및 미디어 활동에 대한 것이었다. 우선, OEC 목표를 지원하기 위한 주한 미공보원의 주제들로는 세 가지가 명시되었다. 첫째는 경제 발전과 진보를 위해서는 한국 국민들 사이에 건설적인 태도의 함양이 필요하다는 것, 둘째는 한국에서의 미국 경제 원조 프로그램이 궁극적으로 침체된 경제를 이끌 수 있는 진보에 기여하고 있다는 것, 셋째는 한국이 미국의 원조 계획으로부터 최대한의 이익을 얻으려면 한국 지도자들이 건전한 경제 정책과 실천을 개발해야 한다는 것이었다. 다음으로, OEC 목표를 지원하기 위한 주한 미공보원의 미디어 활동은 주한 미공보원의 연간 국가 계획서상에 기재되어 있는 목표 2(진보적 발전에 도움이 되는 긍정적인 태도를 함양하기)와 목표 3(공보 매체를 통해 한국에서의 미국 경제 원조 프로그램의 목표 달성에 기여하기)에 부합되는 것이었다.[149]

6장

1950년대 중후반기 이후 경제조정관실의 기술 정보 개선 사업

1953년 아이젠하워 정부 출범 후 미국의 해외 원조 정책은 직접 원조에서 간접 원조로 선회하였다. 이는 기술 협력 원조에 의거한 기술 정보 개선 사업에 영향을 끼쳤다. 정부 자금의 지출을 줄이고자 아이젠하워 행정부는 민간 기업의 해외 원조와 투자를 장려했고, 저개발 국가 원조에서 기술 교육 중심의 프로그램을 늘려 나갔다(공영민, 2018: 58). 이렇듯 유엔군 사령부의 경제조정관실(OEC)이 커뮤니케이션 관련 원조 사업의 일환으로 시행한 기술 정보 개선 사업Improvement of Technical Information Services과 시청각 교육 기관의 기술 원조 사업은 미국 경제 원조 기관의 기술 협력과 경제 개발 프로그램에서 필수적인 부분인 참여국의 커뮤니케이션 시스템 구축을 위해 시행된 '프로젝트' 원조 사업이었다. 이 장에서는 먼저 미국 경제 원조 기관이 본격적으로 기술 정보 개선 사업을 시행하기에 앞서 실시한 '커뮤니케이션 미디어 리더십 프로그램'을 살펴보고, 이후 미국 문서를 통해 1950년대 중후반기 이후 경제조정관실이 추진한 기술 정보 개선 사업이 어떠한 식으로 전개되었는지를 주요 '프로젝트'인 시러큐스 계약과 잉글만 계약으로 나누어 살펴본다.

1. 인디애나대학교의 '커뮤니케이션 미디어 리더십 프로그램'

1957년 이후 (기술적 지식의 커뮤니케이션과 참여국 커뮤니케이션 시스템의 구축이 USOM의 기술 협력과 경제 개발 프로그램에서 필수적인 부분이라는 인식으로부터) 미국 정부의 원조 기관 국제협조처(ICA)의 지침 아래 경제조정관실(OEC)의 주도로 주요 미디어들을 중심으로 한 기술 정보 개선 사업이 본격적으로 시작되었다. 그에 앞서, 기존의 해외작전처(FOA)에서 국제협조처(ICA)로 개편된 직후인 1956년 1월에 워싱턴의 ICA는 OEC의 기술 정보 개선 사업을 추진할 주체를 교육하기 위해, 한국 정부의 시청각 지도자들을 대상으로 한 해외 연수 프로그램을 계획하였다.

1954년에 FOA-USIA 운영 협약을 작성하는 데 도움을 준 바 있었던 워싱턴 ICA의 해리 카는 1956년 1월 11일 "1956~1957년 시청각 리더십 훈련" 계획을 수립하였다.[150] 이때 입안된 ICA의 '커뮤니케이션 미디어 리더십 프로그램'은 1950년대 후반부터 1960년대 초까지 실행되었다. 이 프로그램은 당시 시러큐스대학교에서 진행되고 있던 프로그램과 유사한 것이었다. 시러큐스대학교의 시청각 교육 프로그램은 2차 세계 대전 후 시청각 교육의 발달과 확장이라는 냉전 체제의 기류를 따라 탄생한 시러큐스대학교 시청각센터•가 담당

● 1948년 인디애나대학교 시청각센터 부소장 출신인 돈 G. 윌리엄스Don G. Williams가 2대 센터장으로 취임하며 영화를 중심으로 하는 시청각 교육 프로그램을 도입, 발전시키고 해외 원조 프로그램을 시작했다. 특히 그는 인디애나대학교 강사진을 초빙해 인디애나대학교 시청각센터의 교육 모델을 활용했다. 2차 세계 대전으로 촉발된 시청각 교육의 중요성은 이미 미 행정부 산하 기관들과 유네스코를 비롯한 여러 국제기구에서도 강조되었지만 특정한 프로그램을 팀 체제로 운영하는 시스템을 구축한 것은 시러큐스대학교 시청각센터의

하던 데 반해, ICA의 '커뮤니케이션 미디어 리더십 프로그램'은 인디애나대학교가 담당하였다. USOM은 1956년 2월 15일까지 미국의 시청각 리더십 훈련의 또 다른 1년 과정에 대해 기획하여 ICA에 알릴 것을 요청받았다. 이 과정은 기술 협력 프로그램의 '특이한unusual' 요구를 충족시키기 위해 특별히 계획되었는데, 그 '특이한' 요구란 바로 "시청각 커뮤니케이션은 기술의 복잡성뿐만 아니라 이를 지식의 교육 및 보급에 적용하는 방법에 대한 전문적인 이해를 포함한다"라는 것이었다. 게다가 "사진·미술·인쇄 등의 개별 기술 중 상당수는 저개발국에서 채용하거나 훈련할 수 있지만 전문성과 경영진의 리더십을 키우려면 전문 기관에서 수년간의 준비가 필요하다"라고도 하였다. 즉 기술 협력 프로그램의 목적상 이 전문적 교육은 너무 오래 걸리고 비용이 너무 많이 들지만, 현재와 향후 2, 3년 안에 리더가 필요하기 때문에 1955년 워싱턴의 ICA와 시러큐스대학교는 1년간의 집중적인 워크숍인, 시청각 커뮤니케이션 개발에서 지도적인 위치에 있는 외국인들을 준비시키기 위한 연구 과정을 계획했다는 것이었다. 이 코스는 ICA와 시러큐스의 해외 시청각 교육 경험에서 발전한 것이다. 이에 14개국에서 온 20명의 ICA 참가자들이 1955년 9월에 이 과정에 참가했고, 보고서, 참가자들과의 인터뷰, 진행 상황에 대한 연구는 이 과정이 매우 성공적이었다는 확신을 얻게 했기 때문에, 이를 토대로 1956년 9월에 다시 개최할 것을 제안했다. 보다 구체적으로, 해리 카는 통상적으로 미국 전문가 회의 참석, 초청 전문가의 강의 및 시연, 상업 시설 방문, 기타 특별 교육 기회 제공으로 구성된

가장 큰 특징이었다(공영민, 2018: 56~57).

'리더십 프로그램'이 통상적인 비용보다 더 높은 결과를 낳는다고 보고, 다음과 같은 자격 요건을 제시하였다.

> – **시청각 커뮤니케이션은 전문성과 산업적 역량의 결합**이다. **이를 위한 훈련은 학업 교육과 업무 경험을 모두 포함**한다. 또한 저개발국에서의 리더십 훈련은 미국과 다른 **행정, 기획, 예산 편성, 조직 등에 대한 진지한 관심이 요구**된다. 이 모든 것은 이 특이한 과정에서 제공되었다.
> – **참가자들은 책임급의 위치에 있거나 임무를 확실하게 성취할 가능성을 보여 주어야 한다.** 그들은 전문적인 배경이나 이전의 시청각 경험이 있으면 바람직하나, 어떤 주제–문제 분야에서든 나올 수 있다. 이 과정에서 사실상 모든 분야의 시청각 및 커뮤니케이션 프로그램에 적용되는 기본 사항을 다룬다. **모든 참가자는 영어로 말하고 쓰는 데 능숙해야 한다.** 이번 참가자 중 몇 명은 영어를 사용한지 1년이 되지 않으며 나이와 경험은 천차만별이지만, 이들의 연관성은 역동적인 그룹 활동으로 귀결되었다.(강조는 필자).

시청각 커뮤니케이션이 학업 교육과 업무 경험을 모두 포함하고 있는 만큼, 기획과 행정, 예산 편성 등과 같은 업무를 추진할 수 있는 높은 위치에 있으면서 능숙한 영어 실력을 발휘할 수 있는 참가자를 요청한 것이다. 이 참가자들에게는 교육비, 체류비, 교재비, 교통비를 포함하여 잠정적으로 참가자당 6,600달러를 지급할 것으로 계획되었다.

해리 카가 초안을 작성한 '1956~1957년 시청각 교육 프로그램 제안서'에 따르면, 최대 20명이 참가할 이 프로그램의 목표는 "시청각 제작 및/또는 활용의 특정 단계에 이미 어느 정도 익숙한 선택된 외국인 훈련생 그룹에 고급 교육을 제공"하는 데 있다. 그 목적은 "각 훈련생이 시청각 커뮤니케이션의 배경을 정리하는 데 필요한 경험을 쌓고, 자신의 국가에서 활용하거나 기본 제작 프로그램을 수행할 준비를 할 수 있도록 기존에 가지고 있었던 시청각 기술의 공백을 메우는 데 두었다. 프로그램의 지속 기간은 12개월로, 훈련생은 3학기를 수강하도록 계획되었다. 프로그램의 범위는 훈련과 견습형 경험에 한정하여, 이론 34학점, 실험 실습 35학점을 이수하도록 설계되었다. 표 6-1은 '커뮤니케이션 미디어 리더십 프로그램'의 교육 과정이다.

그 밖에도 교육 프로그램은 아래 약술된 바와 같이 현장 학습과 직접 견학으로 강화 및 보완될 예정이었다.

1. 대학에서 반경 100마일 이내에 운영 중인 시청각 프로그램을 하루 동안 방문
2. 대학영화제작자협회 — 5일
   전국 각지의 교육 기관에서 온 영화 제작진의 회의, 영화 상영, 기술 시연 및 토론, 그룹의 관심 지점 현장 견학.
3. 영화 제작 워크숍, 캘빈 컴퍼니Calvin Company — 4일
   시연, 토론, 필름 예시, 16mm 필름 제작의 다양한 기술적 측면. 뛰어난 영화 또는 특이한 관심의 영화 상영.
4. 교육영화도서관협회와 전국시청각협회 — 10일
   시청각 프로그램의 다양한 단계에 대한 토론, 영화 사서 및 관리자에게 관심 있는 주제에 특히 중점을 둔다. 새로운 시청각 장비 전시와 함께 무역 박람회를 개최
5. 주 시청각위원회의 회합 — 2일

표 6-1 '커뮤니케이션 미디어 리더십 프로그램' 교육 과정

강좌	학점		
	강의	실습	총계
1. 시청각 커뮤니케이션 입문 미국에서 시청각 자료를 개발하고 해외에서 사용하는 배경, 시청각 자료가 어디서 어떻게 효과적이며 그러한 프로그램이 훈련과 교육에 어떻게 기여하는지, 매스컴의 미디어 — 그것이 무엇이고 무엇을 할 수 있는지.	3	0	3
2. 시청각 자료의 활용과 배포 시청각 자료를 사용하여 최고의 결과를 얻는 방법. 장비의 작동 연습. 영화 라이브러리 운영 및 배급 문제.	3	0	3
3. 시청각 자료의 평가와 선별 다양한 유형의 AV 장치를 사용하기 위한 판단 및 선택 기준. 자료 출처.	1	1	2
4. 시청각 프로그램의 관리 시청각 프로그램 개발, AV 관리자가 직면한 문제, 해당 프로그램의 목표, 목표 달성 방법, 프로그램의 다양한 측면, 예산 및 재무, 인력 선발. 장비 유지 보수.	3	0	3
5. 기초 사진 사진 기법 소개. 실내와 실외에서 사진을 찍고 현상하고 인화하는 연습.	1	2	3
6. 고급 사진 기본 기술에 대한 집중적인 연습, 컬러 사진 입문.	0	3	3
7. 필름스트립 제작과 슬라이드 수용자 식별, 목적 정의, 연구, 대본 작성, 스토리보드 사용, 필름스트립 또는 슬라이드 세트 제작, 수반되는 내레이션 또는 캡션의 계획 및 작성.	0	3	3
8. 그래픽 입문 레이아웃, 색상, 레터링의 기본 원칙. 포스터, 차트, 오버헤드 투영을 위한 재료, 지도, 디스플레이 및 전시, 모델, 게시판 일러스트레이션과 같은 재료 생산에 대한 적용.	1	2	3
9. 고급 그래픽 기본 기술에 대한 집중적인 연습. 실크 스크린 인쇄, 에어브러시, 인쇄 형식 소개 및 연습.	1	2	3
10. 영화 제작 입문 용어 및 정의, 기본 기법과 원칙에 대한 시연, 그룹에 표시된 필름 연구에 기반한 필름 요소의 장비 분석 소개.	2	1	3
11. 영화 작법 관객의 요구와 영화 목적을 충족시키기 위한 대본 계획. 연구 방법. 스크립트 요소. 대본 기획 및 발표의 스토리보드 기법. 대략적인 대본, 최종 대본, 촬영 대본 준비. 수반되는 내레이션 쓰기	3	0	3

12. 영화 연출 영화 제작에서 감독의 역할. 촬영 대본부터 제작 기획까지의 작업. 연출에서의 시연과 연습.	1	2	3
13. 카메라워크 장비 사용, 기본 조명, 외부 및 내부 촬영, 촬영 품질 판단 등의 시연 및 연습.	1	2	3
14. 세트와 현지 촬영 세트 계획 및 시공 설정. 내외부의 짧은 장면을 촬영하는 연습.	1	2	3
15. 편집 학생이 촬영한 영상을 편집하는 연습과 함께 기본 편집 원리	1	2	3
16. 사운딩 내레이션 타이밍 설정, 내레이션, (16mm와 14인치 모두) 자기 테이프 녹음, 음성과 음악의 믹싱. 소리 편집. 효과음. 싱크로 사운드.	1	2	3
17. 제작 관리 영화 제작 비용, 제작 기록, 제작 프로그램 관리 시 발생하는 문제 추정.	3	0	3
18. 고급 제작 테크닉 특수 효과 촬영, A&B롤 절단, 연구실, 개별 학생 프로젝트를 위한 인쇄물 준비.	1	2	3
19. 라디오와 TV 활용 텔레비전과 라디오가 교육 및 기술 훈련에서 효과적으로 사용될 수 있는 방법. 학교 내 사용 및 프로그램 제작 관찰.	3	0	3
20. 라디오 제작 교육용 라디오 프로그램의 기획, 작성, 제작. 디스크 레코딩.	1	2	3
21. TV 제작 입문 강의 및 시연. 제작 기법 관찰.	1	0	1
22. 복제 및 인쇄 방법 휘발성 용매인 스피릿, 스텐실, 레터프레스, 오프셋. 간단한 복제 방법으로 시연, 관찰, 연습. 실크스크린 인쇄에서의 추가 작업.	2	1	3
23. 개인 과제 교육생 개개인이 직원 감독하에 독립 프로젝트를 개발할 기회. 특별한 과제가 있는 연습생들은 그들의 주요 관심 분야에서 집중적인 일을 할 기회를 가질 것이다.	0	6	6
	34	35	69

출처: Audiovisual Leaders.hip Training.

시청각 자료를 사용하는 국가 시청각 감독들과 교사들 간의 아이디어와 정보 교환.

6. 이스트만코닥사Eastman Kodak Co. — 1일
   기술 부서와 이스트먼 하우스 사진 박물관의 방문
7. 시청각 교육학부Department of Audio-Visual Instruction — 5일
   주로 상부 관리에 관심이 있으며, 프로그램의 관리 측면에 더 중점을 둔다.
8. 뉴욕시 — 5일
   라디오, TV, 영화 제작 시설 방문

그 밖에도 교육 프로그램에서는 수시로 방문 컨설턴트를 불러 교육생들과 함께 시청각 활용, 행정, 제작 등 다양한 측면에 대해 이야기 나눌 기회를 제공할 예정이었다.

이와 같은 내용으로 진행된 '커뮤니케이션 미디어 리더십 프로그램'의 1956~1957년 프로그램에 한국 측 참가자는 없었고, 1957~1958년 프로그램에는 이수증을 받은 총 10명 중 한국 측 참가자 네 명(정인식, 한민수[공보실 소속], 강희수, 김영권[공보실 소속])이 포함되었다.●

● OEC의 1957년 11월 12일 월례 보고서에 따르면, 출국 전 신체검사에서 탈락한 기존의 지원자(이름: 전원래)를 대체하여 유병은(라디오)이 강희수(시청각 리더십)와 함께 미국으로 출발했다. 그러나 유병은은 이수증을 받지 못했던 것으로 보인다. 이상은 OEC-ROK/OPI Technical Information Program, November 5, 1957(RG 306, W-278, Audio-Visual Advisor, OEC → CPAO Henry F. Arnold, Box 11). 그 밖에도, 당시 공보실 영화과장이었고 이후에 국립영화제작소장을 역임하게 되는 이성철도 1957~1958년 프로그램에 참여했다는 구술도 있다(한국영화사연구소, 2009: 14, 139). 이성철은 인디애나대학교 프로그램을 이수한 이후 1958년 귀국하기 전에는 캐나다 국립영화제작소National Film Board of

그림 6-1 1959~1960년 프로그램 참가자

출처: Re-section of ICA Students.

1958~1959년 프로그램에는 이수증을 받은 총 7명 중 한국 측 참가자 네 명(김동철[공보실 소속], 이인[정보부 소속], 이용걸, 박영수[공보실 소속])이 포함되었다.[151]

1959년부터는 평가와 연수 계획 수립을 위해 연수 대상층을 두 개의 그룹(커뮤니케이션 리더십과 시청각 교육 리더십)으로 나뉘어 진행했다. 보다 구체적으로 얘기하자면, '결합 그룹'이라 일컬어지는 또 하나의 그룹이 존재했는데, 이 그룹은 기본적으로 시청각 교육 미디어 리더십 참가로서 기능하지만, 그들의 캠페인 경험상의 적절한 지점에서는 단기적으로 16mm 영화를 제작하는 것을 병행하는 그룹이었다.[152] 표

Canada(NFB)를 시찰했는데, NFB에는 1960년대에 국립영화제작소의 김인태, 최봉암 두 사람이 1년간 연수를 가기도 했다. 그 밖에도 공채 이전 세대로서 영화제작소의 대표적인 감독이었던 양종해와 배석인 또한 미국 연수를 다녀왔다(이순진, 2014: 133).

표 6-2 1959~1960년 프로그램 참가자 명단
(1959년 9월~1960년 8월)

그룹 C (커뮤니케이션 미디어 리더십)	그룹 E (시청각 교육 리더십)
Abbas, Husny	Frota, Maria Jose
Assedri, John	Hmud, Nicola
David, Marlene	Kuut, Pruang
Do, Le Ba	* Kabng, Kum Yer
Effendie, Anwar	* **Jo, Woon Suk**
Olouch, Justus	* **Kim, Sang Hyun**
Ortiz, Zacarais	* **Kim, Soo Bai**
Saeed, El Tayib	* **Kong, Yoon Tack**
Saleem, Muhammad	Orkweha, Sudat
Santos, Rachmat	* **Pak, In Shil**
Shadre, Fesitus	Poomipark, Chom
Yang, Han Sok	Rehder, Susie
	Shoomuangpak, Chantra
	* **Wee, Chong Heum**
	* **Yoo, Tae Young**

* 표 안의 표시는 '결합 그룹,' 볼드체는 한국인 참가자.

출처: Re-section of ICA Students.

6-2는 그 명단이다. 커뮤니케이션 미디어 리더십 프로그램의 참가자 총 12명 중에서 한국 참가자는 한 명(양한석)이었고, 시청각 교육 리더십 프로그램의 참가자 총 16명 중 한국 참가자는 7명(조운석, 김상현, 김수배, 공윤택, 박인실, 위종흠, 유태영)이었다. 특기할 만한 점은 한국 참가자의 8명 중 대다수가 시청각 교육 리더십 프로그램 참가자이면서 동시에 16mm 영화의 단기 제작 과정에도 참여하고 있다는 점이다.

2. 기술 협력 원조 기관인 유엔한국재건단(UNKRA)과 OEC 간의 관계

본격적으로 경제조정관실(OEC)의 기술 정보 개선 사업을 살펴보기에 앞서, 먼저 선행 연구를 통해 6·25 전쟁 휴전 직후 한국에 대한 원조가 실행되는 맥락을 짚어볼 필요가 있다. 왜냐하면 1956년 무렵부터 시작하는 OEC의 기술 정보 개선 사업에 해당하는 기술 협력 원조와 (유엔이 한국의 경제를 전쟁 이전 수준으로 회복시키기 위해 설립한) 유엔한국재건단을 통한 기술 협력 원조가 상당 부분 중첩되는 측면이 있기 때문이다.●

1953년 등장한 아이젠하워 정권은 다음과 같은 대외 정책을 표방하였다. 첫째, 아이젠하워 정권은 이전 트루먼 정권하 봉쇄 정책을 보다 강화시키고자 하였다. 미소 냉전 초기 조지 F. 케넌George F. Kennan이 주장했던 대소 봉쇄 정책은 심리적, 경제적 측면에서 대 사회주의권 봉쇄containment를 의도하였다. 이러한 맥락에서 1954년 1월 7일, 의회 연두교서를 통해 이른바 '뉴룩New Look' 정책을 발표하였다(박태균, 2007: 110). "뉴룩은 공산주의의 팽창을 허용해서는 안 된다는 것과, 그러한 공산주의를 봉쇄함에 있어 자본주의 경제가 파산되어서는 안 된다는 원칙에 입각"(권오신, 2005: 157)하여 수립되었다. 경제적인 면에서 보자면, 미국 정부의 재정 적자 축소와 균형 예산의 달성, 그리고 무엇보다 '건전한 경제sound economy'의 훼손 방지가 핵심

● 박태균의 분석에 따르면, 한반도에 대한 미국의 정치·사회적 이해관계는 종종 유엔의 외피를 걸치고 관철되는 것이 한미 관계의 특수성인데, 유엔한국재건단 역시 이에 해당한다(박태균, 2006: 78).

적이었다. 아이젠하워 정권하 뉴룩 정책에서 '건전한 경제'란 군사적 목적하의 대소 봉쇄가 미국 재정에 파탄을 야기해서는 안 되는 것을 의미한다. 따라서 효율적으로 공적 원조를 축소하기 위해 미국 내 사적 자본의 역할과 미국 외 국가들의 도움이 필요했다. 그러나 사적 자본 투입은 미국 내 자본들이 전쟁 중인 한국에 대해 가지는 불안감 등으로 인해 거의 실효를 보지 못했다. 결국 '건전한 경제'를 지향했던 미국의 뉴룩 정책은 한국에 그대로 적용되지는 못했다. 왜냐하면 아이젠하워 정권의 의도와는 다르게 이승만 정권이 비협조적으로 대응하였기 때문이다(한봉석, 2017: 86~91). 어찌 되었든, 이러한 맥락에서 6·25 전쟁을 전후하여 한국 정부와 미국 정부 사이에 맺어진 협정들은 대체로 환율과 원조에 관한 것이었는데, 이 협정 과정에서 탄생한 것이 바로 경제조정관실(OEC)이었다. 미국은 경제조정관실을 통해 유엔군 사령관의 경제 고문이 대한 원조 사용을 감독할 수 있게 했고 재정 안정 계획을 추진했다(박태균, 2006: 141).

1953년 창설된 경제조정관실은 6·25 전쟁 이후 미국의 대한 원조를 집행하는 핵심 기관이었다. 경제조정관실은 구성상 재정, 기획, 조정을 남낭한 행성 부서들과 기획된 프로젝트들을 개별 수행하는 기술 행정 부서들로 구성되었다. 1953~1955년 내내 인원 충원과 조직 변경이 수반되었다. 이 시기 경제조정관은 종종 주한 민사처(KCAC) 인력 및 부처에 의존하였다. 경제조정관실이 기존 사업에 대한 인수인계를 거의 마치고, 조직적 완성을 이룬 것은 1950년대 중반에 이르러서였다. 경제조정관실의 조직 결성 과정에서 기존 인력에 의존하였지만, 1950년대 중반 이후에는 주한 민사처 인원으로부터 가능한 민간 파견 기술진으로 구성을 변경하고자 하였다(한봉석, 2017: 99~100).

표 6-3 1953년 10월 10일 주한 원조 기구의 고용 현황

구분	유엔 미국(인)		한국인	
	승인 구인 중	고용	승인 구인 중	고용
경제조정관실	40	34	1	1
유엔한국재건단	258	201	863	676
주한 민사처(民軍 종합)	765	583	2,085	2,060

출처: 한봉석, 2017: 102.

창설 당시인 1953년 경제조정관실은 조직 구성 및 인원 충원 과정에 있었기 때문에 실질적으로 경제조정관을 보좌하지 못했다. 따라서 제1대 경제조정관이었던 타일러 우드는 당장 필요한 일부 인원만 채용하고, 실무 조직은 주한 민사처와 유엔한국재건단에 의지했다. 이 점은 표 6-3과 같이, 1953년 미 대한 원조 담당 기구들의 인원 현황을 봐도 잘 드러난다. 따라서 경제조정관실 창설에도 불구하고, 실제 사업은 주한 민사처나 유엔한국재건단이 담당했다. 1953년 당시 유엔한국재건단 측은 주로 농업, 보건, 교육, 산업 등에 집중하였고, 해외작전처(FOA)는 운송, 전력, 통신 등 주로 '재건'에 초점을 맞춘 사업 방향이 제시되었다. 그리고 이러한 경향은 1955년 6월, 주한 민사처의 사업과 인적 자원의 이전이 완전히 정리될 때까지 계속됐다(한봉석, 2017: 101~102).

1954년 초 경제조정관실은 기존 재건 기술 분야 사업들을 유엔한국재건단으로부터 이관받고자 하였다. 경제조정관 타일러 우드는

이 시기 산업국의 설치, 기술 자문 회사 등의 계약을 통해 '재건' 사업을 일원화하고자 하였다. 그러나 유엔한국재건단 측은 자금 고갈에도 불구하고, 기존 재건 사업의 중요 사업들을 계속하고자 하였다. 이에 경제조정관실과 유엔한국재건단 양측은 재건 사업 분야에 대한 영역 확인에 들어갔다. 경제조정관실 측의 원래 계획은 유엔한국재건단 측이 '기술 협조' 분야를 담당하고, 경제조정관실 측이 재건 분야를 분담하는 것이었다. 따라서 유엔한국재건단이 계속해서 사업을 진행할 분야는 농업, 보건복지, 교육 등에 관한 영역들로 한정하고자 하였다(한봉석, 2017: 104~106).

이후에 경제조정관실은 1959년 주한경제협조처(USOM-Korea)가 창설되기 전까지 주목할 만한 조직적 변화가 두 번 있었는데, 1955년과 1958년이다. 1955년 조직 개편에서 특징적인 것은 재건기술국Office of Rehabillation Engineer과 농업국Office of Agriculture으로 양분되어 있다는 것이었다. 그중에서도 재건기술국은 재건rehabiliation과 부흥reconstruction에 관한 모든 기술적 분야들에 대한 활동을 주관했다. 경제 원조 중 계획 원조에 관한 분야들로서 전력, 통신, 공공사업, 산업개발, 광산, 수송 등 대규모 원조 사업에 해당하는 영역들이 주로 여기에 속한다. 1955년 8월 당시의 조직(그림 6-2 참조)상에서 재건기술국 산하의 부서들은 전력국, 수송국, 커뮤니케이션국, 산업국, 그리고 공공사업국으로 구성되었다. 각각의 부서들은 그 내부에서 다시 사무국과 중요 프로젝트순으로 조직 구성이 나뉜다. 이 시기에는 아직 유엔한국재건단, 주한 민사처의 직원들이 내부에서 기존 사업을 병행하는 형태를 취했다(한봉석, 2017: 137). 이와 같이 1950년대 중반 무렵까지 미국의 대한 원조와 유엔한국재건단의 유엔 원조는 상당히 밀접하게 연관되었다.

그림 6-2 1955년 10월 7일 OEC 조직도

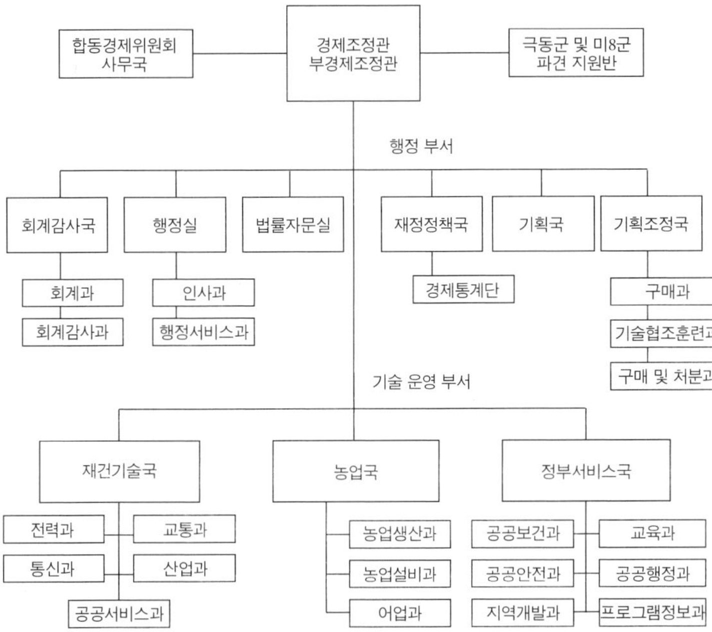

출처: 한봉석, 2017: 136.

이후 1956년 9월 다시 조직 개편이 있었고, 11월 다시 조직 개편이 논의되어, 1957년 8월 재차 조직 개편이 단행되었다. 전체적인 조직 개편의 방향은 기술 운영 부서들의 재편으로, 기존 재건기술국 대 농업국, 정부서비스국Office of Government Service의 체제는 다시 재건기술국 대 기술협조국의 형태로 전환되었다. 그리고 이는 다시 재편 과정을 밟아 1958년 7월 1일에는 기술 운영 부서들은 그 명칭을 변경하여 '자원개발국Office of Resource Development'과 '기술협조국Office of Technology Cooperation'으로 재편되었다. 이 부처들의 변화는 경제조정관의 업무를 보조하는 것과 개별 프로젝트의 실행에 있었다. 주로 거시적인 정책은 행정 부처들이 담당했다. 그러나 개별 프로젝트는 기술 행정 부서들이 담당했다(한봉석, 2017: 137). 이로써, 이 장에서 살펴볼 시러큐스 계약과 잉글만 계약 등의 기술 정보 개선 사업을 담당했던 부서였던 시청각과는 기술협조국 산하에 소속하게 되었다.

3. 시러큐스 계약

공보실에 대한 기술 협조 사업의 정식 명칭인 'Project 89-92-438: 기술 정보 개선 사업'은 1957년 4월 8일 워싱턴에서 승인되었고 경제조정관실은 4월 14일에 통지를 받았다. 또한 시러큐스대학교와의 프로젝트 계약은 4월 15일에 체결되었다.[153] 기존 연구와 미국 문서를 통해 확인한 바에 따르면, 시러큐스대학교와의 계약을 통해 진행된 공보실에 대한 기술 협조 사업은 크게 (1) 영화제작소 건립, (2) 시청각 연수 및 영화 제작 교육, (3) 시범시청각교육원 건립으로 나뉘어 각각 진행되었다.

한편, 기존 연구가 여러 사료를 통해 확인했던 시러큐스 팀의 구성은 두 줄기로 나뉜다. 첫 번째는 영화제작소 팀이다. 시어도어 코넌트Theodore Connant가 소장한 계약 서류를 통해 파악된 바에 따르면, 이 팀은 영화제작소의 제반 설비가 완료된 후 본격적인 영화 교육에 투입된 시청각 교육 팀으로 총책임자인 제임스 매카론James McCarron을 필두로 토머스 레이튼 메이브리Thomas Layton Mabrey(연출), 제임스 R. 코넬James R. Connell(촬영), 시어도어 코넌트(녹음), 페리스 라지Ferris Large(유지관리), 제임스 M. 거스리James M. Guthrie(편집), 세스 프레슬리Seth Pressley(현상)와 레비 E. 문Levi E. Moone●이 파견되었다. 공식 계약 문서에 따르면 이들은 1958년 7월부터 1960년 6월까지 계약을 맺은 것으로 되어 있으나, 국가기록원과 이성철의 구술에 따르면 팀장인 제임스 매카론의 경우는 1962년까지 계약을 이행하고 이한한 것으로 기록되어 있다(공영민, 2018: 52). 이 시러큐스의 영화제작소 팀은 1958년 11월에 내한하여 1963년까지 5년간 영화제작소에 머물며 한국 영화 인력을 교육했다(이순진, 2014: 133).●●[154] 두 번째는 시범시청각교육원 팀이다. 이 팀은 구술을 통해 전해진 바는 없으나 미국 문서 사료와 미국 시청각 교육 관련 교재 등을 통해 확인할 수 있는데, 구성원은 켄터키대학교의 길버트 터프너Gilbert Tauffner와 위스콘신대학교의 프레더릭 화이트Frederick White, 모리스 아이버슨Maurice Iverson이었다. 길버트 터프너의 직함은 시범시청각교육원 내 시러큐스대학교 교육행정관이었다. 시범시청각교육원은 OEC와 한국 문교부가 공동으로 창설한 교육 기관으로 1957년 11월 설치·운영 계획을 발표했고 1958년 8월 정식으로 발족했다. 시범시청각교육원의 설립 목표는 농업, 공업, 상업, 과학 기술 등의 분야에 새로운 교육 방법으로서 시청각 교육을 도입하는 것이었다. 한국 측의 담당자로는 (앞서 살펴본바 인디애나대학교의 '커뮤니케이션 미디어 리더십 프로그램'을 이수한) 강희수가 임명되었다. 국립영화제작소의 시러큐스 계약 팀이 영화 제작 교육을 전담하고, 시범시청각교육원은 교육 영화를 상영·배포하는 일과 교사 양성 기관을 중심으로 한 강습회를 개최하여 현직 교사들에 대한 시

● 레비 E. 문은 세스 프레슬리의 후임자로 현상 교육을 담당했다(김희윤, 2015: 29).

●● 1961년 무렵에 작성된 미국 문서에 따르면, 1961년 9월 만료된 영화 부문의 영화제작소 인력과 작가 감독 인력의 현장 교육이 최종 단계에 도달해 있다고 서술되어 있다.

청각 이론과 실제를 지도 훈련하는 일을 맡았다(공영민, 2018: 52).

여기서는 미국의 대한 기술 원조 정책 수행을 보조하는 역할을 담당했던 영화제작소와 시범시청각교육원에 주목하여, 공보실 영화제작소의 건립 과정과 시러큐스 팀의 영화 교육/교육 영화 제작 활동, 그리고 시범시청각교육원의 건립 과정에 대해 살펴본다.

1) 한국 공보실의 영화제작소 건설

1956년을 기점으로 국제협조처(ICA)는 유엔한국재건단이 추진해 오던 기초 교육과 영화 프로그램들을 맡아서 적극적으로 확장해 나갔다.[155] 국제협조처는 '영화 제작 시스템의 전반적인 발전과 제도화'가 한국의 재건과 발전에 중요하다는 전제 아래 정부 산하에 영화제작소를 짓고자 했다. 이들은 1956년, 공보실 내에 '영화 사운드 스테이지와 스튜디오'를 짓기로 하고 곧바로 본격적인 작업에 착수했다.[156] 이 스튜디오는 유엔한국재건단의 원조 자금 10만 달러를 확보해 개축한 것으로, 35mm 방음 미첼 카메라, 35mm 광학녹음기, 조명기 등이 구비되었다(이순진, 2014: 132). 비슷한 시기, 미국의 비정부 기관인 아시아재단 역시 상업 영화인들과 기업인들을 중심으로 조직된 한국영화문화협회(KMPCA)에 5만 달러를 지원하여 1957년 1월, 정릉에 녹음 기자재를 구비한 녹음실을 지었다. 그러나 한국영화문화협회는 카메라와 부속 장비 등 영화 제작에 필요한 기자재가 부족한 상황에서 스튜디오를 활성화할 수 없다는 결론을 내리고, 곧 국제협조처에 지원을 구했다. 1957년 10월에 보낸 공식 서한에서 이들은 국제협조처와 유엔한국재건단이 공보실 내에 스튜디오 건설을 지원하듯 영화 산업에 대해서도 경제적으로 지원해 줄 것을 요청했다. 그러나 국제협조처는 이에 대해 영화 산업과 같은 민간 산업을 지원하는 것은 기관의 성격에 맞지 않아 불가능하다고 거절했다. 미 국무부 산하의 국제협조처로서는 전쟁 직후 남한에서 시급한 것은 공보 정책을 적극적으로 펼칠 수 있는 기반을 만드는 것이었으며, 정부 산하의 자체 영화 제작 시설이야말로 필수 불가결한 것이었기 때문이다. 이에 전반적인 영화 산업의 '기업화'와 '근대화'를 목표로 하던 영화인들의 바람과 달리, 국제협조처는 자체 예산 1억 5,700만 환(약 32만 달러), 유엔한국재건단 예산 3만 5,000달러와 한국 정부의 매칭 펀드를 더해, 1959년 1월, 세 개의 건물로 이루어진 공보실 영화과 스튜디오를 완성하고, 같은 해 11월에 새로운 제작 설비를 들여왔다.●[157] 이를 통해 한국의 민간 영화 산업이 본격화되는 것과 동시에 정부의 영화 제작 또한 지속적인 영화 생산을 위한 안정적인 기반을 구축하게 되었다(이순진, 2014: 132).●●

영화제작소 건립에 소요되는 영화 장비 조달과 관련된 계약의 정식 명칭은 'Project 89-92-296: 영화 장비Motion Picture Equipment'

● 이 제작 시설들은 A, B, C동(혹은 스튜디오)으로 불렸는데 원조 사업으로 1958년 12월 21일 최종 완성된 스튜디오가 A동이었고, B동이 유엔한국재건단의 자금으로 개축된 스튜디오, C동이 대한영화사가 사용하던 기존의 스튜디오였다(한국영상자료원 한국영화사연구소, 2015: 27~28; 공영민, 2018: 36). 그러나 1959년 11월 시점에서도 영화 설비가 완벽하게 구축된 것은 아니었다. 설비의 약 85%가 설치되었고, 장비 제어에 필요한 교육이 부족하기 때문에 필름은 여전히 수동 제어로 처리되고 있었다.

●● 이순진의 연구에 따르면, 공보실 영화제작소는 16mm 위주로 된 제작, 상영 시설을 갖고 있었고, 미첼 카메라와 자동현상기, 35mm 광학녹음기 등을 마련하면서 본격적인 35mm 영화 제작 체계로 전환한 것이 이 시기 제작 설비 구축의 특징이었다. 방음 미첼 카메라와 더불어 동시 녹음 촬영소(B동)까지 마련하면서, 당시 영화제작소는 국내에서 유일하게 동시 녹음이 가능한 설비를 갖추게 되었다.

로 지칭되었다. OEC 월례 보고서에 따르면, 1957년 4월 무렵 공보실은 유엔한국재건단이 공급한 장비와 전쟁 전 남은 구식 장비를 보충하기 위한 목적에서, 영화 장비 조달을 위해 FY'57 프로그램에 9만 5,000달러를 요청했었다. 당시 FY'56 프로그램에서는 한국 정부의 부흥부復興部/Ministry of Reconstruction에 추가적인 영화 장비를 제공하는 프로젝트가 있었다. 하지만 부흥부에는 영화 제작에 훈련된 인력이 없었기 때문에 이 장비를 활용할 준비가 되어 있지 않다는 점을 감안하여, OEC의 이 사업에 대한 책임을 행정과에서 시청각과로 이관하고, 협조 기관을 부흥부에서 공보실로 변경하는 조치가 취해졌다. 이에 따라 OEC의 영화 고문은 이제 이 프로젝트에 대한 책임을 맡게 되었다. 이와 동시에 한국의 공보실이 미국의 기술 지원을 받아 당시 뉴스릴과 다큐멘터리 프로그램 외에도 교육 영화를 제작할 수 있는 구조를 제공하는 전반적인 프로젝트 제안서가 한국 공보실에 제출되었다.[158] 이윽고 OEC의 영화 고문과 협조하여 1957년 5월 무렵 한국의 조달청은 공보실과 협의하여 영화 제작 장비를 아우르는 약 7만 5,000달러의 잔액에 대한 입찰 초대장을 발행하여 7월에 영화 장비에 대한 계약이 이뤄졌으며, 당시에는 이와 별도로 유엔한국재건단이 한국 공보실을 위해 자금을 지원하는 영화 사운드 연구소와 스튜디오 건설이 진행 중이었다.[159] 그리고 1957년 12월 무렵, 'Project 89-92-296: 영화 장비'의 모든 품목이 9만 2,000달러에 계약되었고, 이 장비들을 받은 이후부터는 이 프로젝트가 종료되고 '프로젝트 438'(즉 기술 정보 개선 사업)에 통합되었다.[160]

1957년 4월 8일 워싱턴에서 승인되었던 'Project 89-92-438: 기술 정보 개선 사업'의 일환으로, 1957년 7월 무렵부터는 영화제작소 건설을 위한 기술 연구가 영화 고문에 의해 진행되어, 당시 조달 중이었던 영화 장비를 수용하는 국회의사당 별관 지역의 2층 철근 콘크리트 구조물에 대한 예비 계획과 도면이 OEC 소속 건축가에 의해 수립·작성되기 시작했다. 또한 9월에는 공보실 영화제작소 건설에 관해 여러 번 회의가 개최되었다. 이때 영화제작소와 유엔한국재건단의 재정 지원을 받아 개축되는 스튜디오를 하나의 건물로 결합하는 방안이 논의되어, 보다 효율적이고 경제적으로 운영할 수 있도록 시도되기도 했다. 그리고 11월에는 영화제작소 건설을 위한 상세 도면을 진행하기 위해 건축가를 고용하는 데 소요되는 '프로젝트 438'의 예산, 5,200만 환의 대충자금counterpart fund이 공개되었고, 대통령실의 추가 승인을 통해 공보실은 영화제작소 건설 계약을 마무리하게 되었다.[161]

이와 같이, 미 행정부의 대한 경제 기술 원조 정책을 담당하는 OEC와 시러큐스대학교는 연관을 맺으며 공보실 영화제작소의 설치·운영에 개입했다. 시러큐스 계약은 1958년 7월 2일 정식으로 개시되었지만 영화제작소가 1958년 12월 설비 구축이 완료되는 것에 대비해 팀원들은 순차적으로 합류했다. 공보에 대한 본격적인 기술 원조 사업이 시작되면서 OEC에는 시청각 기술 원조를 위한 고문들이 새롭게 투입되었다. 그중 기술 정보 개선 사업과 시범시청각교육원 사업에 많은 관여를 한 인물들이 시청각과 팀장 윌리엄 겔러버트와 기술 고문 도널드 글레드힐이었다. 겔러버트와 글레드힐은 영화제작소의 건설과 설비 구축에서 중요한 역할을 맡았다. 특히 글레드힐은 공보 선전 영화와 영화 스튜디오의 현대화에 관심을 둔 인물로 차후 공보실의 영화 정책에 적지 않은 영향을 끼친 인물이었다(공영민, 2018: 34).

시러큐스 계약 팀 입국 이전까지 영화제작소의 건축물과 제반 설비 자문은 OEC 시청각과의 기술 고문인 도널드 글레드힐과 팀장인 윌리엄 겔러버트가 맡았다(한국영화사연구소, 2009: 139). 또한 시러큐스 계약 반기半期 보고서에 따르면, 1958년 8월 팀장인 제임스 매카론이 업무를 시작했고, 수원신생활교육원에서 시청각 교육을 담당하고 있던 시어도어 코넌트도 자신의 통역을 맡고 있던 박익순과 함께 합류했다. 공보실 영화과도 이 사업에 맞춰 연출, 촬영, 편집, 미술 등 각 분야에 걸쳐 인력을 공채했다. 1958년 제1기로 선발된 대표적인 인력으로 연출 분야의 임학송, 한호기, 나한태와 행정직(홍보, 비서)으로 근무하다가 후일 라디오 방송 최초의 여성 PD가 된 배동순 등을 들 수 있다. 1959년 10월 15일 기준으로 시나리오 작가, 연출 및 카메라 분야에 20명의 견습생이 신규 채용되었다.[162] 이와 같이 인력의 재정비가 이루어지며 새롭게 출발한 공보실 영화제작소는 본격적인 기술 협조의 과정, 즉 '정보 기술 개선 사업'의 결과물이 될 '한미 협조 교육 영화' 제작에 들어갔다(공영민, 2018: 59~60).

특히 겔러버트와 글레드힐은 큰 맥락 안에서 심리전의 전문가들로서 시청각 교육의 중요성을 인지한 기술 고문들이었으며, 트루먼 행정부의 포인트 포 사업부터 아이젠하워 행정부의 경제 기술 원조 사업까지 연속성을 갖고 저개발 국가들에 파견된 지역 개발의 전문가들이기도 했다. 이들은 기본적으로 경제 기술 원조 사업이 지향하는 훈련 프로그램을 통한 기술 전수에 큰 비중을 두었다. 따라서 겔러버트와 글레드힐은 OEC의 기술 원조 사업에서 진행하는 훈련 프로그램의 세 가지 방법에 맞춰 공보 기술과 시청각 교육 기술을 담당했다. OEC 경제부조정관 브라이언트는 그동안의 해외 원조 훈련 프로그램들을 통해 증명된 세 가지 방법을 다음과 같이 설명한 바 있었다(공영민, 2018: 35).

> 1) **전문가들의 기술을 통해서 해당 국가의 적합한 부처(카운터파트)와 일한다.** 예를 들어 미국 기술진들은 한국 부처와 한국인들을 가르친다. 미국인 기술진들은 미국인이나 계약을 통한 기술진들을 고용한다. 목적은 같다.
>
> 2) 이 방법은 미국 혹은 제3 세계 국가들에서 제공하는 교육 프로그램 참가자들이 성공할 수 있는 방법이다. 이 방법은 배움을 통해 새로운 기술을 적용한 것의 **결과를 지켜보는 기회를 제공하는 것**이다.
>
> 3) 세 번째 방법은 장기적인 안목으로 볼 때 보다 더 중요하다고 믿는 교육 방법이다. 교육 영역에서 우리는 **피지원국이 대학을 포함해 교육 시스템을 발전시켜야** 결국에는 요구 사항을 대면했을 때 **그 나라에서 (자립이) 가능해진다고 주장**한다. 이 방법은 미래를 내다보는 것이고 효과적으로 태도와 문화와 교육 패턴을 변화시킬 수 있는 시간적 요소를 요청하는 것이다. 그러므로 즉각적인 결과나 빠른 영향을 기대하는 것은 불가능하다. (강조는 필자)

강조한 부분에서 알 수 있듯이 OEC의 훈련 프로그램들은 기술 전수에만 목적을 둔 것이 아니라 교육 시스템을 발전시키는 것을 궁극적인 목표로 설정했다. 이것은 브라이언트가 설명한 것처럼 저개발 국가에 대한 미국의 원조의 방향, 즉 사업의 근간이 되는 경제·사회의 시스템을 미국식으로 수정하고 맞춰나가는 것을 뜻했다. 따라서 공보 기술 분야도 시스템을 마련하는 것에 최우선 순위를 두었다. 그러므로 '계약'을 통한 기술자들을 투입하기 전에 훈련 프로그램을 실시할 수 있는 제반 시설을 갖추어야 했고, 이에 따라 설치된 곳들이 공보실 영화제작소와 시범시청각교육원이었다(공영민, 2018: 36).

한편 1959년의 작업 계획서에 따르면, 시러큐스 계약의 프로그램 목표는 1960년에 공보실 영화과가 (1) 일반 영화로는, 1959년 한 해 동안 한국어 버전 뉴스릴 53릴과 문화 영화(다큐멘터리) 23릴을 포함해 10분 분량의 112개 릴, (2) 교육·훈련 목적의 영화로는, 두 릴짜리 흑백 영화를 20편에서 25편 제작하는 것을 설정하였다. 교육·훈련 목적의 영화들은 주로 OEC(USOM)와 한국의 각 부처가 합의한 정책을 전달하기 위한 영화들이었다. 이들은 교육·훈련 영화를 (1) 한국인들을 교육하고, (2) 국가 전체에 걸쳐 다양한 프로젝트를 수행하는 미국인·한국인 기술자들을 지원하는 데 필수적인 대중 전달 기구로 정의했다. 공보실 영화제작소는 시러큐스 계약에 맞춰 대학에서 미술을 전공한 박영일, 한성학 등을 채용했다. 그중 미술부의 인력들은 실사 영화에 필요한 제목, 자막 등의 기본적인 미술 작업뿐만 아니라 애니메이션 제작법을 교육받았고, 이에 따라 1958년부터 문화 영화에 부분적으로 애니메이션이 활용되기 시작했다. 이 해 제작된 애니메이션은 뉴스 영화나 교육 영화에서 일반적으로 활용되는 도표나 그래프, 인체나 동물의 해부도 등이 주를 이뤘다(공영민, 2018: 68). 또한 시러큐스 계약에 의해 1960년 3월 15일까지 한국 공보실이 제작한 교육용 영화는 15편이었고, 13편은 다양한 제작 단계에 있었다.[163]●

● 1960년 3월 16일 당시, 제작 단계에 있던 교육 영화는 〈건 에이전트〉, 〈누에〉, 〈댐 건설〉, 〈어구〉, 〈아카시아 씨앗〉, 〈농촌 임업 조합〉, 〈보리 절약을 위한 신형 비료〉, 〈자기지지형 케이블〉, 〈농촌 기계 워크숍〉, 〈병동을 청결하게〉, 〈그레이더 유지 관리〉, 〈트럭 유지 관리〉, 〈모기 방역〉, 〈흉부 수술〉, 〈위생 우물〉, 〈학교 도서관〉, 〈교통경찰〉, 〈협동을 통한 발전〉, 〈유아 병원〉, 〈돈사〉, 〈나선 공사〉, 〈쥐잡기에 대한 만화〉, 〈농촌 집에서 잘살기〉, 〈아이 돌보기〉, 〈가족 식단〉, 〈의복 개선〉, 〈주방 개선〉, 〈제작 분석〉, 〈전화 설치〉, 〈수익성 새우 어업〉 등이었다.

2) 영화 제작 교육

1959년 1월 공보실 영화제작소의 설비 구축과 함께, 정부의 영화 제작 기구는 그 체계와 영화 제작 방식에 있어서 근본적인 변화를 겪게 되는데, 그러한 변화는 무엇보다 새로운 인력의 양성에서부터 시작되었다. 스튜디오의 준공에 앞서 1958년에 공보실은 이 기자재를 활용할 새로운 인력을 공채로 선발했고, 그해 11월에는 그들을 훈련시키기 위해 시러큐스 계약 고문 팀이 파견되었다(이순진, 2014: 133). 1959년 11월 당시, 20명의 공보실 공채 인력들이 시러큐스 계약 고문 밑에서 영화 제작의 모든 측면에 대해 집중적인 공식 교육을 받았다. 고급 기술 및 전문 인력의 50%가 교육을 완료하였고, 1960년 10월까지 기술자 교육을 완료하였으며, 1962년 1월까지 작가-감독-감독관 교육을 완료하였다. 또 계약 고문의 사임으로 지연된 영화제작소 및 필름 처리 인력의 교육은 1961년 5월까지 완료될 예정이었다.[164]

시러큐스 계약의 작업 계획서가 밝히듯이, 시러큐스 계약 사업의 목표는 계약진이 사업을 완료하고 떠난 후에도 영화제작소가 제대로 기능할 수 있도록 장기적인 시각을 갖고 영화제작소 인력들을 훈련시키는 것이었다. 특히 시러큐스 계약 반기 보고서에 밝히고 있듯이, 시러큐스 기술진은 대체로 세 분야에서 공보실 영화과를 지원하도록 되어 있었다. 첫째는 영화 제작의 기술적 분야에서의 한국 인력 교육, 둘째는 교육용 영화들의 제작 조언과 지원, 셋째는 영화 장비 설치였다.[165] 이와 같이 작업 계획서뿐만 아니라 시러큐스 반기 보고서의 분야별 목표에서는 '장기성' 혹은 '장기적인 관점'이라는 용어가 강조되었다. 일례로 1959년 작업 계획서에서는 계약자의 목표가 "(1) 전체적인 제작 프로그램, (2) 공보실 기술 인력들의 현재 자질 및 (3) 공보실이 장기적인 관점에서 목표로 하는 효과를 거두기 위한 향후 제작의 필요성과 책임을 바탕으로 설정된 것"이라고 밝혔다.[166] 애니메이션 부서의 신설을 둘러싸고도 "시러큐스 인력이 떠난 후에도 공보실이 제대로 기능하는 애니메이션 부서를 운영하려면 애니메이션 촬영 기사 정규 인력 1인과 보조 파트타임 견습생 1인을 반드시 고용해야 하고, 애니메이션 촬영은 제작의 중요한 단계"라고 강조하였다. 1년 6개월 후에 작성된 반기 보고서에서도 "그동안 공채로 선발된 견습생들을 충분히 교육시키고 있음"을 밝히면서, "공보실은 장기적 영화 교육 목표에 도달하는 데 충분한 해당 분과의 인원들을 얻게 될 것"이라 자평하였다. 그리고 '향후 계획' 부분에서 "프로그램 완료를 위해서 시러큐스 작가 및 감독의 파견 기간 외 추가 시간이 소요되리라 판단"하고 있었다(공영민, 2018: 70).

당초 1958년 10월 30일자를 기준으로 작성된 시러큐스 계약의 작업 계획서를 수정한 1959년의 작업 계획서를 보면, 이 계약의 개요는 "시러큐스 인력들을 최대로 활용하기 위한 방안으로 정규 교육에 주안점을 두고 글쓰기, 연출, 촬영, 편집 및 사운드 녹음 분야에 대해 매주 교육을 실시하고, 프로그램 목표에 부합한다면 영화 관련 행정 업무, 프로그래밍 등의 관련 업무에 관해서도 기술 지원을 제공하는 것"이었다.[167] 이를 위해 이들은 2년에 걸친 교육 과정을 2단계로, 즉 '정규 교육'과 '현장 실무on the job training 교육'으로 나눠 계획을 세웠다. 작업 보고서에는 "시나리오 작가 및 감독은 50%의 시간을 정규 교육에, 50%의 시간을 '현장 실무' 교육에 할애"한다고 기술되어 있다. 실제로 감독 양종해는 오전에는 콘티 작성법을 비롯해 실무에 필요한 강의를 듣고, 오후에는 작업을 했다고 증인했는데, 아마도 1959년 정규 교육이 이루어지고 있던 상황을 회고한 것으로 보인다. 학교 수업처럼 진행된 이와 같은 정규 교육은 대략 1년 6개월 동안 지속되었다. 1960년 4월에 작성된, 1959년 9월 16일부터 1960년 3월 15일까지의 기간을 정리한 반기 보고서에서는 그동안의 정규 교육이 소기의 목적을 이루었다고 평가하고, 향후 6개월 동안은 현장 실무 교육에 집중할 것임을 밝히고 있다. 대한 기술 협조의 주무기관 명칭의 변경에 따라 OEC/USOM 교육 영화 혹은 OEC/USOM-ROK 교육 영화로 지칭했는데, 공보실의 여타 영화들과는 달리 한미 협조 엠블럼을 반드시 부여받았다(공영민, 2018: 66~67).

신규 인력이 채용되고 기자재가 구비되자 시러큐스 계약 팀은 영화의 기초부터 강의하기 시작했다. 공영민의 연구에 따르면, 현장 실무 교육을 주요 목표로 삼은 이들이 기초 교육에 비중을 둔 이유는 두 가지로 정리된다. 첫 번째로는 목표하는 영화 제작에 투입할 수 있는 인원이 턱 없이 부족했던 영화제작소의 상황을 들 수 있다. 영화 관련 전문학과가 부재한 상황에서 신규 채용한 인력들이 영화 제작 기술 전반에 대한 과정을 이해할 리 없었다. 게다가 영화제작소의 기존 인력들조차 교육 영화보다는 뉴스 영화에 투입되는 경우가 많았고, 문화 영화 연출 경험이 있는 감독도 양종해, 배석인 등 소수에 불과했다. 이들이 제작한 문화 영화도 실상은 〈대한뉴스〉의 특별판인 경우가 많았다. 그렇지만 시러큐스 계약의 영화 교육이 시작되자 제작 경험이 있는 양종해와 배석인이 두각을 드러내기 시작했다. 이들은 후일 연출력을 인정받아 국내 교육용 영화뿐만 아시아 영화제를 비롯한 해외 영화제 출품용 비극영화와 해외 배포용 한국 홍보 영화를 도맡으며 국립영화제작소를 대표하는 감독이 되었다. 어찌 되었든 경력자 신분임에도 불구하고 이 역시 신규 인력들과 함께 영화 제작의 기초부터 배우기 시작했다. 두 번째 이유로는 기존 영화 교육 원조 사업의 문제점을 들 수 있다. 영화 교육과 관련한 여러 원조 사업 중 영화제작소와 가장 유사한 사례로 수원신생활교육원을 들 수 있다. 엄밀히 말하자면 신생활교육원은 시청각 교육만을 위해 설치된 기관이 아니라 교육 분과의 하나로 시청각 교육이 포함된 곳이었다. 이곳에서 시청각 교육을 담당한 외국인 자문 인력 중 한 명이 테드 코넌트였고, 박익순이 한국 측 인력으로 근무했다. 유엔한국재건단과 유네스코의 원조로 1956년 11월 개원한 수원신생활교육원은 OEC의 지역 사회 개발 사업 정책에 발맞춰 농촌 지도자를 양성하기 위해 설치된 교육 기관이었다. 이 기관의 원조 출자 방식은 공보실 영화제작소와 매우 유사하다. 건물 및 기자재 설비 건축에 유엔한국재건단이 30만 달러를 제공하고, 유네스코는 강사를 지원했으며, 한국 정부는 한국인 인력의 경비를 부담하였다. 교육이 개시되면서 유네스코가 강의 지원뿐만 아니라 운영도 맡았는데 이 운영권은 1959년 9월 한국 정부에 이양되었다. 이후 신생활교육원은 농림부 공무원교육원으로 개칭되었고 교육 목표와 교과 방식도 수정되었다 (공영민, 2018: 75~76).●

● 공영민에 의하면, 신생활교육원의 운영권이 유네스코에서 한국 정부로 이양되었던 것을 통해 시청각 교육에 대한 원조 방향이 교육 분과 일부를 넘어 영화제작소라는 독립 기관으로 확대되는 것을 확인할 수 있다. 신생활교육원은 2년에 걸친 장기 교육 과정을 계획하고 시청각 교육을 필수 교과목으로 배정해 일주일에 두 번, 2시간 30분씩 교육했다. 그런데 이 수업에서 영화 제작 실습은 거의 이루어지지 못했다. 농촌 지도자를 양성하기 위한 기관이었던 만큼 교육생들은 농사법과 보건 위생부터 과학과 철학에 이르기까지 다양한 분과의 교과목을 이수해야 했고, 여기에 현장 학습까지 진행해야 했기 때문이다. 또한 재정 여건상 영화 제작을 제대로 교육할 만큼의 기재도 충분히 구비할 수 없는 상황이었다. 무엇보다 중요한 것은 신생활교육원에서는 시청각 교육에서 영화가 절대적인 비중을 차지하지 않았다. 교육생들에게 영화보다는 농촌 지역에서 활용할 수 있는 포스터와 전단 작성, 도표

기존 영화 교육 원조 사업의 문제점 때문에, 시러큐스 계약의 교육은 시청각 교육 사업을 진행하기 위해 해결해야 하는 여러 가지 난제들과 환경 여건을 파악한 후 진행되었을 것이라고 추측할 수 있다. 신생활교육원의 운영은 유네스코가 맡았지만 원조의 집행에 OEC가 중요한 역할을 했던 만큼 영화제작소의 영화 교육 계획에서도 OEC가 큰 역할을 했을 것이기 때문이다. 영화제작소가 신생활교육원의 핵심 사업이었던 농촌 지도자 양성을 알리는 교육 영화를 본격적으로 제작한 것도 이러한 추측의 근거가 된다. 시러큐스 계약 기간 중 가장 비중을 둔 교육 영화는 농촌 교육 지도 영화였다. 여기에는 신생활교육원의 교육 과정과 지역 파견 후의 경험을 소재로 한 농촌지도원 영화도 여러 편 포함된다. 말하자면 신생활교육원의 결과물을 정책 홍보에 활용하는 영화를 제작하는 것이 영화제작소와 원조 기관의 대행자인 시러큐스 계약의 수행 목표 중 하나였다고 볼 수 있다. 따라서 신생활교육원의 시청각 교육 중 영화만을 집약적으로 확대 발전시키기 위해 영화제작소는 장기적인 계획을 갖고 영화 제작의 기본부터 가르쳐야 했다. 이렇듯 농촌 지도자 양성을 목표로 하는 신생활 교육은 철저하게 농민 교육을 위한 시청각 교재로서 영화를 활용했기 때문에 영화 제작보다는 지도에 적합한 영화를 선택하는 것이 보다 더 중요했다. 따라서 이들에게는 미 원조 기관이나

만들기 등의 수업이 훨씬 유용했다. 라디오조차 제대로 보급되지 않은 농촌 지역에서 영화를 제작해서 상영한다는 것은 현실적으로도 불가능한 일이었다. 따라서 신생활교육원 교육에서 적어도 영화 분과만큼은 실패했다고 볼 수 있었다. 교육이 마무리되던 1959년 시청각 교육 담당자인 리처드 켄트 존스는 최종 보고서에 이러한 어려움을 토로했다(공영민, 2018: 76~77).

유네스코를 통해 배포된 영화들 외에도 한국 실정에 맞는 교육 영화가 필요했다. 신생활교육원의 강의록을 보면 교육 영화를 지원 받을 수 있는 기관으로 (1) 대학이나 교육 기관, (2) 정부 기관의 각 부처와 공보실, (3) 대사관, (4) 주한 미공보원, 영국문화원British Council 등의 외국 기관, (5) 종교 단체를 들고 있다. 이러한 환경에 맞춰 영화제작소는 대한 경제 기술 원조 정책을 반영하는 교육 영화를 제작하기 시작했다(공영민, 2018: 77~79).●

지금까지 살펴본 바와 같이, '기술 정보 개선 사업'의 일환으로서의 영화 제작 교육은 공보실 영화제작소를 중심으로 하여 현장 실무 교육에 방점을 두는 것으로 정리되었다. 교육 영화 제작은 공보실 영화제작소가, 교육 영화의 상영과 활용에 관한 교육은 시범시청각교육원이 담당하는 이원 체계가 수립되면서, 시러큐스 계약의 영화 제작 교육 전문가들은 보다 전문적인 커리큘럼을 운영할 수 있었다. 특히 미국인 고문 레이튼 메이브리가 시러큐스 계약 기간에 제작한 영화를 중심으로 영화제작소에서 진행한 교육 영화 연출법을 설명하기 위해 집필한 《교육 영화 제작법》은 시러큐스 계약 팀이 한국 상황에 맞는 교육 영화 제작을 위해 무엇에 주안점을 두었는지를 잘 보여 준다. 영화제작소가 만드는 교육 영화에서 무엇보다 중요한 것은 대중에게 원조 기관과 한국 정부가 공통으로 목표하는 바를 보다 명확하고 쉬운 방식으로 전달하는 것이었다. 한정된 기간에 여러 영화를 제작해야 하는 것도 기초 교육에 힘쓰게 된 이유 중 하나였다. 당시 이

● 반면, 교육 영화 구비와 대여는 시러큐스 계약의 또 다른 사업 주체인 시범시청각교육원이 담당했다(공영민, 2018: 77~79).

들이 제작해야 하는 영화는 월평균 3편을 목표로 작업하기에는 빠듯한 일정이었다. 게다가 영화 제작을 위해서는 공보실과 각 부처 그리고 최종적으로 OEC의 승인을 거쳐야 했다. 이러한 상황에서 강사진들은 효율적인 작업을 위해서 밑그림을 제대로 그리고 주제에 대해 충분히 숙고하며 작업해야 한다고 강조했다. 그러기 위해서는 충분한 시간을 투자해 정석대로 제작 기술을 교육해야만 했다. 따라서 이들은 숏과 컷, 카메라 앵글 등의 기본적인 영화 연출 지식부터 콘티 작성법, 승인을 염두에 둔 제작 계획서 작성법까지 세세하게 가르쳤다(공영민, 2018: 83).

3) 시범시청각교육원 설립 및 운영

앞서 살펴보았듯이 기술 전수에만 목적을 둔 것이 아니라 교육 시스템을 발전시키는 것을 궁극적인 목표로 설정했던 OEC의 훈련 프로그램들과 마찬가지로, 공보 기술 분야에서도 시스템을 마련하는 것을 최우선에 두고 훈련 프로그램을 실시할 수 있는 제반 시설을 설치하기 위해 시러큐스 계약을 통해 추진된 사업의 정식 명칭은 "Project 89-92-494(Contract No. ICA-W-816): 시범시청각교육원 사업"이었다(공영민, 2018: 36).

권한을 강화하고 원조금을 보다 더 많이 차지하기 위해 치열한 경쟁을 벌였던 공보실과 한창 갈등 관계에 있던 1956년 무렵부터, 문교부는 시범시청각교육원에 대한 계획을 수립하기 시작했다. 서울의 4개 주요 대학(서울대학교, 연세대학교, 고려대학교, 이화여자대학교) 대표들과 시청각 자문위원들 그리고 행정관들은 주간 정기 학술회의를 통해 한국 대학의 시청각 응용 프로그램에 대한 논의를 진행했다. 이 위원회는 해당 지역의 모든 대학에 서비스를 제공하고 교육을 제공하는 시범시청각교육원 설립 계획 제안서를 문교부와 부흥부에 제출했다.[168] 또한 1957년 8월경 OEC 시청각과 고문과 여타 직원들은 서울 지역의 4대 주요 대학 총장들의 요청에 따라 한국 대학에 잠재적으로 시청각 교육 방법을 적용하는 방안을 논의하기 위해 한국 문교부 산하의 시범시청각교육원 창설위원회와 정기적인 주간 회의를 가졌다. 당시 대학들은 기본적으로 한국인 교직원 양성과 대학 및 교원 양성 기관의 강사들에게 시청각 기술을 시연하기 위한 기술 지원을 요구했고, 대학에서의 운영과 훈련을 계속하기 위해 일부 기관의 자격을 갖춘 한국인 직원들이 FY'58 시청각 리더십 교육 프로그램에 참여하도록 추천했다. 이에 이 시범시청각교육원 창설위원회는 지역 내 모든 대학에 서비스하고 교육을 제공하는 방식으로 설립 계획을 조정하였고, 조정된 설립 계획을 문교부와 부흥부에 제출했다.[169]

이윽고 11월경 OEC가 회계 연도 1958년과 1959년 계획을 수립하는 과정에서 두 가지 새로운 프로젝트의 제안이 이뤄졌다. 그중 하나는 한글로 된 이동식 조판기 개발을 위한 것이고, 다른 하나는 교육부와 함께 시청각 활용 및 배포 센터를 시연하기 위한 것, 즉 시범시청각교육원 설립이었다. OEC의 논의 결과, 한글로 된 이동식 조판기 개발과 관련하여 제안된 프로젝트는 예산 문제 때문에 최종 프로그램 검토에서 살아남지 못했던 데 반해, 1957년부터 1961년까지 5개년 계획으로 진행되었던 시범시청각교육원 설립 제안은 생존할 수 있었다(시청각 교육사, 1966: 790).

이와 같이 시범시청각교육원은 OEC와 한국 문교부가 공동으로 창설한 교육 기관으로 1957년 11월 설치·운영 계획을 발표했고 1958년 8월 서울 본부가 정식으로 발족했다. 이 사업의 최종 목표는 서울 본부 외에도 지방에 3~4개의 분원을 설치하는 것이었다(시청각교육사, 1966: 790). 시범시청각교육원의 설립은 분산적이고 미분화된 채 진행되어 온 민간 주도의 시청각 교육 운동을 정부 안으로 포섭하고 시청각 교육과 관련한 그간 활동들을 중앙 집중적으로 재편하는 출발이 되었다. 처음에 시범시청각교육원은 민간의 시청각 교육 운동이 그랬던 것처럼, "커뮤니티 개발, 농업 증산, 공중 보건, 학교 교육 등 다양한 분야의 중요한 프로젝트를 수행하는 데 시청각 교재와 기법으로써 보조"한다는 광범위한 목표를 지녔으나, 1959년이 되면서 한 가지 분야, 즉 공식적인 교육에 집중하는 것으로 프로젝트 방향을 수정했다. 이는 한정된 자원으로 더욱 효과적인 활동을 하기 위한 것이었다.[170]

이미 언급하였던 바와 같이 시러큐스 계약의 시범시청각교육원 팀은 길버트 터프너와 프레더릭 A. 화이트 그리고 모리스 T. 아이버슨으로 구성되었다. Project 89-92-494의 계약에 따라, 길버트 터프너와 모리스 아이버슨은 각각 1958년 11월 5일과 11월 26일에 한국에 도착했는데, 계약의 종료일은 1960년 10월 31일이었다. 이들은 1960년 가을 학기에 맞춰 자신의 학교로 돌아갈 수 있게 해달라고 했다. 이에 OEC는 1960년 1월 6일, 국제협조처(ICA)에 보내는 공문서를 통해, 시러큐스의 시범시청각교육원 계약을 연장하여 기술자 1명을 1년간 제공할 것을 제안하기도 하였다.[171]

공보실 영화제작소와 마찬가지로 기술 협조 고문단이 합류하며 본격적인 시범시청각교육원 사업이 진행되기 시작했다. 그리고 한국 내에서의 사업이 진행되는 동안 공보실 영화과의 행정관인 이성철과 김영권이 미국에서 리더십 프로그램을 이수한 것처럼 문교부의 시청각 관련 행정관 10명이 미국에서 교육받았다. 이 중 1960년 시범시청각교육원의 한국 측 책임 행정관으로 부임한 이용걸은 (앞서 살펴본 바 있는) ICA 원조를 받아 공보실 행정관들이 프로그램을 이수한 인디애나대학교에서 '커뮤니케이션 미디어 리더십 프로그램'을 이수했다. 시러큐스 계약 인력인 길버트 터프너, 모리스 아이버슨이 부임하고 이용걸을 비롯한 한국 행정관들이 미국 연수를 마치고 합류하면서 시범시청각교육원의 진용이 정식으로 꾸려지며 사업이 보다 더 체계화되었다. 시범시청각교육원의 책임 고문으로 부임한 길버트 터프너는 공보실 책임자로 부임한 제임스 매카론과 함께 시러큐스대학교의 이란 사업에 참여한 경험이 있었고, 위스콘신대학교에서 합류한 모리스 아이버슨은 위스콘신 지역에서 "시청각 자료를 활용해 농촌 지도 사업을 진행한 경험이 있는 인물"이었다. 한편 길버트 터프너 후임으로 1960년 10월 부임한 프레더릭 화이트는 위스콘신대학교 농촌지원국의 시청각 교육학과 교수로 시범시청각교육원 사업의 남은 1년을 책임졌다(공영민, 2018: 80).

시범시청각교육원의 진용이 정식으로 꾸려진 이후, 사업이 보다 더 체계화되었던 시점인 1959년 11월 1일부터 1960년 4월 30일까지 기간의 활동 상황을 구체적으로 담은 시러큐스 계약의 세 번째 반기 보고서[172]의 내용을 중심으로, 이 시기의 시범시청각교육원의 활동을 구체적으로 살펴보도록 하자.

보고서에 따르면, "프로젝트 진행은 거의 같은 속도로 진행되고 있으면서, 마지막 보고서 이후 프로젝트에는 큰 변화가 없었다." 즉 (1) 일반적 목표 또는 의도, (2) 문교부 또는 USOM에 의한 지원, (3) 재정적 조건, (4) 교사, 기술자 또는 학교 행정가의 영향력, (5) 수중에 있는 자료와 시설, (6) 더 많은 사용자에게 서비스할 수 있는 능력, (7) 파일럿 또는 샘플 시범 교재를 제작할 능력, (8) (시청각 테크닉을 활용할 때 학교 인사를 돕도록 설계된) 많은 양의 인쇄된 자료를 제작할 능력, (9) 부산과 여타 지역에 또 하나의 분원을 설립할 의도 등에서는 큰 변화가 없었다는 것이다. 앞의 각 영역에서 "수시로 진척 상황을 감지할 수 있었고, 전체 프로젝트를 살펴보면 기반이 확보되었음을 알 수 있으며, 밝은 미래를 보여 주는 몇 가지 징후"가 있는 것으로 평가되었다.

여기서 얘기하는 희망적인 몇 가지 징후로는 다음과 같다. 첫째, 1959년에 개정된 사업 협약으로 인해 계약 기술자가 문교부 및 주한 미경제협조처(USOM-Korea)의 공동 사업을 위해 주요한primary 서비스를 제공할 수 있도록 건전한 사업 조직과 목적을 규정하고 있었다는 점이다. 둘째, 한국 정부의 행정 효율성 문제가 개선되었다는 것이었다. 특히 한국 정부의 행정 효율성 문제와 관련하여, "비록 문교부에 의한 사업의 방향과 지원이 때때로 불충분한 것처럼 보였지만, 이것은 문교부에 있는 직원들과 예산 부족으로 인해 발생한 것으로 문교부의 행정은 이제 그들이 할 수 있는 모든 방법으로 돕고자 하는 진심에서 우러나온 것처럼 보인다"라는 것이다. 그리고 "문교부와 주한 미경제협조처 모두, 운영 방침, 서비스 대상 그룹, 수입 물자, 추가적인 분원 설립, 파견 참가자 등에 대한 결정에 독자적으로 도달함에 따라 계약 그룹은 계획과 프로그램을 변경해야 했지만, 이러한 문제 또한 일반적으로 해결되었거나 해결되고 있는 중"이라는 것이었다. 뿐만 아니라, 시범시청각교육원 프로그램이 순조롭게 진전되고 있다는 가장 큰 직접적 증거로는 "시청각협회가 더욱 강력해졌고 시청각 자료 활용에 많은 학교 관리자와 교사들의 관심이 높아지고 있다"는 점을 들 수 있다. 셋째, 사업의 대응 주체인 한국 정부의 '자금 집행release'의 문제가 가까운 미래에 완화될지도 모른다는 기대가 있었다.

이에 "자금이 효율적으로 풀릴 수 있다면 시범 시청각 교재 제작 확대, 학교 프로젝션 서비스 등의 사업을 수행할 수 있는 더 나은 위치에 있을 것"이라고 예측되었다. 넷째, 작은 임대 사무실에서 출발한 서울 본부가 "이제 서울의 가장 훌륭한 지역 중 하나에 있는 새롭고, 현대적이고, 쾌적한 사무실에 수용"됨으로써, 문교부가 이 시범시청각교육원 프로그램에 대해 적극적인 지원을 하고 있음을 매우 잘 보여 준다는 것이었다. 다섯째는 지난 6개월 동안 계약에 의해 구입한 거의 모든 프로젝트 장비가 도착함으로써, 시범시청각교육원의 상태와 서비스 능력을 높일 것이라는 점이었다.

한편, 1959년 11월 1일부터 1960년 4월 30일까지의 성과는 다음과 같았다. (1) 훈련과 서비스를 지원하는 많은 출판물이 제작되었다. (2) USOM 공동 프로젝트 및 문교부 인사에게 영화, 필름스트립 filmstrip● 및 기타 프로젝션 서비스가 제공되었다. (3) 시청각 자료의 자원 목록이 유지되고 배포되는 한편 문교부 행정관들을 위한 시사회가 열렸다. (4) 서울 지역 학교에 대한 시청각 서비스가 증가하고 있고(약 100개의 중고등학교), 지난 6개월 동안 시범시청각교육원에 연락하는 교사와 학교 관리자의 수가 증가했다. (5) 수많은 회의, 교육 회의 등에 OEC 기술자들이 참석했으며 그들이 조언과 도움을 제공하였고, 교육 프로그램에서 시청각 자료를 준비하고 사용하기 위한 다양한 민간 및 정부 기관의 더 많은 활동이 관찰되었다. (6) 교육 및 워크숍이 계속 제공되었다.

● 프로젝터에서 한 번에 하나씩 투영하기 위하여 만든 것으로, 투명한 미디어의 정지 화상 시리즈를 말한다.

그 밖에도 반기 보고서에는 1959년 11월 1일부터 1960년 4월 30일까지의 시범시청각교육원 사업의 현황을 (1) 대한민국 정부의 지출 내역, (2) 한국 일반 학교에서 개최된 시청각 오리엔테이션과 워크숍의 참석자 내역, (3) 시범시청각교육원의 영화 및 필름스트립 대여 현황, (4) 영사 서비스 현황, (5) 기타 시청각 강좌 및 훈련 내역을 각각 표로 제시하였다.

우선 대충자금으로 지출되는 6개월간 대한민국 정부의 지출 내역을 살펴보자면, 총지출액은 386만 3,602환이었다. 이 중 임금에 168만 5,345환, 일용급 17만 2,610환, 여비 12만 4,900환, 번역비 1,100환, 커뮤니케이션비 5만 4,720환, 수도전기료 52만 3,987환, 인쇄비 10만 3,200환, 수리비 36만 5,500환, 부품비 43만 5,290환, 설비비 40만 5,950환이었다. 월별 지출 흐름을 보면, 1959년 11월부터 1960년 1월까지의 지출(각각 63만 8,410환, 35만 4,510환, 43만 6,657환)보다, 1960년 2월부터 4월까지의 지출(각각 93만 335환, 54만 5,380환, 95만 8,310환)이 더 많아, 시범시청각교육원 사업이 점차 체계를 갖춤에 따라, 더 많은 비용이 지출되는 양상을 보였다.

표 6-4은 한국 일반 학교에서 개최된 시청각 오리엔테이션과 워크숍의 참석자 내역을 보여 준다. 6개월간 일반 학교에서 개최한 시청각 오리엔테이션과 워크숍의 총참석자 수는 9,169명이었고, 제주도를 포함한 한반도 남부 지역에서 주로 개최되었다는 특징이 있다.

표 6-5는 시범시청각교육원의 영화 및 필름스트립 대여 현황이다. 6개월간 시범시청각교육원의 영화를 대여한 조직은 총 63개였고, 대여한 영화 수는 총 192편이었으며, 이 대여한 영화를 관람한 수용자 수는 총 3만 6,154명이었다.

표 6-6는 시범시청각교육원의 영사 서비스 현황을 보여 주

표 6－4 한국 일반 학교에서 개최된 시청각 오리엔테이션과 워크숍의 참석자 현황

2시간 오리엔테이션 강의						6시간 워크숍		총계
위치	일자	보통 학교 직원	보통 학교 세미나	학교장	소계	일자	참석자	
진주	직전 마지막 보고서와 동일					11월 20일	123	449
순천						11월 18일	136	506
전주						11월 16일	34	780
제주시	11월 2~3일	50	70	26	146	11월 7일	60	206
서귀포	11월 4~5일	—	—	60	60	11월 5일	102	162
인천	11월 12~13일	42	—	71	113	—	—	113
서울	12월 9일	79	—	—	79	—	—	79
소계		171	70	157	398		455	2,295
이전 소계		673	3,550	1,337	5,560		1,314	6,874
총계		844	3,620	1,494	5,958		1,769	9,169

출처: Syracuse University (Demonstration Audio-visual Center) Contract ICA-W-816, Semi-Annual Report (Project 89-92-494).

표 6-5 시범시청각교육원의 영화 및 필름스트립 대여 현황

시기	조직 수	영화 대여 수	수용자 수
1959년 11월	6	20	1,970
1959년 12월	11	31	9,628
1960년 1월	11	27	3,768
1960년 2월	11	26	8,470
1960년 3월	10	34	7,770
1960년 4월	14	54	4,548
계	63	192	36,154

출처: Syracuse University (Demonstration Audio-visual Center) Contract ICA-W-816, Semi-Annual Report (Project 89-92-494).

표 6-6 시범시청각교육원의 영사 서비스 현황
(1959년 11월 1일 ~ 1960년 4월 30일)

시기	서비스 요청 수	수용자 수
1959년 11월	25	5,778
1959년 12월	8	391
1960년 1월	7	1,915
1960년 2월	6	490
1960년 3월	7	3,900
1960년 4월	7	1,934
계	60	14,408

* 1959년 12월로부터 1960년 4월까지 영사 서비스는 USOM 시청각과에 의해 제공되었다. 문교부에 대한 서비스는 시범시청각교육원에 의해 제공되었다.

출처: "Syracuse University (Demonstration Audio-visual Center) Contract ICA-W-816, Semi-Annual Report (Project 89-92-494)"

표 6-7 기타 시청각 강좌와 훈련

조직	주제	참석자 수	세션 수	총수용자
간호협회	보건 교육 수단으로서의 영화 활용	150	1	150
문교부 지방부서 관리자	시청각 워크숍	50	7	350
서울시 교육위원회 (중등/고등학교 교사)	시청각 워크숍	50	9	450
서울시 교육위원회 (중등/고등학교 주임교사)	시청각 오리엔테이션	40	2	80
서울시 교육위원회 (초등학교 1등급 교사)	시청각 자료의 활용	100	1	100
서울시 교육위원회 (초등학교 교사)	시청각 활용	100	2	200
문교부 및 시청각협회 (모든 지역의 훈련생)	시청각 워크숍	50	6	300
AC-ED 고등학교	시청각 오리엔테이션	45	1	45
USIS, 대학 및 공공 학교 교육자	교수 시 시청각 자료	150	1	150
	계	730	30	1,825

출처: Syracuse University (Demonstration Audio-visual Center) Contract ICA-W-816, Semi-Annual Report (Project 89-92-494).

는데, 6개월간의 총 서비스 요청 수는 60회였고, 총 수용자 수는 4,408명에 달했다. 마지막으로 표 6-7은 기타 시청각 관련 강좌와 훈련 현황을 보여 주는데, 주로 각급 서울시 교육위원회와 간호협회, 문교부 및 시청각협회, 주한 미공보원이나 대학교수들을 대상으로 한 강좌들이 대부분이었다.

지금까지 살펴보았던 것과 같이, 시범시청각교육원은 (1) 시청각 서비스, (2) 훈련, (3) 제작, (4) 조사와 연구 등 네 가지 영역으로 구분된 활동을 펼쳤다. 이 가운데 핵심적인 것은 영화와 필름스트립, 기본 장비 등을 대여하는 시청각 서비스, 즉 필름 라이브러리를 운영하는 것과 현직 교사와 학교 행정가를 대상으로 한 훈련 프로그램을 시행하는 것이었다. 그러나 시범시청각교육원 사업은 공보실 영화제작소와 비교해 보면 사업 초기 한국 정부의 적극적인 지원을 받지 못했다. 원조 당국 또한 예산 확보에 어려움을 겪으며 사업 진행이 더딘 것에 난색을 표하기도 했다. 일례로 시범시청각교육원 책임자인 길버트 터프너는 "문교부의 지시와 지원이 있어야 하는 사업임에도 불구하고 부족한 예산과 인력 때문에 준비가 잘되지 않았다. 문교부는 이제 모든 면에서 지원을 하려는 것으로 보인다. 하지만 우발적으로 예산 승인이 이루어지더라도 상위 부처에서 반드시 명령을 내려야만 한다"라고 문제 제기를 한 바 있었다. 특히 시범시청각교육원 설립과 관련하여 문교부와 시러큐스 팀 간의 원활치 못한 업무 관계는 큰 장애 요소로 작용했다(이순진, 2018: 109).

4. 잉글만 계약

주한 원조 기관의 본부인 국제협조처는 미국에 소재한 기술과 훈련 컨설팅 업체와 계약을 맺고, 그 회사 소속 전문가들이 방한하여 활용하는 방식으로 기술 정보 개선 사업을 추진하였다. (라디오) 방송 분야의 업체는 워싱턴에 소재한 잉글만사였다. 규모는 크지 않았으나, 방송 시설, 운용, 라디오 수신기 생산 등 여러 분야에 걸쳐서 기술을 지원할 실력을 갖춘 회사였고, 인쇄 분야에도 전문가를 파견하였다(장영민, 2020: 382). 잉글만은 국제협조처 주관의 기술 협조 계약 'ICA/W-644'에서 한 프로그램으로 묶여 진행되었던 두 사업(공보실에 대한 기술 협조 사업과 시청각 교육 기관의 기술 원조 사업) 중 공보실에 대한 기술 협조 사업 이외에도, 국제협조처 주관의 또 다른 기술 협조 계약 'ICA/W-638'에서 라디오 방송 분야에 대한 계약을 체결하였다. 1958년 7월 22일부터 발효되어 1961년 1월 21일에 끝나는 잉글만 계약은 KBS의 개발과 개선에 관한 '기술 원조 프로젝트(89-92-438) 계약'으로 국제협조처와 체결되었다. 계약 액수는 18만 2,000달러였고, 국내 비용과 라디오 프로그램 제작비는 한국 정부의 대충자금으로 충당되었다. 계약상 사업 목적은 한국의 전반적인 재건과 개발에 기여하는 커뮤니케이션 미디어를 개선하는 프로그램의 한 부분으로, 한국의 방송 시스템을 계발하고 개량하려는 한국 정부의 공보실을 지원하는 것이었다. 계약의 세부적인 목표는 대략 여섯 가지였다. 첫째는 건강, 농업, 노동, 교육 등 분야의 기술 커뮤니케이션과 연관된 기존 시스템의 조사, 둘째는 커뮤니케이션 미디어 시스템의 라디오 부문 평가, 셋째는 라디오의 기술직 분야에 대한 공보실 자문과 지원, 넷째는 교육 프로그램의 기획과 개발, 프로그램 준비와 활용 기술의 전수, 다섯째는 필요할 경우 방송 현장에서의 프로토타입 프로그램 개발, 여섯째는 라디오의 효과적인 사용을 위하여 한국 정부의 모든 부서와의 협력이었다.[173]

그런데 사업은 1958년 7월 공식적으로 발효되었으나, 한국 정부의 부흥 예산 편입이 늦어져 사업 실행이 지연되었다. 이에 따라 사업이 약간 변경되어 스튜디오 관련 업무는 축소되었고,●[174] 편성과 제작, 그리고 송신 시설 엔지니어링의 개발에 중점을 두게 되었다. 이 계약이 체결된 지 4개월 뒤인 1958년 11월 하순 잉글만 팀(총 3명)이 방한하였다. 라디오 편성과 제작 전문가 조너선 A. 거스Jonathon A. Goerss●●[175]를 대표로 하여 스튜디오 기술자 데이비드 G. 윌리엄스Davis G. Williams와 송신기 기술자 앨버트 A. 니콜레이Albert A. Nicholay가 방한하였다. 세 사람은 모두 라디오와 텔레비전 방송사에서 해당 분야의 경력을 쌓았다. 이들은 계약에 따라 미국에서 훈련 장비와 서적을 가지고 왔다. 공보실은 KBS 안에 사무실, 기구, 가구 등을 마련하였고, 훈련 목적으로 직원 1명을 이들과 함께 근무하도록 하였다. 또한 대충자금 약 300만 환에 달하는 임금, 여행 경비, 소모품, 가구를

● 이렇게 사업이 지연됨에 따라 송신기 엔지니어링에 대한 긴급성이 더 높아졌다는 것이 좀 더 명백해졌다. 이러한 강조의 변화는 작업 계획에 반영되어, 한국 공보실의 무선관리국장의 요청에 따라 스튜디오 엔지니어링 기술자는 5월 1일부터 송신기 엔지니어와의 작업, 특히 보다 적절하고 효과적인 중계 방식의 확립에 대한 추가 임무를 맡게 되었다.

●● 조너선 거스의 이력은 대체로 다음과 같다. 피츠버그의 마이크로폰 플레이하우스Microphone Playhouse에서 교육받았고, 신시내티의 여러 다양한 방송국에서 프로그램 디렉터를 역임했다. CBS, ABC 할리우드에서 아나운서와 프로듀서를 했다. 신시내티 WSAI에서는 ABC상을 받은 어린이 프로그램을 제작하였고, 존 아서 앤드 어소시에이츠에서 특별 코디네이터 및 프로듀서를 담당했다. 펜실베이니아의 학교 개선을 위한 교육 텔레비전 프로그램들에서는 프리랜서 TV 공연을 담당했다.

제공하였다(장영민, 2020: 383~384). 이들은 공식적으로 1958년 11월 21일부터 한국에서의 임무를 수행하기 시작했다.[176]

잉글만 계약에서 주로 수행하는 영역은 한국 방송 시스템의 계발과 개량에 있었으나 방송 기술자 훈련, 또는 부분적으로 인쇄 분야에도 관여하였다. 기존 연구와 미국 문서를 중심으로, 잉글만 계약하에서 수행되었던 기술 정보 개선 사업을 (1) 방송 기술 분야, (2) 방송 현업인/기술자 훈련 분야로 나뉘어 살펴본다.

1) 방송 기술 분야

기술 정보 개선 사업이 본격화되기 1년 전인 1956년에도 주한 미국 공보원과 원조 기관은 방송 관련 사업을 추진한 바 있었다. 전남, 경남, 제주도를 대상으로 수신기 보급 실태를 과학적으로 조사하기 위한 계약을 추진했고, KBS 네트워크 14개 방송국의 방송 설비를 조사하였다. 1957년 7월에는 KBS 중파 방송의 전계 강도● 현장 조사 Field Intensity Survey 사업을 한미합작사에 맡겼다(장영민, 2020: 382). KBS 중파 방송의 전계 강도 현장 조사 사업이 실시된 것은 본격적으로 기술 정보 개선 사업을 추진하기에 앞서 한국 방송 기술에 대한 기초 조사를 수행할 필요성을 OEC가 느꼈기 때문이었다. 사업 개시 직전인 1957년 6월에 외부 기술 자문 회사인 'SH&G(Smith, Hinchman

● 전계 강도electric field strength/電界强度란 전파가 전파傳播될 때 전파의 세기를 단위 면적당의 에너지로 표시한 것인데, 전계 강도는 안테나 실효고가 1m인 도체에 유기된 기전력의 크기로 표시하며, 단위는 V/m이며, 1㎶/m를 기준(0dB)으로 데시벨dB로 표시하는 것이 일반적이다.

and Grylls)' 엔지니어링 컨소시엄 산하의 '페이지 커뮤니케이션 엔지니어스Page Communications Engineers Inc.'의 대표가 참석함에 따라 OEC는 한국 공보실 및 KBS 관계자들과 한국의 라디오 방송 현황을 논의하고 다양한 스튜디오 및 송신기 현장을 방문할 기회를 얻게 되었다. 이때 페이지 커뮤니케이션 엔지니어스는 향후 실시할 설문 조사와 관련하여 중파 방송의 현장 전계 강도 조사를 요청하였고, OEC는 전계 강도 데이터가 KBS의 개발과 개선에 관한 기술 원조 프로젝트(89-92-438) 계약의 라디오 분야에서 작업할 기술자들에게 상당한 도움이 될 것으로 판단했다.[177]

1958년 11월 하순 잉글만 팀이 방한한 이후, 1959년 봄 잉글만 라디오 팀은 KBS의 편성, 스튜디오, 송신 시스템의 현황과 과업을 파악하고, 개선책을 제시하였다. 1959년 4월 한 달 동안의 활동을 살펴보자. 먼저 잉글만 라디오 팀은 스튜디오와 제작 실행에 대해 파악한 결과, 스튜디오 운영 부서가 서울중앙방송국 제1방송 기술진의 지원을 꺼리고 주로 단파 해외 방송을 고집하는 것 같다는 사실을 발견하였다. 공공 서비스 형태의 교육 프로그램을 지향하는 브리핑 문서를 작성하여 OEC에 전달하기도 하였다. 또 송신 엔지니어 니콜레이는 KBS 엔지니어링 부문에 대해 보다 구체적이고 단호한 작업 프로그램을 제안할 필요가 있다는 점을 인식하고, OEC 시청각과 과장 카 등의 고위 관계자와 잉글만 팀과의 논의를 통해 제안서를 작성한 후 4월에 KBS에 제출하였고, 이 제안서는 4월 20일에 채택되었다. 한편, 스튜디오 담당이었던 윌리엄스는 정동 스튜디오에 장비 배치를 완료했는데, 정동 스튜디오에는 남산 스튜디오에 많이 있는 녹음기가 제공되었고 유지 관리 절차도 개략적으로 설명되었다. 또한 윌리엄스는 특수 제작된 표준 정렬 테이프와 함께 사용될 녹음기 정련 매뉴얼을 작성하기 시작했다. 그러나 잉글만 팀과의 논의를 통해, 윌리엄스는 추후 통지가 있을 때까지 당분간 송신기 부문으로 공식적으로 재배치하는 것으로 결정되기도 했다. 이는 뒤에서 자세히 살펴보겠지만, KBS의 14개 방송국을 상호 연결하는 FM 중계 링크 프로그램에 집중하기 위해서였다.[178]

당시 잉글만 기술진의 권고 사항은 다음과 같았다. 먼저 편성 담당 거스는 KBS 프로그램의 조사와 평가를 끝내고 4개 사항을 권고하였다. (1) 소통할 필요가 있는 정부 기관과 KBS의 연락 관계 유지, (2) 대중 미디어로서 라디오 방송의 기본 개념과 실행에 관련한 훈련 계획의 수립과 세미나의 개최, (3) 당시 편성표 틀 안에서의 '중간 공지 방송 편성' 수립, (4) 공적인 정보 자료의 준비와 방송을 책임지는 과나 계의 방송국 조직 내 설치. 한편, 스튜디오 전문가 윌리엄스는 (1) 스튜디오의 잡음을 제거하기 위한 공기 조절 시스템의 개선, (2) 녹음실을 두 개의 아나운싱 부스로 개조, (3) 조정실의 모든 모니터 스피커의 교체, (4) 기술 관리 부서의 설치, (5) 서울과 지방 방송국 사이의 효과적인 중계 시스템의 계획 수립 등 다섯 가지를 권유하였다. 마지막으로 송신 엔시니어 니콜레이는 (1) KBS와 ITU의 관계 설정, (2) 전파 데이터의 수집, (3) KBS 네트워크 방송국 간의 양방향 연결, (4) 500kW 송신기와 기타 송신기 설치 완료 지원, (5) 유지와 안전 시스템 확립을 제안하였다(장영민, 2020: 384).

방송 송신 시스템 개선: 대출력 송신소 건설

6·25 전쟁과 이후 냉전의 심화는 1950년대 중·후반의 대규모 방송 설비 복구를 가능하게 했고, 대출력 송신소는 이러한 설비 강화의 핵심 정책 중 하나였다. 일제 강점기부터 전쟁 수행의 중요한 도구로

활용되었던 라디오 방송은 6·25 전쟁과 냉전의 심화라는 일련의 역사적 과정을 거치면서 자연스럽게 '국방력'의 상징으로 자리 잡았다. 이를 극명하게 보여 주는 사례가 1959년부터 기획된 500kW 대출력 송신소인 남양송신소 건립 사업이었다(이성민 · 윤상길, 2020: 28~29).

휴전이 성사되고 본격적인 사회 전반의 복구 작업이 진행된 1950년대 중반에 들어서면서 KBS 방송망의 정비 및 출력 증강도 본격적으로 시작되었다. 전후 이승만 정부는 방송 송출의 대출력화를 계획하고 우선 중파 200kW와 단파 100kW의 송신 설비 도입을 추진했다. 정부는 수원 근교에 대출력 송신소를 설치하기로 하고 미국 웨스팅하우스Westinghouse사에 중파 200kW(100kW×2) 송신 설비와 RCA사에 단파 100kW(50kW×2) 송신 설비를 각각 발주했다(한국방송공사, 1987: 280). 그러나 200kW의 대출력 송신소를 건립하려던 계획은 중도에 변경되어 결국 2기의 100kW 송신소를 건립하게 되었다. 그 결과 1955년 8월 13일에는 연희송신소에 100kW 중파 송신기가 설치되었고, 1956년 3월 10일에는 수원송신소에 100kW 중파 송신기가 설치됨으로써 제1방송인 연희송신소의 970kHz와 제2방송인 수원 송신소의 710kHz의 대출력 주파수가 운영될 수 있었다(이성민 · 윤상길, 2020: 22~23).●

이렇듯 당시 라디오 방송에 대한 한국 정부의 의욕은 대단히 강했다. 1956년 수원, 연희송신소의 대출력 송신소가 건립되었음에도 불구하고 국내 방송의 수신 감도가 해외로부터의 방송 전파보

● 이후 1957년 9월 2일에는 연희송신소의 주파수 970kHz와 수원송신소의 주파수 710kHz를 서로 바꾸어 운영하게 된다. 이러한 출력 증강과 주파수 변경은 국내 방송 상호 간의 혼선과 외래 전파에 의한 혼선을 피하기 위한 조치였다(송재극, 1995: 127~147).

다 뒤떨어졌던 한국 방송의 현실을 감안하여, 이승만 정부는 또다시 500kW 대출력 송신소 건립을 추진하였다. 공보실장 오재경은 KBS의 17개 방송국이 보유하는 350kW의 출력을 증강하기 위하여 1957년경부터 500kW와 50kW 송신기 설치 사업을 추진하였다. 그리고 1958년 말 500kW 규모의 송신소 건립을 핵심 내용으로 하는 1959년 방송 사업 계획을 수립하였다. 여기서는 '외국 전파로부터의 국내 보호'(즉 방첩防諜/counter-intelligence)를 주요한 명분으로 삼고 있음이 주목된다(이성민 · 윤상길, 2020: 29).

> 전파전이 나날이 심하여 가는 **오늘날 방송의 효과를 거두려면 무엇보다도 출력이 강화되어 다른 전파의 침입을 막아 내야 한다**. 현하 KBS 산하 각 방송국의 출력 상황을 보면, 목포, 남원방송국을 위시한 도합 8개 방송국이 1kW 미달의 출력이기 때문에 곳에 따라서는 잘 들리지 않아 오래전부터 이의 시정책을 강구하여 왔다. 그리하여 **신년도에는 대전력을 밑받침으로 한 방송을 계획하고자 우선 서울중앙방송국의 출력을 5배로 증가하여 500kW로 하려고 한다**. 이렇게 되면 오끼나와의 VOA 1,000kW 방송을 제외하면 극동 아시아에서 가장 출력이 큰 방송이 아닌가 한다(이규일, 1959.1: 6). (강조는 필자)

오재경 공보실장은 100만 달러를 원조 기관에 요청하였다. 공보실은 주한 미공보원을 통해 500kW 대출력 송신소 설치에 대한 지원을 제안하였다. 1959년 5월 26일 주한 미공보원은 미국공보처(USIA)에 보내는 전문에서, VOA 방송 프로그램의 중국과 소련으로의 중계를 위한 새로운 500kW 건립에 대해 미국공보처가 한국 정부와 시간을 두고 협정을 맺어야 한다는 제안을 보낸 바 있었다. 이 전문에 대한 미국공보처의 답전에 의하면, VOA의 수신 영역을 확장하고 개선하는 데 매우 관심이 있었던 미국공보처는 이 제안에 대해 기술적 평가를 진행하였고 다음과 같은 검토 의견을 접수했다.

> 이 제안에 대한 우리의 기술적 평가는 제시한 바에 따르자면, **적절하게 지향된 안테나를 사용한다면 500kW 송신기는 이론적으로 매우 강한 신호를 베이징과 블라디보스토크에 전달할 수 있다. 그러나 기대한 바의 효율적인 수신 영역은 공통 채널의 간섭과 전파 방해jamming의 정도에 의존하게 된다.** 우리는 이 새로운 작업에서 선명한 주파수를 얻기가 불가능하다고 믿는다. 왜냐하면 이 지역에서의 지나치게 조밀한 주파수 대역 사용 때문이다. 그러므로 같은 주파수 대역(710kC)상에서 블라디보스토크 방송국으로부터의 공동 채널 간섭은 만주와 러시아에서 효율적인 수신 영역을 상당히 축소시킬 것이다. 마찬가지로, 매우 강한 전파 방해가 러시아어와 중국어 프로그램에 가해질 것이 확실하다. **이 두 요인(공통 채널 간섭과 전파 방해)의 간섭 가능성은 새로운 전송기로부터 얻을 수 있는 부가적으로 효율적인 수신 영역을 상당히 감소시킬 것**이다.[179] (강조는 필자)

이에 덧붙여 이 새로운 설비에 소요되는 예산이 100만 달러 선일 것이고 이 협상이 이뤄질 것을 대비하여 회계 연도 1961년의 미국 의회 예산을 요청하는 것이 필요하다고 밝혔다. 그러면서 최종적으로는 기술적 평가 견해에서 제기된 의구심을 공유한다고 하면서, “VOA 프로그램을 새로운 송신 설비를 통해 중국과 러시아에 전송하자는 협정을 체결하기를 바라지 않는다. 우리는 한국이 공식적으로 그 문제를 제기하지 않는 한 그 문제에 대한 논의를 중단할 것을 제안"하였다.

지금까지 살펴본 것처럼, 500kW 송신기 구매와 설치 비용을 부담하는 한국 정부의 주된 목적은 '수면 지향성 전파over-water directional beams'로 북한을 도달 범위 내로 하고, 나아가 KBS 제1방송이 남한과 일본에서도 더 잘 들릴 수 있도록 하겠다는 것이었다. 목적으로 명시되지는 않았으나, 중국 대륙도 청취권에 넣겠다는 의도도 내포되었다. 이와 달리 OEC 시청각과 과장은 남북한을 대상으로 하지만, 아직도 방송 전파가 도달하지 못하는 인구 밀집 지역과 북한이나 일본 방송만을 들을 수 있는 지역을 도달 범위 내에 포함하는 것으로 설치 목적을 한정하였다. 즉 공산국인 중국 방송을 차단하는 것이 주요 목적이 아니라 난청 지역을 도달 범위 내에 포함하면서도 다른 나라 방송과 건전하게 경쟁하는 것이라고 해석하였다. 한국 정부는 남부 지방은 물론 일본에서도 KBS 방송 전파의 수신율을 높이려고 부산 근교에 50kW 송신기를 설치하는 사업을 병행했다. 따라서 원조 기관은 한국 정부가 대북, 대일 방송을 과도하게 중시하고 지나치게 공세적이라고 보았다. 이처럼 OEC는 필요성을 인정하면서도 원조를 거부하였다. 또한 주한 미공보원은 그 확충 사업 대신 100명당 1대에 불과한 라디오 수신기 보급률을 높일 수 있도록 수신기 생산에 자금을 투입할 것을 주장하였다(장영민, 2020: 387~388).

그러나 오재경은 정부 보유 달러로 충당하라는 이승만 대통령의 지시를 얻어냈고, 후임 공보실장 전성천도 사업을 지속하였다. 결국 원조 기관도 잉글만과 계약을 맺고 송신기 설치 사업을 지원하도록 하였다(장영민, 2020: 388). 1959년 상반기에 곧바로 500kW 대출력 송신소 건설을 위한 미국 기술 지원단에 의한 기술 조사와 자문, 그리고 대출력 송신기에 대한 경매까지 진행되었다.[180] 1959년 5월 16일에 마감한 500kW 송신 시설 구매 입찰에 미국의 RCA를 비롯하여 영국과 서독의 회사 14곳이 응찰하였고, 결국 스위스 브라운 보버리사 Brown Boverie Company가 약 70만 달러에 낙찰받았다. 이 외에도 최소한 15만 달러가 추가될 것으로 예상하였으나, 한국 정부는 예산을 아직 확보하지 못하고 있었다. 스튜디오 엔지니어링 고문관은 송신기 운용과 측정 작업을 돕기 위해서 근무처를 남산에서 정동으로 옮겼다. 6월에도 부산 송신기 설치에 관한 건을 집중적으로 검토하였고, 전파 강도 측정도 이루어졌다(장영민, 2020: 388~389). 이처럼 장영민의 연구에서는 1959년 하반기에 500kW 대출력 송신소 건설을 위한 예비적 조치가 이뤄진 것으로 서술하고 있으나, 미국 문서들의 생산 날짜를 기준으로 해 보면, 대체로 1959년 5월 무렵부터 예비적 조치가 실시되었다. 이에 "5월 한 달 동안 예비 조사를 위해 육군 항공기에서 항공 측량 비행이 이루어지거나 새로운 부산 송신기의 최적의 위치를 결정하기 위해 제안된 500kW 송신기 전계 강도 측정의 가능한 위치도 부산 지역에서 수행되었다. 부산 송신소 건물의 재설계가 완료되어 승인을 받기 위해 제출되었으며, 500kW 송신소 설치를 위해 5개 업체로부터 첫 입찰이 접수되었다."[181]

한국 정부가 제안한 500kW 송신기 설치 지점은 충남 당진군 남양이었다. 잉글만 라디오 팀은 정확한 지점을 찾으려고 여러 차례 군용기를 타고 예정지를 조사하였으나, 결정하지 못하였다. 1960년 2월 주한 미경제협조처 시청각과 과장 해리 카는 유엔군 사령부에 고문관 니콜레이와 함께 설치 지점을 정할 장교의 파견을 요청하였다. 아마 군사 작전에 사용되는 무선망 교란을 방지하려고 하였을 것이다. 해군 소령이 파견되어 니콜레이와 협의하였고, 시청각과 과장은 미군의 결정을 기다렸다. 카는 미군 당국이 최종 의견을 전달할 때까지는 공보실에 그곳을 설치 지점으로 권고하지 않겠다고 밝혔고, 1960년 6월 상순까지도 확정되지 않았다(장영민, 2020: 390). 이런 과정을 거쳐 마침내 이 500kW 대출력 송신소는 미국 원조 기관의 지원, 그리고 정부 예산액 7,900여만 원 및 한국전력회사 사용 금액 5,500여만 원 총 1억 3,400여만 원을 투여하여 1961년 말에 착공하여, 1962년 9월 10일에 준공하였다(이성민 · 윤상길, 2020: 32~33). 1961년에는 광주방송국 송정리송신소, 부산방송국 동래송신소, 전주방송국 이리송신소, 강릉방송국 등 출력이 증강된 송신 시설이 지방에 다수 건립되었고, 남산 마루턱에는 2kW 출력의 텔레비전 송신소가 세워져 31일 첫 방송을 하였다. 각지에도 중계소들이 연이어 건설되었으므로, 이 시기에 KBS 네트워크가 전국적으로 공고하게 구축되었다고 할 수 있다. 이런 사업에 잉글만 라디오 팀의 역할과 기여는 적지 않았다. 시청각과 과장 해리 카는 니콜레이가 KBS에 라디오 엔지니어링의 새로운 개념을 심어준 것을 높게 평가하였다(장영민, 2020: 389~390).

이 대출력 송신소 건설과 관련된 주한 미경제협조처(USOM-Korea/1959년 7월 OEC에서 개편)의 평가는 대체로 긍정적이었다. 1959년 12월 주한 미경제협조처는 KBS가 각 정부 기관의 공중 교육 목표를 지원하는 공공 서비스에 특별한 관심을 보이게 되었다며 사업 추진 현황을 긍정적으로 보았다. 방송국 직원은 국제 무선 통신 규약을 준수하면서 가용 송신기로 청취 권역을 최대한 확대할 수 있도록 방송 시설의 설계와 운용 같은 고급 기술, 지식, 방법을 구사할 것이라고 설명하였다. 이런 발전은 한국 정부가 구매한 신형 송신기 2대의 위치와 설계, 방송국 간 네트워크 연결에 대한 잉글만 라디오 팀 고문관의 자문을 받은 덕분이며, 그 결과 더 많은 사람이 청취하게 되었고 시설의 효율성을 훨씬 높였을 뿐 아니라 ITU 규약을 지킬 수 있게 되었다고 사업을 평가하였다. 그리고 1960년 6월에는 계약 사업의 75%가 진척되고, 1961년 1월에는 사업이 종료될 수 있도록 자금을 투입하고 있다고 하였다(장영민, 2020: 392~393).

방송 송신 시스템 개선: 1959년 제네바 ITU 회의에서의 주파수 배정 준비 작업

사실상 한국 방송의 송신 시스템을 개선하기 위한 한미 간의 협력이 성공적으로 이뤄지긴 했지만, 이미 살펴본 바와 같이 양국 간의 시각차는 분명하였다. 이승만 정부는 국내의 방송 수신 상황이 취약한 방송 현실 속에서 방첩의 수단으로 활용하기 위해 대출력 송신소 건설을 희망하였던 데 반해, 당초 미국 원조 기관과 주한 미공보원은 이승만 정부의 대출력 송신소 건설 추진이 대북, 대일 방송을 과도하게 중시한, 지나치게 공세적인 사업이라고 생각하여 원조를 거부하거나 라디오 수신기 보급률을 높이는 방향을 제안하였다. 이와 같이 500kW 남양송신소 건립과 관련하여 처음에는 미국 정부가 협정을 체결하는 데 회의적인 태도를 가졌다는 점을 고려할 때, 1959년 5월 말부터 8월 초까지 이르는 약 3개월 동안에 일어난 미국 정부의 급속한 태도 변화는 매우 이례적인 것으로 보인다. 미국 정부는 왜 바로 태도를 바꾸었던 것일까?

직접적으로는 송신 엔지니어인 니콜레이 고문관의 입장 변화도 영향을 끼친 것으로 생각해 볼 수 있다. "1959년 여름 니콜레이 고문관과 주한 미경제협조처 시청각과는 사업의 중간 평가에 해당하는 논의를 하였다. 니콜레이는 한국 정부가 완전히 무시하였던 정책과 집행이 변하도록 하는 데 어느 정도 성과를 거두었으나, 그의 제안을 수용하지 않으려고 하였다고 하며 절반의 성공을 거둔 것처럼 보인다고 하였다. 특히 500kW 송신기를 비롯해서 다른 방송 시설의 교체가 완전히 비실제적이라고 하는 의견을 비판하였다. 그런 견해는 수신기 보급률이 낮은 한국 상황에서 출력만 강화한다고 될 일은 아니라고 본 자신의 입장을 번복한 것이다. 니콜레이는 한국뿐 아니라 여러 나라도 방송 출력을 높이려고 하며, 극동에서는 공산주의와 싸워야 하므로 유럽 등지와 마찬가지로 라디오 출력을 높여야 하고, 국내와 해외 방송에서도 필요하다고 주장하였다. 야간 방송 전파의 강도를 최고로 높여야 할 만큼, 일본, 북한, 중국에서 보내는 전파가 강력하고, KBS 직원도 남한 주민들이 더 잘 청취할 수 있도록 더 강력한 출력과 더 많은 방송국을 원한다며 500kW 송신기 등 방송 시설 확충 사업을 옹호하였다. 또한 주한 미공보원도 잉글만 팀이 엔지니어링과 편성에 좋은 영향력을 발휘하고 있다며 긍정적으로 평가하였다"(장영민, 2020: 392).

그러나 미국 정부의 신속한 태도 변화에는 1959년 10월부터 스위스 제네바에서 시작될 예정이었던 국제전기통신연합(ITU) 국제회의가 그 주된 요인으로 작용했던 것으로 보인다. 바로 이 회의에서 소련을 위시한 공산 국가가 북한을 ITU에 가입시키려고 했기 때문이었다. 1959년 7월 2일 국제기구과가 작성하여 이승만 대통령에게 품의한 정부 문서 "ITU 전권위원회, Geneva, 1959. 10. 14.~12. 21"에서는 ITU 회의에 한국 대표의 파견을 제안하면서, 회의 참가에 상당한 비용이 소요됨에도 불구하고 참가해야 할 기본적인 동기와 근거로서 "전례에 비추어 '북한 괴뢰 집단'을 동 기구에 가입케 하려는 공산 국가의 책동이 있을 것이므로 이를 분쇄하기 위한 적극적 외교 활동이 요청되고 있"다는 점을 가장 중요하게 언급하였다.[182] 또한 앞서 언급한 바 있는 미국 문서에도 워싱턴의 국제협조처(ICA)가 대출력 송신기에 대한 언급과 함께 "제네바에서 시작될 예정인 ITU 국제회의에 한국 정부가 참여하는 것과 관련하여 공보실과 체신부와의 진지한 논의가 있어 왔다"[183]라고 언급한 것으로 보아, 미국의 지원을 얻기 위하여 한국 정부가 북한의 ITU 가입 저지와 500kW 대출력 송신소 건설을 연계시켰을 가능성이 매우 크다(이성민 · 윤상길, 2020: 33~34).

뿐만 아니라, 기본적으로 한국 정부가 추진하는 대출력 송신소 건립에는 그에 앞서 해결해야 할 과제 중 주파수 문제가 있었다. 실제 대출력 송신소의 건립은 전파의 월경 현상으로 인해 주변 국가와의 정치적 분쟁을 일으킬 수 있는 매우 민감한 문제다. 이때문에, ITU 회의와 동시에 개최된 무선통신주관청회의World Administrative Radio Conference(WARC)에서 열리는 주파수등록위원회에 대출력 주파수를 신청하여 승인받는 것이 필요했다(이성민 · 윤상길, 2020: 34). KBS와 민영 방송국 중에는 국제전기통신연합(ITU)이 정한 방송 전파 전송에 요구되는 주파수 규정에 맞는 것은 KBS 제1방송의 중파와 단파 주파수밖에 없었다. 지방 방송국은 출력이 약했고 임의로 정한 주파수를 사용했다. 1947년 애틀랜틱시티에서 열린 ITU 회의에서 비가입국이었던 한국은 주파수를 충분히 확보하지 못했기 때문이었다(장영민, 2020: 401). 이후 한국은 1952년 1월 31일에 국제전기통신연합에 가입하였는데, 그 이전에 개최된 주파수 관계 회의에는 참가할 기회가 없었으므로 각 주관청에 한국의 주파수 요구를 인식시킬 수 없었다. 또 과거에 작성한 주파수 계획에는 한국이 필요로 하는 것이 포함돼 있지 않았을 뿐만 아니라 이 계획에 포함된 것도 소출력의 주파수뿐으로서 현실에 부합되는 것이 거의 없는 형편이었다(이성민 · 윤상길, 2020: 34).

당시 "주한 미경제협조처의 자원개발국장은 ITU 회의에서 이런 목표를 이루기 어려운 실정이라고 생각하였다. 체신부가 무선 통신 규제를 제대로 하지 못한다는 것은 불리한 조건이었다. 당시 ITU는 13개의 주파수에 대한 신청을 받아들이지 않았고, 이것은 당시 부산에 계획 중인 송신소에는 매우 심각한 결과를 낳을지도 모른다고 보았다. 가까운 일본의 방송과 주파수 등록을 먼저 한 마샬 군도의 통신이 HLKA 7,935kHz/s 전파에 간섭을 받고 있다는 것도 새 주파수를 얻는 데 장애가 될 수 있었다. 그러므로 체신부 장관은 제네바 회의를 준비하기 위해서는 최소한 5개월 동안만이라도 무선 시설을 설치해서는 안 된다는 공문을 외무부와 공보실 등 유관 부처에 보냈다. 이미 넉 달 전에 ITU 대표가 방한하여 KBS를 비롯한 무선 시설을 시찰하였고, 무선 주파수 모니터링과 국가 간의 조정 등에 관한 의견을 나누었다. 따라서 제네바 회의를 잘 대비하는 것이 매우 중요했다"(장영민, 2020: 402). 물론 이 문제는 계약 당시까지만 하더라도 당초에는 자세하게 예측된 사항이 아니었다.[184]

따라서 1959년 5월에는 체신부와의 회담이 이뤄졌고, ITU 회의를 준비하기 위한 작업이 본격화되기 시작했다.[185] 특히 잉글만 라디오 팀의 니콜레이는 체신부 관리와 방송관리국 기술직 공무원이었던 이인관 등으로 구성된 한국 대표단의 ITU 회의 참석 준비에 상당한 노력을 기울였다. 주한 미경제협조처의 직원과 니콜레이 고문관은 ITU 회의 참석을 둘러싸고 논의를 하였고, 특히 니콜레이는 매우 적극적인 대응이 필요하다는 의견을 피력하였다. 즉 한국 방송은 합법적인 국제적 지위를 얻어야 한다는 것이었다. 공보실도 니콜레이의 제네바 회의 참석을 요청하였으나 시간이 촉박하여 그의 제네바 출장은 이뤄지지 못했다(장영민, 2020: 402~403).

제네바 ITU 회의 참가 준비를 위한 잉글만 팀의 지원에 힘입어,

한국 정부는 각각의 긴급한 중파 방송용 주파수에 대하여 현재와 가까운 장래의 수요를 충족시키기 위하여 주파수 요청표를 8월 31일 회의에 제출하였다.[186] 이렇게 주파수 요청표를 무선통신주관청회의에 직접 제출했던 배경에는 한국 정부의 외교적 판단이 작용했다. 즉 한국 정부는 파견된 한국 대표단에게 훈령으로 "중파 방송 업무는 성질상 인접 국가 간의 협력을 필요로 하나, 제3 지역은 비가입 국가와 공산 국가가 많으므로 지역 회의를 개최하더라도 그 효과는 기약하기 어려울 것이므로 이와 같은 지역회의보다 무선통신주관청회의에서 직접 취급할 것을 주장"하도록 한 것이다.[187]

그러나 국제주파수등록위원회International Frequency Registration Board (IFRB)는 부적당하다고 판정했다. IFRB로서는 관계국의 현존 주파수에 우선권을 부여하는 것 외에는 별다른 방법이 없으므로 관계 각국, 즉 대만, 일본 및 소련과 직접 타협할 수밖에는 방법이 없다고 권고했다. 바로 이러한 권고에 의해, 한국 대표단은 이 국가들과 직접 타협하기로 하고 일본과 대만에 대하여 주파수 요구표를 제출하였다. 단, 소련에 대해서는 표를 제출하지 않았다.[188] 1949년 1월 한국을 정식으로 승인하여 최초로 외교 관계를 맺은 대만은 한국이 이 주파수 사용을 고집하는 경우에는 반대하지 않을 거라는 의견을 표명하였던 데 반하여, 일본 대표단은 내부 검토와 본국 정부와 연락한 결과, 1차로 표 6-8에 표시된 주파수들에 대해 동의하겠다는 것을 명시하였다.[189]

그러나 일본이 동의한 주파수들이 원래 한국이 목표로 한 주파수들을 포함하고 있지 않다는 판단에서, 한국 대표단은 원래 제출했던 주파수들로 전면적으로 재검토할 것을 요구하였다. 이에 대해 일본 대표단은 전면적인 동의는 곤란하고 긴급성에 따라 세 종류 정도로 구분하여 긴급성의 순서로 제시하여 준다면 순차적으로 이에 대

표 6－8　1차로 일본에 의해 동의 받은 주파수와 출력

주파수	출력	위치	주파수	출력	위치
650kC	1kW	진해	1030kC	1kW	철원
650kC	1kW	영월	1090kC	1kW	여수
710kC	100kW	서울	1090kC	1kW	청주
1030kC	1kW	남원	1250kC	1kW	부산

출처: 국가기록원 문서 CA0002483, "보고 秘1호, 1959. 11. 12 통상무선주관청회의 방송용주파수에 관한 건," p.31.

한 동의 여부를 표명할 것이라고 제안했다. 그리고 한국 대표단은 궁극적으로 요구를 관철시키는 하나의 수단으로서 이 제안을 승낙하고 1차로 정부가 방송 시설을 주문한 대출력국을 포함한 주파수를 일본 측에 제시하였다.[190] 이에 대해 일본 대표단은 이를 기술적으로 상세 검토하여 가능한 한 이에 협조할 것으로 표명하였지만, 그 후 상당한 시일이 경과하여도 아무런 회답이 없어 재차 독촉하였으나 역시 아무런 회답이 없었다. 따라서 당시 한국 대표단은 다음과 같은 결론을 내렸는데, "일본 측이 이 이상 양보하지 않을 것이라는 것이 한국 대표단의 현재의 의견"이라는 것이다.[191]

이와 같은 일본 측의 입장 고수에 대한 한국 대표단의 결정은 일방적 선언이었다. 한국 대표단은 "최종의정서에 있어서 중파 방송용 주파수뿐만 아니라 전반적으로 아국我國이 필요한 주파수를 사용할 권한을 유보한다는 선언을 하지 아니할 수 없게 되어 훈령에 의기하여 12월 16일 유보 선언문을 회의사무국에 제출하였으며 이에 대하

여 일본 대표단은 대항 선언문을 동 의정서에 포함시켰"[192]던 것이다.

주목할 점은 당초 한국 대표단이 일본과 대만에 제출한 이후 WARC에도 정식 제출한 주파수와 출력 중에는 1959년 당시 결정된 500kW가 아니라 970kC 주파수 대역에 300kW를 포함되어 있다는 점이다. 구체적으로 무슨 이유에서 300kW로 등록 신청했는지는 알 수 없으나, 이 사례는 박정희 정부의 남양송신소 운영 계획의 임의 변경이 사실상 이미 예고되어 있었음을 시사해 준다.[193]

방송국 간 네트워크 연결 — FM 중계 시스템 도입 및 새로운 라디오 송수신 실험

앞에서 살펴보았듯이, 1950년대 중반 중파 100kW 2대와 중파 50kW 2대가 신설되었지만 1956년 말까지도 아직 연희연주소 설비와 남산 연주소 설비가 완비되지 못했을 뿐만 아니라 지방 방송국과의 전파 간섭 및 지방의 수신 강도에 대한 점검이 필요한 상황이었다. 방송 전문지 〈방송〉에 게재된 다음 기사는 당시의 방송 수신 상황이 어떠했으며 당시 한국 방송 관계자들에게 어떠한 해결 과제가 있었는지를 단적으로 잘 보여 준다.

> 그 이유로는 **근래 지방에서의 100kW 방송 청취 상태가 좋지 않은 소리가 많으며 특히 호남 지방은 이북·중국·일본 등지의 방송이 상당한 강도로 수신**되어서 저급한 수신기로써는 **우리 100kW 방송이 많은 간섭을 받는다 하니,** 더욱이 철저한 기술적 조사와 아울러 **주파수 출력 및 방송 내용에 대한 종합적인 재검토와 재조정이 시급**할 줄 생각하는 바이다(《방송》, 1956. 12: 34). (강조는 필자)

보다 구체적으로 1950년대 말의 한국 라디오 방송의 수신 실태

표 6-9　1960년 방송문화연구실의 전국 방송 여론 조사 중 수신 상태 항목

구분	아주 깨끗하다		들을 만하다		잡음이 많다		약하다	
		%		%		%		%
HLKA No.1	134	38.6	137	39.5	50	14.4	26	7.5
HLKA No.2	49	26.2	75	40.1	25	13.4	38	20.3
HLKY	9	8.9	28	27.7	22	21.8	42	41.6
HLKX	8	10.5	9	11.8	11	14.5	48	63.2
VUNC	24	26.1	40	43.5	12	13.0	16	17.4
V.O.A.	26	25.5	34	33.3	35	34.3	7	6.9
일본 방송	96	53.3	52	28.9	24	13.3	8	4.4
AFKN	42	44.6	30	31.9	14	14.8	8	8.5

출처: 서규석, 1960. 7: 97.

를 살펴보자. 1960년 방송문화연구실이 실시한 전국 단위의 방송 여론 조사● 결과를 보여 주는 표 6-9에서 볼 수 있듯이, 수원/연희송신소 건립 이후 서울중앙방송국 이중 방송의 수신 감도는 "들을 만하다" 이상의 응답율이 대체로 65~80% 정도였지만, 대체로 75% 이상의 비율을 보인 일본 방송이나 AFKN 방송보다 뒤쳐져 있는 상황이었다(이성민 · 윤상길, 2020: 29~30).

● 방송문화연구실에서는 1959년 12월에 서울에서 실시한 표본조사법에 의한 방송 여론 조사가 좋은 성과를 올렸던 경험을 토대로 하여, 곧 전국 조사 준비에 착수하여 4월 2일에 전국 51개소의 시읍면에서 각 방송국이 참여해서 현지 조사를 실시했다. 이 통계는 1959년 말 현재로 내무부 통계국이 조사한 전국 가구 수 3,753,042 중에서 서울(322,779)을 제외한 3,430,263세대를 모집단으로 해서 이 중에서 2,500세대를 표본으로 한 결과였다(서규석, 1960. 7.: 93).

그림 6-3 1960년 당시 한국 방송국의 지리적 위치와 현황

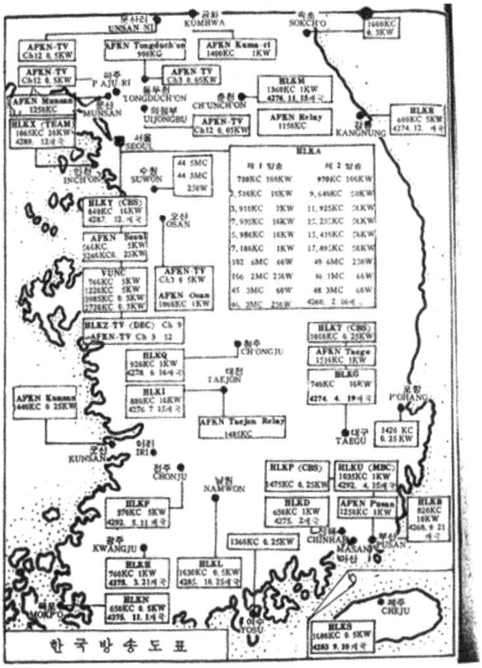

출처: 〈방송〉, 1960. 7: 101.

따라서 한국의 전반적인 재건과 개발에 기여하는 커뮤니케이션 미디어를 개선하고자 하는 기술 정보 개선 사업 프로그램에 있어서, 이미 살펴본 대출력 송신소 건설뿐만 아니라 제반 방송의 송신 시스템에 대한 개선은 무엇보다 필요했다. 보다 구체적으로 보자면, 방송국과 방송국, 그리고 방송국과 송신소 사이의 네트워크 연결도 좀 더 효율적이며 완벽해야 했다. 그렇기 때문에 기존 단파 중계 시스템을 개량하거나 철폐하고, 나아가 FM 중계 시스템 같은 신기술로 대체하는 작업이 필요했다.

OEC는 1959년 6월 한 달 동안 KBS 방송국을 상호 연결하는 중계 시스템의 변화에 대한 권고안을 제시하였고, 곧장 윌리엄스는 엔지니어링 연구를 시작했다. 중계 시스템에 대한 작업은 필요한 UHF 전계 강도 측정기와 추가 직원 부족으로 인해 어려움을 겪었다. 6월 말에 한국 정부가 미터기 조달을 위해 준비하고 있었고 한국의 인구 지도를 만드는 데 보조원이 배치됨으로써 어려움을 조금 덜게 되었다. OEC는 이 기초 연구가 KBS에 새로운 시설을 어떻게 계획해서 최대 시청자들에게 도달하는지를 보여 줄 것이기 때문에, 잉글만 팀 기술자들에게 큰 도움이 될 것으로 평가했다.[194] 이와 함께 1959년 6월에는 부산 지역의 전계 강도 측정이 완료됨으로써 당초 KBS에 의해 선정된 지역 부지가 다른 지역보다 덜 효율적임이 입증되자 두 번째 후보지에 대한 조사가 진행되었다.[195]

9월에는 니콜레이가 공보실의 요청에 따라서 수원 단파송신소와 공보실 직원을 대상으로 미국 표준국의 전리권 무선 전파 자료를 기초로 한 장거리 라디오 방송에 관한 최신 계산 방법을 가르쳤는데, 단파 안테나의 설계와 사용법을 설명하였다. 또한 각 방송국을 연결할 FM 중계 시스템을 세우기 위한 연구도 진행하였다. 또한 주파수 대역을 지정한 ITU의 정책을 준수하기 위하여, 88~108MC 대역에서 동작하도록 FM 송신기와 수신기를 수정하는 방법을 결정하기 위한 작업이 시작되었다. 또한 실행과 프로그램의 개선을 위한 제안들을 연구하고 이행하기 위해 구성된 12명의 자문연구위원회 Advisory Study Committee가 라디오 운영 부서와 잉글만 계약 팀 간의 상호 승인에 의해 구성되었고, 그 첫 회의가 9월 28일에 개최되기도 했다.[196] 이미 살펴본 바처럼, 1959년 4월 니콜레이는 OEC의 유관 부서에 KBS 시설과의 작업에 관련된 프로그램의 필요성을 제기하였고,

KBS에도 제안서를 전달하여 채택되었다. 여기에는 스튜디오 엔지니어링 전문가인 윌리엄스도 참여하였다. 그는 정동 방송국에 장비 설치를 끝냈고, 녹음기 관리법을 작성하기 시작하였으나, 송출부에서 FM 중계 시스템에 집중하기로 하였다(장영민, 2020: 390).[197]

또한 "한국 정부가 구매한 장비를 사용하여 전국 KBS 14개 방송국 간의 FM 중계 시설을 설계하였다. 지리산에 세울 FM 송신기와 서비스 구역 간의 부분 조정 작업을 완료하였고, ITU 규정에 맞도록 FM 송신기를 수정할 방법을 찾기 시작하였다. 남산 제2방송국 스튜디오와 장비 설치 계획을 지원하는 조사도 진행하였다"(장영민, 2020: 391). 이윽고, 1960년 3월 무렵부터는 잉글만 라디오 팀의 도움을 받아 서울과 수원 사이에서 방송국 간 중계용으로 제안된 100MC 대역의 FM 테스트가 진행되기 시작했다.[198]

한편, 1950년대 말 열악한 한국 라디오 방송의 수신 실태를 개선하기 위한 방안으로, 주한 미경제협조처가 관심을 가졌던 것은 저가 라디오 수신기의 보급 방안과 새로운 방식으로 라디오 송신과 수신 시스템을 고안해 활용하는 방안이었다. 이 사업 모두 단발성에 그치거나 무산되긴 했지만, 미국 정부가 기술 정보 개선 사업의 본래 취지인 한국의 커뮤니케이션 매체를 개선하는 데 저개발 국가였던 한국의 특성을 반영한 사업이었다.

우선 저가 라디오 수신기의 보급 방안과 관련해서는, 장영민의 연구에 따르면, 1957년에 이르러 주한 미공보원과 OEC는 라디오 수신기 보급 상황을 지켜보는 데서 벗어나 조립 제작이나 국내 생산을 도모하는 방향으로 전환하여, 저가 수신기 보급 프로젝트를 구상하였다. 신임으로 부임했던 OEC 시청각과 과장 해리 카는 한국과 마찬가지로 저가 라디오 수신기 프로젝트가 진행되던 베트남에 대한 현황 자료를 문의하는 문서를 보내는 등 적극적인 자세를 견지하기도 하였다. 그렇지만 기본적으로 미국이 저개발 국가에 라디오를 냉전의 무기로 공급하겠다는 저가 수신기 보급 프로젝트는 원조 사업으로 성안도 되지 못하고 계획과 준비 단계에서 무산되고 말았다.[199]

'앰프촌'의 확대를 앞두고 예비 조사의 일환으로 현장 점검과 면담을 하였던 니콜레이는 농촌 지역에서 새로운 방식의 라디오 송신과 수신 실험을 하였다. 당시 '앰프촌'●은 5·16 군사 쿠데타로 집권한 군사 정부에 의해 적극적으로 보호·육성하고자 했던 유선 라디오 방송이었다. 군사 정부는 당초 4·19 혁명 이후 우후죽순 늘어나는 민영 '앰프촌'●●에 대해 철폐하고자 하는 입장이었지만, 이 유선 라디오 방송이 가진 공보적 가치를 인식한 결과로 보호·육성하려 했고, 1961년 8월 24일 '유선방송수신관리법'을 제정하고 라디오 앰프 보급 사업을 경제 개발 5개년 계획 사업의 하나로 선정하였다(윤상길, 2011a: 176~184). 이렇게 한국에 앰프 시설을 활용한 방송 기술 시

● 여기서 얘기하는 앰프촌, 즉 유선 라디오는 집집마다 스피커가 전선 끝에 매달려 있어 거기서 라디오 방송이 흘러나오도록 하는 방송의 기술적 시스템을 의미한다. "스피커뿐이기 때문에 다이얼을 돌려서 좋아하는 프로그램을 고를 수도 없고, 단지 듣기 싫으면 전원을 꺼버리는 수밖에 없다. 다이얼 조정권을 쥐고 있는 사람은 그 전선 줄을 거슬러 따라가면 가 닿는 앰프, 즉 방송을 수신하여 그것을 여러 스피커에 나누어 줄 수 있게끔 신호의 세기를 크게 해 주는 증폭기amplifier의 관리자다. 이와 같은 유선 라디오 방송은 라디오 수신기 값이 국민 소득에 비해 고가인 시대에 세계적으로 유행"한 바 있는 방송의 기술적 구현 형태 중 하나다(한국방송협회 편, 1997: 377).

●● 한국에서 앰프촌(유선 라디오 마을) 사업은 이승만 정부 시기인 1957년 11월 광주군 역리에 앰프를 시범적으로 설치하고 30개의 스피커를 마을에 설치하여 실험 방송을 한 것으로부터 시작되었고, 공보실 실장이었던 오재경의 발상으로 관영 '앰프촌'을 건설함으로써 다시 도입되게 되었다(윤상길, 2011a: 169).

스템인 유선 라디오 방송이 제도화될 무렵에 잉글만 기술 고문인 니콜레이는 1961년 8월 초 충남 온양읍에서 한국 정부 관리, 주한 미경제협조처와 주한 미공보원 직원들과 협력하여 특별한 방송을 하였다. 라디오 수신기 보유가 저조하고, 앰프와 스피커도 보급되지 않은 전형적인 농촌 지역에 라디오 방송이 정보와 지식을 효과적으로 전달할 수 있는 미디어인지 확인하는 것이 시험 방송의 목적이었다. 한국에서 조립 생산한 저가 트랜지스터라디오 20대를 주민에게 빌려준 뒤에 소형 휴대용 송신기와 KBS 녹음기를 이용하여 보건 위생 지식을 전파하는 방송을 하였고, 여학생들을 동원하여 그 효과를 조사하였다(장영민, 2020: 391).

이 실험의 효과는 당시 제2대 주한 미경제협조처 처장이었던 제임스 킬런James Killen이 "한국 시청각 역사에서 가장 중요한 발전 중 하나"라고 평가할 정도로 대단히 고무적이었고, 한국과 미국의 라디오 방송 관계자들도 "지역 방송의 가능성에 대한 새로운 통찰력을 얻었다"라고 보았다. 특히 주한 미경제협조처 부서와 한국 부서의 고문과 기술자에게 이 프로젝트는 사람들에게 다가감으로써 영향을 미치는 효과적이고 경제적인 방법이었음을 보여 주는 것으로 받아들여졌다. 이에 2주 뒤에 바로 뇌염이 심각하게 퍼진 경상남도 밀양에서도 시험 방송이 이뤄져, 장비가 신속하게 피해 지역으로 운송되고 무선 수신기도 주요 지점에 배포되는 등의 조치를 거쳐 적절한 대담 등의 프로그램이 방송되었다. 이를 통해 지역 라디오 캠페인이 태풍, 홍수, 전염병 또는 기타 재해가 발생한 모든 지역에서 쉽게 시행될 수 있다는 것이 추가적으로 확인되었다.[200]

결론은 한국 등 저개발 국가에서는 라디오가 최고의 전파 수단 중의 한 가지이며, 아마 가장 효과적 미디어라는 것이었다. 특히 저출력의 휴대용 송신기는 도시에 집중된 전국적 라디오 방송과는 달리 특정한 조건과 필요를 지닌 좁은 지역에 매우 유용하고, 지역 사회 개발 사업에 활용하기에 충분하다는 점을 주한 미경제협조처 시청각과와 방송관리국은 강조하였다. 그런데 송신기를 살 자금과 제작할 기술이 없었고, 수신기 보급 역시 결정적인 문제였다. 따라서 이런 방식의 라디오 방송은 일회성 시험으로 끝났다(장영민, 2020: 391).

이러한 일종의 이동 방송 실험이었던 시험 방송이 일회성으로 그쳤던 데에는 5·16 군사 쿠데타 이후 군사 정부가 농어촌에 라디오 및 앰프 보내기 운동을 범국민 운동으로 추진했던 것과 연관성이 있는 것으로 보인다.

> 당시 공보부는 1962년 7월 중순부터 '농어촌에 라디오 및 앰프 보내기 범국민 운동 조직체'를 설치하였는데, 공보부에 본부 및 추진위원회, 사무국을 두고, 본부장에는 한국신문인협회장을, 차장에는 공보부 차관을, 사무국장에는 방송관리국장을 취임시켰고, 또 서울특별시 및 각 도의 신문사와 방송국에 지부와 추진위원회를 두었다. 이에 따라 〈동아일보〉와 〈조선일보〉와 같은 신문사 또한 1962년 7월과 8월에 농어촌에 라디오와 앰프를 보내는 운동을 추진하기도 하였다. 또한 공보부는 유선 라디오 방송에 대한 실질적인 지원을 위해 '한국방송문화협회' 각 도 지부의 설치를 승인하고 1962년 7월 6일에 각 지부장을 임명하기도 하였고, 공보부 장관은 유선 라디오 방송업자들에게 농어촌 부흥에 적극 협조하도록 격려 담화를 발표하기도 하였다(윤상길, 2011a: 191).

결국, "잉글만 계약 팀과 주한 미경제협조처가 시도한 이동 방송 시스템 대신에, 간편하고 저렴한 스피커, 즉 유선 라디오 방송이 농촌에 널리 퍼지게 되었다"(장영민, 2020: 391).

방송 기술 분야의 기술 정보 개선 사업에 대한 USOM의 자체 평가

워싱턴의 국제협조처(ICA)는 기술 정보 개선 사업 계약의 계약자 성과를 평가하고 보고하기 위한 정기적인 절차를 수행하였다. 이 계약은 상업 계약이었기 때문에 매달 '성과 보고서Certificate of Performance'가 작성되어 워싱턴으로 보내졌다. 1959년 4월부터 이 보고서들은 해당 달의 작업에 대한 요약을 포함하고 있다. 계약 팀 기술자와 계약 담당자 및 원조 기관 시청각과 과장 간의 회의는 빈번한 간격으로 개최되었으며 지속적인 비공식 접촉이 유지되었다. 또한 계약 담당자는 계약자 집단 및 한국 공보실 라디오 관리 관계자들과의 여러 회의에 참석했다. 또 계약에서 요구한 상세한 분기별 보고가 이루어지기도 했다.[201] 여기서는 먼저 매월 워싱턴의 국제협조처에 제출되었던 '성과 보고서'의 내용을 중심으로, 1959년 잉글만 계약 팀의 주요 활동을 살펴보고자 한다.

주한 미경제협조처의 자체 평가에 의하면, 1959년 6월 한 달 동안에는 공공 서비스 프로그래밍에 진전이 있었다. 라디오 편성 담당인 거스는 보건부 및 OEC 보건 위생과와 함께 모기와 파리 방제 활동을 지원하는 라디오 프로그램의 시범 프로젝트를 진행해 왔고 연석 회의도 세 번 개최되었다. KBS 방송국 네트워크에 라디오 공공서비스 부서의 설치를 목표로 하여, 공보부 전파관리국에 제출할 주요 제안서 초안이 작성되었다.[202] 또한 1959년 7월에는 거스가 수원 농업연구소에서 농업 정보 연수생들을 대상으로 강연을 하였을 때 KBS 직원들이 이 프로그램에 협력했고, 그 결과로 KBS 뉴스와 농림부 간의 보다 직접적인 접촉이 확립되는 진전이 있었다. 이에 따라 KBS 인력들은 8월 1일부터 상시적으로 보건부와 접촉하게 되었다. 뿐만 아니라 잉글만 팀의 기술자는 7월 동안 KBS에 공중 보건에 관한 확실한 프로그램을 편성하기 위한 노력을 계속했다.[203] 또 10월에는 프로그램 및 제작 기술자가 4주간의 강의와 교리, 그리고 3주간의 방송국 아나운서 연수 기간을 계획하는 데 도움을 주었고, KBS 내에 신설된 학습자문위원회Study Advisory Committee는 잉글만 팀 기술자와 협력하여 KBS 방송 인력 양성을 위한 '교사 양성' 교육 프로그램을 만드는 방법을 심도 있게 연구하기 시작했다.[204] 11월에는 한국 공보실이 당시 한국 방송의 안전 프로그램을 확립하기 위해 계약 기술자들이 제안한 제안을 승인했는데, 당시까지 지난 9개월 동안 KBS 엔지니어들이 감전되는 경우가 많았기 때문에 잉글만 계약 팀은 방송국 엔지니어들을 대상으로 인력 보호 장치의 설치 및 작동에 대한 교육을 진행하였다.[205]

1959년 12월 주한 미경제협조처는 KBS가 각 정부 기관의 공중 교육 목표를 지원하는 공공 서비스에 특별한 관심을 보이게 되었다며 사업 추신 현황을 긍정적으로 보았다. 앞서 언급한 바의 대출력 송신소에 대한 긍정적 평가와 함께, KBS에 대해서도 편성에서 공적인 서비스를 강화해 나가고 있으며, 농업과 보건 등 한국 정부 기구의 교육적 필요에 부응하는 라디오 프로그램 지원 시스템에서도 발전을 보인다고 하였다. 그리고 라디오 방송은 가장 효과적인 대중 미디어이나 보급률이 낮은 난관을 타개하기 위해서 저가 라디오 수신기를 생산하여 농민에게 보급하는 계획을 수립하는 중이라고 하였다. 1960년 6월에는 계약 사업의 75%가 진척되고, 1961년 1월에는 사업이 종료될 수 있도록 자금을 투입하고 있다고 하였다(장영민, 2020: 393).

그러나 이러한 주한 미경제협조처의 평가와 달리, 1959년 12월 28일 주한 미경제협조처가 워싱턴의 국제협조처에 보낸 잉글만 계약에 대한 연례 보고서는 당시 국제협조처가 잉글만 계약의 가치가 다음과 같은 이유로 심각히 훼손되어 계약 종료일을 연장할 의도가 없었음을 보여 주었다. 즉 "워싱턴의 국제협조처 계약 사무소가 1959년 9월 30일자로 잉글만사에 보낸 편지[206]에서는 계약 고문들이 한국 공보실의 컨설턴트이며 주한 미경제협조처는 그 이후 일반적인 관리 지침만을 가지고 있다고 강조했"고, "순수하게 기술적인 자문 계약에 대한 이러한 해석은 주한 미경제협조처가 자문 위원의 실질적인 활동에 대한 지침이 없음을 시사"한다는 근거에 입각한 평가였다.[207]

또한 1960년 10월 중순 주한 미경제협조처의 시청각과 과장이 이임하면서 작성한 일종의 평가서에 잉글만 라디오 팀의 사업 성과를 다음과 같이 정리한 바 있었다. 첫 번째는 송신기 기술자가 언급한 송신 시설과 관련된 것들이었다. 그는 이러한 작업이 KBS 기술 직원의 훈련에 매우 귀중하다고 하였다. 편성에서도 오락, 뉴스, 정부 선전 등 개별 프로그램이 아니라 진정한 공적 서비스를 하는 방송 시스템을 도입하였고, 교육 캠페인 중간 공지 방송이 정례화된 것이 성과라고 하였다. KBS도 화재 예방, 해충 박멸, 모기 퇴치 등과 같은 주제를 주한 미경제협조처와 함께 개발하여 1년 동안 방송하자는 제안을 하였다고 하며, 대체로 긍정적인 평가를 내렸다(장영민, 2020: 393).

주한 미경제협조처와 잉글만의 계약은 1960년 10월 만료되었으나,[208] 방송관리국의 유임 요청에 미국대사관과 워싱턴의 경제협조처가 동의함으로써 편성 고문관 거스와 송출고문관 니콜레이는 주한 미경제협조처에 직접 고용되는 방식으로 한국에서 일할 수 있게 되었다. 스튜디오 기술자 윌리엄스는 저가 라디오 수신기 개발과 보급에 도움이 되지 않았으므로 계약 연장이 되지 않은 것 같다. 니콜레이는 1961년 3월 13일부로 주한 미경제협조처 시청각과의 직원이 되었고, KBS 엔지니어링 고문으로 계속 근무하였다. 거스의 계약 기간은 연장되지 않았으나, 니콜레이는 1962년에도 라디오 기술 고문관으로 근무하였다(장영민, 2020: 393~394).

2) 방송 현업인/기술자 훈련

장영민의 연구에 따르면, 정부 수립부터 1950~1960년대에 이르기까지 방송 관련자가 도미 연수를 받을 수 있는 길은 다섯 가지였다. 주한 미공보원 직원 연수, ICA의 기술 연수 및 기술 정보 개선 사업, 스미스-문트 교육 교환 프로그램,● VOA 방송 파견이었다. 이외에도

● 한국 라디오 방송 대중화의 주역인 KBS 〈청실홍실〉의 작가 조남사는 정전 후 처음으로 스미스-문트 교육 교환 프로그램으로 도미하여 1956년 8월에 귀국하였다(장영민, 2020: 396). 1956년 2대의 대출력 송신소 건립은 1956년 8월 6일부터 시작된 제1방송(호출부호 HLKA, 56년 당시 주파수 970kHz)의 '종일 방송'과, 1956년 10월 1일로 서울중앙방송국이 이중 방송의 개시를 가능하게 함으로써 실질적인 라디오 붐의 물적 토대를 제공했다. '종일 방송'으로 1차적으로 증가한 제1방송의 방송 시간은 교육·대외 방송 시간이 제2방송(호출부호 HLSA, 56년 당시 주파수 710kHz)으로 옮겨 감에 따라 여유 시간이 대폭 증가하게 되었고, 이렇게 늘어나게 된 시간의 상당 부분이 '오락물'로 채워졌던 것이다. 그중에서도 가장 대표적인, 그리고 가장 파급 효과가 컸던 프로그램은 다름 아닌 〈청실홍실〉(1956)이었다. 이는 사실상 공보실에서 이중 방송 시작을 홍보하며 그 증가된 시간을 채우기 위해 당시 연출 계장이었던 조남사에게 성인 대상 현대물을 맡김으로써 시작되었던 것이다. 이러한 이중 방송의 시작과 함께 〈청실홍실〉 붐은 이후 1950년대에 라디오 연속극의 대인기를 가져오면서 방송 문화 발전을 가능하게 했다(이성민·윤상길, 2020: 26~27). 이러한 측면에서 보자면, 미국의 교육 프로그램이 한국 방송의 대중화에 일정 정도 큰 역할을 하였다는 평가가 가능하다. 한편, 1955년 무렵 국무부와 미국공보처는 텔레비전을 새로 도입한 나라에서 선도적 위치에 있는 관련자들을 미국으로 초청하여 '미국식 텔레비전

미국방송협회와 미국여성방송인협회 등에서도 방송인을 초청하는 교육 프로그램이 있었다. 다음은 장영민의 연구를 중심으로, 기술 정보 개선 사업 아래 수행된 방송 현업인/기술자 훈련 활동에 대해 간략히 살펴보자.

국제협조처(ICA)의 기술 정보 업무 개선 사업에 의한 미국 현지 기술 교육 프로그램에 의하여 (앞에서 언급한 바와 같이) KBS 기술자 유병은이 1957년 10월에 미국으로 연수를 떠났다. 이어서 라디오 엔지니어 김성열, 라디오 편성 윤태로가 도미하였다. 1959년 7월에는 문시형이 라디오 편성을 배우려고 시러큐스대학교로 출발하였다(장영민, 2020: 395~396).

1960년 말 시러큐스대학교 텔레비전라디오센터에서 제출한 보고서에는 가을 학기부터 방송 과정을 수강한 학생 중 KBS 직원 김규가 틀림없는 한국인이었다. 교과목에는 텔레비전 및 라디오와 사회, 텔레비전과 라디오 프로그램 평가, 국제 방송 세미나가 있었고, 시청각 교육, 방송 광고와 라디오 대본 쓰기와 같은 선택 과목을 수강하였다. 그 밖에 캐나다와 뉴욕 유엔 본부 방송국 등을 견학하고, 미국인 가정을 방문하는 과제도 포함되었다. 다음 학기를 수강하면, 정식 학위를 취득할 수 있었고, 학위를 목표로 했던 것처럼 보인다고

제작 기술과 시설에 완벽하게 오리엔테이션'이 되도록 하는 지도자 교환 프로그램을 운용한다고 합의하였다. 이에 따라 주한 미공보원은 한국 최초로 코카드KOCARD 텔레비전 방송국이 출범할 당시 전문가 1명을 선발하여 미국에 파견한다는 계획을 세웠고, 연출가 최창봉은 방송국의 추천을 받아 1957년 5월 지도자 교육 교환 프로그램으로 3개월간 보스턴대학교를 비롯해 텔레비전 방송국 등에서 연수를 받았다. 또한 KBS 편성과에 오래 재직한 노정팔도 최창봉과 함께 1957 회계 연도 프로그램으로 도미하여 연수를 받았다(장영민, 2020: 397).

하였다. 1961년 3월 시러큐스대학교에 연수 중인 김규의 체류 연장 요청이 국무원에서 승인되었다. 이처럼 시러큐스대학교에서 텔레비전과 라디오 방송을 공부한 김규는 1962년 2월 행정 사무관으로 승진하면서 KBS-TV 편성과에 근무하였고, 10월에는 편성과장 서리에 임명되었다. 1964년 12월에는 DTV 방송부장, 2년 뒤에는 중앙방송 이사로 있었다(장영민, 2020: 399~400).

한편, 기술 정보 개선 사업 가운데는 약 100명의 숙련된 KBS 방송 기술자들을 대상으로 현장 교육on-the-job을 시키는 기술 원조도 포함되었다. 그들은 시러큐스대학교 영화팀의 훈련 과정에도 참여하였다. 1959년 7월 주간 녹음 훈련 과정에는 공보실의 기술자만이 아니라 관심을 가진 KBS 직원도 들어왔다. 이 교육의 목적은 한국 정부와 OEC의 지도 프로젝트 시행과 방송용 프로그램 및 대본을 준비하고, OEC 각 과의 연설과 토론, 훈련 활동과 관련된 것을 녹음하고, 테이프 녹음기의 사용과 관리에 관한 기초적 훈련을 하는 데 있었다. 거스는 아나운서 및 작가 연수에 참여하였다. 4월에 KBS와 함께 아나운서들을 선발하였고, 수습 아나운서 두 명을 더 추가하였다. 하반기에는 4주에 걸친 강의와 교육, 3주 방송 실습으로 구성되는 연례 KBS 수습 아나운서 훈련 계획 수립을 지원하였고, 네 강좌를 담당하였다. 새로 선발한 영어 방송 아나운서 3명도 거스에게 영어를 지도받았다. 이듬해 봄에도 거스는 열흘에 걸쳐서 방송국 직원과 제작과 편성 세미나를 진행하였고, 지방 방송국의 뉴스 기자에게 4월 2일의 전국 라디오 조사를 지도하였다(장영민, 2020: 386).

또한 KBS 직원에게 연습 목적으로 결핵 씰에 관한 중간 공지 방송을 10편의 드라마로 쓰고, 연기하고, 제작하도록 하였다. 시범용으로 〈국립농장과 가정 시간〉이라는 프로그램의 녹음도 끝냈다. 보건

사회부의 후원으로 그런 프로그램을 20편 이상을 더 계획하였다. (이미 살펴본 바와 같이) 1959년 9개월 동안 KBS에서는 직원 2명이 감전되는 사고가 일어났으므로, 보장구 구비와 교육 등 안전 프로그램을 수립해야 한다는 잉글만 고문관의 건의를 공보실이 수락하였다. 니콜레이는 슬라이드와 영화 등 시청각 매체를 이용한 방송 엔지니어링 훈련도 건의하였다. 장면 정권이 들어서서 종합적인 방송 관련법을 제정하려고 하였으므로, 잉글만 고문관들은 정부 관리가 방송 법률을 개정하는 것을 도왔다(장영민, 2020: 387).

방송을 통해서 한국 정부와 원조 기관의 라디오 공보 활동을 확대하는 것은 잉글만의 계약상 주요한 과업이었다. 따라서 잉글만 기술 고문의 편성 및 제작 지원 활동, 그리고 심지어 시설 구축에 이르기까지 이 모든 활동은 방송 현업인에게 또 다른 교육의 기회였다. 기술 정보 개선 사업의 계약 팀인 잉글만 기술 고문들이 방송 분야에서 수행한 광범위한 활동과 성과를 고려할 때,●[209] 기술 고문들의 기술 지원이 끼친 영향은 매우 컸을 것으로 짐작할 수 있다.

단적으로 보자면, "편성과 제작 고문관 거스는 공보 활동 교육 프

● 1961년에 작성된 미국 문서에 따르면, KBS에서 방영되고 있는 공공 서비스 프로그램은 꾸준히 개선되고 있었다. 가령, 전국 농촌 및 가정 시간제 시행, 공공 서비스 주제에 대한 현장 공지 프로그램 시작, 프로그래밍 정책에 대한 가이드로 만들어진 한국 최초의 전국 라디오 청취자 조사, 향후 송신기의 위치와 설계에 대한 가이드로 만들어진 최초의 전계 강도 조사, 송신기 위치 및 설계에 대한 과학적 접근 방식의 표준 관행으로의 채택, ITU 협약 준수 원칙의 한국 수용, 그리고 저가 라디오 수신기의 현지 제조 등이 이에 해당하였다. 또한 이러한 "KBS에 대한 기술 지원, 현장 교육, 그리고 새로운 원칙의 채택에 대한 자문 서비스"의 성과에도 불구하고 USOM은 향후 과제로서 "기술자의 기술 분야를 넘어 관리 및 전문 분야에서 상당한 추가 조언과 훈련을 수반한다"라고 지적하였다.

로그램과 KBS 제2방송에서 방송할 일반 정보 프로그램의 시험 대본을 계발하기로 하였다. 1958~1959년 일본뇌염이 연거푸 크게 발생하여 2,000여 명이 사망함에 따라, 편성 고문관은 보건부, 서울대 의대 보건학 수련의, 주한 미경제협조처의 보건 위생과 등과 협력하여 뇌염 예방 프로그램 대본을 작성하였다. 약 75편의 프로그램을 방송하였고, 지방 방송국에도 녹음 테이프와 대본을 보냈다"(장영민, 2020: 385).

농업과 위생 관련한 프로그램을 제작하여 방송하기 위해서 농림부와 보건부의 협조를 이끌어 냈다. 9월 방송관리국과 협의하여 12명으로 구성되는 특별자문위원회를 KBS의 하부 기구로 설치하였다. KBS가 보이는 관심과 활동으로 미루어 보아, 공공 서비스를 널리 알리기 위한 편성에 대한 기술적 자문이 성과를 얻는 것처럼 보인다고 1959년 12월 보고서는 말하였다. 1961년 1월에는 화재 예방, 질병 예방, 교통 안정 등 주제로 22편의 중간 공지 방송용 드라마 프로그램을 녹음하여 전국 지방 방송국에 보냈다. 1~2월에 지방 방송국에서는 740회, 네트워크로는 67회가 방송되었다. 농가와 가정 시간은 농민에게 인기 있는 프로그램이 되었다. 시청각과 과장은 라디오 공보 활동 중에서 가장 효과적인 사례로 1960년 7월 29일 총선거를 위한 중간 공지 방송을 들었다. KBS를 통해서 투표, 부재자 투표, 투표소 등을 안내하는 중간 공지 방송을 하루 80회씩 방송하였다고 한다. 공공 프로그램에 대한 방송국 직원의 태도도 달라졌다. 종전에는 방송관리국에서 내려오는 것을 그대로 방송하였으나, 이제는 새로운 것을 자발적으로 찾게 되었다고 한다. 이런 노력의 결과로, 오락, 뉴스, 문화, 정부 선전에 국한되었던 방송 편성에 진정한 공공 서비스를 도입하도록 하였다는 평가를 받았다(장영민, 2020: 385~386).

7장

1960년 이후 주한 미경제협조처의 기술 정보 개선 사업

6장에서 구체적으로 살펴보았던 바와 같이, 기술 정보 개선 사업은 저개발 국가에서의 커뮤니케이션 미디어에 주목했던 미국 원조 기관(ICA/USAID)의 장기적인 커뮤니케이션 철학에 입각하여 경제조정관실(OEC)이 커뮤니케이션 관련 원조 사업의 일환으로 시행한 것이었다. 여기서는 기술 정보 개선 사업의 후반기에 해당하는 1960년 전후 미국의 대외 원조 정책 변화에 대해 먼저 개괄한 후, 저개발 국가 커뮤니케이션 관련 원조 사업의 철학적 기반, 그리고 1960년 이후 계약 만료까지의 기술 정보 개선 사업의 진행과 사업 수행에 대한 평가 등을 살펴보고자 한다.

1. 1960년 전후 미국의 대외 원조 정책 변화와 주한 원조 기관의 변화

1950년대 중후반기 주한 원조 기관의 기술 정보 개선 사업이 진행되는 와중에 중요한 변화 한 가지가 있었다. 바로 1959년 7월의 주한 원조 기관 명칭 변경이다. 1959년 7월 기존의 경제조정관실(OEC)은 주한 미경제협조처(USOM – Korea)로 명칭을 변경하였다. 8월 20일에는 그간 임시 대행 체제로 유지되던 경제조정관 자리에 전 국제협조처(ICA) 극동 국장이었던 레이먼드 모이어Raymond Moyer가 임명되었다.● 이 주한 미경제협조처의 출범은 미국의 대한 원조에서 몇 가지 중요한 의미를 지니고 있다.

한봉석(2021)에 따르면, 이 명칭 변경은 미국의 대한 원조 정책의 변화를 함축했다. 이러한 정책 변화를 대표적으로 읽어 낼 수 있는 키워드가 바로 미국 대한 원조의 '정상화'라는 것인데, 이 표현은 6·25 전쟁으로 인한 특수성으로 인해 미국의 대한 원조가 한국에서 원조의 집행 주체, 대충자금 사용에서의 특혜, 원조 금액의 특혜 등에서 차이가 있었던 점을 다른 지역과 동일하게 '균등화'시킨다는 의미를 내포한다는 것이다. 한국의 경우는 미 국무부와 군부 간의 지휘 계통이 6·25 전쟁으로 인해 이분되어 있었고, 그 결과 다른 지역과 달리 주한 미국 대사가 지휘권을 행사하는 등 컨트리 팀이 제대로 기능하지 못했고, 이를 보여 주는 사례가 미국의 경제사절단인 USOM 대신 유엔군 사령관 휘하에 경제조정관 및 경제조정관실(OEC)이 실무를 담당했던 것이 대표적이었다. 즉 미국의 대한 원조의 실무를 담당했던 경제조정관실의 주한 미경제협조처로의 명칭 '전환' 혹은 '회복' 역시 그 결과에 따른 것이었다(한봉석, 2021: 244~245).

1950년대 미국의 대한 원조는 미국의 '건전한 재정'을 염두에 두

● 레이먼드 모이어는 제2대 주한 미경제협조처 처장인 제임스 킬런이 자신의 후임으로 부임하기 직전 달인 1961년 8월 25일까지 그 임무를 수행했다.

고 진행되었고(물론 미국의 대한 원조는 6·25 전쟁을 전후한 과다한 군사 원조로 인해 원칙이 엄격하게 지켜지지는 못했지만) 군사 원조 외 영역은 기본적으로 저개발국 기술 원조의 프레임하에 민간 영역을 적극 포함한 방식으로 진행되었다. 그 결과 '유엔군 사령관 하 한미합동경제위원회와 경제조정관실, 그리고 외부 기술 자문 회사인 SI I&G'라는 구도가 완성될 수 있었다(한봉석, 2021: 247). 여기서 특징적인 것은 1959년 이전까지 대한 원조 사업의 주도권은 유엔군 사령부가 가졌으며, 경제 원조 사업과 관련된 문제의 진행과 한국 정부와의 합의는 경제조정관실이 담당했다는 점이다. 이에 미국은 1959년 3월 국방부와 주한 유엔군 사령관의 반대에도 불구하고 한국에 정식으로 현지 원조사업단을 설치하고 주한 미국 대사에게 경제 원조 사업에 대한 감독권을 부여했고(이휘현, 2020: 302), 그 결과가 바로 주한 미경제협조처였다.

정책 변화에 따른 명칭 변경에도 불구하고, 정작 중요한 조직의 축소는 없었다. 따라서 1958년 경제조정관실의 조직 개편에서 '기술 훈련과에 대한 지원, 주한 미공보원 활동에 대한 지원'에서 '기술협조국 산하에서 종합적 지원을 하는 방식'으로 위치 지어졌던 경제조정관실 시청각과의 위상은 (폐지되기 시작한 현장 사무실의 존재를 제외하면) 주한 미경제협조처 시청각과와 크게 다르지 않았다(한봉석, 2021: 249).

1960년대 주한 미경제협조처의 기술 정보 개선 사업을 살펴보는 데 또 하나 고려해야 할 것은 이후 새로 집권한 미국 케네디 정부의 대외 원조 정책이다. "케네디 정부는 아이젠하워 정부와 달리, 기존 인플레이션 억제 위주의 정책에서 새롭게 저개발국 개발을 고려하는 등 이전과 달리 적극적인 정책적 변화를 고려하기도 하였다"(한봉석, 2021: 244~245). 1961년 미국 국제개발처U.S. International Development Cooperation Agency(USAID)는 케네디 정권의 새로운 대외 정책의 방향성

표 7-1 1961~1969년 대한 경제 원조

(단위: 100만 달러)

구분	1961	1962	1963	1964	1965	1966	1967	1968	1969
방위 지원	176	92	92	75	71	60	45	30	20
개발 차관	3	23	28	29	49	80	61	30	20
PL480	44	59	90	81	73	55	73	75	186
기술 원조	11	11	5	3	3	5	9	6	5
총 경제 원조	261	207	230	208	191	252	178	180	220

출처: 권혁은, 2017: 125.

을 반영한 원조 사업을 실행하기 위한 기구로서 기존의 국제협조처를 확대 개편하여 신설되었다. 국제개발처는 군사 원조를 제외한 모든 대외 원조를 총괄·감독하며 대통령에게 직접 보고하는 다소 독립성이 보장된 형태로 운영되었다. 국제개발처가 부여받은 역할은 제3 세계의 빈곤으로부터 오는 불안정성 그리고 이로 인한 공산주의의 침투와 맞서 싸우는 것이었다. 국제개발처는 개발을 통해 경제 성장을 이루어 내고, 이를 통해 제3 세계의 정치적 안정성을 확보하는 것을 목표로 했다. 이와 함께 기존 원조 사업의 한계를 극복하기 위한 대안들도 함께 시도되었다. 대규모로 실행되었음에도 효과를 내지 못했던 기존 원조 사업의 비효율성, 미국이 홀로 제3 세계 문제를 감당해 낼 수 없다는 현실적인 한계를 극복하는 것 역시 국제개발처에 주어진 과제였다(이휘현, 2020: 300).

이러한 미국의 대외 원조 정책의 변화와 기구 개편, 그리고 주한 원조 기구의 변화는 대한 기술 원조 예산의 축소로 이어졌다. 1961년

10월 미 의회는 1962년 대한 원조 예산안을 통과시켰는데, 표 7-1을 보면 당시 얼마나 급격한 원조 삭감이 이루어졌는지를 확인할 수 있다. 특히 방위지원액이 1억 7,600만 달러에서 9,200만 달러로 삭감되었다. 이것은 전 세계적인 원조 정책 전환 기조 속에서 그동안 전초기지 국가들에 제공되었던 총방위지원액이 대폭 삭감되었기 때문이었다. 대신 총원조액 할당에서 남미와 근동, 남아시아를 주요 공여국으로 삼는 개발 차관이 대폭 늘어났는데 이는 '근대화론'의 주요 적용 지역이 바로 남미와 근동, 남아시아 지역이었고, 또한 케네디 정부가 대외 정책의 중점을 둔 지역이 바로 이 지역들이었기 때문이었다(권혁은, 2017: 124~125). 기술 원조 예산 또한 1961년 1,100만 달러 수준이었던 것이 1963년 무렵부터 대폭 삭감되었다.

2. 미국 대외 원조 기관의 커뮤니케이션 관련 원조 사업의 커뮤니케이션 철학

경제조정관실이 커뮤니케이션 관련 원조 사업의 일환으로 시행한 기술 정보 개선 사업은 저개발 국가에서의 커뮤니케이션 미디어에 주목했던 미국 원조 기관인 ICA/USAID의 장기적인 커뮤니케이션 철학에 입각한 것이었다. 워싱턴의 국제협조처(ICA)는 일찌감치 한국뿐만 아니라 저개발 국가를 대상으로 커뮤니케이션 관련 원조 사업을 시행했고,●[210] 1956년에는 〈기술 원조에 대한 커뮤니케이션 접근The

● 대륙별로 커뮤니케이션 미디어 프로그램이 있는 국가와 없는 국가로 나뉘었다. 아시아

표 7-2　1958, 1959, 1960년 USOM의 커뮤니케이션 미디어 원조 예산

(단위: 1000달러)

구분		회계 연도 1958	회계 연도 1959	회계 연도 1960
달러		3,490	3,466	3,418
현지 통화	미국 소유	1,486	1,430	1,221
	수원국	3,293	3,177	3,671
계		8,258	8,073	8,310

출처: World Wide Review of Communication Media Programs.

Communication Approach to Technical Assistance〉이라는 300페이지에 가까운 연구 프로젝트 보고서를 발간하였다(장영민, 2020: 380). ICA는 거의 매년 300만 달러 이상의 미국 예산을 책정해 집행했다. 저개발 국가의 커뮤니케이션 미디어에 대한 주한 미경제협조처의 회계 연도 1959~1960년 예산 신청을 검토하기 위해 주한 미경제협조처의 에드윈 아닐드Edwin Arnold가 국제협조처에 보낸 공분에 따르면,[211] 1958, 1959, 1960년 주한 미경제협조처의 전 세계 커뮤니케이션 미디어 원조 예산 규모는 표 7-2와 같았다. 기본적으로 커뮤니케이션 미디어 원조는 미국 원조 기관의 예산과 수원국受援國의 대충자금으로 충당되는

국가에서는 10개 국가에서 ICA 프로그램이 진행되고 있었고, 이 중 8개 국가들에서 커뮤니케이션 미디어 프로그램이 진행되었다. 유일하게 일본과 버마에서만 프로그램이 없었는데, 일본은 저발전 국가가 아니었고 버마는 이전에 미국의 원조로 꽤 좋은 프로그램이 진행되었기 때문이었다.

구조였다.

미국 원조 기관인 ICA/USAID는 저개발 국가의 커뮤니케이션 미디어 프로그램들에 대한 세계적 범위의 검토를 위해, 1958년부터 저개발 국가에 대한 커뮤니케이션 원조 사업이 종료되는 1967년까지 매년 작성하였다.[212] 여기서는 1958년에 발행된 〈커뮤니케이션 미디어 위상 보고서Communication Media Status Reports〉를 중심으로 상위 정책 기관이었던 ICA/USAID가 견지했던 커뮤니케이션 철학에서 살펴보고자 한다.

1) 미국 원조 기관 ICA/USAID의 '커뮤니케이션 철학'과 USOM의 임무 및 주제 영역과의 관계

미국 원조 기관은 저개발 국가에서의 커뮤니케이션 문제와 관련하여, 다음 인용에서 확인할 수 있듯이, 한 사회 내 커뮤니케이션 능력의 한계 내지 부족은 저발전성의 특징 중 하나라고 보았다. 국가 간 협력의 모든 단계는 커뮤니케이션을 통해 발전해야 한다는 입장이다.

> 국민 간의 소통은 경제적이든 정치적이든 국가 건설의 모든 단계에서 기본적인 도구다. **한 사회 내 커뮤니케이션 능력의 한계 내지 부족은 저발전성의 특징** 중 하나다. 모든 주제 분야와 **기술 및 경제 협력의 모든 단계는 커뮤니케이션을 통해 발전해야** 한다. 어떤 나라도 국민들 사이의 효과적인 커뮤니케이션을 개발하지 않고서는 현대 사회와 경제를 발전시킬 수 없다. 의사소통의 중요성과 모든 유형의 의사소통 기술의 효과적인 사용에 대한 예리한 인식은 공산주의적 효과성의 주요한 이유 중 하나다. (강조는 필자)

또한 미국 원조 기관은 저개발 국가에서의 커뮤니케이션 문제에 대한 해결이 수평적 커뮤니케이션뿐만 아니라 수직적 커뮤니케이션 등 모든 수준에서 다음과 같은 방식으로 커뮤니케이션을 강화함으로써 이뤄질 수 있다고 밝혔다.

> 저개발국 내에서는 수평 및 수직 모든 수준에서 커뮤니케이션을 강화할 필요가 있다. **수평적 커뮤니케이션 영역에서는 개인에서 개인으로, 개인에서 그룹으로, 기관, 지역 사회, 지방 및 국가 내에서** 의사소통의 필요성이 있다. 매스커뮤니케이션의 필요성 또한 있다. **수직적 커뮤니케이션 영역에서는 최고 전문가들 사이에, 전문가 그룹과 전문가 그룹 사이, 정부와 사람들 사이, 그리고 전문가에서 대중 수준에** 이르는 사회적 피라미드 아래에서의 의사소통 필요성이 있다. (강조는 필자)

마지막으로 이러한 커뮤니케이션 문제에 대한 해결은 커뮤니케이션 미디어 채널의 건설을 통해 해결될 수 있고, 이는 저개발 국가의 경제 성장과 정치적 안정을 위해서도 필요하다는 인식을 보여 주었다.

> 따라서 **저개발 국가들에서는 커뮤니케이션 채널들이 없기 때문에 건설되어야 한다.** 커뮤니케이션의 중요성은 결코 ICA 내 커뮤니케이션 미디어 프로그램에 국한되지 않는다. 진정 커뮤니케이션 미디어 활동의 주요 부분은 주요 문제 영역이다. 아무리 협력 국가들을 돕는 데 커뮤니케이션 미디어 활동이 중요하고 본질적이더라고 하더라도, 그들의 **경제 성장과 정치적 안정을 지원하기 위해서는 적정한 커뮤니케이션에 대한 필요**성을 충족시켜야 한다. (강조는 필자)

이러한 인식으로부터 미국 원조 기관 ICA/USAID는 커뮤니케이션 미디어 프로그램을 효율적으로 실행시키는 데 견지해야 할 원칙을 (1) USOM의 임무, (2) 주제 영역과의 관계, (3) 여타의 원리적 지침으로 나누어 수립하였다.

우선 "공보 및 커뮤니케이션 분야에서 협력 국가에 대해 기술적 지원을 한다"라는 USOM의 핵심적인 임무와 기능과 관련해서는 네 가지로 세분화시켜 규정하였다.

> (1) 정부 내 커뮤니케이션미디어센터를 개발함으로써, 해당 국가의 국가 건설 프로그램 내에서와 국가 건설 프로그램에 대해서 모두 효과적으로 의사소통할 수 있는 능력을 개발하는 데 협력 정부를 위한 지원 기관과 시범 운영 및 훈련 시설로 기능하게 한다는 것, (2) 시청각 수단을 통해 커뮤니케이션의 사용을 개발하고 이식함으로써, 문맹의 장벽을 극복하게 하고 교육을 제대로 받지 못하거나 심지어 문맹인 사람들로부터 효과적인 교사와 의사소통자를 양성하는 것, (3) 인쇄 및 출판, 라디오, 영화, 텔레비전 등을 통한 협력국 내 커뮤니케이션 채널을 구축 또는 개발하기 위해 특별 프로젝트를 수행하는 것, (4) 국가, 권역region, 제3국에게 미국의 훈련 프로그램에 대한 기술적인 기획 및 지침을 제공함으로써, 각국이 경제 개발 및 정치적 안정에 대한 요구를 충족시키기 위해 적절한 커뮤니케이션 복합체를 갖추는 데 필요한 기술과 전문성을 개발한다.

이러한 임무 규정은 한국에서 진행된 기술 정보 개선 사업의 핵심 내용에 해당한다. 한편, 주제 영역과의 관계와 관련해서는 기본적으로 '고객client'관계의 철학을 추구한다는 원칙을 견지하고자 하였다. 광고대행사와 비슷하게, 고객에 해당하는 주제 담당자는 항상 해야 할 일에 대한 최종적인 권한을 가지고 있지만 '커뮤니케이션 미디어 담당자'는 정책 형성에서 최종 행동에 이르기까지 모든 수준에서 자신의 특수한 역량 분야에 참여하고 안내한다는 것이다. 즉 "커뮤니케이션 미디어 담당자는 수용자, 미디어, 유통 경로 및 주제 담당자를 보다 효과적으로 만들 수 있는 특수 기술을 사용하는 방법에 대한 특별한 지식을 파트너십에 제공해야 한다"라는 것이다. 이는 커뮤니케이션 미디어 담당자와 주제 담당자의 관계를 광고대행사에 견주어서 규정하고자 한 것이다.

그 밖에도 커뮤니케이션 미디어 프로그램을 효율적으로 실행시키는 데 견지해야 할 지침으로는 간결함simplicity, 혁신적 태도, 대량 효과 지향, 학술과 상업의 융합 등을 설정했다. 첫째는 간결함이다. 간결함은 가르치고 소통하는 방법뿐만 아니라 장비 도입에 있어서 고려해야 할 지침으로 제시되었다. 가령, 대부분 문맹인 대중에게 새로운 아이디어를 교육하고 전달하는 방법으로는 그림을 이용하는 것을 선호한다든지, 저단가로 생산할 수 있는, 간단하고 저렴한 유형의 장비와 재료를 공급하기 위해 끊임없이 새로운 기술을 적용하기 위해 노력한다는 것이다. 특히 간단한 장비와 관련한 예시로서는, 2.50~5.00달러에 만들 수 있는 핸드 롤러 등사기, 저비용 플래시 배터리 전원, 5인치 스피커가 달린 대형 케이스에 들어 있는 트랜지스터라디오, 오목 미러 필름스트립 프로젝터, 플립북, 컬러 포스터 작업을 위한 실크 스크린 인쇄, 저렴한 복제duplicating 공정 등이 제시되었다. 둘째는 대량 효과다. "생산적인 변화를 지향하는 많은 사람에게 도달할 필요성을 훨씬 더 날카롭게 인식함으로써 삶의 수준을 높이고 희망과 발전을 지속하려는 의지를 창출하는 데 효과를 크게 증가시킬 수 있다"라는 것인데, 이 대량 효과를 얻는 데 필수적으로 적용해야 할 것이 바로 커뮤니케이션 기술이다. 셋째는 참가자 교육에서 학술과 상업의 융합이다. 커뮤니케이션 미디어 분야를 구성하는 다양한 직업과 하위 직업의 참가자들을 훈련시키는 데 뒷받침되어야 할 점은 학문적 접근과 상업적 접근의 가치를 결합하려는 철학이라는 것이다. 이 접근법하에서 특히 (6장에서 살펴보았던 것처럼) 인디애나대학교의 특별 프로그램처럼, 프로그램의 초기 학문적 부분으로 가르친 별도의 전문 기술을 실제에 적용하기 위해 특히 포괄적인 현장 경험이 강조되었다. 이미 이 접근 방식은 참가자들이 귀국하였을 때 보다 효과적인 성과를 거둔 것으로 평가되었다.

2) '커뮤니케이션 철학' 구현의 문제점과 대처 원칙

그렇지만 적절한 커뮤니케이션 프로그램을 구현하기 위해 해결해야 할 몇 가지 문제점 또한 확인되었다. 첫 번째는 미국공보처(USIA)와의 관계 문제였다. 각국의 현지 공보원(USIS)은 USOM의 프로그램이 실행되는 과정에서 필요한 공보 지원을 제공하는 역할을 담당하고 USOM은 ICA 프로그램 운영에 필요한 도구라고 할 수 있는 정보 및 훈련 보조 도구의 사용을 책임지고 있지만, 현장에서는 관심을 가져야 할 몇 가지 문제가 발생했다. 그중 하나가 일부 협력 정부 또는 정부 기관이 USIS가 자국의 공보 활동에 참여하는 것에 저항한다는 점이었다. 이러한 경우, USIS가 아무리 우호적이더라도 외국 정부의 공식 선전 기관으로 간주되며, 이러한 경향성은 USOM 프로그램의 또 다른 측면이라 할 수 있는 기술 지원을 담당하는 인력에게도 마찬가지로 나타난다는 것이었다. 이런 경우에 대해서는 USOM

이 USIS를 언급한다고 문제가 해결되는 것은 아니기 때문에, 기능의 명료화가 필요하다고 보았다. 또 다른 하나는 일부 국가의 USIS가 영화 제작 및 라디오 방송과 같은 분야의 기술 지원이 적어도 어느 정도 자신들의 기능 분야 내에 포함되어야 한다는 입장을 취한 경우였다. 가령, 당시 아프리카의 수단 정부는 USIS에 엄격한 제한을 가한 바 있는데, 수단의 USIS 민사관은 수단 정부에 대한 USOM 기술 지원 프로젝트를 지원하는 측면에서 영화 제작 전문가를 제공한다는 아이디어를 발전시키기도 했다. 이런 경우 공보 분야에서 ICA 기술 지원의 특별한 수용성을 보호하기 위해서 USIS와의 관련성은 피해야 한다고 보았다.

적절한 커뮤니케이션 프로그램을 구현하기 위해 해결해야 할 두 번째 문제점으로는 현장에서의 커뮤니케이션 미디어 서비스를 중앙 집중화할 것인가 아니면 탈집중화할 것인가의 쟁점이었다. 시청각 장비와 인쇄 장비를 하나의 센터로 통합했던 볼리비아의 사례처럼, 중앙집중화의 패턴은 훈련된 인력, 장비 및 장비 유지 보수 시설의 완전한 활용을 보장할 뿐만 아니라 전반적인 재료와 생산 비용을 크게 줄일 수 있고, 고가의 장비를 구매할 때 발행하는 중복의 문제도 없애는 장점이 있는 것으로 보았다. 반면, 중앙 집중식 시청각 서비스가 구축되지 않은 국가에서는 (시청각 수요의 우선순위와 전국적으로 인력 및 장비의 조정된 활용과 관련하여) 모든 기술 사무국, USOM 및 (해당되는 경우) USIS의 대표자로 구성된 커뮤니케이션 미디어 조정위원회로 하여금 예산 요건 및 절차 수립을 책임지고 지정할 것을 강력히 권고하였다.

저개발 국가의 커뮤니케이션 문제에 대처하기 위해 견지해야 할 철학적 원칙과 지침을 제시한 〈커뮤니케이션 미디어 위상 보고서〉에는, 부록으로 'ICA 프로그램에 필요한 커뮤니케이션 훈련의 개관,'

'경제 개발을 위해 인쇄를 심화시키는 ICA 프로그램,' '광범위한 취재와 대중 교육을 위한 라디오,' '시범 농촌 교육 TV 프로젝트 계획' 등 별도 문서가 포함되었다. 이는 ICA의 개별 프로그램에 대한 일종의 지침서라고 볼 수 있다. 여기서는 저개발 국가의 커뮤니케이션 문제에 대처하기 위해 ICA가 견지했던 철학적 원칙이 실제적인 실행 단계에서 어떻게 적용되는지를 이해하기 위해, 핵심적인 개념에 해당하는 '커뮤니케이션 복합체communication complex'를 다룬 부록인 '커뮤니케이션 복합체를 개발하는 실질적 절차'를 예시로 살펴보고자 한다.

커뮤니케이션 복합체를 개발하는 실질적 절차

- **목적**

기술 및 경제 협력 프로그램의 커뮤니케이션에 즉각적인 영향을 미치는 커뮤니케이션 복합체의 요소가 어떻게 개발될 수 있는지 보여 준다.

- **커뮤니케이션 복합체란 무엇인가?**

커뮤니케이션 복합체는 **한 사회에서 사람, 사물, 생각이 움직이는 모든 요소로 구성**되어 있다. 가장 넓은 의미에서 그것은 이 문서의 관심 범위를 벗어난 사람과 사물의 이동에 있어 물리적 커뮤니케이션과 관련된 요소들을 포함한다. 비록 이러한 요소들이 현대 사회가 가져야 할, 완전히 성장하는 커뮤니케이션 복합체의 일부이긴 하지만, 우리는 여기서 전화 및 전신 작업에 의해 처리되는 것과 같은 단어 및 커뮤니케이션의 이동에 대해선 관심이 없다. 여기서 우리는 ICA **프로그램과 관련된 지식의 이동과 관련된 커뮤니케이션 복합체의 특정 요소에 주의를 집중**하고 있다.

이 일반 문서의 다른 부록에서는 출판물, 라디오, 텔레비전과 같은 커뮤니케이션 복합체의 측면을 다루지만, 기술 지원 프로그램을 지원하기 위해 적절한 커뮤니케이션 운영의 도입을 지원하기 위해 개발 중인 기관의 유형을 고려할 필요가 있다. 따라서 이 부록에서는 (1) 커뮤니케이션미디어센터, (2) 이동영사대와 활용, (3) 커뮤니케이션 복합체의 개발에 필요한 주제별 현장 기관, (4) 이러한 개발 간의 일부 상호 관계를 다룰 것이다.

1. 커뮤니케이션미디어센터

이 문서와 부록에서 논의되는 커뮤니케이션 개념은 광범위한 상호 관련성이 있지만 서로 다른 전문 기술을 포함하는 복잡한 프로그램을 구성한다. 그러므로 이러한 기능들이 저개발 사회에서 운에 맡긴다면 빠르고 효과적으로 성장하도록 하는 것은 불가능하다. 이러한 프로세스 개발의 통로가 될 수 있도록 **제도적 장치를 개발하는 것이 필요**하다. 커뮤니케이션 미디어 또는 시청각센터가 그러한 기관이다. 우리는 이제 전 세계 10여 개국에서 그것들을 개발했다. 그들은 일련의 기능을 수행하도록 설계되었다.

- **커뮤니케이션미디어센터**는 협력 국가에 현대적인 커뮤니케이션 방법을 도입하는 데 **미국의 기여를 중앙 집중화하기 위해 설계**되었다. 행정과 예산의 문제로서, 각 주제 분야에서 이러한 새로운 복합 활동에 필요한 모든 범위의 기술, 장비 등을 개발하는 것은 실현 가능하지 않다. 특히 영화 제작과 같은 전문적인 훈련과 값비싼 장비가 수반되는 경우에는 더욱 그렇다.
- 센터는 다양한 주제 분야와 수원국受援國 정부의 다양한 부분에서

수행되는 커뮤니케이션 및 공보 활동을 위한 교육 및 지원 기관이다.

• 센터는 수원국 정부의 모든 부서를 위한 영화와 같은 복잡한 커뮤니케이션 자료를 생산하는 유일한 원천이다.

• 센터는 이전에 존재하지 않았던 그 나라에 **커뮤니케이션 채널을 구축하는 것을 돕는다**. 그것은 훈련, 자료 생산, 운영 그룹의 사용을 안내함으로써 사람들에게 의사소통을 전달한다.

• 센터는 **농촌의 문맹 집단에게 도달하는 것에 특별히 중점**을 두고 모든 유형의 수용자에게 도달하는 가장 효과적인 방법 연구에 관심과 기술을 집중한다.

• 이러한 센터가 존재한다고 해서 보건복지부, 농림부, 교육부 등이 스스로 적합한 커뮤니케이션 그룹과 운영을 발전시켜서는 안 된다는 뜻은 아니다. 이러한 관계는 아래에서 더 자세히 논의될 것이다.

2. 이동영사대와 활용

이러한 사회에서는 커뮤니케이션 채널이 부족하고 영상 자료, 특히 영화가 지역 사회의 동기 부여에서 매우 중요하기 때문에 이동영사대가 개발되었고, 많은 국가에서 성공적으로 사용되고 있다. 이러한 장치는 보트나 지프, 트럭과 같은 차량에 장착된다. 그들은 또한 소달구지나 노새의 등, 인간의 등을 포함한 다른 운송 수단으로 이동하도록 설계되었다. 이 장치들은 상대적으로 비용이 많이 들지만 현장에서 여러 번 사용하도록 주의 깊게 일정이 조정 될 때 가장 효과적이다. 이동영사대는 다른 주제 프로그램의 요구에 대응할 수 있는 **중앙 집중식 기관에서 운영**해야 한다. 한편, 이 장비를 각 주제 영역별로 관리할 경우 중복, 시간 낭비 및 비효율성이 발생할 수 있다. 다른 한편으로, 이 장비를 보유하는 목적은 필요한 시간과 장소에서 운영 프로그램을 제공하는 데 있다. 중앙 조직에서 장비와 운영자를 통제하면 이 작업이 항상 쉽지만은 않다. 주제 영역 담당자들은 종종 이동영사대의 중앙 관리가 효율적으로 이루어질 수 있도록 충분히 사전에 또는 충분히 상세하게 계획하기를 꺼린다. 그들은 종종 그들이 필요할 때 그것이 필요한 곳에 있을 수 있도록 그들 스스로 이 자료를 통제해야 한다고 불평한다. 이 문제에 대한 쉬운 해결책은 없다. 그러나 작업해야 할 **최선의 원칙**은 사전 계획하여 가능한 이러한 종류의 커뮤니케이션 도구를 활용하고 혹여 발생하게 될 의견의 불일치를 해소할 수 있는 **조정위원회를 최대한 많이 사용하도록 시도하는 것**이다.

이러한 문제들에도 불구하고, 세계의 저개발 지역에서 이동영사대의 사용은 매우 성공적이다. 이러한 효과를 높이는 데 주의를 기울여야 한다.

3. 주제 영역의 현장 조직

각 주제 분야에서, 특별한 필요를 충족시킬 수 있는 커뮤니케이션 구조와 기관을 개발할 필요가 있다. 즉 보건부, 농업부 등은 커뮤니케이션 활동을 제공하고 활용하기 위해 적질한 활동 부문을 설계하고 개발할 필요가 있다. 위에서 언급했듯이, 그것은 수원국 정부의 모든 부서에서 그러한 그룹을 훈련시키고, 지원하고, 개발하는 것을 돕는 커뮤니케이션미디어센터 업무의 일부다. 지난해 가장 성공적인 커뮤니케이션미디어센터 중 하나가 필리핀에서 운영 중인 센터다. 이 센터는 필리핀 정부 및 관련 74개 기관을 지원했다. 많은 경우 그들은 기술 개선을 위한 일반적인 조언과 도움을 얻기 위해 센터로 방문할 필요 없이 프로젝트 계약 팀의 인쇄기를 사용하여 정부의 한 부서에서 출판 프로그램을 시작할 수 있는 개인들을 훈련시켰다. 이러한 유형의 개발은 장려되어야 한다.

그러나 마을 차원에서는 각 주제 분야를 대표하는 마을 지도자와 마을 단위 노동자의 완전한 통합적 모임을 유지하는 것은 비경제적이고 비효율적이기 때문에 커뮤니케이션 창구의 통합에 주의를 기울일 필요가 있다. 이 시점에서 마을 대중과의 소통의 흐름은 **많은 주제 분야를 대표하는 사람들을 통해 전달**되어야 하며, 다양한 주제 분야의 기여를 마을 사람들에게 의미 있는 삶의 전체 패턴과 상호 연관시킬 수 있도록 노력을 기울여야 한다.

4. 관계들

커뮤니케이션 복합체의 개발을 위한, **주제 분야와 커뮤니케이션 미디어 활동 간의 관계**는 다음과 같이 요약할 수 있다.

A. 운영 상황을 분석하고 해당 분야의 문제에 대한 해결책을 도출하기 위해 필요한 **프로그램을 개발하는 것은 주제 분야의 책임자**다. 그들이 커뮤니케이션 요구 사항을 결정해야 한다.

B. **커뮤니케이션 미디어 기능**은 주제 소재가 이동할 수 있는 **커뮤니케이션 채널을 만드는 것**을 돕고, 제작 과정에서 수용자의 한계와 문제를 확실히 고려하도록 이러한 소재의 설계와 생산을 돕는 것이다.

C. 커뮤니케이션 미디어 담당자들이 제작에 참고할 **자료를 활용하는 것은 주제 분야의 책임**이다. 그러나 커뮤니케이션 미디어 담당자들은 훈련과 활용 과정에서 전문화된 문제 해결에 대해 지속적으로 조언하고 지원할 수 있는 위치에 있어야 한다. 요약하자면, 패턴은 **커뮤니케이션 미디어 자료의 중앙 집중식 설계**, 레이아웃, 제작 및 복제, 그리고 마지막으로 커뮤니케이션 방법의 분산적이지만 조정된 활용 등의 문제에 대한 **탈집중화된 분석 및 콘텐츠 결정**이어야 한다. (강조는 필자)

우선 '커뮤니케이션 복합체를 개발하는 실질적 절차' 지침서에서 주목할 것은 ICA의 기술 정보 개선 사업 등에서 채택하고 있는 '커뮤니케이션' 개념인데, 이에 대한 설명은 '커뮤니케이션 복합체' 개념으로 집약된다. 즉 가장 넓은 의미로 커뮤니케이션을 이해하고자 했다. 이에 따라 광범위한 상호 관련성을 가지고 있는, 한 사회에서 사람, 사물, 생각이 움직이는 모든 요소로 구성되어 있다는 것으로 정의되었다. 그렇지만 이러한 커뮤니케이션 개념이 광범위하기 때문에, 미국 정부는 커뮤니케이션 개념의 범위를 'ICA 프로그램과 관련된 지식의 이동'과 관련된 커뮤니케이션 복합체로 국한하였다.

저개발 국가의 커뮤니케이션 문제는 ICA가 저개발 국가의 모든 커뮤니케이션 복합체를 개발하는 것이 현실적으로 불가능하기 때문에, 커뮤니케이션미디어센터라는 제도적 장치의 개발을 통해 해결하고자 했다. 여기서 주목할 점은 이 커뮤니케이션미디어센터 — 한국의 경우에는 영화제작소와 시범시청각교육원이 이에 해당한다 — 의 설계 목적이다. 이 지침서는 커뮤니케이션미디어센터의 설립이 "협력 국가에 현대적인 커뮤니케이션 방법을 도입하는 데 미국의 기여를 중앙 집중화하기 위해 설계"된 것으로 서술되었다. 즉 협력 국가에 대한 미국의 기여를 중앙 집중화하려는 목적에 따른 것이라는 점을 분명히 했다. 커뮤니케이션미디어센터의 핵심적인 역할은 수원국의 커뮤니케이션 채널 구축을 지원하는 데 있고, 특히 농촌의 문맹 집단에 도달하는 것에 중점을 두고자 하였다.

또한, 커뮤니케이션 채널이 부족한 수원국의 상황을 고려하여, 커뮤니케이션미디어센터의 설립과 함께 이 지침서가 강조한 것은 (소달구지나 노새, 인간에서부터 보트나 지프, 트럭에 이르기까지 다양한 운송 수단에 장착되는) 이동영사대의 활용이었다. 특히 영화가 지역 사회의 동기 부여에서 매우 중요하다는 점을 고려한 것이라고 밝히고 있는데, 당시 이동영사대는 많은 국가에서 이미 성공적으로 사용되고 있었다. 다양한 주제 영역에 대응하기 위해 중앙 집중식 기관에서 운영되어야 한다는 원칙이 있지만, 종종 이동영사대의 중앙 관리가 효율적으로 이루어질 수 없다는 문제가 있기 때문에, 사전 계획 단계에서 의견의 불일치 등을 조정할 조정위원회를 최대한 많이 활용한다는 현실적인 원칙을 수립하고 있었다.

마지막으로는 (앞서 언급한 바 있는) 적절한 커뮤니케이션 프로그램을 구현하기 위해 견지해야 할 원칙들을 실현하고 실현 과정에서 제기된 문제점을 해결할 방침으로 다음을 들고 있다. (1) 마을 대중과의 소통은 주제 영역의 담당자를 통해야 하고, (2) 주제 분야와 커뮤니케이션 미디어 활동 간의 관계는 '프로그램 개발 및 개발 자료 활용은 주제 분야 담당자,' '커뮤니케이션 채널 구축은 미디어 담당자'로 역할 분담하여, 프로세스적으로는 커뮤니케이션 미디어 자료의 중앙 집중식 설계로부터 시작하여 최종적으로는 커뮤니케이션 방법에 대한 탈집중화된 분석 및 콘텐츠 결정으로 이어지도록 하였다.

3. 1960년 이후 계약 만료까지 시러큐스 계약 사업의 진행과 계약의 수행성 평가

'Project 89-92-438: 기술 정보 개선 사업'은 1957년 4월 8일 워싱턴에서 승인되고 4월 14일 경제조정관실(OEC)에 통지되어 4월 15일 시러큐스대학교와의 프로젝트 계약이 4월 15일에 체결되었다. 1958년 11월 시러큐스 계약의 고문들이 내한함으로써 본격화된 시러큐스 계약 사업은 당초 1958년 7월부터 1960년 6월까지 계약을 맺은 것으로 되어 있었다. 하지만, 1961년 무렵에 작성된 미국 문서상[213]에는, 1961년 9월 만료된 영화 부문의 영화제작소 인력과 작가 감독 인력의 현장 교육이 최종 단계에 도달해 있다고 서술된 것으로 보아, 실제적인 계약 만료일은 시범시청각교육원 프로젝트(ICA/W-816)의 경우에는 1961년 10월 31일이었고 영화제작소 프로젝트(ICA/W-644)의 계약 만료일은 1961년 12월 31일이었던 것으로 판단된다.[214]

1) 1959년 이후 영화제작소 프로젝트의 진행과 그에 대한 주한 미경제협조처의 평가

시러큐스 팀 내한 이후 약 1년 2개월이 흐른 1960년에 접어들게 되면, 시러큐스 계약에 의해 1960년 3월 15일까지 한국 공보실은 교육용 영화 15편을 제작하였고, 12편은 제작 단계에 있었다(한국영상자료원 한국영화사연구소 엮음, 2015: 183~187).● 여기서는 먼저 1959년 이후 영화제작소 프로젝트의 진행 현황을 살펴본 이후, 이에 대한 주한 미경제협조처의 평가가 어떠했는지를 검토한다.

1959년 이후 영화제작소 프로젝트의 진행

1959년 3월 19일부터 1960년 7월 26일까지의 기간 동안 주한 미경제협조처와의 공동프로젝트를 통해 제작 완료된 15편의 교육용 영화

● 이 책에는 1960년 3월 16일 기준으로 거의 제작 완료 단계에 있는 교육용 영화의 제작 진행표와 함께, 향후의 제작 일정이 소개되어 있다.

는 표 7-3과 같다. 이 영화들은 별도로 명시된 경우를 제외하면 모두 16mm 흑백이었다. 제작 완료된 교육용 영화의 제작 부서를 살펴보면, 주한 미경제협조처와 한국 공보실 간의 공동 프로젝트라는 점에서 주제 영역 담당자인 두 부서의 하위 부서들이 대부분 공동으로 제작에 참여하였다.● 제작에 참여한 주한 미경제협조처의 하위 부서는 대부분 시청각과가 속한 기술협조국 산하의 부서(농업과, 보건사회과, 공공행정과, 교육과, 지역 사회개발과)였지만, 세 편의 영화는 자원개발국 산하의 부서(공공사업과, 통신과)가 참여했다(표 7-3의 음영 부분 참고). 제작 완료된 교육용 영화들의 상영 시간은 짧게는 3분, 길게는 26분에 이르렀지만 대체로 15분 내외의 짧은 영화였다. 제작 완료된 영화는 특정한 기술을 시연하는 내용들이 대부분이었지만, 일반 시민들의 인식을 개선하기 위한 목적에서 제작된 영화도 포함되었다. 가령 〈쥐를 잡자*Let's Destroy the Rats*〉는 모든 시민이 덫과 쥐약을 통해 쥐를 없애도록 격려하는 내용이었고, 이에 따라 이 영화는 예고편으로만 사용하도록 설계되어 한국 정부의 뉴스릴인 〈대한뉴스〉의 한 호에 포함되었다. 또 영화 〈제방*The Dike*〉은 일본 도쿄에서 열린 제7회 아시아영화제에서 비극장 영화 기획 부문 1위를 수상할 정도의 완성도를 보이기도 했다.

한편, 1960년 7월 26일 당시 12편의 교육용 영화가 제작 중이었는데, 그 영화 목록과 주요 내용은 표 7-4와 같다. 제작 부서와 특정한 기술을 시연하는 위주의 내용 구성 등은 이미 완료된 영화들과

● 예외적으로 〈건널목의 교통경찰*Traffic Officer At The Crossing*〉은 USOM 공공행정과가 단독으로 제작 지원을 하였다.

표 7－3 주한 미경제협조처와의 공동 프로젝트를 통해 제작 완료된 교육용 영화

(1959. 3. 19～1960. 7. 26)

영화 제목	완료 시기	제작 부서	상영 시간	주요 내용
〈저수지 공사 *Reservoir Construction*〉	1960. 4.	농림부와 USOM 농업과	21분, 745피트	국내 관개용 흙댐의 단계별 시공.
〈새로운 낚시법 *New Purse Seine Fishing Methods*〉	1959. 5.	해양청과 USOM 농업과	17분, 590피트	새로운 그물 취급법과 물고기 떼의 위치를 파악하기 위한 수온 시험 장비 사용 등 개선된 낚시 방법 시연.
〈아카시아를 심자 *Let's Plant Acacia*〉	1959. 9.	농림부와 USOM 농업과	15분, 520피트	한국산 아카시아 나무 심기 및 올바른 재배 기술 단계별 시연.
〈새 돼지 축사 *New Hog Shelter*〉	1959. 7.	농림부와 USOM 농업과	20분, 729피트	과학적 돼지 축사의 구축 및 이용 방법에 대한 설명과 새로운 유형의 보호소와 일반적으로 사용되는 구형 축사에서 사육되는 돼지의 비교를 통한 결과 시연.
〈또 다른 적, 모기를 박멸하자 *Let's Destroy Another Enemy*〉	1959. 7.	보건사회부와 USOM 보건사회과	10분, 342피트	국내에서 구할 수 있는 장비와 재료만을 사용하여 일반적인 사육 장소를 없애고, 유충을 살충제로 살포하여 모기가 적절하게 방제하는 방법을 간단하고 직접적으로 시연함.
〈위생 우물 만드는 법 *How To Construct A Sanitary Well*〉	1960. 6.	보건사회부 및 USOM 보건사회과	14분, 387피트	우물 공사를 위한 적절한 위치 및 단계별 방법에 대한 설명 및 시연.
〈쥐를 잡자 *Let's Destroy The Rats*〉	1959. 12.	보건사회부와 USOM 보건사회과	11분, 45피트	쥐가 퍼뜨리는 질병의 위험과 음식물의 파괴에 대한 소개, 그리고 모든 시민이 덫과 쥐약을 통해 쥐를 없애도록 격려함. 이 영화는 '트레일러trailer(예고편)'로만 사용하도록 설계되었고, 정부 뉴스릴의 한 호에 포함되었다.
〈제방 *The Dike*〉	1960. 3.	재건부 및 USOM 지역 사회개발과	23분, 86피트	협동과 집단행동이 어떻게 마을 개선을 가져올 수 있는지 극화한 시연. 부분적으로 다큐멘터리 재현과 부분적으로 특정 마을이 오랫동안 밭을 손상시킨 홍수에 대비한 제방을 쌓기 위해 협력한 방식에 대한 전반적인 설명. 이 영화는 일본 도쿄에서 열린 제7회 아시아영화제에서 비극장 영화 기획 부문 1위를 수상했음.

〈폐 제거 수술 *Lung Removal Operation*〉	1959. 11.	문교부 공보국과 USOM 교육과	컬러, 12분, 410피트	서울대병원에서 진행된 폐 수술에 대한 압축된 시연.
〈학교 도서관 문을 열어라 *Open The Door Of The School Library*〉	1960. 4.	문교부 공보국과 USOM 교육과	20분, 726피트	개방형 서가, 자유로운 도서 열람, 올바른 자료목록 작성, 교실 이용, 모든 학생이 도서관을 최대한 활용할 수 있도록 유도하는 근대 학교 도서관 개념 소개 등 도서관 이용에 있어 권장 방법의 실천을 보여준다.
〈건널목의 교통경찰 *Traffic Officer At The Crossing*〉	1959. 12.	내무부와 USOM 공공행정과	15분, 524피트	경찰의 효율적인 통제를 통한 교통 상황 개선을 위한 표준 손 신호, 빛 신호 및 기타 교통량 제어 방법 시연.
〈생산 분석 *Production Analysis*〉	1960. 6.	USOM 공공행정과	21분, 753피트	일반적인 황동 제품 제조 공장에서 원자재 수령부터 최종 제품 포장까지 각 작업에 대한 검토. 관리 교육에 사용할 계획인 이 영화는 공장 설계, 장비 및 제작 절차에 대한 분석을 포함함.
〈다색 케이블 설치 방법 *How To Install The Udw (Multicolored) Cable*〉	1959. 12.	체신부와 USOM 통신과	26분, 937피트	최근 국내에 도입되어 전국적으로 사용될 새로운 형태의 도시 자급 전화 배전 케이블 설치 방법을 단계별로 보여 줌(가설 기사 양성용).
〈굴착기의 일상적 유지 보수*Daily Maintenance Of Graders*〉	1959. 9.	내무부와 USOM 공공사업과	17분, 618피트	전동식 굴착기의 예방적 유지 보수를 위한 단계별 절차 시연.
〈트럭의 일상적 유지 보수*Daily Maintenance Of Trucks*〉	1960. 6.	내무부와 USOM 공공사업과	3분, 448피트	모터 트럭의 예방적 유지 보수를 위한 단계별 절차 시연.

출처: Motion Picture Production, July 26, 1960(RG 469, Entry UD 422, Korea Subject Files, USOM/SEOUL, MOYER → ICA/W, Box 153)의 내용을 표로 정리함.

표 7-4 주한 미경제협조처와의 공동 프로젝트를 통해 제작 중인 교육용 영화

(1960. 7. 26)

<table>
<tr><th>영화 제목</th><th>완료 예정 시기</th><th>제작 부서</th><th>주요 내용</th></tr>
<tr><td>〈농촌 집에서 잘 살기 Living Well In The Rural Home〉</td><td>1960. 7.</td><td>농림부와 USOM 농업과</td><td>농업연구소 내 '농어촌 가족 돕기 신규 프로그램'으로 농촌 주택 시범 서비스 업무 총괄 소개.</td></tr>
<tr><td>〈오늘 여성들이 이야기하고 있다Today Women Are Talking About〉</td><td>1960. 9.</td><td>농림부와 USOM 농업과</td><td>4편으로 구성된 한 릴 영화로서, 가정 경제 프로그램이 개발한 한국인 생활 개선을 위한 우수하고 실용적인 아이디어 20여 개 발표. 각 영화는 그 자체로 완성되었지만 일반적인 제목으로 분류되었다.</td></tr>
<tr><td rowspan="4"></td><td colspan="2">〈간편하고 편리한 아기 돌보기Simple And Convenient Baby Care〉</td><td>아기를 위한 더 좋은 옷, 간단한 아기 기저귀, 가족이 만들 수 있는 놀이펜, 아기를 위한 침구 바구니와 커버, 아기의 식단과 준비 방법.</td></tr>
<tr><td colspan="2">〈가족 식단을 개선하는 방법 How To Improve Their Family Diet〉</td><td>한국 식단에 필요한 기본 7가지 항목, 새로운 야채를 재배하고 요리하는 방법, 비타민이 풍부한 야채의 저장, 개선된 도시락, 감자 고추장 등을 시연.</td></tr>
<tr><td colspan="2">〈가족을 위해 옷 만들기 Making Batter Clothing For Their Family〉</td><td>바구니 모양 에이프런 만들기, 개량된 스커트 지퍼, 여성 작업복, 논일용 삼베 셔츠, 소녀 팬티, 플라스틱 레인코트 등.</td></tr>
<tr><td colspan="2">〈더 나은 주방Better Kitchens〉</td><td>난로, 찬장, 조리대, 음식 덮개, 대나무 선반, 대나무 배수관, 행주걸이 개선 및 부착.</td></tr>
<tr><td>〈수익성이 좋은 새우 생산Profitable Shrimp Production〉</td><td>1960. 9.</td><td>해양청과 USOM 농업과</td><td>두 릴 영화로, 현재의 관행과 개선된 새우잡이 및 가공 기술의 비교는 새로운 개선된 방법이 폐기물과 부패를 제거함으로써 어떻게 더 많은 이익을 얻을 수 있는지를 보여 줌.</td></tr>
<tr><td>〈상부 유역 개발〉</td><td>—</td><td>농림부와 USOM 농업과</td><td>3편의 영화 시리즈로, 더 이상의 토양 침식을 막기 위한 상부 유역 개발 권장 절차와, 잔디와 나무를 심어 손상된 산비탈의 넓은 지역 매립.</td></tr>
<tr><td rowspan="2"></td><td colspan="2">〈상부 유역 개발을 위한 프로젝트 조직화Organizing The Project For Upper Watershed Development〉</td><td>한 릴 영화로, 시범 사업에서 시행된 상부 유역 개발을 위한 조직 작업의 단계적 개발, 토지 등급 지도 작성, 이후 마을 주민의 조직적 작업 수행.</td></tr>
<tr><td colspan="2">〈유역 상층부 개발을 위한 묘목 조성에 도움이 되는 씨앗 심기Planting Seeds Aid Seedling For Upper Watershed Development〉</td><td>두 릴 영화로, '어떻게 하는가' 하는 관점에서 본 상부 유역 개발 및 식재 방법 토지 구분 및 토지 이용 지도 상세 설명.</td></tr>
</table>

	〈상류 수역을 개발하여 논과 밭을 보호합시다*Let's Protect The Rice Paddy And Dry Field By Developing The Upper Watershed Area*〉		두 릴 영화로, 조직과 절차가 담긴 동기 부여 정보를 요약하고 경사가 심해 경작할 수 없는 논 위의 산비탈 토지에 보호 식물을 생육하는 이점을 중점적으로 강조함.
〈가금류 생산량이 더 좋을수록 수익이 증가한다*The Better Poultry Production Increases The Earning*〉	—	농림부와 USOM 농업과	두 릴 영화로, 조류 50~300마리 단위의 경제 농장을 주 내용으로 하는 한국 양계 산업 전반적 묘사, 다른 농장 기업과 관련하여 소규모 농장의 양계 관리 및 양계 관리의 다양한 구성 요소를 보여 줌.
〈건강한 아이와 엄마*Healthy Baby And Mother*〉	1960. 7.	보건사회부 및 USOM 보건사회과	보건소의 모자 클리닉의 업무에 대한 설명 및 시연.
〈건강한 치아로 행복한 삶을 사는 것*Happy Life Becoming From Healthy Teeth*〉	—	보건사회부와 USOM 보건사회과	두 릴 영화로, 충치의 원인, 건강 및 연구에 미치는 영향, 충치 예방을 포함한 치아 위생에 대한 드라마화된 설명.
〈마을은 계몽되었다 *The Village Become Enlightened*〉	1960. 10.	재건부 및 USOM 지역 사회개발과	마을 공동체 개발 마을 종사자 소개 및 마을 생활 수준 향상을 돕는 방법 및 단체 시연.
〈새로운 마을을 개발하기 위한 기계 작업장 *Mechanical Workshop To Develop Our New Village*〉	1960. 12.	재건부 및 USOM 지역 사회개발과	두 릴 영화로, 한국 전역의 '동화 및 재건 프로젝트Assimilation and Rehabilitation Project' 마을에 설치될 32개 작업장의 원형으로 미아리 지역 공동체 개발 워크숍의 건물과 장비를 휴머니즘 시각에서 촬영한 영상.
〈과학적 교수법*Scientific Teaching Methods*〉	—	문교부 공보국과 USOM 교육과	생물학 수업의 학습 단위에서 장내 기생충에 대한 연구를 시연으로 사용하여 과학 수업에서 과학적 방법에 대한 설명.
〈오픈와이어 구성 및 수리*Open Wire Construction And Repair*〉	—	체신부와 USOM 통신과	두 릴 영화로, 17개 전화국, 체신무역학교 학생, 경찰, 철도청, 육군의 훈련을 위해 계획된 이 영화는 케이블 시스템의 고장 위치를 파악하고 수리하는 데 특히 중점을 두고 문제없는 전화선을 설치하는 데 필요한 모든 단계를 상세히 보여 줌.
〈전화 가설 *Telephone Installation*〉	1960. 9.	체신부와 USOM 통신과	전화기의 올바른 설치에 필요한 각 단계에 대한 설명과 함께 단계별 방법 시연.

출처: Motion Picture Production, July 26, 1960(RG 469, Entry UD 422, Korea Subject Files, USOM/SEOUL, MOYER → ICA/W, Box 153)의 내용을 표로 정리.

동일하지만, 몇 편의 영화를 시리즈로 구성한 영화(〈오늘 여성들이 이야기하고 있다*Today Women Are Talking About*〉, 〈상부 유역 개발*Upper Watershed Development*〉, 표 7-4의 음영 부분 참고)가 새롭게 포함된 것이 특징적인데, 주제 영역 담당 부서가 해당 주제에 대해 세분화하여 다룸으로써 교육 효과를 극대화하기 위한 의도가 엿보인다.

1960년대 영화제작소 프로젝트 성과에 대한 주한 미경제협조처의 평가

이와 같은 다수의 교육용 영화 제작 성과에도 불구하고 주한 미경제협조처 시청각과는 영화 제작의 질과 양이 시러큐스 계약을 체결할 당시의 기대에 미치지 못한다고 보았다. 시러큐스 계약 개시 시점부터 1960년 4월까지 주한 미경제협조처 시청각과에서 직접 고용 기술자로서 커뮤니케이션 미디어 고문(영화)으로 활동했던 도널드 글레드힐의 계약 임기가 만료된 후 새롭게 커뮤니케이션 미디어 고문이 된 조지프 L. 버디Joshep L. Buddy는 시러큐스 계약(ICA-W-644)에 대한 수행성 평가 보고서를 작성하여 (5·16 군사 쿠데타 직후인) 1961년 5월 24일에 워싱턴 ICA에 송부했다.[215] 이 보고서에서는 "3년 프로젝트가 완료된 지 4개월 이내에 있으므로, 계약자의 목표 달성에 대한 평가는 상당히 정확하게 결정될 수 있다"라는 전제 아래, 시러큐스 계약의 목표가 제대로 달성되었는지에 대해 평가하였다. 보고서에 따르면, 주요 계약 목표는 (1) 영화 제작의 각 단계에서의 교수법과 기술, (2) 한국 제작 영화의 품질 향상, (3) 주한 미경제협조처의 교육 프로그램을 더 잘 수행하기 위한 16개 교육 영화 제작 프로그램의 시작이었다. 보고서는 계약의 단기 목표인 영화 장비 설치와 정식 수업은 처음부터 시작되어 수업과 함께 재직자 교육in-service training이 실시되었고 실행 즉시 실제 영화 제작 현장 과제가 교육 과정으로 반영되었다고 보았다. 그렇지만 기본적으로 계약 목표가 달성되고 있지만 영화 필름 제작의 질과 양에는 완전히 미치지 못하고 있다고 평가하였다. 그렇지만 보고서는 이러한 기대와 성과 간의 차이가 계약 팀의 통제권 밖의 상황과 주한 미경제협조처가 상황을 시정하기 위해 취했을 수 있는 조치 외의 상황으로 인해 발생하였기 때문에, 계약자 또는 그 팀의 작업에 기인하지 않는다고 보았다.

여기서 얘기하는 '계약 팀의 통제권 밖의 상황과 주한 미경제협조처가 상황을 시정하기 위해 취했을 수 있는 조치 외의 상황'이란 한국 정부의 충분치 못한 계약 수행을 지목한 것이다. 앞서 얘기한 계약 목표 세 가지를 수행하기 위한 작업의 일환으로, "집권 정당과 긴밀한 관계를 맺은 한국 공보부에서 뉴스릴과 다큐멘터리 영화 제작이 이뤄지고 있"다. 하지만 "공보부Ministry of Information(MOI)의 영화 부문은 예산 변동이 있어 ICA에서 조달한 장비를 제대로 유지하거나 향후 필요에 따라 저장용 예비 부품을 설치하는 데 필요한 부품을 구입하기에 충분하지 않았고, 더 나은 영화 제작을 위한 연구는 말할 것도 없었다." 뿐만 아니라, "대충자금 이외에는 적절한 한국 정부의 예산 지원이 부족했기 때문에 적절한 유지 보수가 이루어지지 않아 많은 작업이 중단되었고, 이는 다시 영화 필름 제작의 질과 양에 영향을 미쳤다"라는 것이다. 또한 한국 공보부 인력의 감축도 충분치 못한 계약 수행의 원인으로 지목되었다. "재정난으로 인한 인력 감축은 숙련 기술자 또는 반숙련 기술자 수준까지 발전한 교육생들에게 손해를 끼쳤다"라는 것이다. "1960년 1월, 시험에 합격하여 선발된 훈련생을 관리 감독하는 간부가 예산 삭감으로 인해 18명 감축"되었다. 또 "계약 기간 동안 사망, 퇴사 또는 병역에 의한 5명의 추가 감축도 이루어졌"으며, 5·16 군사 쿠데타 이후 수립된 "새 정부에 의해 발표된 칙령에 따라, 남성 8명이 의무 병역 프로그램에 복무하지 않았기 때문에 해고"되어, 공보부 직원의 수가 "1959년 100명에서 1961년 6월까지 69명으로 축소"되었다는 것이다.

따라서 현지 기술자들이 더 많은 그리고 더 나은 영화를 제작할 수 있도록 교육받고 있다는 점에서 계약 목표는 충족되었지만, 양적인 측면뿐만 아니라 계약 팀이 설정한 기준에 부합하는 중간 목표는 충족될 수 없다고 평가했던 것이다. 즉 "같은 양의 일을 할 수 있는 사람이 줄어들면, 품질이 먼저 나빠지고, 그다음 생산량이 영향을 받아 16mm 교육용 영화 제작 프로그램에 영향을 미칠 것"이라고 본 것이다. 이에 따라 "현재 상황에서 영화 제작은 의심의 여지 없이 계속 악화될 것이고, 비상 자금에서 더 이상 부족분을 얻을 수 없기 때문에 도달한 제작 기준의 감소가 있을 것"이며, "공보부 영화 부서의 책임자들은 프로젝트의 유지 및 훈련 측면의 총 요구 사항을 지불하기 위해 만족스러운 예산을 획득해야 할 필요성을 느낀다는 깊은 인상"을 받았다.

뿐만 아니라, 계약 목표가 충족되고 있다고 보았던 프로젝트의 교육 부문에 대해서도, 한국 정부의 예산 축소에 따른 인력 감축으로 인해 "현지에서 교육받은 인력 영역에서 계약자가 원래 정한 기준을 충족하지 못할 것"이라고 보았다. 당초 100명으로 구성된 그룹의 나머지 69명은 1961년 10월 계약이 종료될 때까지 프로그램을 계속 진행할 수 있도록 교육을 받을 예정이었기 때문이다. 이 중 47명의 훈련 성과는 프로젝트 시작 이후 또는 시작 전에 프로젝트와 관련된 가장 잘 훈련된 것으로 간주될 수 있었지만, 이 계약에 따라 진행되는 미국 참가자 교육 프로그램 또한 없었다.

그럼에도 불구하고 이 보고서는 시러큐스 계약이 당초 기대한 품질 및 수량 기준을 달성하지 못했다는 점을 어느 정도 한국 공보부도 충분히 인식하고 있다고 보았다. 또 "한국 정부와 시러큐스 팀 사이에 친밀하고 우호적인 업무 관계가 수립되었다는 것은 (프로젝트를 괴롭히는 재정적 어려움에도 불구하고) 프로젝트가 성공에 가깝다는 것을 보여 준다"라고 평가했다. 이는 계약자의 성과에 대한 공정한 평가를 위해 영화 부문의 '전'과 '후' 상황을 비교하는 다음의 내용을 통해 뒷받침되었다. 즉 처음에는 '뉴스릴' 기법을 사용한 엉터리 영화 촬영 방식에 의존했지만 공보부의 기술자들은 (애니메이션 촬영 기술을 포함하여) 조정된 기획, 대본, 연출, 그리고 그 당시에는 알려지지 않았던 개념들을 사용하여 좋은 품질의 영화를 제작할 수 있을 정도로 확장성이 있었다는 것이다. 또한 사업 진행 이전에는 모든 내레이션, 음악, 음향 효과가 영화가 끝난 후에 영화에 추가되는 방식으로 진행되었지만 "오늘날 기술자들은 촬영 중에 립 싱크로나이즈 내레이션을 제작하고 합성 효과를 위해 다른 사운드 채널을 추가"할 수 있게 되었다고 평가했다. 뿐만 아니라 자동 현상 처리 기계의 초기 설치와 사용은 영사 프린트의 품질을 업그레이드하였고, 이전에는 알려지지 않았던 교육용 영화가 당시까지 26편이 완성되었고 15편이 제작 단계에 있었다는 것이다. 특히 (앞서 언급한 바 있듯이) 이 교육용 영화 중 하나가 1960년 일본에서 개최된 아시아영화제에서 상을 받은 것이 그 근거로 제시되었다. 더구나 이 영화는 전적으로 공보부 영화과에서 제작되었고 시러큐스 팀의 자문 지원만 받았을 뿐이었다. 그 밖에도, 영화 제작의 다양한 단계를 위해 한국어 핸드북과 브로셔가 제작되었으며, 영화 대본, 완성 영화 개봉, 장비 카탈로그와 사양, 스튜디오 디자인을 위한 청사진 등을 소장한 도서관도 설립되었다. 각 스튜디오의 기존 장비와 제작 역량을 상세히 열거한, 국내 주요 영화 제작 스튜디오에 대한 특별 보고서가 나와 스튜디오 및 영화 연구에 관심이 있는 사람들에게 배포되었는데 이는 주한 미경제협조처 임무에도 관련이 있는 것이었다. 한편 계약 기술자들은 여러 차례 한국 제작자의 장비 선정이나 설치, 스튜디오 배치 및 설계 지원을 위한 (주한 미경제협조처도 동의한 바 있는) 조언자로서 서비스 요청에 응답했고, 심지어는 계약 기술자 중 한 명이 상남영화제작소에서 주한 미공보원의 영화 촬영 스태프를 대상으로 1주일 간 교육 과정을 진행하기도 했다. 그렇지만 교육 프로그램에 대한 이러한 평가의 성패 여부는 군사쿠데타로 집권한 새 정부가 향후 어떠한 조치를 취할지에 달려 있음 또한 분명히 했다.

2) 시범시청각교육원 프로젝트의 진행과 종료

계약 만료일이 1961년 10월 31일이었던 시범시청각교육원 프로젝트(협조 기관: 문교부)의 진행과 평가에 대해서는, 1960년 8월 1일부터 1961년 1월 31일까지의 시러큐스 계약(ICA-W-644)에 대한 수행성 평가보고서[216]와 시범시청각교육원 프로젝트의 계약 총괄감독관의 임기 종료 보고서,[217] 주한 미경제협조처의 분기 보고서를 중심으로 살펴보도록 하자.

1960년 8월 1일부터 10월 18일까지 주한 미경제협조처 시청각과의 커뮤니케이션 미디어 고문관이자 시범시청각교육원 프로젝트의 총괄감독관supervisor으로 활동하던 베트 모일Bette Moyle이 물러나고 원 클라크Warne Clark가 계약 책임자로 부임하여 1961년 1월 31일까지 활동하였다. 1960년 8월 1일부터 1961년 1월 31일까지 프로젝트의 총괄감독관은 건축 계획, 참가자 선정, 잉여 물자 조달, 부산 지역 인력 채용 및 교육원의 활동 확대, 광주 지역 센터 개설 등과 같은 시급한 문제를 중심으로 시범시청각교육원의 관리 방향에 몰두하였고, 이 문제들은 대부분 해결되었다.[218]

원 클라크의 임기 만료 보고서에 따르면, 지방 분원의 설치는 계획했던 대로 진행되지 않고 지연된 바가 있었다. 지역 분원의 개장이 지연된 데에는 여러 가지 이유가 있었다. 계약직 직원 및 직접 고용 직원은 모두 1년 전에 도착하거나 미국 연수 참가자가 시범시청각교육원 직원으로 복귀하였지만, 한국 정부가 중앙은행이 전적으로 의존한 대충자금의 신속한 집행 약속을 이행하지 않은 것이 지연의 주된 이유였다. 이 프로젝트는 원래 부처 간 서비스로 구상되었으며, 이를 얻기 위한 지속적인 노력에도 불구하고 문교부 이외의 지원은 전혀 제공되지 않았다. 그 결과, 한국의 학교(영화 및 이동영사대)에서 교육 프로그램에 13톤의 가치가 있는 일부 상품만이 구매되었을 뿐이었다.[219]

이 기간의 주요 활동을 정리해 보면 다음과 같다. 우선 1959년 1년 동안 미국에 가서 시청각 리더십 훈련을 받은 참가자 8명 중 7명이 1960년 8월 돌아왔다. (앞서 언급한 한국 정부의 예산 문제로 인해) 이들 7명 중 3명은 당시 시범시청각교육원에 고용되었고, 나머지는 학교에서 그들이 맡은 다양한 위치에서 시청각 교육에 기여하고 있었다. 하지만 이 기간 대여 영화의 수나 센터의 서비스를 이용하는 기관의 수가 증가하지 않았기 때문에, 최소 50개 이상의 신규 기관이 시범시청각교육원의 서비스를 활용해야 할 것임이 권고되었다. 또 75개의 우선순위 높은 영화의 마그네틱 스트립에 대한 한국어 번역 및 더빙이 당시까지 주한 미경제협조처 시청각과 또는 민간 계약에 의해 이루어졌다. 이 기간 감사가 이루어지지 않았기 때문에, 이동영사대에 대한 정책 수립과 사용 조정, 그리고 한국 대학들에 시청각센터, 학과 및/또는 과정을 설립하는 것에 대한 지원, 국내 시청각 교재 및 학술지 개발 계획 및 자문, 장비 및 정기 재고에 대한 정기적 유지 보수 점검의 설정, 부산 및 광주 분원의 목적 및 목표 설정 등이 권고되었다.

보고서는 "시러큐스 계약 팀이 권고하는 대로 활동 범위를 넓히지 않는 한 모든 계약 목표를 달성할 수 없다"라고 보았고, 특히 문교부와 시러큐스 팀 간의 명확치 않은 행정적 책임과 권한 문제로 인해 목표의 수행이 제대로 이뤄지지 못하고 있는 것으로 평가하였다.[220] 실제로 1959년 8월 한국에 파견되어 시범시청각교육원 프로젝트의 남서부 지역 시청각 자문역으로 임무를 시작하고●[221] 1960년 10월부터 주한 미경제협조처 시청각과 커뮤니케이션 미디어 고문관이자 시범시청각교육원 프로젝트의 총괄책임자로 있었던 원 클라크의 임기 종료 보고서에 따르면, 그는 총괄책임자로 부임한 이후 시범시청각교육원의 행정 운영에 더 직접적으로 관여하였다. 이 업무에는 교육원 운영에 관한 모든 정책과 절차에 대한 문교부 관계자 및 계약 기술자와의 협의, 계약 대리인으로서의 의무와 책임 수행, 예산 작성 및 모든 지출 승인 등이 포함되었다.[222] 아마도 이 과정에서 문교부와의 행정 권한의 불확실성을 확인했던 것으로 보인다. 이와 같

● 원 클라크는 서남부 지역 사무소의 개소를 기다리는 동안 (a) 사진 제작소 및 서비스 사무실 운영과 관련된 절차, 관행, 과제, 작업 흐름, 네거티브 파일, 재고 관리, 시설 보안 등에 대한 책임을 포함한 USOM의 사진 서비스를 감독하고, (b) 시러큐스 시청각 담당 직원과 협력하여 서울시청각센터의 운영에 대한 지식을 습득하고 워크숍, 교육 세션 및 국가 프로그램 개발에 참여한 바 있었다.

이 문교부 내에서는 계약사 총괄감독관의 목적이 무엇인지에 대한 불확실성이 커졌을 뿐만 아니라, 새로 문교부 장관이 임명됨에 따라 문교부 장관과 계약 팀 총괄책임자 둘 다 어떤 행정적 책임이 있는지에 대한 불확실성 또한 존재했다. 이런 불확실성이 문교부 장관과 계약 팀 총괄책임자 간 마찰과 참모진의 사기 저하를 초래한 상황이었다. 이에 당시 계약 팀 총괄책임자는 시범시청각교육원의 목표를 달성하기 위해 이러한 불확실성을 불식시키고 협력 분위기를 보장하기 위해 모든 관련자의 조기 회의를 소집할 계획을 수립하였다. 당시 계약 팀은 총괄감독관을 위시하여 미국인 기술자 1명과 미국인 비서 1명으로 구성되어 있었는데, 10명의 전문직과 사무직으로 구성된 한국 직원을 다루는 데 있어서 앞서 언급한 불확실성으로 인해 긍정적인 조치가 취해지기는 다소간 힘든 상황이었다. 이러한 난관에도 불구하고, 4·19 혁명 이후 장면 정부가 들어서면서 문교부 내 인사 이동이 이뤄진 이후 시범시청각교육원 건립 계획이 구체화되기 시작하면서, 시범시청각교육원의 설립과 개발에 양자는 전적으로 협력하게 되었다.[223]

이후 서울 본부 외에 광주와 부산 두 곳에 지역 분원이 설립되었고, '시범' 활동을 수행할 수 있을 만큼 물자가 대량으로 도착했다. 이후 거의 영화 100편이 번역되었고, 이 중 40편이 한국어 내레이션으로 더빙되었다. 또한 1961년 8월 시점에서, 서울 본부의 서비스 역량을 더해 줄 새 건물이 곧 완공될 예정이었다.[224]

이와 같이 볼 때, 시범시청각교육원 사업은 1960년 장면 정권이 들어서며 활로를 찾기 시작했고, 1961년 정부가 시청각 교육의 전국적 발전에 관심을 기울이기 시작하며 적극적인 지원을 받기 시작했다고 볼 수 있다. "1961년 시청각 담당관이 임명되고 시청각 부서가 생겼으며 4년 동안 총 4,000만 환(미화 약 3만 달러)의 예산이 시범시청각교육원에 처음으로 할당되었다. 문교부는 지방행정부에 도道와 군郡 수준에서 시청각 담당관을 두도록 지시했다"(공영민, 2018: 80~81). 이에 따라, 원 클라크의 평가에 의하면, 1961년 당시 교원 양성 기관과 대학들은 시청각(AV) 원칙에 대해 많은 관심을 보이고 그 원칙을 채택하는 것에 대해 고무적인 반응을 보였다. 문교부도 한국 직원, 계약 기술자, 그리고 문교부 자체 스스로의 끈질긴 노력을 통해 이 프로젝트에 대해 새롭게 관심을 보였다. 물론 1961년에도 대충자금의 배정과 집행에 여전히 어려움이 있었지만, 다른 부처로부터 대충자금의 배정을 받기 위한 주한 미경제협조처 시청각과의 노력을 확고하게 지지하고 있을 정도로 문교부는 "취학 전부터 대학, 성인 및 광범위한 지역 사회 수준에 이르기까지의 모든 교육 활동에 있어서 광범위한 시청각 프로그램의 잠재적 가치를 이제 막 깨닫고 지원하기 시작하고 있다"라고 평가하였다.[225●]

그러나 원 클라크의 희망 어린 기대와 달리, 자금 부족으로 인해서 서울, 부산, 광주에 있는 시범시청각교육원의 활동은 1961년 3분기(7~9월)에 크게 줄어들었다. 심지어 급여는 8월 25일 이후 더 이

● 특히 원 클라크는 "문교부가 1962년에 모든 재정적 책임을 받아들일 것이며 센터의 추가적인 발전에 지원을 할 것이라고 확신한다"라고 표현할 정도로 사업의 성공을 희망적으로 받아들였다. 그는 시범시청각교육원의 한국 직원들이 시청각 방법의 기본 개념에 대해 잘 알고 있지만, 서비스를 확장하고 현재 사용 가능한 장비를 완전히 활용하는 데 필요한 이니셔티브와 리더십이 부족하다고 보고, 이 시점에서 필요한 것은 홍보적 성격의 공격적인 활용 프로그램이라고 제안하였다. 이는 워크숍, 학교 방문, 프리뷰 세션 '그리고/또는' 시청각 방법 및 학교에 배포하기 위한 도움말과 카탈로그의 출판을 통한 서비스의 확장을 의미할 수 있다는 것이었다.

상 지급되지 않고 서울 본부의 신축 건물 공사가 중단되는 상황까지 이르렀으나, 이후 추가 자금이 승인되는 우여곡절을 거치기도 했다. 또한 이 프로젝트의 시러큐스 계약 고문인 프레더릭 A. 화이트는 1년간의 임기를 마치고 1961년 8월 17일 미국으로 귀국했다. 뿐만 아니라, 4명의 연수 참가자가 3개월 동안 미국과 일본에서 시청각 방법을 관찰하기 위해 출발하는 것도 예산 문제로 인해 6주 연기되었고, 도쿄에서 프로그램을 실행하는 것으로 대체되기도 하였다.[226]

그럼에도 불구하고, 시범시청각교육원의 위상은 새 서울 본부 건물의 부분적 완공으로 인해 원조 계약이 만료되는 1962년 1분기(1~3월)에 크게 향상되었다. 1962년 주한 미경제협조처의 1~3월 분기 보고서에 따르면, 1960년 회계 연도에 계획된 대충자금의 잔액이 마침내 공개되었고, 새 건물의 부분적인 완공으로 주한 미경제협조처 시청각과는 1962년 1월 15일에 새로운 분기 활동으로 이동할 수 있었다. 이 움직임에는 보조금으로 받은 잉여 가구를 수리하고 페인트칠하고, 다른 물품을 구입하고 건설하고, 어두운 방, 회의실 필름 및 테이프 라이브러리 등을 갖추는 등 많은 시설 관리가 수반되었다. 2월 중순까지는 정상 운영을 재개할 수 있었고, 3월 9일에는 문교부 차관과 다양한 주한 미경제협조처 관계자들이 참석한 가운데 새로운 센터가 공식적으로 문을 열었다. 같은 날 이 건물의 첫 번째 작업이 시작되었다. 또 슬라이드 및 필름스트립 제작이라는 새로운 활동이 시작되었고 이 작업을 수행하기 위해 기술자 두 명을 추가로 고용했다. 3월에는 다섯 명의 새로운 기술자를 위한 현장 훈련 과정이 시작되었다. 문교부 정책에 따라 종합 시청각 프로그램을 수행하기 위해 도 센터와의 전반적인 활동 조정도 신설되었다. 흥미로운 점은, 한때 주한 미경제협조처의 시러큐스 계약 팀이 몇 년 동안 공식적인 무관심과 재정적 변천을 견뎌 낸 이후, 훌륭한 현대식 건물을 인수하고 지속적인 사업으로 추진됨에 따라 정치적으로 서울시와 공보부 그리고 다른 기관들의 선망의 대상이 되었다는 점이다.

1962년 원조 계약이 종결된 후, 시범시청각교육원은 광주와 부산에 필름 라이브러리를 갖춘 분원을 두고 이 분원을 근거지로 4대의 이동영사차를 운영하여 전국적으로 교육 영화를 상영했다. 1962년 시범시청각교육원의 필름 라이브러리는 "과학 분야 교재 영화 963편, 인문 분야 교재 영화 113편 등 총 1,076편"을 소장했다(김정예, 1976: 40~41). 시범시청각교육원의 홍보 책자에서는 시범시청각교육원 프로젝트의 주요 목적과 서비스 대상자를 명시하고 있다. 한글판에 따르면, 시범시청각교육원 프로젝트의 주요 목적은 "시청각 교육 방법을 통한 학습 효과의 증진을 사업 목표로 하여 발족한 본 교육원에서는 강습회 개최, 시청각 기재 대여, 영사 협조 등을 통하여 각급 학교 교사 및 각종 공공사업 관계 훈련 담당관을 도와 효율적인 커뮤니케이션에 필요한 현대적인 시청각 기구의 적절한 사용으로써 교수-학습 능력의 향상을 도모하게 한다"라고 했다. 서비스 대상자로는 "서울특별시 및 그 주변 지역의 각급 공사립학교(대학 포함) 교사 및 한국 정부 기관과의 각종 합동사업체에 종사하는 주한 미경제협조처 관계관을 그 협조 대상으로 한다. 기타 기관에서도 협조를 요청할 수 있으며 본 교육원의 사업 취지에 어긋나지 않는 한도 내에서 이를 수락한다"라고 했다.[227]

정리하자면, 시범시청각교육원 사업은 1957년부터 1961년까지 수행되면서 미국인 전문가 3명이 교육을 하고 한국인 10명이 ICA 리더십 프로그램을 통해 미국에서 교육을 받았으며, 서울 본부 외에도 광주와 부산 두 곳에 지역 분원이 설립되는 성과를 낳았다. 또한 이 사업 계약으로 약 20만 달러의 시청각 장비와 자료들이 도입되었다. 사업 초기 한국 정부의 미온적인 대처가 있었지만 시범시청각교육원 창설 사업은 시청각 교육을 새로운 교육으로서 인식시키고 커리큘럼을 전수했다는 측면에서 일정 정도의 목표를 수행했다고 볼 수 있다. 이러한 과정에서 시범시청각교육원은 기술 정보 개선 사업에 의해 공보실 영화제작소가 제작한 한미 협조 영화를 구비하고 시청각 교육에 활용할 수 있었다(공영민, 2018: 81).

4. 사업 종료 무렵 워싱턴 ICA의 기술 정보 개선 사업에 대한 평가

미국의 대외 원조 정책의 변화와 기구 개편, 그리고 주한 원조 기구의 변화, 또 이러한 변화에 따른 대한 기술 협력 원조의 축소는 직접적으로 주한 미경제협조처의 기술 정보 개선 사업 종료로 이어졌다. 또한 사업 종료에는 기존 기술 정보 개선 사업의 한국 내 성과가 높았던 것도 크게 작용했던 것으로 보인다. 그 성과에 힘입어 박정희 정부의 커뮤니케이션 미디어 역량이 성장했던 것이 주된 원인이었다.

1962년 6월 30일을 기준으로 할 때, 주한 미경제협조처는 대체로 다음의 목표를 달성한 것으로 평가하였다. 먼저 '영화' 하위 프로젝트에 대한 평가를 살펴보면, 영화 제작 시설은 완벽한 설비로 온전히 작동 중에 있었고, 한국의 영화 인력들은 (스크립트와 카메라 작업으로부터 필름 처리에 이르기까지) 근대적인 다큐멘터리 사운드 영화 제작의 모든 기초 기술로 훈련되었다고 평가되었다. 또한 (한국 정부의 다른 부처와 기관의 사용을 위한) 영화 제작은 공보부 활동으로 확립될 것이고 지속될 것이라고 기대되었다. 공보부의 활동을 통해 이러한 특수 유형의 영화를 제작할 수 있는 작가와 감독을 충분히 보유하게 될 것으로 평가되었다. 한편, '발행물, 전시회, 그리고 라디오' 하위 프로젝트에 대한 평가는 다음과 같았다. 공보부는 모든 활판 인쇄 요구를 충족시키고 다른 한국 기관을 위한 맞춤 작업을 수행할 수 있는 모델 인쇄 공장이 가동될 것이라고 기대되었고, 이를 통해 다른 한국 기관의 작업을 지원하기 위해 효과적인 공공 교육 및 훈련 간행물(포스터, 전단 등)의 지속적인 공급을 수행해 낼 것이라고 평가되었다. 라디오 방송은 다양한 한국 기관의 공교육적 목표를 지원하기 위하여 직원의 훈련, 조직 및 중계 서비스를 포함한 공공 서비스 방송에 특별한 관심을 기울였고, 공보부의 라디오 엔지니어는 방송 시설의 설계와 운영에 고급 기술 지식, 방법 및 관행을 적용하고, 국제 전기 통신 협정을

표 7-5 회계 연도 1957~1960년의 한국 기술 정보 개선 프로젝트의 예산 집행 내역

구분	금액 ($)
미국인 기술자(5명의 고문)	164,100
참가자 연수(18명)	110,850
계약 서비스 (기술 고문 12명과 행정 지원을 포함한 3개 계약)	732,400
상품	586,800
여타 비용	2,000
총계	1,596,150

출처: Congressional Presentation-FY 61 thru FY 61 DS Non-project (1 of 3).

준수하며 사용 가능한 송신기로 최대 수신 대역을 달성하게 될 것이라고 평가되었다.[228]

회계 연도 1957~1960년의 기술 정보 개선 프로젝트에 대한 미국 기술 원조 예산의 집행 총액은 151만 5,000달러였다. 표 7-5는 그 예산 내역이고, 표 7-6은 회계 연도 1961년의 이 프로젝트에 대한 국제협조처(ICA) 예산의 주요 항목과 예산이다(계약 서비스 제외). 1961 회계 연도 물품 원조의 가장 큰 부분은 여타 주한 미경제협조처 프로젝트에 사용될 훈련용 영화를 제작하기 위한 수입 영화 재고였고, 현지 통화 비용은 농업, 지역 사회 발전, 보건, 교육, 기타 분야의 다양한 주한 미경제협조처 사업(영화, 출판, 포스터, 전시 등)에 대한 교육 자료 및 훈련 보조물 제작에 사용될 예정이었다. 향후 회계 연도의 한국 기술 정보 개선 프로젝트에 대한 ICA 예산(계약 서비스 제외)은 표 7-7과 같이 추산되었다.

한편, 1957년 프로젝트의 시작부터 1960년까지, 현지 비용으로 116만 4,760달러(한화 5억 8,238만 환)에 상당하는 금액이 대충자금에서 사용할 수 있게 되었다. 주요 비용은 영화 스튜디오와 영화제작소 건물(32만 달러), 공보실 인쇄 공장(35만 달러)의 주요 건물 개조 비용이었다. 기타 주한 미경제협조처 프로젝트를 위한 교육용 영화 제작(18만 달러), 기타 프로젝트를 위한 출판물 및 전시회(15만 9,162달러), 잔액은 주로 계약 지원 비용이었다. 공보실은 미국 고문(계약 당사자의 사무직 및 주한 미경제협조처 출판물 및 전시물 등에 종사하는 5인)을 포함하여 프로젝트 활동에 종사하는 한국인 직원의 급여를 모두 지급하였다. 1961년 시점에서, 한국 정부는 프로젝트의 직접 비용을 충당하기 위해 다음과 같은 양의 현지 통화를 예산에 제공할 것을 약속할 것으로 예상되었다.[229] 이러한 한국 정부의 대충자금 지출 계획에서, 1962 회계 연도 초까지 한국

표 7-6 회계 연도 1961년의 한국 기술 정보 개선 프로젝트의 예산 항목

<table>
<tr><th colspan="2" rowspan="2">구분</th><th colspan="2">하위 프로젝트</th></tr>
<tr><th>영화</th><th>출판-전시-라디오</th></tr>
<tr><td colspan="2">1. 참가자 연수</td><td>$ 7,000</td><td>$ 13,000</td></tr>
<tr><td rowspan="3"></td><td>라디오 방송 엔지니어링 1명
(미국, 12개월, 1961년 9월 개시)</td><td>—</td><td>6,500</td></tr>
<tr><td>전시 및 그래픽 디자인 1명(미국, 12개월, 1961년 9월 개시)</td><td>—</td><td>6,500</td></tr>
<tr><td>영화 제작 1명(미국, 12개월, 1961년 9월 개시)</td><td>7,000</td><td>—</td></tr>
<tr><td colspan="2">2. 직접 고용 직원</td><td></td><td></td></tr>
<tr><td rowspan="4"></td><td>커뮤니케이션 미디어 고문 (등급 FSR-3)</td><td></td><td></td></tr>
<tr><td>커뮤니케이션 미디어 출판 고문</td><td></td><td></td></tr>
<tr><td>커뮤니케이션 미디어 영화 고문 (등급 FSR-4)</td><td></td><td></td></tr>
<tr><td>커뮤니케이션 미디어 그래픽 고문 (등급 FSR-6)</td><td></td><td></td></tr>
<tr><td colspan="2">3. 계약 서비스</td><td></td><td></td></tr>
<tr><td rowspan="2"></td><td>시라큐스 영화 계약: 회계 연도1961, 6인년man-year
(직전회계 연도부터 1962년 8월까지)</td><td></td><td></td></tr>
<tr><td>잉글만 라디오 계약: 1.5인년(직전 회계 연도부터 1961년 1월까지)</td><td></td><td></td></tr>
<tr><td colspan="2">4. 물품: 890(주한 미경제협조처 사업을 위한 훈련용 영화 제작과 관련된 재료 등)</td><td colspan="2">$ 28,000</td></tr>
<tr><td colspan="2">5. 여타 비용: 훈련용 영화 제작을 위한 컬러 영화 처리 및 마그네틱 스트립 영화</td><td>$ 2,000</td><td>—</td></tr>
</table>

출처: Congressional Presentation-FY 61 thru FY 61 DS Non-project (1 of 3).

표 7-7 회계 연도 1962~1963년의 예산 추산

구분	1962	1963
미국인 기술자	$ 60,000	$ 40,000
참가자 연수	—	—
계약 서비스	—	—
물품	30,000	30,000
여타 비용	—	—
총계	$ 90,000	$ 70,000

* 1963년의 비용은 (여타 주한 미경제협조처 프로젝트의 지원과 요청에 의한, 출판물, 교육 영화, 전시물 및 라디오 프로그램의 제작과 관련한) 조언과 지원을 위한 것이다. 자료가 공보부 시설을 통해 생산된다는 점을 제외하고는 공보부에 대한 직접적인 지원은 포함하지 않는다. 자금을 조달하기 위해 이러한 비용은 다른 프로젝트로 이전되거나 향후 기술 지원 비용으로 처리될 수 있다.

출처: Congressional Presentation-FY 61 thru FY 61 DS Non-project (1 of 3).

정부에 대한 직접 비용은 세 가지 경우로 제한될 예정이었다. (1) 3명의 계약 자문위원(평균 2개월 동안의 영화 자문위원 3명)의 계약 지원을 위한 소소한 비용, (2) 공보부 시설을 통한 여타 주한 미경제협조처 프로젝트의 교육 보조 및 교육 자료(영화, 영화 스크립트, 라디오 프로그램, 출판물, 전시물)의 제작 비용, (3) 이러한 교육 및 훈련 자료의 제작과 관련된 특정 소모품.[230]

이처럼 ICA는 ICA 예산을 1962년과 1963년까지의 물품 자금 지원이 오로지 여타 주한 미경제협조처 프로젝트를 지원하기 위해 훈련용 필름의 제작을 위한 원료 필름 재고를 제공하는 것으로 제한하였다. 1961 회계 연도 이후 미국 기술 고문들의 주된 목적은 공보부

표 7-8 1962년 한국 정부의 대충자금 지출 계획

(단위: 환)

구분	하위 프로젝트	
	영화	출판-전시-라디오
02. 임금	1,248,000	3,744,000
03. 여비	150,000	1,000,000
04. 운송	—	800,000
05. 커뮤니케이션	50,000	200,000
07. 인쇄	—	35,000,000
08. 계약 서비스	50,000,000	3,000,000
09. 지출 가능한 공급	1,350,000	12,600,000
소계	52,798,000	55,344,000
총계	108,142,000	

출처: Congressional Presentation-FY 61 thru FY 61 DS Non-project (1 of 3).

가 여타 주한 미경제협조처 프로젝트를 지원하는 출판물, 영화, 전시물 및 라디오 프로그램의 개발과 생산을 돕는 데 있었고, 이들 기술고문은 시간의 거의 절반을 USOM 기술 지원 기능에 할애하고 있는 상황이었다. 이와 같이 한국에 대한 ICA 지원의 감소는 이에 상응하여 이 프로젝트의 축소를 초래할 것으로 예측되었다. 왜냐하면 이 프로젝트에 따른 예산은 주로 주한 미경제협조처 프로그램에 대한 지원 서비스에 집중되었기 때문이다. ICA 지원을 없애면 이 프로젝트가 제거되고 필요성도 없어질 것이라는 판단이었다. 공보부 서비스 개선 목표는 1961년 말까지 사실상 완료될 것으로 예상되었고,

1961 회계 연도 이후의 모든 활동은 주한 미경제협조처 프로그램의 광범위한 지원에 전념할 예정이었다. 한편, 이 프로젝트에 직접 관여하는 한국 정부의 예산 또한 당시 (1) 미국 계약 팀의 현지 비용과, (2) 여타 주한 미경제협조처의 프로젝트를 위한 영화, 전시, 출판, 라디오 프로그램 제작 비용으로 제한되어 있었다. 이 비용은 프로젝트 계약에 따라 거래처 예산에서 지급되었으며, 앞으로도 계속 지급될 것으로 예상되었다. 그리고 프로젝트가 지원하는 활동의 모든 제도적 비용(건물, 장비 운영, 공보실 직원의 급여 등)은 정규 한국 예산에 따라 제공되어 왔다. 한국 정부가 이 사업이 시작된 이래로 이러한 서비스에 대한 지출을 늘려왔기 때문에, 향후에도 이러한 모든 운영 비용을 계속 부담할 것으로 ICA는 판단하였다. 즉 프로젝트 자체는 이미 상정하고 있던 예산(즉 영화 제작, 출판물, 전시물 및 라디오 활동의 확대)을 넘어서는 실질적인 연간 반복 비용을 한국 예산에 추가하지 않지만, 한국은 이러한 활동에 대한 연간 예산에서 훨씬 더 많은 생산과 더 효과적인 결과를 얻을 수 있게 될 것이라는 것이었다.[231]

이에 따라, 1962년 당시까지 기술 정보 개선 프로젝트와 관련하여 각 커뮤니케이션 미디어별로 완료된 작업들은 대체로 다음과 같았다. 우선 영화 부문에서는 당시 영화제작소에서 제작 기술 교육을 받은 기술자 40명을 고용하고 있었고, 연간 136편의 다큐멘터리 및 교육용 영화를 비롯해, 52편의 주간 뉴스릴과 14편의 주한 미경제협조처 프로젝트를 위한 교육용 영화를 제작하고 있었다. KBS에서 방영한 공공 서비스 프로그램은 꾸준히 개선되었는데, 가령 전국 농촌 및 가정시간제의 시행, 공공 서비스 주제를 위한 현장 공지 프로그램의 시작, 프로그래밍 정책에 대한 가이드로 만든 한국 최초의 전국 라디오 청취자 조사, 향후 송신기의 위치와 설계에 대한 가이드로 만든 최초의 전계 강도 조사, 송신기 위치 및 설계에 대한 과학적 접근 방식의 표준 관행으로의 채택, ITU 협약 준수 원칙의 한국 수용, 그리고 저가 라디오 수신기의 현지 제조 등이 이에 해당하였다. 또 발간한 기술 지원 자료에는 포스터, 전단, 플립북, 라디오 프로그램, 전시물, 매뉴얼, 차트, 기타 교육 및 정보 자료, 영화 21편(19편 더 제작)을 포함하여 주한 미경제협조처 기술자의 지도 아래 대량으로 제작되었고, 주제는 트럭 정비부터 유역 보호, 산업 플랜트 관리부터 위생 우물까지 다양했다.[232]

그 이후에도 미국의 대한 원조를 위한 '기술 지원 사업Technical Support Project'은 여전히 존재했지만, 주한 미경제협조처에 파견된 커뮤니케이션 미디어 담당관의 임기가 끝나는 1964년 9월까지만 운용할 예정이었다. 그의 업무도 한국인 직원을 감독하고 지원하는 것이었고 시설 운영은 한국 정부에 넘긴 상태였다.●[233] 이는 미국 정부가 한국의 미디어가 스스로 발전해 갈 수 있는 기반을 확보하였고 한국 사회도 대중 미디어에 의한 커뮤니케이션이 궤도에 올랐다고 판단한 것으로 해석된다. 즉 "1960년대 전반에 이르러 한국 방송은 일반적인 수준에서는 기술적으로 자립"(장영민, 2020: 395)하였던 것이다.

● 이와 같이 ICA의 기술 정보 개선 사업이 당초 계약 기간보다 더 연장된 것에는 1960년 2월 아이젠하워 정부의 최상위 정책 조정 기관 중 하나인 '작전조정위원회Operation Coordinating Board(OCB)'에서 승인한 "한국에서의 운영 계획"에서, ICA 프로그램과 관련하여 "기술 협력 프로그램은 현재의 숙련 기술자와 관리자의 부족을 극복하기 위해 농업, 임업 및 어업, 산업 및 광업, 보건 위생, 교육, 공공행정, 지역 사회 개발 및 정보 미디어 분야에서 필요한 기술을 한국인들에게 지속적으로 교육할 것이다"라고 언급한 정책 방향에 상응한 조치였다고 할 수 있다. 1960년 2월 작전조정위원회의 "한국에서의 운영 계획"에 대한 구체적인 내용은 9장을 참고하라.

8장

1960년대 상남영화제작소의 위상과 폐지 논의

4장에서는 1952년 무렵 진행되었던 상남영화제작소의 설립 과정과 설립 이후의 주요 활동, 그리고 1950년대 중반기에 있었던 이전 논의들에 대한 역사적 사실 규명 작업을 했다. 이를 통해 상남영화제작소의 설립이 전 세계 자유 진영 국가를 대상으로 한 미국 정부의 해외 선전 정책의 기조가 기존의 '진실 캠페인'으로 집약되는 소극적인 입장에서 벗어나 보다 계획적인 활동을 통해 다른 국민의 견해에 영향을 미쳐야 한다는 적극적인 입장으로 선회하는 이행기에 이뤄졌음을 알 수 있었다. "한국이 가장 시각적이고 이해 가능한 시각으로 자신의 스토리를 이야기"해야 한다는 당시 주한 미공보원의 적극적인 의견 개진이 실제로도 제작소장이었던 윌리엄 리지웨이의 현지화 전략으로도 실행되었음이 드러났다. 미국의 해외 선전 정책 기조의 변화로 인해 미국공보처(USIA)의 예산이 축소된 상황 속에서도 주한 미공보원의 영화 프로그램이 오히려 확장되었음을 밝혔다. 하지만 (상남영화제작소의 제작 상황 및 여건과 연관된 문제이기도 하고 궁극적으로는 1967년에 폐지되는 이유와도 연관된) 상남영화제작소가 가진 역사적 위상 변화에 대한 해명 작업은 여전히 필요하다. 이 장에서는 본질적으로 보다 중요하다고 판단되는, 설립 이후 꾸준한 활동을 통해 미국의 해외 공보 선정 정책에서 상당히 높은 위상을 지녔던 상남영화제작소에 대한 미국공보처(USIA)의 평가가 변화하기 시작하는 시점인 1960년대에 그 평가가 어떻게 변화하였는지를 살펴보고자 한다. 보다 구체적으로는, 1960년대 초 상남영화제작소의 존립 정당성 논란과 제작 여건, 1960년대 초반기의 주요 제작 활동, 그리고 1960년대 중반기 이후의 폐지 관련 논의에 대한 검토를 통해, 상남영화제작소가 가졌던 역사적 위상 변화를 살펴보고자 한다.

1. 1960년대 초 상남영화제작소의 존립 정당성 논란과 제작 여건

미국공보처(USIA)의 현지 영화 제작 시설이었던 상남영화제작소는 1952년 말 설립 이후 1950년대 말까지 여러 가지 현실적인 제약 조건(지리적 입지의 한계와 물품 조달 및 시설 정비, 그리고 한미 당국자 간의 원만치 못한 협조 관계 등)에도 불구하고 제작 설비를 최신화해 생산 효율을 높이고자 했다(김려실, 2019: 188). 이를 통해 상남영화제작소의 초대 소장이었던 윌리엄 리지웨이의 자평처럼, 상남영화제작소는 "콘셉트의 실행 가능성과 현장 정보적 영화 자료를 제작하고 미국에 대한 영화를 각색하기 위한 시설의 필요성을 증명했다."[234] 그러나 4·19 혁명과 5·16 군사 쿠데타 등의 정치적 변화로 인해 (대미 관계에 있어서 '벼랑 끝 전술'을 지속적으로 취하면서 미국의 대한 정책에 반하는 조치를 취했던 이승만 대통령이 물러나게 됨에 따라) 한미 당국자 간의 협조 관계가 개선될 가능성이 생기자, 미국무부와 USIA는 기존 상남영화제작소의 존립 정당성에 대한 검토에 착수하였다. 여기서는 1960년대 초 상남영화제작소의 존립 정당성에 대한 논란을 살펴보면서 당시 상남영화제작소의 인력 및 예산 상황, 그리고 이로부터 추론할 수 있는 상남영화제작소의 위상을 살펴본다.

1) 1960년 11월 미국공보처 국제영화부의 주한 미공보원(상남영화제작소)에 대한 문제 제기

상남영화제작소의 존립 정당성에 대한 논란은 1960년 11월 무렵 USIA 산하 국제영화부(IMS)의 주한 미공보원에 대한 문제 제기로부터 시작되었다. 1960년 11월 8일 국제영화부의 어데일 시릴리오Adale Cirillo는 한국의 현지 영화 제작과 관련된 전반적인 문제를 평가하는 데 필요한 조언을 하기 위해 USIA의 러셀 콕스에게 공문[235]을 보냈다. 한국의 현지 영화 제작과 관련된 국제영화부의 문제 제기는 크게 두 가지로 요약될 수 있다. 첫 번째는 주한 미공보원의 현지 영화 제작 예산 집행이 의심스럽다는 것이었고, 두 번째는 주한 미공보원의 〈리버티 뉴스〉 제작 중단 제안에 대한 것이었다.

먼저 첫 번째 사항에 대해 국제영화부는 아래와 같이 통상적인 흑백 영화의 제작 단가를 기준으로 합리적 의심을 제기하였다. 이 공문에 따르면, "통상적으로 흑백 영화의 제작은 보통 릴당 240달러에서 380달러이지만 한국은 종종 500달러에서 700달러짜리 영화를 제작했다"라는 것이었다. "주한 미공보원(즉 상남영화제작소)의 평균 릴당 흑백 영화 제작 비용은 이와 같이 때때로 더 비싼 영화를 고려할 때 (다큐멘터리 기준) 릴당 약 450달러다. 상남영화제작소가 제작한 최초의 컬러 영화인 〈피닉스*The Phoenix*〉는 릴당 약 2,250달러(총 7,000달러 이상)가 들 것으로 예상되는데, 이는 상남영화제작소가 한 릴의 컬러 영화에 드는 비용으로 1~9릴 분량의 흑백 영화를 얻을 수 있었다는 것을 의미한다"라는 것이었다. 이때 국제영화부는 (1959년 컬러 제작을 권고한 바 있는) USIA의 별도 지원 없이 단독으로 주한 미공보원이 이렇게 많은 비용을 들여 이 작업을 진행했다는 것을 알고 매우 놀랐다. 이에 국제영화부는 주한 미공보원이 더 많은 컬러 작업에 착수했다는 사실은 이제 그것만을 위한 자금을 충분히 보유하고 있음을 보여준다고 생각했던 것이다. 이에 국제영화부는 주한 미공보원의 보고 내용을 기준으로 다음과 같은 의견을 개진했다.

> 주한 미공보원은 현재까지 총 4,300달러를 생산비로 지출했다고 보고했다. 우리는 그들이 지금까지 뉴스릴에 1,460달러를 썼다는 것을 알고 있는데, 이것은 그들이 지금까지 다큐멘터리에 3,020달러를 썼다는 것을 의미한다. 만약 이것이 흑백 영화 작업이었다면, 그들은 올해 6~12개의 릴을 작업했을 것이다. 하지만 만약 **그들이 이 모든 것을 컬러로 썼다면, 그들의 컬러 작업이 예산의 빠른 소진을 가져왔을 것이기 때문에 그들은 거의 아무것도 하지 않았을 가능성이 있다.** 주한 미공보원이 USIA의 유보에도 불구하고 컬러 작업을 하기로 결정했기 때문에, 최악의 상황이 실제로 최악으로 치닫고 있는 지금, **그들이 그들의 결정을 감수해야 한다는 점에서 우리와 어떻게 그렇게 다른지 궁금하다.** (강조는 필자)

인용에서 볼 수 있듯이, 주한 미공보원의 컬러 영화 제작 결정은 국제영화부의 '합리적 의심'을 촉발하였고, 이에 대해 국제영화부는 상남영화제작소가 '세계 유일의 자급자족의 영화제작소'이기 때문에 이 장점을 유지하기 위해서라도 주한 미공보원이 주장하는 컬러 영화 제작 결정은 중단되어야 한다고 권고했다.

> **우리가 컬러에 대해 조언한 기본적인 이유 중 하나는 한국이 세계에서 유일하게 자급자족하는 생산 센터를 가지고 있다는 사실 때문**이다. 이 센터를 유지하는 데는 비용이 많이 들지만, 그 비용이 그곳에서 취급되는 총제품에 비례할 때, 그것들은 꽤 합리적인 것이 된다. 당신이 알다시피 제작 센터에서는 컬러를 처리할 수 없다. 이것은 센터가 동일한 기본 비용으로 계속 유지되고 있지만, **주한 미공보원은 그들의 총제작비의 상당 부분을 문자 그대로 다른 곳에서 영화를 만드는 데 사용하고 있다는 것을 의미**한다. (강조는 필자)

이렇듯 국제영화부는 주한 미공보원이 USIA의 컬러 제작 방침을 빌미로 재정을 다른 용도로 사용한 것이 아닌지에 대한 의심을 제기하는 한편, 주한 미공보원의 〈리버티 뉴스〉 제작 중단 제안에 대해서도 조언을 이어 나갔다.

> 여기에 더해, 그들은 이제 뉴스 영화 제작을 중단하자고 제안한다. 어느 시점에 이르면, 제작량이 이 센터에서 꾸준히 축소되고 센터를 유지하기 위한 직접 비용과 우리가 보유한 값비싼 장비의 대량 재고를 고려할 때, 센터를 유지하는 것은 엄청나게 비싸진다. IMS**는 뉴스가 중단된다면, 상남영화제작소의 비용 구조가 그 지점에 도달했을 것이라고 믿는다.** 어쨌든 우리는 뉴스릴이 중단된다면 이후 상황에 대한 연구가 이루어질 필요가 있다는 것을 강력히 제안한다. (강조는 필자)

위 인용에서 볼 수 있듯이, 국제영화부는 만약 주한 미공보원이 〈리버티 뉴스〉의 제작을 중단하게 된다면 이는 상남영화제작소가 고비용 구조에 도달할 것이라는 의견이었다. 따라서 시릴리오는 "과거에도 여러 차례 한국의 뉴스릴●이 엄격한 평가를 받아왔고, 한국의 뉴스릴이 다양한 정치적 이유로 어떤 대가를 치르더라도 유지되어야 한다는 것이 USIA와 현장의 공통된 의견이었다는 점도 고려해야" 한다고 했다. 또 그는 국제영화부가 "이미 연간 공급량인 연간 약 3만 달러의 원재고를 구입하여 선적했다"라는 점도 고려해, 〈리버티 뉴스〉의 제작 중단 제안에 대한 USIA 차원의 정책적 조언을 요청했다.

이와 같은 국제영화부의 문제 제기는 곧바로 주한 미공보원의 예산과 상남영화제작소의 예산에 대한 정밀 조사 착수로 이어졌고, 상남영화제작소를 대체할 방안에 대한 면밀한 검토를 주한 미공보원에 요청했다. 1960년 11월 9일에 USIA 워싱턴 본부의 한국 담당 직원이었던 제임스 크레인James Crane이 주한 미공보원의 부副민사관인 아서 리Arthur Lee에게 보낸 서신에 따르면, 예산에 대한 정밀 조사 차원에서 상남영화제작소에 대해 여러 담당자들과 상의한 결과, USIA에서는 상남영화제작소의 존재에 대한 정당성을 의심의 여지가 없는 것으로 보고 있기 때문에, "시대가 변하고 프로그램이 강조되지만 상남영화제작소의 예산 항목은 큰 변화 없이 매년 반복된다"라는 기본 입장을 확인했다. 이와 함께, USIA는 기본적으로 주한 미공보원의 영화가 상남영화제작소의 풀타임 서비스를 필요로 하며 그것이 품질과 비용에서 가장 효율적인 서비스를 제공한다고 가정하

● 한국 공보실 산하 영화제작소가 제작한 〈대한뉴스〉를 말한다.

지만, 이러한 정당성에 대한 최신 분석(10만 달러 이상의 지속적인 지출의 존재 등), 그리고 상남영화제작소를 이용하는 주한 미국 기관의 여타 부서가 있는지 여부 및 주한 미경제협조처•의 지원에 의한 설비들을 사용할 가능성에 대한 의견을 요청했다.[236]

이 요청에 대해, 12월 5일 주한 미공보원 아서 리는 상남영화제작소를 대체할 가능한 대안과 현 상남영화제작소의 예산 상황, 그리고 상남영화제작소가 여타 미국 기관의 작업을 수행할 가능성을 검토한 결과를 USIA에 보냈다.[237] 주한 미공보원의 결론은 "상남영화제작소에는 다른 지역의 영화제작소보다 품질이 우수하고, 정치적 압력이나 경쟁에 구애받지 않고 저렴한 비용으로 프로그램적으로 좋은 재료를 생산하는 시설이 근처에 있"기 때문에 "상남영화제작소의 운영 중단을 정당화할 수 있는 방법이 없다"라는 것이었다.

보다 구체적으로 주한 미공보원의 검토 결과를 살펴보자. 주한 미공보원은 "1960년 예산을 고려하는 과정에서 상남영화제작소 운영을 꽤 신중하게 검토"하였고, 주한 미공보원의 예산과 (상남영화제작소를 대체할) 가능한 대안을 검토한 결과를 다음과 같이 제시하였다. 먼저 한국 내 영화제작소 현황을 고려하여, 세 가지 대안을 검토하였다. 당시 한국 국내에는 영화 화면의 제작 처리를 위한 시설이 두 곳 더 있었는데, 한 곳은 공보실 운영의 영화제작소였고 다른 한 곳은 안양에 위치한 민간 영화제작소였다.

주한 미공보원의 첫 번째 대안은 공보실 영화제작소 시설을 이용

• 앞 장에서 이미 살펴보았듯이 주한 미경제협력처는 주한 원조 기관로서, 1959년 7월 기존 주한 경제조정관실(OEC)의 명칭이 변경된 조직이다.

하는 것이었다. 공보실 운영의 영화제작소 시설은 한국 공무원들이 주한 미경제협력처 계약에 따라 미국인 그룹의 안내를 받아 운영하고 있는 좋은 장비를 갖추고 정부 자체를 위한 영화 제작과 민간 생산자들과 계약하여 수행되는 작업을 수행하고 있었고, 이 영화제작소가 당시 생산하고 있는 작품의 질은 대략 상남영화제작소와 맞먹는 상황이었다. 그러나 정작 주한 미경제협력처의 미국인 직원들은 주한 미공보원의 상남영화제작소 운영 방식을 더 부러워했는데, 주한 미경제협력처의 기술 정보 개선 프로젝트가 점차 종료되고 있는 상황에서 미국인 기술자들이 떠나게 되면 공보실 영화제작소의 운영이 정치적 고려에 좌지우지될 것을 우려했기 때문이었다. 반면 상남영화제작소는 정치적 고려 없이 고용하고 해고하고 규율을 행사할 수 있기 때문에, 주한 미경제협력처의 미국인들은 상남영화제작소에 대해 지지를 보냈던 것이다. 주한 미공보원 또한 공보실 영화제작소를 이용하는 데에는 두 가지 문제점이 있을 것으로 예상하였다. 첫째, 주한 미공보원이 발행하는 뉴스릴인 〈리버티 뉴스〉는 공보실 영화제작소가 제작하는 뉴스릴과 경쟁했는데, 이러한 뉴스릴의 경쟁 때문에 공보실 영화제작소가 주한 미공보원의 작업을 하는 것을 꺼리는 것이 사실이며, 설사 작업이 수행된다고 하더라도 이 작업이 주한 미공보원에게 만족스럽지 않을 것이라는 점이었다. 따라서 주한 미공보원에서는 이와 같은 중복이 필요하다고 느꼈다. 사실 이와 같은 영화제작소의 중복 현상은 (집권당의 이익을 증진시키기 위해 헌신적인 대한민국 정부 활동과 주한 미공보원 활동을 연관시키는 것이 현명하지 않다고 여겨졌던) 이승만 정권 동안 시작되었다. 물론 당시 이러한 상황은 존재하지 않았지만, 주한 미공보원은 "미래는 결코 확신할 수 없"다고 보고 자체 뉴스릴의 제작을 계속하는 것이 바람직하다고 보았다. 두 번째는 미국인 고문들의 퇴임과 함께 작업의 질이 떨어질 것으로 예상할 수 있다는 것이었다. 공보실의 운영에 대해 익히 알고 있었던 주한 미공보원은 공보실 영화제작소가 주한 미공보원의 작품을 경제적으로 생산할 수 있는 능력이 있는지 의심스럽다고 보았다.

주한 미공보원의 두 번째 대안은 안양에 있는 민간 영화제작소를 이용하는 안이었다. 안양에 있는 영화제작소는 오래된 장비와 새로운 장비가 뒤섞여 있으며, 현재 운영 회사가 은행 채권자의 손에 넘어갈 정도로 심각한 재정 문제에 직면할 우려가 있는 상태에서 운영되기 때문에, 안양 영화제작소의 작업 질이 상남영화제작소보다 떨어진다고 보았다. 때문에 주한 미공보원은 이 안양 영화제작소를 주한 미공보원의 예산을 투자할 수 있는 아주 좋은 말馬이라고 생각하였다.●

주한 미공보원의 세 번째 대안은 일본의 영화제작소를 사용하는 것인데, 시간이 너무 많이 걸려서 뉴스릴을 계속할 수 없을 것이고, 이 점에 대해 연구한 적은 없지만 비용은 아마도 한국보다 더 클 것이라고 보았다. 상남영화제작소 자체에 대해서는 자본 설비가 갖춰져 있고 잘 돌아가고 있고, 비록 현지 직원 수를 38명으로 줄였지만 현지인 직원들은 한국의 다른 어떤 집단보다 경험이 풍부하고 일반적으로 능력이 뛰어난 직원들로 구성되어 있다고 판단했다.

한편 주한 미공보원 예산 중 상남영화제작소의 예산에 대한 자체

● 그러나 미국 문서에서는 주한 미공보원이 안양촬영소를 대안으로 선택하지 않은 뚜렷한 근거가 제시되지 않았다. 다만, 〈대한뉴스〉 94호(1956. 10)에 이승만 대통령이 안양촬영소 정초식에 참석한 장면이 있고 1967년 박정희 대통령이 안양촬영소와 관련해 결재한 기록이 있다는 점을 고려하면, 수도영화사의 민간 영화 촬영 시설이었던 안양촬영소의 소유 지분에 정부 지분이 포함되었기 때문에 유력한 대안이 될 수 없었을 것이라 짐작된다.

표 8-1 회계 연도 1961년 상남영화제작소의 소요 예산

예산 항목	내역
1. 미국인 1명 임금	$ 12,422
2. 현지인 직원 — 38명	41,078
3. 현지인 근무 수당	225
4. 〈리버티 뉴스〉	5,640
5. 다큐멘터리	7,438
6. USIA 영화의 언어 버전	1,900
7. 여비	856
8. 1960년에 제작 개시된 영화의 완성	297
9. 건물 유지 및 보수	10,796
10. 국제영화부로부터의 뉴스 클립	23,270
11. 국제영화부로부터의 설비 및 공급	6,500
총계	$ 110,422

* 비고: "인정하건대, 전체 수치가 높긴 하지만, 우리가 상남영화제작소에서 하는 영화 제작을 수행하는 여타 미공보원이 세상에 있는지 의심스럽다. 총비용은 릴당 약 22달러다."

출처: Letter, December 5, 1960(RG 306, W-278, USIS-Korea, Arthur Lee → USIA Washington, James F. Crane(Korea Desk Officer, IAF, Box 11).

분석도 진행되었다. 이 분석에 따르면, "1960 회계 연도에 상남영화제작소는 평균 단가가 83.88달러인 52개의 뉴스릴, 139.80달러의 단가를 가진 12개의 다큐멘터리, 평균 단가 27.95달러의 USIA 영화 22편을 각색했다. 이 원가 수치는 원재료 가격을 포함하지 않는다. 그러나 원재료비를 포함하더라도 전체 단가는 극히 낮아서," 표 8-1에서 알 수 있듯이, 상남영화제작소 운영의 총비용을 생산량으로 나누면 릴당 총비용은 약 22달러였다. 이와 관련하여 주한 미공보원은 상남영화제작소를 미국인 두 명에게 책임지게 하는 것은 현실적이지 않다고 보았고, "미국인 한 명만 주둔하고 현지 제작이 없더라도 한국에 영화담당관 한 명을 주둔시켜야 할 것"이라는 입장을 견지했다.

또한 상남영화제작소가 여타 미국 기관의 작업을 수행할 가능성을 검토한 결과는 '생각해 볼 수 있는 대안'이라는 것이었다. "상남영화제작소는 과거에도 여타 현장 조직들로부터의 작업을 수락한 적이 있"지만, 이 작업은 세 가지 이유 때문에 정규적인 기반에서 이뤄지지 않았다고 보았다. 첫째는 상남영화제작소의 상대적 고립 때문이었고, 둘째는 다른 아시아의 미공보원에 더 가까운 다른 영화제작소 시설들이 존재하고 있고, 셋째는 컬러 작업을 다룰 수 없는 영화제작소의 무능력이다. 따라서 주한 미공보원이 여타 미국 기관에 대한 추가 작업을 위해 상남영화제작소의 생산량을 증가시킬 수 있다면, 이는 상대적으로 저렴한 대안일 수 있다고 보았다.

2) 1961년 10월 USIA의 주한 미공보원 감사와 당시 상남영화제작소의 제작 여건

지금까지 살펴보았던 1960년 말 주한 미공보원의 예산 집행과 상남영화제작소의 존립 정당성에 대한 논란은 1955년 실시가 마지막이었던 주한 미공보원에 대한 감사로 이어지는 계기가 되었을 것으로 추측된다. 이에 USIA는 1961년 10월 25일부터 11월 24일까지 주한 미공보원 임무의 크기와 비용, 프로그램 운영, 현지 제작 및 영화 배급 등 주한 미공보원 임무 전반에 걸친 상세한 조사를 실시하였다.[238]

본격적으로 1961년의 감사 보고서의 주요 내용을 중심으로 1960년대 초 상남영화제작소의 인적·재정적인 제작 여건을 살펴보기에 앞서, 1960년 무렵 주한 미공보원과 상남영화제작소의 인력 상황을 살펴보면 대체로 다음과 같다. 우선, 1958년 3월 한국을 떠났던 상남영화제작소 소장 리지웨이의 후임자로 로린 리더가 계속해서 상남영화제작소의 전반을 책임지며 1965년까지 상남영화제작소를 운영하였다. 그러나 상남영화제작소 운영과 연관된, 주한 미공보원의 인적 구성은 1960년 초에 달라졌다. 1957년 중반 무렵 주한 미공보원장으로 취임한 헨리 아널드의 뒤를 이어 1960년 3월에 새롭게 헌팅턴 데이먼Hantington Damon이 주한 미공보원장으로 취임했다. 데이먼은 취임 직후인 5월에 USIA로부터 당분간 영화 보조 책임자 직책인 KOA-24를 폐지할 것이라는 방침과 함께, 한국의 영화 프로그램이 지난 몇 년과 동일한 효과적인 매체가 되도록 노력해 달라는 요청을 받았다.●[239]

● 이 지침을 전달한 USIA의 러셀 콕스는 이미 1956년 5월 13일부터 7월 5일까지 극동 12개국을 방문하고 한국 출장 보고서(한국 출장: 1956. 6. 21~6. 27)를 제출한 인물이다. 당시 그는 상남영화제작소의 미국인 인력 보충과 관련해, "영화 및 라디오 제작의 기술적 단계에 더 치우친 젊은 담당관들을 몇 명 선발하여 한두 명을 즉시 리지웨이와 로린 리더의 견습으로 상남영화제작소에 발령될 수 있도록 해야 한다"라는 견해를 제시한 바 있었다.

당시 한국에는 영화를 다루는 세 명의 미국 담당관이 있었는데, 두 명은 주한 미공보원 서울 본부에 있었고 나머지 한 명은 상남영화제작소에 있었다. 즉 세 명 중에서 주한 미공보원 서울 본부에서 근무하는 하나의 위치를 폐지하고 영화를 다루는 두 명의 미국 담당관만 남기자는 것이었다.[240] 이 부영화담당관 직제의 폐지는 주한 미공보원의 영화 인력 효율성 문제, 즉 주한 미공보원 신임 영화과장 선임과도 밀접한 연관성을 가지는 문제였다. (어떤 상황에서도 한국의 영화 담당 인력의 효율성을 유지할 수 없는 수준으로 인력을 줄이는 것을 바라지 않았던) 국제영화부의 터너 셸턴Turner Shelton은 두 가지 단서를 달면서 주한 미공보원의 부영화담당관 폐지에 대해 동의했다. 첫째는 국제영화부가 이 문제를 연구할 수 있는 더 많은 기회를 가질 때까지, 주한 미공보원의 영화과장인 닐스 보네슨의 현재 지위에 어떠한 변화도 일어나지 않게 해달라는 것이었다. 둘째는 (보네슨과 신임 영화과장 후보자인 험프리 W. 린지Humphrey W. Leynse[1921～1977]와 관련하여) 이미 발생한 혼란을 고려할 때 보네슨을 어려운 위치에 놓이게 하는 어떠한 조치도 취하지 않으려는 자신의 바람을 이해해 달라는 것이었다. 이처럼 그는 부영화담당관 직제의 폐지라는 실험을 시도할 준비가 되어 있지만 "이 상황이 주한 미공보원 서울 본부의 한 사람과 상남영화제작소의 한 사람만으로 해결될 수 없다는 것이 명백해진다면, 영화 촬영 보조관 직이 다시 복원될 것이라는 것을 분명히 이해하기를 원한다"라는 의견을 개진하였다.[241]

이렇듯 USIA의 부영화담당관 직제 폐지 방침은 한국에서의 영화 프로그램 운영의 조직적 효율성과 밀접한 연관성을 가지는 것이었기 때문에, 신임 주한 미공보원장은 셸턴의 견해를 받아들여 기존의 영화과장인 닐스 보네슨을 후임 후보자인 험프리 W. 린지로 교체하는 것에 신중한 태도를 보였다. "인도네시아 자카르타 미공보원의 영화담당관이었던 험프리 린지는 2차 대전 때 ICI 특수요원으로 일했던 경력이 있었고 미 육군부, 내무부, 국무부 등에서 교육 자문 및 행정관으로 일한 해외 공보 전문가였다"(김려실, 2019: 234~235). 주한 미 공보원장 데이먼은 셸턴에게 보내는 공문[242]을 통해, 자신이 "험프리 린지가 여기서 최고 영화과 일을 감당할 수 있을지에 대해 확실히 결정하지 못했"고 험프리 린지를 조금 더 관찰하고 싶다는 견해를 밝혔는데, 이때 데이먼은 린지가 자신의 능력을 증명할 기회가 그에게 주어졌을 뿐이다"라고 언급하였다.

그러나 결국 영화과장의 교체는 이뤄졌고, 1961년 9월 주한 미공보원의 조직 구성은 다음과 같았다. 공보부 아래에 인쇄과, 출판과, 전람과, 라디오-TV과, 영화과가 있으며, 영화과에는 서울의 행정 부서에 미국인 영화과장 1명과 한국인 11명이 근무하고 있고, 상남영화제작소에 1명의 미국인 책임자와 한국인 스태프 35명이 제작하고 있었다. 당시 서울의 영화과장은 험프리 린지였고,• 상남영화제작소의 책임자는 로린 리더였다. 험프린 린지 컬렉션 중에 험프리 린지와 로린 리더에 전하는 기념품 같은 기록 영화인 〈상남 스튜디오의 직원들*The Reeder's of Sangnam*〉에서 볼 수 있듯이, 상남영화제작소의 영화제작 부서는 총무Administrative, 현상Film Laboratory, 편집Edit, 미술Art, 음악실Music Room, 녹음실Sound Recording, 영사실Projection, 자재Supply로 나뉘어져 있었다(심혜경, 2011: 29).

보다 구체적으로 1961년 USIA의 감사 보고서를 중심으로 주한

• 때때로 영화과장 험프리 린지는 상남영화제작소에 임시로 주재하면서, 〈황토길〉, 〈다시 사는 길〉 등의 문화 영화 제작을 돕기도 했다(《마산일보》, 1962. 7. 15: 4).

표 8-2 1961년 11월 당시 주한 미공보원의 임무와 인력

구분	미국인	현지인 고용
서울 본부 및 문화원, 북부 지점	17	77
부산 지부	1	20
대구 지부	1	15
광주 지부	1	17
상남영화제작소	1	35
제주도	—	1
총계	21	165

출처: Inspection Report, NOVEMBER 24, 1961(RG 306, USIS KOREA, Box 6).

미공보원의 조직 구성을 살펴보자면,[243] 먼저 1961년 주한 미공보원의 임무는 서울 본부 및 문화원, 북부 지점, 부산/대구/광주의 지부, 제주도의 지점branch sub-post, 그리고 상남영화제작소로 구성되어 있었다. 주한 미공보원의 인력 분포는 표 8-2와 같은 분포를 보였는데, 모든 정원이 채워져 있는 상황이었고 전체 현지인 고용 정원에서 상남영화제작소의 현지 인력이 차지하는 비중은 약 21%(35/165)로, 상당히 높았다고 할 수 있다.

이러한 인력 분포에서, 주한 미공보원에서 영화 프로그램을 지원하는 인력은 미국인 2명과 약 70명의 현지인 인력으로 구성되었으며, 전체 현지인 인력(165명) 중에서는 약 42%의 비중을 차지했다. 영화 부문에 할당된 현지 인력 중에서 약 60%(42명)은 제작 부문에, 40%(28명)는 12개 이동영사대에 할당된 19명을 포함해 배급 부문에

종사했다. 그러나 실제로는 26명의 이동영사대 운전수와 상영기사가 있으나 이들의 근무 시간의 일부는 비영화 활동에 투입되었다.

한편, 주한 미공보원의 영화 프로그램에 계획 할당된 회계 연도 1962년 예산은 28,030달러이고 거의 직전 연도의 수준에 해당한다. 상세 내역은 이동영사대 비용으로 13,065달러, 영화 배급에 1,605달러, (상남영화제작소에서 소용되는 비용이라 할 수 있는) 영화 제작 및 처리●에 1만 3,360달러가 할당되었다. 추가적으로 확인되는 제작 비용 요인들에는 상남영화제작소(주로는 수도·전기 등)의 시설 운영에 1만 550달러가 포함되었으며, 상남영화제작소의 35명 현지인 인력의 봉급인 약 2만 7,000달러가 포함되었다.

여기서 주목할 것은 이 감사 보고서에서 '예산 문제'와 연관해 상남영화제작소의 이전 가능성 문제가 다시 한번 언급되었다는 점이다. 감사 보고서에는 상남영화제작소가 서울에서 멀리 떨어진 외딴 시골에 있지만 "(1) 임대료가 무료이고, (2) 이전과 재정립에 비용이 많이 들기 때문에" 주한 미공보원은 불편을 감내하고 있다고 보았다. 이에 주한 미공보원이 "서울이나 그 주변의 무료 또는 저렴한 임대 가능성에 대해 예의주시하고 있지만 아직 실현되지 않았다"라고 평가하였다. 그렇지만 상남영화제작소의 이전 가능성을 염두에 두면서 제작 설비 현황 및 향후 임대료 지불 문제를 검토하였다.

우선 상남영화제작소의 설비에 대한 평가는 이전과 마찬가지로 긍정적이었지만 향후 몇 년 내에 영화 장비가 완전히 고장 나는 수

● 앞서 살펴본 바 있는, 표 8-1의 음영 부분과 비교해 보면, 1962년의 상남영화제작소의 제작 예산은 1961년과 대체로 비슷한 수준이었다.

준에 도달할 수 있음을 우려했는데, 이러한 우려의 실체는 현 상태를 그대로 유지한다면 추가적으로 향후 USIA의 막대한 예산이 소요될 것에 대한 것이었다. 다음 인용을 통해 살펴보자면,

> 상남영화제작소는 과거 일본 해군 라디오 시설로 2층짜리 철근 콘크리트 본관 건물(약 1만 2,000평방피트)과 미국인 담당 발전기 공장, 기계 공장, 차고, 차량 창고, 주거지로 구성되어 있다. 그것은 철저하게 실용주의적인 외관을 가지고 있고 안팎으로 페인트칠이 필요하다. 그 지역 주변의 보안 울타리도 불충분해서 교체해야 한다. **좋은 공장이고 기술 장비의 노후를 고려해 볼 때 효율적인 작업을 하고 있다**. 그러나 이 사실은 (주한 미공보원과 USIA의 지원에 대한 찬사라기보다는) **상남영화제작소의 미국인들이 발휘했던 기지**奇智, 즉 처음부터 건물 유지 보수와 군으로부터 나오는 다른 자재들을 '징발'하고, 전기, 수도, 에어컨 및 다른 종류의 기계들을 개선하거나, 영화 처리 설비를 재건하고 수리하거나, 심지어 상남영화제작소의 영화담당관을 위한 집을 짓는 데에도 발휘했던 기지**에 대한 찬사**라고 할 수 있다. (강조는 필자)

감사 보고서는 상남영화제작소가 기술 장비의 노후도에 비해 비교적 효율적인 작업을 수행하는 좋은 공장이라고 긍정적으로 평가했다. 하지만 이는 주한 미공보원이나 USIA의 지원에 대한 찬사가 아니라 상남영화제작소의 미국인 소장이 발휘했던 기지에 대한 찬사임을 분명히 했다. 이와 같은 보고서의 태도는 USIA가 노후된 영화 설비를 교체하는 비용에 대해 상당히 부담스러워하고 있음을 보여 준 것이라 할 수 있다. 이에 보고서에는 "상남영화제작소의 기술적 영화 장비의 교체 비용은 약 30만 달러로 추산"되고, "일부 품목

은 현재 주요 유지 보수 및 수리 요건이 비경제적 운영을 초래하고 향후 몇 년 내에 완전한 고장을 초래할 수 있는 수준에 도달"한 상황이기 때문에, 향후 "정해진 일정에 따라 점진적인 교체 계획을 세심하게 고려한, 모든 품목에 대한 조사가 필요하다"라고 제언하였다.

다음으로 보고서는 향후 예상되는 임대료 지불 문제에 대해서도 검토했다. 보고서에서 우려했던 점은 한국 정부와의 무상 임대 계약이 교착 상태에 있어 향후 무료로 임대하는 것이 가능할 것인지에 대한 것이었다. 상남영화제작소는 1952년에 해군과의 무상 임대 계약을 통해 사용되고 있고, 1956년 3월 1일에 이 임대 계약은 1961년 또 한 번의 '5년간의 계약 갱신'을 조건으로 하여 대체되었다. 하지만 1961년 초에 시작된 주한 미국대사관의 갱신 시도는 교착 상태에 빠진 상태였다. 왜냐하면 부분적으로 5월의 군사 쿠데타 이후 절차 변경 및 인사 변경 때문에, 이 일은 아직 미정이었다. 더구나 한때 한국인에 의해 임대료 지불 문제가 제기되기도 했기 때문에, 보고서는 이 무상 임대 문제를 예의 주시했다.●

이렇듯 '예산 문제'와 연관해 상남영화제작소의 상황을 검토했던 보고서는 결론적으로 상남영화제작소의 현지인 인력 정원(35명) 수가 "지나치게 많아 보인다"라는 언급을 시작으로 하여, 최종적으로는 한국 내 정치적 여건이 허락된다면 주한 미공보원이 뉴스릴 사업에서 탈피하는 것, 즉 (명시적으로 언급하지는 않았더라도) 상남영화제작소의 폐지가 바람직하다는 견해를 제시하였다. 이와 같은 결론에 도달하는

● 이러한 우려감을 해소하기 위한 차원에서, 보고서는 한국의 "외무부는 대사관에 무상 임대차 계약이 계속될 것이라고 장담했다"라는 언급을 덧붙였다.

과정을 보다 구체적으로 살펴보자면, 주한 미공보원에 대한 조사 기간 동안, 주한 미공보원 관계자는 조사관들에게 "상남영화제작소가 존재하지 않고 서울, 도쿄 또는 미국에서 상업적으로 영화 제작 공정이 이루어져야 한다면 제작비가 훨씬 더 많이 들 것"이라고 언급했다. 하지만 당시 조사관들은 상남영화제작소에 대한 주한 미공보원의 평가가 그곳에 배치된 미국 인력이 영화제작소 운영을 지속시키기 위해 발휘한 창의성과 '징발의 양'을 고려하지 않은 평가였다고 의심하였다. 또한 조사관들은 1960년 무렵부터 주한 미공보원이 주장했던 뉴스릴 사업의 중단 제안에 대해서도, 기본적으로 〈리버티 뉴스〉 제작이 "주한 미공보원에게는 주요한 직원 역량과 비용 요인이기 때문에, 한국 정부에 의해 다른 뉴스릴이 발행되는 상황에서 주한 미공보원이 뉴스릴을 제작해야 하는 이유를 묻는 것은 당연한 일"이라고 보았다. 그리고 "이상적으로 보자면, 주한 미공보원이 자료 화면과 여타 유형의 지원을 제공하는 데(심지어 배급에 있어서도) 하나의 생산물이 원하는 효과를 광범위하게 달성할 수 있는 방식으로 한국 정부와 협력할 수 있는 위치에 있어야" 한다는 입장에서, 비록 "정치적 여건이 너무 유동적이어서 그런 관계를 허용할 수 없다는 데 동의하지만, 여건이 허락될 때 주한 미공보원의 목표는 뉴스릴 사업에서 탈피하여 위에서 설명한 접근 방식으로 전환해야 한다"라는 정책적 입장을 견지하였다. 따라서 "시간이 지남에 따라 한국 공보부의 뉴스릴 부서와 더 긴밀한 업무 관계를 발전시키기 위한 의식적인 시도가 이루어"진다면, "내용 자료를 확보하는 좀 더 효율적일 수 있는 주한 미공보원 뉴스릴의 대체물은 USIA와 현지 자료 화면을 모두 사용하는" (이미 비정기적으로 존재하며 처음 6개는 1961 회계 연도에, 4개는 1962 회계 연도에 생산될 예정인) 월간 〈스크린〉 잡지가 될 수 있다고 제안하였다.

2. 1960년대 초반 상남영화제작소의 제작 상황

여기서는 1961년 10월 25일부터 11월 24일까지 실행되었던 주한 미공보원 임무 전반에 걸친 상세한 조사 결과를 담은 감사 보고서를 내용을 중심으로 1960년대 초 상남영화제작소의 제작 상황을 살펴보도록 하자.[244] 여타 미디어에 비해 영화가 가지는 상대적 중요성에 대한 이전의 인식과 동일하게, 1960년대에도 주한 미공보원은 (주한 미공보원이 통제하는 대규모 매스 미디어로서 도시 관객뿐만 아니라 시골 관객들과도 접촉하고 있는) 영화 프로그램이 라디오 부족, 상대적으로 낮은 식자율, 그리고 상대적으로 높은 신문의 비용 때문에, 무료 영화 상영은 새로운 아이디어의 주요 원천이었다고 평가하였다. 여기서는 1961년 미국공보처의 감사 보고서와 주한 미공보원의 월례 보고서를 중심으로, 1960년대 초반 상남영화제작소의 제작 절차와 구체적인 제작 상황을 살펴보고자 한다.

1) 1960년대 초 상남영화제작소의 영화 제작 절차와 기술 시스템

주한 미공보원을 비롯한 많은 주한 미국 기관들이 영화 제작에 관여하게 된 것은 "전시戰時의 필요성과 이러한 필요를 충족시키기 위해 부산으로부터 차로 약 2시간 거리에 있는 상남 지역에 제작 시설을 설립했기 때문"이었다. 설립 이후 상남영화제작소의 장기 프로젝트는 매주 10분씩 진행되는 〈리버티 뉴스〉였고, 1961년 11월 당시 313개 극장에서 상영 중이었다. 그 밖에도 1961년에는 각각 10분에서 30분 길이의 10편 다큐멘터리가 제작되었고, 1962년의 경우 거의 같은 숫자의 다큐멘터리가 계획되었다(1961년 11월 1일 당시 3편이 완성됨). 또한, 회계 연도 1961년에는 USIA 영화에 대한 11개 언어 각색이 처리되었으며, 회계 연도 1962년에는 거의 같거나 약간 더 높은 수준으로 계획되었다(1961년 11월 1일 현재 7편이 완성됨).

1961년 11월 당시, 제작 중인 타이틀 중 하나는 주한 미공보원의 첫 번째 컬러 영화•였는데 도쿄에서 후반 작업이 진행 중이었다. 상남영화제작소에는 주로 흑백 처리만 하고, (앞에서 언급한 바와 같이) 추정가는 릴당 22달러였다. 상남영화제작소의 일반적인 현상 작업 수는 35mm 뉴스릴 31개와 16mm 뉴스릴 35개, 다큐멘터리 및 각색은 각각 4~12개(35mm) 및 10~30개(16mm)였다.

〈리버티 뉴스〉에 사용되는 뉴스릴의 촬영은 서울과 상남영화제작소, 부산, 대구, 광주에 있는 주한 미공보원 지부에서 담당하였고, 세 지부에서는 정규 배급 기능도 함께 담당했다. 〈리버티 뉴스〉에서는 평균 10여 개의 항목이 각호에 실렸는데, 절반은 한국 장면, 절반은 '국제'였다. 취재 보도coverage는 국가 계획 목표를 최대한 반영하기 위해 선택되었으며, 민사관 또는 지부민사관, 공보 담당관 및 영화담당관의 주간 회의에서 선택되었다.

또한 감사 보고서의 평가에 따르면, "확인되지 않는 출처에 따르면, 〈리버티 뉴스〉는 미국의 모습을 잘 보여 주는 것으로 잘 알려져 있었고, 서울 외곽에 상시 주둔하는 카메라맨이 부족했던 한국 정부의 뉴스 화면보다는 전국적인 보도에 있어서 더 좋았던 것"으로 받아들여졌다. 반면 "한국 정부의 뉴스릴은 (무비톤Movietone이라는 회사로부터

• 앞서 언급한 영화로, 영화 제목은 〈피닉스〉였다.

획득한) 매 호마다 3개 정도의 국제 아이템만 수록하고 있으며, 정부 지도자들의 움직임을 묘사한 '공식' 자료에 의존하고 있었기 때문에 상당히 무겁게" 받아들여졌다. "한국 정부의 뉴스릴은 전국 극장의 약 절반에 도달하는데, 이는 주한 미공보원의 배포 반경coverage보다 25% 정도 적었다." 이처럼 감사 보고서는 "한국 정부와 주한 미공보원 뉴스릴은 일정 부분 중복이 불가피"하다고 보았지만, 취재 계획은 원할 때 중복을 피할 수 있도록 매주 교환되고 있다는 점을 강조하였다.

한편, 주한 미공보원의 모든 현지 다큐멘터리 제작은 주한 미공보원이 작성한 국가 계획 목표에 중점을 두고 있었는데, 민사관 또는 지부민사관, 공보 담당관 및 기타 관련자들과 협의하여 주한 미공보원 영화과는 이야기, 주제 및 트리트먼트(작품 제작 전에 작가가 작품 아이디어를 개요로 정리한 것)를 개발하였다. 주한 미공보원이 자체적으로 카메라 작업과 지시를 수행하는 동안, 종종 세트 및 소품, 배우 등에 대해서는 계약자를 이용하여 수행하였다. 또한 USIA 영화들은 민사관의 동의에 따라 주로 영화과에 의해 각색되거나 영어로 사용되기 위해 선택되었고, 테스트 프린트의 정기 상영이 주한 미공보원의 담당관 패널들을 위해 개최되어 왔지만 패널 소집의 어려움 때문에 지난 몇 달 동안에는 거의 개최되지 못한 상황이었다. 감사 보고서는 이와 같은 절차를 통한, 주한 미공보원 산하 상남영화제작소의 현지 영화 제작이 국가 프로그램 목표에 대해 신중하게 계획된 지원일 뿐만 아니라 증가하는 품질과 극적인 매력을 반영하고 있는 것으로 보았고, "관객들의 반응과 폭넓은 수요로 입증되었듯이 주한 미공보원이 한국 관객들에게 분명히 큰 영향을 미친 것으로 칭찬받고 있다"라고 평가하였다.

1962년 3월 개소 10주년을 맞아 상남영화제작소를 방문했던 호현찬 기자가 로린 리더의 안내로 제작 시설을 견학한 내용을 보면(《동아일보》, 1962. 3. 26: 4), 당시의 상남영화제작소의 기술 시스템이 대체로 어떠했는지를 엿볼 수 있다. 그에 따르면, 총건평 500여 평• 남짓한 콘크리트 2층 구조의 상남영화제작소는 한국 내에서 유일한 몇 개 시설을 보유했다. 첫 번째가 바로 한국 최초의 자동현상기였다. "한 달에 백만 자를 제작해 낼 수 있는 기능을 가진 자동현상기는 한국에서 최초의 자동 현상 시설"이고 "'탱크' 현상現像의 수식手式 방법에 종지부를 찍고 영화 메커니즘"에 '신기원'을 그은 곳이다. 그 밖에도 "확대, 축소 '매트 프로세스' 등을 자유자재로 하는 '옵티칼 프린터,' 35밀리 필름을 16밀리로 곧장 축소시키는 '사운드' 축소기, 자동 '롯지기'인 '시네테스터,' 만화를 찍는 '애니메이션 카메라' 등은 모두가 한국에서의 유일한 시설"이었다. 그러나 상남영화제작소 설비 중에서 가장 큰 자랑거리로 지목한 것은 녹음 '시스템'이었는데, "동기성을 보장하는 '싱크로나이징 모터' 시설을 갖춘 녹음실"에는 여타 영화제작소가 "따를 수 없을 만큼 간편한 과정으로 녹음을 해낸다"라고 썼다.

〈동아일보〉 호현찬 기자가 상남영화제작소의 최신 시설에 감탄했던 것은 당시 한국 영화계의 기술 수준이 매우 열악했기 때문이었다. 1962년 당시, 아시아영화제에서 한국이 7개 부문에서 상을 수상할 정도로 대외적으로 큰 성과를 이룬 것에 비해 상대적으로 열악한 영화 시설 상황을 보도한 〈조선일보〉에 따르자면, 당시 한국 영화

• 1961년 감사 보고서에 따르면, "2층짜리 철근콘크리트 본관 건물(약 1만 2,000평방피트)"라는 언급이 나오는데, 이를 평방미터로 환산하면 1114.83648제곱미터, 약 338평 정도에 해당한다.

계의 기술 수준은 한마디로 한국의 "영화 제작 시설은 '우거지'도 없고, '금강석'도 없는 것이다!"(《조선일보》, 1962. 5. 26: 3)였다. 이 기사에 따르면, 1956년부터 1957년까지의 시기에 "한국 영화에 새로운 '붐'의 징조가 보이자 무역업자들을 비롯한 돈 있는 사업가들이 너도나도" 카메라를 들여왔지만, "'카메라' 이외의 시설이 없어서 기술적인 향상이란 지금 현재로는 기대하기 어려운" 상황이었다. "첫째, 녹음 시설이 완비되어 있는 곳이 공보부의 영화제작소와 안양촬영소밖에 없다는 것이다. 새로 '한양영화공사'가 생기고, '동성영화공사'가 생기기는 했지마는 '한양'도 아직은 그리 큰 기대를 가질 만한 시설이 못되고, '동성'은 외국 기계를 본따서, 말하자면 설계를 모방 내지 표절해서 한국에서 깎아 맞춘 기계로 녹음을 한다니 이 또한 그리 큰 기대를 가질 수 없다"라는 것이었다. 이 밖에도 "신당동, 효자동, 용산 등 수 개 처에 녹음 시설이 있기는 있"어서, 특히 "신당동에 있는 조모 씨의 녹음실은 '뚝배기보다 장맛이 좋다'는 격으로 녹음 결과를 보면 깜짝 놀랄 정도로 좋"다고 했다. 이 또한 "물론 주워 맞춘 그 빈약한 시설에 비해서 좋다는 말일 뿐"인 상황이었다. 현상실 또한 마찬가지여서, 자동현상기가 움직이는 현상실이란 다섯 손가락 안에 들" 상황이었고, "왕십리에 명색만은 천연색 영화현상소가 있기는 있는데 같은 '네거필름'에서 구워내는 '프린트'가 '프린트'마다 그 색조가 다르게 나올 정도라니 그 실력은 짐작하고도 남"을 정도였다고 한다.

2) 1960년대 초 상남영화제작소 영화 제작과 주한 미공보원

이와 같이 미국공보처는 상남영화제작소의 제작 시설이 전반적으로 노후화되었다고 보았지만, 한국인들이 최신의 기자재라고 일컫고 있는 영화 설비들을 갖춘 상남영화제작소는 주한 미공보원의 국가 계획 목표에 부합하는 현지 영화를 제작하는 유일한 시설이었다. 다음에서는 주한 미공보원 영화과장이 국가 민사관에게 보낸 1961년 11월과 12월의 월례 보고서 내용을 중심으로, 당시 상남영화제작소의 영화 제작 현황을 살펴본다. 표 8-3과 표 8-4는 주한 미공보원 국가 계획 목표와 그에 따라 상남영화제작소에서 제작한 영화를 정리한 것이다.

주한 미공보원 국가 계획 목표에 따라 상남영화제작소에서 제작한 영화 현황을 보여 주는 표 8-3과 표 8-4에서 특징적인 것은, 국가 계획 목표하에 진행되는 개별 프로젝트에 부합하는 영화들을 (1) 〈리버티 뉴스〉 아이템, (2) 현지 다큐멘터리 제작, (3) 현지 제작 영화 개봉, (4) USIA 영화의 개봉, (5) 특별 상영 등으로 세분하여 제작 및 상영 활동을 기획한다는 점이다. 주한 미공보원은 국가 계획 목표에 부합하는 아이템을 선정하고 영화 제작을 수행하고, 또 그렇게 제작된 영화나 미국에서 제작된 USIA의 영화들을 배급하고자 했다. 특히 '특별 상영' 활동을 통해 반공 주간이나 인권 주간 등 주요 캠페인 기간에 맞춰 미국의 문화 영화 등을 학생이나 여성 등의 목표 수용자에게 상영하는 활동을 기획·실행하였다는 점이다.

한편, 주한 미공보원 영화과는 주로 상남영화제작소의 영화 제작 활동과 제작된 영화의 상영 기획을 담당하는 것에 국한하지 않고, USIA의 영화 제작에 필요한 자료 화면의 확보 및 촬영 활동도 수행했다. 가령, 당시 USIA가 현장의 활동 범위와 다양성을 강조하기 위해 당시 상영 중인 영화 〈아메리카는 아메리카를 대표한다 *America Presents America*〉를 리메이크한 신규 영화 제작을 기획하고 있을 때, 1961년 12월 15일 USIA는 주한 미공보원에 이 영화 제작에 필요

표 8-3 1961년 주한 미공보원 국가 계획 목표와 1961년 11월 상남영화제작소의 제작 영화

<table>
<tr><th>국가 계획 목표 및 프로젝트</th><th>상남영화제작소의 제작 영화(혹은 활동)</th></tr>
<tr><td colspan="2">목표 1: 한국과 관련된 미국의 정책이 건전하다는 것을 증명함으로써 미국 외교 정책의 기본 목표에 대한 추가적인 이해를 시키는 것.</td></tr>
<tr><td>프로젝트 A: 지금까지의 미국을 설명하는 데 도움을 줄, 한국 정부 정책과 관련된 공식 비공식적 기원에 대한 언급을 공표하기.</td><td>리버티 뉴스 아이템: '러스크 장관 방한Secretary Rusk Visits Korea,' '베르거 대사 기자 회견 개최Ambassador Berger Holds Press Conference'</td></tr>
<tr><td rowspan="2">프로젝트 B: 경제 원조 프로그램에서 한미 간 협력의 진전과 성취를 공표하기.</td><td>리버티 뉴스 아이템: '골재 공장,' '쏘사리,' '부산의 플레이우드 공장,' '4H 뉴스'</td></tr>
<tr><td>현지 다큐멘터리 제작: 〈수산Fisheries〉(가제). 자원을 모아 창업하는 한국 청년 3인방의 성공 스토리.</td></tr>
<tr><td rowspan="2">프로젝트 C: 유엔을 통한 통일, 한일 관계, 자유세계 공동체 강화, 한국의 참여 등의 분야에서 미국의 정책을 지지하기.</td><td>리버티 뉴스 아이템: '한국은 유엔의 날을 기념한다Korea Commemorates U.N. Day'와 '한일 핸드볼 대회ROK-Japan Handball Contest'</td></tr>
<tr><td>USIA 영화 개봉: 〈나토: 자유를 위한 안전NATO: Safe for Freedom〉. 1961년 3월 방콕에서 열린 나토 국가 외무장관 회담, 흑백 20분, 영어. 〈피스메이커The Peacemaker〉는 전기 영화 〈데이 하머스크홀드Day Harmerskjold〉를 각색, 흑백 10분.</td></tr>
<tr><td rowspan="2">프로젝트 D: 재한 미국인이 점차 양국 간 우애와 상호 존중을 증진시킨다는 것을 확증하기 위해, 한국 내 모든 미국적 요소와 협력하기.</td><td>리버티 뉴스 아이템: '한미 사격대회Korean-American Shooting Contest,' '한미 동맹 지지 집회Rally Supports ROK-US Ties,' '워싱턴에서 돌아온 버거 대사Ambassador Berger Returns from Washington'</td></tr>
<tr><td>현지 다큐멘터리 제작: 〈나병Leprosy〉(가제). 시인 한하운의 삶과 미국 의사들의 도움으로 치유된 과정에 대한 예비 연구. 한국과 미국이 함께하는 뮤지컬 영화 〈스크린 매거진 #11Screen Magazine #11〉.</td></tr>
<tr><td rowspan="3">프로젝트 E: 국가적 일체성을 강화하고 시민적 책임과 창의력, 시민적 자유의 보호를 개발하기 위한 한국 정부의 프로그램에 대해 적절한 협력과 지원을 제공하기.</td><td>리버티 뉴스 아이템: '천재 청년 바둑경연대회 우승Genius Youth Wins Baduk Contest,' '재건 작전Operation Reconstruction,' '한국간호사 대상Korean Nurses in Awards,' '국립미술전시회National Arts Exhibit,' '전국자전거대회National Bicycle Race,' '박 의장의 미국 출국Chairman Park's Departure for US,' '시민회관 개관Citizens Hall Opened,' '박 의장이 케네디 대통령을 만나러 가다Chairman Park Visits Pres. Kennedy,' '결핵 예방 주간 관찰TB Prevention Week Observed,' '서울시 노인 접대Seoul City Entertains Old Folks,' '박 의장 방미Chairman Park's American Visit,' '수재민 전용 주택Houses Dedicated to Flood Victims,' '부산-서울 마라톤 경주Pusan-Seoul Marathon Race' 등이 대표적이다.</td></tr>
<tr><td>미국 제작 다큐멘터리 개봉: 한국의 유명 옻칠 작가 김봉룡의 삶을 그린 〈장인의 손The Master's Hand〉, 흑백 20분, 한국어와 영어.</td></tr>
<tr><td>현지 다큐멘터리 제작: 〈유유상종Birds of a feather〉. 조선 왕조에서 행해진 부패의 폐해에 대한 코미디, 컬러 40분.</td></tr>
</table>

<table>
<tr><td colspan="2">목표 2: 공산주의가 개인의 자유와 독립 국가에 대한 우리 국민의 열망과 양립할 수 없음을 보여 줌으로써 공산주의에 대한 거부를 장려하는 것.</td></tr>
<tr><td>프로젝트 A: 자유세계와 공산주의의 사회적 경제적 시스템의 차이를 참고로 하여, 공산주의 이데올로기의 실질적 성격에 대한 이해를 증진시키기.</td><td>리버티 뉴스 아이템: '적색은 베를린 교통 통제를 강화한다Reds Tighten Berlin Traffic Control,' '러시아인들은 초강력 폭탄 폭발로 비난을 받았다Russians Denounced for Super bomb Explosion,' '베를린 동서 국경에서의 일요일A Sunday at Berlin's East West Frontier'</td></tr>
<tr><td>프로젝트 B: 적색 식민주의와 그들의 정치적 행동과 책략의 전복적 성격을 보여 줌으로써 중러 권력의 목표에 대한 이해 증진.</td><td>리버티 뉴스 아이템: '반反스파이 전시회Anti-Spy Exhibit'와 '30만 번째 반공 전시회 방문자300,000th Visitor to Anti Communist Exhibit'</td></tr>
<tr><td colspan="2">목표 3: 한미 간 이해와 상호 존중의 토대를 강화하는 데 기여하는 미국 생활과 문화의 특정 측면에 대한 지식을 증진하는 것.</td></tr>
<tr><td rowspan="3">프로젝트 A: 한미 간 이해와 상호 존중의 기반을 강화하기 위해, 미국인의 삶과 문화에 대한 지식을 증진시키기.</td><td>리버티 뉴스 아이템: '린든 존슨의 손님 파키스탄 낙타 몰이꾼Camel Driver from Pakistan Johnson's Guest'와 '존 서배스천 공연John Sebastian Performance'</td></tr>
<tr><td>USIA 영화 개봉: 미국의 6개 대학에 대한 〈배움의 중심Centers of Learning〉, 컬러, 29분, 영어. 워싱턴의 행정부 〈백악관의 과거와 현재White House, Past and Present〉, 컬러 20분, 영어.</td></tr>
<tr><td>특별 상영: 대한민국 정부 관계자들을 위한 대사관저에서 열리는 미국 문화 영화. 서울대학교 예술대학 학생들에게 미국 예술 영화. 반공주간을 맞아 초등학생과 고등학생을 대상으로 한 7편의 반공 영화 시리즈.</td></tr>
<tr><td>프로젝트 B: 미국의 국력과 강력한 지위가 과학 영역과 특히 우주 개발 및 미사일 개발 영역에서 보인 미국과 여타 자유 국가의 핵심적이고 역동적인 발전에 의해 유지되고 향상된다는 개념을 전달하기.</td><td>리버티 뉴스 아이템: '방어에 대한 조명Spotlight on defense'와 '마이티 새턴이 미국의 우주 탐사선을 들어올렸다Mighty Saturn Gives Lift to US space probes'</td></tr>
</table>

출처: 제작 영화는 Mopix Monthly Report – November, 1961(RG 306, P-51, Box 59). 국가 계획 목표는 USIS Country Plan for Korea, February, 13, 1962(RG 306, W-278, USIS SEOUL → USIA WASHINGTON, Box 11).

표 8－4　1961년 주한 미공보원 국가 계획 목표와
1961년 12월 상남영화제작소의 제작 영화

<table>
<tr><th>국가 계획 목표 및 프로젝트</th><th>상남영화제작소의 제작 영화(혹은 활동)</th></tr>
<tr><td colspan="2">목표 1: 한국과 관련된 미국의 정책이 건전하다는 것을 증명함으로써 미국 외교 정책의 기본 목표에 대한 추가적인 이해를 시키는 것.</td></tr>
<tr><td rowspan="2">프로젝트 B: 경제 원조 프로그램에서의 한미 간 협력의 진전과 성취를 공표하기.</td><td>리버티 뉴스 아이템: '서울에 새로운 지하 배수로 완공New Culvert Street Completed in Seoul,' '광주 종착역 개소Kwangju tail-Road Station Dedicated,' '미국 전시회에 대한 외국인 투자Foreign Investments in the U.S. Exhibit,' '미국 하이퍼스 도착U.S. Heiffers Arrive' 등.</td></tr>
<tr><td>현지 다큐멘터리 제작: 〈어업Fisheries〉(가제). 자원을 모아 창업하는 한국 청년 3인의 성공 스토리.</td></tr>
<tr><td rowspan="2">프로젝트 C: 유엔을 통한 통일, 한일 관계, 자유세계 공동체 강화, 한국의 참여 등의 분야에서 미국의 정책을 지지하기.</td><td>리버티 뉴스 아이템: '한－유고슬라비아 축구 경기ROK-Yugoslavia Soccer Game,' '필리핀 특사 방한Philippine Envoy Visits Korea,' '재일 동포 기업인Korean Businessmen From Japan'</td></tr>
<tr><td>USIA 영화 개봉: 핵실험과 낙진의 위험성을 다룬 컬러 애니메이션 영화 〈평화로 가는 진입로Gateway To Peace〉, 10분, 영어와 한국어.</td></tr>
<tr><td rowspan="3">프로젝트 D: 재한 미국인이 점차 양국 간의 우애와 상호 존중을 증진시킨다는 것을 확증하기 위해, 한국 내 모든 미국적 요소와 협력하기.</td><td>리버티 뉴스 아이템: '헤스 레비스타 고아원Col. Hess Revista Orphan Home,' '샤피로, KBS 콘서트 지휘Shapiro Conducts KBS Concert,' '슈퍼소닉 제트기 방어력 증강Supersonic Jets Boost Defense Power,' '한－미 친선 콘서트ROK-US Goodwill Concert,' '터거 미 대사 최전방 방문US Ambassador Terger Visits Frontlines,' '유엔군 크리스마스카드Christmas Cards for UN Troops,' '크리스마스 캐럴Christmas Carolling' 등이 상영된다.</td></tr>
<tr><td>현지 다큐멘터리 제작: 한국 시인 한하운의 삶과 그가 미국 의사들의 도움을 받아 어떻게 치유되었는지에 대한 〈나병〉(가제).</td></tr>
<tr><td>현지 제작 영화 개봉: 〈스크린 매거진 #11〉은 미국의 하모니카 거장 존 세바스찬, 피닉스 애리조나 출신의 YMCA 합창단, 대한민국 해병대 댄스 밴드가 모두 출연하는 뮤지컬 영화다.</td></tr>
<tr><td rowspan="2">프로젝트 E: 국가적 일체성을 강화하고 시민적 책임과 창의력, 시민적 자유의 보호를 개발하기 위한 한국 제도의 프로그렘에 대해 직절한 협력과 지원을 제공하기.</td><td>리버티 뉴스 아이템: '인권 주간Human Rights Week,' '제7회 과학전The 7th Science Exhibit,' '박 의장 기자 회견Chairman Park's Press Conference,' '서울시 문화 대상Seoul City Cultural Awards,' '여자 농구 챔피언 결정전Women's Basketball Championship Match,' '불우이웃을 위한 집Houses Dedicated For The Needy,' '신新TB 사나타리움 헌정New TB Sanatarium Dedicated'</td></tr>
<tr><td>현지 다큐멘터리 제작: 〈유유상종〉. 조선 왕조에서 행해진 부패의 폐해에 대한 코미디, 컬러 40분.</td></tr>
</table>

<table>
<tr><td></td><td>특별 상영회: 법무부와 협력하여, 인권 주간을 기념하여 학생들과 여성 단체에 7개의 별도의 상영회가 개최되었다. 포함된 영화들은 〈피스메이커The Peacemaker〉, 〈내일을 향하여Toward's Tomorrow〉, 〈치킨 리틀Chicken Little〉이었다.</td></tr>
<tr><td colspan="2">목표 2: 공산주의가 개인의 자유와 독립 국가에 대한 우리 국민의 열망과 양립할 수 없음을 보여 줌으로써 공산주의에 대한 거부를 장려하는 것.</td></tr>
<tr><td>프로젝트 A: 자유세계와 공산주의의 사회적·경제적 시스템의 차이를 참고로, 공산주의 이데올로기의 실질적 성격에 대한 이해 증진시키기.</td><td>리버티 뉴스 아이템: '미그기 조종사 정 씨가 신부를 찾다MIG Pilot Chung Finds a Bride,' '베를린 장벽은 성탄절 정신을 숨길 수 없다Berlin Wall Can Not Hide Yule Spirit'</td></tr>
<tr><td>프로젝트 B: 적색 식민주의와 그들의 정치적 행동과 책략의 전복적 성격을 보여 줌으로써 중러 권력의 목표에 대한 이해 증진.</td><td>리버티 뉴스 아이템: '공산주의가 베를린 장벽을 강화하다Reds Reinforce Wall Deviding Berlin'</td></tr>
<tr><td colspan="2">목표 3: 한미 간 이해와 상호 존중의 토대를 강화하는 데 기여하는 미국 생활과 문화의 특정 측면에 대한 지식을 증진하는 것.</td></tr>
<tr><td>프로젝트 A: 한미 간 이해와 상호 존중의 기반을 강화하기 위해, 미국인의 삶과 문화에 대한 지식을 증진시키기.</td><td>특별 상영회: 미국 음악 영화들을 '한국연예협회Korean Entertainment Association'에 보냈다.</td></tr>
<tr><td rowspan="2">프로젝트 B: 미국의 국력과 강력한 지위가 과학 영역과 특히 우주 개발 및 미사일 개발 영역에서 보인 미국과 여타 자유 국가의 핵심적이고 역동적인 발전에 의해 유지되고 향상된다는 개념을 전달하기.</td><td>리버티 뉴스 아이템: '원자력 사업, 미 해군 합류Nuclear Power Enterprise' Joins US Navy,' '우주[우주선을 탄] 침팬지의 2궤도 비행Two-Orbit Flight of the Astro-Chimp'</td></tr>
<tr><td>USIA 영화 개봉: 〈직무 충실A Enough For The Job〉. 미국에서의 4H 활동, 컬러, 30분, 영어.</td></tr>
</table>

출처: 제작 영화는 Mopix Monthly Report – December, 1961(RG 306, P-51, Box 59). 국가 계획 목표는 USIS Country Plan for Korea, February, 13, 1962(RG 306, W-278, USIS SEOUL → USIA WASHINGTON, Box 11).

한 35mm 흑백 다큐멘터리 영화 취재coverage와 제반 자료를 확보할 것을 요청하였다.[245] 이때 USIA는 주제와 트리트먼트에 대한 개략적인 설명 및 촬영을 위한 사양 등의 구체적인 지침을 제공하였는데, 현장의 활동 범위와 다양성을 강조하는 데 필요한 자료 화면을 촬영할 때 따라야 할 지침을 다음과 같이 제시하였다.

1. **마닐라 지역 서비스센터에서 생산된 다양한 자료를 한국의 USIS 프로그램에 활용하는 모습을 보여 주는 자료 화면이 필요**하다. 이것은 내부, 외부, 도시, 시골 등 다양한 조건에서 사용되거나 전시되고 다른 유형의 사람들에 의해 검사되거나 사용되는 다양한 유형의 자료를 보여 주어야 한다. 취재에는 자료를 사용하고 반응하는 개인의 밀착 촬영이 포함되어야 한다. 좋은 행동과 표현을 얻기 위해 이 주제에 대해 최대 800피트까지 노출될 것으로 추정된다. 모든 취재는 "시퀀스 64"로 지정되어야 한다.
2. **주한 미공보원 서울공보센터의 외부 설치 사진도 필요**하다. 이것들은 가능한 한 독특한 한국적 환경에서 그리고 서울시에서의 삶과 관련하여 센터를 보여 주어야 한다. 필요한 경우 별도의 장면 촬영을 수행해야 한다. 취재 대상에는 센터에서 영어와 한글로 된 외부 간판을 근접 촬영하고, 출입구의 사람들이 들어가는 모습을 가까이에서 볼 수 있는 장면, 야외에 전시될 수 있는 전시물을 볼 수 있는 장면 등이 포함되어야 한다. 이 목적을 위해 600피트가 필요할 것으로 추정된다. 모든 취재는 "시퀀스 64 – 0"으로 지정되어야 한다.
3. **도서 번역 분야에서의 주한 미공보원 활동을 설명하기 위해 민사관이 한국 출판사와 미국 책의 한국어 번역 및 한국에서의 출판에 대해 논의하는 모습**을 보여 주는 취재를 수행할 것을 요청한다. 관련된 책은 가

급적이면 미국인에게 알려지고 해외에서 사용하기에 적합한 미국 고전이어야 한다. 자료 화면은 미국판 책을 놓고 논의 중인 민사관과 출판사를 보여 주고, 책을 들고 페이지를 넘길 때 책, 표지, 페이지를 근접 촬영하는 모습을 보여 준다. 한국 회사가 출판한 여타 미국 서적의 클로즈업, 제목 레이아웃 등도 포함해야 한다. 한국 서점에서 판매 중인 이 책들 중 일부가 고객들이 살펴보는 모습을 보여 주는 자료 화면도 확보해야 한다. 위에 나열된 두 측면을 모두 취재하려면 약 1,000피트가 필요할 것으로 추정된다. 취재는 "시퀀스 64–0"으로 지정되어야 한다. (강조는 필자)

위 인용에서 확인할 수 있는 것처럼, USIA의 자료 화면 촬영 지침으로는 필요한 자료 화면의 항목과 각 항목별로 상세한 화면 구성 등이 매우 구체적으로 제시되었다. 필리핀에서 생산된 자료가 주한 미공보원 프로그램에서 활용되는 장면과 주한 미공보원의 외관 사진, 미국인 담당자와 한국인이 관련 문제를 논의하는 장면이 필요하다고 하면서, 각 장면의 구체적인 화면 구성도 개인의 밀착 촬영 내지 근접 촬영 화면, 보여지는 미국 책의 종류 등에 이르기까지 매우 세밀하게 요구했다. 이 촬영에 필요한 경비를 USIA로부터 지급받았던 주한 미공보원이 만약 다른 촬영을 제안하고 싶다면, 위의 지침에 준하는 세부 사항을 제공해야 했다.

이와 같이 주한 미공보원 영화과가 USIA의 영화 제작 활동을 지원하는 활동을 수행했기 때문에, 때에 따라서는 USIA의 영화 프로그램과 관련된 많은 문제들에 대해 의견을 개진하는 역할을 수행하기도 했다. 1962년 10월 16일, 주한 미공보원장 데이먼은 주한 미공보원 영화담당관[246]이 직전 주에 방한한 USIA 극동 지국의 W. 케네스 번스

W. Kenneth Bunce 부처장과 함께 검토한 내용들을 토대로 도출한 정책 제언을 워싱턴의 USIA에 송부한 바 있다.[247] 한국에서의 현지 영화 제작 및 상영 경험을 토대로 영화담당관이 검토하고 제안한 내용은 크게 두 가지였다. 하나는 좀 더 인간에 초점을 둔 이야기를 영화 스토리에 담아내야 한다는 점이었고 다른 하나는 영화 제작 현장에 미국인 제작 전문가가 더 필요하다는 점이었다. 먼저 첫 번째 제안과 관련해, 영화담당관은 인간적 이야기를 담은 휴먼 다큐멘터리가 가장 인기가 있음에도 불구하고, 인간적 이야기가 충분히 영화에 담겨지지 않았다는 견해를 제시하였다. 그의 구체적인 언급을 살펴보면,

> 비록 주한 미공보원이 이미 전 세계에서 일어나는 중요한 뉴스 기사에 대해 많은 것을 하고 있지만, 훨씬 더 많은 것들이 영화에서 이루어질 수 있다. **베를린 장벽 이야기가 한 예다. 여기에서 몇 달 동안 방영된 엄청난 규모의 이야기가 있다. 내 생각에는 아직 영화에서 충분히 다뤄지지 않았다.** USIA는 상업 회사들이 찍은 뉴스릴 영상을 잘 활용했고 몇 주 동안 베를린 이야기는 우리의 〈**리버티 뉴스**〉에 실렸다. 그렇지만 나중에 우리는 완전히 오래된 뉴스 영화에 기반을 두고 있고 독창적이거나 창의적인 내용이 없는, 이 주제에 대한 두 개의 다큐멘터리를 받았다. 그것은 모두 충분하지 않다. **벽을 중심으로 한 휴먼 다큐멘터리가 계획되었더라면 훨씬 더 많은 것을 할 수 있었을 것이고 수천 명이 더 영향을 받았을 것**이다. 나는 더 많은 뉴스 보도 서비스를 말하는 것이 아니라 베를린에서 실제로 일어난 휴먼 드라마에 대한 이야기를 말하는 것이다. **극적으로 그리고 인간을 중심으로 한 영화들이 변함없이 가장 인기가 있다는 것은 의심할 여지가 없는 사실**이다. (강조는 필자)

베를린 장벽 이야기가 〈리버티 뉴스〉의 뉴스 아이템이 되어 한국인들에게 큰 반향을 불러일으켰음에도 불구하고 당시 USIA가 주한 미공보원에 보낸 두 편의 다큐멘터리는 오래된 뉴스 영화에 기반하고 있을 뿐, 그 벽을 중심으로 한 휴먼 다큐멘터리로는 제작되지 않았다는 것이다. 따라서 핵심은 뒤의 "이야기들이 지어낸 이야기들이 아니라 실제 이야기들이자 자발적으로 일어난 것들"이기 때문에, "홍콩의 난민 이야기, 베트남 전쟁, 태국의 미 해병대, 파키스탄의 낙타 몰이꾼 또는 USIA가 홍보할 수 있는 다른 많은 인간적 관심을 끄는 이야기가 훨씬 더 잘 이해된다"라는 사실은 이러한 형태의 휴먼 다큐멘터리가 미국이 묘사하고 싶은 정확한 형태의 메시지에 해당한다는 것이었다. 하지만 이러한 이야기들이 끊임없이 발생하고 자유를 추구하는 보통 사람들과 관련이 있음에도 불구하고, "이 아이템들의 대부분은 약간의 뉴스 보도에서 다뤄지고 있을 뿐, 여타의 것들은 영화에 의해 완전히 무시되었다"라는 의견이었다.

두 번째 제안은, 여전히 영화 제작 현장에서 전문가인 외교관 몇 명을 고용하는 USIA 정책에도 불구하고 영화 전문가들의 (개인적인) 발전을 저해하는 USIA 정책 때문에 영화 전문가들의 수가 줄어들고 있는 상황과 관련된다. 영화담당관의 견해에 따르면, USIA의 고용 정책은 전문가 개인이 발전할 여지를 거의 두지 않기 때문에 "결과적으로 영화 제작 전문가는 자신의 관심사를 정보 업무의 다른 단계에 맞추거나 서비스에서 사임할 계획을 세워야 했"고, "많은 사람들이 떠났고, 여전히 그들의 주요 관심 분야에서 성장할 기회가 부족"하기 때문에 이 중 "소수만이 여전히 남아 있"을 뿐이라는 것이다. 그의 구체적인 언급을 살펴보면,

외교관 직급에서 **전문가를 제거하는 것은 위험한 일이다. 정보 사업에서는 전문가만이 생산할 수 있는 특정 도구를 사용한다. 계약으로 이 일을 얻는 것은 비용이 많이 들고 간접적인 방법이며 좀처럼 만족스럽지 않다.** 미국에서는 그러한 계약 능력을 갖춘 인재를 찾는 것이 가능하지만 해외에서는, 특히 극동에서는, 그 일이 극도로 어려워진다. 게다가 정보 산업에서 러시아와 경쟁할 수 있다고 생각한다면 언론, 라디오, 출판물, 영화 등에 연속적으로 손을 댈 수 있는 '모든 업종의 잭'은 어리석은 짓이다.

전문가를 퇴출시키는 정책이 계속된다면, 세계 각지의 현지 미공보원들의 현지 영화 제작 능력을 점점 떨어뜨릴 것이다. 여기서 너무 큰 실수가 일어나고 있다. '미국 패권적 영화Americana Film'의 발전에도 불구하고, 우리의 메시지를 전달하기 위해 그 지역의 언어와 사람들을 사용하여 그 지역에서 촬영된, **특정 지역을 위해 만들어진 영화를 능가하는 것은 없다.** 따라서 이것은 인사의 문제이며, 외국인 담당관의 직위 보존은 빠르게 멸종되고 있다. 우리는 의도적으로 영화 품질을 희생시키거나 그들 자신의 영화를 제작하는 미공보원의 능력을 무력화시키지 않고서는 이것을 할 수 없다. (강조는 필자)

영화담당관은 '미국 패권적 영화Americana Film'의 발전에도 불구하고 특정 지역을 위해 만들어진 영화를 능가하는 것은 없기 때문에, 영화 제작 전문가의 직제를 없애는 것은 현지 미공보원들의 현지 영화 제작 능력을 점점 떨어뜨릴 것이라는 의견을 개진했다.

이러한 두 가지의 견해를 토대로 한 영화담당관의 제안은, 영화 제작 경험이 있는 현지 미공보원 직원들을 이용하여 세계 어느 곳이든 영화 이야기가 만들어질 수 있는 장소로 이동할 수 있는 (대본, 연출,

촬영, 편집, 녹음 등 거의 모든 작업을 직접 할 수 있는 능력을 갖춘) 다큐멘터리 감독, 즉 순회mobile 영화감독 직제를 개설하여 "드라마와 진정한 감정으로 가득 찬 인간의 관심 이야기들"을 영화에 활용하자는 것이었다. 이러한 영화담당관의 제안은 (비록 실제로 실행되는 단계로 이어지지 않았지만) 한국의 현지 영화 제작과 영화 상영 프로그램 운영을 통해 얻어진 경험을 토대로 했다는 점에서, 당시 주한 미공보원 영화과와 상남영화제작소의 (제작 인력 부족 등의) 고민과 현지 영화 제작상의 중점이 어디에 두고 있었는지를 가늠하는 데 시사하는 바가 크다.

부영화담당관 직제의 폐지 이후인 1961년 9월 주한 미공보원의 인력 구성은 서울의 영화과 행정 부서에 미국인 영화과장 1명(험프리 린지)과 한국인 11명이 근무했고, 상남영화제작소에 1명의 미국인 책임자(로린 리더)와 한국인 스태프 35명이 제작했다. 이와 같은 인력 상황의 측면에서 볼 때, 제작 전문가 직제의 폐지가 가져올 현지 영화 제작 능력의 하락 위험성에 대한 1962년 10월 영화담당관의 문제 제기는 (비록 주한 미공보원에 배속될 예정은 아니었지만) USIA에 일정 정도도 받아들여졌던 것으로 보인다. 1963년 4월 23일 극동지국 번스 부처장에 보내는 USIA의 공문에 따르면,[248] USIA는 1964년 10월이나 11월에 근무할 영화 제작 인턴을 추가로 임명하고, 현재 교육 중인 영화 제작 인턴 5명으로 구성된 그룹을 배정할 계획을 수립하였다. 이를 위해 당시 극동지국에 속한 미공보원의 영화 제작 인력 현황(표 8-5 참조)을 검토하였고, 훈련 중인 인턴 중 한 명을 1964 회계 연도에 사이공에 배치하기로 USIA 산하 국제영화부와 합의했다.

표 8－5　1963년 4월 당시 극동지국 공보원의 영화 제작 인력 현황

직무명	근무처	직제명	직제	직급	이름	계약	만료일
CMB－14	프놈펜	영화 담당관	R－5	CR－4	랠프 R. 화이트 (M－5)	64. 10. 11	55
KOA－42	서울	영화 담당관	R－4	S－2	험프리 W. 린지 (M－2)	66. 1. 23	41
LAO－11	베트남	영화 담당관	R－5	LR－4	닐스 A. 보네슨 (S－0)	63. 8. 31	57
PLP－33	마닐라	영화 담당관	R－5	CR－5	찰스 N. 앤더슨 (M－1)	64. 11. 16	53
PLP－09	마닐라	영화 담당관 (제작)	R－5	S－2	윌리엄 G. 리지웨이 (M－4)	63. 9. 2	36
THL－57	방콕	영화 담당관	R－3	CR－3	해롤드 비글러 (M－2)	64. 12. 7	48
VTM－20	사이공	영화 담당관	R－3	CR－3	데이비드 P. 셰퍼드 (M－4)	64. 7. 19	44
VTM－22	사이공	부영화 담당관	R－5	LR－5	마켈 A. 위예(M－2)	64. 9. 20	44

출처: Field Positions for Motion Picture Production Interns.

3. 상남영화제작소의 미래 전망에 대한 평가와 논의

지금까지 살펴본 바와 같이, 미국공보처의 공보 정책 지침에 따라 1960년대 이후 주한 미공보원은 상남영화제작소에서의 제작 활동을 비교적 순탄하게 조정할 수 있었다. 상남영화제작소는 주한 미공보원이 수립한 국가 계획의 주요 목표에 부합하는 현지 영화와 〈리버티 뉴스〉를 정기적으로 제작하였다. 여기서는 1960년대 초중반기에 제기되었던 상남영화제작소에 대한 미래 전망과 폐지 과정에 대해 살펴보고, 그 미래 전망에 대한 판단 기저에 깔려 있는 당대의 상남영화제작소에 대한 평가에 대해서도 살펴보고자 한다.

1) 1960년대 초반기 상남영화제작소의 미래에 대한 USIA의 전망

상남영화제작소 소장 로린 리더가 USIA 극동지국 부처장 번스의 내한으로 영화 제작과 관련된 의견을 교환할 무렵인 1962년 10월 당시, 고향 방문을 위해 서울을 떠나 미국에 체류 중이었던 험프리 린지 영화과장은 10월 말 워싱턴 USIA의 클리프턴 B. 포스터Clifton B. Forster와 면담하는 과정에서 '상남영화제작소 운영의 미래'에 대해 논의하였다. 클리프턴 포스터는 그 논의 결과를 11월 2일 극동지국 부처장인 번스 등에게 전했다.[249]

이 면담에서 험프리 린지는 (1) 제작 센터를 계속 유지하는 데 필요한 장비를 제공할 수 없는 USIA의 무능력과, (2) 광역regional 영화 제작 센터를 위한 준비가 이루어지고 있다는 점을 들어, 상남영화제작소 운영의 미래에 대해 약간의 우려를 표명했다. 그러나 이러한 우려에 대한 클리프턴 포스터의 견해는 상남영화제작소 운영을 축소하는 것은 여러 가지 이유에서 바람직하지 못하다는 것이었다.

우선 그는 험프리 린지가 우려하는 요소였던 '광역 영화 제작 센터' 설립 계획이 물류상의 이유로 현재 필리핀 마닐라를 광역 영화 제작 센터를 위한 부지로 생각하여 진행되고 있지만, "마닐라의 경우 그러한 자체적인 장치를 사용할 수 없고 어떤 경우에도 그러한 센터는 먼 미래의 일 뿐"이라는 견해를 가졌다. 이 언급에서 알 수 있듯이, 그는 "상남영화제작소는 제작의 질뿐만 아니라 영화 상영에 들어가는 상대적으로 적은 지출에 깊은 인상을 받았"고, "주요 장비가 제자리에서 제대로 작동하고 있고 또 제작 인력도 그곳에 배치"되어 있는 "상남영화제작소는 분명 유연성이 뛰어난 자급자족 조직"이라고 평가했기 때문에, 광역 영화 제작 센터 설립은 장기적인 계획에 불과하다고 보았던 것이다.

특히 그는 '광역 영화 제작 센터' 설립 계획이 비용 요인, 즉 마닐라나 다른 제안된 입지와 비교해 보았을 때의 비교 비용 수치를 고려했는지에 대해 의구심을 가졌다. 그는 "상남영화제작소가 동남아시아 지역의 미공보원들을 위해 수행하는 작업은 (공장을 세워야 하고 인건비가 의심할 여지없이 더 높은) 마닐라만큼 많은 돈을 들이지 않을 것"이고, 비용 대비 성과의 측면에서 보자면 "USIA가 한때 해리 키스Harry Keith 밑에서 1등급의 프로덕션을 가졌다고 했던 도쿄의 영화제작소와의 비교 수치에도 관심이 있을" 정도로 도쿄의 영화제작소를 활용하는 것도 다소 더 높은 비용이 소요될 것이라고 보았다. 따라서 그는 "어떤 식으로든 상남영화제작소 운영을 줄이는 것은 심각한 실수라고 생각"하며, "최소한 시험적으로라도 영화 처리를 위해 동남아시아 미공보원의 영화를 상남영화제작소에 보낸다면 상남영화제작소의 작업을 강화할 수 있을 것"이라고 했다. 또 "만약 그러한 결정이 내려진다면," USIA가 "상남영화제작소 측의 장비 요청을 더 만족스럽게 충족시킬 수 있을 것이라고 생각"한다는 견해를 피력했다. 이러한 맥락에서 그는 영화 〈희망의 찬가*Litany of Hope*〉와 〈손과 마음*Hand and Heart*〉의 한국 현지 제작은 앞으로도 큰 인기를 끌 것이라고 예상했다.

그는 또 다른 측면도 고려해야 한다고 보았는데, 이는 바로 영화 제작의 수요적 측면이었다. 먼저, 그는 "한국에서는 항상 제작에 대한 수요가 있었지만, 다른 지역에서는 그렇지 않다"라고 보았다. 즉 이질적인 정보 자료와 경쟁하고 있고 미공보원의 영화 상영이 전국적으로 큰 관심을 받지 못하는 다른 지역과 달리, 한국은 "정말 특권적인 위치에 있다"라는 판단이었다. 뿐만 아니라, "한국에서 TV의 발전은 또한 앞으로 몇 달 동안 상남영화제작소에 대한 효용성을 판단하는 중요한 요소가 될 수 있다"라고 보았는데, 이의 근거로 증가하는 시청자 수를 들었다. 그에 따르면, 1961년 12월 KBS-TV가 개국한 이후 TV 수상기 수가 1만 3,000대에서 4만 500대로 증가하여 당시 한국에 8만 명의 TV 시청자가 있는 것으로 추정되었다. 또한 한국 정부가 수입할 예정인 면세 TV 수상기에는 6만 명 이상의 한국인이 신청한 상황이었다. 또한 당시까지 KBS-TV는 주로 주한 미공보원 필름 라이브러리에 의존해 왔으며, 예를 들어 〈리버티 뉴스〉가 KBS-TV를 통해 정기적으로 방영되고 있을 정도로, 가장 큰 수요는 상남영화제작소의 현지 제작을 통해 공급되고 있다는 점을 지적하였다. 그는 "TV가 더 중요한 미디어가 되면서, 가능성은 충분히 명백하다"라고 하면서, 상남영화제작소와 TV 발전 간의 관계는 마치 "KBS를 통한 VOA 방송 중계 방송과 거의 같은 위상을 가지고 있다고 보았다. 즉 "한국의

'신흥 엘리트'들이 병영, 교무실, 시청 등에서 TV에 더 많이 접근할 수 있다고 가정하면, TV는 빠르게 한국인과 소통하는 미국의 중요한 미디어 중 하나가 될 수 있"고, "상남영화제작소의 영화 제작은 미국이 목표로 삼은 TV 프로그램을 위한 기본 설정을 하고 있는 TV 부문에서 중요한 역할을 할 것"이라고 보았다.

이와 같은 논거에 입각한 클리프턴 포스터의 결론은 "상남영화제작소의 제작물에 대한 수요와 독특한 잠재력을 고려하여 상남영화제작소의 운영을 강화할 것을 강력히 추천"한다는 것이었다. 뿐만 아니라, 광역 영화 제작 센터의 최종 선정에서 상남영화제작소를 고려하는 것이 무엇보다 필요하다는 것이었다.

지금까지 살펴본 바와 같이, '광역 영화 제작 센터' 설립에 대한 의견들이 개진되는 와중에서도 1960년대 초반기까지 USIA 내 관련 담당자들 사이에서 상남영화제작소에 대한 평가는 매우 긍정적이었다. 이러한 높은 평가는 상남영화제작소 직원들에 대한 포상 제안의 배경이 되었다. 1963년 1월 25일 소장 로린 리더는 상남영화제작소의 현지인 직원에 대한 포상을 제안하면서, 다음과 같이 공적功績 조서를 USIA에 제출했다.[250] 포상 대상이 된 한국인 직원의 수는 당시 재직 중이었던 모든 인원인 총 34명이었다.[251] 당시 상남영화제작소에 대한 객관적인 평가가 어떠했는지를 살펴보기 위해, 공적 조서의 내용을 인용해 보면 다음과 같다.

인용

효율적이고 충실한 임무 수행 10주년을 기념하여 USIS 한국영화제작센터 직원이 공훈을 인정받고 있다. 제작진이 직면한 빈번하고 활동적이며 때로는 위험한 조건에도 불구하고, 주간 뉴스릴, 다큐멘터리, 스크린 잡지, 그리고 지속적으로 고품질의 각색물을 정기적으로 제작하고 있다.

근거

• 주한 미공보원 산하 영화 제작 센터는 올해 한국에서 USIS 프로그램을 지원하기 위해 헌신적인 노력을 기울인 지 10주년이 되었다. 이 센터 직원들의 제작 작업은 오랫동안 주목할 만했지만, 운영 10년째인 다큐멘터리, 스크린 잡지, 뉴스릴은 특히 품질이 우수했다. 직원은 예산과 마모된 장비의 한계에도 불구하고 이를 달성했다.

• 이 센터는 한국 전쟁 말기인 1953년 1월 남부에 위치한 외딴 마을인 상남上南에 있었다. 서울 상공에서 공산주의자들이 대피하기 직전에 장비를 사용하여 센터는 생산에 들어갔다.

• 센터 자체가 설립되기 전부터 현재 많은 직원들이 USIS 영화 제작진과 함께 있었다. 그들 중 일부는 1950년 공산군의 침공 이후 남쪽으로 이동하는 동안 장비를 지키며 일주일 동안 철도 화물칸에서 살았다. 처음에는 이 장비가 인근 진해에 임시로 설치되었는데, 이곳에서는 USIS의 전쟁 뉴스 영상 외에도 수천 피트의 정찰 필름이 처리되었다.

• 카메라 현장 스태프들은 한국 전쟁과 그 이후의 두 혁명 동안 뉴스 기사를 취재하는 데 많은 위험에 직면했다. 그들은 다큐멘터리와 영화 잡지를 촬영하는 동안 다양한 어려움을 견뎌 왔다. 예를 들어 1961년 다큐멘터리 〈석탄〉 촬영 당시 현장에 있던 중 4명의 현장 스태프가 광산 내 산소 부족으로 목숨을 잃었다. 그들은 이송되었고 그 후 잠시 동안 병원에 입원했다.

• 1962년 겨울 〈희망의 찬가〉 제작 시 제작진은 이 다큐멘터리에 실릴 만한 현실적인 장면을 얻기 위해 동부 해안의 수천 개의 산에서 극단적

인 기상 조건에 용감히 맞섰다. 그리고 〈대단한 한강*The Mighty Han*〉의 제작 동안인 1962년 후반, 현장 스태프의 보트가 사나운 급류를 건너다가 전복되었고, 멤버 네 명의 생명이 위태로워졌다. 그들 중 두 명은 귀중한 장비를 구했고 다른 사람들을 안전하게 돕는 데 남다른 용기를 보였다.

- 영화제작소 직원들은 주간 뉴스릴 마감일을 절대 놓치지 않았고 전반적인 높은 작업 수준을 유지하면서 다큐멘터리 제작 마감일을 성공적으로 지켰다.

한편, 1963년 3월에는 "최근의 국내적/국외적 정치 발전의 배경 속에서 주한 미공보원 프로그램의 역할을 재검토"하기 위한 목적[252]● 으로, 워싱턴 USIA의 클리프턴 포스터가 방한하여 주한 미공보원 활동에 대한 전반적인 점검이 있었다. 클리프턴 포스터가 주한 미공보원의 영화 프로그램 중 상남영화제작소와 관련해 발견하고 관찰한 보고서[253]의 내용은 이전 험프리 린지와 대담했을 때의 긍정적 평가 — 상남영화제작소의 운영을 강화해야 한다는 평가 — 와 크게 다르지 않았다.

먼저 그는 1962년 주한 미공보원 영화담당관이 USIA 극동 지국의 케네스 번스 부처장에게 제안한 순회 영화감독에 대한 아이디어를 다시 한번 청취하게 되었다. 그리고 그는 현장의 의견을 토대

● 이 활동 점검이 이뤄진 주요한 배경에는 미국 정부의 기여에도 불구하고 남한 주민들이 남북 정부 간의 차이를 거의 인지하고 있지 못해서 정치 상황이 악화될 것에 대한 우려감이 자리 잡고 있었다.

로 〈리버티 뉴스〉가 계속 제작되어야 한다는 견해와 함께 다음과 같은 권고 사항을 제시하였다. 그는 "상남영화제작소가 매주 제작하는 〈리버티 뉴스〉 뉴스릴은 한국의 300개 이상의 상업 영화관에 배포되며, 최근 조사에 따르면 한국 영화 관람객의 54%가 한국 정부의 뉴스인 〈대한뉴스〉보다 〈리버티 뉴스〉를 선호하는 것"을 확인하였고, 지방을 여행하는 동안 "우리의 뉴스릴이 객관성과 국제 뉴스를 보도하는 것으로 높이 평가된다는 것을 발견"했지만, 반면 "한국 정부의 뉴스 화면은 외국 뉴스를 거의 담고 있지 않으며 군사 정권의 미덕을 칭송"하기 때문에 그와 대화한 한국인들이 "〈리버티 뉴스〉가 무슨 수를 써서라도 계속되어야 한다고 느끼"는 데 반해 〈대한뉴스〉에 대해 비판적이라는 사실도 확인했다. 이에 따라, 〈리버티 뉴스〉를 중단하는 것은 현명하지 못하고 또 한국 정부의 뉴스릴 제작을 위해 한국 정부에 자료 화면을 넘기지 말 것을 권고한 미군 담당자들의 생각에 동의하면서, 그는 〈리버티 뉴스〉가 상남영화제작소가 제작한 스크린 잡지와 함께 시간이 흐를수록 USIA에게 매우 중요해질 수 있다는 견해를 공공연히 했다.

이와 함께 향후 제작 가능한 영화 주제에 대해서도 몇 가지 구체적인 제안을 했는데, 하나는 판문점에 대한 10주년 영화를 제작할 것에 대한 제안이었고 또 하나는 '부패'라는 주제로 컬러 영화를 만들어 개봉하는 것에 대한 의견이었다. 먼저 판문점에 대한 10주년 영화 제작 제안을 한 구체적인 배경을 이해하기 위해, 그의 보고서 일부를 다음과 같이 인용해 본다.

> 향후 제작이 가능한 영화 주제에 대한 토론에서 나는 판문점에 대한 10주년 영화를 제안했다. **정전 협정은 1963년 7월 27일로 10년이 되며,**

10년 후 비무장 지대와 판문점을 방문하는 영화는 직접적인 다큐멘터리로 다루어진다면 매우 효과적일 것이다. DMZ로의 접근과 북한 경비원들과의 갑작스러운 대결, 논밭을 가로지르는 선전용 확성기, 화요일 UN 팀과 만나는 북한 팀의 적대감 등 이 모든 것이 다큐멘터리에 담기면 매우 효과적일 수 있다. 북한의 열등감-우월감 콤플렉스의 다소 유머러스한 예들도 묘사하기에 유용할 수 있다. 그들이 가장 높은 언덕 위에 세워야 한다고 주장했던 웅장한 탑 모양의 초가집 지붕에만 내려앉는 '비둘기'와 어느 날 그 비둘기들이 남측 지붕에 귀순했을 때의 북한 사람들의 큰 걱정, 회의실 안의 더 높은 깃대와 의자를 고집하는 것 등, 판문점은 그 유머러스한 면모를 부각시킬 수 있다. 미묘하게, 다른 아시아인들에게는 재미있을 뿐만 아니라 북한 팀이 얼마나 불안하고 예민한지 보여 주는 추가적인 이점을 가질 것이다. 대조적으로, 유엔 직원들은 매우 평범하고 겸손하며 친절해 보인다. 정전 협정 10년 후 판문점 방문은 더 어찌할 나위가 없을 만큼 가차 없이 중요한 이야기를 할 수 있었다. 그것은 분명히 적에게 가까운 곳에서 보여 줄 것이고 **우리의 많은 아시아 친구들에게 이 분단된 나라에서 자유세계가 여전히 직면하고 있는 것을 상기시킬 것**이다. (강조는 필자)

이와 같이 그는 정전 10주년을 기념하여 판문점의 실제 현실을 가감 없이 보여 줌으로써 여타 아시아 국가에 한국이 자유세계의 일원이라는 점을 상기시키는 영화가 현지 제작되어야 할 필요성을 제시했다. 한편, (당시 한국 정부가 제작하여 보유하고 있지만 아직 개봉하지 않은) '부패'라는 주제로 컬러 영화를 개봉하는 문제와 관련해서는, 이와 같은 "사회학적 문제를 다룬 영화가 한국 같은 나라에서는 위험한 모험이라는 견해를 피력"한 담당자의 의견에 동의하면서, 그 또한

USIA가 향후에도 그런 주제에 관여해야 하는지에 대해 부정적인 견해를 나타냈다.

2) 1960년대 중반기 상남영화제작소의 폐지 과정과 당대의 평가

1964년에는 국제영화부의 영화 엔지니어인 해롤드 블롬벡Harold Blombeck이 주한 미공보원 서울 본부의 영화 시설과 상남영화제작소의 영화 시설을 점검하였다. 5월 28일부터 5월 31일까지 상남영화제작소를 방문한 결과를 토대로 작성된 그의 보고서[254]를 중심으로, 1964년 무렵 상남영화제작소의 영화 설비 현황 — 영화상영실과 스튜디오, 녹음실, 현상실 — 에 대한 USIA의 평가가 어떠했는지를 살펴본다.

블롬벡의 시찰 결과에 따르면, 상남영화제작소의 대형 상영실 스크린은 제작책임자에 의해 흰색으로 칠해진 합판으로 오래된 것이었다. 그는 나중에 서울의 창고에서 새로운 12×24피트 스크린과 프레임을 발견한 후 즉시 상남영화제작소로 옮겨 설치했다. 영사실의 음향재생 장비는 전반적으로 상태가 양호하고 수리 상태도 양호했으며, 대형 스튜디오에서 상영회가 열리는 경우에는 휴대용 의자가 반입되기 때문에 소장 로린 리더가 국제영화부에서 구할 수 있는 새로운 극장용 의자 40개를 구비하여 각각 10개씩 네 줄로 배열하였다.

녹음실 설비를 시찰한 결과를 토대로, 블롬벡은 당시 한국인 기술자와 엔지니어가 매우 유능하고 헌신적이며 최종 제품의 결함을 알고 있었다는 전제 아래, 다음과 같이 분석했다. 첫째, 녹음 기사 한 명은 반드시 훈련을 받은 변속기 엔지니어로 배치되어야 했다. 그의 책임은 모든 구성 요소가 제대로 정렬되었는지 확인하기 위해 주기적인 점검을 수행하는 것이며, 처리 및 전송 손실에 대한 실행 점검을 계속하고 최고의 품질을 유지하기 위해 얼마나 많은 유형의 보상이 사용되어야 하는지 확인하는 것이었다. 둘째, USIA에서 출고된 새로운 마그네틱 녹음기와 더빙기는 구형 장비와 호환되지 않았기 때문에, 블롬벡은 상남영화제작소에 시정 지시를 내리도록 조치했다. 셋째, USIA로부터 받은 새 검류계galvanometer가 설치되었고 작동 중이이었지만, '선로 명명법track nomenclature'을 정확하게 확인할 수 있는 현지 시설은 없는 것으로 확인되었다. 넷째, 주요 녹음 실험실 부품이 지침과 부품 설명서 없이 USIA에 의해 배송되고 있는 조건에서는 부품 주문이 매우 어렵고 일상적인 조정이 추측 작업의 문제가 되었기 때문에, 상남영화제작소의 담당자는 부품과 사용 설명서를 모두 조달하려고 노력해야 한다는 점이 지적되었다.

현상실 설비와 품질과 관련한 블롬벡의 평가로는 "일반적으로 모든 현상물의 품질은 매우 만족"스러웠다. 즉 현상에 많은 문제가 있었지만 매우 신속하게 처리되고 있다고 보았다. 이때 로린 리더는 과거에 많은 고장이 발생했고, 효율성 및 신뢰성의 향상을 위해 매우 영리하고 독창적인 기계적 개조가 이뤄졌다는 점도 지적했다. 하지만 블롬벡이 보기에는 아직 극복되지 않은 한 가지 심각한 문제가 있었다. 이는 타이틀의 배경 움직임이었는데, 이러한 타이틀은 광학 현상기에서 만들어지며, 세심한 제어와 취급에도 불구하고 불쾌할 정도로 배경 움직임이 자연스럽지 못한 경우가 많았다. 이 문제에 대해 블롬벡은 동일한 문제를 줄이기 위해 어떤 추가적인 조치를 취할 수 있는지 결정하기 위해 다른 영화제작소에서 이 항목을 연구하기 위해 노력할 예정이었다.

그러나 블롬벡은 로린 리더와의 논의 과정에서 영화제작소 소장인 그가 "2년 재무 예측에서 현재 제작 속도와 일정을 유지하기 위한 주요 비용 요소나 추가 장비 요구 사항"을 고려하지 않고 있음을 알고, "5년 또는 그 이상의 장기 예측에 따르면, 구형 장비의 지속적인 현대화와 폐기에 대한 사전 계획된 프로그램이 필요할 것"이라는 견해를 제시하였다. 또한 장비의 효율적 유지를 위해 필요한 에어컨 상태에 대해서도, "기존의 에어컨은 매우 오래되고 비효율적이지만, 현재 위치에 두면 아마도 2년 더 가동할 수 있을 것"으로 예상했다. 또 디젤 발전기에 대해서도 "향후 큰 정비 없이 2년 동안 만족할 만해야" 하기 때문에, 주한 미공보원 서울 본부는 당시 현지에서 구입한 발전 시설로 바꿀 수 있을지를 모색하고 있는 상황이었다.

1964년 말에는 또다시 워싱턴 USIA에 의한 주한 미공보원 활동에 대한 점검이 이뤄졌는데, 플로이드 웨이드 주니어Floyd Wade, Jr.가 파견되었다. 그는 10월 24일부터 11월 8일까지 한국을 방문하는 동안 서울에서 일주일을 보내고 대구, 상남, 부산, 광주에 있는 현장 지부를 여행하며 일주일을 보냈는데, 이 출장 기간의 점검을 통해 상남영화제작소에 대해 몇 가지 견해를 제시하였다.[255] 주목할 점은 당시 상남영화제작소의 이전이 재정적으로는 불가능하다는 것이 증명되었다고 판단했다는 점이다. 그는 "상남영화제작소 이전이 재정적으로 불가능하다는 것이 증명되었기 때문에, 주한 미공보원의 영화과Mopix Section가 주한 미공보원 서울 본부에서 완전히 분리된 육군 창고로 이전한 것은 불행한 일"이다. 주한 미공보원 영화과를 서울 본부 근처로 복귀시키기 위한 조치를 취해야 한다"라고 권고하였다.

이와 같이 1960년대 전반기에 상남영화제작소가 노후화된 영화 설비를 가지고도 미국 관계자들이 공통적으로 입을 모아 〈리버티 뉴스〉 제작이 계속 이뤄져야 한다고 호평할 정도로 큰 성과를 내고 있었음에도 불구하고, 점차 노후화되는 기술적 상황과 상남영화제작소를 서울로 이전하는 일이 재정적으로 사실상 불가능하다는 사실은 향후 상남영화제작소의 운명이 어떻게 될지를 매우 불투명하게 만드는 요인이었다. 이러한 상황에서 1958년부터 1965년까지 오랜 기간 상남영화제작소 소장으로 활약한 로린 리더가 1965년 초 정년 퇴임하게 되는, 이미 예측된 상황이 현실화되었다.

1965년 제3대 소장인 '폴 F. 스타진스키Paul F. Starzynski'가 취임한 직후인, 1965년 4월 5일 오후 6시 30분부터는 제2대 소장인 로린 리더가 이임하는 자리를 위한 송별 환영회가 전 소장 '로린 G. 리더' 부처와 신임소장 '폴 F. 스타진스키' 그리고 윤동수 시장 부처를 비롯한 시내 기관장들 및 유지, 언론계 인사들이 참석한 가운데 개최되었다. 새롭게 취임한 폴 F. 스타진스키는 28세의 젊은 나이로, 당시 한국에서도 상영한 바 있는 유명한 영화 〈자이언트〉를 제작한 제작자의 집안, 즉 영화업계 명문가 출신이었다. 반면 정년 퇴임하는 로린 리더는 당시 70세로 〈리버티 뉴스〉 600여 호(작품으로는 1,000여 편)를 제작하여, 〈마산일보〉 기자의 표현대로라면 "한국을 세계에 알리고 또한 한국민의 계도에 큰 업적을" 남긴 인물이었다. 이 "석별의 정과 환영의 표정이 교차되는 이 모임에서 윤 시장은 재임 중 시정창달과 향토문화 발전에 공훈이 큰 전 소장 '로린' 씨에게 감사장과 기념품 그리고 신임소장 '폴' 씨에게는 명예 마산시민증과 행운의 열쇠를 각각 증정" 했다(《마산일보》, 1965. 4. 7: 4). 로린 리더에게 향토 문화 발전에 공훈이 있다고 보았던 데에는 그가 재임 동안 지역 사회 주민을 위해 헌신적인 면모와 활동을 보였기 때문이었다.

로린 리더는 1961년 초 "상남영화제작소에서 매월 10일, 20일,

30일에 걸쳐 상남공설운동장에서 오후 8시부터 한 시간 동안 뉴스 및 문화 영화를 상영하여 사상 계몽”(〈마산일보〉, 1961. 4. 22: 4) 활동을 수행하는 한편, 자비로 남면내南面內 초등학교 아동 친선 보건회를 개최함으로써 “이국만리에 왔어도 자애심이 많은 리더 씨는 자기 사재를 털어서까지 아동보건 및 체위 향상을 위해 면내 국민교생 간의 친선을 도모하는 체육회를 가진 데 대해 국민들의 칭송이 자자한 바 있”었다(〈마산일보〉, 1961. 9. 26: 4).

전임자인 로린 리더가 지역 자선 활동 등을 활발히 전개했기에 당시 지역 사회와 언론의 후임자인 폴 스타진스키에 대한 기대감은 매우 컸다. 이에 〈마산일보〉는 1965년 4월 23일자로 송별 환영회 이후 후임 상남영화제작소 소장에 대한 회견 특집 기사를 게재하기도 했다(〈마산일보〉, 1965. 4. 23: 4). “펜실베이나 주의 피츠버그에서 출생하여 영문학을 전공하고 미국 영화의 대大프로덕션에서 일한 바 있는 젊은 ‘스타진스키’(28)”는 인터뷰를 통해, 우선 자신은 “미국대사관의 한 기구로서 이곳 상남영화제작소에 와서 ‘리더’ 씨의 해온 일을 그대로 계승할 뿐이라고 전제한 다음,” 한국에 있어서의 뉴스릴 제작에 있어 〈대한뉴스〉와 〈리버티 뉴스〉의 이중 제작에 대한 질문에 대해서는, “뉴스 영화의 편집 녹음 등 경쟁적인 입장에서 보다 원활하고 향상된 보도를 위해서는 좋은 것이 아니겠느냐고 답했다.” 언론을 대상으로 한 인터뷰라서 중복 제작에 대한 미국 정부의 정확한 입장을 전하지는 않았던 것으로 생각되지만, 아직 정확한 주한 미공보원의 입장을 확인하지 못한 결과에 따른 인터뷰라고도 볼 수 있다. 아래의 인터뷰 내용에 따르면 그는 주한 미공보원 산하 상남영화제작소의 핵심적인 임무가 미국 원조에 의한 저개발 국가에 대한 발전을 홍보하는 것으로 인식하고 있었음을 잘 보여 준다.

또한 **그들 USIS가 한국에 나와 막대한 제작비를 들여가면서 뉴스와 기록 영화를 제작하는 까닭**은 주로 뉴스 교통交通으로 인한 양국 간의 올바른 이해를 위한 소개도 있겠지만 **그들이 원조해 준 저개발 국가에 대한 발전상을 본국에 보고하는 것에 근본적인 이유가 있다는 것**이다. 지금 제작을 서두르고 있는 것이 〈한국의 발전〉이란 시리즈 속의 '한국의 제강업'과 '한국의 농기구' 또한 '한국의 통신' 등의 다큐멘터리가 제작 준비를 착수하고 있다고 하며, **한국 영화 중에서도 극영화는 별로 본 일 없지만 영화란 일부 지역에만 특수하게 고착된 것이 아니라 세계적인 일원一圓을 무대로 하여 펼쳐나가는 것이니까 그 우주성이 고집되어야 할 것이다**. 이것을 개척해 나가는 데 어려운 점이 있으며 오늘날 영화의 사명이 중대하다. 또한 예술로서나 하나의 기업으로서 총괄적인 것이 되어야만 한다. 그렇지 못하니까 여기에 영화 제작에 대한 책임과 도덕성이 따르는 것이다. 막대한 자금을 투입하여 이 시기의 목적을 달성하기에는 상당히 어려운 여건들이 가로놓여 있다는 것을 몇 번이나 강조하였다. (강조는 필자)

반면, 스타진스키는 상남영화제작소에서 제작하는 기록 영화에 초점을 두고 일반적인 기록 영화 제작에 대하여 다음과 같은 견해를 표명하였는데, 이 언급에서는 당시 그가 한국의 제작 상황이 전반적으로 낙후된 것으로 인식하고 있었음을 확인할 수 있다.

지금까지 기록 영화란 주로 어떤 관념을 주입시키기 위한 교육적인 목적성만 고집해 왔다. 그래서 흥미가 별문제되지 않았다. 1920년 영국의 'J. 그리어슨'이 시작한 뒤로 구미에서는 편집·촬영 등에 걸쳐 **구미에서는 극영화에 못지않은 예술성을 강조하고 있지만, 한국에서는 아직 없**

다고 지적하는 걸 보면 역시 우리나라에 심어진 영화 예술의 낙후성을 말하는 것 같았다. 하나의 훌륭한 본격 작품으로의 리얼리즘이나 테마에 적확한 렌즈 보정 등이 서구의 것에 비할 바가 못 된다는 이야기였을 게다.

그러나 양성용 씨가 감독한 이번의 〈한라산*The Mountain***〉**은 워싱턴에서 보았는데, **반공을 주제로 살아 있는 스토리나 액션 등이 비교적 탁월하다고 보았다.** 이처럼 좋은 영화는 누구나 다 그 가치를 인정할뿐더러 그들이 말하고자 하는 언어를 다 알 수가 있는 것이니까 '세계의 언어'가 곧 이 영화가 아니겠는가. 1년에 20편(현지 재작 10, 각색이 10)의 기록 영화와 50편이 넘는 뉴스 영화를 제작하고 있다. 지금 〈울릉도〉를 제작 완료하였고 한국의 도자기가 일본에 전래된 이야기가 테마로 되어 있는 컬러 기록 영화를 촬영코자 일본으로 떠났다. (강조는 필자)

그러나 신임 상남영화제작소 소장의 정치적 성향이나 그의 역량과 상관없이, 1960년 중반 상남영화제작소의 이전이나 폐지와 관련된 움직임은 지속되었던 것으로 보인다. 1966년 5월 2일 '상남제작소 이전 관련 정보 요청'이라는 제목의 공문서[256]●가 있는 것으로 보아, 다시 한번 상남영화제작소 이전 문제가 공식화되었던 것으로 보인다.

공식적으로 1967년 5월 30일 미 국무부 방침으로 상남영화제작

● 이 공문의 내용에는 사실 직접적으로 상남영화제작소의 이전과 관련된 언급은 전혀 없으나, 상남영화제작소의 이전을 염두에 두고 〈리버티 뉴스〉의 제작 현황과 주요 역할, 한국인들의 신뢰 등에 대해 언급하고 있다. 가령, "리버티 뉴스릴은 매주 300개의 상업 극장에서 상영된다. 모든 증거는 한국인들이 그것을 뉴스의 객관적인 출처로 간주한다는 것을 나타낸다"라고 하면서, "뉴스릴에 대한 신뢰성은 주한 미공보원이 다른 지역 언론이 종종 경시하거나 왜곡하는 메시지를 대중에게 전달하는 데 사용할 수 있게 했다"라고 평가하고 있다.

소가 폐지되기 약 1년 전인 1966년 5월, 12일간의 방한 동안 취재담당관이 주한 미국 대사, 주한 미공보원 고위 현지인, 민간 미국인 거주자, 한국 기자, 교수, 공무원, 학교 교사, 학생 등 21명의 주한 미국 대사관 및 주한 미경제협조처 주요 담당자들을 모두 만난 것을 바탕으로 하여 작성된 출장 보고서를 작성하였다. 이에 따르면,[257] 당시 주한 미공보원은 1년에 주간 뉴스릴과 9편 이상의 단편 다큐멘터리를 제작하고 있었고, 상남영화제작소는 경험이 풍부한 직원을 갖춘 완벽한 단위로 여전히 훌륭한 일을 수행하고 있는 것으로 평가되었고 새로운 장비를 주문하고 있는 상태였다. 로린 리더 후임으로 취임한 스타진스키는 "제작 경험이 있으며 한국 경제 발전과 CEP에 관한 시리즈 영화를 만들고 있"는 상황이었다. 이때 보고서를 작성한 USIA의 데이비드 히치콕David Hitchcock은 "상남영화제작소에서의 미국인에 의한 감독은 필요한 비용이라고 생각하지만, 만약 그 단위가 서울에 있었다면, 이것은 필요하지 않았을 것이다"라고 언급함으로써 넌지시 서울 이전 가능성을 내비치기도 했다. 이전 시기의 다른 미국인 담당자들과 마찬가지로, "그러나 한국에서의 제작이 가까운 미래까지 지속되지 않고 주간 뉴스릴의 지속적인 필요성에 달려 있다면 서울로 이전하는 것은 비현실적일 것"임을 밝혔는데, 그는 주한 미공보원이 당시 〈리버티 뉴스〉의 정당성을 재검토한다는 점을 지적하였다. 그가 보기에, 〈리버티 뉴스〉 제작을 계속해야 할 이유는 (1) 모든 한국 영화관이 결국 좋은 전망을 가진 '미국' 뉴스릴을 본다는 사실, (2) 한국 정부가 그것 없이는 국내 400개 상영관을 자체 뉴스릴로 덮을 수 없다는 사실, (3) 한국 정부가 그것 없이 미국의 자료를 릴에 훨씬 더 많이 사용할 것이라고 기대할 수 있다는 것이다. 한마디로 요약하자면, 〈리버티 뉴스〉는 USIA가 보유한 "보호하려고 시도해야 할 매우 효과적인 대중 미디어"라는 것이었다.

그러나 1966년에 작성된 것으로 보이는 '1965년 극동 지역 미공보원에 대한 공식적 제약'이라는 문서에 따르면,[258] 주한 미공보원에 대한 한국 정부의 제약, 특히 영화와 관련해선 "검열은 받지 않으나 한국 정부가 때때로 어떤 자료에 대해선 반대"하고 "한국 정부의 검열이 어떤 때에는 우리에게 기술적으로 적용될 수 있다"라고 언급하고 있는 것으로 보아, 당시 상남영화제작소의 〈리버티 뉴스〉 제작과 관련해 한국 정부와 주한 미공보원 사이에 상당한 마찰이 있었던 것으로 추정된다. 이렇게 추정하는 근거는 이승만 정부 시기부터 한국 정부가 주한 미공보원이 뉴스릴을 통해 한국의 선거 등에 개입하려 한다는 의심을 빈번히 제기하는 등, '한국 정부와 주한 미공보원 간의 불신이 상당했다'는 점을 들 수 있다.

상남영화제작소 폐지와 관련하여, 지금까지 검토한 미국 문서 자료에 의하면 미국공보처는 상남영화제작소 폐지 1년 전 시점까지도 분명 〈리버티 뉴스〉의 제작을 계속해야 할 이유가 충분하다고 보았다. 현재로서는 관련된 기록이 발견되지 않아 그 경위를 명확히 밝힐 수는 없으나, 바로 1년 후인 1967년 5월 30일 미 국무부 방침으로 상남영화제작소는 폐지되게 되었다. 이로써 "국내 영화 제작에 큰 구실을 해 온 〈리버티 뉴스〉가 발족 15년 만에 제721호를 끝으로 중지하게 되었다"(《매일경제》, 1967. 6. 2: 3). 〈경남매일신문〉은 인근 지역 사회에서 상당한 역할을 수행했던 상남영화제작소의 폐지 소식을 시기적으로도 가장 빨리, 그리고 이례적으로 사설로 게재한 바 있는데(《경남매일신문》, 1967. 5. 28: 2), 이 보도는 당대 한국 사회에서 상남영화제작소와 〈리버티 뉴스〉가 어떤 역할을 한 것으로 받아들여지고 있었는지를 집약적으로 잘 보여 준다.

매주 한 번씩 우리들에게 미국을 비롯한 세계의 뉴스를 충실히 전달해주고 있던 『리버티 뉴스』가 제721호로 그 종막終幕을 고告하게 되었다…… (중략) …… 이곳 마산에서 약 9km 떨어진 창원군 상남면 용지리에 자리잡고 있던 USIS 상남영화제작소는 1952년 6월 6일 『리버티 뉴스』 제1호를 내놓은 이래 줄곧 지금까지 **한미 양국의 문화 교류에 직접적인 미디어의 역할을 담당**하여 한국에 미국을 심는 일을 감당해 왔습니다. 또한 이 제작소는 동남아에서 제일가는 '프로덕션 시스템'을 갖고 있어 뉴스와 문화 영화의 제작에 종사하였다. (강조는 필자)

이 사설 기사에서는 매주 한 번씩 한국인들에게 미국을 비롯한 세계의 뉴스를 충실히 전달해 줌으로써 한미 양국 간의 문화 교류를 담당하고 더 나아가서는 '한국에 미국을 심는 직접적인 미디어'로서 그 기능을 수행했던 〈리버티 뉴스〉를 상남영화제작소가 제작함으로써, "한국 영화계나 마산 지역 사회와의 관계에 있어서 끊을래야 끊을 수 없는 면밀綿密한 유대관계"를 형성키는 긍정적인 역할을 수행했음을 강조하였다. 그러나 이 사설 기사에서 더 주목해야 할 것은, 미국 문서상에서 상남영화제작소의 폐지 결정과 관련된 기록을 찾을 수 없는 상황에서 그 폐지 결정에 작용했던 중요한 요인에 대한 단서를 제공하고 있다는 점에 있다.

이제 우리 정부가 제작하는 **〈대한뉴스〉가 〈리버티 뉴스〉에 대체할 수 있을 만큼의 기술적 발전을 가져오게 되었음을 계기**로 동 『리버티 뉴스』의 제작에 종지부를 찍고 문화 영화의 제작을 위하여 **서울의 USIS 산하에 들게 되었다** 한다. 우리는 먼저 우리나라의 국립영화제작소의 기술진이 USIS에 못지 않을 정도로 성장하였다함에 기쁨을 표하지 않을 수 없고 또 **상남제작소의 발전적 철수를 위하여 그 앞날을 축복**하는 바이다…… (중략) …… 이번 〈리버티 뉴스〉의 종말 이유가 소극적인 해산에 있는 것이 아니라 **국립영화제작소의 기술진에 종전의 『리버티 뉴스』의 사명을 일임하고 한미 양국의 문화 교류에 보다 알찬 전진을 위하여 문화 영화의 제작만을 전담키 위한 것**에 그 이유가 있는 것이라 하니 이 제작소의 시스템은 오히려 문화 영화의 제작이란 일방향에만 중점적으로 이루어질 수 있는 전문적 기회가 부여된 것이라 믿어진다. (강조는 필자)

우선 눈에 띄는 점은 첫째, 상남영화제작소의 폐지를 '발전적 철수'로 평가한다는 점이다. 둘째, 그 평가에 대한 근거로 (1) 〈대한뉴스〉가 〈리버티 뉴스〉를 대체할 수 있을 만큼의 기술적 발전이 있었고, (2) 상남영화제작소의 문화 영화 제작 역량을 서울 본부로 이전하는 결정이었다는 점을 제시하고 있다는 점이다. 특히 '발전적 철수'라는 표현은 상남영화제작소의 폐지 과정에 '〈리버티 뉴스〉의 내용 중 한국 정부에 정치적으로 불리한 내용이 한국인들에게 전달될 것을 우려한'● 한국 정부의 입김이 상당 부분 작용했음을 시사해 준다.

현재로서는 관련된 기록이 발견되지 않아 그 폐지 경위를 객관

● 역사적으로 보더라도, 미디어에 대한 권위주의적 통제를 가하고 있던 한국 정부가 정권 보호라는 정권적 이해관계를 관철시키기 위해 한국 내에서 운영되고 있던 미국의 미디어에 대해 지속적으로 경계하였던 것은 비단 1950~1960년대의 일에만 국한된 것은 아니었다. 1983년 AFKN-TV의 위성 중계 방송 실시를 둘러싼 한미 양국의 교섭 과정을 연구한 윤상길(2023)의 연구에 따르면, 해외 반체제 인사의 활동상이 AFKN-TV를 통해 국내 시청자에게 전달될 것을 우려한 한국 정부가 당시 미국에 체류하던 정치인 김대중과 관련된 부분이 방영되지 못하도록 요청하기도 했다.

적이고 명백하게 규명하기는 쉽지 않다. 지금까지의 논의를 토대로 간접적으로는 규명할 수 있을 것이라 생각된다. 지금까지의 논의에서 밝힌 바처럼, 1960년대 초반부터 폐지 결정 무렵까지 USIA는 상남영화제작소가 '세계 유일의 유연성이 뛰어난 자급자족 영화제작소'로서 그 운영을 축소하는 것으로 바람직하지 못하다는 견해를 일관되게 유지하던 데 반해, USIA의 재정 지원이 점차 축소되고 있는 상황에서 주한 미공보원은 최종적으로는 한국 내 정치적 여건이 허락된다면 주한 미공보원이 뉴스릴 사업에서 탈피하는 것, 즉 상남영화제작소의 폐지가 바람직하다는 견해를 견지했다. 그러나 어느 정도 이전 가능성을 염두에 두었던 USIA 또한 1964년 무렵에 들면 상남영화제작소의 이전이 재정적으로는 불가능하다는 것이 증명되었다고 판단하고 있었고, 주한 미공보원의 입장도 점차 비관적인 상황으로 전개되고 있었다. 우선 1960년대 초반 무렵 USIA로부터의 예산 지원이 축소되는 상황에서 불거진 국제영화부의 주한 미공보원의 예산 집행에 대한 의심과 상남영화제작소의 점차 노후화되어 가고 있는 기술적 상황은 상남영화제작소의 미래 전망을 어둡게 하는 요인으로 작용하였다. 여기에 덧붙여 1965년에 들면 상남영화제작소 소장이 발휘했던 기지를 통해 '유연성이 뛰어난 자급자족 영화제작소'로 운영되었던 그간의 상황이 그 기지를 발휘했던 영화제작소장 로린 리더의 은퇴로 인해 악화되었을 가능성이 커졌다. 28세의 젊은 신임 소장은 전임 소장들이 발휘했던 기지와는 다르게 초기부터 한국의 제작 상황이 전반적으로 낙후된 것으로 인식했다. 더구나 한국 정부의 〈대한뉴스〉와 주한 미공보원의 〈리버티 뉴스〉가 중복되고 있는 상황에서 주한 미공보원의 〈리버티 뉴스〉에 대한 한국 정부의 검열 또한 〈리버티 뉴스〉 제작을 최우선 과제로 하는 상남영화제작소의 존립을 위태롭게 했을 가능성이 크다. 이러한 상황적 요인들이 결합됨에 따라 상남영화제작소는 '발전적 철수'라는 폐지의 수순으로 이어졌을 것이라 판단된다. 이러한 측면에서 보자면, 〈리버티 뉴스〉 제작 중단 결정과 그에 따른 상남영화제작소의 폐지는 주한 미공보원의 정책적 판단을 상위 정책 기관이 수용한 결과였다고 할 수 있다.

9장

1960년 이후 1960년대 말까지의 주한 미공보원의 영화 상영 활동

1960년대는 국내적으로 정치 변동이 매우 심했고, 미국 해외 공보 정책 상위 기관 차원에서의 변화도 있었다. 이 장에서는 먼저 1960년 전후 미국공보처의 해외 문화 활동과 영화 제작·배급 상황, 그리고 이러한 정책 변화에 대한 주한 미공보원의 상황 인식과 영화 공보 활동의 변화를 알아본 후, 1960년대 주한 미공보원의 영화 상영 활동을 살펴보고자 한다.

1. 1960년 이후 주한 미공보원 영화 공보의 여건 변화

1) 1960년 전후 USIA의 해외 문화 활동과 영화 제작·배급

본격적으로 1960년대 주한 미공보원의 상영 활동을 살펴보기에 앞서 간략히 1960년 전후 USIA의 해외 영화 배급 정책을 살펴본다. 회계 연도 1959년 동안 USIA의 영화 운영에 큰 변화는 없었다. USIA는 영화 배급 서비스뿐만 아니라 국내외의 기본적인 다큐멘터리 및 뉴스릴 제작을 계속했다. 그해의 다큐멘터리 영화 제작은 40편의 국내(미국 내) 제작, 205편의 해외 제작, 그리고 28편의 민간 출처로부터 획득된 것이었다. 해외 제작 활동은 한국을 포함해 39개국에서 진행되었다. USIA는 특히 미국의 문화적 삶, 과학적 업적, 경제적 측면에서 미국에 대한 호의적인 이미지를 개발하는 데 중점을 두었다.[259]

이런 측면에서 보자면, USIA의 영화 운영은 기본적으로 (외교 정책의 새로운 차원으로 추진한) 미국 정부의 해외 문화 활동에서 중요한 분야이기도 했다. 미국의 해외 문화 활동에 참여하는 미국 정부 기관은 국무부와 상무부, 때에 따라 국방부도 포함되었지만 USIA가 가장 대표적인 수행 기관이었다. 특히 77개국에 158개의 USIS 문화원은 강의, 토론, 영화 상영, 세미나, 전시회 등 다양한 활동의 중심이자 해외 문화 활동의 핵심이었고, 다음으로 중요한 부문이 바로 영화였다. USIA가 제작한 다큐멘터리 영화 중에는 미국인이 어떻게 살고, 일하고, 오락하고, 교육하는지 보여 주었다. 이 영화들은 매년 해외에서 주로 지역 학교와 단체에 미공보원 대여를 통해 수백만 명이 관람했다. 가령, USIA는 링컨의 삶과 미국인의 삶에서 중요한 의미가 무엇인지를 보여 주는 다큐멘터리 〈링컨을 찾아서*In Search of Lincoln*〉를 제작 완료하자 아이젠하워 대통령이 각국 정상과 만나는 순방에 이 상영본을 가지고 다니기도 했다. 또 미국의 주요 박물관 20곳을 보여 주는 〈미국의 박물관〉은 그 박물관이 지역 사회에 봉사하는바를 강조하였는데, 교육자, 교사, 학생 등에게 큰 관심을 끌었다.[260]

회계 연도 1960년 동안 USIA의 국제영화부(IMS)●는 뉴스릴, 극

● 1장의 그림 1-5 USIA 조직도를 참조하라.

영화, 그리고 다큐멘터리로 구성된 1,000편 이상의 영화를 개봉했고, 이 중 약 60%가 뉴스 보도 부문에 할애했다. 1959년보다 5개 국가가 더 늘어난 44개국에서 이뤄지는 해외 영화 제작은 미국의 경제 및 기술 지원 프로그램을 지원하고 신흥 개발도상국과 신생 독립국에서 정보를 전파하는 효과적인 수단으로 지속되었다. 또 국제영화부는 미국 내 시설을 통해 원작과 획득한 소재를 모두 포함한 일반 프로그램용 다큐멘터리 48편을 새로 공개했다. 이 영화들은 미국 생활과 문화의 다양한 측면을 다루었다. 그중에는 우주에서의 미국의 과학적 진보에 관한 영화들이 있다. 이 중에는 원자력의 평화적인 사용, 하와이의 50번째 주 가입, 세계 유일의 청각 장애인 고등교육 기관에 반영된 '미국의 관용' 등을 보여 주는 영화가 포함되었다. 또한 1960년 USIA의 국제영화부는 해외에서 국제기구와 접촉하는 미국 국가 기관들과의 긴밀히 협력을 통해 교육 영화, 과학 영화, 문화 영화 분야에서 미국에 대한 더 나은 해외 인지도를 얻는 데 힘썼다. 당시 (미국의 교육, 과학, 문화 영화를 해외에서 상영하는 일반적인 문제와 관련하여 중요한) 1948년 레바논 베이루트에서 진전된 '시청각협정Audio-Visual Agreement'이 해당 회기 중에 미국 상원에서 비준되어 입법 과정에 있었다. 1960년 USIA의 국제영화부 활동에서 주요 특징 중 하나는 아이젠하워 대통령의 해외 순방(한국 방문 포함)과 관련한 영화 제작 편수가 늘었다는 것이었다. 아이젠하워 대통령의 해외 순방과 닉슨의 소련과 폴란드 방문에 대한 영화가 제작되었고 6편은 네팔의 왕과 여왕, 콜롬비아 대통령, 기니의 세쿠 투레, 멕시코 대통령, 요르단 후세인의 미국 방문을 기록했다. 또한 미국의 외교 정책과 해외의 주요 관심사들에 대한 대통령의 성명은 6개의 주요 연설뿐만 아니라 23개의 개별 기자 회견을 다룬 영화들에 담겼다.[261]

한편, 1960년 8월 10일 USIA '조사연구국Office of Research and Analysis'은 상업 오락 영화에 대한 보고서를 발간하였다.[262] 비록 이 보고서가 USIA의 공식적인 정책 입장을 대변하는 것은 아니라고 하더라도 당시 USIA가 상업적 오락 영화를 미국의 해외 문화 활동에서 매우 중요한 요소로 인식했음을 보여 준다. USIA 조사연구국의 보고서 서문에서는, 전쟁 동안 전 세계 22만 개의 상업 영화 상영 시설에서 대부분 상업 오락이나 '장편 극영화'에 할애하고 연간 관객 200억 명에 이를 것으로 추산한다. 이와 관련해 "장편 극영화들은 비록 의도하지 않았더라도 다른 나라 사람들의 마음에 한 국가의 이미지를 형성하는 데 많은 기여를 하기 때문에, 이러한 영화들은 국제적인 소통의 주요 매개체"라고 함으로써, 상업적 오락 영화가 미국의 해외 문화 활동에서 매우 중요한 요소라는 점을 강조했다.

전 세계 장편 극영화의 제작, 배급 및 상영에 대한 이용 가능한 수치를 종합하려고 한 이 조사연구국 보고서의 주요 내용은, 사실상 냉전적 세계 질서에서 장편 상업 영화가 어떻게 냉전적으로 활용되는지에 대한 현황 조사에 가깝다고 할 수 있다.● 가령, 표 9-1에서 보는 바와 같이, 공산권 국가의 상업용 영사기의 약 40%는 이동영사대이고 공산권 밖에 있는 국가들은 3%만이 이동영사대라는 점을 들어, 보고서는 "이동영사대의 광범위한 사용, 그리고 공산권 진영 국가의 더 높은 관람률은 이들 정부가 영화를 높은 선전 도구로 평가한다는 것을 시사한다"라고 평가하였다. 또한 장편 극영화 제작과

● 그렇지만 이 보고서에 실린 일부 통계(장편 영화 제작 편수 등)를 보면 한국 현황이 누락된 경우도 있다.

표 9－1 1958년 무렵 지역별 상업 영화 영사 시설 현황

지역	추정 인구 (1,000명)	상설 영화관	드라이브인 및 계절적 입지	이동영사대	총상업 영사 시설	1만 명당 영사 시설
아메리카						
미국	180,000	12,587	4,700	—	17,287	1.0
캐나다	17,000	1,572	232	—	1,804	1.1
남미	190,000	12,807	1,685	17	14,509	0.8
서유럽	311,000	45,119	7,632	3,410	56,161	1.8
근동 및 남아시아	619,000	5,965	2,274	28	8,267	0.1
아프리카	199,000	1,883	267	84	2,234	0.1
극동	320,000	14,251	50	153	14,454	0.5
	1,836,000	94,184	16,840	3,692	114,716	0.6
공산권 진영 국가						
소련 및 위성국	305,000	61,330	—	34,059	95,389	3.1
중공, 북한, 북베트남	664,000	2,137	2,722	8,837	13,696	0.2
	969,000			42,896	109,085	1.1
세계 총계	2,805,000	157,651	19,562	46,588	223,801	0.8

출처: COMMERCIAL ENTERTAINMENT FILMS.

관련해서도, 중국–소련 진영 국가 밖의 국가에서 제작되는 장편 극영화가 2,452편으로 전체의 87%를 차지하고 있음에도 불구하고 중소 진영 국가에서 제작되는 극영화에 대해 다음과 같이 경계하는 태도를 보였다.

> 영화는 공산주의 커뮤니케이션에서 중요한 미디어이며 진영 국가 내 장편 영화 생산은 계속 증가할 것으로 예상된다. 공산주의 중국의 공표된 목표는 영화를 주요 선전 미디어로 만드는 것이다. 소련은 또한 자국의 영화 산업 발전에 높은 우선순위를 두었으며, 한 소련 영화 관계자에 따르면 소련은 1967년까지 1958년의 수치보다 430% 많은 700편의 장편 영화를 생산할 것이라고 한다.

그렇지만 장편 극영화 배급과 관련하여 당시 "공산주의 진영 국가에서 제작되어 자유세계에서 상영되는 장편 영화가 그곳에서 이용할 수 있는 전체 장편 영화의 매우 작은 부분을 차지"하고 있음을 확인함으로써, 공산권 국가의 영화가 큰 위협이 되지 않을 것이라는 판단하는 듯했다.

한편, 1964년 무렵에 이르면 USIA는 향후 국제영화부가 벌이는 영화 활동의 우선순위를 '미국의 삶과 이미지'라는 주제에 두는 방향으로 설정하였다. 이러한 국제영화부의 의도는 영화 부문을 USIA의 '전술적인' 수단이 아닌 '전략적인' 역할을 할 수 있는 방식으로 전환·강화시키겠다는 것이었다.[263] 당시 USIA 국제영화부는 다큐멘터리 제작에서 시범적으로 새로운 시도를 모색했는데, 새로운 제작 기법을 활용한 시범 프로젝트였다. 그중 하나가 〈그랜드 센트럴 마켓 *Grand Central Market*〉이라는 한 릴짜리 흑백 영화 제작이었다. 이 영화의

표 9－2　1958년 무렵 극동 아시아 국가별 상업 영화 영사 시설 현황

구분	추정 인구 (1,000명)	영화 상영관	텔레비전	
			방송국 수	수신기
호주	9,800	1,992 이동 78 드라이브 인 50	15	830,000
버마	20,500	362	0	0
캄보디아	4,700	24	0	0
대만	9,900	388	0	0
홍콩	2,700	63	(1)	4,500
인도네시아	86,900	650	0	0
일본	91,600	8,501	92	4,840,000
한국	22,700	224	1(예정)	7,000
라오스	2,000	9	0	0
말레이지아	6,300	249	0	0
뉴질랜드	2,300	577	1	—
필리핀	24,000	700 이동 50	4	30,000
싱가포르	1,500	78	0	0
태국	21,500	273 이동 15	2	40,000
남베트남	13,200	161 이동 10	0	0
총계	319,600	14,251 드라이브 인 50 이동 153	115	5,751,500

출처: COMMERCIAL ENTERTAINMENT FILMS.

목적은 거대한 대도시 식품 시장에 존재하는 '인종과 인종의 조화롭고 생산적인 혼합'을 보여 주는 것이었다. 내레이션 없이 만들어진 이 영화는 전적으로 음악과 음향 효과에 의존했다. 또 다른 프로젝트에서 국제영화부는 미국의 젊은 영화 제작자들과 계약하여 미국 청소년들에 대한 한 릴 영화 시리즈를 제작했는데, 이 역시 새로운 기법이었다. "이 〈그랜드 센트럴 마켓〉, 청소년 영화, 그리고 1963년 국제영화부가 제작한 다른 영화들에 대한 반응은 매우 열광적이었기 때문에, 이 영화들이 정부 다큐멘터리의 틀에서 벗어나 해외 민사관들에게 가치 있고 예술적인 무기를 제공했다"라고 평가되었다. 이 영화들의 성공은 향후 5년 동안 국제영화부가 나아갈 길을 제시한다고 보았는데, 즉 영화 분야는 미국의 외교 정책을 실질적으로 지원할 '상상력이 풍부한 다큐멘터리'를 제공해야 한다는 것이었다. 왜냐하면 특히 아직 문맹인 아프리카, 아시아, 중남미의 광대한 지역에서 여론에 영향을 미치는 수단으로서 영화만 한 것이 없기 때문이었다. 따라서 국

표 9-3 국제영화부의 향후 5년간 예산(1965~1969)

단위: 1,000달러

구분	1965	1966	1967	1968	1969
연례화된 기반 예산	$ 6,116.8	$ 6,128.5	$ 6,140.2	$ 6,146.1	$ 6,163.6
제안된 프로젝트 예산	$ 1,192.1	$ 9,690.7	$ 13,052.9	$ 15,308.0	$ 16,216.3
총계	$ 7,308.9	$ 15,819.2	$ 19,193.1	$ 21,454.1	$ 22,379.9

출처: MOTION PICTURE SERVICE Program Projection, 1965 through 1969.

제영화부는 1965 회계 연도와 향후 5년 동안 '미국의 삶과 이미지'라는 주제에 우선순위를 두고 더 많은 관심을 쏟을 계획이었다. 또한 앞으로 5년 안에 더 많은 계획을 미국 법이나 개발도상국의 문제에 관한 영화 시리즈 구상에 쏟을 계획임을 밝히고, "이 기법이 위에서 언급한 청소년 영화의 경우에 효과적인 것으로 입증"되었기 때문에 "USIA가 최근 공식화한 '미국 이미지' 목표를 구현하는 데 특히 가치가 있을 것"이라고 자신했다.[264] 영화 부문을 USIA의 '전술적인' 수단이 아닌 '전략적인' 역할을 할 수 있도록 하겠다는 USIA 국제영화부의 자신만만함은 표 9-3의 향후 예산 계획에 반영되었다. 표에서 국제영화부의 프로젝트에 소요되는 예산은 점차 1960년대 후반으로 갈수록 점차 증액된 것으로 확인할 수 있다.

2) 1960년대 주한 미공보원의 상황 인식과 영화 공보 활동의 변화

1960년에 접어들면 여러 가지 국내외적 요인으로 인해 주한 미공보원이 수행하는 영화 공보 활동의 대내외적 제반 여건이 변화하게 되었다. 대외적으로는 해외 공보 선전 정책을 수행하는 미국 상급 정책 기관의 대한 정책 변화가 있었고, 대내적으로는 주한 미공보원장의 교체 및 인력 충원, 4·19 혁명과 5·16 군사 쿠데타라는 국내 정세 변화가 있었다. 여기서는 이러한 변화와 그에 따른 주한 미공보원의 상황 인식, 그리고 그에 따른 영화 공보 활동의 여건에 대해 살펴보고자 한다.

1960년 2월 작전조정위원회(OCB)의 대한 정책 변화

1960년 한 해가 시작되면서부터 가장 중요하게는 미국 해외 공보 선전 정책에서 한국에 대한 정책이 변화하였다. 이승만 정권이 4·19 혁명으로 전복되기 직전인 1960년 2월, 아이젠하워 정부의 해외 공보 선전 전략을 추진하는 중요한 행정적 토대로서 해외 공보 선전의 강력한 중앙 통제를 위해 설립했던 작전조정위원회(OCB)에서는 한국의 민주주의 제도 육성을 이례적으로 강조하는 USIA 부처장의 발언이 논의되었다. 이때 미 국무부는 한국이 세계적으로 특별한 경우라는 견해에 주목했다. 그 이유는 "미국이 이 지역의 다른 국가들보다 한국과 더 밀접하게 연관되어 있기 때문"이라는 것이었다. 특히 '한국에서의 작전 계획'이 국가 안보 정책의 통합적이고 효과적인 이행을 지원하는 권한을 지닌 작전조정위원회(정책 조정을 위해 미국 대통령에 의해 권한을 부여받은 작전조정위원회에는 USIA뿐만 아니라, 국무부, 상무부, 경제협조처, 국방부, 유엔군 사령부, CIA 등을 아우르는 미국의 주요 상위 정책 기관들이 참여해 정책을 조정한다)에 의해 작성되고 승인되었다는 점은 미국의 대한 정책에 있어 중대한 변화가 있을 것임을 보여 주는 것이었다. 미 국무부와 작전조정위원회의 결론은 "한국이 일종의 '훌륭한 견본showpiece'이 되도록 장려하는 것이 더 바람직하다는 것"이었다.[265]●

이러한 미국 상급 정책 기관의 대한 정책 변화를 작전조정위원

● 작전조정위원회에서 2월에 논의되었지만, 한국에 대한 운영 계획 초안은 1월 무렵부터 준비되었다. 이 운영 계획은 "운영 공무원이 새로운 프로그램을 수행하거나 기존 프로그램을 수정하거나 자금을 지출할 수 있는 권한, 군사 작전 수행을 위한 권한"을 구성하진 않았으나, 국무부가 해당 임무 책임자나 책임급 공무원에게 배포했다.

회의 "한국에 대한 작전 계획Operations Plan For Korea"의 내용을 중심으로 구체적으로 살펴보면, 우선 목표가 장기적 범위와 단기적 범위로 나뉘어 설정되었다. 장기적 범위의 목표는 "자주적 경제와 자유롭고 독립적이며 대의적인 정부하에서 미국과 자유세계의 다른 나라들에 우호적이며, 국제 협정에 의해 정치적 영토적 완전성이 보장되고, 외세의 공격이 있을 경우 강한 저항력을 갖고 내부 안보와 능력에 충분한 군대를 가진 한국의 통일을 이끌어 내기 위한 것"이라고 설정되었다. 단기 목표로는 "위의 장기적 목표를 달성하기 전까지, 대한민국이 태평양 지역에서 자유세계의 힘에 실질적인 기여를 할 수 있도록 지원하는 것"으로 설정되었다. 이러한 장단기적 목표를 달성하기 위한 7가지 조치에 대해 다음과 같이 규정하였다.

> (1) 안정적인 민주주의 제도의 발전과 아시아의 다른 자유 국가들과의 협력 관계에 있어 한국을 격려하고, (2) 대한민국이 합리적인 수준의 안정성과 현재 필수 소비 수준에 부합하는 최대 경제 발전 속도를 달성할 수 있도록 하며, (3) 더 많은 한국인이 전복이나 침략에 의해 공산당의 지배하에 들어가는 것을 막고, (4) 내부 안전을 보장할 수 있는 한국군과 주한 미군 및 그 외 미군 외부의 전투 및 물류 지원을 쉽게 이용할 수 있는 한국군을 유지하고, (5) 한국이 유엔 헌장의 목적과 원칙에 따라 외교 관계를 수행하도록 영향을 미치며, (6) 한국이 일본과 화해를 이루도록 격려하고, (7) 지역 정책 지침에 따라 서태평양의 양자 방위 협정을 촉진하고 강화하며, 모든 동맹국과 극동의 다른 동맹국들 간의 공통된 목적에 대한 이해를 넓힌다.

이러한 장단기적 목표와 함께, 작전조정위원회는 남북한 합의에 의한 통일이 현실적으로 가능성이 거의 없고 미국의 이해관계가 한국에 깊이 관련되어 있는 만큼, "미국의 목표들을 달성하기 위해서는 또한 미국의 원조에 대한 한국의 의존도를 줄이고 자립 경제의 궁극적인 목표를 향해 더 큰 진전을 이루는 것이 중요하다는 점을 고려해야 한다"라는 일반적 지침을 제시했다.

작전조정위원회의 "한국에 대한 작전 계획" 중 영화와 관련된 부분(USIA 프로그램 요약)을 살펴보면, 당시 주한 미공보원 직원은 미국인 21명과 현지인 직원 175명으로 구성되어 있었고, 회계 연도 1960년의 예산은 약 110만 달러였다. 또 주한 미공보원은 원조 프로그램과 프로그램 가치가 있는 지역 행사를 강조하는 주간 뉴스릴을 제작했고, 144개의 상업 극장, 문화원, 시골 지역에서 21개의 이동영사대를 통해 상영하였다. 이 임무는 또한 원조 프로그램에 대한 다큐멘터리(그해 예정된 5편 다큐멘터리 중 4편)를 제작하고 주요 USIA 목표를 강조하는 USIA 작품을 번역, 기록 및 처리하였다. 문화원에는 약 7,000편의 한국어와 영어 버전에 총 1,500편의 영화 작품이 있었으며, 약 300만 명의 한국인들이 매주 주한 미공보원 영화를 보는 것으로 추정되었다.

정세 변화에 따른 주한 미공보원의 인식 변화

한국이 일종의 '훌륭한 견본'이 되도록 장려하는 것이 더 바람직하다는 의견에 입각해 작성된 작전조정위원회의 "한국에 대한 작전 계획" 승인 직후인 1960년 3월, 새롭게 G. 헌팅턴 데이먼이 주한 미공보원장으로 취임했다. 그러나 얼마 후 4·19 혁명이 일어났는데, 당시 4·19 혁명에 대한 USIA와 주한 미공보원의 인식은 대체로 다음과 같았다. "민주적 제도의 남용에 대한 한국 대중의 분노는 이승만 정부에 대한 학생들의 대규모 저항으로 절정에 달했”지만, “이 항쟁에 반미적 성격이 없었던 것은 주한 미공보원이 지난 4년 동안 한미 동맹이 민주주의 메커니즘을 설명하고 자신이 살고 있는 정부에 대한 ‘시민의 책임’ 개념을 홍보하는 데 최우선 순위를 두었기 때문”일 것이라고 했다. “USIA는 이러한 노력이 개혁에 대한 미국의 지지와 독재적 억압에 대한 혐오감을 확인하는 데 눈에 띄지 않지만 상당한 심리적 역할을 했다고 믿는다는 것이었다.”[266] 이후, 4·19 혁명으로 이승만 정권이 무너지고 허정 과도 내각이 들어선 1960년 6월 19일에 미국의 제34대 대통령인 아이젠하워가 한국을 방문하자, 주한 미공보원은 USIA의 국제영화부와 마찬가지로 아이젠하워 순방을 홍보하는 활동을 전개했다.

주한 미공보원은 ‘유엔을 통한 통일, 한일 관계, 자유세계 공동체 강화, 한국의 참여 등의 분야에서 미국의 정책을 지지한다’는 목적하에 진행되는 프로젝트를 추진하기 위해, 한국인 및 미국이 통제하는 언론을 아이젠하워 대통령의 방문에 최대한 활용했다. 방문 기간 동안 기자실이 설치되어 연설문, 배경, 사진 등의 복사본을 배포했고, 방문 후에는 느린 미디어와 잡지, 그리고 영화를 활용함으로써 추가적인 이득mileage을 얻었다. 특히 몇 주 동안 방문에 대한 관심을 높이는 데 도움을 주었던 〈리버티 뉴스〉 뉴스릴은 아이젠하워 대통령이 떠난 직후 제작된 특별판에서 그의 연설에서 발췌한 부분을 반복했다. 여타 영화들도 1960년 한 해의 대부분을 대통령 순방을 통해 미국의 정책을 예측하는 내용에 할애하였고, 1960년 아이젠하워 대통령의 한국, 필리핀, 대만 방문을 다룬 컬러 영화 〈태평양 여정*Pacific Journey*〉이 가을 내내 인기를 끌었다. 그리고 이전 대통령 순방에 대한 영화인 〈아이젠하워의 7개국 투어〉, 〈아이젠하워의 남미 방문〉 등의

영화들은 방문 전 준비에 사용되었다.[267]

이처럼 작전조정위원회의 "한국에 대한 작전 계획" 승인 이후에도 주한 미공보원장이 교체된 것을 제외하면 주한 미공보원의 활동을 강화하는 조치는 거의 취해지지 않았고, 단지 USIA의 정책적 지침을 잘 지키고 있었을 뿐이었다. 그러나 5·16 군사 쿠데타의 발발은 주한 미공보원도 예상치 못한, 당혹스러운 사건이었다. 7월 6일 주한 미공보원장 데이먼이 워싱턴의 USIA에 보내는 공문[268]은 당시의 상황을 다음과 같이 서술했다.

> 군사 정권은 항상 미국 정책이나 미국 여론의 풍토에 부합하지 않는 정책을 채택하고 행동을 취했다. 게다가, 그것은 미국의 성명들이 미국이 군사 정권에 유리하다는 것을 보여 주기 위해 왜곡되거나 오해된 형태로 나오도록 하기 위해 체포와 다른 심각한 형태의 협박에 의해 지지를 받는 언론에 엄격한 압력을 가했다. 그 나라의 지도자들은 미국의 입장과 생각을 항상 알고 있지는 않을 수도 있고 관련된 모든 요소를 알지 못한 채 정책을 수립하고 행동을 취할 수도 있다. 게다가 군사 정권의 비밀 유지 때문에, 주한 미대사관은 최신 상황을 파악하기 위해 한국 언론의 내용에 대한 추가적이고, 더 빠르고, 더 완전한 보도를 필요로 했다.

이러한 인식에 따라, 주한 미공보원은 "(1) 한국 국민에게 전달되는, 다른 미국 기관의 통제하에 있는 공보 미디어와의 보다 지속적이고 상세한 연락(VUNC 및 시각 지원, AFKN 라디오 및 AFKN-TV 모두의 , 그리고 〈성소시〉 내병양판 포함)을 유시하고, (2) (한국의 상황에 대한 균형 잡힌 견해를 한국 정부 소식통들로부터 얻는 것은 불가능하고 미국과 세계 언론의 성과가 미국 정책의 성공적인 수행에 명백하게 중요하다는 생각에서) 세계 신문과 접촉하는 데 많은 시간을 소비하며, (3) '지도자를 위한 정보' 서비스를 개시하여 한국 언론의 공백에 대응함으로써, 한국 지도자들이 불완전하거나 왜곡된 정보에 근거하여 결정을 내릴 가능성을 줄이기를 기대했고, (4) 한국의 지도자들에게 다가가는 데 더욱 중요한 잡지였던 〈주간 뉴스 리뷰*Weekly News Review*〉의 발행 부수와 내용을 강화하여 한국어로도 전달하며, (5) 검열되지 않은 신문이 없는 상황에서 정부 구성원뿐만 아니라 대중의 사고에 대한 더 나은 분석을 제공하기 위해 대외적인 접촉을 크게 증가"[269]시키는 조치를 취했다. 이렇듯 5·16 군사 쿠데타라는 한국의 격심한 정치적 변화는 주한 미공보원의 모든 작업을 전반적으로 강화해야 할 필요성을 높여 주었지만, 정작 주한 미공보원의 인력에는 변동이 없었다. 즉 주한 미공보원 "직원들이 지속적으로 변화를 인식해야 하는 매우 민감한 상황은 빈번하고 불규칙한 회의, 문제나 쟁점의 가장 중요하고 곤란한 부분에 대한 면밀한 감독, 변화하는 조건에 맞추기 위한 산출물의 빈번한 변화를 요구했"지만, "문제는 위에 열거한 주한 미공보원 활동 외에도 잡지 〈자유세계*Free World*〉, 뉴스릴과 다큐멘터리, 잡지 〈새로운 힘*New Strength*〉, 서적 번역 및 팸플릿 발행, 그 밖에 대민 접촉까지 모든 것을 최대한 활용"[270]해야 한다는 데 있었다. 이에 주한 미공보원장 데이먼은 "이번 비상사태로 인해 부과된 요구 사항이 가까운 미래에 완화될 기미가 보이지 않는다"라는 판단 아래 (상근 라디오 담당관과 언론/출판 및 전시/영화 분야에) 9명의 현지인 인력 충원을 요청했다. 다음은 영화 분야의 인력 요청 내용이다.

i. 영화과Mopix 영화감독. 미국 현지에서 제작된 영화의 총생산량은 일

표 9-4 1963년 7월 30일 현재 주한 미공보원 인력 패턴

부서	과課	직책 수	직책	직책 등급	기능
원장실 (3)	(3)	1 1 1	비서 실장 I 사원 I 운전 기사 I	L-2 L-8 L-9	동일 동일 동일
공보과 (84)	(3)	1 1 1	공보 보좌관 II 미디어 기술자 I 직원-타이피스트 I	L-5 L-6 L-8	동일 특별 보좌 특별 보좌
	USOM 연락(2)	1 1	미디어 전문가 I 미디어 기술자 I	L-2 L-6	프로그램 및 조사 보좌
	번역 팀 (4)	1 1	수석 번역자 번역자	L-5 L-6	동일 모두 동일
	복제 팀 (3)	1 2	사원 I 운전 기사	L-8 L-8	동일 모두 동일
	보도 팀 (7)	2 1 1 3	공보 미디어 전문가 I (언론) 미디어 기술자 I 미디어 기술자 II 직원-타이피스트 (한국어)	L-2 L-6 L-7 L-8	모두 동일 보도 보좌 보도 보좌 모두 한국어 타이피스트
	사진 팀 (5)	1 2 2	미디어 보좌관 I 미디어 기술자 I 미디어 기술자 II	L-4 L-6 L-7	수석 사진사 모두 사진사 모두 암실 기술자
	출판 팀	1 1 1 1	미디어 보좌관 I 미디어 기술자 I 미디어 기술자 II 직원-타이피스트 I	L-4 L-6 L-7 L-8	수석 출판 보좌 디자이너-레이아웃 담당 출판 보좌-교정자 동일
	배포 팀	1 1 1 1	미디어 보좌관 II 미디어 기술자 II 사원 I 사원 III	L-5 L-7 L-8 L-10	배포 보좌 배포 보좌 동일 동일
	전시 팀 (4)	1 3	미디어 보좌관. I 미디어 기술자 II	L-4 L-7	수석 그래픽 디자이너 모두 그래픽 디자이너
	라디오-TV 팀 (2)	2	미디어 보좌관 II	L-5	1 프로그램 보좌 1 – 라디오 기술자

	영화 팀 (11) - 서울	1	민사 고문	L-1	동일
		1	미디어 전문가 Ⅰ	L-2	영화감독
		1	미디어 전문가 Ⅱ	L-3	뉴스릴 코디네이터
		1	미디어 보좌관 Ⅱ	L-5	설비 수리 기사
		2	미디어 기술자 Ⅰ	L-6	1 - 영화 도서관원 1 - 카메라맨
		1	미디어 기술자 Ⅱ	L-7	카메라맨
		3	미디어 보조 Ⅰ	L-8	1 - 영화 도서관원 2 - 운전 기사
		1	직원-타이피스트	L-8	동일
	상남영화 제작소 (35)	1	미디어 전문가 Ⅰ	L-2	부소장
		7	미디어 보좌관 Ⅱ	L-5	1 - 수석 번역자 1 - 기술실장 1 - 기계 담당자 1 - 엔지니어 1 - 사운드 엔지니어 실장 1 - 번역가 1 - 편집자
		1	행정 보좌관 Ⅱ	L-5	동일
		1	수석 기능사(공석)	L-6	동일
		2	수석 기계공	L-6	모두 동일
		3	미디어 기술자 Ⅰ	L-6	1 - 내레이터 1 - 편집 보놔 1 - 기술실(화학)
		11	미디어 기술자 Ⅱ	L-7	1 - 기술실 2 - 습식 가공자 1 - 사운드 기술자 보좌관 2 - 인쇄업자 1 - 건식 가공자 1 - 행정 보조 1 - 필름 도서관원 1 - 영사기 작동 1 - 내레이터
		5	기계공 Ⅱ	L-8	모두 동일
		1	직원-타이피스트 Ⅰ	L-8	동일
		1	미디어 보조 Ⅱ	L-9	운전 기사
		1	수석 수리공	L-9	동일
		1	운전 기사 Ⅱ	L-10	동일
문화과 (17)	(2)	1	미디어 기술자 Ⅰ	L-6	문화 관련 보좌
		1	직원-타이피스트 Ⅰ	L-8	동일
	서적 번역 팀(4)	1	민사 고문	L-1	동일
		1	문화 보좌관 Ⅰ	L-4	동일
		1	미디어 보좌관 Ⅱ	L-5	도서 번역 보좌
		1	미디어 보조 Ⅰ	L-8	도서 번역 보좌
	교육교류 팀 (2)	1	문화 전문가 Ⅱ	L-3	동일
		1	문화 보좌관 Ⅱ	L-5	동일

	서울 센터(9)	1 1 1 1 1 2 1 1	민사 고문 수석 도서관원 도서관원 II 미디어 기술자 I 도서관 기술자 II 도서관 보조 I 사원 I 직원-타이피스트 I	L－1 L－3 L－5 L－6 L－7 L－8 L－8 L－8	동일 동일 동일 배급 보조 동일 모두 동일 동일 동일
현장 운영 지부 (1)		1	사원－속기사 II	L－7	동일
USIS 대구 (15)		1	민사 전문가 II	L－3	동일
		2	미디어 기술자 I	L－6	1 － 영화과 실장
					1 － 언론 실장
		1	행정 보조	L－6	동일
		1	도서관 기술자 II	L－7	동일
		3	미디어 기술자 II	L－7	1 － 번역가
					1 － 디자이너
					1 － 현장 연락관
		5	미디어 보조 I	L－8	4 － 이동영사대원
					1 － 영화 도서관원
		1	사원 II	L－9	동일
		1	운전 기사 II	L－10	동일
USIS 광주 (17)		1	민사 전문가 II	L－3	동일
		1	행정 보좌관 II	L－5	동일
		1	행정 보조 I	L－6	영화과 실장
		1	미디어 기술자 I	L－6	편집자
		2	미디어 기술자 II	L－7	1 － 배급 실장
					1 － 디자이너
		9	미디어 보조 I	L－8	2 － 행정 보조
					1 － 영화 배급업자
					1 － 카메라맨

				1 – 언론 보좌관
				4 – 이동영사대원
	1	도서관 보조 I	L－8	동일
	1	기계공	L－8	동일
USIS 부산 (19)	1	민사 전문가 II	L－3	동일
	1	행정 보좌관 II	L－5	동일
	2	미디어 기술자 I	L－6	1 – 편집자(언론)
				1 – 영화과 실장
	3	미디어 기술자 II	L－7	1 – 디자이너
				1 – 카메라맨
				1 – 이동영사대원
	1	일반 서비스 기술자	L－7	동일
	1	도서관 보조 I	L－8	동일
	7	미디어 보조 I	L－8	1 – 공보 보좌
				1 – 배급 실장
				5 – 이동영사대원
	1	기계공 II	L－8	동일
	1	직원-타이피스트 I	L－8	동일
	1	미디어 보조 II	L－9	배급 보조
북부 지역 팀	1	공보 보좌관 I	L－4	동일
	1	미디어 기술자 I	L－6	행정 보조
	6	미디어 보조 I	L－8	모두 이동영사대원
	1	직원-타이피스트 I	L－8	동일

* 비고: 현장 운영 인력 — 총 61명

출처: STAFFING: TO & E of Local Employees.

> 류 영화감독의 부족으로 인해 심각한 지장을 받고 있다. 주한 미공보원은 오직 한 명의 자격을 갖춘 감독을 보유하고 있고 그는 일년에 최대 세 편의 영화를 제작할 수 있다. 우리는 글쓰기 능력도 갖춘 두 번째 일류 감독이 필요하다. 따라서 우리는 양질의 영화 생산량을 두 배로 늘릴 수 있다.
>
> ii. 영화과 카메라맨. 우리의 모든 인력 자원을 사용했음에도 불구하고 우리는 고품질 카메라 작업 분야에서 여전히 일손이 부족하다. 연간 뉴스릴 52편과 다큐멘터리 12편을 제작하는 일에 있어서, 현재 우리 직원 6명의 카메라맨으로는 충분하지 않다. 우리에게 있는 6명 중에서, 오직 3명만이 자격이 있다고 간주되고, 나머지는 여전히 일을 배우고 있는 훈련생들이다. 우리는 영화 카메라 일에 경험이 있고, 양질의 일을 할 수 있는 사람이 필요하다.

이와 같은 주한 미공보원의 인력 충원 요청은 거의 받아들여지지 않고 대신 직책을 재배치하는 조치로 해결했다. 여기서 주목해야 할 점은 이러한 USIA에 대한 주한 미공보원의 인력 요청이 지닌 의도다. 기본적으로는 군사 쿠데타라는 정치적 상황이 야기한 인력 부족이라는 현실에서 비롯된 것이겠지만, 주한 미공보원은 USIA의 모순된 정책에 대한 일종의 '항의'를 표현하는 의도를 가졌다고도 볼 수 있기 때문이다. 즉 주한 미공보원 활동과 조직 강화 방침을 시사하는 작전조정위원회의 "한국에 대한 작전 계획" 승인에도 불구하고, (8장에서 살펴보았던 바와 같이) 이 방침과 상반되는 인력 감축(서울의 부영화담당관 폐지)이라는 실험을 감행했던 USIA의 행보에 대한 불만을 군사 쿠데타가 야기한 주한 미공보원의 실제적인 인력 부족 사태를 통해 표출했을 가능성이 있다.

정확한 사실 확인을 위해 당시 주한 미공보원의 전체 인력 현황을 살펴보면, 표 9-4는 1963년 7월 30일 현재 주한 미공보원의 전체 인력 현황을 나타낸다. 우선 주한 미공보원의 전체 정원은 165명이고 이 중 1명이 공석인 상황이었다. 이동영사대 운영의 축소와 그에 따른 다른 프로그램 분야의 중점 변경으로 인해 12개 직책을 재할당하는 과정에 있었다. 또한 지난 2년간 업무 증가에 따라 (5·16 군사 쿠데타 직후의 증원 요청과 같이) 증원이 요청되었지만 USIA의 제한으로 인해 승인되지 않은 특정 직책도 포함되었다. 165명의 정원 안에서, 이미 북부 지역 지부에서 현지인 직책 3개가 재배치되었고, 출판 부문에 한 자리가 추가되었고, FSL-2 고위직 한 자리가 언론 부문에 추가되었다. 한편 상남영화제작소의 공석은 아직 채워지지 않았는데, 기술적으로 자격을 갖춘 인력의 모집이 어렵기 때문이었다. 서울에서 모집하려는 노력 또한 성공적이지 못했는데, 기본적으로 시골 지역에서 일을 할 의사가 있는 적당한 후보자가 발견되지 않았기 때문이었다. 따라서 당시 주한 미공보원에서는 이 직책에 해당하는 자격자를 찾는 노력을 계속하고 있는 상황이었다.[271]

이동영사대에 대한 재검토와 이동영사대 운영 축소

앞서 8장에서 언급한 바와 같이, 1960년 말 주한 미공보원의 예산 집행과 상남영화제작소의 존립 정당성에 대한 논란은 1955년 실시가 마지막이었던 주한 미공보원에 대한 감사로 이어지는 계기가 되었을 것으로 추측된다. 또한 주한 미공보원에 대한 감사는 주한 미공보원 인력 충원 요청을 통해 USIA의 모순된 정책에 대해 일종의 '항의' 표현을 감행한 주한 미공보원에 대한 대응 조치로서 실행한 실사일 수도 있다. 어찌 되었든, USIA는 1961년 10월 25일부터 11월 24일까지 주한 미공보원 임무의 범위와 비용, 프로그램 운영, 현지 제작 및 영화 배급 등 주한 미공보원 임무 전반에 걸친 상세한 조사를 실시하였다.[272]

먼저 1961년 10월 조사 보고서[273]에서 파악한 주한 미공보원과 한국의 영화 배급(극장/비극장)/상영 상황을 살펴보면, 대체로 다음과 같았다. 극장 배급에서 중요한 일반 상업 상영관 수는 "몇 년 동안 꾸준히 증가하고 있으며, 현재 16mm의 영사기를 가진 소규모 농촌 상영관 업체를 포함하여 총 420개(주한 미공보원은 이 중 3/4에 달함)로 추산"되었다. 한국의 영화 제작은 연간 약 70편의 장편 및 주간 뉴스릴, 그리고 한국 정부에 의해 만들어진 홍보 영화들로 이뤄져 있었다. 1960년 당시 프랑스 영화 18편, 이탈리아 영화 17편, 영국 영화 6편, 멕시코와 서독 각각 1편 등이 수입되었을 뿐 미국 극장물이 수입 쿼터에서 가장 큰 비중을 차지했다. 이렇듯 주한 미공보원은 당시 한국에서 313개 극장에 주한 미공보원 영화를 배급했고, 이는 전체 극장의 약 3/4에 해당했다. 보통 극장 배급은 주한 미공보원 서울 본부와 주한 미공보원 지부를 통해 이루어졌는데, 가장 많이 배급된 영화는 〈리버티 뉴스〉였고, 상영본은 최대 3개월까지 유통될 수 있었다. 이 밖에도 수많은 작품이 제작되었으며(회계 연도 1961년 218편), 일부 작품들은 5~10개 극장, 많은 작품들은 40~60개 극장, 일부는 150~200개 극장에서 상영되었다. 회계 연도 1961년 총관객 수는 7,657만 2,278명으로, 각각 〈리버티 뉴스〉(52개 호)가 5,395만 6,128명, 여타 영화(218편)가 2,261만 6,150명이었다.

한편 비극장 배급에 있어서 중요한 배급 시설은 주한 미공보원 문화원의 필름 라이브러리였는데, 당시 총 다섯 개의 필름 라이브러리가 있었다. 서울에 있는 문화원에 하나, 북부 지역에 하나, 대구, 부산, 광주의 지부에 각각 하나씩 있었다. 상영본 전체 보유량은 총 392편에 해당하는 한국어 버전 3,907개(16mm)와 1,184개(35mm), 총 580편에 해당하는 영어 버전 905개(16mm)와 1개(35mm)였다. 영사기는 총 298개(16mm)와 4개(35mm)를 보유했고, 17개의 이동영사대가 있었으며, 그중 12개가 정례적 순회에 사용되었는데, 북부 지방에 4개, 대구에 3개, 부산에 3개, 광주에 2개가 배정되었다.

주한 미공보원의 자료에 따르면, 비극장 관객의 약 절반은 학생, 교육자, '문화 지도자'로 구성되었고, 약 30%는 농민과 농촌 단체, 약 20%는 한국군이었다. 또한 이동영사대는 영화 배급에 배정된 28명의 현지인 인력 중 19명이 참여하고 주한 미공보원 영화 예산의 거의 절반이 필요하기 때문에 특히 관심을 끄는 대상이었다. 이동영사대는 주한 미공보원에 의해 서비스되는 전국에 흩어져 있는 50개의 한국 (사설) 문화원에 많은 양의 출판물 및 기타 프로그램 자료를 전달하는 차량 역할을 하였다. 또한 수많은 마을에서 그들의 영화 상영과 관련하여 출판물, 전시 자료, 때로는 대출 서적을 배포하는 역할도 수행했다. 한국 (사설) 문화원들은 대여용 영사기를 보유하고 있었으며, 정기적으로 지부 민사관으로부터 상영할 영화 작품을 수령하여 적어도 일주일에 한 번, 그리고 더 자주 영화 프로그램을 상영하였다. 북부 지방 민사관은 한국 (사설)문화원과 이동영사대를 통해 영화 프로그래밍을 가장 잘 조직하고 있었으며, 각 프로그램이 끝난 후 토론의 안내 순서를 제공하고 이동영사대 운영자가 토론의 리더 역할을 하도록 훈련시켰다.

1961년 회계 연도에 비극장 관객에서 이동영사대 관객이 차지하는 비율은 약 11.3%, 극장 및 비극장 관객(9,821만 1,196명)을 합친 비율에서는 약 2.4%였다. 이 통계는 1961년 5월 군사 쿠데타 이후 처음 몇 달 동안 이동영사대 활동이 크게 줄어든 것을 반영한 것이지만, 한 해 동안 관객이 25% 더 많았더라도, 위의 비율은 각각 13.8%, 3.4%에 불과했을 것이라고 추산되었다. 즉 예산 대비 관객 수가 매우 적었던 상황이었다.

이러한 주한 미공보원의 영화 배급 및 상영 상황을 검토한 조사 보고서의 최종 결론은, 주한 미공보원이 수행한 영화 배급 및 상영 활동의 성과가 연간 총관객 수가 당시 한국의 전체 인구보다 약 4배 더 많을 정도로 인상적이지만, "비극장 상영이 전체 유통의 4% 미만을 차지하기 때문에 영화 프로그램 영향 측면에서 이동영사대의 활동이 의문시"된다는 것이었다. 즉 투여되는 예산이나 시간, 노력에 비해 이동영사대 관객이 적다는 문제 때문에, 조사관들은 모든 마을의 농업 인구에 대한 무차별적인 배포를 줄이고 여론을 형성하는 개인과 인구의 더 큰 중심에 있는 집단에 더 집중함으로써 프로그램 목표를 더 잘 달성할 수도 있고 금전적으로도 절약될 것이라고 보았다. 또 당시의 국가 계획 자료에는 이 그룹에 도달하기 위해 주어져야 하는 우선순위를 평가하는 데 거의 또는 전혀 지침을 제공하지 않는다고 지적했다. 이러한 결론에 의거하여, 조사 보고서는 "현재 수행되고 있는 이동영사대 활동을 신중하게 재평가하여 우선순위 수용자 그룹에 대한 프로그램 영향을 강화하는 동시에 비용을 절감해야 한다"라고 권고하였다.●

● 농촌 수용자에게 접근하는 배급 방식이라고 할 수 있는 이동영사대 활동에 대해서 '신중하게' 재평가해야 한다는 권고는, 이 보고서의 도입부에서 밝히고 있듯이 주한 미공보원의 미디어 활동에 있어서 농촌 수용자의 중요성을 간과할 수 없는 이유 때문이었다.

또 주한 미공보원 프로그램의 역할을 재검토하기 위해 워싱턴 USIA의 극동사무국 클리프턴 포스터가 방한하여 주한 미공보원 활동에 대해 전반적으로 점검을 했던 1963년 3월에도, 이동영사대에 대한 문제 제기가 있었다. 클리프턴 포스터는 이동영사대와 관련해 발견하고 관찰한 내용을 보고서에서 다음과 같이 기재하였다.[274]

> 여기서 다시 한번 나는 효과적인 미디어로서 영화에 대한 다양한 견해와 마주쳤다(즉 우리가 도시 관객을 대상으로 한 더 선별적인 영화 상영과 대조적으로 시골 지역에서 영화를 그렇게 강하게 강조해야 하는지 여부). 현장 담당관들은 **시골 관객들과 연락을 유지하기 위한 수단으로 이동영사대 운영에 대체로 호의적이었던 데 반해, 이동영사대의 가치에 의문을 제기하는 사람들**도 있었다. 이 집단은 현장 견학이 실제적인 영향을 미칠 만큼 빈번하지 않고, 현지 제작물을 제외하고는 영화 요금이 아쉬운 점이 많다고 주장한다. …… (중략) …… 대부분의 미국 담당관들은 다른 활동의 압박 때문에 이 이동영사대에 동행하는 일이 거의 없다. **이동영사대 운영은 비용이 너무 많이 들고** 도시 지역에서는 세밀하게 목표 수용자로 설정된 관객을 대상으로 운용됨으로써 더 **제한된 목표에 기여하지 않을 수 있기 때문에** 주한 미공보원은 다시 검토할 만하다. (강조는 필자).

클리프턴 포스터의 견해는 대체로 1961년 조사 보고서와 크게 다르지 않지만, 대부분의 미국 담당관들이 다른 활동의 압박으로 인해 이 이동영사대에 동행하는 일이 거의 없기 때문에 이동영사대의 정책적 효과가 크지 않을 수 있다는 점을 지적하는 점에서 다소 다르다. 또한 그의 견해는 당시 이동영사대의 가치에 의문을 제기하는 사람이 상당히 많이 있었음을 잘 보여 준다. 이러한 근거에 입각해,

클리프턴 포스터는 결론적으로 이동영사대 사업에 대해 다시 검토해야 한다고 보았다.

결과적으로 이러한 재검토 견해는 1963년 주한 미공보원의 이동영사대 운영 축소로 이어졌다. 1963년 8월 이동영사대 운영의 축소와 그에 따른 다른 프로그램 분야의 중점 변경으로 인해 12개 직책의 재할당이 이뤄졌다.[275] 표 9-4의 1963년 7월 30일 당시 주한 미공보원 인력 유형 자료를 보면, 당시 주한 미공보원 지부에서 이동영사대를 운영하는 인력은 '미디어 보조Media Aide' 직책에 7이나 8 등급에 해당하는 낮은 직급에 종사하고, 총인원은 20명이었다. 하지만 이동영사대 활동 그 자체는 1960년대 중반까지 주한공보원 활동에서 폐지되지 않았다. 그렇지만 여기서 주목할 점은 이동영사대의 효과성에 대해 의문시하고 있는 1961년과 1963년 USIA 극동사무국 담당자들의 견해가 1950년대 말 대외 원조 기관인 국제협조처(ICA)의 이동영사대에 대한 가치 평가와 상반된다는 점이다. 이미 7장(미국 대외 원조 기관의 커뮤니케이션 관련 원조 사업의 커뮤니케이션 철학)에서 살펴보았듯이, 국제협조처가 저개발 국가에서의 커뮤니케이션 문제를 해결하는 데 있어서 무엇보다 중요하게 고려했던 것은 '커뮤니케이션 복합체'였다. 이 커뮤니케이션 복합체를 개발하는 절차에 있어 이동영사대의 활용은 필수적인 부분이었다. 국제협조처는 이동영사대 사업이 "세계의 저개발 지역에서 매우 성공적"이었다고 평가한 바 있었다.[276] 이 두 기관의 평가 차이는 어디에서 비롯된 것일까? 커뮤니케이션 미디어 전문가라고 할 수 있는 USIA와 주한 미공보원에서는 다분히 정책적인 관점에서 그 효과성(비용 대비 효과)에 중점을 두고 사고했던 데 반해, 직접적으로 경제 원조와 기술 협력 분야에 종사하는 원조 기구의 담당자들은 커뮤니케이션에 대해 보다 폭넓게 생각했던 것이다. 이런 측면에서 보자면, (공식적인 USIA의 입장은 아니더라도) 앞서 냉전적 세계 질서 속에서 장편 상업 영화가 어떻게 냉전적으로 활용되고 있는지에 대한 현황 조사를 했던 USIA가 좀 더 미디어를 좀 더 냉전적으로 전유했다고 할 수 있을 것이다.

2. 1960년대 주한 미공보원의 상영 활동

2장에서 이미 언급하였던 바와 같이, 냉전기 주한 미공보원의 영화 공보 활동을 이해하고자 할 때 우선적으로 고려할 사항은 상영 영화의 배급 경로와 함께 영화 상영의 다양한 경로다. 먼저 주한 미공보원이 상영할 영화의 배급 경로는 크게 보면 (1) USIA가 전 세계 국가에서 상영할 목적으로 제작한 영화에 한국어로 자막을 넣거나 더빙한 영화 또는 현지 사정에 맞게 각색한 영화, (2) 주한 미공보원이 현지 제작(자체 혹은 위탁)한 영화(문화 영화와 보도 영화(뉴스릴)이고, 이러한 배급 경로를 통해 조달된 영화에 대한 주한 미공보원의 상영 활동은 극장 배급과 비극장 배급(문화원, 이동영사대)을 통해 이뤄졌다.

1) 1960년대 초반기 주한 미공보원 국가 계획서의 국가 목표에 따른 영화 상영 활동의 전개

1960년 1분기 주한 미공보원의 영화 분야 활동 계획을 중심으로 1960년 초 영화에 대한 상영 계획을 살펴보면, 대체로 표 9-5와 같다. 1959년 국가 계획서상의 모든 목표에 해당하는 영화는 기본적으로 매주 16mm와 35mm로 발행되는 한 릴짜리 〈리버티 뉴스〉가 있었고, 〈1959년 국제 뉴스 종합*International News Round-Up, 1959*〉(1릴 흑백, 16mm와 35mm)과 〈1959년 스포츠 종합*Sports Roundup, 1959*〉(1릴 흑백, 16mm와 35mm) 두 영화는 미국으로부터 필요한 영화 자료를 받는 대로 가능한 한 빨리 개봉될 예정이었다.[277] 표 9-5에 제시된 영화 대부분은 미국공보처(USIA)로부터 배급받은 것이고(〈한국의 전진〉 시리즈는 현지 제작물), 몇 개의 영화(〈아이젠하워 대통령의 친선 순방*President Eisenhower's Goodwill Tour*〉과 〈찰리 러셀의 친구들*Charlie Russell's Friends*〉, 〈듀 라인 이야기*Dew Line Story*〉)를 제외하면 대부분 흑백 영화였다.

국가 계획서상의 모든 목표에 해당하는 (1960년 당시 한 편당 200만 명의 관람객을 확보한 것으로 평가되었던) 〈리버티 뉴스〉는 지속적으로 "미국의 원조를 강조"했고, (이미 언급한 바 있듯이) 아이젠하워 대통령의 방한 이전 몇 주 동안 방문에 대한 관심을 높이는 데 도움을 주었고 대통령이 떠난 직후에 제작된 특별판에서 대통령의 연설에서 발췌한 것을 반복했다. 특히 4·19 혁명 이후에는 "이승만 대통령의 퇴진 이후 학생들의 정상화를 위한 학생 운동에 주목했고, 유엔 모의국회, 과학계 학생 사업, 학생문화사절단 등 건설적인 학생 프로그램을 일본에 전달"하기도 했다. 또한 (USIA 등에서 제공한 뉴스 클립으로 구성된)〈리버티 뉴스〉에 포함된 국제 뉴스 부분에서는 지속적으로 미국의 외교 정책 메시지를 담아냈다. 한편, 반공주의를 강조하는 영화는 현지에서 제작되거나 미국에서 제작된 다큐멘터리는 아직 공개되지 않았지만, 〈리버티 뉴스〉와 뉴스 잡지는 탈북자들의 이야기와 여타의 반공적인 내용을 싣고 있었다.● 또한 〈한국의 전진 I, II, III*Progress in*

● 1960년 주한 미공보원 연례 평가 보고서에 따르면, 1960년 당시 반공 영화 제작 기획

표 9－5　1960년 1분기 주한 미공보원의 영화 상영 계획

국가 목표	영화명	영화 상세	내용	개봉 예정
목표 1. 민주주의 생활의 기본 개념에 대한 이해를 만들고 민주주의 제도의 발전을 장려한다.				
	〈32B 이야기*The 32b Story*〉	2릴 흑백 16mm	• 이 영화는 지역 32B의 구성원이 수행하는 다양한 유형의 작업을 그리고 있으며, 국제건축서비스노동조합Building Service Employee International Union의 구성원인 이 지역 노동 단체의 기능을 묘사한다. 이 영화는 수년에 걸쳐 상승한 임금과 줄어든 노동 시간 외에도 입원, 요양원 서비스, 근로자 가족을 위한 장학금, 레크리에이션 활동, 기타 원조와 조언과 같은 조합원의 혜택을 묘사한다. • 이 영화는 지금까지 영화 프로그램에서 손대지 않은 노동 분야를 다룬 단순하고 꾸밈없는 영화로, 현재 주한 미공보원 라이브러리의 노동 영화 목록에 있어서 가장 만족스러운 보완 역할을 할 것이다. 이 영화는 보잘것없는 직업을 가진 노동자의 권리가 어떻게 보호되는지 보여 주는 데 효과적이다. 게다가, 이 영화는 뉴욕시와 지역 32 B의 회원들에 의해 관리되는 유엔 건물에 대한 흥미로운 장면이 있다.	1960. 3. 10
	〈우리가 원하는 세상*The World We Want*〉	4릴 흑백 16mm와 35mm	•〈우리가 원하는 세상〉(극동판)은 1959년 35개국 학생들이 참여한 뉴욕 헤럴드 트리뷴 청년 포럼 발표회를 다룬다. 이 영화는 세라 로런스 칼리지에서의 새해 전야 파티, 윌리엄스버그 여행, 수도 투어, 월도프－아스토리아에서의 그랜드 피날레를 포함하여 젊은 방문객에게 제공되는 주요 활동을 다룬다. 미국 가정에 손님으로 지내면서 태국에서 온 학생이 제안한 것과 같은 종류의 상호 이해와 우정의 주제에 중점을 둔다. 새롭게 맺어진 우정의 관점에서 외국을 생각하는 법을 배우는 각 학생들은 시야가 넓어질 수밖에 없고, 포럼 마지막 세션에서는 그러한 상호 이해를 바탕으로 하여 세계에 대한 열망을 되풀이한다. • 교류 프로그램에 대한 참여 동기와 목적, 원칙을 다루고 있으며, 특히 태국의 한 젊은 학생에 관한 내용은 문화 교류 프로그램이 추구하는 목적을 극동 지역을 위해 드라마화하고 있다. 이 영화가 문화 영화로서의 기여와 더불어 효과적인 일반 프로그램 영화로서의 자격을 갖출 정도로 매력이 넘친다.	1960. 2. 10
목표 2. 진보적인 발전에 도움이 되는 긍정적인 태도를 배양한다.				
	〈건강 시대 *A Dynasty Of Health*〉	4릴 흑백 16mm와 35mm	• 이 영화는 1884년 서양의 과학적 방법이 도입된 이후, 한국 외과 의사의 눈과 목소리를 통해, 특히 미국의 도움으로 한국의 건강과 위생에서 이루어진 진전을 보여 줄 것이다.	1960. 3. 31
	〈한국의 전진 *Progress In Korea*〉	1편 1릴 흑백 16mm와 35mm	• 〈한국의 전진〉 단편 시리즈는 미국의 원조로 한국에서 성취된 다양한 발전 단계를 묘사할 것이다. 이는 《1959년 주한 미공보원의 진행 상황*USIS PROCESS 1959*》 출판물에 기반을 두고 있다. • 4편과 5편은 1960년 2분기 동안 개봉을 위해 제작 완료할 것으로 예상된다.	1960. 1. 25
		2편 상동		1960. 2. 25
		3편 상동		1960. 3. 25

<table>
<tr><td colspan="5">목표 3. 공보 매체를 통해 한국의 미국 경제 지원 프로그램의 목표 달성에 기여한다.</td></tr>
<tr><td></td><td>〈건강 시대〉</td><td colspan="3">목표 2와 동일</td></tr>
<tr><td></td><td>〈한국의 전진〉</td><td colspan="3">목표 2와 동일</td></tr>
<tr><td colspan="5">목표 4. 공산주의의 방식과 제국주의와 전체주의의 고유한 특성을 노출함으로써 허용 가능한 대안으로서 공산주의를 거부하는 것을 장려한다.</td></tr>
<tr><td></td><td>없음</td><td></td><td></td><td></td></tr>
<tr><td colspan="5">목표 5. 미국인들과 그들의 제도에 대한 공감적 이해, 자신감, 존중심을 발전시킨다.</td></tr>
<tr><td></td><td>〈한 줌의 흙 A Handful Of Soil〉</td><td>2릴 흑백 16mm와 35mm</td><td>• 페니실린, 스트렙토마이신 그리고 다른 항생제를 개발한 과학자들의 힘든 연구에 대해 보고한다. 미국으로 이주한 러시아인 셀먼 왁스먼 박사의 연구에 중점을 두고 있다. 그는 수천 개의 토양 샘플을 실험하여 스트렙토마이신을 개발했고 특정 미생물이 다른 미생물을 먹고 성장을 지연시킨다는 그의 논문을 증명하는 데 성공했다. 또한 스트렙토마이신과 다른 항생제의 대량 생산을 위해 미국에서 가장 큰 4개의 제약 회사 소속 과학자와 연구 기술자의 협력도 설명된다. 세계보건기구(WHO)의 의사와 간호사가 과거 난치병 환자들에게 항생제를 투여하는 장면이 눈에 띈다.</td><td>1960. 1. 31</td></tr>
<tr><td></td><td>〈하와이, 50번째 주Hawaii, The 50th State〉</td><td>1릴 흑백 16mm와 35mm</td><td>• 〈하와이, 50번째 주〉는 섬의 인종 구성, 지리, 산업, 교육 시설, 역사적 배경, 정치적 배경과 현재 상태를 간략하게 다룬다. 미국의 유산에 대한 하와이의 기여가 이 영화의 주제다.</td><td>1960. 1. 20</td></tr>
<tr><td></td><td>〈우리가 원하는 세상The World We Want〉</td><td colspan="3">목표 1과 동일</td></tr>
<tr><td></td><td>〈아이젠하워 대통령의 친선 순방〉</td><td>4릴 컬러 16mm와 35mm</td><td>• 아이젠하워 대통령이 12월에 중동, 아프리카, 동남아시아, 유럽 11개국 순방한 내용을 다룬다. 이스트먼Eastman 컬러 영화로 제작 중이며, 한국어판의 전달력을 위해 뉴욕에서 한국어로 내레이션을 진행할 예정이다.</td><td>USIA에서 정보를 받는 즉시 발표 예정</td></tr>
<tr><td></td><td>〈이우누스 엠레: 유엔 콘서트 Yunus Emre: A United Nations Concert〉</td><td>2릴 흑백 16mm와 35mm</td><td>• 이우누스 엠레는 튀르키예의 저명한 음악가 아흐메드 아드난 세이군이 작곡한 곡으로, 600년 전 튀르키예의 위대한 신비주의 시인 이우누스 엠레가 쓴 시를 바탕으로 만들어졌다. 서구 초연 공연은 미국의 저명한 지휘자 레오폴드 스토코프스키의 지휘와 뉴욕 포츠담주립대학교 크레인 합창단의 참여로 공립 교향악단이 선보였다. 이 영화는 13세기 튀르키예 시인이 진리, 삶, 죽음, 인간의 운명과 신을 찾아 헤매는 동안의 생각을 담은 오라토리오의 세 부분을 발췌하여 보여 주고 있으며, 관객들에게 유엔으로부터 찬사를 받고 있던 작곡가도 소개한다.</td><td>1960. 2. 10</td></tr>
</table>

	〈찰리 러셀의 친구들〉	1릴 컬러 16mm와 35mm	• 3월 19일의 뉴스 기사는 카우보이 예술가 찰리 러셀의 실물 크기의 청동 조각품을 미국 국회의사당의 동상홀Statury Hall에 세우기 위한 모금을 다루었다. 러셀은 몬태나주에서 이러한 영예에 선택되었고, 그곳에서 많은 시간을 보냈다. 이 동상의 초기 헌정은 몬태나주립협회가 제공하여 스미스소니언협회에서 전시한 러셀의 스케치와 그림 중 일부를 구현한 기관에서 새롭게 제작한 영화의 일부다. • 〈찰리 러셀의 친구들〉은 러셀이 몬태나에 도착한 1880년부터 사망한 1926년까지 서부 평원에서 삶의 정신을 되찾았다는 내용의 예술 영화다. 세계적으로 유명한 미국의 카우보이 화가가 그린 서양화를 통해 자신과 그가 사랑한 화가, 그의 친구들을 보여 준다. • 문화 예술계는 이 컬러 영화의 연출에 특별한 관심을 보일 것이다. 진전성 있는 노래와 이야기의 구성으로 그의 일생을 생생하게 보여 주기 때문에 많은 일반 관객에게도 호소력이 있을 것이다.	당시 뉴욕에서 개봉 중. USIA로부터 정보를 받는 즉시 발표될 예정
	〈듀 라인 이야기〉	3릴 컬러 16mm	• 미국과 캐나다의 공습으로부터 보호하고자 하는 의도에서 캐나다 북부와 알래스카에 있는 레이더 기지의 3,000마일을 따라 건설하는 과정과 문제를 설명한다. 양국 정부와 민간 산업은 북극의 조건에서 엔지니어링 및 건설 위험을 극복하기 위해 손을 잡았고, 인상적인 결과를 낳았다. 물류라는 엄청난 문제에는 항공 및 해상 운송, 육상 운송, 저장 및 공급 수요의 장기 예측이 포함되었다. 이 영화는 32개월 동안의 전체 프로젝트를 설명하는데, 여기에는 통행이 불가능해 보이는 지역의 착륙대와 도로 건설, 얼음을 통한 해로의 개방, 직원 주택의 건물, 레이더 안테나와 전자 장비의 설치 등을 다룬다.	당시 뉴욕에서 개봉 중. USIA로부터 정보를 받는 즉시 발표될 예정
목표 6. 미국 외교 정책의 기본 목표에 대한 이해를 이끌어 낸다.				
	〈아이젠하워 대통령의 친선 순방〉	목표 5와 동일		
	〈듀 라인 이야기〉	목표 5와 동일		
	〈이우누스 엠레: 유엔 콘서트〉	목표 5와 동일		

* 비고: 모든 영화의 판권에는 TV 배급에 대한 판권을 포함하고 있음.

출처: ACTIVITY PLAN FOR PERIOD January through March 1960의 내용을 표로 정리함. 국가 계획 상 목표는 Country Assessment Report, January 25, 1960(RG 306, W-278, USIS SEOUL → USIA WASHINGTON, Box 11).

Korea, I, II, and III〉은 모두 《전진》 책자와 관련하여 이루어진 미국 원조에 관한 연구를 활용한, 한 해 동안 발표된 한국 현지 제작물인데, 원조 프로그램에 대한 이러한 포괄적인 검토는 낙관적인 메시지를 전달한 것으로 평가되었다. 그리고 한국 현대 의학의 발전에 대한 미국의 기여를 포함하여 한국의 현대 의학의 성장에 관한 영화 〈건강 시대*Dynasty of Health*〉는 의학계로부터 많은 호의적인 평을 받았고 이 주제에 익숙지 않은 수용자들에게도 흥미를 제공하였다고 평가되었다. 마지막으로 미국 생활과 문화의 특정 측면에 대한 지식을 증진시키는 국가 목표에 따른 영화 상영으로는, USIA가 제작한 7편이 제공되었다. 이 작품 중 〈윈저 나스머스 방문〉과 〈서방 세계의 예술〉 등과 같은 미국 예술과 문화에 대한 영화는 대개 환영받고 이에 대한 요구도 증가되고 있다고 평가되었다. 또 USIA가 배포한 〈리틀 자이언트*Little Giant*〉와 〈우주의 메아리*Echo in Space*〉는 한국에 맞게 각색돼 35mm와 16mm로 모두 상영됐고, 이 영화들과 이전에 제작된 과학에 관한 영화들은 경복궁에서 열린 국립 과학 전시회에서 약 10만 4,000명의 방문객들에게 지속적으로 상영되었다. 뿐만 아니라 〈리버티 뉴스〉의 후반부는 국제영화부가 배포한 클립에서 발췌된 과학 주제를 세계 뉴스에 자주 포함했다.[278]

다음으로 주한 미공보원의 비극장 배급에서 중요했던 한국 문화원에서의 영화 상영 활동을 살펴보고자 한다. 이미 3장에서 살펴보았듯이, 한국 문화원의 개선 방안을 모색했던 1960년 랠프 루이스

과 관련하여 한국 공보국은 〈공산주의자가 나타났을 때*When the Communists Came*〉를 기법과 아이디어에 유의하여 검토하였다. 그 부서는 또한 이 영화와 관련하여 《공산주의란 무엇인가*What is Communism*》라는 USIA의 서적을 재탐구하고 있었다.

의 보고서는 1959년 무렵 문화원 영화 프로그램의 약점으로 세 가지를 꼽았다. 즉 청소년 수용자에 대한 지나친 강조, '문화원 내'보다는 외곽 시골 지역에 영화 상영회가 집중된다는 점, 선택된 목표 수용자 대신 대중 수용자를 강조하고 있는 점이었다. 이 중 세 번째 문제와 관련된 대책은 이미 1959년 10월 무렵에 마련되고 있었다. 주한 미공보원은 "(1) 주한 미공보원 메시지를 통해 '작지만 중요한 목표 그룹'에 도달하는 것, (2) 문화원 원장의 교육 보조 역할, (3) 효과적인 문화원 프로그램에 대한 관심을 자극함으로써 사기를 높이는 역할"[279]을 담당할 미디어로 1959년 10월 20일부터 문화원 뉴스 레터를 발행(영문과 한국어)하였는데, 이 창간호에는 '필름 상영上映에 새로운 방책方策'이라는 제목의 기사가 포함되었다. 주된 내용은 문화원 영화 상영에 새로운 방책이 추천되고 있으며, 주한 미공보원이 전국 "각 문화원에 일반 대중을 겨냥한 영화를 지양하고 보다 작은 규모의 집단, 즉 부인회, 4H구락부, 고등학교 학생, 교원 단체, 공무원, 농민, 상인 단체 등등 공통된 관심을 가진 자들을 대상으로 특별히 선택된 필름을 상영토록 권고"하고 있다는 내용이었다. 아울러 선택된 목표 수용자에 대한 영화 상영일 경우에 필요한 '상영 후 진행 절차'에 대한 다음과 같은 안내도 있었다.

> 이런 경우에 있어서 가능하면 그 영화 내용에 관한 간단한 토론을 상영 후에 하도록 요망하고 있다. 이러한 계획을 촉진해서 영화 상영을 보다 교육적이고 효과 있게 하기 위하여 주한 미공보원에서는 영화 목록을 수정하였는바 이로써 대상에 알맞은 필름 선택이 비교적 용이하게 되었다. 필름 교환차交換次 상경하는 문화원 직원은 주한 미공보원 김종철金鍾喆 씨의 조력을 받도록 요망되고 있다.[280]

그림 9-1 〈문화원 소식〉 창간호(1959년 10월 20일)

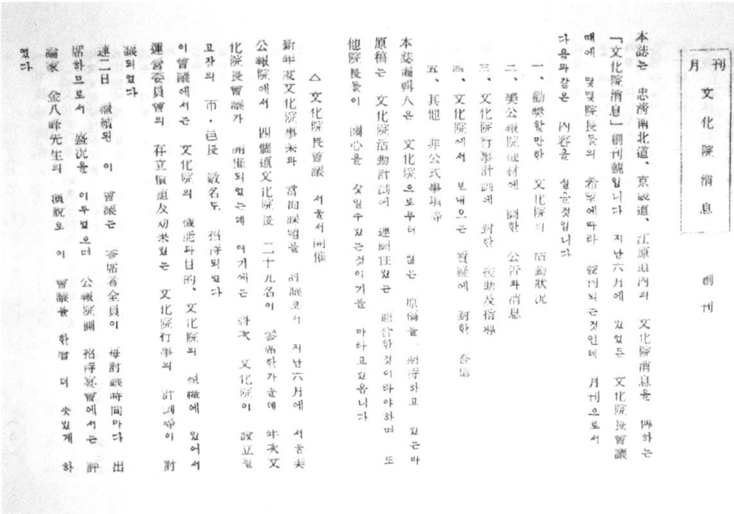

月刊 文化院消息
創刊

本誌는 忠淸南北道、京畿道、江原道內의 文化院消息을 傳하는
「文化院消息」創刊號입니다 지난六月에 있었든 文化院長會議
때에 몇몇院長들의 希望에따라 發刊되는것인데 月刊으로서
다음와같은 內容을 실을것입니다
一、勸獎할만한 文化院의 活動狀況
二、美公報院 機材에 關한 公告와消息
三、文化院行事計劃에 對한 援助及指導
四、文化院에서 보내오는 質疑에 對한 答信
五、其他 非公式事項等
本誌編輯人은 文化院으로부터 많은 原稿를 期待하고 있는바
原稿는 文化院活動計劃에 連關性있는 適合한것이라야하며 또
他院長들이 關心을 갖일수있는것이기를 바라고있읍니다

△文化院長會議 서울서開催

新年度文化院事業과 當面課題를 討議코저 지난六月에 서울美
公報院에서 四個道文化院長 二十九名이 參席한가운데 年次文
化院長會議가 開催되었는데 여기에는 昨年 文化院이 設立될
고장의 市·邑長 數名도 招待되였다
이會議에서는 文化院의 機能과目的、文化院의 組織에 있어서
運營委員會의 存立價値及效果있는 文化院行事의 計劃等이 討
議되었다
連二日 繼續된 이 會議는 參席者全員이 每討議時間마다 出
席하므로서 盛況을 이루었으며 公報院主催 招待宴會에서는 評
論家 金八峰先生의 演說로 이 會議를 한層 더 빛있게 하
였다

* 비고: '월간'이라고 기재되어 있으나, 사실상 1960년 초반까지 2~3개월 단위로 발행되었다.

출처: CULTURAL CENTER NEWSLETTER.

그러나 5·16 군사 쿠데타의 여파로, 1961년에 들어 문화원 활동은 전반적으로 부진하였다. 앞서 언급한 랠프 루이스가 작성한 '1961년 6월 북부 지방 지부 민사관 활동'이라는 문서에 따르면,[281] "문화원 활동이 감소하는 원인은 (1) 군정軍政이 모든 문화원 프로그램을 실시하기 전에 승인을 얻도록 요구하는 것과, (2) 대부분의 경우 지역 사회 재정 지원의 완전한 취소라는 두 가지 이유"였다. 이러한 이유 때문에, "6월 한 달간 문화원 기록은 5개월 만에 가장 적은 17만 1,221명의 관람객을 기록했다. 구체적인 수치는 총 174편의 영화를 관람한 10만 8,592명, 140여 편의 문화원 활동에 참여한 4만 1,997명, 문화원 도서관과 열람실을 이용한 2만 682명 등"이었다. 그

표 9－6　'영화 상영회 토론'별 문화원의 영화 프로그램 현황

총 영화 상영회	288회 (평균 관람객 수 35명)
토론 있는 상영회	149회
코멘트 수 (평균)	7회

출처: BPAO Activities in Northern Provinces for June, 1961.

표 9－7　'수용자 집단'별 문화원의 영화 프로그램 현황

일반 관객	126회
중고등학생	58회
교원 단체	23회
공무원	21회
4H클럽	17회
상인 단체	14회
여성 단체	10회
영어 학급	9회
운영위원회	3회
대학생	1회

출처: BPAO Activities in Northern Provinces for June, 1961.

표 9－8　1960년 1분기 주한 미공보원 광주 지부의 영화 활동 계획

<table>
<tr><th>국가 목표</th><th>영화 활동 계획</th></tr>
<tr><td colspan="2">목표 1. 민주주의 생활의 기본 개념에 대한 이해를 만들고 민주주의 제도의 발전을 장려한다.</td></tr>
<tr><td></td><td>a. 야간 야외 상영회를 하기에는 너무 추운 겨울 시즌 동안 이동영사대는 학교에서 낮 상영회에 집중할 것이다. 이번 프로그램은 분기 중 3대로 도달이 가능한 만큼 전라도 내 시·군의 교육청 성인교육과와 협력해 진행된다. 그 프로그램은 〈리버티 뉴스〉, 〈미국의 소도시〉, 그리고 〈마음의 높은 곳High Places of the Mind〉으로 구성될 것이다.

b. 야간 이동영사대(가능한 경우)는 농촌 농부들을 위한 것으로 〈리버티 뉴스〉, 〈1959년 하이라이트Highlights of 1959〉, 〈아이젠하워 대통령의 친선 순방〉으로 구성될 것이다. (이는 또한 목표 5와 6을 지원할 것이다.)

c. 선거 및 민주적 관행과 관련된 영화는 분기 동안 가능한 한 많은 대여 그룹에 제공될 것이다. 그런 영화들이 가치를 가질 수 있는 100여 개의 그룹이 있다.</td></tr>
<tr><td colspan="2">목표 2. 진보적인 발전에 도움이 되는 긍정적인 태도를 배양한다.</td></tr>
<tr><td></td><td>a. 영화 〈카운터파트 펀드〉와 〈우리We〉는 묶음으로 지역 문화원에 비치되어 지역 협동조합원들이 관람할 수 있도록 할 것이다.

b. 이동영사대는 〈칠레의 주택 탐방Housing Adventure in Chile〉을 포함하여 농촌 기관 영화를 위한 특별 패키지 프로그램을 지참하도록 했다.

c. 농촌 직업 학교를 위한 영화 〈카운터파트 펀드〉의 상영에도 중점을 둘 것이다.</td></tr>
<tr><td colspan="2">목표 3. 정보 매체를 통해 한국의 미국 경제 지원 프로그램의 목표 달성에 기여한다.</td></tr>
<tr><td></td><td>a. 영화 시리즈인 〈한국의 전진〉은 각 상영본이 현장에 도착할 때마다 최대한 이용을 하게 될 것이다. 그것은 이동영사대, 문화원, 주한 미공보원 지부에서 상영될 것이다.

b. 〈리버티 뉴스〉는 모든 영화 프로그램에서 항상 방영되며, 많은 USOM 지원 프로젝트에 포함되는 것은 이 목표를 효과적으로 뒷받침한다. 전라도의 관개 사업을 여러 개의 뉴스릴에서 연속으로 보는 것에 싫증이 났다는 불만을 접수했지만, 현지 스태프들은 프로젝트를 계속 촬영할 것이다.</td></tr>
</table>

목표 4. 공산주의의 방식과 제국주의와 전체주의의 고유한 특성을 노출함으로써 허용 가능한 대안으로서 공산주의를 거부하는 것을 장려한다.	
	a. 이동영사대와 모든 대여 단체들은 이 지역의 반공 결의를 강화하기 위하여, 도서관에서 여타 가용 가능한 영화들, 즉 자유를 위한 투쟁, 공산주의 반대, 티베트, 헝가리에 대한 영화 및 기타 적절한 영화를 받을 것이다.
목표 5. 미국인들과 그들의 제도에 대한 공감적 이해, 자신감, 존중심을 증진시킨다.	
	a. 분기 후반에 휴교 중이던 학교 개학에 따라 〈미국의 소도시〉와 〈알래스카, 49번째 주〉의 상영이 증가할 것이다.
	b. 〈우리가 원하는 세상〉, 〈한 줌의 흙〉, 〈하와이, 50번째 주〉 등의 영화가 최대한 폭넓은 관객층에 보급될 예정이다. 학교와 일반 대중이 이 영화들을 보면서 이익을 얻을 수 있다.
	c. 〈제8의 바다*The 8th Sea*〉와 〈남극*Antarctica*〉은 이동영사대에서 상영될 것이다.
목표 6. 미국 외교 정책의 기본 목표에 대한 이해를 이끌어 낸다.	
	a. 〈원자력의 도전*Challenge of the Atom*〉과 〈별들 사이의 밖으로*Out Among the Stars*〉는 순천, 목포, 여수, 광주의 모든 고등학교에 배포되고 상영될 예정이며, 외곽 지역의 상영회는 문화원에 의해 이루어질 것이다.

출처: ACTIVITY PLAN FOR THE PERIOD: Jan.-Feb: -Mar, 1960의 내용을 표로 정리함. 강조는 필자.

표 9－9　1960년 1분기 주한 미공보원 대구 지부의 영화 활동 계획

국가 목표	영화 활동 계획
목표 1. 민주주의 생활의 기본 개념에 대한 이해를 만들고 민주주의 제도의 발전을 장려한다.	
	a. 〈우리가 원하는 세상〉(극동판)은 도내 도시와 이동영사대로 상영된다.
	b. 〈1959년의 하이라이트〉는 비슷한 장소에서 상영될 것이다.
	c. 〈강릉에서 만났다*We met at Kangnung*〉는 강릉 참가자와 다른 교육 단체에 상영될 것이다.
	d. 〈리버티 뉴스〉와 이전에 이전 분기 보고서에서 검토된 주한 미공보원 영화들의 정상적인 상영은 계속될 것이다.
	e. 가능한 이동영사대 상영회가 시작될 때마다 다가오는 프로그램의 주요 주제를 요약하는 짧은 소개 강연이 선행된다.
목표 2. 진보적인 발전에 도움이 되는 긍정적인 태도를 배양한다.	
	a. 〈한국의 전진〉 1편과 2편은 이 기간 동안 개봉될 것이고 농업 대학과 농부를 포함한 다른 분야의 사람들에게 보여 줄 것이다.
	b. 지난 분기에 개봉한 영화들은 특히 농부를 직접 겨냥한 영화들(〈안영리 이야기〉, 〈카운터파트 펀드〉 등)을 계속해서 보여 줄 것이다.
	c. 〈한국 농부의 삶*The Korean Farmer's Life*〉은 '대구에서 일주일A Week in Taegu'이라는 주한 미군사고문단 KMAG 서비스 클럽 프로그램에 상영될 것이다.
목표 3. 정보 매체를 통해 한국의 미국 경제 지원 프로그램의 목표 달성에 기여한다.	
	a. 〈한국의 전진 I, II〉
	b. 이동영사대는 계속해서 경제 원조에 관한 영화를 상영할 것이다.
	c. USOM의 작업에 관한 영화는 '대구에서 일주일' 주한 미군사고문단 프로그램에서 상영될 수 있다.
목표 4. 공산주의의 방식과 제국주의와 전체주의의 고유한 특성을 노출함으로써 허용 가능한 대안으로서 공산주의를 거부하는 것을 장려한다.	
	a. 가끔 반공적인 내용이 담긴 〈리버티 뉴스〉가 평소와 같이 배급된다.
목표 5. 미국인들과 그들의 제도에 대한 공감적 이해, 자신감, 존중심을 증진시킨다.	
	a. 〈마음의 높은 곳〉은 교육 단체들에게 보여 줄 것이다.
	b. 〈한 줌의 흙〉은 농업 기관에 보여 줄 것이다.
	c. 〈하와이, 50번째 주〉는 다른 영화들과 함께 일반적인 관심을 끄는 영화로 상영될 것이다.
	d. 〈우리가 원하는 세상〉(극동판)
	e. 〈아이젠하워 대통령의 친선 순방〉은 거의 모든 관객들이 관심을 가져야 할 영화다.
	f. 〈세8의 바나〉는 농부 수순 이상의 집단에게 상영될 것이다.
목표 6. 미국 외교 정책의 기본 목표에 대한 이해를 이끌어 낸다.	
	a. 〈아이젠하워 대통령의 친선 순방〉은 많은 유형의 수용자들에게 상영될 것이다.
	b. 〈남극〉은 미국이 다른 나라들과 협력하는 사례로 계속해서 상영될 것이다.
	c. 〈리버티 뉴스〉는 미국 외교 정책의 예를 자주 들고 항상 널리 상영된다.

출처: ACTIVITY PLAN FOR THE PERIOD: Jan.-Feb: -Mar, 1960의 내용을 표로 정리함. 강조는 필자.

가 제시한 주요 통계표를 통해 당시 토론별, 수용자 집단별로 운영 현황을 살펴보자면, 전반적으로 부진한 상황에서도 상영회 후 토론을 진행한 비율이 50% 이상이었지만, 여전히 일반 관객을 대상으로 한 영화 상영회 횟수와 비율이 각각 126회, 44%였다.

다음으로 주한 미공보원 지부 활동 계획 보고서(1960년 1월부터 3월까지)[282]를 통해, 지부별 영화 상영 활동과 지부의 이동영사대 운영을 검토해 보고자 한다. 참고로 아직 이동영사대 운영 축소가 단행되지 않았던 시점이라는 점을 감안해야 한다. 표 9-8과 표 9-9, 표 9-10은 주한 미공보원 세 지부(광주, 대구, 부산)의 영화 활동 계획을 국가 계획 목표별로 정리한 것이다. 지부의 영화 상영 계획은 표 9-5의 주한 미공보원 활동 계획에 부합하여 (지부 상황에 따라 다소 다른 영화를 상영하는 경우도 있지만) 대체로 각 지부들의 영화 상영 활동에는 거의 비슷한 영화들이 배치되어 있음을 알 수 있다. 여기서 주목할 점은 이동영사대 활동이 주로 야외에서 진행되어 추운 겨울에는 상당한 지장을 받았기 때문에, 지부의 이동영사대 운영요원이 상황 대응을 잘해야 했다는 점이었다. 표 9-8의 광주 지부 계획에서 서술되어 있듯이, "야간 야외 상영회를 개최하기에는 너무 추운 겨울 시즌 동안 이동영사대는 학교에서 낮 상영회에 집중"할 예정이었고, 바쁜 농민의 상황을 고려해 야간 이동영사대를 파견했다.

이와 같이, 주한 미공보원은 국가 계획 목표별로 세밀하게 영화 상영 계획을 수립하고 실행했고, 주한 미공보원의 극장과 비극장 배급 경로를 통한 상영 활동에 많은 한국인들이 참여했다. 표 9-11은 1961년 주한 미공보원의 영화 상영 활동 상황을 지부와 관객 수 위주 집계한 통계표다. 전반적으로 문화원/이동영사대 등에서의 상영보다는 상업 극장에서의 관객 수가 월등히 많은 상황이었다.

표 9 – 10 1960년 1분기 주한 미공보원 부산 지부의 영화 활동 계획

국가 목표	영화 활동 계획
목표 1. 민주주의 생활의 기본 개념에 대한 이해를 만들고 민주주의 제도의 발전을 장려한다.	
	a. 학생, 4H클럽, 청소년 단체들이 1959년 헤럴드 트리뷴 포럼의 영화 발표회에 참여하는 것은 부산시가 35mm 보급을 늘리는 데 도움이 될 것이다.
	b. 〈32B 이야기〉의 배급은 노동조합과 학생들을 대상으로 할 것이며, 이동영사대와 16mm 정규 배급처에서 사용할 것이다.
	c. 1959년 11월 개봉한 〈미국의 소도시〉는 이동영사대 프로그램에서 여전히 강조될 것이며, 영화 부문 직원들은 16mm와 35mm 콘텐츠를 사용할 것을 촉구할 것이다.
목표 2. 진보적인 발전에 도움이 되는 긍정적인 태도를 배양한다.	
	a. 〈한국의 전진〉 영화 3편을 상영하고 배급하는 것은 《전진》 팸플릿과 연계될 것이다. 팸플릿은 또한 극장 관리자들에게 복사본을 줌으로써 더 넓은 상업적 배포를 얻기 위해 사용될 것이다.
	b. USIS 영화 부문 직원들과 모든 이동영사대 사업부 직원들은 지난 분기부터 중요한 개봉작인 〈카운터파트 펀드〉의 상영을 계속해서 촉구할 것이다.
	c. 〈나의 4H 다이어리*My 4–H Diary*〉와 〈칠레의 주택 탐방〉은 이번 분기 동안에도 USIS 상영 및 배급에서 여전히 강조할 것이다.
목표 3. 정보 매체를 통해 한국의 미국 경제 지원 프로그램의 목표 달성에 기여한다.	
	a. '지부 민사관(BPAO)'은 공중보건당국, 의과대학 및 병원, 의사 및 간호사, 미군 병원 등에 연락해 〈건강 시대〉 16mm와 35mm 개봉에 대해 최적의 배급을 받을 예정이다.
	b. 〈한국의 전진〉
	c. 〈카운터파트 펀드〉 및 〈나의 4H 다이어리〉
목표 4. 공산주의의 방식과 제국주의와 전체주의의 고유한 특성을 노출함으로써 허용 가능한 대안으로서 공산주의를 거부하는 것을 장려한다.	
	a. 〈용기 있는 티베트〉, 〈치킨 리틀〉, 그리고 공산주의의 특징을 관리하는 것을 보여 주는 다른 다큐멘터리들은 여전히 이동영사대 프로그램과 모든 배급소를 통해 제공될 것이다.

목표 5. 미국인들과 그들의 제도에 대한 공감적 이해, 자신감, 존중심을 증진시킨다.	
	a. BPAO와 직원들은 〈아이젠하워 대통령의 친선 순방〉에서 16mm와 35mm 컬러 개봉을 위한 신속하고 광범위한 배급을 계획할 것이다.
	b. USIS 부산은 항생제 개발과 관련해 통상 16mm, 35mm 콘텐츠 외에 보건당국, 의료 단체, 부산대 의대, 미 육군 의무관 등과 특별 접촉한다.
	c. 〈이우누스 엠레: 유엔 콘서트〉. USIS 부산은 뮤직홀, 부산대학교 음악학교, 고등학교에서 이 영화를 소개할 것이다. 35mm 보급에 도움이 될 수 있는 홍보를 위해 노력할 것이다.
	d. 신작: 〈하와이, 50번째 주〉, 〈우리가 원하는 세상〉, 〈찰리 러셀의 친구들〉 이전 분기로부터 이어진 개봉: 〈제8의 바다〉, 〈마음의 높은 곳〉, 〈미국의 소도시〉, 〈알래스카, 49번째 주〉는 이번 분기 동안 USIS 상영과 영화 배급에 사용될 것이다.
	e. BPAO는 1월 8일 금요일 진해와 제주도의 영화 부문 직원과 센터장을 대상으로 USIS 다큐멘터리의 보다 나은 활용과 현지 프로그램 담당자들에게 새로운 영화를 소개하는 방법을 강조하는 교육을 실시할 예정이다.
목표 6. 미국 외교 정책의 기본 목표에 대한 이해를 이끌어 낸다.	
	a. 〈아이젠하워 대통령의 친선 순방〉(목표 5 참조) 및 〈이우누스 엠레: 유엔 콘서트〉(목표 5 참조).
	b. 〈듀 라인 이야기〉의 배급은 주로 군부대, 공무원, 교사들을 대상으로 할 것이다.
	c. 2분기에 개봉될 제작물: 〈원자력의 도전〉(16mm), 〈제8의 바다〉(16mm), 〈남극〉(16mm/35mm)은 상영과 영화 배급에서 여전히 강조될 것이다.

출처: ACTIVITY PLAN FOR THE PERIOD: Jan.-Feb: -Mar, 1960의 내용을 표로 정리함.

표 9-11 1961년 주한 미공보원의 영화 상영 활동 상황

구분	서울	대구	부산	광주
비극장 상영	16,859,246	2,007,113	550,830	2,221,729
극장 상영	38,365,948	11,523,050	17,265,550	9,417,730

출처: 허은, 2008: 256.

표 9 – 12　1961년 11월과 12월 주한 미공보원 광주 지부의 영화 활동

국가 목표	영화 활동
목표 1. 한국과 관련된 미국의 정책이 건전하다는 것을 증명함으로써 미국 외교 정책의 기본 목표에 대한 추가적인 이해.	
프로젝트 B: 경제 원조 프로그램에서의 한미 간 협력의 진전과 성취를 공표하기.	• 영화 〈국가 요원*Country Agent*〉, 〈나의 4H 프로젝트 다이어리〉, 〈계몽된 마을*Enlightened Village*〉 등이 전남농업확장센터와 3개 지역정보센터, 교육위원회, 군 단체 등에 대여됐다. 11월에 70만 명 이상의 사람들이 이 영화들을 보았다. • 광주USIS 이동영사대들은 양 전라도 읍면 35곳의 공무원과 상인, 농민 등 4만여 명을 대상으로 〈필름 매거진 #9 — 소사리 이야기*Film Magazine #9 Sosa-ri Story*〉를 선보였다. 또한, 이 영화는 이동영사대에 의해 낮에 같은 지역에 있는 35개 중고등학교의 학생과 교사 1만 3,000명에게 상영되었다. 이를 통해 지역 사회의 노력이 지역 사회의 경제 복지와 생활 수준 향상으로 이어진다는 것을 입증했다는 호평이 쏟아졌다.
	• 영화 〈장인의 손〉과 〈필름 매거진 #9 — 소사리 이야기〉는 13회에 걸쳐 8,000명 이상의 군인들이 관람했다. 그들은 또한 약 1,900명의 학생, 교사, 공무원에 이르는 5회 상영을 위해 정부 기관과 고등학교에 대출되었다. • 〈목포일보〉 무선 파일 번역 — '미국의 다른 나라에 대한 경제 원조 증가 US Economic Aid to Other Countries Increases' • '1961년 미국 경제 개발US Economic Development in 1961'은 〈호남일보〉가 무선 파일을 번역해 사용한 것이다.
프로젝트 C: 유엔을 통한 통일, 한일 관계, 자유세계 공동체 강화, 한국의 참여 등의 분야에서 미국의 정책을 지지한다.	• 영화 〈피스메이커〉는 4,000명 이상의 군인들과 1,500명의 공무원, 교사, 학생들에게 한 달 동안 대출을 통해 보여졌다.
프로젝트 E: 국가적 일체성을 강화하고 시민적 책임과 창의력, 시민적 자유의 보호를 개발하기 위한 한국 제도의 프로그램에 대해 적절한 협력과 지원을 제공하기.	• 영화 〈손과 마음으로*With Hand and Heart*〉는 남부와 북부 지방에 있는 36개의 읍과 면에서 36개의 야간 상영에서 2만 6,000명 이상의 공무원, 상인, 농부들에게 보여졌다. 게다가, 약 1만 7,800명의 교사, 학생, 그리고 부모들이 두 지방의 32개 중고등학교에서 32번의 낮 상영에서 이 영화를 보았다. 그것은 선정된 수용자들에게 더 집중하기 위한 이동영사대의 노력의 일환으로 군청과 지역 교육위원회의 800명의 직원들에게 상영되었다. • 광주에 있는 유엔 공보실에 대출을 통해, 영화 〈분명의 탑*Tower of Destiny*〉과 〈인쇄할 수 없었던 이야기*The Story that Couldn't be Printed*〉가 인권 주간 동안 한국인들에게 상영되었다.

목표 2. 공산주의가 개인의 자유와 독립 국가에 대한 우리 국민의 열망과 양립할 수 없음을 보여 줌으로써 공산주의에 대한 거부를 장려하는 것.	
프로젝트 B: 적색 식민주의와 그들의 정치적 행동과 책략의 전복적 성격을 보여 줌으로써 중러 권력의 목표에 대한 이해 증진.	• 영화 〈아는 사람에게 묻다*Ask Those Who Know*〉는 군 단체, 민족 재건운동 간부 양성소, 고등학교 등에 대여되었다. 그것은 또한 USIS 센터 극장에서 열린 특별 상영회에서 조선대학교 학생 950명이 보았다. 또한 영화 〈주검의 상자*Boxes of Death*〉와 〈한국의 범죄*Crime of Korea*〉도 같은 그룹에 대여되었다.
	• 영화 〈아는 사람에게 묻다〉는 목포, 이리, 순천, 전주, 강진군의 1,700여 명의 참전 용사들에게 상영되기 위해 광주군 구호국에 대여되었다. 이 영화의 다른 두 상영본은 전라북도와 전라남도에서 73회에 걸쳐 4만 4,600명의 사람들에게 상영되었다. 이 영화는 MU 운영자들에 의해 큰 영향을 끼쳤다고 보고되었다. **어떤 사람들은 심지어 눈물이 맺혀 있었다. 영화과에 대한 많은 의견은 이 영화가 USIS가 제작한 최고의 반공 영화라고 말한다.**
목표 3. 한미 간 이해와 상호 존중의 토대를 강화하는 데 기여하는 미국 생활과 문화의 특정 측면에 대한 지식을 증진하는 것.	
프로젝트 A: 한미 간 이해와 상호 존중의 기반을 강화하기 위해, 미국인의 삶과 문화에 대한 지식을 증진시키기.	• 영화 〈윌마 루돌프*Wilma Rudolph*〉는 이동영사대들에 의해 한 달 동안 널리 상영되었다.
프로젝트 B: 미국의 국력과 강력한 지위가 과학 영역과 특히 우주 개발 및 미사일 개발 영역에서 보인 미국와 여타 자유 국가의 핵심적이고 역동적인 발전에 의해 유지되고 향상된다는 개념을 전달하기.	• 육군항공학교 간부 4,500여 명, 나주 비료 공장 직원과 건설 노동자 1,200여 명, 중·고교 4곳 학생과 학부모 3,500여 명에게 영화 〈듀 라인 이야기〉, 〈우주비행사 개관*Survey of Astronautics*〉, 〈필름 매거진*Film Magazines*〉 #5와 #7, 〈우주에서의 3년*Three Years in Space*〉 등이 11월은 초대를 받거나 대출을 통해 상영됐다. • 영화 〈필름 매거진〉 #7, 〈우주비행사 개관〉, 〈우주에서의 3년〉 등이 광주여고 학생 600여 명에게 지부장의 미국 우주 과학 강연과 연계해 상영됐다.

출처: "Monthly Summary Report of Activities – November/December 1961" (USIS-kWangju, Edgar E. Noelssu → USIS-Seoul, CPAO, Mr. G. Huntington Damon), December 1, 1961 & January 4, 1962, Box 59, P-51, RG 306의 내용을 표로 정리함. 강조는 필자.

표 9-13　1961년 11월과 12월 주한 미공보원 부산 지부의 영화 활동

<table>
<tr><th>국가 목표</th><th>영화 활동 계획</th></tr>
<tr><td colspan="2">목표 1. 한국과 관련된 미국의 정책이 건전하다는 것을 증명함으로써 미국 외교 정책의 기본 목표에 대한 추가적인 이해.</td></tr>
<tr><td rowspan="2">프로젝트 A: 유엔을 통한 통일, 한일 관계, 자유세계 공동체 강화, 한국의 참여 등의 분야에서 미국의 정책을 지지한다.</td><td>• 박정희 장군의 방미를 다룬 뉴스는 상업 극장에서 호평을 받았지만 16mm 복사본에 대한 수요는 군부대에서 많았다.</td></tr>
<tr><td>• 〈평화로의 길Gateway to Peace〉은 상업 극장 3곳, 주한 미공보원 상영관, 대한민국 육군 부대에서 상영되었다.</td></tr>
<tr><td rowspan="2">프로젝트 B: 경제 원조 프로그램에서의 한미 간 협력의 진전과 성취를 공표하기.</td><td>• 〈장인의 손〉은 상업 극장과 MU 프로그램에서 좋은 출발을 했다.</td></tr>
<tr><td>• 〈장인의 손〉은 주한 미공보원 상영관과 이동영사대뿐만 아니라 주요 상업 극장 중 8곳에서 상영되었다.</td></tr>
<tr><td rowspan="2">프로젝트 C: 유엔을 통한 통일, 한일 관계, 자유세계 공동체 강화, 한국의 참여 등에서 미국의 정책을 지지한다.</td><td>• 영화 〈피스메이커〉는 군인 4,000명 이상과 공무원 1,500명, 교사, 학생 등에게 한 달 동안 대출을 통해 상영되었다.</td></tr>
<tr><td>• 〈피스메이커〉는 1961년 11월에 개봉한 이래로 7개의 상업 극장에서 상영되었고 단체 13곳에 대여되었다.</td></tr>
<tr><td>프로젝트 D: 재한 미국인이 점차 양국 간 우애와 상호 존중을 증진시킨다는 것을 확증하기 위해, 한국 내 모든 미국적 요소와 협력하기.</td><td>• 지역 사회 관계 자문위원회의 모든 회의에서 주한 미공보원 영화가 상영되고 있다.</td></tr>
<tr><td>프로젝트 E: 국가적 일체성을 강화하고 시민적 책임과 창의력, 시민적 자유의 보호를 개발하기 위한 한국 제도의 프로그램에 대해 적절한 협력과 지원을 제공하기.</td><td>• 12월 18일 마산과 진해 현장 답사에서는 시장, 경찰, 상공회의소, 농협, '한국 육군(ROKA)' 지휘 · 총참모학교 등과 접촉하여 출판물과 영화의 활용도를 높이는 방안을 논의하곤 했다.</td></tr>
<tr><td colspan="2">목표 2. 공산주의가 개인의 자유와 독립 국가에 대한 우리 국민의 열망과 양립할 수 없음을 보여 줌으로써 공산주의에 대한 거부를 장려하는 것.</td></tr>
</table>

프로젝트 B: 적색 식민주의와 그들의 정치적 행동과 책략의 전복적 성격을 보여 줌으로써 중러 권력의 목표에 대한 이해 증진.	• 베를린의 발전과 서구 3국의 정책은 베를린의 팸플릿 300부 배포, 영화 〈아는 사람에게 묻다〉, 베를린 사진 전시회를 통해 알려졌다.
	• 상업 극장 8곳과 16mm 상영 9회에서 상영된 USIS 영화, 〈장인의 손〉.
목표 3. 한미 간 이해와 상호 존중의 토대를 강화하는 데 기여하는 미국 생활과 문화의 특정 측면에 대한 지식을 증진하는 것.	
프로젝트 A: 한미 간 이해와 상호 존중의 기반을 강화하기 위해, 미국인의 삶과 문화에 대한 지식을 증진시키기.	• 주한 미공보원에서 훈련 프로그램을 진행한 대한노동조합 간부 20명에게 노동조합과 견습생 훈련에 관한 영화가 상영되었다.

출처: Summary Report, November/December 1961, December 8, 1961 & January 9, 1962 (RG 306, P-51, James E. Boyle USIS, Pusan → USIS-Seoul, CPAO, Mr. G. Huntington Damon, Box 59)의 내용을 표로 정리함.

표 9－14　1961년 11월과 12월 주한 미공보원 대구 지부의 영화 활동

국가 목표	영화 활동
목표 1. 한국과 관련된 미국의 정책이 건전하다는 것을 증명함으로써 미국 외교 정책의 기본 목표에 대한 추가적인 이해.	
프로젝트 B: 경제 원조 프로그램에서의 한미 간 협력의 진전과 성취를 공표하기.	• 주한 미공보원에서 제작한 새 영화 〈장인의 손〉이 스태프들의 전반적인 반응과 함께 초청 관객의 반응을 예고케 했다. 거의 모든 유형의 관객에게 가치 있는 것을 제공하는 이 영화는 주한 미공보원 프로그램에 진정한 기여를 한 것으로 느껴진다. 설문지가 끝나면 영화 사무실로 보내질 것이다.
목표 2. 공산주의가 개인의 자유와 독립 국가에 대한 우리 국민의 열망과 양립할 수 없음을 보여 줌으로써 공산주의에 대한 거부를 장려하는 것.	
프로젝트 B: 적색 식민주의와 그들의 정치적 행동과 책략의 전복적 성격을 보여 줌으로써 중러 권력의 목표에 대한 이해 증진.	• 〈사상계〉 편집장인 양호민 교수가 주한 미공보원, 대구 수요 야간 강좌 시리즈를 진행했다. 그의 강의 주제는 러시아와 중국의 갈등과 알바니아 문제였다. 이번 강의에 사용된 자료의 상당 부분은 대구 주한 미공보원 지부가 양 교수에게 제시했다. 영화 〈아는 사람에게 묻다〉가 먼저 상영되었다.
목표 3. 한미 간 이해와 상호 존중의 토대를 강화하는 데 기여하는 미국 생활과 문화의 특정 측면에 대한 지식을 증진하는 것.	
프로젝트 A: 한미 간 이해와 상호 존중의 기반을 강화하기 위해, 미국인의 삶과 문화에 대한 지식을 증진시키기.	• 없음

출처: SUMMARY REPORT FOR THE MONTH OF NOVEMBER/December, 1961, December 8, 1961 & January 8, 1962((RG 306, P-51, Jerry L. Inman, BPAO USIS, Taegu → USIS-Seoul, CPAO, Mr. G. Huntington Damon, Box 59)의 내용을 표로 정리함.

표 9-15 1961년 11월 주한 미공보원 북부 지역 지점의 영화 활동

국가 목표	영화 활동
목표 1. 한국과 관련된 미국의 정책이 건전하다는 것을 증명함으로써 미국 외교 정책의 기본 목표에 대한 추가적인 이해.	
프로젝트 B: 경제 원조 프로그램에서의 한미 간 협력의 진전과 성취를 공표하기.	• 영화 상영회 145회로, 영화 상영회의 관객 수는 약 7만 5,000명이었다.
목표 2. 공산주의가 개인의 자유와 독립 국가에 대한 우리 국민의 열망과 양립할 수 없음을 보여 줌으로써 공산주의에 대한 거부를 장려하는 것.	
프로젝트 B: 적색 식민주의와 그들의 정치적 행동과 책략의 전복적 성격을 보여 줌으로써 중러 권력의 목표에 대한 이해 증진.	• 이 프로젝트와 관련된 문화원 활동 중 가장 빈번한 것은 약 5만 명이 본 96편의 영화 상영이었다. 기타 활동으로는 강연 6회, 웅변대회 5회, 토론회 4회, 서평회 등이 있었다. 영화 이외 활동의 총관객 수는 약 6,000명이었다.
목표 3. 한미 간 이해와 상호 존중의 토대를 강화하는 데 기여하는 미국 생활과 문화의 특정 측면에 대한 지식을 증진하는 것.	
프로젝트 A: 한미 간 이해와 상호 존중의 기반을 강화하기 위해, 미국인의 삶과 문화에 대한 지식을 증진시키기.	• 이 지역의 문화원 활동은 영화 상영회 68회, 강연과 토론, 전시회 2회, 음악 콘서트 3회가 있었다. 영화 상영회의 관객 수는 약 3만 5,000명이었고, 다른 활동의 수용자 수는 약 1,000명이었다.

출처: MONTHLY REPORT FOR THE MONTH OF NOVEMBER, 1961, December 8, 1961(RG 306, P-51, Ralph Lewis → USIS-Seoul, CPAO, Mr. G. Huntington Damon, Box 59)의 내용을 표로 정리함.

한편, 주한 미공보원 지부 월례 요약 보고서(1961년 12월부터 1962년 1월까지)[283] 중 영화 부분만 정리한 표 9-12와 표 9-13, 표 9-14를 통해, 주한 미공보원 세 지부(광주, 대구, 부산)의 영화 활동 상황을 살펴보자. 여기서 유의할 점은 1961년부터 국가 계획 목표가 재정비되어, 기존의 6개 목표가 3개로 통합되면서 각 목표하에 세부 프로젝트를 설정하는 방식으로 보고서 양식이 바뀌었다. 국가 목표별로 수립된 각각 프로젝트의 별로 어떠한 영화를 어떠한 방식으로 상영하였고, 관

객수까지 집계하는 등 영화 상영 활동이 세세하기 기록되어 있는데, 시골 지역이 많은 지부 활동인 만큼 이동영사대의 활동이 두드러졌음을 확인할 수 있다.

표 9-12의 주한 미공보원 광주 지부의 영화 활동 보고서에서 다른 지역의 보고서와 다소 다른 점이 있다면, 한국 관객들의 구체적인 반응도 보고하고 있다는 점이다. "공산주의가 개인의 자유와 독립 국가에 대한 우리 국민의 열망과 양립할 수 없음을 보여 줌으로써 공산주의에 대한 거부를 장려하는 것"으로 설정된 국가 목표 2의 하위 프로젝트 B(적색 식민주의와 그들의 정치적 행동과 책략의 전복적 성격을 보여 줌으로써 중·러 권력의 목표에 대한 이해 증진)를 위해 상영된 영화 〈아는 사람에게 묻다〉에 대한 한국인의 반응은 눈물이 날 정도로 감동적이어서 '최고의 반공 영화'로 꼽을 정도였다.

2) 1960년대 중반기 주한 미공보원 국가 계획서의 국가 목표에 따른 영화 상영 활동의 전개

이제 마지막으로 1967년에 발행된 〈1966년 주한 미공보원의 영화 프로그램에 대한 연례 통계 보고서〉[284]상의 주요 통계를 통해, 1960년대 중반 주한 미공보원의 영화 상영 활동을 살펴보고자 한다. 표 9-16과 표 9-17, 표 9-18은 주한 미공보원 서울 본부의 보유 영화 통계 등의 영화 프로그램 개괄 표, 비극장 상영 통계 및 타이틀(작품) 내역, 극장 배급 통계 및 타이틀(작품) 내역을 정리한 자료다.

표 9-16은 1966년 11월 30일 당시 기준으로 주한 미공보원 서울 본부의 영화 프로그램을 (1) 보유하고 있는 영화 편수, (2) 비극장 배급, (3) 극장 배급 현황으로 나누어 개괄하였다. 우선 보유한 영화 편

표 9 – 16 주한 미공보원 서울 본부의 영화 프로그램 개괄(1966년 11월 30일까지)

Ⅰ. 영화 목록

		작품 수	프린트 수	
영어로만 제작된 영화	16mm	285	536	
	35mm	9	26	
언어 버전이 있는 영화	16mm	169	896	
	35mm	64	137	

Ⅱ. 비극장 배급

A. 집단: 표 9 – 17 참고

B. 상영: 표 9 – 17 참고

C. 가장 유용한 영화들

	우선순위 수용자	우선순위 수용자	우선순위 수용자	우선순위 수용자
	공무원	문화 지도자, 교사, 학생	일반 대중	군인
	작품명	작품명	작품명	작품명
	〈친선과 신뢰의 가교 *Bridge of Friendship and Faith*〉 〈번개의 해, 북의 날 *Year of Lightning, Day of Drums*〉 〈대단한 한강〉 〈6월의 5개 도시*Five Cities of June*〉 〈유산*The Legacy*〉	〈유산〉 〈우주의 미국인 *American in Space*〉 〈뉴욕의 모든 것*All about New York*〉 〈우주와의 조우 *Meeting in Space*〉 〈아일랜드 닥터 *Island Doctor*〉	〈미국 농부의 하루 *A Day of American Farmer*〉 〈미국 하와이*Hawaii, USA*〉 〈탱크〉 〈희망의 찬가〉	〈권력의 측면 *Profile of Power*〉 〈유산〉 〈북을 보다*Look North*〉 〈탱크〉 〈투 더 페어*To The Fair*〉

D. TV에서 상영된 USIA 영화 수 234편 + 52개 뉴스릴

Ⅲ. 극장 배급 (임무를 맡은 공보원만)

A. 집계된 극장 수 534개

B. 필름 상영

1. 배급사	2. 작품	최초 상영일	극장 수	기간 중 관객 수	누적 관객 수
주한 미공보원	70개		534	114,144,491	543,979,601

기타 사항은 표 9 – 18 참조

출처: Annual Statistical Report on Motion Picture Program - October 31, 1966.

표 9-17 주한 미공보원 서울 본부의 비극장 상영 통계(1966년 11월 30일까지)

II. 비극장 배급

A. 집단	공무원		문화 지도자, 교사/학생		면 지도자		군인		총계	
대여 집단 수	12		29		5		7		53	
영사기 관심 집단 수	51		149		89		204		493	
B. 상영	프로그램 수	관람객 수	프로그램 수	관람객 수	프로그램 수	관람객 수	프로그램 수	관람객 수	프로그램 수	관람객 수
USIS 영사기	16	684	68	4,458	25	770	6	250	115	6,162
USIS 이동영사대	0	0	0	0	0	0	0	0	0	0
직접 대여	325	61,309	5,390	480,164	2,066	1,333,437	5,585	1,887,095	13,366	4,122,308
장기 팀 대여	.	.	.	.	.	.	.	.	.	.
총계									13,481	4,128,470

출처: Annual Statistical Report on Motion Picture Program - October 31, 1966.

수를 보면, 영어 버전이든 아니면 언어 버전이 있는 영화이든 상관없이 대체로 16mm 필름이 압도적으로 많았다. 이는 이동 상영이 많았던 한국의 특수성이 반영된 것으로 보인다. 한편 주한 미공보원의 비극장 배급 현황에서 이채로운 점은 1960년대 점차 한국에서 TV 매체가 성장하고 있었던 배후 조건 속에서 TV에서 상영된 USIA 영화 편수가 상당했다는 점인데, 당시까지 총 234편의 영화에 덧붙여 52개 뉴스릴이 방영되었다. 극장 배급의 경우에는 총 534개의 극장에서 상영되었고, 1966년 관객 수는 1억 1,414만 4,491명이었고, 누적 관객 수로는 5억 4,397만 9,601명이었다.

또한 주한 미공보원 서울 본부의 비극장 상영 통계를 살펴보면, 주한 미공보원의 상영 프로그램에 참가한 관객보다는 주한 미공보원으로부터 영사기를 대여받아 상영하는 프로그램에 참가하는 관객이 훨씬 많았다. 1966년 당시 주한 미공보원의 상영 프로그램에 참가한 관객 수는 6,162명에 불과했으나, 영사기를 대여받아 상영하는 프로그램에 참가한 관객 수는 412만 2,308명이었다. 이는 앞서 살펴보았던 바와 같이 1963년 주한 미공보원의 이동영사대 운영 축소로 이어진 결과로서, 영화 상영 활동의 방향성이 실제로 주한 미공보원 지부나 이동영사대를 통한 상영보다는 영화/영사기 대여를 통한 상영으로 전환되었음을 보여 준다.

또한 1966년 주한 미공보원이 상업 영화관을 통해 배급하여 상영한 영화의 작품 수는 70편이었고, 뉴스릴의 편수까지 포함하게 되면 총 80편이었다. 1966년 주한 미공보원 서울 본부의 극장 상영 통계를 보여 주는 표 9-18에 따르자면, 누적 관계 수가 100만을 초과하는 영화는 (뉴스릴을 제외하면) 총 11편이었고, 대체로 최초 상영이 1964년과 1965년 무렵에 이뤄졌다는 특징이 있다. 이는 4장에서 살펴보았던 바 있었던 주한 미공보원의 영화 상영과 관련된 양국 간의 갈등이 1960년대 중반에 들어 해결되어, 주한 미공보원이 한국의 상업 상영관을 통한 상영 경로로 방향 전환한 결과라고 해석된다.

다음으로 주한 미공보원 지부의 영화 프로그램과 영화 상영 상황을 살펴보고자 한다. 표 9-19와 표 9-20은 주한 미공보원 부산 지부의 보유 영화 통계 등의 영화 프로그램 개괄 표, 비극장 상영 통계이다. 우선 부산 지부가 보유한 영화 편수를 보면, 영어 버전이든

표 9-18 주한 미공보원 서울 본부의 극장 상영 통계 (1966년 11월 30일까지)

*집계된 극장 수: 534

작품명	첫 상영일	극장 수	기간 중 관객수	현재까지의 누적 관객 수
〈알래스카, 49번째 주〉	1959. 01	2	7,568	639,695
〈뉴욕의 모든 것〉	1960. 11	4	16,316	482,956
〈브라운 대사가 미국의 베트남 정책에 대해 말하다*Ambassador Brown speaks on U.S. Vietnam Policy*〉	1966. 06	111	721,613	721,613
〈남극〉	1959. 11	5	22,632	369,882
〈미국의 건축*Achitecture, U.S.A.*〉	1965. 11	88	620,874	701,174
〈마야의 예술*Art of Maya*〉	1959. 12	12	222,163	385,163
〈예술가 김씨의 방미*Artist Kim's visit to U.S.A.*〉	1966. 04	77	748,471	748,471
〈친선과 신뢰의 가교〉	1965. 07	34	365,862	365,862
〈내일로 가는 가교*Bridge to Tomorrow*〉	1965. 04	95	505,062	925,337
〈찰리 러셀의 친구들〉	1959. 12	2	8,653	754,900
〈석탄*Coal*〉	1961. 06	19	88,363	248,064
〈쿠바 기대하다*Cuba Awaits*〉	1963. 04	20	167,964	291,864
〈자유 만날 약속*Date with Liberty*〉	1964. 05	87	503,037	1,186,937
〈데스티네이션 맨*Destination Man*〉	1965. 11	92	903,387	1,025,587
〈우주의 메아리〉	1960. 09	3	9,230	897,630
〈자유로의 탈출*Escape to Freedom*〉	1963. 12	5	15,965	152,592
〈수출*Exports*〉	1966.10	30	318,865	318,865
〈아메리카의 얼굴*Face of America*〉	1965. 06	15	168,985	256,515
〈하루 오만 오천 배럴*5 5,000 Barrels a Day*〉	1966.02	89	875,297	875,297
〈필름 매거진〉 #21	1964. 05	17	196,740	238,940
〈필름 매거진〉 #22	1964. 09	43	395,363	698,544

〈필름 매거진〉 #23	1964. 12	32	221,358	637,121
〈필름 매거진〉 #24	1965. 05	124	769,580	1,214,442
〈필름 매거진〉 #25	1965. 09	23	241,312	396,257
〈필름 매거진〉 #26	1965. 11	46	363,296	483,064
〈필름 매거진〉 #27	1966. 03	87	877,796	877,796
〈필름 매거진〉 #28	1966. 04	128	1,317,272	1,317,272
〈6월의 5개 도시〉	1964. 01	18	182,673	922,412
〈태양을 따르라*Follow the Sun*〉	1962. 03	26	239,097	865,414
〈제4원소*The Four Elements*〉	1966. 06	93	807,965	807,965
〈링컨의 땅에서: 애들라이 스티븐슨*From the land of Lincoln: Adlai Stevenson*〉	1965. 10	55	608,047	941,812
〈제미니*Gemini*〉 #4	1965. 07	18	149,069	866,987
〈그랜드 센트럴 마켓〉	1964. 11	53	415,438	907,836
〈한 줌의 흙〉	1960.03	6	96,821	799,391
〈여관*Inn*〉	1963.12	34	360,638	633,275
〈링컨을 찾아서〉	1960.07	6	97,742	307,442
〈인도로의 초대*Invitation to India*〉	1962.09	7	99,673	461,684
〈파키스탄으로의 초대*Invitation to Pakistan*〉	1962.09	5	75,621	586,309
〈아일랜드 닥터〉	1965.03	135	885,460	1,403,510
〈한국 예술 걸작*Korea Art Master Pieces*〉	1958.11	3	83,517	689,518
〈유산*Legacy*〉	1965.12	141	1,334,790	1,418,290
〈희망의 찬가〉	1963.08	4	13,993	83,783
〈장인의 손〉	1961.11	2	5,200	505,627
〈우주와의 조우〉	1966.09	55	681,360	681,360
〈대단한 한강〉	1963.11	5	16,950	182,299
〈한라산〉	1964.11	37	286,560	608,560

〈드래곤의 밤*Night of Dragon*〉	1965.07	77	940,421	964,521
〈나인 프롬 리틀 록*Nine from Little Rock*〉	1964.12	39	247,610	534,410
〈한국의 친구 에티오피아 *Our Ehtiopian Friend in Korea*〉	1955.07	1	4,000	178,810
〈피스메이커〉	1961.11	7	123,529	474,787
〈철학자의 여행*Philosopher's Journey*〉	1964.04	38	1130,920	1,023,209
〈대통령*The President*〉	1964.02	9	631,178	1,883,303
〈권력의 측면〉	1965.04	140	888,485	1,603,436
〈한국의 전진〉	1965.04	9	102,745	411,682
〈자유를 위한 탐구*Quest for Freedom*〉	1965.05	68	596,852	884,303
〈새턴 우주 비행체*Saturn-Space Vehicle*〉	1964.12	80	629,100	1,147,748
〈현학기 학교*School for String*〉	1964.03	47	356,465	725,223
〈동료 선원*Shipmates*〉	1962.04	8	136,135	561,231
〈자유의 불꽃*Spark of Liberty*〉	1964.07	51	425,483	841,283
〈학생 엔지니어*Student Engineer*〉	1964.08	6	126,964	347,053
〈우주비행사 개관〉	1961.05	1	3,639	340,143
〈탱크〉	1963.12	12	46,413	199,841
〈자유를 지키기 위해*To Keep the Peace*〉	1964.12	106	829,590	1,499,487
〈힘든 수확*Troubled Harvest*〉	1964.09	3	15,600	468,380
〈웰스 인 록*Wealth in Rock*〉	1966.06	83	1,082,240	1,082,240
〈국가의 부*Wealth of Nation*〉	1966.09	41	552,362	552,362
〈손과 마음으로〉	1960.11	5	96,825	550,184
〈함께 일하기*Working Together*〉	1957.07	3	11,500	125,254
〈세계박람회*Worlds Fair*〉	1964.08	100	1,168,560	1,884,210
〈리버티 뉴스〉 #639-691		534	87,830,210	493,840,850
	총계		114,144,491	543,979,601

출처: Annual Statistical Report on Motion Picture Program - October 31, 1966.

표 9－19 주한 미공보원 부산 지부의 영화 프로그램 개괄(1966년 11월 30일까지)

Ⅰ. 영화 목록

		작품 수	프린트 수
영어로만 제작된 영화	16mm	181	181
	35mm	0	0
언어 버전이 있는 영화	16mm	265	790
	35mm	164	179

Ⅱ. 비극장 배급

A. 집단: 표 9－20 참고

B. 상영: 표 9－20 참고

C. 가장 유용한 영화들

우선순위 수용자	우선순위 수용자	우선순위 수용자	우선순위 수용자
공무원	문화 지도자, 교사/학생	군인	
작품명	작품명	작품명	작품명
〈드래곤의 밤〉 〈유산〉 〈우주와의 조우〉 〈필름 매거진〉 #27 〈브라운 대사가 미국의 베트남 정책에 대해 말하다〉	〈드래곤의 밤〉 〈우주와의 조우〉 〈북을 보다〉 〈제4원소〉 〈하루 오만 오천 배럴〉	〈드래곤의 밤〉 〈난민 이야기*A Refugee Story*〉 〈우주와의 조우〉 〈웰스 인 록〉 〈필름 매거진〉 #28	

D. TV에서 상영된 USIA 영화 수 54편

Ⅲ. 극장 배급 (임무를 맡은 공보원만)

A. 집계된 극장 수

B. 필름 상영

1. 배급사	2. 작품	최초 상영일	극장 수	기간 중 관객 수	누적 관객 수

서울 본부 파트에서 언급됨

출처: Annual Statistical Report on Motion Picture Program - October 31, 1966.

표 9-20 주한 미공보원 부산 지부의 비극장 상영 통계(1966년 11월 30일까지)

II. 비극장 배급

A. 집단	공무원		문화 지도자, 교사/학생		면 지도자		군인		총계	
대여 집단 수	24		32		0		12		68	
영사기 관심 집단 수	41		50		0		23		114	
B. 상영	프로그램 수	관람객 수	프로그램 수	관람객 수	프로그램 수	관람객 수	프로그램 수	관람객 수	프로그램 수	관람객 수
USIS 영사기	9	275	26	1,380	0	0	0	0	35	1,655
USIS 이동 영사대	21	613	35	1,650	0	0	0	0	56	2,263
직접 대여	78	2,160	84	4,145	0	0	31	5,120	193	11,425
장기 팀 대여	98	2,710	103	5,100	0	0	24	4,300	225	12,110
총계									509	27,453

출처: Annual Statistical Report on Motion Picture Program - October 31, 1966.

아니면 언어 버전이 있는 영화이든 상관없이 대체로 16mm 필름이 많았지만, (그 이유가 불분명하지만) 서울 본부에 비해 35mm 필름의 수가 훨씬 많았다. 한편 한국의 TV 방송 네트워크의 전국적 확장이 제한적이었던 상황에서도 TV에서 상영된 USIA 영화 편수가 54편이었다.

또한 부산 지부의 비극장 상영의 경우엔, 서울 본부와 마찬가지로 영화/영사기 대여를 통한 상영이 많았지만 서울 본부에서 보였던 압도적 비율은 아니었다. 이는 지역의 열악한 전력 사정과 일정 정도 관련이 있을 것으로 분석된다.

대구 지부의 영화 상영 상황을 살펴보자. 표 9-21과 표 9-22는

표 9－21　주한 미공보원 대구 지부의 영화 프로그램 개괄(1966년 11월 30일까지)

Ⅰ. 영화 목록

		작품 수	프린트 수	
영어로만 제작된 영화	16mm	174	183	
	35mm	0	0	
언어 버전이 있는 영화	16mm	237	474	
	35mm	43	53	

Ⅱ. 비극장 배급

A. 집단: 표 9－22 참고

B. 상영: 표 9－22 참고

C. 가장 유용한 영화들

우선순위 수용자	우선순위 수용자	우선순위 수용자	우선순위 수용자
공무원	문화 지도자, 교사/학생	농민	군인
작품명	작품명	작품명	작품명
〈번개의 해, 북의 날〉 〈드래곤의 밤〉 〈철학자의 여행〉 〈5시 2분 추도사 *Eulogy to 5:02*〉 〈투 더 페어〉	〈학습의 중심*Center of Learning*〉 〈우주비행사 개관〉 〈북을 보다〉 〈데스티네이션 맨〉 〈듀 라인 이야기〉	〈친선과 신뢰의 가교〉 〈프론티어*Frontier*〉 〈아일랜드 닥터〉 〈손과 마음으로〉 〈한 줌의 흙〉	〈6월의 5개 도시〉 〈권력의 측면〉 〈콘서트 투어, 미국*Concert Tour, U.S.A.*〉 〈베트남을 조명하다*Spotlight on Vietnam*〉 〈탱크〉

D. TV에서 상영된 USIA 영화 수　　0편

Ⅲ. 극장 배급 (임무를 맡은 공보원만)

A. 집계된 극장 수

B. 필름 상영

1. 배급사	2. 작품	최초 상영일	극장 수	기간 중 관객 수	누적 관객 수

서울 본부 파트에서 언급됨.

출처: Annual Statistical Report on Motion Picture Program - October 31, 1966.

표 9-22 주한 미공보원 대구 지부의 비극장 상영 통계(1966년 10월 31일 현재)

II. 비극장 배급

A. 집단	공무원		문화 지도자, 교사/학생		면 지도자		군인		총계	
대여 집단 수	27		106		2		22		157	
영사기 관심 집단 수	22		88		2		18		130	
B. 상영	프로그램 수	관람객 수	프로그램 수	관람객 수	프로그램 수	관람객 수	프로그램 수	관람객 수	프로그램 수	관람객 수
USIS 영사기	101	1,688	223	6,425	·	·	·	·	324	8,113
USIS 이동영사대	·	·	·	·	·	·	·	·	·	·
직접 대여	354	8,228	2,229	906,880	385	252,700	919	316,420	3,887	1,484,228
장기 팀 대여										
총계									4,211	1,492,341

출처: Annual Statistical Report on Motion Picture Program - October 31, 1966.

주한 미공보원 대구 지부의 영화 프로그램을 개괄한 표와 비극장 상영 통계다. 우선 대구 지부가 보유한 영화 편수를 보면, 서울 본부와 마찬가지로 영어 버전이든 아니면 언어 버전이 있는 영화이든 상관없이 대체로 16mm 필름이 많았다.

또한 대구 지부의 비극장 상영 경우를 보면, 서울 본부와 마찬가지로 영화/영사기 대여를 통한 상영이 압도적으로 많았다. 지부를 통한 상영의 관객 수가 8,113명이었지만. 영화/영사기 대여를 통한 상영에 참가한 관객 수는 148만 4,228명이었다. 이는 대구 지부의 이동

표 9－23 주한 미공보원 광주 지부의 영화 프로그램 개괄(1966년 11월 30일까지)

Ⅰ. 영화 목록

		작품 수	프린트 수	
영어로만 제작된 영화	16mm	167	174	
	35mm	0	0	
언어 버전이 있는 영화	16mm	247	664	
	35mm	130	163	

Ⅱ. 비극장 배급

A. 집단: 표 9－24 참고

B. 상영: 표 9－24 참고

C. 가장 유용한 영화들

우선순위 수용자	우선순위 수용자	우선순위 수용자	우선순위 수용자
공무원	문화 지도자, 교사/학생	농민	군인
작품명	작품명	작품명	작품명
〈국가의 부〉 〈필름 매거진〉 #27 〈수출〉 〈하루 오만 오천 배럴〉 〈번개의 해, 북의 날〉	〈북을 보다〉 〈제4원소〉 〈웰스 인 록〉 〈태양을 따르라〉 〈미국 농부의 하루〉	〈유산〉 〈권력의 측면〉 〈필름 매거진〉 #28 〈친선과 신뢰의 가교〉	〈드래곤의 밤〉 〈우주와의 조우〉 〈브라운 대사가 미국의 베트남 정책에 대해 말하다〉

D. TV에서 상영된 USIA 영화 수 0편

Ⅲ. 극장 배급 (임무를 맡은 공보원만)

A. 집계된 극장 수

B. 필름 상영

1. 배급사	2. 작품	최초 상영일	극장 수	기간 중 관객 수	누적 관객 수	
서울 본부 파트에서 언급됨						

출처: Annual Statistical Report on Motion Picture Program - October 31, 1966.

표 9-24 주한 미공보원 광주 지부의 비극장 상영 통계(1966년 10월 31일 현재)

II. 비극장 배급

A. 집단	공무원		문화 지도자, 교사/학생		면 지도자		군인		총계	
대여 집단 수	·		40		·		·			
영사기 관심 집단 수	15		32		·		·			
B. 상영	프로그램 수	관람객 수	프로그램 수	관람객 수	프로그램 수	관람객 수	프로그램 수	관람객 수	프로그램 수	관람객 수
USIS 영사기	8	100	278	11,890	·	·	·	·	286	11,990
USIS 이동영사대	·	·	3	148	·	·	·	·	3	148
직접 대여	478	20,560	3,814	499.360	571	792,150	683	215,490	5,546	1,527,560
장기 팀 대여	·	·	101	14,860	61	35,820	26	22,150	188	72,830
총계										

출처: Annual Statistical Report on Motion Picture Program - October 31, 1966.

영상대를 통한 상영이 없다는 점과도 일정 정도 관계가 있을 것이다.

다음으로 광주 지부의 영화 상영 상황을 살펴보면, 표 9-23과 표 9-24는 주한 미공보원 광주 지부의 영화 프로그램을 개괄한 표와 비극장 상영 통계다. 우선 광주 지부가 보유한 영화 편수를 보면, 서울 본부와 마찬가지로 영어 버전이든 아니면 언어 버전이 있는 영화이든 상관없이 대체로 16mm 필름이 많았다.

또한 광주 지부의 비극장 상영의 경우엔, 서울 본부와 마찬가지로 영화/영사기 대여를 통한 상영이 압도적으로 많았다. 지부를 통한 상영의 관객 수가 1만 1,990명이었다. 하지만 영화/영사기 대여를 통한 상영에 참가한 관객 수는 153만 7,560명이었다. (주한 미공보원의 이동영사대 운영 축소 정책에 따라) 이동영사대를 통한 상영 활동의 빈도도 교사 및 학생을 상대로 한 경우에 국한되었다는 점도 특징적이다.

냉전기 주한 미공보원/주한 원조 기관 활동의 역사적 유산

지난 장들을 통해 광복 이후 1960년대까지 한국 정부가 공보 역량이 갖춰나가는 데 미국이 담당한 역할이 무엇인지를 주한 미공보원의 영화 상영 및 영화 제작, 그리고 기술 정보 개선 프로젝트와의 관련성을 중심으로 살펴봤다. 각 장에서 검토한 내용을 중심으로 주한 미공보원 활동과 미국 원조 기관의 미디어 지원 활동이 광복 이후 한국 사회에 어떠한 역사적 유산을 남겼는지를 요약 정리하는 것으로 결론을 대신하고자 한다.

첫째, 주한 미공보원의 활동과 주한 원조 기관의 미디어 지원 활동은 단순히 한국 정부의 공보 활동의 기술적·제도적 여건을 향상시키는 데에만 영향을 준 것만이 아니라 실질적인 측면에서 한국 정부 스스로 공보 역량을 향상시킬 발전주의적 심성과 전략 수립의 역사적 사례를 제공해 주었다.

1950년대 말 1960년대 초까지 경제조정관실과 주한 경제협조처가 커뮤니케이션 관련 원조 사업의 일환으로 시행한 기술 정보 개선 사업은 공보 시설의 차원에서 공보실 영화제작소의 건립과 시범시청각교육원이라는 유산을 남겼지만, 기술 정보 개선 사업의 효과는 인

프라적 측면에만 국한된 것이 아니었다. 왜냐하면 기술 정보 개선 사업의 또 다른 주안점 중 하나가 인적 역량의 향상이었기 때문이다. 기술 정보 개선 사업이 개시될 무렵, 국제협조처(ICA)가 1960년까지 시행한 인디애나대학교의 '커뮤니케이션 리더십 프로그램'이 목표로 했던 것은 시청각 커뮤니케이션 역량을 '지식의 교육 및 보급에 적용하는 방법에 대한 전문적인 이해'를 증진시키는 것에 대한 특이한' 요구를 충족시키는 것이었다. 이 프로그램에 참여했던 사람들의 대다수가 한국 정부의 공보 관련 관료로서 귀국 후 시범시청각교육원과 공보실 영화제작소, 그리고 KBS의 공보 활동에서 핵심적인 역할을 하였다.

그렇지만 전문적인 이해를 갖춘 인적 역량의 향상이라는 측면보다 더 심대한 영향은 커뮤니케이션 미디어 개발 철학의 이식移植에 있었다. 2차 세계 대전 이후 미국 정부의 해외 공보 전략을 정책적으로 실행하는 차원에서 시행되었던 주한 미공보원의 공보 활동과 미국 원조 기관(ICA/USAID)의 기술 정보 개선 사업은 저개발 국가에서의 커뮤니케이션 미디어에 주목했던 미국 정부의 장기적인 커뮤니케이션 철학에 입각한 것이었다. 미국 정부는 '커뮤니케이션 복합체'라는 거시적인 차원에서 저개발 국가의 커뮤니케이션 개발 문제에 접근했다. '커뮤니케이션 복합체'라는 사상은 한 사회의 대인 커뮤니케이션 영역으로부터 방송, 영화 등의 매스커뮤니케이션 영역까지 포괄하는 것이었다. 이에 주한 원조 기관의 기술 정보 개선 사업은 수원국受援國 정부 내 커뮤니케이션미디어센터 설립, 시청각 교원 양성, 인쇄 및 출판, 라디오, 영화, 텔레비전 등을 통한 협력국 내 커뮤니케이션 채널의 구축 및 개발, 전문 인력 양성 등을 핵심 내용으로 하여 진개되있다. 뿐만 아니라, 주한 미공보원의 공보 활동에서는 주요 공보 목표를 성취하기 위해 대인적 접촉, 문화원, 서적, 전시, 출판물, 영화, 라디오 등의 다양한 커뮤니케이션 채널을 활용하였을 뿐만 아니라, 특히 영화 상영 활동에 있어서는 전기가 들어오는 지역이 많지 않거나 커뮤니케이션 채널이 부족한 상황을 고려하여, (포스터 및 시각적 대화 상자, 확성기를 휴대하여 주요 문화원에서 준비된 다른 뉴스들도 알려주기 방편으로) 이동 영사대를 사람들이 많이 모이는 시골 장터로 파견하기도 하였다. 또한 주한 미공보원의 각 지부에서는 주한 미공보원 발행의 정기간행물이 지방의 이발소와 찻집은 물론 학교, 군부대 등 많은 곳과 단체에서 적극 활용되도록 하였다. 이와 같이 미국 정부의 대한對韓 공보 활동에서는 한국적 특성을 고려하여 적극적으로 다양한 지역 커뮤니케이션 채널 — 지역 주민들의 일상적인 사회관계들이 발생하는 장場이라 할 수 있는, '토지성'을 매개로 한 다양한 '스페이스 미디어'(윤상길, 2011b: 7~8) — 이 활용되었다.

이와 같은 '커뮤니케이션 복합체' 철학에 입각한 주한 미공보원과 주한 원조 기관의 활동 사례는 박정희 정부에 의해 적극 수용되었다. 1950년대 반공주의적 동원을 계승하면서 그것을 근대주의적 개발주의와 결합하는 방식으로 지배의 동의 기반을 확충하기 위한 전략을 구사한 권위주의적 반공·개발 동원 체제였던 박정희 정부는 1960년대 전 시기에 걸쳐 '반공주의와 개발주의의 결합'이라는 총체적 관점의 변화를 유도하기 위한 총체적인 선전 공보 체제를 구축하기 위해 매우 고심했다. 군사 쿠데타 직후 국가재건최고회의는 정책을 전달하기 위해 〈최고회의보〉를 발간하였는데, 〈최고회의보〉에 나타난 군사 정부의 총체적인 선전 공보 체제 구상은 대체로 다음과 같았다. 매스 미디어의 보급이 부진한 한국의 상황이 '입으로의 전달,' 즉 방문과 미팅 등과 같은 대인 간 커뮤니케이션 채널을 통해 어느 정도 극복될 수 있다고 보고, 매스 미디어에 의한 수직적 선전 형태와 인간 조직에 의한 수평적 선전 형태를 혼합함으로써 어느 정도 '총체적인 공보 선전 체계'를 구축할 수 있다는 것이었다. 그 결과, 6·25 전쟁으로 인한 '뿌리 뽑힘'과 초기 대중 사회로의 진입에 따른 '뿌리 뽑힘'이 중복되었던 한국의 사회 구조에 대응하여 제기된 방안은 매스 미디어 수단과 원시적인 구두 형식이 절충된 선전 공보 방식이었다. 이에 초기 군사 정부가 설정한 공보 미디어 보급 정책은 "전 국민의 자율적이며 적극적인 참가를 도모하여 공보 미디어인 신문, 잡지를 비롯한 모든 간행물, 방송, 연극, 영화, 사진, 시가, 음악, 미술, 조각, 연설, 포스터, 삐라 등 각종 전파 수단의 광범한 보급을 통하여 국민과 정부와의 접촉 기회를 최대한도로 확대시켜 상호 이해를 촉진"하는 것을 주된 목표로 삼았고, 실제로 1960년대 공보 선전의 미디어 체계는 3대 공보 미디어인 방송 미디어(KBS)와 출판물(《주간 새나라》), 영화 미디어(《대한뉴스》)로 구성되었고 대체로 후반기로 갈수록 시청각 미디어에 대한 활용도를 높이는 방향으로 변모되었다. 공보 선전 활동에 있어 가장 효과적인 주요 미디어로는 매스 미디어의 핵심인 신문의 발행 또는 활용, 유선 라디오의 활용과 순회 영화, 각종 간행물 발간, 그리고 '오피니언 리더'로서의 이장과 동장을 통한 PR 활동 등이었는데, 대체로 도시민과 농어민에 대해 서로 다른 선전 방식을 채택한 결과로 도시와 농촌 지역의 공보 선전 미디어의 효과는 상이한 양상을 보였다(윤상길, 2017: 148~168).

둘째, 주한 미공보원과 주한 원조 기관의 다양한 대한 공보 및 지원 활동 중 저개발 지역이라 할 수 있는 농촌의 거주민을 대상으로 한 특정한 형태의 공보 활동 또한 1960년대 한국 정부의 농어촌 대상 시청각적 공보 활동의 원형原型이 되었다.

(3장에서 살펴보았듯이) USIA는 영화 프로그램을 분석하고자 할 때 고려해야 할 몇 가지 중요한 요소 중 하나로 활용 요인을 꼽았고 이 중 영화 상영회 소개 및 후속 토론의 가능성을 염두에 두었고, 이를 '영화 활동 키트'에 포함시킨 바 있었다. 문화원 원장으로 하여금 월간 보고서 양식에 영화 상영 후 그룹 토론 여부를 기재하도록 하였을 뿐만 아니라, 주한 미공보원 지부장으로 하여금 각 프로그램이 끝난 후 토론의 안내 순서를 제공하고 이동영사대 운영자가 토론의 리더 역할을 하도록 훈련시켰다.

이와 같은 이동영사대 상영과 문화원의 영화 상영 직후 영화 내용에 대해 토론을 수행하게 했던 방식은 박정희 정부의 '농가 방송 토론 그룹 운동'의 추진에 영향을 주었다. 1960년대 초 공보부에 의해 추진되었던 농가 방송 토론 그룹 운동은 미디어를 통한 성인 교육 혹은 사회 교육의 효과를 극대화하기 위한 방법으로 어떤 주제를 신문과 라디오 양쪽을 이용하여 설명할 경우 이것을 집단으로 읽고 듣고 그리고 서로 토론하는 미디어의 수용자 그룹을 국가가 조직하였던 운동으로서, 읽기→듣기→토론→행동의 연속적 행위를 통해 교육의 실효를 얻는 데 그 목적을 두었다(한국방송공사, 1987: 314). 특히 이 운동은 국가의 이념과 정부의 시책, 그리고 정부의 업적 등 정부의 모든 활동 상황을 홍보하기 위한 정부의 공보 활동을 농어촌 지역의 집단적인 라디오 청취 특성을 고려하여 신문과 라디오, 그리고 소규모 조직의 결합을 통해 전개하였다는 데 가장 큰 특징이 있었다. 1962년 8월 19일 KBS 제1라디오 방송부터 시작되어 최소한 1966년 말까지, 혹은 최대한 1970년대 초반까지 전개되었던 이 운동은 1962년 6월 새롭게 취임한 신임 공보부 장관인 이원우李元雨가 취임 공약으로 '농어촌 공보의 철저한 강화'를 천명한 것으로부터 비롯된 것이었다(윤상길, 2011c, 216~217). 특히 정부 내 여러 부처 간의 협의체를 구성하는 방식으로 농가 방송 토론 그룹 운동을 추진하였던 데에도 주한 원조 기관의 사업 방식이 중요한 참조점이 되었다. 농가 방송 토론 그룹 운동은 공보부, KBS 제1방송, 농림부, 농촌진흥청, 〈주간 새나라〉, 재건국민운동본부, 중앙농협협동조합 등의 실무자들을 중심으로 구성된 농가 방송 토론 그룹 운영위원회를 통해 추진되었는데(윤상길, 2011c: 217), 이는 주한 미경제협조처가 영화제작소 프로젝트를 수행했을 당시 한국 정부의 주요 부처와 협의를 통해 추진했던 방식과 유사했다.

마지막으로 주한 원조 기관의 다양한 대한 공보 및 지원 활동 중 특히 시범시청각교육원 프로젝트는 한국 사회 내 시청각 교육에 대한 사회적 인식의 저변을 넓히는 데도 기여했다. 물론 문교부와의 협조를 통해 추진된 시범시청각교육원 프로젝트의 주안점이 미디어적으로는 시청각 교육 교재나 영화 부문에 두어진 것이 사실이지만, 시청각 교육의 중요성에 대한 인식의 저변은 앞서 언급한 농가 방송 토론 그룹 운동에서 확인했던 바와 같이 여타 미디어로까지 확대되었다. 이렇게 시청각 교육의 범위를 라디오까지 확장하였던 데에는 농어민의 문맹률이 높았던 당시의 상황에서 라디오가 영화와 마찬가지로 별도의 리터러시 교육이 필요 없다는 점이 크게 작용했다. 특히 이는 1960년대 초 한국 사회에서 새로운 방송 미디어로 부상하고 있던 앰프 방송(혹은 유선 라디오 방송)에 대한 기대감으로 이어졌다. 다음의 1965년 당시 잡지 기고문은 당시 라디오를 이용한 시청각 교육에 대한 사회적 인식이 얼마나 팽배해 있었는지를 잘 보여 준다.

이(시청각 교육)는 **농어민 대다수가 문맹자**이거나 설사 문자를 해득할 정도라 해도 어려운 서적을 해득할 능력이 모자라고 시간적 여유를 갖지 못하는 우리나라 농어민들에게 더욱 긴요한 것으로서, **라디오, 텔레비전, 영화 등을 통한 교화 지도, 선전, 계몽이 효과적**임은 재언의 여지가 없는 것이다…… (중략) …… **앰프 시설을 통한 유선 방송을 보강 확장함으로써** 방송이 골고루 보급되게 하여 도시와 농어촌의 균형 있는 문화 향상과 국민 생활의 명랑화를 기한다는 것은 참으로 의미가 깊은 것으로…… (중략) …… 뿐만 아니라, **신문, 라디오 없는 농어촌의 유언비어를 막고 방공방첩防共防諜상에도 적성선전敵性宣傳이나 뜬 소문에 현혹됨이 없이 누구나 자기 귀로 중앙과 국제 정세를 직접 듣고 정확하게 판단할 수 있는 길**이 유선 방송으로 열려 있는 사실을 생각한다면 사회 안정과 국가 번영에도 지대한 공헌을 하고 있는 것이다(김승우, 1965: 16~18). (강조는 필자).

여기서 주목할 점은 주한 미경제협조처가 추진한 기술 정보 개선 사업은 당시 한국 사회에서 유선(라디오) 방송이 새로운 방송 미디어로 기술적으로나 제도적으로 정착하는 데 일조했다는 점이다. 1960년대 초 민간 영역에서 막 민영 유선 라디오 방송 사업자들이 등장할 때에는 주로 미군부대 인근 지역인 경우가 많았는데, 4·19 혁명 앰프촌을 처음 의정부 지역에서 먼저 시작하여 9개월 만에 전국에 민영 사업체가 800여 개소나 증가하였는데, 의정부에서 가장 먼저 민영 앰프촌이 설립된 것에는 근처에 미군 부대가 입지해 있어서 전선의 확보가 손쉬웠다는 점이 작용했다. 또한 유선 라디오와 앰프의 점차적인 증가로 인해 시설 설치에 소요되는 자재의 가격이 최소 2~10배까지 폭등하게 되자, 음성적으로 유통되는, 주한 미경제협조처를 통해 들여오는 전선 자재는 부족분을 메우는 주요한 통로였다. 당시 자재 부족에 대한 유선방송사업자들의 대책 요구에도 불구하고, 1960년대 초 공보부는 이에 대한 근본적인 대책을 수립하지 못하였고, 자재 부족의 문제에 대한 적극적인 해결책은 유선방송협회가 미8군으로부터 군용선을 지원받기로 한 1966년에 이르러서야 가능했다(윤상길, 2011a: 170). 뿐만 아니라, 1960년대 중반 전국유선방송협회가 유선 라디오 방송을 일원화 사업을 추진하던 당시 새로운 기술 시스템 방식을 시도한 바 있었는데, 이는 한국에 앰프 시설을 활용한 방송 기술 시스템인 유선 라디오 방송이 제도화될 무렵에 잉글만 기술 고문인 니콜레이는 1961년 8월 초 충남 온양읍에서 한국 정부 관리, USOM과 주한 미공보원 직원들과 협력하여 특별한 방송을 하였던 사례가 중요한 참고점이 되었을 것이다.

주로 미디어를 통한 미국 정부의 대한 선전과 문화 전파는 한국 미디어 전반에 걸쳐서 변화와 발달을 촉진하였다. 광복 이후 약 10년 동안 미국 측 선전은 거의 독자적으로 전개되며 한국 사회와 미디어가 나아갈 방향을 정하였다. 1950년대 후반 미국 정부는 국가 운영에 필수적이며 관련 산업을 육성할 수 있다는 인식으로부터, 직접적 선전 활동 외에도 한국 정부의 공보 역량 강화를 지원하는 기술 정보 개선 사업을 병행하였다. 그 결과 해당 기관, 특히 공보실과 문교부는 인쇄 출판, 사진, 방송, 영상의 제작 시설, 기술, 관리 면에서 큰 발전을 이루었고, 각 미디어도 미국의 대대적인 지원과 영향 아래 물질적으로 자립하고 기술적으로 발전할 기반을 마련하였다. 한국문화와 미디어가 이런 단계에 도달하자, 미국의 대한 정책에서 선전을 비롯하여 문화 전파는 그 중요성과 규모가 축소되고 간접적인 방식으로 바뀌게 되었다. 한국 문화의 변화가 만족스럽고, 한국인의 미디어 운용 능력이 향상되었으므로, 굳이 민족주의의 역풍을 맞아가며 직접적으로 개입할 필요는 없다고 판단하였기 때문이다. 비로소 한국 문화와 미디어는 일정한 방향과 한계 내에서 정체성과 자율성을 확보하게 되었다.

주

1 Organization of U. S. Overseas Information Program, 1945-1958: Policy, Plans, and Program, 1 July, 1958(RG 306, W-364, Box 515).

2 Organization of U. S. Overseas Information Program, 1945~1958.

3 Organization of U. S. Overseas Information Program, 1945~1958.

4 Organization of U. S. Overseas Information Program, 1945~1958.

5 Organization of U. S. Overseas Information Program, 1945~1958.

6 Organization of U. S. Overseas Information Program, 1945~1958.

7 First Report to Congress August-December 1953 THRU the U.S. Overseas Information Program(RG 306, P-131, Box 1).

8 Organization of U. S. Overseas Information Program, 1945~1958.

9 First Report to Congress August-December 1953 THRU the U.S. Overseas Information Program(RG 306, P-131, Box 1).

10 Organization of U. S. Overseas Information Program, 1945~1958.

11 First Report to Congress August-December 1953 THRU the U.S. Overseas Information Program(RG 306, P-131, Box 1).

12 Second Report to Congress August-December 1953 THRU the U.S. Overseas Information Program(RG 306, P-131, Box 1)

13 NSC 5509 PART 6 – USIA PROGRAM, 11 February, 1955(RG 306, A1-56, Box 11).

14 NSC 5509 PART 6 – USIA PROGRAM, 11 February, 1955(RG 306, A1-56, Box 11).

15 Far East Directives and Audiences, 10 December, 1955(RG 306, A1-56, To: IOC - Mr. John M. Begg, From: IOP - Mr. Andrew Berding, Box 4).

16 NSC 5509 PART 6 – USIA PROGRAM, 11 February, 1955(RG 306, A1-56, Box 11)

17 U. S. INFORMATION AGENCY ANALYSIS OF REPROGRAMMING REQUIREMENTS, 21, November , 1955(RG 306, W-358, Box 455).

18 Re-Examination of USIS Activities, 22, June, 1955(RG 306, A1-56, Box 11).

19 THE USIA PROGRAM, 25, September, 1959(RG 306, W-239, From: IOP/B - Frederic O. Bundy), Box 14).

20 PROJECTION OF U. S. INFORMATION PROGRAM FOR 1960~1964(RG 306, P-391, Box 11).

21 THE USIA PROGRAM, 13, September, 1960(RG 306, W-239, FROM: IOP/B - Allan L. Swim, Box 14).

22 Status of Korea USIE Program, September 8, 1949(RG 306, P-51, Box 4).

23 NON-THEATRICAL FILM DISTRIBUSTION(KOREA-PUSAN SEMI-ANNUAL PROGRESS, FISCAL-1962), 5 November 1950, Pusan(RG 306, P-51, Box 4).

24 Ridgeway, William G. Interview(1989년 2월 28일 인터뷰). 이 인터뷰 자료는 미국 의회도서관 사이트에서 조회 및 다운로드가 가능하다. https://www.loc.gov/item/mfdipbib000976

25 First Report to Congress August-December 1953 THRU the U.S. Overseas Information Program(RG 306, P-131, Box 1).

26 Second Report to Congress January-June 1954 THRU the U.S. Overseas Information Program(RG 306, Box 1, P-131).

27 Third Report to Congress August-December 1954 THRU the U.S. Overseas Information Program(RG 306, Box 1, P-131).

28 THE FILM PROGRAM of The UNITED STATES INFORMATION AGENCY(RG 306, P-131, Box 1).

29 1954~1955 IIA PROSPECTUS FOR Korea(RG 306, A-55, Box 6).

30 1954~1955 IIA PROSPECTUS FOR Korea(RG 306, A-55, Box 6)

31 IIA: Country Plan, May 12, 1953((RG 306, W-365, Ambassy, Pusan(Acting PAO, J.A. Higgins) → HE DEPARTMENT OF STATE, WASHINGTON, Box 559).

32 IIA: Country Plan, May 12, 1953((RG 306, W-365, Ambassy, Pusan(Acting PAO, J.A. Higgins) → HE DEPARTMENT OF STATE, WASHINGTON, Box 559).

33 Inspection Report of USIS KOREA, September, 21, 1955(RG 306, P-130, Box 4).

34 KOREA-U.S. INFORMATION CENTERS(RG 306, W-278. Box 11).

35 KOREA-U.S. INFORMATION CENTERS(RG 306, W-278. Box 11).

36 Approval of Travel Between Countries, August 17, 1954(RG 306, W-347, USIS, SEOUL → USIA, WASHINGTON, Box 136).

37 USIS Work in Pusan Area, July 28, 1954(RG 306, W-347, USIS, SEOUL → USIA, WASHINGTON, Box 132).

38 USIS Work in Pusan Area, July 28, 1954(RG 306, W-347, USIS, SEOUL → USIA,

WASHINGTON, Box 132).

39 USIS Work in Pusan Area, July 28, 1954(RG 306, W-347, USIS, SEOUL → USIA, WASHINGTON, Box 132)

40 USIS Work in Pusan Area, July 28, 1954(RG 306, W-347, USIS, SEOUL → USIA, WASHINGTON, Box 132).

41 USIS Work in Pusan Area, July 28, 1954(RG 306, W-347, USIS, SEOUL → USIA, WASHINGTON, Box 132).

42 USIS-Korea Semi-Annual Report for July-December, 1955, February 16, 1956(RG 306, W-347, John P. McKnight, USIS-Korea → USIA-Washington, Box 134).

43 USIS-Korea Semi-Annual Report for July-December, 1955, February 16, 1956(RG 306, W-347, John P. McKnight, USIS-Korea → USIA-Washington, Box 134).

44 USIS-Korea Semi-Annual Report for July-December, 1955, February 16, 1956(RG 306, W-347, John P. McKnight, USIS-Korea → USIA-Washington, Box 134).

45 USIS-Korea Semi-Annual Report for July-December, 1955, February 16, 1956(RG 306, W-347, John P. McKnight, USIS-Korea → USIA-Washington, Box 134)

46 Re-Examination of USIS Activities, 22, June, 1955(RG 306, A1-56, Box 11).

47 Annual USIS-Korea Assessment Report, November 15, 1956(RG 306, W-278, USIS-Korea, PAO J.P. McKnight → USIA-Washington, Box 11).

48 Inspection Report of USIS KOREA, September, 21, 1955(RG 306, P-130, Box 4).

49 USIS-Korea Comments on Inspection Report, April 5, 1956(RG 306, P-130, USIS-Korea, PAO John McKnight → USIA-Washington, Box 4).

50 Meetings of Cultural Center Directors, April 4, 1956(RG 306, W-347, USIS-Korea, John P. McKnight → USIA-Washington, Box 134).

51 REPORT ON ORGANIZATION AND ACTIVITIES OF CULTURE CENTERS IN FOUR NORTHERN PROVINCES of the REPUBLIC OF KOREA, April, 1959(RG 306, P-51, USIS-SEOUL → USIA-WASHINGTON, Box 35).

52 REPORT ON ORGANIZATION AND ACTIVITIES OF CULTURE CENTERS IN FOUR NORTHERN PROVINCES of the REPUBLIC OF KOREA, April, 5, 1960(RG 306, P-51, USIS-SEOUL → USIA-WASHINGTON, Box 35).

53 OPERATIONS REPORTS FROM USIS OUTPOSTS, May 3, 1956(RG 306, W-347, USIS-Korea → USIA-Washington, Box 134).

54 OPERATIONS REPORTS FROM USIS OUTPOSTS, May 3, 1956(RG 306, W-347, USIS-Korea → USIA-Washington, Box 134).

55 OPERATIONS REPORTS FROM USIS OUTPOSTS, May 3, 1956(RG 306, W-347, USIS-Korea → USIA-Washington, Box 134).

56 OPERATIONS REPORTS FROM USIS OUTPOSTS, May 3, 1956(RG 306, W-347, USIS-Korea → USIA-Washington, Box 134).

57 USIS-Korea Centers Report for August 1956, September 25, 1956(RG 306, W-347, USIS-Seoul → USIA-Washington, Box 134).

58 USIS-Korea Centers Report for August 1956, September 25, 1956(RG 306, W-347, USIS-Seoul → USIA-Washington, Box 134).

59 USIS-Korea Centers Report for December 1956, January 17, 1957(RG 306, P-51, USIS-Seoul → USIA-Washington, Box 9).

60 USIS-Korea Centers Report for December 1956, January 17, 1957(RG 306, P-51, USIS-Seoul → USIA-Washington, Box 9).

61 USIS-Korea Centers Report for February 1957, March 19, 1957(RG 306, W-347, USIS-Seoul → USIA-Washington, Box 136).

62 USIS-Korea Centers Report for January 1957, February 21, 1957(RG 306, P-51, USIS-Seoul → USIA-Washington, Box 9).

63 USIS-Korea Centers Report for February 1957, March 19, 1957(RG 306, W-347, USIS-Seoul → USIA-Washington, Box 136).

64 Country Assessment Report, January 25, 1960(RG 306, W-278, USIS-SEOUL, CPAO Henry F. Arnold → USIA WASHINGTON, Box 11).

65 Country Assessment Report, January 25, 1960(RG 306, W-278, USIS-SEOUL, CPAO Henry F. Arnold → USIA WASHINGTON, Box 11)

66 REPORT ON ORGANIZATION AND ACTIVITIES OF CULTURE CENTERS IN FOUR NORTHERN PROVINCES of the REPUBLIC OF KOREA, April, 5, 1960(RG 306, P-51, USIS-SEOUL → USIA-WASHINGTON, Box 35)

67 IAF/X:J Crane, October 27, 1959(RG 306, W-278, Box 11).

68 Supplementary Report for Information Center July 1 to December 31, 1959, March 7, 1960(RG 306, P-51, USIS -SEOUL → USIA-WASHINGTON, Box 59).

69 Country Assessment Report, January 25, 1960(RG 306, W-278, USIS-SEOUL, CPAO Henry F. Arnold → USIA WASHINGTON, Box 11).

70 Country Assessment Report, January 25, 1960(RG 306, W-278, USIS-SEOUL, CPAO Henry F. Arnold → USIA WASHINGTON, Box 11).

71 Country Assessment Report, January 25, 1960(RG 306, W-278, USIS-SEOUL, CPAO Henry F. Arnold → USIA WASHINGTON, Box 11).

72 Country Assessment Report, January 25, 1960(RG 306, W-278, USIS-SEOUL, CPAO Henry F. Arnold → USIA WASHINGTON, Box 11).

73 Report on USIE Burma from W. Bradley Connors to Mr. Barrett etc., November, 28, 1951;

Report on USIE Singapore, November, 30, 1951; Report on USIE Hongkong, December, 3, 1951; Report on USIE Djakarta, December, 4, 1951; Report on USIE Formosa, December, 5, 1951; Report on USIE Korea, December, 7, 1951(RG 59, Box 2540).

74 Report on TDY to Korea, June, 19, 1951(RG554 CIE, CIE/UNC Monta L. Osbourne)

75 Report on TDY to Korea, June, 19, 1951(RG554 CIE, CIE/UNC Monta L. Osbourne).

76 Report on TDY to Korea, July, 25, 1951(RG554 CIE, CIE/UNC Monta L. Osbourne).

77 375, October 28, October, 28 1951(RG 59, Department of State, Seoul → Secretary of State, Box 2240).

78 3URTEL 375 OCT 28 and DEPTEL 359 NOV 16, May 20, 1951(RG 59, Department of State, Washington → Ambassy PUSAN, Box 2240).

79 DEPTEL 31, November 2, 1951, November 23, 1951(RG 59, Pusan → Department of State, Box 2240).

80 Motion Picture Production Unit: Change of Location, June 5, 1952(RG 59, Pusan → Department of State, Box 2240).

81 Motion Picture Production Unit: Change of Location, June 5, 1952(RG 59, Pusan → Department of State, Box 2240).

82 Your 1287, June 19, 1952(RG 59, Department of State → Embassy Pusan, Box 2240).

83 My A-52, Sept 18, September 29, 1952(RG 59, Entry 511.95, Pusan → Department of State, Box 2541).

84 My A-52, Sept 18, September 29, 1952(RG 59, Entry 511.95, Pusan → Department of State, Box 2541).

85 USIS Film Program, April 10, 1953(RG 59, Entry 511.95, Department of State → Embassy, Box 2541).

86 Ridgeway, Willam G. Interview(1989년 2월 28일 인터뷰). 리지웨이 회고록의 표현을 빌리자면, "그날은 내가 결코 잊지 못할 날이었다."

87 USIS Film Program, April, 10, 1953(RG 59, Entry 511.95, JRH → The Ambassador, Box 2241).

88 THE FILM PROGRAM of The UNITED STATES INFORMATION AGENCY(RG 306, P-131, Box 1).

89 THE FILM PROGRAM of The UNITED STATES INFORMATION AGENCY(RG 306, P-131, Box 1).

90 THE FILM PROGRAM of The UNITED STATES INFORMATION AGENCY(RG 306, P-131, Box 1).

91 Ridgeway, Willam G. Interview(1989년 2월 28일 인터뷰).

92 Ridgeway, Willam G. Interview(1989년 2월 28일 인터뷰).

93 Ridgeway, Willam G. Interview(1989년 2월 28일 인터뷰).

94 Ridgeway, Willam G. Interview(1989년 2월 28일 인터뷰).

95 Ridgeway, Willam G. Interview(1989년 2월 28일 인터뷰).

96 USIS Film Program, April, 10, 1953(RG 59, Entry 511.95, JRH → The Ambassador, Box 2241).

97 Community Activities of Seoul Information Center: Attachment A, May, 4, 1954(RG 306, W-347, USIS-Korea → USIA-Washington, Box 132).

98 Community Activities of Seoul Information Center: Attachment A, May, 4, 1954(RG 306, W-347, USIS-Korea → USIA-Washington, Box 132)

99 Temporary Promotion of William Ridgeway, April 18, 1955(RG 306, W-347, USIS, SEOUL → USIA, WASHINGTON (Area Assistant Director), Box 136).

100 Inspection Report of USIS KOREA, September, 21, 1955(RG 306, P-130, Box 4).

101 Inspection Report of USIS KOREA, September, 21, 1955(RG 306, P-130, Box 4).

102 USIS-Korea Comments on Inspection Report, April 5, 1956(RG 306, P-130, USIS-Korea, PAO John McKnight → USIA-Washington, Box 4).

103 Report of Travel to Certain Posts in the Far East, September 19, 1956(RG 306, W-363, IOA/PF - Russell Cox → IOA - Mr. Richard F. Cook, Box 503).

104 Report of Travel to Certain Posts in the Far East, September 19, 1956(RG 306, W-363, IOA/PF - Russell Cox → IOA - Mr. Richard F. Cook, Box 503).

105 Report of Travel to Certain Posts in the Far East, September 19, 1956(RG 306, W-363, IOA/PF - Russell Cox → IOA - Mr. Richard F. Cook, Box 503).

106 Report of Travel to Certain Posts in the Far East, September 19, 1956(RG 306, W-363, IOA/PF - Russell Cox → IOA - Mr. Richard F. Cook, Box 503).

107 Assistance to Foreign Governments in Strengthening Domestic Information Program, May 18, 1956(RG 59, Entry 511.95, JOINT EMBASSY-USIS, Korea → Department of State-USIA, Box 2245).

108 Ridgeway, Willam G. Interview(1989년 2월 28일 인터뷰); Roy T. Haverkamp interviewed by Charles Stuart Kennedy, April 11, 1994, accessed May 15, 2023, http://www.adst.org/oral history/oral-history-interviews, Haverkamp

109 IOP-I/R: Evidence of Effectiveness: CPAO and MPO Honored by First ROK Marine Division, May 1, 1956(RG 306, A-1047, USIS-Korea → USIA-Washington, Box 2).

110 Interim Assessment For USIS-Korea Program, March 25, 1957(RG 306, W-278, USIA-Washington → USIS-Korea, Box 11).

111 Temporary Promotion of William Ridgeway, April 18, 1955(RG 306, W-347, USIS, SEOUL → USIA, WASHINGTON (Area Assistant Director), Box 136).

112 Inspection Report of USIS KOREA, September, 21, 1955(RG 306, P-130, Box 4)

113 Inspection Report of USIS KOREA, September, 21, 1955(RG 306, P-130, Box 4).

114 "Office Memorandum: Report Covering Inspection of Korea"(OA/B - Ben Posner → IOA/I- Mr. Grenoble), April 24, 1956, Box 4, P-130, RG 306.

115 Inspection Report of USIS KOREA, September, 21, 1955(RG 306, P-130, Box 4).

116 Inspection Report of USIS KOREA, September, 21, 1955(RG 306, P-130, Box 4).

117 Inspection Report of USIS KOREA, September, 21, 1955(RG 306, P-130, Box 4).

118 Inspection Report of USIS KOREA, September, 21, 1955(RG 306, P-130, Box 4).

119 Inspection Report of USIS KOREA, September, 21, 1955(RG 306, P-130, Box 4).

120 Interim Assessment For USIS-Korea Program, March 25, 1957(RG 306, W-278, USIA-Washington → USIS-Korea, Box 11).

121 Inspection Report of USIS KOREA, September, 21, 1955(RG 306, P-130, Box 4).

122 '1958년 당시 주한 미공보원 소관 영화 목록'과 각 영화에 대한 간략한 설명은 허은의 단행본(2008) 별첨 자료(469~502쪽)를 참고하라. 또한 미국 NARA 소장 주한 미공보원 영상 자료 중 주요 영화 자료에 대한 해제는 국사편찬위원회가 발행한 책(2013)을 참고하라.

123 Interim Assessment For USIS-Korea Program, March 25, 1957(RG 306, W-278, USIA-Washington → USIS-Korea, Box 11).

124 Ridgeway, Willam G. Interview(1989년 2월 28일 인터뷰).

125 USIS Country Plan: Korea, July 24, 1954(RG 306, P-51, Box 6).

126 USIA/ICA Relations, June 18, 1956(RG 286, P-157, Harry L. Carr (OAVS) → William J. Caldwell, Box 8)

127 Local motion picture production in the countries where FOA has programs, October 7, 1954(RG 286, P-157, FOA, Gerald F. Winfield → USIA, Turner B. Shelton, Box 8).

128 Local Motion Picture Production, September, 8, 1954(RG 286, P-157, USIA → ALL/USIS POSTS, Box 8)

129 USIA/ICA Relations, June 18, 1956(RG 286, P-157, Harry L. Carr (OAVS) → William J. Caldwell, Box 8).

130 Congressional Presentation-FY 61 thru FY 61 DS Non-project (1 of 3)(RG 469, Office of the Far Eastern Operations, Korea Division, Entry # 478, Box 20).

131 IOA/M Activities Report - April 1 - 11, 1956, April 13, 1956(RG 306, W-363, L. S. Mosley → Mr. Den, Box 503).

132 이상은 Interim Assessment For USIS-Korea Program, March 25, 1957(RG 306, W-278, Box 11).

133 USIS-Korea Comments on Inspection Report, April 5, 1956(RG 306, P-130, USIS-Korea, PAO John McKnight → USIA-Washington, Box 4).

134　이상은 Interim Assessment For USIS-Korea Program, March 25, 1957(RG 306, W-278, Box 11).

135　Annual USIS-Korea Assessment Report, November 15, 1956(RG 306, W-278, USIS-Korea, PAO J.P. McKnight → USIA-Washington, Box 11).

136　Annual USIS-Korea Assessment Report, November 15, 1956(RG 306, W-278, USIS-Korea, PAO J.P. McKnight → USIA-Washington, Box 11).

137　Annual Assessment Report (October 1, 1956 through September 30, 1957), October 25, 1957(RG 306, W-273, USIS-Korea → USIA WASHINGTON, Box 51).

138　OEC-ROK/OPI Technical Information Program, November 5, 1957(RG 306, W-278, Audio-Visual Advisor, OEC → CPAO Henry F. Arnold, Box 11).

139　OEC-ROK/OPI Technical Information Program, November 5, 1957(RG 306, W-278, Audio-Visual Advisor, OEC → CPAO Henry F. Arnold, Box 11).

140　CPAO Henry F. Arnold → George Hellyer(USIA), January 20, 1958(RG 306, W-278, Box 11).

141　CPAO Henry F. Arnold → George Hellyer(USIA), January 20, 1958(RG 306, W-278, Box 11).

142　CPAO Henry F. Arnold → George Hellyer(USIA), January 20, 1958(RG 306, W-278, Box 11).

143　CPAO Henry F. Arnold → George Hellyer(USIA), January 20, 1958(RG 306, W-278, Box 11).

144　USIS-OEC (ICA) Coordination Agreement for Korea, January 7, 1959(RG 306, A1-1021, JOINT USIS- EMBASSY-OEC-Seoul → USIA-Washington, Box 13).

145　USIS-OEC (ICA) Coordination Agreement for Korea, January 7, 1959(RG 306, A1-1021, JOINT USIS- EMBASSY-OEC-Seoul → USIA-Washington, Box 13).

146　USIS-OEC (ICA) Coordination Agreement for Korea, January 7, 1959(RG 306, A1-1021, JOINT USIS- EMBASSY-OEC-Seoul → USIA-Washington, Box 13).

147　USIS-OEC (ICA) Coordination Agreement for Korea, January 7, 1959(RG 306, A1-1021, JOINT USIS- EMBASSY-OEC-Seoul → USIA-Washington, Box 13).

148　USIS-OEC (ICA) Coordination Agreement for Korea, January 7, 1959(RG 306, A1-1021, JOINT USIS- EMBASSY-OEC-Seoul → USIA-Washington, Box 13).

149　USIS-OEC (ICA) Coordination Agreement for Korea, January 7, 1959(RG 306, A1-1021, JOINT USIS- EMBASSY-OEC-Seoul → USIA-Washington, Box 13).

150　Audiovisual Leadership Training(ICA/W), January 11, 1956(RG 286, P 157, Box 21).

151　Contract Instruction M.S. in Ed. Students in Contract Program, August 6, 1959(RG 286, P-157, W. D. Stevens → L. C. Larson, Box 21).

152 Re-section of ICA Students, January 22, 1960(RG 286, P-157, Bobun → ICA Student, Box 21).

153 OEC-ROK/OPI Technical Information Program, November 5, 1957(RG 306, W-278, Audio-Visual Advisor, OEC → CPAO Henry F. Arnold, Box 11).

154 이상의 내용은 FY 1962 Country Program Book thru FY 62 Deob-Reob. (2 of 3)(RG 469, Office of the Far Eastern Operations, Korea Division, Entry # 478, Box 22).

155 Report of Agent General of the United Nations Korean Reconstruction Agency, General Assembly, Official Records: Twelve Session Supplement No. 17, A/3651, New York, 1957(Paris: UN Archive), p.13; 한국영상자료원 한국영화사연구소, 2015: 27에서 재인용.

156 Report of Agent General of the United Nations Korean Reconstruction Agency, General Assembly, Official Records: Twelve Session Supplement No. 17, A/3651, New York, 1957(Paris: UN Archive), p.13; 한국영상자료원 한국영화사연구소, 2015: 27에서 재인용.

157 이상의 내용은 Congressional Presentation-FY 61 thru FY 61 DS Non-project (1 of 3)(RG 469, Office of the Far Eastern Operations, Korea Division, Entry # 478, Box 20).

158 OEC-ROK/OPI Technical Information Program, November 5, 1957(RG 306, W-278, Audio-Visual Advisor, OEC → CPAO Henry F. Arnold, Box 11).

159 OEC-ROK/OPI Technical Information Program, November 5, 1957(RG 306, W-278, Audio-Visual Advisor, OEC → CPAO Henry F. Arnold, Box 11).

160 OEC-ROK/OPI Technical Information Program, November 5, 1957(RG 306, W-278, Audio-Visual Advisor, OEC → CPAO Henry F. Arnold, Box 11).

161 OEC-ROK/OPI Technical Information Program, November 5, 1957(RG 306, W-278, Audio-Visual Advisor, OEC → CPAO Henry F. Arnold, Box 11).

162 Semi-Annual Report: Contract ICA/W #644 between International Cooperation Administration and Syracuse University(1960. 4. 4); 한국영상자료원 한국영화사연구소 엮음, 2015: 179에서 재인용.

163 Semi-Annual Report: Contract ICA/W #644 between International Cooperation Administration and Syracuse University(1960. 4. 4); 한국영상자료원 한국영화사연구소 엮음, 2015 179에서 재인용.

164 Congressional Presentation-FY 61 thru FY 61 DS Non-project (1 of 3)(RG 469, Office of the Far Eastern Operations, Korea Division, Entry # 478, Box 20).

165 Semi-Annual Report: Contract ICA/W #644 between International Cooperation Administration and Syracuse University(1960. 4. 4); 한국영상자료원 한국영화사연구소 엮음, 2015: 179.

166 Work Plan – Contract No. ICA/W-644 between USA and Syracuse University(1959. 9. 15); 한국영상자료원 한국영화사연구소 엮음, 2015: 171.

167 Work Plan – Contract No. ICA/W-644 between USA and Syracuse University(1959. 9. 15); 한국영상자료원 한국영화사연구소 엮음, 2015: 171.

168 Monthly Summary Report -July (TC-Audio Visual Division), August 12, 1957(RG 469, Office of the Deputy Director for Operations(1953～61), Office of Far Eastern Operations, Entry 422, Korea Subject Files, 1953～59, 1957 Industry: Technical Aids-Legislation: Laws, Box 75).

169 OEC-ROK/OPI Technical Information Program, November 5, 1957(RG 306, W-278, Audio-Visual Advisor, OEC → CPAO Henry F. Arnold, Box 11).

170 Ministry of Education and National Commission for UNESCO (1962). Education in Korea, Mott Box No.0008, Hoover institution Archive, pp.82～83; 이순진, 2018: 108～109에서 재인용.

171 Syracuse Audiovisual Contract (ICA-W-816), January 6, 1953(RG 469, (USOM/Korea, Moyer → ICA/W), Entry UD 422, Korea Subject Files, 1953 – 1961, Box 153).

172 Syracuse University (Demonstration Audio-visual Center) Contract ICA-W-816, Semi-Annual Report (Project 89-92-494), June 4, 1960(RG 469, USOM/SEOUL, Gilbert E. Tauffner → ICA/W, Entry UD 422, Korea Subject Files, 1953 – 1961, Box 153).

173 Engleman and Company, Inc, Contract ICA-W-638(Radio)(RG 469, UD 422, Korea Subject Files, Box 19). 장영민의 연구(2020)에서는 잉글만 계약의 발효일을 1957년 7월로 보고 있지만, 관련 미국 문서를 확인한 결과 연구자의 잘못된 기입이었다.

174 이상의 내용은 Annual Report on Contract Activities, Commercial Contract, Engleman & Co., Radio, ICA-W 638, December 28, 1959(RG 469, Entry UD 422, Korea Subject Files, 1953 – 1961, USOM/Korea, MOYER → ICA/W, Box 113).

175 이상은 Engleman and Company, Inc, Contract ICA-W-638(Radio)(RG 469, UD 422, Korea Subject Files, Box 19).

176 Annual Report on Contract Activities, Commercial Contract, Engleman & Co., Radio, ICA-W 638, December 28, 1959(RG 469, Entry UD 422, Korea Subject Files, 1953～1961, USOM/Korea, MOYER → ICA/W, Box 113).

177 OEC-ROK/OPI Technical Information Program, November 5, 1957(RG 306, W-278, Audio-Visual Advisor, OEC → CPAO Henry F. Arnold, Box 11).

178 USOM Certificate of Performance for Engleman & Co. Contract ICA-W-638 for April 1959, May 15, 1959(RG 469, Entry UD 422, Korea Subject Files, 1953 – 1961, Seoul/USOM, (acting) CHAWNER → ICA/W, Box 113).

179 Possible Use by IBS of Proposed ROK Transmiiter Facility, May 26, 1959(RG 469, Office of the Deputy Director for Operations(1953～61), Office of Far Eastern Operations, Entry 422, Korea Subject Files, 1953～59, Box 113).

180 USOM Certificato of Performance For Engleman & Co. Contract ICA-W-638 for July 1959, August 8, 1959(RG 469, Office of the Deputy Director for Operations(1953~61), Office of Far Eastern Operations, Entry 422, Korea Subject Files, 1953~59, Box 113).

181 Highlight-Feature Report, May. 1959, June 15, 1959(RG 306, P-242, CINCREP SEOUL, Henry K. Heuser, Acting UNC Economic Coordinator → ICA/W, Box 7).

182 국가기록원 문서 CA0002485. "ITU 전권위원회, Geneva, 1959. 10. 14~12. 21," 5쪽. 직접 인용된 내용은 당대의 냉전적 상황을 드러내기 위해 해당 문서에 담긴 표현을 그대로 옮긴 것이다.

183 USOM Certificato of Performance For Engleman & Co. Contract ICA-W-638 for July 1959, August 8, 1959(RG 469, Office of the Deputy Director for Operations(1953~61), Office of Far Eastern Operations, Entry 422, Korea Subject Files, 1953~59, Box 113).

184 Annual Report on Contract Activities, Commercial Contract, Engelman & Co., Radio, ICA-W 638, December 28, 1959(RG 469, Entry UD 422, Korea Subject Files, 1953 – 1961, USOM/Korea, MOYER → ICA/W, Box 113).

185 Monthly Highlight Report, March 1960, April 6, 1960(RG 306, P-51, USOM/SEOUL, Harry Carr → ICA/W, Box 35).

186 국가기록원 문서 CA0002483, "복명서, 1960. 5," pp.172~173.

187 국가기록원 문서 CA0002483, "통상무선주관청회의 아국대표단에 대한 훈령"(1959. 8), p.9.

188 국가기록원 문서 CA0002483, "보고 秘1호, 1959. 11. 12 통상무선주관청회의 방송용 주파수에 관한 건," p.24.

189 국가기록원 문서 CA0002483, "보고 秘1호, 1959. 11. 12 통상무선주관청회의 방송용 주파수에 관한 건," p.25.

190 국가기록원 문서 CA0002483, "보고 秘1호, 1959. 11. 12 통상무선주관청회의 방송용 주파수에 관한 건," p.26.

191 국가기록원 문서 CA0002483, "보고 秘1호, 1959. 11. 12 통상무선주관청회의 방송용 주파수에 관한 건," p.27.

192 국가기록원 문서 CA0002483, "복명서, 1960. 5," p.173.

193 남양송신소 운영 계획의 임의 변경 과정에 대해서는 이성민·윤상길의 연구를 참고하라.

194 USOM Certificate of Performance for Engleman & Co. Contract ICA-W-638 for June 1959, July 8, 1959(RG 469, Entry UD 422, Korea Subject Files, 1953 – 1961, Seoul/USOM, (acting) CHAWNER → ICA/W, Box 113).

195 USOM Certificate of Performance for Engleman & Co. Contract ICA-W-638 for June 1959, July 8, 1959(RG 469, Entry UD 422, Korea Subject Files, 1953 – 1961, Seoul/USOM,

(acting) CHAWNER → ICA/W, Box 113).

196 USOM Certificate of Performance for Engleman & Co. Contract ICA-W-638 for June 1959, July 8, 1959(RG 469, Entry UD 422, Korea Subject Files, 1953 – 1961, Seoul/USOM, (acting) CHAWNER → ICA/W, Box 113).

197 장영민의 연구에서는 니콜레이의 제안이 1960년 4월에 이뤄진 것으로 서술되어 있으나, 이는 연구자의 착오에 따른 오기인 것으로 보인다.

198 Monthly Highlight Report, March 1960, April 6, 1960(RG 306, P-51, USOM/SEOUL, Harry Carr → ICA/W, Box 35)

199 자세한 미국 정부의 저가 라디오 프로젝트의 추진과 무산 과정에 대해서는, 장영민, 2020, pp.463~474를 참고하라.

200 Quarterly Report of OM, July-September, 1961, October 10, 1961(RG 306, P-51, USOM/SEOUL, KILLEN → ICA/W, Box 59).

201 Annual Report on Contract Activities, Commercial Contract, Engleman & Co., Radio, ICA-W 638, December 28, 1959(RG 469, Entry UD 422, Korea Subject Files, 1953 – 1961, USOM/Korea, MOYER → ICA/W, Box 113).

202 USOM Certificate of Performance for Engleman & Co. Contract ICA-W-638 for June 1959, July 8, 1959(RG 469, Entry UD 422, Korea Subject Files, 1953 – 1961, Seoul/USOM, (acting) CHAWNER → ICA/W, Box 113).

203 USOM Certificate of Performance for Engleman & Co. Contract ICA-W-638 for July 1959, August 3, 1959(RG 469, Entry UD 422, Korea Subject Files, 1953 – 1961, Seoul/USOM, (acting) CHAWNER → ICA/W, Box 113).

204 USOM Certificate of Performance for Engleman & Co. Contract ICA-W-638 for October 1959, November 16, 1959(RG 469, Entry UD 422, Korea Subject Files, 1953 – 1961, Seoul/USOM, MOYER → ICA/W, Box 113).

205 USOM Certificate of Performance for Engleman & Co. Contract ICA-W-638 for November 1959, December 6, 1959(RG 469, Entry UD 422, Korea Subject Files, 1953 – 1961, Seoul/USOM, MOYER → ICA/W, Box 113).

206 이 편지는 USOM-Korea에게도 전송되었다.

207 Annual Report on Contract Activities, Commercial Contract, Engleman & Co., Radio, ICA-W 638, December 28, 1959(RG 469, Entry UD 422, Korea Subject Files, 1953 – 1961, USOM/Korea, MOYER → ICA/W, Box 113).

208 FY 1962 Country Program Book thru FY 62 Deob-Reob. (2 of 3)(RG 469, Office of the Far Eastern Operations, Korea Division, Entry # 478, Box 22).

209 이상의 내용은 FY 1962 Country Program Book thru FY 62 Deob-Reob. (2 of 3)(RG 469, Office of the Far Eastern Operations, Korea Division, Entry # 478, Box 22). 이러한 언급

들은 모두 기술 고문관의 활동들이 광범위하게 국내 방송인들의 관행 변화에 큰 영향을 끼쳤음을 시사해 준다.

210 이상의 내용은 World Wide Review of Communication Media Programs, November 12, 1958(RG 286, USAID/Communications Resources, Entry#157: Subject Files, 1953~1967, Edwin H. Arnold → J. H. Smith(ICA), Box 1).

211 World Wide Review of Communication Media Programs, November 12, 1958(RG 286, USAID/Communications Resources, Entry#157: Subject Files, 1953~1967, Edwin H. Arnold → J. H. Smith(ICA), Box 1).

212 RG 286, USAID/Communications Resources, Entry#157: Subject Files, 1953~1967, Box 1. 이 미국 문서에는 1958년 보고서와 1962년부터 1965년까지의 보고서, 1967년 보고서가 수록되어 있지만, 거의 매년 발행했을 것으로 보인다.

213 FY 1962 Country Program Book thru FY 62 Deob-Reob. (2 of 3)(RG 469, Office of the Far Eastern Operations, Korea Division, Entry # 478, Box 22).

214 Expiration of Contract ICA-W-816, Syracuse University, April 15, 1961(RG 469, Entry UD 422, Korea Subject Files, USOM/SEOUL, Moyer → ICA/W, Box 153).

215 Syracuse University Contract ICA-W-644, Evaluation of Performance Report, May 24, 1961(RG 469, Entry UD 422, Korea Subject Files, 1953 – 1961, USOM/SEOUL, Moyer → ICA/W, Box 153).

216 Syracuse University Contract ICA-W-816, Evaluation of Performance Report, April 28, 1961(RG 469, Entry UD 422, Korea Subject Files, 1953 – 1961, USOM/SEOUL, Moyer → ICA/W, Box 153).

217 End of Tour Report, August 23, 1961(RG 469, Entry UD 422, Korea Subject Files, 1953 – 1961, USOM/SEOUL, Moyer → ICA/W, Box 153).

218 Syracuse University Contract ICA-W-816, Evaluation of Performance Report, April 28, 1961(RG 469, Entry UD 422, Korea Subject Files, 1953 – 1961, USOM/SEOUL, Moyer → ICA/W, Box 153).

219 End of Tour Report, August 23, 1961(RG 469, Entry UD 422, Korea Subject Files, 1953 – 1961, USOM/SEOUL, Moyer → ICA/W, Box 153).

220 Syracuse University Contract ICA-W-816, Evaluation of Performance Report, April 28, 1961(RG 469, Entry UD 422, Korea Subject Files, 1953 – 1961, USOM/SEOUL, Moyer → ICA/W, Box 153).

221 이상의 내용은 End of Tour Report, August 23, 1961(RG 469, Entry UD 422, Korea Subject Files, 1953 – 1961, USOM/SEOUL, Moyer → ICA/W, Box 153).

222 End of Tour Report, August 23, 1961(RG 469, Entry UD 422, Korea Subject Files, 1953 – 1961, USOM/SEOUL, Moyer → ICA/W, Box 153).

223 Syracuse University Contract ICA-W-816, Evaluation of Performance Report, April 28, 1961(RG 469, Entry UD 422, Korea Subject Files, 1953 – 1961, USOM/SEOUL, Moyer → ICA/W, Box 153).

224 End of Tour Report, August 23, 1961(RG 469, Entry UD 422, Korea Subject Files, 1953 – 1961, USOM/SEOUL, Moyer → ICA/W, Box 153).

225 End of Tour Report, August 23, 1961(RG 469, Entry UD 422, Korea Subject Files, 1953 – 1961, USOM/SEOUL, Moyer → ICA/W, Box 153).

226 Quarterly Report of OM, July-September, 1961, October 10, 1961(RG 306, P-51, USOM/SEOUL, KILLEN → ICA/W, Box 59).

227 Syracuse University (Demonstration Audio-visual Center) Contract ICA-W-816, Semi-Annual Report (Project 89-92-494), June 4, 1960(RG 469, Entry UD 422, Korea Subject Files, 1953 – 1961, USOM/SEOUL, Gilbert E. Tauffner → ICA/W, Box 153).

228 Congressional Presentation-FY 61 thru FY 61 DS Non-project (1 of 3)(RG 469, Office of the Far Eastern Operations, Korea Division, Entry # 478, Box 20).

229 Congressional Presentation-FY 61 thru FY 61 DS Non-project (1 of 3)(RG 469, Office of the Far Eastern Operations, Korea Division, Entry # 478, Box 20).

230 Congressional Presentation-FY 61 thru FY 61 DS Non-project (1 of 3)(RG 469, Office of the Far Eastern Operations, Korea Division, Entry # 478, Box 20).

231 Congressional Presentation-FY 61 thru FY 61 DS Non-project (1 of 3)(RG 469, Office of the Far Eastern Operations, Korea Division, Entry # 478, Box 20).

232 FY 1962 Country Program Book thru FY 62 Deob-Reob. (2 of 3)(RG 469, Office of the Far Eastern Operations, Korea Division, Entry # 478, Box No. 22)

233 인용은 다음의 문서에 따른 것이다. OPERATIONS PLAN FOR KOREA, February 3, 1960(RG 306, W-278, Bromley Smith, Executive Officer, Box 11).

234 Ridgeway, Willam G. Interview(1989년 2월 28일 인터뷰).

235 Korean Local Production, November 8, 1960(RG 306, W-278, IMS, Adale Cirillo → IAF, Mr. Cox, Box 11).

236 Letter, November 9, 1960(USIA Washington, James F. Crane(RG 306, W-278, Korea Desk Officer, IAF) → USIS-Korea, Arthur Lee, Box 11).

237 Letter, December 5, 1960(RG 306, W-278, USIS-Korea, Arthur Lee → USIA Washington, James F. Crane(Korea Desk Officer, IAF, Box 11).

238 Inspection Report, NOVEMBER 24, 1961(RG 306, USIS KOREA, Box 6)

239 Report of Travel to Certain Posts in the Far East, September 19, 1956(RG 306, W-363, IOA/PF - Russell Cox → IOA - Mr. Richard F. Cook, Box 503).

240 Assistant Motion Picture Officer Position in Korea, June 17, 1960(RG 306, W-278, IAF,

Russell Cox → IMS, Turner B. Shelton, Box 11).

241 Memorandum, June 3, 1960(RG 306, W-278, IMS, Turner B. Shelton → IAF. Neilson, Box 11).

242 Assistant Motion Picture Officer Position in Korea, June 17, 1960(RG 306, W-278, IAF, Russell Cox → IMS, Turner B. Shelton, Box 11).

243 Inspection Report, NOVEMBER 24, 1961(RG 306, USIS KOREA, Box 6).

244 Inspection Report, NOVEMBER 24, 1961(RG 306, USIS KOREA, Box 6).

245 Motion Pictures - Production for REMAKE - AMERICA PRESENTS AMERICA, December 15, 1961(RG 306, P-51, USIA/W, MURROW → USIS SEOUL, Box 59).

246 미국 문서상에는 'Motion Picture Officer'라고 언급되어 있고 이름이 기재되어 있지 않지만, 10월 17일자 다른 미국 문서에는 당시 험프리 린지가 이미 서울을 떠났고 10월 24일에 워싱턴에 도착하여 관련 담당관들과 자신의 견해를 논의하게 될 것이라고 언급되어 있기 때문에, 그리고 공문상의 내용이 주로 영화 제작과 관련된 제언이라는 측면에서 볼 때, 이 문서 속에서 언급된 영화담당관은 로린 리더였을 가능성이 크다. 당시 험프리 린지의 일정과 관련된 내용은 Views of the Motion Picture Officer, Seoul, Korea, October 17, 1962(RG 306, W-278, USIS Seoul → USIA Washington, Box 11). 그러나 1963년 초 방한한 USIA의 클리프턴 B. 포스터Clifton B. Forster의 출장 보고서에서는 동일한 내용을 전해준 영화담당관이 "서울에 배속되었다"라고 언급한 점에서 보면, 험프리 린지이거나 제3의 인물일 가능성이 매우 크다. 이상의 내용은 Report on Korea Visit, March 25, 1963(RG 306, P-391. IAF, Clifton B. Forster → IAF, Mr. Bunce, Box 11).

247 MOTION PICTURES: Film Production in the field, October 16, 1962(RG 306, W-278, USIS Seoul, G. Huntington Damon → USIA WASHINGTON, Box 11).

248 Field Positions for Motion Picture Production Interns, April 23, 1963(RG 306, P-391, IOA/P, E. N. Dehn → IAF, Mr. Bunce, Box 10).

249 Future of Sangnam Operation, November 2, 1962(RG 306, W-278, C.B. Forster → Dr. Bunce, Mr. Moore, Mr. McConeghey, Mr. Novick, Box 11).

250 "Honor Award Proposal(NOMINEE: Sangnam, Motion Picture Production Center Staff (Unit Award), NOMINATED BY: Mr. Lorin G. REEDER, Motion Picture Officer (Production)"(USIS Seoul, G. Huntington Damon → USIA WASHINGTON), January, 25, 1963, Box 11, P-391, RG 306.

251 한국인 직원 명단은 다음과 같다. 영어 발음의 차이를 최소화하기 위해 영문 이름을 열거하도록 한다. An Woi Sun, CHO Hi Kyu, CHO Pyong Ki, CHOI Byung Woo, CHUN Sun Myung, CGUN Won Choon, HAN Kyung Chai, HAN Tak Sung, HONG Chung Sik, HWANG Ui Soon, JOO In Keun, KANG Chun Kil, KIM Chong Koo, KIM Hyung Hwan, KIM Sang Sik, KIM Suk Kyu, KIM Tae Whan, KO Hung Myun, KUK Chae Kyun, LEE

Byung Ho, LEE Byung Jai, LEE Kyung Ha, LEE Sin Hyo, LIM Choon Yup, LIM Kyung Jin, MOON Tae Il, PARK Chan Sam, PARK Hai Yung, PARK Yung Soon, RA Byung Tai, YOON Doo Wun, YOON Ok Hyun. 이상 34명.

252 이상의 내용은 Report on Korea Visit, March 25, 1963(RG 306, P-391. IAF, Clifton B. Forster → IAF, Mr. Bunce, Box 11).

253 Report on Korea Visit, March 25, 1963(RG 306, P-391. IAF, Clifton B. Forster → IAF, Mr. Bunce, Box 11).

254 MOTION PICTURE TECHNICAL OPERATIONS: A - USIS, Seoul, Korea, B-USIS Production Lab, Sagnam, Korea, June 4, 1964(RG 306, P-391, IMS/OC, Harold Blombeck → USIA Washington, Box 8).

255 Field Trip to Korea, December 22, 1964(RG 306, W-199, IAF - Floyd A. Wade, Jr. → IAF - Mr. Bunce, Box 168).

256 Information Requested Concerning Sangnam Move — Item 5, May 2, 1966(RG 306, W-177, IAF, Morton S. Smith → IOA/BF, Mr. Sokoioski, Box 53).

257 Trip Report on USIS/Korea, June 8, 1966(RG 306, W-193, IAF, David Hitchcock, Japan-Korea Desk Officer → IAF, Mr. Oleksiw, Assistant Director, Box 33).

258 OFFICIAL LIMITATION ON USIS IN THE FAR EAST, 1965(RG 306, W-177, Box 54).

259 THE USIA PROGRAM, September 25, 1959(RG 306, W-239, From: IOP/B - Frederic O. Bundy, Box 14).

260 THE OVERSEAS CULTURAL ACTIVITIES OF THE U.S. GOVERNMENT, November 27, 1959(RG 306, P-22, Through: IOP - James J. Halsema, IOP/C Barbara M. White, Box 5).

261 THE USIA PROGRAM, September 13, 1960(RG 306, W-239, FROM: IOP/B - Allan L. Swim, Box 14).

262 COMMERCIAL ENTERTAINMENT FILMS, August 10, 1960(RG 306, P-142, Office of Research and Analysis, Box 2).

263 MOTION PICTURE SERVICE Program Projection, 1965 through 1969(RG 306, W-177, Box 53).

264 MOTION PICTURE SERVICE Program Projection, 1965 through 1969(RG 306, W-177, Box 53).

265 OPERATIONS PLAN FOR KOREA, February 3, 1960(RG 306, W-278, Bromley Smith, Executive Officer, Box 11)

266 THE USIA PROGRAM, September 13, 1960(RG 306, W-239, FROM: IOP/B - Allan L. Swim, Box 14).

267 FIELD MSG. NO. 28(RG 306, A-1047, USIS SEOUL / Q. Hungington Damon Public Affairs Officer → USIA/W, Box 2).

268 Staffing Requirements, July 6, 1961(RG 306, P-51, USIS/Seoul → USIA/Washington, Box 59).

269 Staffing Requirements, July 6, 1961(RG 306, P-51, USIS/Seoul → USIA/Washington, Box 59).

270 Staffing Requirements, July 6, 1961(RG 306, P-51, USIS/Seoul → USIA/Washington, Box 59).

271 STAFFING: TO & E of Local Employees, August 1, 1963(RG 306, P-391, USIS Seoul → USIA Washington, IAF, Box 1).

272 Inspection Report, NOVEMBER 24, 1961(RG 306, USIS KOREA, Box 6).

273 Inspection Report, NOVEMBER 24, 1961(RG 306, USIS KOREA, Box 6).

274 Report on Korea Visit, March 25, 1963(RG 306, P-391, IAF, Clifton B. Forster → IAF, Mr. Bunce, Box 11).

275 STAFFING: TO & E of Local Employees, August 1, 1963(RG 306, P-391, USIS Seoul → USIA Washington, IAF, Box 1).

276 RG 286, USAID/Communications Resources, Entry#157: Subject Files, 1953~1967, Box 1.

277 ACTIVITY PLAN FOR PERIOD January through March 1960(RG 306, P-51, Box 35).

278 COUNTRY ASSESSMENT REPORT, January 30, 1961(RG 306, W-273, USIS SEOUL, PAO G. Huntington Damon → USIA WASHINGTON, Box 51).

279 CULTURAL CENTER NEWSLETTER, April 7, 1961(RG 306, P-51, USIS SEOUL, G. Huntington Damon → USIA WASHINGTON, Box 35).

280 CULTURAL CENTER NEWSLETTER, April 7, 1961(RG 306, P-51, USIS SEOUL, G. Huntington Damon → USIA WASHINGTON, Box 35).

281 BPAO Activities in Northern Provinces for June, 1961, August 15, 1961(RG 306, P-51, Box 59).

282 ACTIVITY PLAN FOR THE PERIOD: Jan.-Feb: -Mar, 1960, April 7, 1961(RG 306, P-51, USIS SEOUL, G. Huntington Damon → USIA WASHINGTON, Box 35).

283 ACTIVITY PLAN FOR THE PERIOD: Jan.-Feb: -Mar, 1960(USIS SEOUL, G. Huntington Damon → USIA WASHINGTON), April 7, 1961, Box 35, P-51, RG 306.

284 Annual Statistical Report on Motion Picture Program - October 31, 1966, January 11, 1967(RG 306, P-370, USIS Seoul, PAO W. Kenneth Bunce → USIA WASHINGTON, Box 3)

참고 문헌

공영민 (2018). 〈1950년대 미국의 공보 선전 전략과 공보실 영화제작소: 시라큐스 계약과 한미 협조 교육 영화를 중심으로〉. 중앙대학교 박사 학위 논문.

공영민 (2011). "공보처 영화과와 영화 인력: 대한 원조와 테드 코넌트를 중심으로," 《냉전시대 한국의 문화 영화: 테드코넌트, 험프리 렌지 콜렉션을 중심으로》. 한국영상자료원.

국사편찬위원회 (2013). 《해외사료총서 27. 미국 NARA 소장 주한 미공보원 영상자료 해제》. 국사편찬위원회.

권오신 (2005). "아이젠하워 대외 정책의 기조: '뉴룩(New Look)' 정책과 '아이젠하워 독트린'," 〈미국사연구〉, 21호, pp.141~173.

권혁은 (2017). "5 · 16군사 정부기 미 대한 원조 정책의 성격과 AID–유솜의 역할: 초기 울산공업단지 건설과정을 중심으로," 〈역사와 현실〉, 105호, pp.113~149.

김려실 (2013). "1950, 60년대 주한 미공보원(USIS) 영화의 "아시아 문화" 표상에 대한 고찰," 〈한국문예비평연구〉, 40호, pp.239~264.

김려실 (2016). "뉴스릴 전쟁–한국 전쟁 초기 미국의 뉴스릴과 리버티 뉴스의 탄생," 〈현대영화연구〉, 12권 3호, pp.69~105.

김려실 (2018a). "냉전사 재고와 영상역사 쓰기," 〈로컬리티 인문학〉, 19호, pp.187~226.

김려실 (2018b). "'원자력의 평화이용' 캠페인과 주한 미공보원(USIS)의 영화 공보," 〈비교한국학〉, 26권 2호, pp.321~344.

김려실 (2019). 《문화냉전: 미국의 공보 선전과 주한 미공보원 영화》. 현실문화연구.

김승우 (1965). "유선방송으로 농어촌을 근대화하자: 河源里 완전 앰프시설을 마치고," 〈제주도〉, 21호, pp.400~403.

김영재 · 김종세 (2019). 《캐릭터 라이선싱》. 커뮤니케이션북스.

김영희 (2014). "1960년대 VUNC(유엔군총사령부방송) 프로그램과 청취양상," 〈언론

정보연구〉, 51권 1호, pp.180~213.

김영희 (2012). "1960년대 VUNC(유엔군총사령부방송)의 운영과 폐쇄," 〈한국언론학보〉, 56권 제5호, pp.244~269.

김영희 (2009). "한국 전쟁 기간 미국의 대한(對韓) 방송활동," 〈한국언론학보〉, 53권 2호, pp.140~160.

김영희 (2008). "한국 전쟁 기간 삐라의 설득커뮤니케이션," 〈한국언론학보〉, 52권 1호, pp.306~333.

김영희 (2007). "한국 전쟁 기간 북한의 대남한 언론활동," 〈한국언론정보학보〉, 40호, pp.287~320.

김정예 (1976). 〈한국 교육 영화의 역사적 고찰〉. 이화여자대학교 대학원 석사 학위 논문.

김한상 (2013a). 〈Uneven Screens, Contested Identities: USIS, cultural films, and the national imaginary in South Korea, 1945~1972〉. 서울대학교 박사 학위 논문.

김한상 (2013b). "주한 미국공보원(USIS) 영화의 응시 메커니즘: 비가시적인 것의 가시화와 가시화하는 힘의 과시," 〈역사문제연구〉, 17권 2호, pp.167~201.

김한상 (2012). "주한 미국공보원(USIS) 영화선전의 표상과 담론: 1950년대, 국가 재건과 자립 한국인의 주체성," 〈사회와 역사〉, 95호, pp.243~]279.

김한상 (2011). "1945-48년 주한 미군정 및 주한 미군사령부의 영화선전: 미국 국립문서기록관리청(NARA) 소장 작품을 중심으로," 〈미국사연구〉, 34호, pp.177~212.

김희윤 (2015). "시어도어 코넌트와 냉전 초기 한국의 영화 문화," 한국영상자료원 한국영화사연구소 엮음. 《이방인이 기록한 전후 한국, 영화: 시어도어 코넌트 컬렉션》. 한국영상자료원.

〈동아일보〉 (1962. 3. 26). "「自由의鍾」울려 10年 上南『라보』 現地루포, 국내 기술의 요람지(搖籃地)로 제작된 수만 550편, 주마다 뉴스 영화 내보내고," 4면.

〈마산일보〉 (1965. 4. 23). "世界言語로의 映畵 USIS上南製作所長 「스타진스키」氏와의 會見記: 이땅에 紀錄映畵심고 世界性을 向한 發展도." 4면.

〈마산일보〉 (1961. 9. 26). "自費로 保健會 開催 上南映畵 撮影 所長이." 4면.

〈마산일보〉 (1961. 4. 22). "每月 三回 上演: 上南서 文化映畵 等." 4면.

〈마산일보〉 (1965. 4. 7). "上南映畵 撮影所長 歡送宴 盛況: 「리더」氏 在任11年만에 停年 歸國 「스타신스키」氏 著名한 映畵 名門 出身." 4면.

〈마산일보〉 (1962. 7. 15). "美公報院 映畵과장 험프리氏 上南에." 4면

〈매일경제〉 (1967. 6. 2). "有終…15年奉仕 리버티 뉴스閉門." 3면.

박동찬 (2016). 《주한 미군사고문단 KMAG: 한국군 건설의 기획자》. 한양대학교 출판

부.
박수현 (2010). “미 군정 공보 기구 조직의 변천(1945. 8～1948. 5),” 〈한국사론〉, 56호, pp.367～436.
박태균 (2007). 《원형과 변용 — 한국경제 개발계획의 기원》. 서울대학교 출판부.
박태균 (2006). 《우방과 제국, 한미 관계의 두 신화》. 창비.
〈방송〉 (1956. 12). “방송1년 개평. 우수한 기기와 인재를,” 〈방송〉, 4호. pp.34～35.
〈방송〉 (1960. 7). “한국방송도표,”〈방송〉, 36호. 101면.
백원담 · 강성현 엮음 (2017). 《열전 속 냉전, 냉전 속 열전: 냉전 아시아의 사상심리전》. 진인진.
백정숙 (2017). “전쟁 속의 만화, 만화 속의 냉전: 한국 전쟁기 만화와 심리전,” 백원담 · 강성현 엮음 (2017). 《열전 속 냉전, 냉전 속 열전: 냉전 아시아의 사상심리전》. 진인진.
송재극 (1995). “방송 기술의 변천,” 〈방송연구〉, 41호, pp.127～147.
서규석 (1960. 7). “방송청취백서,” 〈방송〉, 36호, pp.87～99.
시청각교육사 (1966). 《시청각 교육사전》. 시청각교육사.
심혜경 (2011). “주한 미공보원 영화과의 제작 환경과 한국영화인들: 해방에서부터 1960년대까지.” 한국영상자료원 엮음 (2011). 《냉전시대 한국의 문화 영화: 테드 코넌트, 험프리 렌지 콜렉션을 중심으로》. 한국영상자료원.
오타 오사무 · 허은 엮음 (2017). 《동아시아 냉전의 문화》. 소명.
유병은 (1964. 10. 21). “전파의 분포상황.” 〈(旬刊)방송〉, 12호, p.4.
윤상길 (2011a). “1960년대초 한국 유선 라디오 방송제도의 성립과 발전: 공보부와 체신부 간의 대립을 중심으로.” 〈한국방송학보〉, 25권 1호, pp.159～204.
윤상길 (2011b). “한국의 지역 사회와 지역커뮤니케이션의 구조.” 〈한국민족문화〉, 39호, 327～366.
윤상길 (2011c). “1960년대 한국 라디오테크놀로지의 ‘부락화’,” 한국방송학회 엮음 (2011). 《한국 방송의 사회문화사》. 한울.
윤상길 (2011d). “한국 텔레비전 방송 기술의 사회 문화사,” 한국언론학회 엮음 (2011). 《한국 텔레비전 방송 50년》. 커뮤니케이션북스.
윤상길 (2017). “1960년대 박정희 정부 공보 선전 정책의 정치적 성격,” 〈한국언론학보〉, 61권 6호, pp.147～176.
윤상길 (2023). “1983년 AFKN-TV의 위성중계 방송 실시를 둘러싼 한미 교섭과정에 대한 연구”. 〈한국컴퓨터정보학회논문지〉, 28권 5호, pp.39～47.
윤상길 · 이정훈 (2019). “1950년대 서울중앙방송국 대외방송의 전개과정,” 〈언론정보연구〉, 56권 4호, pp.5～51.

이규일 (1959. 1). "방송계의 신년구상을 듣다: 1959년은 이렇게, 대전력방송을 지향," 〈방송〉, 29호, pp.6~8.
이성철 (2013). "1950년대 경남지역 미국공보원(USIS)의 영화제작 활동," 〈지역 사회학〉, 14권 2호, pp.105~144.
이성민 · 윤상길 (2020). "1950년대 대출력 송신소 건설을 둘러싼 담론과 방송현실," 〈커뮤니케이션이론〉, 16권 1호, pp.5~48.
이순진 (2018). "한국 전쟁 후 시청각 미디어의 배치와 냉전의 미디어 네트워크," 〈한국학연구〉, 48호, pp.85~118.
이순진 (2014). "국가에 의한 영화 제작의 역사와 국립영화제작소: 정부 영화 제작 기구와 민간 영화 산업의 관계를 중심으로," 한국영상자료원 엮음 (2018). 《지워진 한국영화사: 문화 영화의 안과 밖》. 한국영상자료원.
이완범 (2007). "한국 정권교체의 국제정치," 〈세계정치〉, 8호, pp.127~171.
이철순 (2007). "부산정치파동과 국가보안법파동에 대한 미국의 개입 비교," 〈세계정치〉, 8호, pp.81~127.
이현진 (2009). 《미국의 대한경제 원조 정책, 1948~1960》. 혜안.
이현진 (2005). 〈제1공화국기 美國의 對韓經濟援助政策 연구〉. 이화여자대학교 박사학위 논문.
이휘현 (2020). "1960년대 초반 미국의 대외 원조 정책 조정과 대한 원조의 '정상화'," 〈한국문화〉, 92호, pp.295~331.
장영민 (2020). 《한국 방송의 성장과 미국의 대한선전》. 혜안.
장영민 (2016). "미군정기 도미유학에 관한 기초 연구," 〈한국 근현대사 연구〉, 79호, pp.225~268.
장영민 (2014). "한국 전쟁기 '미국의 소리'(Voice of Korea) 한국어방송에 관한 연구," 〈역사와 경계〉, 90호, pp.257~308.
장영민 (2012). "한국 전쟁기 유엔군 사령부의 KBS통제와 지원," 〈한국언론학보〉, 56권 1호, pp.441~464.
장영민 (2011a). "한국 전쟁기 주한 미국공보원의 선전 활동: 인쇄매체를 중심으로," 〈한국근현대사연구〉, 57호, pp.123~160.
장영민 (2011b). "1952년 '미국의 소리 한국어방송'의 부산정치파동보도와 KBS 중계방송의 중단," 〈역사와 경계〉, 80호, pp.59~109.
장영민 (2010). "한국 전쟁기 주한 미국공보원의 선전 정책," 〈군사〉, 76호. pp.121~156.
장영민 (2009). "해방 후 '미국의 소리(Voice of Korea) 한국어방송'에 관한 연구 (1945~1950)," 〈한국 근현대사 연구〉, 50호, pp.200~240.

장영민 (2008). "6·25전쟁기 '유엔군총사령부의 소리'(VUNC) 라디오 방송에 관한 고찰," 〈한국 근현대사 연구〉, 47호, pp.280~325.
장영민 (2007). "미국 공보원의 5.10총선거 선전," 〈한국 근현대사 연구〉, 41호, pp.125~169.
장영민 (2005). "한국 전쟁 전반기 미군의 심리전에 관한 고찰," 〈군사〉, 55호, pp.315~351.
차재영 (2018). "1950년대 미국무성의 미국 언론 전문가 파견 사업 연구 한국 언론에 미친 영향을 중심으로." 〈한국언론정보학보〉, 87권 1호, pp.243~276.
차재영 (2014). "1950년대 미국무성의 한국 언론인 교육교류 사업 연구," 〈한국언론학보〉, 58권 1호, pp.219~245.
차재영·염찬희 (2012). "1950년대 주한 미공보원의 기록영화와 미국의 이미지 구축," 〈한국언론학보〉, 56권 1호, pp.235~263.
한국문화예술위원회 (2006). 《2005년도 한국근현대예술사구술채록연구시리즈: 이형표, 1922~》, 한국문화예술위원회.
한국방송협회 엮음 (1997). 《한국방송70년사》. 한국방송협회.
한국방송공사 (1987). 《한국방송 60년사》. 한국방송공사.
한국영상자료원 (2009). 《이성철: 2009년 한국영화사 구술채록연구 시리즈 〈생애사〉》. 한국영상자료원.
한국영상자료원 한국영화사연구소 엮음 (2015). 《이방인이 기록한 전후 한국, 영화: 시어도어 코넌트 컬렉션》. 한국영상자료원.
한봉석 (2021). "장면 정권의 "혼란"에 대한 미국의 책임 — 유솜과 제1대 유솜처장 레이몬드 모이어의 역할을 중심으로," 〈학림〉, 47호, pp.235~274.
한봉석 (2017). 〈1950년대 미국의 대한 기술 원조〉. 성균관대학교 박사 학위 논문.
허은 (2011). "냉전시대 미국의 민족국가 형성 개입과 헤게모니 구축의 최전선; 주한 미공보원 영화," 〈한국사연구〉, 155호, pp.139~169.
허은 (2008). 《미국의 헤게모니와 한국 민족주의: 냉전시대(1945-1965) 문화적 경계의 구축과 균열의 동반》. 고려대학교 민족문화연구원.
호현찬 (1962). "「자유의 종」 울려 10년 상남 『라보』 현지 루포." 〈동아일보〉. 1962. 3. 26, 4면.
홍용표 (2007). "현실주의 시각에서 본 이승만의 반공노선," 〈세계정치〉, 8호, pp.51~81.

貴志俊彦·土屋由香 (2009). 〈文化冷戰の時代-アメリカとアジア〉. [김려실 옮김. 《문화 냉전과 아시아: 냉전 연구를 탈중심화하기》. 소명출판. 2012].

丸川哲史 (2005).《冷戦文化論: 忘れられた曖昧な戦争の現在性》. [장세진 옮김.《냉전문화론: 1945년 이후 일본의 영화와 문학은 냉전을 어떻게 기억하는가》. 너머북스. 2010].

小林總明 (2012). "冷戦期アジアにおけるVOAの展開と中継所の世界的配置." 土屋由香, 吉見哉 編(2012).《占領する眼 · 占領する声》. 東京大学出版会.

小林總明 (2009). "VOA 施設移転をめぐる韓米交渉, 1972～1973," 〈マス · コミュニケーション研究〉, No.75, pp.129～147.

Cummings, Bruce (2009). "The Wicked Witch of the West Is Dead, Long Live the Wicked Witch of the East," Michael J. Hogan (eds). *The End of the Cold War: Its Meaning and Implications*, Cambridge University Press.

Hajimu, Masuda (2014). *Cold War Crucible: the Korean Conflict and the Postwar World*. Harvard University Press.

Hedebro Göran (1982). *Communication and Social Change in Developing Nations*. [안광식 옮김.《커뮤니케이션과 사회변동》. 이화여자대학교 출판부. 1984].

Lee Yong Kul (1963). "Educational Media," Benjamin C. Duke (eds.). New Media for Instruction: Survey of Educational Media Research in the Far East, U.S. Department of Health, Education, and Welfare, OE-34025 Bulletin, No.40.

Murray, R. & Wengraf, T. (1979). "Notes on Communication System," Mattelart, A. & Siegelaub (eds.). *Communication and Class Struggle: Volume 1. Capitalism, Imperialism. International General.*

Trent, David (1997). *Cultural Democracy: Politics, Media, New Technology*. [고동현 · 양지영 옮김.《문화 민주주의: 정치, 미디어, 새로운 테크놀로지》. 한울. 2001].

찾아보기

갈홍기 184~185, 193, 246

강희수 266, 275

거스, 조너선 A. Goerss, Jonathon A. 301, 304, 325, 327~328, 330~331

겔러버트, 윌리엄 Gelabert, William 252, 279~280

경제조정관실Office of the Economic Coordinator(OEC) 107, 120, 141, 193, 221~222, 225~227, 229, 233~234, 237, 240, 242~247, 249~256, 259~260, 266, 269~272, 275, 278~282, 285~287, 289~291, 294, 302~303, 308, 310, 320~321, 325, 330, 335~337, 339, 353, 387, 501

경제협조처Economic Cooperation Administration(ECA) 17, 43, 83, 223, 225~226

교육교류국교육교류국Office of Educational Exchange(OEX) 31

국가 계획서 26, 54, 73, 105, 118, 145~146, 189, 244, 254, 256, 467~468, 487

국제공보국Office of International Information(OII) 31, 32, 69

국제공보문화국Office of International Information and Cultural Affairs(OIC) 31, 64, 79~80

국제공보처International Information Administration(IIA) 34~37, 83, 99, 103, 105~106, 176, 215

국제영화부International Motion Picture Division/Motion Picture Service(IMP/IMS) 41, 63, 69~72, 76, 82~87, 104, 157~159, 163, 197, 208, 211, 230~231, 233, 250, 383~386, 390, 393, 415, 425, 436, 442~443, 446, 448~449, 453, 472

국제전기통신연합(ITU) 304, 311~314, 320~321, 331, 378

국제협조처International Cooperation Administration(ICA) 225, 228~229, 234~235, 241, 243,

246, 251, 254~255, 260~261, 276, 291~292, 300, 313, 325, 327, 329, 335~336, 339~343, 345~347, 352~354, 370, 373, 375~376, 378, 466, 502
극동사령부 68, 222~224, 226, 228
글레드힐, 도널드 Gledhill, Donald 48, 279~280, 360
기술 원조 237. 241. 252~253, 259, 276, 279~280, 288, 300, 303, 330, 337~339, 373
기술 정보 개선 사업 25, 233, 237, 241~242, 249, 254, 259~260, 269, 273~274, 278~279, 288, 300, 302, 319, 321, 325, 328~331, 335, 337, 343, 351, 353, 371, 378, 501~502

남양송신소 305, 311, 317
냉전 15~17, 19~23, 29~30, 42, 53~54, 62, 78, 117~118, 216~217, 269, 304~305, 444, 467, 501
'뉴 룩' 정책 269~270
니콜레이, 앨버트 A. Nicholay, Albert A. 301, 304, 309~312, 314, 320, 322, 327~328

〈대한뉴스〉 183, 285, 355, 386, 389, 423, 429, 434~436, 504
〈대한전진보〉 82, 167, 183, 204
데이먼, G. 헌팅턴 Damon, G. Hantington 392, 394, 411, 452, 454~455

루이스, 랠프 Lewis, Ralph 125, 127, 129, 148, 472, 474
리더, 로린 G. Reeder, Lorin G. 122, 191, 196~198, 392, 394, 403, 415, 417, 420, 425~426, 428~429, 432, 436, 463,
리지웨이, 윌리엄 G. Ridgeway, William G. 64, 85~86, 112, 122, 155~156, 158~163, 168, 170, 172~173, 177~182, 186~188, 190~191, 195~202, 204~205, 212~213, 215~216, 381~382, 392, 416
린지, 험프리 W. Leynse, Humphrey, W. 183, 196, 393~374, 415~418, 422

맥나이트, 존 P. McKnight, John P. 122~123, 190, 196~197, 243, 252
무초, 존 J. Muchio, John J. 66, 70, 161~162, 168
문화원 63, 65~67, 108~116, 119~146, 148~150, 183, 188~189, 207, 212, 245, 288, 395, 442, 452, 462~463, 467, 472~477, 479, 486, 503, 505
미 육군 민정국Civil Affairs(CAD) 65, 70, 79~80, 82~83, 85
미국 국제 공보·교육 프로그램International Information and United States Educational Program(USIE) 33~34, 73, 76, 85, 157
미국 국제개발처U.S. International Development Cooperation Agency(USAID) 335, 337~339, 341, 343, 502
미군정청 63, 78~81, 84, 202
미문화원 63, 65, 67, 111~115, 123

반공주의 36, 76, 93, 118, 151, 174,

177, 179, 215~216, 468, 503
보네슨, 닐스 A. Bonnesen, Niels A. 122, 139, 196~197, 208, 211, 250, 253, 393, 416
미국의 소리Voice of America(VOA) 16, 22, 57, 92, 114, 121, 157, 176, 306~307, 328, 419
브리그스, 엘리스 Briggs, Ellis 168

〈세계 뉴스〉 69~72, 74, 472
스미스-문트법 30~31
스피어, 로버트 P. Spear, Robert P. 177, 184~186, 196, 222
스타진스키, 폴 F. Starzynski, Paul F. 196, 428~430, 432
스튜어트, 제임스 L. Stewart, James L. 62, 64, 66, 68~71, 196
시러큐스대학교 260~261, 274~275, 279, 292, 329~330
시범시청각교육원 241~242, 274~276, 279, 281, 288~295, 297, 299, 352, 354, 364~371, 501~502, 506
심리전 16, 37, 43, 68~69, 73, 83, 85, 107, 175~176, 222~228, 280

아널드, 헨리 Arnold, Henry 250~253, 392
아이버슨, 모리스 Iverson, Maurice 275, 291~292
아이젠하워, 드와이트 Eisenhower, Dwight 36~38, 49, 92, 133~134, 168, 173~174, 213, 234, 259, 269~270, 280, 337, 378, 442~443, 450, 453, 468, 470~471, 476, 478, 481
앰프촌 322, 507
AFKN 16, 182, 318, 435, 454
AFRS 195
연희송신소 192, 305
영화 활용 키트 102~104
오재경 246, 249, 251~252, 306, 308, 322
우드, 타일러 Wood, Tyler 245, 271, 301
윌리엄스, 데이비드 G. Williams, Davis G. 301, 303~304, 320~321, 327
원, 윌리엄 엘모 Warne, William Elmo 245
유엔한국 민사처United Nations Civil Assistance Command in Korea(UNCACK) 169, 222~225
유엔한국재건단United Nations Korean Reconstruction Agency(UNKRA) 115, 225~226, 252~253, 269, 271~272, 276~279
의견 지도자 50, 119
이동영사대 63, 66~67, 98~100, 102~103, 113, 115~117, 134~135, 137~139, 143~146, 149, 158, 165, 183, 210~212, 227, 245, 348~350, 352~353, 365~366, 395, 396, 444~445, 448, 459, 461, 463~467, 476~480, 482~484, 487, 490, 497, 499, 500, 505
이성철 185~187, 203, 266, 275, 291
이승만 58, 83, 118, 170, 183, 187, 192, 194, 218, 228, 241, 245, 250, 270, 305~306, 308, 311~312, 322, 382, 389, 433, 450, 452~453, 468

이형표 185~186, 202~204
인디애나대학교 242, 249, 260, 266, 345, 502
잉글만 240, 242, 259, 274, 300~304, 308~310, 312, 314, 320~321, 323~327, 331, 374

작전조정위원회The Operation Coordinating Board(OCB) 38, 378, 450~452, 454, 460
전시정보국Office of War Information(OWI) 31, 63~64
〈조선전진보〉 81
〈주검의 상자〉 147, 151, 175, 178, 215
주한 미경제협조처United States Operations Mission(USOM) 151, 225, 229~230, 234~235, 237, 240, 250, 255~256, 260~261, 272, 282, 285, 292~294, 297, 309~311, 313~314, 321, 323~328, 332, 336~337, 340~341, 345~346, 353~361, 363~366, 368~369, 371, 373~378, 387, 432, 450, 456, 476, 478, 501, 506~508
주한 민사처Korean Civil Assistance Command(KCAC) 107, 115, 221, 223~225, 226~229, 270~272
진해영화제작소 78, 84, 86, 155~163, 165~167, 183, 185, 201, 204, 213

카, 해리 Carr, Harry 229, 233, 260~262, 309~310
캐릭터 174, 179~181, 215~216
'커뮤니케이션 리더십 프로그램' 267, 502
커뮤니케이션 복합체 18, 343, 347~348, 351~352, 466, 502~503
코넌트, 시어도어Connant, Thoedore 274, 280
코넌트, 테드Conant, Ted 253, 286
콜드웰, 존 G. Caldwell, John C. 64, 83
클라크, 원 Clark, Warne 170, 364, 366, 368
킬런, 제임스 Killen, James 323, 336

태너, 찰스 M. Tanner, Charles M. 64, 70, 85, 172, 196
터프너, 길버트 Tauffner, Gilbert 275, 291~292, 299
트루먼, 해리 Truman, Harry 30~31, 43, 70, 72, 74, 79, 204, 223, 269, 280

포스터, 클리프턴 Forster, Clifton 417~418, 420, 422, 465~466
'프로젝트' 원조 사업 237, 259

한국문화원연합회 139, 141
해외작전처Foreign Operation Administration(FOA) 107, 225~226, 228~231, 233, 237, 243, 260, 271
현지 제작 63, 82, 83, 169, 173, 175~177, 179, 209~210, 212, 214~215, 231, 391~392, 405, 408, 419, 424, 462, 465, 467~468, 472
현지화 167, 177, 179, 182, 215
화이트, 프레더릭 White, Frederick

275, 291~292, 369
히긴스, 존 R. Higgins, John R.
168~169, 172, 177, 184